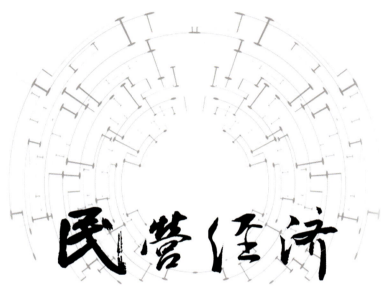

民营经济
新论

MINYING JINGJI XIN LUN

单 东 / 著

复旦大学出版社

2021年3月24日摄于杭州

复旦大学毕业照

单东

经济学教授，博士生导师。同时担任浙江省民营经济研究中心主任、《浙江民营经济年鉴》社社长兼总编等职务。

作者长期从事民营经济研究，在民营经济领域颇有建树，是国内研究民营经济的著名专家。

作者在《中国社会科学》《经济学家》《学术季刊》《学术月刊》《经济社会体制比较》《复旦学报》《光明日报》《财经论丛》等国家级和省市级各类报刊上发表学术论文450余篇，一些论文和观点被《新华文摘》《人民日报》《光明日报》及新华社官网、中国社会科学院社会科学网站等多种媒体转载、摘登、报道和介绍，产生较大影响，部分传播到美国和日本。其代表性著作有《民营经济论》《经济理论与经济改革探索》《浙江民营汽车产业转型升级战略研究》《浙江中小民营企业转型升级问题研究》《民营经济新论》等。

作者曾率领浙江民营企业家赴欧美等多国考察，比较研究了社会体制与经济发展的关系，并在此基础上撰写了《美国纪行》《欧洲十一国纪行》《三国纪行》等著作。

颁奖主席台

浙江省优秀民营企业、浙江省民营经济杰出企业家颁奖典礼在浙江省人民大会堂隆重召开

  2011年2月27日下午2点30分,由浙江省民营经济研究会、浙江省民营经济研究中心、浙江人民广播电台经济台·FM95财富广播联合主办,浙江广播电视集团门户网站新蓝网现场直播的"浙江省优秀民营企业、浙江省民营经济杰出企业家颁奖典礼"在浙江省人民大会堂人大厅隆重召开。浙江省人大常委会副主任金德水,浙江省副省长毛光烈,杭州市政协主席孙忠焕,浙江省政协常委、省政协经济委员会副主任陈国平,浙江省人民政府副秘书长陈广胜等领导出席颁奖典礼。浙江省副省长毛光烈在颁奖典礼上作重要讲话。讲话结束后,出席颁奖典礼的各位领导为获得"浙江省优秀民营企业""浙江省民营经济杰出企业家"荣誉称号的44家民营企业和19家民营企业家颁奖。

浙江省副省长毛光烈出席颁奖典礼,并作重要讲话。   浙江省人大常委会副主任、浙江大学党委书记金德水出席颁奖典礼。   杭州市政协主席孙忠焕出席颁奖典礼。

出席颁奖典礼的领导与获奖优秀民营企业、民营经济杰出企业家代表合影

前排从左至右依次为：浙江省政府金融工作办公室副主任盛益军；浙江省委政策研究室副主任郭占恒；浙江省政府副秘书长陈广胜；杭州市政协主席孙忠焕；浙江省人大常委会副主任、浙江大学党委书记金德水；浙江省副省长毛光烈；浙江省政协常委、浙江省政协经济委员会副主任陈国平；浙江财经学院院长、浙江省政府咨询委员会委员王俊豪；浙江省政府研究室主任陈东凌；浙江省社科联副主席何一峰；浙江省民营经济研究会会长、浙江省民营经济研究中心主任、中央财经大学中国发展和改革研究院博士生导师单东。

作者与浙江省人大常委会副主任、浙江大学党委书记金德水（右）在贵宾厅合影。

作者与浙江省副省长毛光烈（左）在贵宾厅合影。

作者与杭州市政协主席孙忠焕（右）在贵宾厅合影。

作者与浙江省政府副秘书长陈广胜（右）在贵宾厅合影。

2013年3月17日，作者迎接浙江省人大常委会副主任冯明同志出席浙江省优秀民营企业、浙江省民营经济杰出企业家、浙江省民营经济功勋人物颁奖典礼。

原温州市委书记、原浙江省人大常委会副主任孔祥有出席论坛。

2008年10月24日,由浙江省民营经济研究会和浙江省民营经济研究中心主办的"浙江民营经济发展30年论坛"在浙江财经学院下沙校区学术中心举行。

前排左起:左11浙江财经学院院长王俊豪,左12浙江省社科联主席、省政协常委胡祖光,左13原省委常委、省政协副主席厉德馨,左14浙江省人民政府副省长金德水,左15全国工商联副主席孙晓华,左16原浙江省人大常委会副主任孔样有,左17浙江省人民政府办公厅副主任孟刚,左18浙江省民营经济研究会会长、省民营经济研究中心主任单东,左19山东省民营经济研究中心主任李鑫生,左20浙江工商大学副校长张仁寿。

原浙江省政府办公厅副主任、浙江省人民政府副秘书长、现浙江省发改委主任孟刚出席论坛。

2009年4月7日作者应江西财经大学原校长、博士生导师史忠良教授和江西财经大学副校长（现校党委书记）、博士生导师卢福财教授的邀请赴江西财经大学讲学

4月8日下午2:30，单东教授在江西财大研究生楼报告厅给该校的博士和硕士研究生200多人做了《金融危机下浙江民营企业的转型升级》的专场讲座，并回答了博士和硕士研究生们的提问。

出席并听取单东教授演讲的还有博士生导师史忠良教授，研究生部主任、首席教授、博士生导师徐升华教授（女），首席教授、国务院特殊津贴获得者、中青年学科带头人、博士生导师胡大立教授，江西财大民营企业发展研究中心主任、博士生导师胡宇辰教授，研究生部副主任、报告主持人、博士后李春根副教授等。

江西财经大学博士和硕士研究生在报告厅听作者讲座

演讲互动交流过程中，博士研究生向作者提问

2009年10月10日,作者在浙江大学干训楼为湖州市党政干部授课

2011年5月26日,作者应邀为重庆渝北区经济和信息化委员会党政干部和民营企业家作报告

  2012年6月18日—29日,作者带领课题组成员赴广东调研。此次调研是广东省中小企业局和深圳市中小企业服务中心安排和派员陪同进行的。课题组先后走访了广州、深圳、东莞、中山、珠海等地的民营企业和政府有关机构、社会团体组织,课题组成员还就浙粤两省民营经济发展模式、民营企业的转型升级问题,与广东的相关机构负责人和民营企业家进行了交流。

课题组听取广东省经信委、广东省中小企业局、广东省南方民营企业发展研究院等机构负责人关于广东民营经济发展的情况介绍。

2014年7月2日上午9点，应苏州市国家高新区工委统战部、工商联和商会的邀请，作者在浙江宾馆龙井厅为赴浙考察的苏州国家高新区工委统战部、工商联和商会领导及民营企业家做题为《浙苏民营经济发展比较研究》的专题报告。

2015年1月6日下午2点,作者为温州市政府有关部门领导、海关干部及外贸企业经理作题为《温州民营中小外贸企业如何实现转型升级》的主题报告。温州市政府副秘书长陈宣安、温州市政府反走私处处长贝杭临等领导出席报告会。报告会由贝杭临处长主持。

报告会上,单东教授就温州外贸经济发展的概况、温州外贸经济发展面临的严峻挑战,为推进温州外贸企业转型升级,向温州市委市政府及外贸企业提出了政策建议。报告进行了两小时十五分钟。图为报告会现场。

2015年1月7日上午9点半,由浙江省民营经济研究会和温州市鹿城区人大共同组织的温州市中小民营企业代表座谈会在温州奥林匹克大酒店举行,来自温州各行业的12名企业家代表出席了座谈会,并就企业在发展过程中遇到的难题和政府应如何积极扶持中小民营企业等问题提出了不少建设性的建议。温州市鹿城区人大常委会副主任林瑞荣主持座谈会,作者出席并讲话。图为座谈会现场。

混合所有制经济与发展民营经济高峰论坛

2015年6月6日上午9点,由浙江省民营经济研究会和浙江省民营经济研究中心主办的"混合所有制经济与发展民营经济高峰论坛"在浙江世贸君澜大饭店嘉禾厅隆重举行。原浙江省人大常委会副主任孔祥有,浙江省人民政府原秘书长、杭州市市长、杭州市政协主席孙忠焕,浙江省委保密办主任杜德荣,浙江省社科联副主席何一峰,原浙江省人民政府咨询委员会秘书长杨树荫,原中共浙江省委政策研究室副主任郭占恒等领导莅临。本次论坛的召开也得到了《浙江大学学报(人文社科版)》《浙江社会科学》《浙江学刊》《财经论丛》《浙江经济》《杭州市委党校学报》和《经贸实践》等多家刊物的大力支持。

来自国家发改委、中央编译局《经济社会体制比较》杂志社、中央财经大学、中国传媒大学、山东社科院以及全省各地的民营企业家共110余人出席论坛。

复旦大学经济学院院长张军教授演讲

著名经济学家、"影响新中国60年经济建设的100位经济学家之一"、复旦大学经济学院院长张军教授在论坛演讲

浙江大学经济学院张旭昆教授在论坛演讲

著名经济学家、中央财经大学中国发展改革研究院院长邹东涛教授在论坛演讲

　　2016年5月14日下午,"中国民营经济发展的政治经济学分析"学术研讨会在上海复旦大学经济学院召开。会议由浙江省民营经济研究中心、复旦大学经济学院、浙江省民营经济研究会、浙江省现代民营经济研究院联合主办,复旦大学企业研究所承办。来自清华大学、复旦大学、安徽大学、上海财经大学、浙江财经大学、上海社科院、上海市委党校等多所高校和科研院所的30多位专家学者及民营企业家出席研讨会。图为研讨会现场。

上海市委宣传部副部长、上海市社会科学界联合会党组书记燕爽出席会议并讲话

复旦大学经济学教授伍柏麟在会上发言

复旦大学经济学教授徐桂华在会上发言

上海市委党校教授黄文忠在会上发言

作者和原浙江省省长沈祖伦同志2021年2月4日摄于杭州

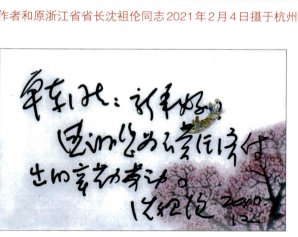

单东同志：新年好！感谢您为民营经济付出的辛勤劳动。

单东同志：有材料还望交流。

请单东同志指教

单东同志指教

单东同志：新年好！感谢您为民营经济所作的贡献。

单东教授受浙江省副省长金德水委托的课题

2008年以来,由美国次贷危机引发的国际金融危机迅速向实体经济蔓延,世界经济普遍下滑,以加工型、出口型和中小企业为主的浙江经济亦受到巨大冲击。国民经济增长回落,许多传统产业出现生存危机,甚至连石化、钢铁等重工业企业也出现严重亏损,经济形势十分严峻。如何化解国际金融危机的影响,继续保持浙江经济平稳较快发展,这是浙江省委、省政府所要解决的重要课题,也是分管浙江全省工业经济的金德水副省长的重大任务。

"虽然许多产业滑坡,但其中浙江民营汽车产业还是具有发展潜力的。"这是金省长在考察全省工业经济后得出的结论。我想,此结论就是金省长思考发展民营汽车产业的现实依据和出发点。我认为,把发展民营汽车产业作为突破口,带动相关产业的发展,同时也通过汽车产业转型升级来带动其他产业的转型升级,从而提高浙江经济的竞争力,这是金省长当时的战略构想。他的这一战略构想在他2008年6月18日给我的批示函中表达得十分明确:

金德水副省长对本课题大纲修改的影印件

单东同志:

您对民营经济研究有独到见解,有影响力,也有成果。我想给您出个课题"全球化·浙江民营经济汽车产业升级的挑战、机遇、使命的对策研究"(名称可以完善,初定),汽车产业是资金、技术密集型、市场竞争激烈的成熟产业,由于其对相关产业关联性、带动性强,浙江又是整车的后起之省,零部件大省,产业链比较完整,市场主体基本上是民营企业,因此,通过对吉利、青年、康迪整车厂以及万向等零部件企业的深化研究,可以总结该产业发展经验和教训,努力探寻产业发展规律,为产业转型升级提出重大对策措施,其成果为省政府所用,以指导我省汽车产业提升,增强竞争力,实现可持续发展,同时也可为其他产业转型升级起到借鉴作用。请酌。

金德水

08 6 18

金省长还说:"要通过汽车产业转型升级看产业升级的共性和特殊性,这个课题对发展浙江省汽车行业有重要意义,对其他产业也能起到借鉴作用。"由此可见,金省长还想通过对汽车产业的转型升级找出产业升级的一些共性和特殊性,以指导其他产业的转型升级。

我也意识到:金省长从浙江经济发展大局出发,高瞻远瞩地提出这一课题,这绝不是一般的学术课题,而是具有现实针对性和战略意义的重大课题。我感到责任重大,所以一开始不敢承担。我对金省长说:"我是搞宏观经济理论的,对汽车行业不熟悉。"金省长说:"我就是要搞宏观经济的人来研究。"金省长如此信任,我深为感动,心想:不能辜负金省长的信任,不管有多大的困难都要挺过去。在金省长的鼓励下,我斗胆挑起了这个课题的担子。

单东教授受浙江省副省长毛光烈委托的课题

2011年10月12日,意外中我接到了毛省长的电话。通话虽然短暂,内容也只是宽泛地提到了当下浙江经济发展存在的问题和现象,但却为《浙江中小民营企业转型升级问题研究》的面世拉开了序幕。11月21日,毛省长通过短信提出让我做课题。12月8日,毛省长约我到他办公室谈了一个上午,涉及的内容很广泛:浙江的经济问题;他如何和美国商务部部长助理谈知识产权问题;在浙江大学与硕士生、博士生谈如何做毕业论文等。这是一次省长与学者的对话,随和而率真,理性且务实。他广博的见识让我颇受启迪。

毛省长说,上次我跟你讲的,我觉得,民营经济这些方面如可以做点文章,我给点课题你做就是了,叫你的博士生做就行了,这是跟民营经济研究中心、民营经济研究会有联系的,跟你带的博士生有联系的,跟我的工作、我需要的东西有联系的,跟国家的大局都有联系的。

我对毛省长说,为省政府做课题责任重、压力大。2008年,我为当时的金德水副省长做过有关民营汽车产业课题。2008年,国际金融危机给浙江经济带来了很大困难,如何迎接挑战,摆脱困境,省委书记赵洪祝同志当时要金德水副省长找突破口。金省长通过调研发现,浙江可以以民营汽车产业作为突破口,赵书记同意了。金省长要我做这个课题,一开始我不敢接受,后来在他的一再鼓励下,我才应承下来。因为当时的客观背景,金省长对课题必须抓得紧,催得急是理所当然的。我这个人,有点完美主义,一旦接受的任务,都会力求圆满完成。给省政府做课题要有战略的思路、全局的观念,又要有突破口,具有可操作性。

我同样怕接受毛省长的这一课题。毛省长为了鼓励我接受,做了很好的思想工作,让我消除顾虑。他说:你研究中心主任也是啊,会长也是啊,下面一帮人,你让他们没事干也不行啊。你当这个头嘛!也要给他们一点机会喽。

毛省长的话深深地感动了我,我高兴地接受了。我对毛省长说,命题我自己想,最后要给您看,您认为选题可以,我再开始做,要是不可以,就不做。课题总要对政府有点用,或者对您的工作有点参考价值。

根据自己对毛省长讲话精神的领悟,我初拟了一个课题大纲,分四个部分:背景篇、发展篇、案例篇、总结篇,暂定为十三章。大纲共一万余字,于2012年1月17日呈报毛省长审阅。毛省长1月19日就作出了批示:

开展中小民营企业研究很有必要,我赞成……具体研究工作,请经信委(中小企业局)、科技厅等各有关部门积极参与并配合支持!

得到毛省长的批示后，我深受鼓舞，对初拟大纲又进行了一次修改，增列一章，并于2012年2月6日向毛省长呈上大纲第二稿。3月9日，我邀请了部分专家和领导对课题大纲第二稿进行了审议，在听取各方面意见的基础上形成了大纲的第三稿。我3月21日呈上，毛省长次日即作了批示：

这个课题我同意立项，具体由省经信委（中小企业局）负责联系，希望能根据当前及今后面临的形势，重点研究加快民营经济（中小企业）转型升级、再创新优势的对策举措，提供这样的咨询性的研究报告。

…… ……

按照毛省长的批示，我把课题立足到转型升级和具有咨询性报告上来，对课题作了调整，组织开展调研，于2013年5月8日完成了课题的阶段性报告，并呈报了毛省长。毛省长5月21日又作了批示，批示内容是：

建议将中小微企业的升级发展中的矛盾问题解决的研究作为重点。

根据毛省长这一新的批示，我对课题又做了调整，并于2013年6月27日以"一个总报告、八个分报告"的形式再呈送。毛省长于7月2日作了圈阅。

调研很辛苦。舟车劳顿，往往下午两点才进午餐，八九点钟进晚餐更是常有的事。2013年7月，酷暑、劳累和压力终于把我击倒了，生病住院期间，课题陷入群龙无首的境地，被迫耽搁下来。待我恢复后，抓紧时间修改课题报告，并终于在2013年10月10日完成了课题的结题工作，并呈送毛省长。

毛省长10月18日即对课题作了重要批示：

很有参考价值。请科技厅、经信委、金融办、国税局、地税局、人行、银监局、商务厅参阅。

课题成果也得到了主管部门和社会的认可。浙江省科技厅在2013年10月将课题总报告以《我省中小民营企业转型升级面临的问题和建议》在科技厅自己的刊物上发表，同时将报告报省委办公厅、省政府办公厅，"送省人大、省政协领导、国家科技部办公厅、省科教领导小组成员单位、各市科技局、各高校、科研院所、省软科学专家咨询组成员"。省经信委和科技厅对课题也做了评审。

浙江省经信委的审核意见如下：

省政府课题《浙江中小民营企业发展研究》成果的报告《浙江中小民营企业转型升级面临的问题和建议》已获毛光烈副省长的重要批示："很有参考价值。请科技厅、经信委、金融办、国税局、地税局、人行、银监局、商务厅参阅。"我们同意毛省长的批示。为了完成本课题，课题组进行了大量的调研，深入分析了当前民营企业转型升级遇到的问题，并据此提出了针对性的思路和建议，对推动我省民营企业加快转型升级和发展具有很强的实践指导意义和借鉴参考价值。

省科技厅的审核意见如下：

《浙江中小民营企业转型升级面临的问题和建议》的报告是建立在课题组对省内外众多民营企业的调研基础上的，报告中指出的民营企业发展中遇到的问题，具有一定的典型性和代表性。报告对于进一步推动浙江中小民营企业转型升级提出的七项具体建议，对有关部门指导我省民营经济的转型升级和持续健康发展很有参考价值。

同时，这一课题在社会上也引来了广泛的回应，获得了省内外媒体的关注和报道。

2014年3月10日，《浙江日报》以"切实推进我省中小民营企业转型升级"为通栏大标题、用近三分之二个版面摘登了课题报告。2014年4月3日，总部在广州的《21世纪经济报道》也以近二分之一的版面刊登了该报记者对我的采访《调研称浙江中小民企转型升级存五难点》。中共中央编译局主管的国家级双月刊《经济社会体制比较》（2014年第2期）发表了我以调研资料为基础所撰写的论文《浙江中小民营企业转型升级问题研究》"万言书"。2014年5月8日，《杭州日报》"学与思"版刊登了课题中的《完善创新创业服务体系促进中小民营企业转型升级》；6月12日，又刊登了课题中的《为浙江中小民营企业转型升级发展生产性服务业》。由国务院发展研究中心主管的《中国经济报告》（2014年第6期）以"浙江中小民企融资难题"为题刊登了几个版面的课题内容。

作者与著名经济学家、原中顾委委员,中国社会科学院副院长、学部委员于光远先生（1915年7月5日-2013年9月26日）有25年的友谊。他给作者主编的《浙江民营经济年鉴》作序多年,在他90岁高龄时,还在百忙中为作者的《民营经济论》一书写序。

"世界马克思经济学奖"获得者张薰华教授,毕生研究《资本论》,是研究《资本论》的泰斗,2021年2月1日仙逝,享年100岁。

左图是作者回母校复旦大学参加张老师90华诞庆典时的合影。

著名经济学家蒋学模（1918年3月24日-2008年7月18日）是作者在复旦大学经济学系读书时的政治经济学老师。他为作者《浙江民营经济年鉴》作序多年，还为作者的著作取书名和作序。作者的《经济理论与经济改革探索》书名就是蒋老师取的，序也是他写的。蒋老师的写作风格和治学态度对作者成为经济学家有决定性影响。

作者向浙江省副省长毛光烈介绍浙江财经学院院长、浙江省政府咨询委员会委员王俊豪。

2008年11月30日在北京举行所有制改革与经济发展研讨会

中央财经大学党委书记邱东教授致辞。邱东书记指出：中央财经大学中国发展和改革研究院是经教育部批准成立的，近年来，研究院在邹东涛院长主持下成果丰硕，影响巨大。

中央财经大学中国发展和改革研究院院长、《中国所有制改革30年（1978～2008）》第一作者邹东涛教授在研讨会上作主题报告。

中央财经大学中国发展和改革研究院特聘作者为研究员、博士生导师。图为作者（右）接受中央财经大学中国发展和改革研究院院长邹东涛教授（左）颁发的聘书。

中央财经大学中国发展和改革研究院常务副院长、《中国所有制改革30年（1978～2008）》第二作者欧阳日辉副教授在研讨会上发言。

中央财经大学中国发展和改革研究院院长、教授、博导邹东涛（左）和作者合影。

2016年5月21日，作者出席中央财经大学博士研究生学位论文、博士后出站论文答辩会

2001年11月11日，作者应浙江省委副书记梁平波同志邀请参加由中央党校常务副校长郑必坚和副校长李君如率队的十六大报告起草小组，在浙江国宾馆召开的"社会主义劳动和劳动价值论"座谈会。会上作者发言阐述了十六大报告不拟写入"社会主义劳动和劳动价值论"的理由，由此认识了李君如副校长。梁副书记在会上还表扬了作者，说："单东老师是我们浙江首先提出应该让私营企业主入党的。"2010年作者在北京的研讨会上，与李君如同志合影留念。

作者与中央财经大学科研处处长孙宝文教授（右）在研讨会上合影留念。

2013年5月19日作者出席中央财经大学博士研究生论文答辩会

社会科学文献出版社总编辑、中央财经大学中国发展和改革研究院院长、博士生导师邹东涛教授出席中央财经大学博士研究生论文答辩会

博士研究生论文答辩前的现场准备

中央财经大学2010级博士研究生马爱玲正在进行博士研究生论文答辩

中央财经大学2010级博士研究生栾大鹏正在进行博士研究生论文答辩，现为商务部研究院博士后、主任编辑

答辩结束后，答辩委员会委员欧阳日辉、邹东涛、单东（前排从左至右）与获得博士学位的博士研究生合影

作者与其所带的博士研究生马爱玲合影

答辩委员会委员祝贺四位博士研究生顺利通过博士毕业论文答辩

庆祝酒宴上,四位博士研究生向博士生导师邹东涛教授(前排右1)敬酒

庆祝酒宴上,四位博士研究生向作者(右1)敬酒

中央财经大学中国发展和改革研究院常务副院长欧阳日辉(左)和作者合影

作者(中)与其所带的2010级博士研究生马爱玲(右)及2012级博士研究生付丽琴(左)合影

中央财经大学校长王广谦在2011届毕业典礼暨学位授予仪式上致辞

左2欧阳日辉、左3邹东涛、左4单东等导师与博士毕业生在毕业典礼上合影

中央财经大学中国发展和改革研究院领导和导师与获得博士学位和硕士学位的弟子合影

作者(右)与其所带2011届博士研究生仇喜雪博士(左)在典礼仪式上,仇喜雪已在北京传媒大学任教

作者(中)与其毕业的博士仇喜雪副教授(右)、博士研究生付丽琴副教授(左)合影

作者2011年在中央财大辅导其弟子——中央财经大学在读博士生、广西师范大学经济学副教授、硕士生导师仇喜雪(中)和在读博士研究生、内蒙古财经大学经济学副教授马爱玲。

2005年作者在浙江财经大学辅导其弟子硕士研究生蔡青(现任浙江省社科联规划处处长)

2019年4月启动的中国特色高水平高职学校和专业建设计划（简称"双高计划"）

2019年4月启动的中国特色高水平高职学校和专业建设计划（简称"双高计划"），是中共中央、国务院做出的重大决策，旨在集中力量建设一批引领改革、支撑发展、中国特色、世界水平的高职学校和专业群。

浙江省民营经济研究中心作为民营经济发展的智库，将有力地推动浙经院双高建设，推进浙经院以两个专业群为龙头，使学校达到引领立德树人的育人标杆，引领供应链职业类型教育的典范，引领供应链技术创新高地，引领与企业大学协同共生的服务样板，引领文化育人的职教表率，引领中国职教方案国际输出的先锋，建成具有中国特色、国际知名的集成式供应链产业学院的发展目标。

邵庆祥院长与作者（中心主任）参加揭牌仪式

单东教授主编的原公开刊物《民营经济》杂志颇受民营企业和民营经济理论研究者欢迎，所发表的学术文章，中国人民大学复印资料转载率较高。

许鲜苗硕士是《民营经济》杂志的主要编辑和记者。2010年考入浙江省公务员。此后到华为任职，作为业务骨干外派非洲、欧洲多国，现任华为欧洲巴尔干区域终端HRD。

左1寿炜，现为民营企业家，左2孙红伟是《民营经济》杂志和《民营经济通讯》的主要编辑（现在吉林某大公司任人力资源部经理），右1韩鑫现任中华人民共和国司法部处长，挂职中共平昌县委常委、副县长。

王朝丽，原《改革月报》杂志社理论部主任。1997年4月赴美国读硕后，移民美国。王朝丽每次回国都拜访作者，并长期保持交流。此照2017年11月16日摄于杭州。

2017年11月16日《改革月报》杂志社同仁相聚在杭州。后排左3副总编盛益军（现省金融办副主任），沙发从左至右：左1副总编李宝泰、左2副总编周志埔、左3副总编单东、左4副总编胡雪良。

浙江民营经济年鉴社副社长、原省政府副秘书长、省政府办公厅主任俞仲达

《浙江民营经济年鉴》副总编、原省体改委副主任、舟山市市长、省交通厅厅长、省人大常委会外事委主任郭剑彪

作者任社长兼总编的《浙江民营经济年鉴》（原《浙江非国有经济年鉴》）是在原浙江省委书记张德江同志的支持下创办的。

2000年11月16日，张德江书记作如下批示："出版《浙江非国有经济年鉴》，我赞成。我不作序，不题词，请谅解。德江16/11"
《浙江民营经济年鉴》从2000年创刊至今已出版23部。

浙江民营经济年鉴社副社长、原省政府副秘书长、省政府办公厅主任陈国平

2011年7月12—13日，作者在浙江新昌县"投资浙江，回报家乡"调研座谈会上指导新昌民营企业"回报家乡"。

2014年9月6日，作者应邀出席在复旦大学举行的"经济转型暨徐桂华教授80华诞庆典"时，与其老师合影。

2015年6月6日，作者在浙江省民营经济研究中心主办的"混合所有制经济与发展民营经济高峰论坛"开幕式上致辞。

2015年10月24日，作者给研究生辅导后，在办公室合影。

全国部分重点公共、重点高校图书馆收藏《浙江非国有经济年鉴》
《浙江民营汽车产业转型升级战略研究》

浙江省民营经济研究中心主任、浙江财经学院经济学教授、中央财经大学中国发展和改革研究院博士生导师单东教授主编的《浙江非国有经济年鉴》即《浙江民营经济年鉴》及其专著《浙江民营汽车产业转型升级战略研究》先后被全国部分重点公共、重点高校图书馆收藏。

《浙江民营经济年鉴》每本140万字，每年一本，中华书局出版

《浙江中小民营企业转型升级问题研究》系浙江省副省长毛光烈同志委托作者承担的省政府课题的研究成果

《经济理论与经济改革探索》，2005年山西经济出版社出版，360千字

《民营经济论》，2005年山西经济出版社出版，560千字

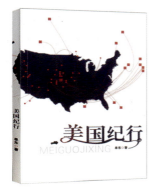

2006年11月2日至8日，作者率浙江省部分民营企业家赴美国考察后所撰写的著作

2005年暑假，作者赴韩、俄、日三国考察后所撰写的著作

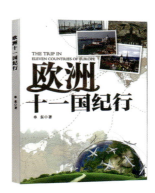

2003年11月19日至12月3日，作者率浙江省民营企业家赴欧洲十一国考察后所撰写的著作

自序

拙著《民营经济新论》是我2005年出版的《民营经济论》一书的续集。

改革开放以来,党和国家领导人高度重视民营经济的发展。习近平总书记多次强调,"我国民营经济已经成为推动我国发展不可或缺的力量","我国经济发展能够创造中国奇迹,民营经济功不可没!"(2018年11月1日在民营企业家座谈会上的讲话)他指出:"民营企业和民营企业家是我们自己人。"(同上)习近平总书记在广西视察时对民营企业家说:"我们鼓励民营企业发展,党和国家在民营企业遇到困难的时候给予支持、遇到困惑的时候给予指导,就是希望民营企业放心大胆发展。"(新华社2021年4月27日电)2021年,中央政治局会议指出,要"优化民营经济发展环境"(新华社2021年4月30日电)。在党的二十大报告中,习近平总书记再一次重申"优化民营企业发展环境,依法保护民营企业产权和企业家权益,促进民营经济发展壮大"。他还指出,要"加强反垄断和反不正当竞争,破除地方保护和行政性垄断"。

党的二十大后首次中央经济工作会议,2022年12月15—16日在北京举行。习近平总书记在会上强调:"必须亮明态度,毫不含糊,始终坚持社会主义市场经济改革方向,坚持'两个毫不动摇'。""党的二十大报告鲜明提出'促进民营经济发展壮大',这是长久之策,不是权宜之计。""民营企业是在党的领导下,依靠党的政策和自身努力发展起来的。我是一贯支持民营企业的,也是在民营经济比较发达的地方干过来的。"会上,党中央释放的政策信号十分清晰:"要从制度和法律上把对国企民企平等对待的要求落下来,从政策和舆论上鼓励支持民营经济和民营企业发展壮大。""依法保护民营企业产权和企业家权益。""各级领导干部要为民营企业解难题、办实事,构建亲清政商关系。"(《人民日报》2022年12月18日第1版)

2023年3月13日,十四届全国人大一次会议闭幕后,李强总理在出席记者会并回答中外记者提问时表示:"在发展民营经济这个问题上,党中央的方针政策一直是非常明确的。党的十九大、二十大和去年的中央经济工作会议,都作了强调。对此,我们是旗帜鲜明、坚定不移的。""民营经济的发展环境会越来越好,发展空间会越来越大。"

"我们各级领导干部要真诚关心、服务民营企业，构建亲清政商关系，带动全社会形成尊重创业者、尊重企业家的良好氛围。"(新华社2023年3月13日电)

2023年4月21日，习近平主持召开二十届中央全面深化改革委员会第一次会议。会议指出，支持民营经济发展是党中央的一贯方针。促进民营经济发展壮大，要着力优化民营经济发展环境，破除制约民营企业公平参与市场竞争的制度障碍，引导民营企业在高质量发展中找准定位，通过企业自身改革发展、合规经营、转型升级，不断提升发展质量。要充分考虑民营经济特点，完善政策执行方式，加强政策协调性，推动各项优惠政策精准直达，切实解决企业实际困难。要把构建亲清政商关系落到实处，引导促进民营经济人士健康成长。

2023年7月19日，中共中央、国务院印发《中共中央 国务院关于促进民营经济发展壮大的意见》，从民营经济的发展环境、政策支持、法治保障以及促进民营经济人士健康成长等方面，提出31条重要举措。《国家发展改革委等部门关于实施促进民营经济发展近期若干举措的通知》随即发布。10月10日，最高人民法院发布《最高人民法院关于优化法治环境 促进民营经济发展壮大的指导意见》。

2023年10月24日，习近平总书记致信祝贺中华全国工商业联合会成立70周年，强调要**"把广大民营经济人士更加紧密地团结在党的周围"**，并指出：**"希望广大民营经济人士切实贯彻新发展理念，大力弘扬企业家精神，争做爱国敬业、守法经营、创业创新、回报社会的典范，为全面建设社会主义现代化国家、全面推进中华民族伟大复兴贡献力量。"**(新华社2023年10月24日电)

2023年11月27日，中国人民银行等八部门联合印发《关于强化金融支持举措 助力民营经济发展壮大的通知》，提出支持民营经济的25条具体举措。

2024年3月8日，十四届全国人大二次会议上，全国人大常委会工作报告提出，2024年将制定《民营经济促进法》等法律。这表明，国家在不断营造有利于民营经济发展的良好营商环境。

习近平总书记和党中央支持民营经济的发展，让民营经济的创新源泉充分涌流、创造活力充分迸发，必将推动民营经济的蓬勃发展，为民营经济发展带来中国式现代化的新格局。

总书记和党中央对发展民营经济的高度重视和支持，也给我这位长期从事民营经济研究的学者提供了强大的动力。

浙江是中国市场经济改革的先发地，也是民营经济的萌发地，我有幸在这块土地上学习、工作和生活，将浙江作为我长期研究、探索中国市场化改革和民营经济发展的深厚土壤。这既是我的时代机遇，也是我作为学者的使命！

·02·

　　我是从1989年开始涉足民营经济领域的,但真正把研究重点转向民营经济是1993年。当时我在浙江省政府经济体制改革委员会工作,兼任《改革月报》副总编和《改革文摘报》主编,分管理论部,有机会接触了解到全省各地企业改革的情况。经过一段时间的基层调研,我发现温州、台州地区的非公有制企业充满活力,与部分国有企业形成了鲜明的对比。这使我认识到,要想激活国有企业,实行民营化是一条重要的途径。于是,我把研究的重点转向民营经济,并想通过发展民营经济来激活国有企业。

·03·

　　在当时,私有化是最敏感的问题。为了推行民营化改革,首先要舆论先行,使人们不要误把民营化等同于私有化。为此,我发表了《国有不等于国营　民营不等于私有》(《改革月报》1996年第6期),对"国有"和"国营"、"私有"和"民营"两对概念进行了辨析。

　　为了说明在社会主义条件下私有经济和社会化大生产能够相容,我又发表了《论生产社会化与私人资本在社会主义市场经济条件下的相容性》(《浙江学刊》2000年第1期),从而为民营经济的发展提供理论依据。

　　我之所以发表这些论文,正是出于通过理论和舆论两大途径,破除传统观念在所有制问题上的束缚,为非公有制经济发展打开大门这一初衷。

·04·

　　随着民营化改革的呼声日高,"民营经济"这个概念也引发了广泛的争论。所谓名正才能言顺。要发展民营经济,必须先进行宣传;要进行宣传,就得先把民营经济的概念阐释清楚。于是我发表了《民营经济及其相关概念》(《特区经济》1997年第10期),对民营、民营企业、民营经济、民营化等概念加以界定和规范。

　　文章发表后影响颇大。当时在广东召开"面向21世纪民营经济研讨会",《人民日报》某部和会务组一起邀请我出席会议。《人民日报》某部同志亲临浙江,陪同我一起前往。

　　研讨会上,诸多媒体人对我提出的"民营"和"私有"的概念厘清十分关注,并纷纷于会后对我进行采访。《特区工报》更是以通栏大标题刊出《不能把"民营化"误解为"私有化"——访著名经济学家单东》(1997年12月23日)。

《中国改革报》也对我进行了专访,并先后发表了《民营经济是与市场经济运行相匹配的经济范畴——访著名经济学家单东教授》(1998年2月23日)和《民营经济可以使公有制与私有制互为实现形式——访著名经济学家单东教授》(1998年4月20日)。

1998年2月,《浙江社会科学》发表了我的论文《民营经济论》;1998年1月26日和7月20日的《中国改革报》还相继发表了我的《个私经济:怎么会是公有制的实现形式?》和《非公经济:能够解决效率和公平问题吗?》(与孔祥有同志合作,浙江省广播电台曾全文播发,《决策科学》等杂志全文转载)。

这些文章传播很广,甚至传到了日本和美国,影响迅速扩大。美国的柯尔比科学文化信息中心将我的《民营经济论》评为国际优秀学术论文,并选入全球信息网作世界性介绍。我应日本亚洲经济研究所所长、著名经济学家山泽逸平的邀请,两次到日本访问和进行学术交流。在日本亚洲经济研究所举办的国际论坛上,我的演讲受到了大会的瞩目,引发了与会者的热烈反响,之后,演讲获评为亚洲第一。

访日期间,大原盛树研究员还陪我参观了日本部分高校和科研单位,与一些学者进行了座谈交流。

由于我对所有制结构改革、国有产权改革及民营经济相关的诸多问题进行了广泛深入的研究,提出了不少的改革意见和政策建议,在国内产生了较大的影响。湖北省委政研室、哈尔滨市政府体改委领导专程来浙江省体改委拜访我,并请我帮助他们制订发展民营经济的文件;重庆市渝北区经济信息化委员会组织党政干部和民营企业家、苏州高新区统战部组织工商联商会民营企业家来浙江请我做专题讲座,浙江大学、浙江省委党校干训班和江西财经大学等单位也请我去做讲座。

2021年5月18日,当我沉浸于写这篇《自序》时,四川省成都市新津区宣传部理论学习中心组邀请我去授课讲民营企业高质量发展。

2021年6月9日,我正在修正《自序》,收到了英国广播公司(BBC)上海分社要采访我的函,说"可以视频电话在线采访,也可以来杭州当面采访,拍摄20分钟,最后在BBC世界新闻频道播出。主播白洛宾,摄像师爱德华·劳伦斯……"

我的努力取得的成果,得到了社会的认可。浙江省副省长金德水同志在委托我给他做课题的信中写道:"单东同志:您对民营经济有独到见解,有影响力,也有成果……"

毛光烈副省长也委托我做了省政府的课题。沈祖伦省长多次口头和书面赞扬我对浙江民营经济的贡献,还把他的著作赠送给我并题写"单东教授指教",我感到受宠若惊。他还约我常到他的办公室交流。

党的十四大已明确提出把建立社会主义市场经济作为经济体制改革的目标。如果没有多种经济成分的共同发展,就不可能形成市场经济;而要让多种经济成分共同发展,就必须打破国有经济一统天下的局面,这就必须对我国所有制结构进行合理的调整。就此,我发表了《企业产权改革的内容与目标、步骤与形式》(《经济学消息报》1993年9月9日)一文,对我国所有制结构的调整,提出了改革的意见和建议。

我提出,社会主义国家拥有1/3的国有资产就够了,国有资产应转让掉2/3的国有产权,这样,就可以为民营经济提供较大的发展空间。拙文提出:"各种所有制经济的不同比例只能根据效率原则、生产力标准在实践中加以确定,而无须我们先验地加以人为规定。只有随着各种所有制经济竞相发展,在其潜能获得充分显现的基础上形成的比例才是反映客观经济关系的,也只有这种客观比例关系才可以作为所有制结构改革目标的参考值。在各种所有制经济成分的潜能获得充分发展的基础上形成的客观比例关系就是开放型所有制。形成这样一种所有制结构,要求打破所有制等级制度,恢复不同所有权在经济运行中的平等地位,同时要求不同所有制间形成亲和关系,在充分吸纳其他所有制经济成分的基础上最大限度地发展该所有制经济成分的潜能。"

我还提出:"给非国有经济以更大的发展空间,使非国有经济,尤其是私营、个体经济成为我国市场经济的重要组成部分而不仅仅是有益的补充,这应成为90年代我国所有制结构深化改革的一项重大内容。"在同年12月发表的另一篇论文中,我又明确提出:"从构筑社会主义市场经济新体制的角度出发,非公有制经济仅仅作为有益补充而无法发展成为社会主义市场经济的重要组成部分,是无法让人理解的。"

四年多之后的1997年9月12日,党的十五大报告提出了"重要组成部分"的论断。党的十五大报告是这样表述的:"非公有制经济是我国社会主义市场经济的重要组成部分。对个体、私营等非公有制经济要继续鼓励、引导,使之健康发展。"报告精神与我之前的建议不谋而合,令我内心无比欣慰。

上述观点集中体现在我1993年1月发表的《90年代深化所有制结构改革的取向》(《浙江社会科学》1993年第1期)等论文中。我的这些论文,不仅是为发展民营经济提高人们的新认知,而且也是在为发展民营经济奠定理论基础。

习近平总书记指出:"公有制经济、非公有制经济应该相辅相成、相得益彰,而不是

相互排挤、相互抵消。"(2018年11月1日在民营企业家座谈会上的讲话)。但是,在现实经济社会中,民营经济在市场准入、资源配置、市场竞争等方面,并未得到与国有经济同等的权利,这就制约了民营经济的发展空间。

何种因素制约了民营经济的发展空间?是垄断。垄断是市场经济的大敌。在我国,不仅有自然垄断(如阿里巴巴的平台垄断),还有凭借公权力取得市场支配地位的行政垄断。垄断限制了市场竞争。

我国虽有了《反垄断法》,但不够完善,没有重视反行政垄断。行政垄断垄断了重要的资源和市场,导致不同所有制经济,如民营经济在市场准入和资源配置等领域,不能享有同等的权利。为了给民营经济取得公平竞争的市场经营环境,让民营经济为我国经济发展做出更大贡献,有必要修改和完善《反垄断法》,把反行政垄断列入反垄断法条款中。

为此,我一鼓作气发表了《垄断经营不应成为改革的取向——评〈邮政法〉修改稿第七稿》(《经济学消息报》2006年4月21日)、《〈反垄断法〉不能没有"反行政垄断"》(《经济学消息报》2006年7月21日)、《改革收入分配制度 打破行政垄断是关键》(《中国改革报》2006年9月14日)、《评反垄断法中"另有规定"条款》(《中国改革报》2006年10月23日)、《不应否认行政垄断的存在——由全国人大法委会主任委员称"我国不存在行政垄断"所想到的》(《经济学消息报》2008年3月21日)、《保护市场竞争的思考》(《中国改革报》2008年4月14日)等文章。

我以石油行业为例,依事实为依据,撰写了《中国石油行业行政垄断的成因、危害及解决之对策》(《经济社会体制比较》2010年第5期)等论文。

习近平总书记指出,**要对各类所有制企业执行同样标准,不能戴着有色眼镜落实政策**;并指示,**要清理违反公平、开放、透明的市场规则的政策文件,推进反垄断、反不正当竞争执法**(2018年11月1日在民营企业家座谈会上的讲话)。

中央十分重视反垄断。2020年中央经济工作会议明确指出要强化反垄断。2021年召开的中央财经委第九次会议强调"促进公平竞争,反对垄断"。2021年4月30日,中央政治局会议指出,要"优化民营经济发展环境,促进公平竞争"。我的上述文章从不同的角度,提出了修改《反垄断法》的意见和建议。我坚信只有完善《反垄断法》,才能促进民营经济的发展壮大。

· 07 ·

我重视对民营企业进行调研,从调研中了解民营企业的困难和问题。如我在《林瑞荣副主任和单东会长对话温州民营经济》一文中,反映了温州民营经济发展中最大的困难是企业用地不够。政府缺少给民营企业一个做大自己窝的条件。其他的诸如基础设置不配套等问题,也一直影响着温州的民营企业发展,企业厂房造好了,路不通、电没有、水供不上,企业无法开工生产,这是政府未做好为民营企业的服务工作,由此带来的负面效应就是导致当地企业外迁他省他市,影响了温州当地的经济发展。

在温州市龙湾区调研时,民营企业经营者提出了一个好奇的要求,他们希望政府统一提"民营经济",而不要再提"非公经济"。他们说:"'非公经济'是贬义的,为什么不统一提'民营经济'?"他们不知道,"民营经济"不等于"非公经济","非公经济"也不能代替"民营经济"。从他们喜欢提"民营经济"而不喜欢提"非公经济"来看,民营企业家对所有制歧视还是很敏感的(《影响民营企业发展的障碍——对温州市龙湾区民企的调研》,《民营经济通讯》2005年第11期)。所以,破除所有制歧视问题,我们仍不可忽视。

另一个问题是负税不公。这是全省民营企业普遍反映强烈的问题。我在浙江舟山市调研时,民营企业家反映,降低税负是对民营企业最实惠的支持。在税收方面,据我的调研所知,民企在交了企业所得税后,所得利润还得交个人所得税。在我国,国家对民营企业购买固定资产设备不实行增值税抵扣,而外资企业和国有企业可以享受抵扣,这是明显的所有制歧视。习近平总书记指出,**"国有企业和民营企业要一视同仁"**(《学习时报》2021年4月14日)。民营企业税负重于外资企业和国有企业,民企在国内国外两个市场竞争中都处于弱势。这个问题,我在原浙江省副省长毛光烈同志委托我所做的课题并已出版的《浙江中小民营企业转型升级问题研究》一书中提出了改进的意见和建议,有兴趣的读者可以参考。

·08·

我在与许多民营企业家交谈中发现,由于多种原因,很多民营企业家在发展过程中普遍缺乏品牌意识。我觉得应该给民营企业补上品牌课。让他们认识到,好的品牌能使企业立于不败之地。尤其是在我国市场经济不断发展壮大的当下,品牌就是一家企业的竞争力。

为了促进民营企业创建品牌,我发表了创建品牌的一组文章:《民企为什么要创品牌》《认清民企创牌的成绩与不足》《民企品牌建设的途径》《民企需要怎样的创牌环境》。最后,我全面总结和论述了这一问题,发表了《论民营企业的品牌建设》(《特区经济》2007年第9期)。

我的论文发表后寄给一些民营企业老总,他们很赞同我的观点,并表示要认真考虑创自己的品牌,使自己企业的产品能占领更广阔的市场。如果千千万万的民企都重视创建品牌,我们就有可能使更多的中国品牌走向世界。

·09·

创新是企业的灵魂。习近平总书记在广西考察时指出:"**创新很重要,只有创新才能自强、才能争先。**"(新华社 2021 年 4 月 26 日电)

发现中小民营企业缺乏自主创新意识,于是我发表了《论民营企业的自主创新》(《特区经济》2006 年第 2 期)。创新应该依靠科学技术,于是我把我率领民营企业家赴美国考察后发表的论文《借鉴美国民营企业科技创新经验 提高我国民营企业科技创新能力》(《特区经济》2008 年第 2 期)寄给我所熟悉的民营企业家,他们赞同我的观点。

我在温州召开民营企业座谈会时,民营企业家对这个问题反映很强烈,他们说,自己一个新产品刚开发出来,很快就被别的企业模仿后推到市场上了,知识产权得不到保护,创新成本都收不回来。针对这一情况,我发表了《关于创新和完善民营企业法律保障体系的问题》(《特区经济》2006 年第 8 期)一文,建议政府为民营企业保护知识产权制定法律保障体系。

·10·

习近平总书记在广西考察时指出,"**不管我们发展到什么程度,都不能离开实体经济**"(新华社 2021 年 4 月 26 日电)。随着民营经济的快速发展,民营资本也得到了快速积累。有数据显示,仅温州人手中就有 6 000 亿元以上的闲置资金,这些闲置资金被人们称作"游资",资金到全国各地去"游",即把钱拿去炒作,什么"温州炒房团""温州炒煤团""温州炒棉花团"等等。这巨额的游资没能用来发展实体经济,导致温州产业空心化。

如何把巨额游资转化成推动实体经济发展的动力? 我发表了《如何有效地转化民间资金为产业资本》(《中国社会科学报》2011 年 7 月 28 日)和《民营企业应积极发展战略性新兴产业》(《特区经济》2011 年第 11 期),希望引发更多的讨论和研究,并能切实解决问题。

就全国而言,2012 年,民间资金已超过 50 万亿元,仅浙江民间资金就超过万亿元。民间资金很难在实体经济中找到合适的出路,庞大的民间游资只能进入楼市、民间高额借贷,并衍生出许多非法集资、集资诈骗大案等等。

为扭转这一局面,我发表了《破解民间资金进入实体经济的制度性障碍》(《特区经济》2012 年第 3 期)。文章指出:要让"游资"进入实体经济,就要尽快制定深化垄断性行业改革的实施细则,促进民间资金进入金融、能源、交通和社会事业等领域。我从解放思想、打破行政性垄断、加大金融改革力度、加强政府对民营企业的扶持力度四个方面,探索了破解民间资金进入实体经济的制度性障碍。

· 11 ·

2008年,适逢我国改革开放30年之际,为了进一步弘扬浙江民营企业家的优秀品质和与时俱进的浙江精神,总结浙江民营经济发展30年的宝贵经验,我发表了《浙江民营经济30年:发展历程与宝贵经验》(《浙江经济》2008年第21期)。

我还举办了"民营经济发展30年论坛"峰会,峰会邀请了亲历、见证浙江民营经济萌发、发展、壮大的政府官员、民营企业家、专家学者现身说法。与会者一致认为,30年来,民营经济为浙江经济做出了重要贡献,这一共识激励了民营经济持续发展,让民营经济走向更加广阔的舞台。

· 12 ·

《中华人民共和国国民经济和社会发展第十四个五年规划和2035年远景目标纲要》提出,"支持浙江高质量发展建设共同富裕示范区"。这是习近平总书记、党中央对浙江的高度信任,是托付,更是责任。浙江民营企业应该积极承担起这一光荣使命。民营经济是推动社会主义市场经济发展的重要力量,是推动高质量发展,建设共同富裕示范区的重要主体。

中央要求浙江高质量发展,浙江广大民营企业如何响应党和国家的号召?我带头行动,发表了《数字经济如何赋能制造业高质量发展》(《浙江日报》2020年4月2日,中国社会科学院社会科学网站同日转载)和《浙江民企出海需发挥数字经济平台优势》(《浙江经济》2020年第10期)两篇文章,以舆论引导浙江民营经济的高质量发展,为建设共同富裕示范区做出贡献。

· 13 ·

我从事教学和科研几十年,付出了辛勤劳动,取得了一定的学术成果,得到了经济学界著名经济学家的好评,选摘如下:

经济学大师、著名经济学家、原中顾委委员、原中国社会科学院副院长
于光远先生的评价:

单东的学术论文,围绕我国体制改革中面临的一系列重要问题进行了研究。作者对产权改革给予高度重视,对国有与非国有经济发展间的关系,国有产权制度、集体产权制度、私有产权制度的改革方向和改革措施,所有制结构改革的数量比例指导思路存在的根本问题,都提出了有价值的见解……

1995年7月5日

经济学大师、著名经济学家蒋学模的评价:

单东同志的论文,集中研究了社会主义市场经济、社会主义国有经济以及与国有企业改革相关的所有制改革和产权制度改革。这正是我国经济体制改革最核心的深层次的理论问题,有重大的理论意义并具有指导经济体制改革的实践意义。论文分别发表在《中国社会科学》《学术季刊》《学术月刊》《社会科学》等国家级和上海、浙江省市级学术期刊上,具有较高的学术水平。具体说来,具有如下特点:

(一)时间跨度大,从时间上看,单东的理论观点有先见性。如……

(二)论文理论与实践紧密结合,有深度,有很强的说服力。……

1995年6月28日

著名经济学家、中国社会科学院原经济研究所所长、原《经济研究》主编赵人伟的评价:

一、单东同志对我国经济体制改革的问题有广泛的研究。他对市场取向的改革,从计划和市场的关系问题的讨论到有计划商品经济、社会主义市场等改革目标的确立,均有系统的论述;对社会主义公有制同商品经济的共融问题,运行机制改革同所有制改革(产权改革)的关系问题也有广泛的探讨。

二、对经济改革中许多问题提出了自己独到见解。例如,关于社会主义商品经济存在的原因,他摆脱了原因论的传统思维,提出了"把社会分工和经济行为主体利益相对独立性作为商品经济存在的两基础"的观点;在企业改革问题上,他明确地提出了承包制的局限性和过渡性;在所有制结构改革问题上,他不同意人为地规定不同所有制经济的数量比例关系,由市场形成的比例关系才是所有制结构改革目标参考值。我认为,这些看法表明他对经济改革的基本问题有较强的敏感性,所提的观点也是比较正确的。

1995年6月25日

著名经济学家、原复旦大学经济学院副院长、复旦大学首席教授、博士后流动站站长伍柏麟写信对我说:

接连读到你发表的文章,很高兴。你的文字技巧和出手之快皆列为上乘。

1986年5月16日

名家对我的成果的赞誉,是对我的关心和支持,更坚定了我进行经济学研究的信心和决心。

我的主要成果是在政治经济学和民营经济两个领域,在这两个领域,我自认为以下诸成果值得一提:

第一,在政治经济学理论领域的成果。

(1) 我论证了马克思所说的"抽象劳动"是一个"永存的范畴",而不是"历史范畴"。

传统的政治经济学教科书在阐述"马克思的抽象劳动"概念时,都把"抽象劳动"说成是一个"历史范畴"。我论证了马克思所说的"抽象劳动"不是"历史范畴"而是一个"永存的范畴",这从根本上颠覆了经济理论界几十年以来对"抽象劳动"的误解(《抽象劳动是一个永存的范畴——兼与"历史范畴"论者商榷》,《浙江学刊》1986年第6期)。

(2) 超越商品经济存在的传统思维,明确提出商品经济存在的根本原因。

我认为,商品经济存在的根本原因是:在不同的所有制特征的背后或同一所有制内部有着不同的利益差异,正是这种不同经济主体间的利益差异和社会分工一起构成了商品经济存在的一般原因。我的这一见解,抛开并扬弃了"从社会分工和所有制归因论揭示社会主义商品经济存在原因的传统思维(《社会主义公有制和商品经济的共融及其现实基础之构造》,《学术月刊》1991年第9期)。我的这一新观点得到了中国社会科学院经济研究所原所长、《经济研究》杂志原主编赵人伟同志的赞同。

(3) 提出了"经济效益"的外延说(《关于经济效益的内涵和外延》,《上海经济研究》1985年第4期)。"经济效益外延"说当年被北京、上海、浙江的多家媒体转发和报道。

(4) 提出所有制结构的比例不能人为地事先规定,应由市场竞争形成的比例关系来决定。

许多学者把人为事先规定的不同所有制的比例作为所有制结构改革的重点。我不同意这种观点。我认为,人为地先提出一个不同所有制经济间的确定数量比例以指导所有制结构改革是不适合的。只有随着各种所有制经济成分在社会主义市场经济的竞相发展,在其潜能获得充分显现的基础上形成的比例,才是反映客观经济关系的,才是所有制结构改革的参考值(《90年代深化所有制结构改革的取向》,《浙江社会科学》1993年第1期)。

(5) 我把学习马克思《资本论》的研究方法——坚持彻底的唯物主义方法——运用到现实经济理论的研究中。

我主要从三个方面理解和学习运用马克思的辩证唯物主义方法:一是正确理解作为经济理论逻辑起点的辩证唯物主义的性质;二是正确理解作为理论发展的逻辑中介的辩证唯物主义性质;三是正确理解作为经济理论研究结果的辩证唯物主义性质。

文章紧密结合《资本论》中的具体实例进行分析,并在日常经济研究和论文撰写中,引进这些方法,使论文的逻辑性更强(《坚持经济研究中彻底的唯物主义——学习〈资本论〉的体会》,《浙江学刊》1990年第5期)。

第二,创新民营经济领域的研究成果。

(1) 任何一门学科的引进,都必须给它下一个明确的定义。

要研究民营经济,就必须把民营经济的概念或定义阐释清楚。为了把民营经济的定义阐释清楚,我连续发表了一系列文章:《民营经济及其相关概念》(《特区经济》1997年第10期)、《对民营经济几种表述的质疑》(《中国民营》2004年第2期)、《"民营经济"不是一个模糊的概念——兼论民营经济统计指标体系的建立》(《经济学家》2005年第11期)、《不能以"民本经济"或"民有经济"代替"民营经济"》(《特区经济》2003年第12期)。《人民日报》《北京日报》予以了转载。

通过系列文章,我将民营经济的定义加以规范。从当年和以后许多研究民营经济的论文中引用了我阐释的定义来看,我的定义已经被不少学者所认可。

(2) 一门学科须有基础理论和应用科学两个部分。民营经济作为经济学的一个分支,亦应如此。

本书中分门别类的论文,其中很多属于民营经济的应用科学部分。

以下论文则属于民营经济的基础理论研究:①《国有不等于国营　民营不等于私有》(《改革月报》1996年第6期);②《不能把"民营化"误解为"私有化"》(《特区工报》1997年12月23日);③《民营经济可以使公有制与私有制互为实现形式》(《中国改革报》1998年4月20日);④《非公有经济:能够解决效率和公平问题吗?》(《中国改革报》1998年7月20日);⑤《论生产社会化与私人资本在社会主义市场经济条件下的相容性》(《浙江学刊》2000年第1期);⑥《让非公经济为人民共同富裕做贡献》(《中国改革报》2006年6月27日)。

上述论文属于基础理论的一部分,但这部分基础理论之所以重要并不可或缺,是因为我国的特殊国情。中国是社会主义国家,长期实行公有制计划经济,私有经济几乎消失殆尽。由于有了1978年开始的改革开放,才诞生出民营经济。

在我国,长期形成的传统观念对发展民营经济造成了许多误解和障碍,诸如什么"发展民营经济就是搞私有化,就是复辟资本主义""私人资本与社会化大生产不相容""私人资本不能解决效率和公平问题"等奇谈怪论。这些传统观念根深蒂固地深植于人们的头脑中,不破除这些思维障碍,不树立新的发展理念,民营经济就不会有今日之澎湃生机。

(3) 1993年1月,在国内,我首先提出非公有制经济是社会主义市场经济的重要组成部分。

这与4年8个月后,即1997年9月12日党的十五大报告提出的非公有制经济是社会主义市场经济的重要组成部分的论断是一致的。

1993年1月,我提出:"给非国有经济以更大的发展空间,使非国有经济,尤其是私营经济成为我国市场经济的重要组成部分而不仅仅只是有益补充,这应该成为20世纪90年代我国所有制结构深化改革的一项重要内容。"

1997年9月12日党的十五大报告是这样表述的:"非公有制经济是我国社会主义市场经济的重要组成部分。"

(4)提出应该让优秀民营企业主入党。

民营经济是改革开放以来在党的方针政策指引下发展起来的。党内有相当多的党员已成为民营企业家,但还有不少优秀民营企业家,他们热爱党,愿意跟党走,在政治上有加入中国共产党的强烈愿望,我认为让这部分人加入我们党,对于发展民营经济有重要意义。鉴于此,我在《光明日报》(1999年11月12日)发表了《优秀私营企业主入党问题不容回避》,对这一问题进行了探讨。

文章发表后产生较大影响,浙江省委也很重视,省委主要领导作了批示。

2001年11月11日,省委领导邀请我参加由中央党校常务副校长郑必坚同志和副校长李君如同志率队的十六大报告起草小组在浙江国宾馆会议室召开的座谈会。**会议主题是十六大报告要不要写进"社会主义劳动和劳动价值论"**。有人主张在十六大报告中应写进"社会主义劳动和劳动价值论"。我在会上发言,详细阐述了**不应把"社会主义劳动和劳动价值论"写进报告的理由**。后来的十六大报告未见提"社会主义劳动和劳动价值论",不知是巧合还是采纳了我的意见。

在这次会议上,**分管意识形态的浙江省委副书记梁平波同志还表扬了我,他说:"单东老师是我们浙江首先提出应该让私营企业主入党的。"**

党组织对民营企业的健康发展非常重要。我认为,不可忽视民营企业党组织的作用,所以我发表了《充分发挥民营企业党组织的作用》(《杭州日报》2001年6月10日)一文。

在中国共产党成立100周年前夕,2021年5月27—28日,在嘉兴南湖——中国共产党诞生地之一,由浙江省民营经济研究中心和浙江职业技术学院共同举办,为庆祝中国共产党成立100周年召开了浙江省民营企业党建工作座谈会。许多民营企业家出席了会议并发了言。

我在座谈会上做了《民营经济 风华正茂》的发言,阐述了民营企业建立党组织的重要性,建议和鼓励民营企业家在自己的企业尽快建立党的组织,已建立党组织的民营企业要发挥党组织的实质作用。

习近平总书记说:"民营企业成长在中国希望的田野上。开始是一片荒芜的田野,在夹缝中求生存。中国走出了一条民营企业发展的道路,何其艰难!这也恰恰是在中国特色社会主义制度下筚路蓝缕开出的一条路。"(《人民日报》2020年5月24日第1版)总书记的这番话是对全国政协的经济界委员说的,但同样说到了我这个从事民营经济研究的学者的心坎里。

浙江发展民营经济也是经历过艰难历程的。在温州,开始时,个别非公企业主被抓,地方政府认为他们是走资本主义道路。1990年2月,省里把积极支持发展非公经济的温州主要领导调离温州。

但是,这一挫折只是短暂的插曲,我也身临其境。当年,我在浙江省政府经济体制改革委员会任职期间,我的《国有不等于国营 民营不等于私有》发表后,机关内个别同志说我这是宣扬私有化。1998年2月,国家工商总局要求"禁提民营",农业部某司长指责"提民营经济是违反宪法的"。浙江省也有高官向媒体宣布:浙江从今日起"禁提民营"。

积极从事民营经济研究的我,受到的压力可想而知。我研究民营经济,何尝不是处在夹缝中,筚路蓝缕啊!但是,我顶着压力,披荆斩棘,坚定地、不倦地、坚持研究民营经济。

好在浙江省的省长是支持发展民营经济的。浙江省人大常委会和省政协也是支持发展民营经济的。

2005年2月23日,浙江省人大法制委员会邀请我担任省人大法制委员会的立法专家,省人大副主任卢文舸同志给我颁发了证书。我受托修改过全国和全省的许多立法文件。

20世纪90年代末,国务院牵头召开北京、上海、广东、浙江和福建五省市省(市)长非公经济论坛前夕,浙江省政府办公厅布置我给省长撰写会议的演讲稿时,我把发展民营经济的观点通过省长的演讲传播出去。

我曾为省委省政府出台发展民营经济政策起草过文件,在民营经济研究历程中我终于"开出了一条路"。

浙江很早就发展民营经济了,并且走出了自己的路子,这是因为有党和政府的重视和支持。我也得到浙江省党政领导的不少支持。

1993年,在原浙江省委常委、原杭州市委书记、省政协副主席厉德馨同志和省体改委主任董朝才同志的支持下,成立了浙江省民营经济研究会。

1995年,在原省长沈祖伦同志和省体改委的支持下,建立起现在的浙江省民营经济研究中心。

2000年,在原浙江省委书记张德江同志的支持下,创办了《浙江非国有经济年鉴》(后改名为《浙江民营经济年鉴》)。

2004年,在浙江省人大常委会副主任孔祥有的支持下,成立了浙江省现代非国有经济信息中心。

上述机构都是在省政府有关领导和有关部门的支持下建立起来的。这些机构对宣传民营经济和推动民营经济的快速发展发挥了许多积极作用。

在我从事民营经济研究和开展民营经济活动过程中,给我留下深刻印象并令我深为感动的积极支持浙江发展民营经济的省领导有:

原浙江省委书记习近平同志;

原浙江省委书记张德江、原浙江省省长沈祖伦、原浙江省省长柴松岳、原浙江省委常委厉德馨、原浙江省委常委常务副省长陈敏尔、原浙江省人大常委副主任孔祥有、原浙江省副省长金德水、原浙江省副省长毛光烈。

浙江省厅级领导有:原浙江省体改委主任董朝才;原浙江省政府秘书长、原杭州市市长孙忠焕;原浙江省政府副秘书长、省政府办公厅主任陈国平;原浙江省政府副秘书长、省政府办公厅主任俞仲达;现浙江省政府副秘书长陈广胜;原交通厅厅长郭剑彪;原浙江财经大学校长王俊豪等。

应该特别指出沈祖伦省长对发展民营经济的大力支持。沈祖伦积极发展民营经济曾受到习近平总书记的赞誉。**习近平总书记说,沈祖伦对发展民营经济是有贡献的。**

浙江发展个体私营经济起步早,对国有和集体产权制度改革也起步较早,除深圳外,浙江比全国各兄弟省市发展民营经济都早。这在我撰写的《沈祖伦自选集》书评中有详细评介。

沈祖伦省长对我研究民营经济也大力支持。他在给我的新年贺词中写道:"单东同志:新年好!感谢您为民营经济付出的辛勤劳动。沈祖伦 2010.12。""单东同志:新年好!感谢您为民营经济所作的贡献。沈祖伦 2012.12.26。"

在浙江,习近平总书记大力支持和鼓励民营经济发展更是有口皆碑。

习近平总书记主政浙江期间,浙江民营经济一直处在快速发展态势。浙江的民营经济之所以一直能走在全国前头,就是因为有习近平总书记的战略部署和热情支持。

习近平总书记多次指出:**"民营经济是浙江活力所在,是浙江的品牌,是改革开放的先行者,是市场经济发展的佼佼者。"**(《学习时报》2021年4月14日)他多次强调,**"国有企业和民营企业要一视同仁"**。习近平总书记对民营经济的高度支持,对浙江民营经济以及对全国的民营经济的发展都具有极重要的意义。

习近平总书记履新职离开浙江后,仍然十分关心和指导浙江民营经济的发展。

正是有历届省委和省政府的大力支持,有浙江人超强的创新精神、创业激情,有浙江民营企业家的优秀品质,浙江的民营企业才始终立于不败之地,浙江的民营经济才一直保持高速发展。

·16·

我从事民营经济的理论和实践研究几十年。2001年开始,我给研究生开设了民营经济课程。我向硕士生和博士生讲授的是民营经济学知识。我讲课所用的教材是我自己编写的民营经济学讲义,或是我的民营经济专著、论文或演讲稿。

我通过对大量民营企业进行调查研究,发现并帮助民营企业解决问题,向政府反映民营企业家的诉求,争取政府有关部门对民营企业的支持。

为帮助民营企业发展,我还通过办年会、报告会、座谈会、论坛、峰会、讲座等多种形式,就民营经济发展中的热点、难点问题,与民营企业家展开研讨;组织各种业务培训,推广优秀民营企业的成功经验,率领民营企业家前往欧洲、美国等地考察,学习国外优秀的管理经验,提高民营企业家的综合素质。

为鼓励民营企业家的积极性,我们每两年一次开展优秀民营企业和优秀民营企业家评选活动,请省政府领导为他们颁发荣誉证书。

民营经济是经济学的一个分支,它是由基础理论和应用科学两个部分构成的。我在《自序》中所列出的民营经济宏观理论文章属于基础理论范畴的一部分,而我的其他民营经济论文则属于应用科学的一部分。

在结束序言之际,我有一个愿景:十分期待与在民营经济研究领域卓有成就的学者和著名民营企业家,携手共同创建一门具有中国特色的新兴学科——中国民营经济学。

单 东

2024年3月10日定稿

总目录

一、理论研究/1—135

二、市场准入与公平竞争/137—210

三、民企发展中问题/211—261

四、民企品牌建设/263—271

五、民企自主创新/273—299

六、民营经济与国企改革/301—325

七、房地产改革/327—346

八、促进民营经济高质量发展/347—433

九、民营经济基本概念/435—458

十、经济效益问题/459—473

十一、访谈录/475—513

十二、书评/515—543

十三、序·后记·跋/545—578

十四、学术随笔/579—610

十五、薪烬火传——学生忆导师（部分）/611—632

附录/633—677

后记/678—691

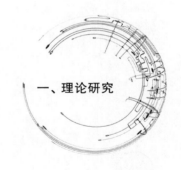

一、理论研究

1. 坚持经济研究中彻底的唯物主义
   ——学习《资本论》的体会
2. 抽象劳动是一个永存的范畴
   ——兼与"历史范畴"论者商榷
3. $I(v+m) > IIc$ 不是扩大再生产的实现条件
4. 论提高经济效益必须注意的几个关系
5. "价值剩余"是一个经济学范畴
6. 社会主义公有制和商品经济的共融及其现实基础之构造
7. 论社会主义市场经济
8. 非公有制经济:能够解决效率和公平问题吗?
9. 论生产社会化与私人资本在社会主义市场经济条件下的相容性
10. 经济强省离不开民营经济
11. 论经济学公理化的优越性和局限性
    附:相关链接一:公理化为经济学发展的需要
    ——读单东《论经济学公理化的优越性和局限性》有感
    附:相关链接二:应用公理化分析经济问题
12. 中美经济:合作两利、对立两损
    ——兼驳"中国经济威胁论"
13. 宠物产业:一个很有前景的产业
14. 应对反倾销 企业有高招
15. 适调社保标准,缓解就业压力
    ——由大学生就业难所想到的
16. 论民营企业的社会责任
    ——由巴菲特捐赠370亿美元所想到的
17. 发展民营经济可降温"考公务员热"
18. 完全市场经济地位不是靠要来的
19. 把坚持独立自主同参与经济全球化结合起来
20. 美、中两国市场经济体制比较
21. 民营经济的贡献和民营企业家的作用

坚持经济研究中彻底的唯物主义
——学习《资本论》的体会

在经济学研究中坚持以马克思主义为指导，无论在理论上还是在实践上都有重大的意义。经济学的研究，不仅在于从大量的各种各样的经济现象中抽出一般的规定性，在足够抽象的程度上研究它们的理论状态；而且，更重要的还在于运用一定的理论和方法客观、完整地在认识中重现现实的具体经济现象，实现由抽象到具体的过渡。为此，在研究方法上就必须坚持彻底的唯物主义。在这方面，《资本论》为我们做出了榜样。笔者结合自己学习《资本论》的体会，对此问题略作探讨。

一、正确理解作为经济理论逻辑起点的辩证唯物主义的性质

思维由抽象到具体，从遵循某种确定的理论出发，进而最终达到在思维中完整地再现现实的经济现象是一个过程。首先的问题是如何理解作为逻辑起点的辩证唯物主义的性质。

《资本论》告诉我们，作为逻辑起点的一般本身必须内涵着客观的辩证联系。这种一般从外部说是独立的，但从内部说则不独立。当它被思维在一定条件下"孤立"起来，不与其对立面（个别）相联系的情况下，表现为"抽象"；当将其置身于整个事物的联系中考察，它就表现为事物发展的一个因素，并且从中可演化出事物发展的各个环节，因而是具体的。

首先，逻辑起点作为理论的一般，它本身必须是一种客观的抽象，它应以极丰富的材料为基础，对完整丰富的表象在分析、综合的基础上，把可能掩蔽事物本质和规律性的因素撇开，而把本质的特性抽取出来。例如，马克思指出："**生产一般**是一个抽象，但是只要它真正把共同点提出来，定下来，免得我们重复，

它就是一个合理的抽象。"①商品一般、劳动一般和资本一般亦然。关于资本一般，马克思说："尽管与各特殊资本相区别的**资本一般**，（1）**仅仅表现为一种抽象**，不过不是任意的抽象，而是抓住了与所有其他财富形式或（社会）生产发展方式相区别的资本特征的一种抽象。资本一般，这是每一种资本作为资本所共有的规定……（2）但是，与各特殊的现实的**资本相区别**的资本一般，本身是一种**现实的存在**。"②显然，"资本一般"，是资本主义社会客观存在的无数具体资本的一般形式在理论上的表现。这说明，商品一般、劳动一般既是撇开了它们的特殊形式而对其共同特征的理论上的抽象，同时也是资本主义经济关系的现实存在。

其次，作为由抽象到具体的逻辑起点，不仅自身应具有抽象的客观性，而且，还应该成为可展开为具体的细胞形态。例如，《资本论》的逻辑起点是商品。"资本主义生产方式占统治地位的社会的财富，表现为'庞大的商品堆积'，单个的商品表现为这种财富的元素形式。因此，我们的研究就从分析商品开始。"③"商品一般"是对作为资产阶级财富的元素存在的各具体的"庞大的商品堆积"的抽象，但是，在"商品一般"中，却又保存了可以发展出整个资本主义经济关系的全部要素，可演化出价值与使用价值的对立、资本与劳动的对立、资产阶级与无产阶级的对立以至整个资本主义社会中的各种矛盾关系。因此，我们可通过对最抽象的商品的分析而达到对现实的资本主义社会的认识。《资本论》选择商品作为逻辑起点，这是对亚当·斯密和大卫·李嘉图等资产阶级古典政治经济学方法论的重大突破。

可见，当我们在确定从一般到具体的逻辑起点时，我们并不是笼统地从经济现象出发，也不是要将抽象的概念与具体事物隔绝开来，我们要的是通过对之进行"合理抽象"而得到一定的典型的概念范畴，使之有明确的理论规定性，并在内在结构上与个别的具体现象有着合理的联系。

二、正确理解作为理论发展的逻辑中介的辩证唯物主义性质

马克思正确地把握了逻辑中介，充分运用逻辑中介，在批判地吸收资产阶级古典政治经济学的一切优秀成果的基础上，创立了马克思主义政治经济学的科学体系，从而对政治经济学的发展做出了划时代的贡献。它在《资本论》中正确揭示了中介环节形成和把握其中的主观与客观的关系。具体地说，一方面，成为观念的中介必须具有客观普遍性，它的形成并不具有任意性；另一方面，从相对独立的角度看，每一个逻辑中介的产生，却又都是运用思维抽象力，从个别到一般，从感性认识上升到理性认识的结

---

① 马克思,恩格斯.马克思恩格斯选集:第2卷[M].北京:人民出版社,1972:88.
② 马克思,恩格斯.马克思恩格斯全集:第46卷（上）[M].北京:人民出版社,1979:444-445.
③ 马克思.资本论:第1卷[M].北京:人民出版社,1975:47.

果。例如,货币的本质是充当一般等价物,它是对各种不同的如牲畜、兽皮、贝壳、布帛和金属等具体货币形式的抽象。资本的概念也是涵盖了各种不同的具体的资本表现形式,如高利贷资本、产业资本、商业资本、借贷资本和金融资本等等。因此,在由抽象到具体的运动中交织着个别到一般的运动,前者既要知道后者,又要依赖于后者,后者又只有在前者的引导下才可能在认识中产生有效的作用。这种思维从抽象到具体的过程,同时也就是一个实践深化的过程,它时时注意与客观事物相对照,中介确定和形成中具有客观必然性。

马克思还具体分析了资产阶级古典政治经济学派由于对中介缺乏理解而导致主观混乱的错误,并指出,试图从一般的理论过渡到对具体问题的阐释,如果脱离开中介环节,即使初始命题正确,也难免会最终产生逻辑矛盾。如古典经济学家李嘉图从一个严格确定的命题——价值决定于**劳动时间**——这一规定出发建立范畴体系,但他不经过任何中介环节就开展对资本主义制度及其范畴的研究。他没有从交换价值中抽象出价值;由于他不了解劳动的二重性,所以没能从生产商品的劳动中抽象出抽象劳动;同样,他没能从价值关系中抽象出人与人的关系。他直接把抽象的范畴套在更具体的关系之上。正如马克思在《李嘉图学派的解体》中所指出的:"在这里,一般规律同进一步发展了的具体关系之间的矛盾,不是想用寻找**中介环节**的办法来解决,而是想用把具体的东西直接列入抽象的东西,使具体的东西直接适应抽象的东西的办法来解决。而且是想靠**捏造用语**,靠改变事物的正确名称来达到这一点。"①结果就在理论上产生了混乱和无法克服的矛盾。如:他混淆了价值和生产价格、劳动力和劳动等。而《资本论》对资本主义经济形态的研究本身就是把握中介的杰出典范。《资本论》一至三卷考察了资本主义的整个生产过程。马克思是按照"商品—货币—资本—剩余价值(从绝对剩余价值的生产到相对剩余价值的生产)—资本积累—资本流通—剩余价值转化为利润—利润转化为平均利润……"的顺序进行的。从一个经济范畴到另一个经济范畴,马克思都有明确的逻辑中介。例如,从商品范畴到货币范畴,它的中介环节是价值形式发展经历的四个阶段;从货币范畴到资本范畴,这个转化的中介环节是资本区分为不变资本和可变资本;利润转化为平均利润,中介环节是不同部门之间的竞争,如此等等。马克思很清楚,不可能直接由商品推出资本或剩余价值等一系列范畴。这是因为,要认识资本的本质,便要追溯到货币蛹化为资本的过程,而要认识货币的本质,我们又要追溯到货币是如何在商品交换的发展中产生的。故而,资本这一范畴的提出一定要在货币之后,而货币范畴的提出一定要在商品之后。由此可见,马克思正是按照上述逻辑顺序,从资本主义社会中

---

① 马克思.剩余价值理论(《资本论》第四卷):第3册[M].北京:人民出版社,1975:91.

抽出商品这个经济细胞，作为分析资本主义生产关系的逻辑起点，然后通过一系列中介环节，又从抽象到具体，从而完成了对整个资本主义制度的考察。

三、正确理解作为经济理论研究结果的辩证唯物主义性质

《资本论》告诉我们，必须唯物主义地理解作为结果的真理的多样性的统一。马克思说："具体之所以具体，因为它是许多规定的综合，因而是多样性的统一。"①单一的规定性并不是真理，科学只有通过概念，自己的生命才可以成为有机体系，真理只有在这样的体系中才有可能得到科学的揭示。

客观事物本身是多样性的统一。我们从正确的抽象出发，通过一系列合理的中介，从理论上把握了事物多样性，也就到了真理性。这种必然的趋势和结果意味着由一般知识到达真理的飞跃。

苏联哲学家库兹明在《马克思的理论和方法论中的系统性原则》一书中，把人类的知识分为三类：一是实物的知识，这一阶段，现象表现为单独的、独立存在的一种东西；二是系统的知识，现象被看作是现象系统的一个因素，把实物规定性作为中介来认识，这也是目前许多科学理论所达到的知识层次，但是，它又是不够的，因为在该层次每个质都由制约着这个质的那个系统来说明，而往往一个事物并不只有一种属性，因而一定的系统就不能完全说明不是由它决定而是由另一个系统决定的质；三是元系统的知识，这是一种具体的、综合的、实在的知识。当我们要在知识中把客体完整地，把它的实体在形式上及其与其他现象的相互作用的全部多样性再现出来时，这种知识就往往综合了多系统的现实及其全部各种层次的和多测度的关系，因而表现为对客体的理论反映，达到了高度的理论具体性。如果说库兹明所说的元系统就是认识中所达到的理性的具体，那么，马克思的《资本论》恰恰就是这样构成的辩证体系。

马克思在《资本论》第一卷研究资本的生产过程时，抽去了资本的流通过程，考察了资本的直接生产过程。生产过程单独来看是一种抽象。在现实经济生活中，生产过程是离不开流通过程的。可是马克思却暂时撇开了流通过程，而以最纯粹的形式来研究资本的生产过程，目的在于揭示出剩余价值的生产过程和剩余价值转化为资本的过程。《资本论》第二卷着重地研究了资本的流通过程。马克思说："在第一卷中，我们研究的是资本主义**生产过程**本身作为直接生产过程考察时呈现的各种现象，而撇开了这个过程以外的各种情况引起的一切次要影响。但是，这个直接生产过程并没有结束资本的生活过程。在现实世界里，它还要由**流通过程**来补

---

① 马克思,恩格斯.马克思恩格斯选集:第 2 卷[M].北京:人民出版社,1972:103.

充,而流通过程则是第二卷研究的对象。"①第二卷是通过流通过程来阐述剩余价值的实现过程。从整体上看,马克思正是综合了"资本的生产过程与资本的流通过程"两个系统而成为更大系统,从而得出了"剩余价值既不能在流通中产生,又不能离开流通而产生"的结论。《资本论》第三卷研究了"资本主义生产的总过程"。"至于这个第三卷的内容,它不能是对于这个统一的一般的考察。相反地,这一卷要揭示和说明**资本运动过程作为整体考察时**所产生的各种具体形式。……对这些具体形式来说,资本在直接生产过程中采取的形态和在流通过程中采取的形态,只是表现为特殊的要素。"②资本主义生产的总过程是生产过程、流通过程和分配过程相统一的总过程。这个总过程,实质就是剩余价值的生产、实现和分配的总过程,而最根本的问题是剩余价值的分配。如恩格斯所说:"剩余价值的分配就像一根红线一样贯串着整个第三卷。"③在这一卷,马克思通过分析资本的各种具体形态和剩余价值的各种具体形态,以及剩余价值在有产者内部的分配问题,通过把生产、流通和剩余价值的分配过程互相结合起来,作为一个统一的整体,从而把资本主义生产方式的全貌以及阶级关系都显现出来了,至此,马克思主义政治经济学的辩证体系完全确立了。只是在这时候,科学地解释资本主义现实社会中的现象才是可能的。例如,一方面商品交换必须是等价的;另一方面,资本家对剩余价值的占有必须少于理论剩余价值才有可能。诸如此类理论上的"二律背反"却映射了现实社会的活生生的辩证运动。黑格尔曾指出,事物的偶然性是无数必然性的总和。故而,要说明偶然性,把握那具体的、充满偏差的个别事物,我们就需要有对足够多的必然性的揭示,并使之互为中介,形成多样性统一的真理体系。

在《资本论》第四卷,马克思研究了"剩余价值"理论。在这里,马克思围绕政治经济学的核心问题即剩余价值理论问题对资产阶级各派经济学家的理论进行了系统的、历史的研究,对资产阶级古典政治经济学家的功绩、缺陷、错误、阶级局限性和方法论渊源,作了极具体而又十分严密的分析,在分析过程中,充分运用从个别到一般等逻辑方法对一系列重要经济理论作了详细的正面阐述,从而大大丰富了马克思主义的理论宝库。

《资本论》一至四卷正是从最抽象的概念"商品"出发,并以此为起点,通过一系列的逻辑中介,最有机地综合各层次系统而完成对资本主义社会经济现象的全面考察。由于《资本论》的出现,人们的认识已不再滞留于感性和知性的层面,真正达到了真理形态的理论具体。

总之,以上分析表明,《资本论》对由

---

① 马克思.资本论:第3卷[M].北京:人民出版社,1975:29.
② 马克思.资本论:第3卷[M].北京:人民出版社,1975:29-30.
③ 马克思,恩格斯.马克思恩格斯全集:第22卷[M].北京:人民出版社,1965:512.

抽象上升到具体的认识方法的运用,在理论上具有彻底的辩证唯物主义性质。认真学习马克思确定研究的逻辑起点,把握进程中的逻辑中介以及实际再现具体社会经济形态的系统方法,对于我们今天在经济研究和经济建设的实践中坚持实事求是原则,避免主观主义、片面性和盲目性,无疑有着重要的指导意义。

载《浙江学刊》1990 年第 5 期
《文汇报》1990 年 11 月 24 日摘登介绍
中国人民大学复印资料《政治经济学·
总论部分》1990 年第 10 期转载

抽象劳动是一个永存的范畴
——兼与"历史范畴"论者商榷

我国绝大多数政治经济学教科书在阐述马克思的抽象劳动理论时,都把抽象劳动当作一个历史范畴。以宋涛主编的《政治经济学教程》为例,其说法是:"抽象劳动是一个历史范畴,它是生产商品的社会劳动所特有的。在自然经济中,人们的劳动产品不用来交换,因此,他们的劳动就只表现为具体劳动。"①这种传统的囿见支配人们的认识已经30多年,但"历史范畴"论至今难以令人信服,所以仍有商榷的必要。

一

为了弄清楚抽象劳动这个范畴的真切,需要探本溯源,看一看马克思的有关论述。马克思对抽象劳动的论述,主要集中在《政治经济学手稿·导言》(1875—1858年)、《政治经济学批判》(1859年)和《资本论》中。在《政治经济学手稿·导言》中,马克思指出:"劳动这个例子确切地表明,哪怕是最抽象的范畴,虽然正是由于它们的抽象而适用于一切时代,但是就这个抽象的规定性本身来说,同样是历史关系的产物,而且只有对于这些关系并在这些关系之内才具有充分的意义。"②马克思的这句话,完整地表达了他对抽象劳动这个范畴的全面看法。他的这句话是一个复合句。我国"历史范畴"论者往往用它的后三个分句来否定它的前三个分句。他们说:马克思在指出抽象劳动"适用于一切时代"的同时,紧接着就指出它"是历史关系的产物,而且只有对于这些关系并在这些关系之内才具有充分的意义",并据此认定马克思是把抽象劳动当作历史范畴的。这种说法如果成立,那么,马克思的这句话就难以索解。其实并非如此。这话的前三个分句,马克思是就"抽象劳

---

① 宋涛.政治经济学教程[M].北京:中国人民大学出版社,1982:30.
② 马克思,恩格斯.马克思恩格斯全集:第46卷(上)[M].北京:人民出版社,1979:43.

动"的内涵而说的,后三个分句是就它的实现形式或表现形式而言的。说它"适用于一切时代",指的是内涵。抽象劳动的基本内涵是什么?"是人的脑、肌肉、神经、手等等的生产耗费";或者说,"是人类劳动力在生理学意义上的耗费"。只要这个基本内涵存在,抽象劳动这个范畴就不会消失。区别只是:在不同的历史生产方式下,它的实现形式不同。

马克思既肯定了抽象劳动"适用于一切时代",何故又说它"是历史关系的产物"呢?我们知道,社会生产一旦取得商品生产的形式,商品生产者之间就要比较它们的商品价值。鉴于各种形式的具体劳动是不同质的,无法比较,这就要把它们还原为同质的抽象劳动。马克思是在考察资本主义生产关系时提出抽象劳动的。这就使得这个范畴和商品价值联系在一起,而商品价值是历史关系的产物,所以马克思说,抽象劳动是历史关系的产物。但历史关系的产物并不就等于历史范畴,如具体劳动同样是马克思在考察资本主义生产关系时提出来的,但它并不是一个历史范畴;私人劳动和社会劳动这对范畴同样是历史关系的产物,但社会劳动也不是一个历史范畴。那么,又如何理解"只有对于这些关系并在这些关系之内才具有充分意义"呢?我认为,马克思的这句话是指抽象劳动实现形式的。在商品生产的基础上抽象劳动可实现为商品价值。所谓"具有充分的意义"是相对于非商品经济社会说的。抽象劳动形成价值,有用劳动产品就取得了商品形式,各商品生产者之间的社会关系就不是表现为人们在自己劳动中的直接的社会关系,而是表现为人们之间的物的关系和物之间的社会关系。简言之,就是被颠倒地表现为物和物之间的关系,诸如商品拜物教等特有的现象都是由此而产生的。抽象劳动和商品生产联系在一起,它就会反映出复杂的社会关系,就会具有谜一般的性质。显然,这是针对抽象劳动在商品经济存在条件下的实现形式而说的,但马克思并未据此认为它是一个历史范畴。

"历史范畴"论者还以马克思如下的话来"证明"抽象劳动是个历史范畴:"生产交换价值的劳动则相反,它是劳动的一种特殊的社会形式。以裁缝的劳动为例,就它作为一种特殊的生产活动的物质规定性来说,它生产衣服,但不生产衣服的交换价值。它生产后者时不是作为裁缝劳动,而是作为抽象一般劳动,而抽象一般劳动属于一种社会关系,这种关系不是由裁缝缝出来的。"①的确,在上述引文中,马克思是把抽象劳动和交换价值联系在一起的。但我们同样不能就此认为抽象劳动是个历史范畴。我们知道,交换价值是价值的一种表现形式,因此,生产交换价值也就是生产价值。由于抽象劳动能形成商品,商品价值是人们社会关系的物化表现,归根到底是人与人之间的社会反映,所以马克思说"生产交换价值的劳动""是劳动的一种特殊的社会形式",又说"抽象一般劳动属于

---

① 马克思,恩格斯.马克思恩格斯全集:第13卷[M].北京:人民出版社,1962:25.

一种社会关系",这仍是指抽象劳动在商品生产条件下的一种特殊的实现形式。马克思还指出:"如果把生产活动的特定性质撇开,从而把劳动的有用性质撇开,生产活动就只剩下一点:它是人类劳动力的耗费,尽管缝和织是不同质的生产活动,但二者都是人的脑、肌肉、神经、手等等的生产耗费,从这个意义上说,二者都是人类劳动。""商品价值体现的是人类劳动本身,是一般人类劳动的耗费。"①"一切劳动,从一方面看,是人类劳动力在生理学意义上的耗费;作为**相同的或抽象的人类劳动**,它形成商品价值。一切劳动,从另一方面看,是人类劳动力在特殊的有一定目的的形式上的耗费;作为具体的有用劳动,它生产使用价值。"②在这里,我们应注意两点:一是马克思指出抽象劳动为"一般人类劳动的耗费",人类要生存,就必须支出"一般人类劳动的耗费";二是马克思的"作为**相同的或抽象的人类劳动**"这种表述。所谓相同的人类劳动是指"人类劳动力在生理学意义上的耗费",即抽象劳动。人类劳动力在生理学意义上的耗费是与一切生产劳动共存的,这就决定了抽象劳动不是一个历史范畴。

应该指出,"历史范畴"论者在引证马克思"一切劳动,从一方面看,是人类劳动力在生理学意义上的耗费……"的话时,总爱将其片面的理解加到马克思头上,说什么"不能把抽象劳动理解为纯粹生理学意义上的支出,抽象劳动并不就是人的脑、肌肉、神经、手等等的生理学意义上的支出"云云。这显然是没有把抽象劳动与它的实现形式区别开来。马克思明明指出:抽象劳动"是人类劳动力在生理学意义上的耗费"③,"不管有用劳动或生产活动怎样不同,它们都是人体的机能,而每一种这样的机能不管内容和形式如何,实质上都是人的脑、神经、肌肉、感官等等的耗费。这是一个生理学上的真理"④。怎么能否认抽象劳动是人类劳动力在生理学意义上的耗费呢?

"历史范畴"论者还认为,马克思1859年就改变了初衷,他在后来《政治经济学批判》和《资本论》中已不再提它"适用于一切时代"了。我认为,这里应该联系到马克思的写作背景。1857—1858年,马克思撰写《政治经济学手稿·导言》是为写《政治经济学批判》专著作全面的准备。在拟定写作提纲时,他对"抽象劳动"这个范畴是从总体上来认识的。他既正确地肯定了这个范畴"适用于一切时代",同时又指出它"是历史关系的产物,而且只有对于这些关系并在这些关系之内才具有充分的意义",这是马克思对抽象劳动这个范畴的全面的辩证的观点。在这两部著作中,他为什么不再提"适用于一切时代"了呢?这是因为马克思把考察资本主义生产关系和它的产生、发展及其灭亡的规律作为

---

① 马克思.资本论:第1卷[M].北京:人民出版社,1975:57.
② 马克思.资本论:第1卷[M].北京:人民出版社,1975:60.
③ 马克思.资本论:第1卷[M].北京:人民出版社,1975:60.
④ 马克思.资本论:第1卷[M].北京:人民出版社,1975:88.

最根本的任务了,他是在剖析资本主义生产方式的过程中提出劳动二重性学说的,他着重阐述了抽象劳动在资本主义这个特定界限内所反映的社会关系,对于考察资本主义的一般规律来说,抽象劳动"适用于一切时代"是个次要的问题,所以就舍弃了。

"历史范畴"论者还把恩格斯在《反杜林论》中的有关论断作为共产主义社会不存在抽象劳动的"理论依据"。恩格斯说:"社会一旦占有生产资料并且以直接社会化的形式把它们应用于生产,每一个人的劳动,无论其特殊用途是如何的不同,从一开始就成为直接的社会劳动。那时,一件产品中所包含的社会劳动量,可以不必首先采用迂回的途径加以确定;日常的经验就直接显示出这件产品平均需要多少数量的社会劳动。社会可以简单地计算出:在1台蒸汽机中,在100公升的最近收获的小麦中,在100平方米的一定质量的棉布中,包含着多少工作小时。因此,到那时,由于产品中包含的劳动量社会可以直接地和绝对地知道,它就不会想到还继续用相对的、动摇不定的、不充分的、以前出于无奈而不得不采用的尺度来表现这些劳动量,就是说,用第三种产品,而不是用它们的自然的、相当的、绝对的尺度——时间来表现这些劳动量。同样,化学一旦能够以相当的尺度,即以实际重量,以10^{12}分之一克或10^{24}分之一克来绝对地表现原子量,它也就不会想到再用迂回的途径,用氢原子来表现各种元素的原子量了。因此,在上述前提下,社会也无须给产品规定价值。生产100平方米的布,譬如说需要1 000工作小时,社会就不会用间接的和无意义的方法来表现这一简单的事实,说这100平方米的布具有1 000工作小时的价值。诚然,就在这种情况下,社会也必须知道,每一种消费品的生产需要多少劳动。它必须按照生产资料,其中特别是劳动力,来安排生产计划。各种消费品的效用(它们被相互衡量并和制造它们所必需的劳动量相比较)最后决定这一计划。人们可以非常简单地处理这一切,而不需要著名的'价值'插手其间。"①恩格斯的这段话给我们什么启示呢?我认为,它告诉我们:第一,当社会占有生产资料后,它的每个成员的劳动都直接表现为社会的劳动。社会不需要像在商品生产条件下,一件产品的劳动量要借助于充当一般等价物的第三种商品(在货币出现后就是货币商品)相对地、不充分地并通过转化为价值的形式来迂回曲折地表现出来。那时,社会可以直接计算出每件产品的劳动时间,即劳动量,无须再给产品规定价值。在这里,恩格斯说的是不需要"价值"插手其间,而并非说不需要"抽象劳动"。显然,恩格斯没有把"抽象劳动"与"价值"混淆为一。第二,恩格斯把对生产蒸汽机、小麦、棉布等等劳动量的计算,都归结为"包含着多少工作小时"。这表明,到共产主义社会,核算劳动量也不是把劳动的具体有用形态而是把一切

---

① 马克思,恩格斯.马克思恩格斯选集:第3卷[M].北京:人民出版社,1972:348.

具体形态的劳动归结为劳动时间。这种归结为同质的或等同的劳动时间就是抽象劳动。马克思说："劳动的纯粹量的差别是以它们质的统一或等同为前提的，因而是以它们化为抽象人类劳动为前提的。"①抽象劳动无非是"抽去了具体有用形式的劳动"②。只要"抽去了具体有用形式的劳动"还存在，那么，抽象劳动也就客观存在于一切有用劳动之中。可见，恩格斯的这段话，非但不能证明抽象劳动是个历史范畴，相反，它却给共产主义存在抽象劳动提供了理论依据。总之，通观马克思的全部有关论述，他从来没有说过抽象劳动是一个历史范畴，而恰恰正是马克思明确指出它"适用于一切时代"。"历史范畴"论是对马克思抽象劳动理论的误解。

二

"历史范畴"论不是马克思本人的观点，是经济理论界阐述马克思的抽象劳动理论时片面引申出来的观点。其渊源可溯至20世纪50年代的苏联。1954年苏联科学院经济研究所主编的一部影响很大的《政治经济学教科书》中写道："**形成商品价值的抽象劳动是商品经济所特有的历史范畴。**在自然经济中，人们生产产品不是为了交换，而是为了自己消费，因此，他们的劳动的社会性直接表现在劳动的具体形式中。例如封建主感兴趣的，主要是农奴的具体劳动，这种具体劳动创造一定的产品，封建主以徭役租或代役租形式将这种产品攫为己有。"③苏联国家政治书籍出版社1958年出版的《简明政治经济学辞典》和1981年出版的《政治经济学辞典》都重申了上述观点。我国最初采用的是苏联教科书，因而沿袭了他们的观点。

苏联经济理论界为什么会把抽象劳动当作历史范畴呢？主要有两个原因：

第一，他们没有把**抽象劳动与商品价值**区别清楚。

他们的理论逻辑是：既然抽象劳动形成价值，成为商品的价值实体，抽象劳动就等于价值；由于"商品"和"价值"是个历史范畴，所以抽象劳动也是一个历史范畴。这是一种误解。因为**抽象劳动并不始终伴随着商品价值**。抽象劳动虽然能形成商品价值，但并非说凡抽象劳动都能形成商品价值。比方说，药物可以治病，但药物并不就等于治病。药物只有进入人体产生生理化学作用才能治病。抽象劳动只有凝结在商品体里才形成价值，就是说，只有**当它凝结在为市场交换的劳动产品里才形成价值**。如果是凝结在为自己消费的产品里就不能形成价值；或者虽凝结在供别人消费但不通过交换而转到把它当作使用价值使用的人的手里的产品中，也不形成价值。在自然经济中，如农民为自己消费而生产的粮食，虽然凝结了一定量的抽象劳动，但并不形成价值；又如中世纪农民为封

---

① 马克思.资本论:第1卷[M].北京:人民出版社,1975:97 注(31).
② 马克思.资本论:第1卷[M].北京:人民出版社,1975:60.
③ 苏联科学院经济研究所.政治经济学教科书[M].北京:人民出版社,1955:73.

建主生产代役租的粮食，为神父生产纳什一税的粮食，虽然也凝结了一定量的抽象劳动，但同样不能形成商品价值，因为这些产品都不是为了交换。前者是农民为自己消费，后者是封建主和神父无偿占有农民的劳动成果。

第二，他们没有**把抽象劳动与劳动的社会性或社会劳动区别开来。**

我们说，在商品生产条件下，个别商品生产者的私人劳动的社会性，都以抽象劳动的形式表现出来，这正是抽象劳动在商品生产条件下的实现形式。但是，如果认为在非商品经济社会中，劳动直接表现为社会劳动，或者说，劳动的社会性直接表现在劳动的具体形式中，从而抽象劳动就不复存在，那么就会出现马克思所批评过的情况："像斯密、李嘉图等人那样只是单纯地分析劳动，就必然处处都碰到不能解释的现象。"①

我认为，**抽象劳动并不始终伴随着商品价值，抽象劳动也并不等于劳动的社会性或社会劳动。**所以，下述观点，即"在自然经济中，人们的劳动产品不用来交换，因此，他们的劳动就只表现为具体劳动"，显然是把抽象劳动当作始终伴随着商品价值所造成的误解。而"在自然经济中，人们生产产品不是为了交换，而是为自己消费，因此，他们的劳动社会性直接表现在劳动的具体形式中"，这是把抽象劳动等同于劳动的社会性或社会劳动所造成的失误。

马克思指出，抽象劳动"是一般人类劳动的耗费"。正因为它是一般人类劳动的耗费，所以"它先于商品生产之前就出现了"。我认为，**抽象劳动开始于人类有意识地进行生产劳动的时候。**不妨以原始公社为例。我们知道，原始公社是原始社会的基本生产单位和社会组织形式。由于原始公社的初期生产力水平极其低下，还没有多余的产品用来进行商品交换，人们只是共同劳动，共同享用。但是，在原始社会，仍然有自然资源丰瘠的差别。原始公社的成员采集野生植物、果实，捕鱼和打猎，也总有一个距离远近的问题。经验和直感会使他们到距离较近和资源较丰的地方去获取，这种舍远就近、舍瘠就丰，是出于对劳动时间的关心。又如，原始人把捕捉到的幼兽饲养起来，这些幼兽长大后又繁殖出更多的幼兽。原始人感到猎捕野兽比畜养野兽付出的劳动要大得多，于是他们就把畜养作为谋生的方法之一，这就出现了畜牧业。再如，原始人看到种子落入泥土会发芽长大，并结出更多的果实来，他们渐渐懂得，用人工栽培植物比到远处去采集野生植物要省时得多，于是他们又把种植业作为谋生的方法之一，这样就出现了农业。这两个例子，如果从政治经济学的角度来看，就是原始公社的人们直观感受到自己畜养动物较之猎捕野生动物、自己种植农作物较之采集野生植物，不但人的脑、肌肉、神经、手等等的耗费较少，而且所得较多。或许他们没有意识到这一点，但是他们这样做了。从某种意义上说，畜牧业和农业的

---

① 马克思，恩格斯.马克思恩格斯《资本论》书信集[M].北京：人民出版社，1976：250.

出现,甚至整个原始社会生产力的发展,都是由于人们对劳动时间和劳动耗费关心的结果。正是从这些情况来看,抽象劳动在原始社会就已出现。马克思说,具体劳动"是怎样劳动,什么劳动的问题",抽象劳动"是劳动多少,劳动时间多长的问题"①。关心"劳动多少,劳动时间多长",就是说,关心一般人类劳动时间的耗费或抽象劳动(即使他们不曾使用这一概念),却是任何社会都共有的现象。凡一切有用劳动,不管它的具体形式如何,都包含着人类劳动力的耗费,即抽象劳动的支出。抽象劳动是否反映一定的社会关系,不是取决于抽象劳动本身,而是取决于社会生产方式。总之,我们既不能认为抽象劳动会始终伴随着商品价值,也不能认为抽象劳动就是劳动的社会性或社会劳动。

有一种说法:到共产主义高级阶段,同种产品可以直接计算劳动时间,所以用不到抽象劳动;不同种产品不存在比较,因为产品已不是为了交换,所以亦无须抽象劳动。关于同种产品的比较是否还需要抽象劳动,我在上文阐述恩格斯《反杜林论》中的那段话时所作的说明已足以回答这个问题,无须赘述。那么,不同种产品是否还有比较劳动耗费的必要呢?让我用一个具体的例子来说明这个问题。假如,光纤和电线是不同产品的两种通信材料。人们选择多生产光纤好还是多生产电缆好?这就要进行多项比较。比较的结果是:光纤通信比电缆通信有容量大、重量轻、用料省和材料丰富等优点,所以,如果有条件的话,人们会选择多生产或只生产前者而少生产或不生产后者。容量大,10亿人口用10个光波就可以同时打电话,这比电缆通话率高出几十万倍,这样高的效率就会大大节省人们的时间。重量轻,光缆只占同样功能的铜轴电缆重量的千分之几;架设光缆方便,可以用飞机在高山泽地等恶劣环境中布缆,所以架设光缆的工程成本大大小于电缆的布设成本;且用料省和材料丰富。电缆的导线用铜制成,电缆用铜量很大,每100千米铜轴电缆大约需要铜50吨。铜在地壳中是比较少的,因而发现和开采平均要花很多劳动时间,一块很小的铜就代表较多劳动时间。光纤却用料省,1千克纯石英可制成数百或数千千米的光纤。石英是从沙子中提炼出来的,沙子遍地皆有,取之不竭。采掘铜要比提炼石英花费的劳动时间多许多倍。仅仅从光纤通信比电缆通信所耗费的物化劳动和活劳动要省很多,人们也会趋向用光纤通信来取代电缆通信。这个例子表明,对不同种产品劳动耗费的比较不是商品社会所特有的现象。未来社会人们对劳动时间的节约更关心,因此,对一切产品劳动量的比较将更自觉、更普遍、更迫切,要求更高。而劳动量是用劳动的持续时间来计量的。时间是同质的。只要归结为同质的劳动时间,就是归结为抽象劳动。这说明,抽象劳动也存在于共产主义的高级阶段。

---

① 马克思.资本论:第1卷[M].北京:人民出版社,1975:59.

三

马克思曾以"自由人联合体"比拟未来的社会。这是一个没有商品生产和商品交换的社会。这个社会的成员"用公共的生产资料进行劳动,并且自觉地把他们许多个人劳动力当作一个社会劳动力来使用。……这个联合体的总产品是社会的产品。这些产品的一部分重新用作生产资料。这一部分依旧是社会的。而另一部分则作为生活资料由联合体成员消费。因此,这一部分要在他们之间分配。这种分配的方式会随着社会生产机体本身的特殊方式和随着生产者的相应的历史发展程度而改变。仅仅为了同商品生产进行对比,我们假定,每个生产者在生活资料中得到的份额是由他的劳动时间决定的。这样,劳动时间就会起双重作用。劳动时间的社会的有计划的分配,调节着各种劳动职能同各种需要的适当的比例。另一方面,劳动时间又是计量生产者个人在共同劳动中所占份额的尺度,因而也是计量生产者个人在共同产品的个人消费部分中所占份额的尺度"①。马克思所讲的"自由人联合体"是指包括社会主义社会在内的广义的共产主义社会。在这两种社会生产方式下,劳动时间的双重作用的特点是:一方面,全社会需要合理地分配劳动时间,以调节各种职能同各种需要的适当比例;另一方面,如果这种"自由人联合体"是社会主义社会,为贯彻"按劳分配"原则,就要保证社会全体成员能真正按照他向社会所提供的劳动量来分配个人消费品,这就必须有意识地把各种具体形式的不同质的劳动普遍地化为单一的无差别的同质的劳动时间。毫无疑问,这种同质的劳动时间就是一定量抽象劳动的凝结。在这里,劳动时间既是计量劳动者在共同劳动中所支出的劳动的尺度,又是劳动者在共同产品中个人消费部分所占份额的尺度。可见,在马克思看来,即使不存在商品生产和商品交换,抽象劳动也会存在,而且,它还是实行按劳分配的一个重要范畴。

马克思的这一思想在他 1875 年写成的《哥达纲领批判》一书中体现得尤为显著。马克思指出:"在一个集体的、以共同占有生产资料为基础的社会里,生产者并不交换自己的产品;耗费在产品上的劳动,在这里也不表现为这些产品的价值,不表现为它们所具有的某种物的属性,因为这时和资本主义社会相反,个人的劳动不再经过迂回曲折的道路,而是直接地作为总劳动的构成部分存在着。"②马克思接着说明,这是从资本主义社会刚刚脱胎出来的共产主义社会,这无疑是指社会主义社会。显然,马克思认为,社会主义是一个非商品经济社会。

马克思还指出:"每一个生产者,在作了各项扣除之后,从社会方面正好领回他所给予社会的一切。他所给予社会的,就是他个人的劳动量。例如,社会劳

---

① 马克思.资本论:第 1 卷[M].北京:人民出版社,1975:95-96.
② 马克思,恩格斯.马克思恩格斯选集:第 3 卷[M].北京:人民出版社,1972:10.

动日是由所有的个人劳动小时构成的；每一个生产者的个人劳动时间就是社会劳动日中他所提供的部分，就是他在社会劳动日里的一分，他从社会方面领得一张证书，证明他提供了多少劳动（扣除他为社会基金而进行的劳动），而他凭这张证书从社会储存中领得和他所提供的劳动量相当的一份消费资料。他以一种形式给予社会的劳动量，又以另一种形式全部领回来。""显然，这里通行的就是调节商品交换（就它是等价的交换而言）的同一原则。内容和形式都改变了，因为在改变了的环境下，除了自己的劳动，谁都不能提供其他任何东西；另一方面，除了个人的消费资料，没有任何东西可以成为个人的财产。至于消费资料在各个生产者中间的分配，那么这里通行的是商品等价物的交换中也通行的同一原则，**即一种形式的一定量的劳动可以和另一种形式的同量劳动相交换。**"①按照马克思的设想，在没有商品生产和商品交换的条件下，劳动者的个人消费品是由社会直接分配的。消费品的这种分配，实质上是以一种形式的一定量的劳动和另一种形式的同量劳动相交换。劳动者提供给社会的劳动量是按抽象劳动，即以它的活劳动形态来计量的。而劳动量又是以劳动小时来计算的。由于这种交换是以劳动者在物质资料生产过程中的体力、脑力的消耗，也就是以化为同质的劳动时间而不是以劳动的具体形态来计量的，所以，这说明，抽象劳动以及劳动交换也存在于未来的非商品经济。

我们再回到"自由人联合体"上来。前面我们曾假设这个"自由人联合体"是社会主义社会。现在假设它是共产主义的高级阶段。那么，这是一个以全社会所有制为基础的统一生产单位和统一分配单位的社会。在这个社会里，劳动已成为人们生活中的第一需要，个人消费品的分配已不再根据每个成员所提供的劳动量，而是遵照"各尽所能，按需分配"的原则进行。但是，社会要知道，除了补偿仍旧归全社会所有的生产资料外，它还应该用多少总劳动时间生产消费品才能满足社会全体人员的需要。所以，为了真正做到按需分配，就仍需要把千差万别的具体劳动化为同质的抽象劳动，以便用统一的计量单位来计算产品的劳动耗费（归根到底是劳动时间的耗费）。

马克思指出："要想得到和各种不同的需要量相适应的产品量，就要付出各种不同的和一定数量的社会总劳动量。这种按一定比例分配社会劳动的必要性，不可能被社会生产的一定形式所取消，而可能改变的只是它的表现形式，这是不言而喻的。"②共产主义社会是高度发达的社会化大生产，又是高度统一的计划经济，为了使社会再生产比以往任何社会都能自觉地保持平衡和协调发展，那么，这种按一定比例分配社会劳动的必要性，就显得更迫切、更重要。因此，社会不但要有意识地把各种不同

---

① 马克思，恩格斯.马克思恩格斯选集：第3卷[M].北京：人民出版社，1972：10-11.
② 马克思，恩格斯.马克思恩格斯选集：第4卷[M].北京：人民出版社，1972：368.

的具体劳动化为同质的劳动时间,而且要把各种复杂劳动换算成作为计量单位的简单劳动,因为一小时的复杂劳动与一小时的简单劳动,支出的劳动量实际是不相等的。这种换算又是怎样进行的呢?我认为,由于共产主义社会已不存在商品经济,所以,这种转化就无须像商品经济社会那样在商品生产者的背后,通过市场无数次的交换自然形成,就是说,人们可以非常简单地诸如运用较电子计算机更先进无比的计算技术,直接地、绝对地和一目了然地计算出某一复杂劳动或简单劳动所支出的实际劳动量——自然时间。最后,再由社会把千百万的复杂劳动转化成简单劳动的总劳动时间,按社会的需要,合理地分配到各个部门及其所属各生产单位。

苏联教科书认为:"封建主感兴趣的,主要是农奴的具体劳动。"这种说法显然是片面的。其片面性至少表现在两个方面:首先,封建主感兴趣的,不仅仅是农奴的具体劳动,他们对劳动时间同样感兴趣。封建主无论是以徭役租形式还是以代役租形式把农奴的产品攫为己有,他所能攫取的量却离不开农奴在一定时间内所能提供的徭役(如每周为封建主劳动5天或6天)或在一个生产周期里所能生产的农产品。其次,在农奴方面,同样存在对劳动时间的关心。如他们对为封建主每周劳动5天还是6天,为自己劳动2天还是1天,以及把农产品的一半还是七成给封建主等等,都不是无动于衷的。正如马克思指出的:

"在一切社会状态下,人们对生产生活资料所耗费的劳动时间必然是关心的,虽然在不同的发展阶段上关心的程度不同。"①马克思列举了一个古代的例子:在古日耳曼人中,一摩尔根土地的面积是按一天的劳动来计算的。因此,摩尔根人又叫作"一日的工作"或"一人的工作","一人的力量"或"一人的收割量"②,等等。一般来说,在有文化的社会和无文化的社会,这种关心的程度是不同的。前者可进行量的计算,后者是凭经验,朴素地、原始地和直觉地比较。这个例子还说明,人们是一直关心劳动生产率或劳动经济效益的。从提高经济效益的角度来看,共产主义社会客观上更要求提高经济效益。为讲求经济效益,就要核算劳动耗费和劳动成果。生产社会化程度越高,这种核算就越重要。马克思指出:"过程越是按社会的规模进行,越是失去纯粹个人的性质,作为对过程的控制和观念总结的簿记就越是必要",因此,簿记"对公有生产,比对资本主义生产更为必要"。③ 由于一切劳动耗费都可以归结为劳动时间的耗费,因此,提高经济效益也就是意味着劳动时间的节约。"一切节约归根到底都是时间的节约。……时间的节约,以及劳动时间在不同的生产部门之间有计划的分配,在共同生产的基础上仍然是首要的

---

① 马克思.资本论:第1卷[M].北京:人民出版社,1975:88.
② 马克思.资本论:第1卷[M].北京:人民出版社,1975:88 注(26).
③ 马克思.资本论:第2卷[M].北京:人民出版社,1975:152.

经济规律。"①马克思还指出:"真正的经济——节约——是劳动时间的节约(生产费用的最低限度——和降到最低限度)。而这种节约就等于发展生产力。"②在共产主义社会,虽然生产力已高度发达,但不同部门或同一部门的各个生产单位之间仍然有生产效率高低的差别,即仍有先进与后进的矛盾。没有抽象劳动也就没有同质劳动耗费的比较,所以仍需要把各种不同的具体劳动还原为同质的劳动时间,来计算社会平均劳动耗费,并以平均劳动耗费对各生产单位劳动耗费和劳动成果进行核算和比较,从而把劳动时间的耗费降到最低限度。

综上所述,我认为,我们不应为苏联教科书的藩篱所围,应剔除其片面性。要真正全面地认识抽象劳动这个范畴,就应从两个方面把握:一是把握它本身的科学含义;二是把握它在不同的历史生产方式下所借以实现的不同形式——商品生产方式下和非商品生产方式下的两种基本实现形式。抽象劳动在商品经济社会中,它和商品生产联系在一起,它的实现形式是凝结为商品价值,反映商品生产者之间人和人的社会关系。在非商品经济社会中,它和产品生产联系在一起,它的实现形式是凝结为产品,反映产品中耗费的劳动是多少,劳动时间是多长,这时,抽象劳动不再具有社会属性。但是,抽象劳动作为与具体劳动相对应的范畴,仍然存在于一切有用劳动中,适用于一切时代,是一个永存的范畴。人们充分认识这一点,对于共产主义社会贯彻节约时间的规律和提高经济效益,都具有十分重要的意义。

载《浙江学刊》1986年第6期
中国人民大学报刊资料选汇《政治经济学·总论部分》1987年第1期转载

---

① 马克思,恩格斯.马克思恩格斯全集:第46卷(上)[M].北京:人民出版社,1979:120.
② 马克思,恩格斯.马克思恩格斯全集:第46卷(下)[M].北京:人民出版社,1980:225.

Ⅰ($v+m$)＞Ⅱc 不是扩大再生产的实现条件

人民出版社和中国社会科学出版社出版的《学习马克思关于再生产的理论》(1980年11月版,以下简称《学习》)一书,在阐发马克思扩大再生产的实现条件问题时,作了如下阐述:

"根据马克思的分析,在扩大再生产的情况下,两大部类之间必须保持这样的关系:

$$Ⅰ(v+m)＞Ⅱc$$

……**这是以不等式表现出来的扩大再生产的实现条件。**根据上面列举的马克思扩大再生产图式的两个例子,我们可以把这个用不等式来表现的扩大再生产的实现条件,改用如下的平衡关系式来表示:

$$Ⅰ\left(v+\frac{m}{z}+\frac{m}{x}\right)=Ⅱ\left(c+\frac{m}{y}\right) \quad 第一式"①$$

《学习》在全国发行后,不少单位在进行政治经济学的教学中,都沿用或引证了这种提法。

《学习》的这种提法究竟对不对呢?我认为,很值得商榷,因为这种提法,曲解了马克思的扩大再生产理论。

首先,编者说:"Ⅰ($v+m$)＞Ⅱc,**这是以不等式表现出来的扩大再生产的实现条件。**"我认为,这种提法是不确切的。Ⅰ($v+m$)＞Ⅱc 不是以不等式表现出来的扩大再生产的实现条件,而是扩大再生产的前提条件,或曰必要条件。为了说明这个问题,我们可以用马克思的分析来证明。

马克思在《资本论》第二卷第二十一章中用公式(a)考察了扩大再生产的前提条件。这就是:

$$\left.\begin{array}{l}Ⅰ \quad 4\,000c + 1\,000v + 1\,000m \\ \qquad = 6\,000 \\ Ⅱ \quad 1\,500c + 376v + 376m \\ \qquad = 2\,252 \\ \qquad 合计\ 8\,252\end{array}\right\} 公式(a)$$

---

① 学习马克思关于再生产的理论[M].北京:人民出版社,1980:323.

公式(a)已经有了扩大再生产的物质基础。因为它具备了 $I(v+m) > IIc$ 的条件，即 $(1\,000v+1\,000m)I = 2\,000\,I(v+m)$ 和 $1\,500\,IIc$ 交换时，留下了一个余额 $500\,Im$，供第 I 部类进行积累。

如果资本有机构成不变，两大部类都把剩余价值的一半用于积累，公式(a)虽然符合了 $I(v+m) > IIc$ 的条件，即有了扩大再生产的基础，但两大部类的交换仍有一部分产品得不到实现。所以，这里还有个实现条件的问题需要解决①。

我们知道，在扩大再生产的情况下，资本家不可能把剩余价值全部吃光、用光。他会把剩余价值分割成积累和个人消费两部分。若资本家个人消费的部分是 $\dfrac{m}{x}$，那么，用于积累的部分就是 $m - \dfrac{m}{x}$。而积累又分为追加不变资本和追加可变资本两部分，若以符号表示，则分别为 $\dfrac{m}{y}$ 和 $\dfrac{m}{z}$。于是，积累就等于 $m - \dfrac{m}{x} = \dfrac{m}{y} + \dfrac{m}{z}$。经过这样分割，或将 $\dfrac{m}{x}$ 进行代数移项后，剩余价值即由下列几个要素组成：

$$m = \dfrac{m}{y} + \dfrac{m}{z} + \dfrac{m}{x}$$

这样，我们就可以把两大部类的组合写成下列形式：

$$\mathrm{I}.\,c+v+m = \boxed{c+\dfrac{m}{y}}^{①} + \boxed{v+\dfrac{m}{z}+\dfrac{m}{x}}$$
$$\mathrm{II}.\,c+v+m = \boxed{c+\dfrac{m}{y}} + \boxed{v+\dfrac{m}{z}+\dfrac{m}{x}}_{②}$$

这两个部类产品的实现，可分别通过①I、②II 两个部类的内部实现。两大部类之间 ③ 的交换则是 $I\left(v+\dfrac{m}{z}+\dfrac{m}{x}\right)$ 和 $II\left(c+\dfrac{m}{y}\right)$。扩大再生产的实现条件，就是要求两大部类的产品全部得到交换。若这两个方面能够相等，即：

$$I\left(v+\dfrac{m}{z}+\dfrac{m}{x}\right) = II\left(c+\dfrac{m}{y}\right) \quad ①$$

这个公式就是社会总资本扩大再生产的实现条件。如果我们在公式①的两端各加上 $I\dfrac{m}{y}$ 就得到第二公式：

$$I(v+m) = IIc + I\dfrac{m}{y} + II\dfrac{m}{y} \quad ②$$

这样，我们就得到了扩大再生产实现条件的两个公式。现在，让我们再仔细地分析公式(a)。假定公式(a)的有机构成(4∶1)和积累率 1/2 都已规定，则公式(a)的 Im 和 IIm 分别为：

$$1\,000 Im = 400 I\dfrac{m}{y} + 100 I\dfrac{m}{z} + 500\dfrac{m}{x}$$

$$376 IIm = 150 II\dfrac{m}{y} + 38 II\dfrac{m}{z} + 188 II\dfrac{m}{x}$$

于是，需要在两个部类之间进行交换的部分，按公式①，则

I 为：$I\left(v+\dfrac{m}{z}+\dfrac{m}{x}\right) = \left(1\,000v + 100\dfrac{m}{z} + 500\dfrac{m}{x}\right) = 1\,600$

---

① 马克思.资本论:第 2 卷[M].北京:人民出版社,1975:571-572.

Ⅱ 为：$Ⅱ(c + \dfrac{m}{y}) = Ⅱ(1\,500\,c + 150\dfrac{m}{y}) = 1\,650$

两方面不相等（1 600≠1 650），Ⅱ 有 50 不能实现。所以，马克思的这个例子具体证明了 $Ⅰ(v+m) > Ⅱc$ 不是扩大再生产的实现条件。

另外，从扩大再生产的实现条件和前提条件之间的关系来看。很明显，公式① $Ⅰ(v+\dfrac{m}{z}+\dfrac{m}{x}) = Ⅱ(c+\dfrac{m}{y})$ 包含了 $Ⅰ(v+m) > Ⅱc$。公式②亦然。这就是说，扩大再生产的实现条件必然包含它的前提条件。前面已经证明，公式 $Ⅰ(v+m) > Ⅱc$ 是个有缺口的公式，它不能包含公式①或②。这就从反面又进一步证明，$Ⅰ(v+m) > Ⅱc$ 不能成为扩大再生产的实现条件。

公式（a）亦已证明，以 $Ⅰ(v+m) > Ⅱc$ 的不等式所表现出来的两大部类的关系未能使两大部类扩大再生产平衡。既然 $Ⅰ(v+m) > Ⅱc$ 不能成为扩大再生产的实现条件，所以，马克思接着又以另外两个图例引导我们考察了扩大再生产的实现条件。在对公式（a）和两个图例进行了缜密的运算和深刻的分析之后，马克思强调指出："不言而喻，既然把积累作为前提，$Ⅰ(v+m) > Ⅱc$ 就大于 $Ⅱc$，而不是像简单再生产那样，和 Ⅱc 相等；因为：1.第Ⅰ部类已经把它的一部分剩余产品并入自己的生产资本……2.第Ⅰ部类要用它的剩余产品，为第Ⅱ部类进行积累时所必需的不变资本提供材料。"①马克思还指出："在以资本的增加为基础的生产中，$Ⅰ(v+m)$ 必须 $= Ⅱc$ 加上再并入资本的那部分剩余产品，加上第Ⅱ部类扩大生产所必需的不变资本的追加部分；而第Ⅱ部类扩大生产的最低限度，就是第Ⅰ部类本身进行实际积累，即实际扩大生产所不可缺少的最低限度。"②由此可见，$Ⅰ(v+m) > Ⅱc$，其大出的部分必须等于公式②中的 $Ⅰ\dfrac{m}{y} + Ⅱ\dfrac{m}{y}$。马克思经过上述详细论述，从而得到了扩大再生产实现条件的结论。

其次，编者又接着说："根据上面列举的马克思扩大再生产图式的两个例子，我们可以把这个用不等式来表现的扩大再生产的实现条件，改用如下的平衡关系式来表示"。我认为，这种说法不准确。因为，根据马克思扩大再生产实现条件的两个例子，并不能给编者提供这种说法的依据。虽然我们可以把 $Ⅰ(v+m) > Ⅱc$ 改用 $Ⅰ(c+v+m) > Ⅰc + Ⅱc$ 的关系式来表示，我们也可以把 $Ⅰ(v+\dfrac{m}{z}+\dfrac{m}{x}) = Ⅱ(c+\dfrac{m}{y})$ 改用 $Ⅰ(v+m) = Ⅱc + Ⅰ\dfrac{m}{y} + Ⅱ\dfrac{m}{y}$ 的关系式来表示，但是，我们却**绝不能**说，$Ⅰ(v+m) > Ⅱc$ 也可以**改用** $Ⅰ(v+\dfrac{m}{z}+\dfrac{m}{x}) = Ⅱ(c+\dfrac{m}{y})$ 的关系

---

① 马克思.资本论：第 2 卷[M].北京：人民出版社，1975：582.
② 马克思.资本论：第 2 卷[M].北京：人民出版社，1975：585.

式来表示。因为不等式和平衡式之间不存在代数恒等式关系。"把这个用不等式来表现的扩大再生产的实现条件,**改用**如下的平衡关系式来表示"的提法,显然违反了数学的基本原理,所以是不能成立的。

《学习》在阐述扩大再生产的实现条件时,疏忽了马克思对公式(a)的分析。因而,在编者看来,$I(v+m) > IIc$ 是实现条件,$I(v+\frac{m}{z}+\frac{m}{x}) = II(c+\frac{m}{y})$ 也是实现条件,两者是一回事;不同的好像只在于一个是以不等式形式来表现的实现条件,另一个却是以平衡式来表现的实现条件。正因为混淆了两者,才会出现上述不正确的阐发。

综上所述,所谓前提条件仅仅是提供了扩大再生产的可能性。扩大再生产的实现条件就是把这种可能性变成现实性的条件。如果没有这后一个条件,扩大再生产也只能停留在可能性上,而不能变成现实性。所以,前提条件和实现条件是两个含义不同的概念,不应混淆,必须严格区别。否则,就不能真正学懂马克思的再生产理论。

载内蒙古《实践》1983 年第 21 期
北京《经济学文摘》全文转载
并列为全国经济学文章选目

论提高经济效益必须注意的几个关系

胡耀邦同志在一次接见外宾,阐述我国经济建设的方针时指出:"我们不强调速度而更强调经济效益。"(新华社1983年8月18日电)把全部经济工作都转到以提高经济效益为中心的轨道上来,是党的十二大制定的宏伟经济发展纲领的重要内容之一,也是一切经济工作的首要任务。为了完成这个光荣而艰巨的任务,必须注意以下几个关系。

一、经济效益与发展速度

经济的发展速度,是指同一计划统计项目(诸如产值、产量等)在一定时期内动态上的比较,即一定时期的增长率。经济效益必须表现为一定的发展速度,但速度和效益也并不总是齐头并进的。高速度也可以在高消耗和浪费严重的情况下取得。在这种情况下,高速度就可能与低效益相伴随。但是,社会主义的生产目的要求社会主义经济有一定的发展速度,又必须具有较高的经济效益,必须以尽量少的活劳动消耗和物质消耗生产出更多符合社会需要的产品。新中国成立以来,我们的生产发展速度虽然较快,但除了1949年以后的头八年以外,在相当长的时期内经济效益一直较差。党的十一届三中全会以来,通过对经济建设的历史经验的深刻总结,人们对发展速度同经济效益的关系有了较全面的认识。但在实际经济工作中,经济效益差的问题并没有得到很好的解决。例如1981年全民所有制工业企业的资金利税率为23.8%,比1965年的29.8%低6个百分点。而资金利税率的每一个百分点,就影响全年收入38.7亿元,就是说,如果把资金利税率提高到1965年的水平,一年可增加收入230亿元,约相当于目前全国财政收入的1/5强。1982年国营工业企业成本,计划降低2%—3%,实际上没有降低,只这一项每年减少国家财政收入四五十亿元。1979—1982年的四年间,我国工农业总产值分别增长 8.5%、7.2%、4.5% 和 7.3%，平均年增长速度为 6.875%。这个速度已高于"六五"计划要求的 4%—5% 的年平均增长率。但在这四年中，由于经济效益方面没有多大好转，财政收入不能同步增长，再加上片面追求速度和产值的习惯势力仍相当顽强，地方和企业有了钱，就盲目上项目，以致在财政上和在能源、交通运输和物资供应等方面都呈现出相当紧张的局面。这说明，速度和效益的统一是何等的重要。从我国经济建设的全过程来看，片面追求速度、不顾效益是主要的有害倾向。历史的经验已证明：不顾效益而一味追求发展速度，这样的高速度是不能持久的，也不能实现在生产增长的基础上使人民生活逐年有所改善，与社会主义基本经济规律的要求是不相适合的。

速度与效益的关系，在很多场合表现为产品数量和质量的关系。企业如果能够既增加产品的数量，又提高产品的质量，就可以实现速度和效益的统一。如产品数量虽然增加了，但产品质量下降，变成次品、废品，那就会出现速度与效益的矛盾。不顾产品质量，片面追求产量，是片面追求速度的一种表现，是与提高经济效益的要求不相容的。十一届三中全会以来，党和政府三令五申，必须十分重视提高产品质量。但是，"质量第一"的观点至今还没有在经济工作者的头脑里牢固地树立起来。工业产品质量差仍然是当前一个突出的问题。一些地方和企业，不顾质量，片面追求产量和产值，产品质量低，品种单调，物耗多，成本高，经济效益差的局面没有根本改变。

产品质量的提高就是使用价值的增加。使用价值增加了，就是增加了社会的财富。优质的产品，经久耐用，这就如同用同样数量的原材料、燃料和动力消耗生产了较多的产品，这也就等于节约了物化劳动和活劳动。从这个意义上说，提高产品质量也就是加快发展速度，就是提高经济效益。如果产品质量低，不能符合使用单位的要求，就卖不出去，积压在仓库里。在这种情况下，数量多、速度高，是有水分的多和高。从社会经济效益来看，不仅无益，而且有害。所以，我们在发展生产的时候，必须把产品质量放首位，力求提高质量，增加花色品种，降低单位产品的物耗，提高社会综合经济效益。在提高产品质量前提下增加产品数量，这是在不断提高经济效益的前提下实现二十年翻两番的正确途径。

邓小平同志在总结我国经济建设的历史经验时指出："根据我们的经验，步子也不能迈得太快、太急。过去，我们搞得太急，发生了一些错误，我们叫'左'的错误，这样，经济发展的速度反而慢了。"我们必须牢记历史教训，始终坚持速度与效益、数量与质量的统一。1983 年《政府工作报告》指出："我们讲速度，必须以不断提高经济效益为前提，绝不能片面地追求产值、产量。要保证各项产品不断提高质量，增加品种，适销对路，真正增加社会的有效财富。"这就是我们处理经济效益与发展速度辩证关系的指导方针。

二、经济效益与比例关系

马克思说:"劳动时间在不同的生产部门之间有计划的分配,在共同生产的基础上仍然是首要的经济规律。"①所谓有计划的分配,就是要为社会化大生产建立合理的经济结构和协调的比例关系。而合理的比例关系不但是社会主义大生产的必然要求,也是宏观经济效益的首要条件。

国民经济是一个构成复杂的整体,各部门之间既相互联系,又相互制约。如果不顾再生产所必需的正常条件,即国民经济各部门的合理的比例关系,就不可能取得我们所预期的经济效益。三中全会以来,由于我们在经济上坚决贯彻了调整、改革、整顿和提高的方针,才使国民经济的比例关系渐趋协调。经过这几年的努力,经济调整已经取得了显著成绩。但还没有把比例失调的局面完全扭转过来。但是,在国民经济比例关系由严重失调经过调整逐步恢复正常的时候,人们往往会忘记过去的历史教训,又容易头脑发热,片面追求速度,导致积累与消费、生产资料和消费资料的比例关系的失调。1963—1965 年的国民经济调整以后出现过这种情况,1982 年又出现类似的情况。1982 年我国投资规模由 1981 年的 443 亿元猛增到 550 亿元,增长 25%,大大超过了国民收入的增长速度和生产资料增长的速度。1983 年 1—5 月累计投资额又比去年同期增长 37.3%,大大超过了国力负担的可能。钢材、木材、水泥供应再度紧张,一些地区又出现了重工业挤轻工业的现象,积累在国民经济中所占的比重又较快地回升。如果不及时控制固定资产投资规模,将会再一次导致国民经济各部门比例关系的失调。幸而这一次,党和政府及时地发现了萌芽状态中的问题,并相应地采取了果断的措施。国务院作出了关于严格控制固定资产投资规模的决定,一切经济部门在组织生产建设的时候,都要服从国家的综合平衡,加强计划性,自觉地保持比例关系的协调。而为着自觉地贯彻党和国家的有关方针政策,首先需要从理论上认识比例和效益的内在联系。

凡社会化大生产都要求生产资料和劳动力在各生产部门的分配符合一定的比例。社会主义经济对比例关系的要求比以前任何时代都更高、更严,这是社会主义基本经济规律和国民经济有计划按比例发展规律的客观要求。为着保证人民生活的改善和国家建设的发展能够齐头并进,应尽可能在宏观经济上使国民经济各部门和社会生产的各个环节之间,找出并保持最佳的比例关系。唯有最佳比例才能取得最佳经济效益。当然,在现实的经济活动中,要实现最佳比例和取得最佳经济效益,是不容易的。我国现在的经济技术水平和管理科学水平都比较低,因此,最佳比例和最佳效益还只是理论上的要求。我们若能以较佳

---

① 马克思,恩格斯.马克思恩格斯全集:第 46 卷(上)[M].北京:人民出版社,1979:120.

的比例取得较佳的经济效益就很不错了。参照学术界对一些重要比例关系的分析,近十年内,在工农业总产值中,重工业产值与农业、轻工业产值之和的比以2∶3较佳;积累率在国民收入中占27%—30%较佳。投资占财政支出的30%较佳;消费资料生产每增长6%—7%,人民生活改善提高6%左右较佳。为着达到这样的比例关系,就必须继续抓紧国民经济的调整这个环节,进一步搞好综合平衡,继续调整国民经济各部门(首先是两大部类)的比例关系,建立合理的经济结构,这样,经济效益就会提高,基础就会扎实,后劲就大了,经济振兴就会早日到来。

三、经济效益与商品流通

为着提高社会主义经济效益,还要重视流通领域,不能把眼光局限在生产领域。

既然提高经济效益就是要求以较少的劳动耗费和物质耗费来生产出尽可能多的符合社会需要的产品,而产品只有经过流通领域,到了使用者的手里,才能证实它确实是符合社会需要的,因此,流通领域是产品是否符合社会需要的考验场。只顾生产,不重流通,不管产品是否适合社会需要,以致大量产品积压在仓库里,这是最大的浪费。马克思在分析资本主义的流通过程时指出:"流通过程推动了新的潜能,它们影响资本作用的程度,影响资本的收缩和扩张,而和资本的价值量无关。"[1]这一段话里流通对生产的影响,对社会主义经济也是适用的。流通时间延长或缩短,不但对生产时间的延长或缩短,而且对生产规模的缩小或扩大都起着直接的作用。加快流通速度,缩短流通过程,对于提高全社会经济效益有重要意义。流通领域所耗费的流通费用越少,商业利润就越高。流通时间越接近于零,则资金周转的速度越接近于它的最高值,就越是有更大比重的资金可以在生产领域发挥作用。因此流通领域蕴藏着巨大的经济效益潜力,需要我们深掘和宽拓。

我国旧的商品流通体制基本上是50年代初从苏联模仿过来的,弊病很多,如权力过分集中,管得太死,流通渠道少,环节多,吃"大锅饭",服务质量差,经济效益低等等,已很不适应现代化建设的需要。十二大指出,流通领域的浪费现象十分惊人。就全国总体来看,流动资金占用多。据统计,商业部门占用流动资金的比重最大,1980年占全部流动资金的57.6%。不但资金周转速度慢,而且产品库存庞大。从主要产品库存周转来看,1981年钢材周转天数为289天,比1958年的98天慢135天;生铁为48天,比1960年的20天慢24天;橡胶为161天,比1958年的26天慢135天。商业资金利润率1981年为10.3%,比1957年的20%低9.7个百分点,供销社资金利润率为5.9%,比1952年的14.5%低8.6个百分点。近几

---

[1] 马克思.资本论[M].北京:人民出版社,1975:48-49.

年我国的财政状况不够理想,这和流通领域经济效益差有很大关系。

十二大以来,商业体制改革的步伐迈得较快,普遍实行了责、权、利相结合的经济承包责任制,加速了商品的流通。从今年上半年的情况看,社会商品零售额增长的幅度,大大超过前两年同期的增长速度。这是商品流通体制改革带来的硕果。这说明,在商品流通上实行多种经济形式,多条流通渠道,多种经营方式,减少环节,就能保证城乡市场繁荣,提高经济效益。

但是,我国商品流通体制的改革还刚刚开始,需要继续深入。许多理论和实践上的问题,如商业体制改革只以利润或销售额一项指标作为承包基数并不科学,如何使承包既保证数量,又保证质量;如何解决目前承包基数普遍偏低的倾向;如何建立新的商业考核指标体系;如何使商业企业尽快向利改税过渡;等等,都需要作进一步的探索。商业体制的改革要广泛倾听群众的意见,以便更好地发挥生产与消费之间的桥梁作用,促进增加商品品种,提高商品质量,更好地满足人民日益增长的需要。为此就要加强市场信息的收集和传送,改善经营管理,提高服务质量。改革应在确立国营商业的主体地位和国家计划市场为主导的前提下,积极发展多种形式的联合经营。要继续打破地区封锁、条块分割的局面,巩固和完善已开始实行的、行之有效的开放式、多渠道、少环节的流通体制。只要我们坚持改革,并在改革中把国家利益放首位,正确处理国家、企业、职工和消费者之间的利益关系,坚持把商业经济效益同国民经济效益统一起来的原则,不断实践,不断总结,不断完善,那么,我们就能探索出一条高效益的、具有中国特色的发展社会主义商品流通的新路子。

四、经济效益与技术进步

提高社会主义经济效益,从生产力角度看,就是要搞技术革新,采用先进技术和先进的管理方法,从而不断降低单位产品的劳动耗费,提高产品质量,以较少的劳动耗费使社会需要得到更好的满足。

马克思非常重视科学技术对于生产发展和经济效益提高的作用。他一再指出,科学技术就是生产力。在现代化生产中,生产的发展主要不是取决于生产中劳动量耗费的多少,而主要是取决于劳动者运用的技术装备的先进程度。生产的三个要素,即劳动者、劳动对象和劳动资料,都是随着科学的发展及其在生产中的应用而日益提高其素质的。在技术革新和技术革命的开展过程中,生产工具从简单的手工工具发展成为机械化、自动化、电脑化的机器体系。与此相适应,生产劳动者从筋肉型工人发展成为具有一定科学技术知识、能够胜任地操纵先进技术装备的智力型工人。同时,人们可以利用的自然资源的广度和深度都极大地延伸了。先进的生产管理制度,则把这些素质日益提高的要素有机地结合起来,使之人尽其才、物尽其用,从而保证以较少的劳动耗费和物质耗费生产出更多的符合社会需要的产品。正是因为科学技术的进步有着这样重要的作用,所以十二大报告指出:"四个现代化的关键是科学技术的现代化。""今后必须有计划地推进大规模的技术改造,推广各种已有的经济效益好的技术成果,积极采用新技术、新设备、新工艺、新材料。"我们要在不断提高经济效益的前提下实现翻两番的战略任务,一定要紧紧抓住科学技术现代化这个环节。

先进的科学技术在现代化建设和对于经济效益提高的重大作用,现在已被普遍承认。但是,在这个问题上,仍然存在着重物不重人、重技术不重管理的认识上的片面性。很多企业领导人认为搞现代化生产就是添置或引进先进的机器设备,只要搞物质投资就行了。但是,马克思早就说过,任何先进的机器,如果没有会运用机器的人来使用它,就只会变成一堆废铁。如果只重物质投资,不重视智力投资,没有适当的技术人员和技术工人来运用先进的设备,就不可能充分发挥先进技术对提高经济效益的作用。

有了先进的机器设备和合格的技术人员和熟练工人,表明现代化生产的物的因素和人的因素是具备了。但是,如果没有现代化的管理把他们科学地组织起来,企业的经济效益仍然无法提高。经济效益的提高并不仅仅是个生产技术的问题,它同经营管理水平是息息相关的。现在,仍有许多企业只重视技术而忽视经营管理。在现实经济生活中,为什么有些企业的技术并不怎么先进而经济效益却比装备先进的企业高呢?原因就在于这些企业管理较好,比较充分地发挥了机器设备和技术人员、熟练工人的作用。相反,有些企业虽然有很先进的技术装备,也有数量众多的技术人员和熟练工人,但是,由于忽视了科学管理,经济效益仍然很差。例如,某市有个照相机总厂,安装有耗资 2 000 万元从国外引进的先进设备,国家耗资 2 000 万元,技术人员也不少,但由于领导无方,管理工作跟不上,以致长期没有一个定型的产品问世。这虽是个别例子,但说明,生产技术先进不一定经济效益就高,要做到投入少,产出多,用最少的物资耗费和劳动耗费生产出尽可能多的符合社会需要的产品,从而全面提高企业的经济效益,管理这个环节是极其重要的。

经济效益是一个综合指标,不仅各种经济工作的好坏都会影响经济效益,而且政治思想等各个方面的工作,都会作用于经济效益。因此,经济效益问题不是上述几个方面所能囊括得了的。但上述几个关系是主要矛盾,是关系全局的。处理好这几个主要关系,就基本上能够保证宏观经济效益与微观经济效益的辩证统一,实现十二大提出的宏伟目标。

载《复旦学报(社会科学版)》1984 年第 1 期

"价值剩余"是一个经济学范畴

经济范畴是生产的社会关系的理论表现,它是人们认识社会关系和社会经济现象的有力工具。根据社会主义的经济运行,创立科学的社会主义经济范畴,对于社会主义政治经济学的发展和经济体制的改革具有重要的意义。伍柏麟和马仁典同志分别提出以"价值剩余"和"公共价值"的新范畴来反映社会主义劳动者剩余劳动所创造的价值,是对社会主义经济范畴所做的有益的探索。但是,读了马仁典同志的《"公本"和"公共价值"是社会主义的基本经济范畴——兼与伍柏麟同志商榷》(《复旦学报(社会科学版)》1986年第1期)一文,笔者颇有不同看法,提出来与马文商榷。

伍说:"社会主义经济中不存在'剩余价值'范畴,作为它的对立物产生的,是'价值剩余'范畴。""'价值剩余'指的是社会主义劳动者所创造的新价值在扣除劳动者满足自己需要的生活资料价值,或者说扣除为自己做的必要劳动创造的价值以后的剩余。"(《复旦学报(社会科学版)》1984年第3期)马仁典认为伍文用"价值剩余"这个范畴来反映社会主义劳动者为社会提供的剩余劳动在理论上不能成立,"在逻辑上也讲不通"。理由是:"根据劳动价值论,是劳动创造价值,从而剩余劳动创造剩余价值,在这里剩余劳动怎么创造'价值剩余'呢?"于是,他在否定了"价值剩余"这个范畴之后,提出了两个新的范畴——"公共价值"和"公本"。他说:"社会主义经济中存在的是'公共价值'范畴。所谓'公共价值'就是联合劳动者在社会主义生产过程中创造的而由社会公共占有的,超过满足其个人消费的物质资料的价值以上的那部分价值。""与此相联系,当前社会主义政治经济学教材中普遍使用的'资金'这一范畴,也应代之以'公本'范畴。"

笔者认为,马仁典用"公共价值"这个范畴来表现社会主义劳动者的剩余劳动所创造的价值,是不够确切的。因为在劳动者用公有的生产资料所创造的商品价值 $c+v+m$ 中,消耗掉的生产资料的补偿价值也包括在"公共价值"之中。从再生产的连续过程来看,转移过来的那部分生产资料价值,或物化劳动的转移价值也属于联合劳动者所创造而为社会公共占有的价值,即"公共价值"。由此可见,"公共价值"范畴,不能把消耗掉的生产资料的补偿价值排除在它的内涵之外,这就使它不能体现出是剩余劳动创造的价值,即不能体现出如马文所期望的"联合劳动者在社会主义生产过程中所创造的,而由社会公共占有的,超过满足其个人消费的物质资料的价值以上的那部分价值",从而"公共价值"也就不能成其为"剩余价值的直接对立物"。

马仁典还主张用"公本范畴"来取代"资金"范畴。他只是提出了"公本"这个范畴,但既没有揭示出这个范畴所包括的基本内涵,也没有给它下一个确切的定义,人们只能顾名思义地去理解"公本"的含义,把它看作"公共资本"的省略用法。它给人们造成这样一种感觉:"资本"所体现的是资本家对雇佣工人的剥削关系,而"公本"亦即"公共资本"所体现的是社会主义联合劳动者自己对自己的剥削关系,这就说不通了。显然,用"公本"范畴来取代资金范畴,也不能达到作者所希望的"唯独它才能确切地反映社会主义本质关系"的初衷。如前所说,由于作者没有对"公本"下一个明确的定义,所以难以与之深入商榷。

由于作者想从字面上来体现一个范畴的属性,给它冠以"公"和"公共"一类字眼,结果反而弄巧成拙,造成概念与实质不符。上述分析表明,"公本"和"公共价值"这两个范畴是不科学的。

笔者认为,马文对"价值剩余"这个范畴的理解有些片面。他忽视了伍对"价值剩余"所阐明的内涵,而只是从字面上去理会,因而出现了所谓"剩余劳动创造剩余价值,在这里剩余劳动怎么创造'价值剩余'呢?"的疑问。如果单从字面上看,那么,从"剩余价值"四个字上也看不出这个范畴反映什么社会属性,人们也只是通过马克思阐明它的含义,才知道它是指由雇佣工人的剩余劳动所创造而被资本家无偿占有的,体现着资本家剥削雇佣工人的一种社会关系。同样,对"价值剩余"这个范畴也不能单纯从字眼上看。那么应该怎样理解呢?笔者认为,"价值剩余"就是在社会主义劳动者创造的商品价值中,扣除耗费掉的生产资料的补偿价值和劳动者为自己劳动的那部分价值之后所余下来的价值。作为余下来的这部分价值在量上和劳动者在剩余劳动时间内所创造的价值是一致的或者说是等同的。这正是伍文把它称为"价值剩余"的一个重要因素。当然,这仅仅是从量的一方面看。另一方面,从质的方面讲,为了体现它与"剩余价值"具有不同质的属性,使它既成为"剩余价值"的直接对立物,又成为和"剩余价值"对应的相应范畴,从而体现它和"剩余价值"所反映的是不同的社会关系,所以才采用了"价值剩余"这一范畴。从质和量两方面看,"价值剩余"这个范畴在理论逻辑上是讲得通的。

伍柏麟运用马克思的剩余劳动理论,提出以"价值剩余"这个范畴来表现社会主义劳动者为社会提供的剩余劳动所创造的价值,具有现实意义。

众所周知,超出劳动者维持生活需要的一般剩余劳动,是任何社会都必需的。资本主义社会和社会主义社会都存在剩余劳动,都提供剩余产品,都要表现为价值。在资本主义雇佣劳动制度下,工人无偿地为资本家所创造的剩余劳动的价值,马克思是用"剩余价值"范畴来表现的。社会主义剩余劳动所创造的价值,斯大林是用"盈利"(斯大林:《苏联社会主义经济问题》第44页)来反映的,到目前为止,所有政治经济学教科书都是用"盈利"这个范畴(经济理论界也有用"社会纯收入")来表示的。"盈利"就是物质生产领域的劳动者的剩余劳动为社会所创造的纯收入。这个范畴虽然能反映出社会主义的生产关系,但是,人们仍然期待着有这样一个范畴:它既和马克思反映资本主义剩余劳动创造的"剩余价值"相对应,又具有社会主义的属性,能够体现在社会主义制度下劳动者的剩余劳动所创造的价值。笔者认为,这样的一个范畴可以用"价值剩余"来表述。它的意义在于:在理论上,它使我们找到了社会主义剩余劳动所创造的价值表现的较好形式;在实践上,它使我们能够从增大价值剩余着手来提高经济效益。所以,笔者认为,"价值剩余"是可以成立的一个经济学范畴。

载四川省委第二党校《教学科研资料》
1986年13—14期

社会主义公有制和商品经济的共融及其现实基础之构造

社会主义经济是公有制基础上的有计划的商品经济,这是改革10年来我们对社会主义经济所达到的基本共识。但是,社会主义商品经济的经济基础究竟是什么?商品经济能否建立在公有制的基础之上?为什么社会主义经济仍要采取商品经济?对这些问题却仍各有各的说法。所以,搞清楚社会主义公有制和商品经济共融的依据,仍然是一个很值得探索的理论问题。

超越社会主义商品经济存在原因的传统思维

商品经济与公有制是否共融的问题,最初是以商品经济存在原因的争鸣形式提出的。我国经济理论界关于社会主义商品经济存在原因一直有两大类不同主张。

(一)第一大类主张沿袭了传统思维,从社会分工和所有制角度来揭示社会主义商品经济存在的原因

在这一大类观点中又有以下两个不同的出发点:

1. 一种是以马克思的私有制归因论为经典,大致又有以下三种:

(1)商品经济是旧社会的残余痕迹,否定在社会主义经济内部存在着商品经济产生的基础。

(2)认为消费品的个人所有制是社会主义商品货币关系存在的原因。

(3)认为劳动力的个人所有制或部分个人所有制是社会主义商品货币关系存在的原因。

2. 另一种是以斯大林发展了的商品外壳论即不同所有制相互影响归因论为经典。这种观点包括以下四种:

(1)两种公有制的相互影响,即通过处于不同产业链上的集体所有制的向前或向后的关联效应,将商品货币关系渗透到全民所有制内部。

(2)认为全民所有制不完善,即存在部分集体所有制因素是全民所有制内部存在商品货币关系的原因。

(3)认为全民所有制内部存在着所

有权与经营权的分离,正是不同全民所有制企业在经营权上的差别构成了全民所有制内部商品货币关系存在的基础。

(4) 认为目前的全民所有制不是最好的公有制形式,真正好的有效的公有制形式既不是国家所有制,也不是集体所有制,而是企业所有制,它是由阶级占有即私有制向社会占有过渡的中介形式。

正是企业所有制的存在为全民所有制经济内部商品货币关系的产生提供了基础。可以说,(3)和(4)两种观点已经摒弃了私有制归因论的原型,试图从全民所有制本身去寻求商品经济的客观基础。但这两种观点也还没有超越所有制归因论的传统思维。

(二) 第二大类主张突破传统思维,抛开所有制归因论揭示社会主义商品经济存在的原因

商品经济是一种中性的经济运行形式,它纵跨不同的社会生产方式,拥有不同的所有制基础,因而不同的所有制只是商品经济在不同社会生产方式下存在的特殊原因,在不同的所有制特征背后尚隐藏着商品经济存在的更为一般的原因。特殊与一般相联而存在,特殊是一般的外部显现,而正是这种隐藏在不同所有制背后的一般原因构成了商品经济运行所具有的本质规定。人们迄今为止谈论的社会主义商品经济存在的原因只是这种本质规定在不同生产力发展水平上和在不同生产关系及其形式下获得的特殊表现或外显,只有超越所有制归因论的传统思维,才能真正认识商品经济的历史命运和现实意义。在经济理论界确实一直有人在另辟蹊径,抛开所有制归因论的传统思维以揭开社会主义商品货币关系存在之谜。这就是第二大类的主张,它包括以下四种观点:

第一,认为按劳分配要借助于货币进行,从而把按劳分配确定为全民所有制内部商品货币关系存在的原因。

第二,认为社会与社会成员间的商品货币关系是因按劳分配而起,而企业与企业之间的商品货币关系缘于经济核算。

第三,认为经济利益上的差异从而导致物质刺激的需要是商品货币关系存在的原因。

第四,认为必须从劳动的质的变异即劳动的质与量的矛盾中寻找商品货币存在的原因。

遗憾的是,这些观点都在不同程度上陷入了困境。

首先,按劳分配经典论述的背景是产品经济,而在现实经济运行中,按劳分配的有效形式是以商品货币关系的存在为前提的;其次,经济核算是商品货币关系的一部分,它不能作为商品货币关系的存在基础;再次,从经济利益差异去探讨虽给问题的解决增添了几分希望之光,但仅从物质刺激的需要出发去认识商品经济的历史命运和现实意义显然是不够的和十分片面的;最后,劳动的质与量的矛盾虽然是商品经济的一大特征,但劳动的质与量的矛盾又缘何而起呢?可见从劳动的质的变异去挖掘商品经济存在的原因并没有

把问题深化。总之,上述几种观点都没有揭示出商品经济存在原因的真谛。我认为,这类主张在摒弃所有制归因论的传统思维的同时,也摒弃了它所包含的合理成分,这样,在试图逃避所有制归因论困境的同时,把自己也逼进了死胡同。可见对所有制归因论只能是扬弃而不能简单地摒弃。

所有制归因论的局限性在于停留在商品经济存在的特殊原因上止步不前,没有进一步深入到隐藏在所有制特征背后的利益基础去寻找商品经济存在的一般原因。我认为,在不同的所有制特征的背后或同一所有制内部有着不同的利益差异,正是这种不同经济主体间的利益差异和社会分工一起构成了商品经济存在的一般原因。过去当人们对商品经济存在原因的认识停留在私有制归因论上而没有进一步上升为一般化时,便是把私有制条件下商品经济存在的特殊原因当作商品经济存在的一般原因,以致在私有制消灭后,在肯定或否定商品经济在社会主义条件下的存在问题上引起了困惑。如果人们对商品经济存在原因的认识仍然只停留在所有制归因论,而无论是用不同所有制的并存代替私有制还是用其他别的什么方式解释商品经济存在的基础,只要不进一步一般化为物质利益的差异即经济行为主体利益的相对独立性,那么,一旦所有制形式的差异消除了,但经济行为主体利益的差异尚存(如全民所有制内部),在肯定或否定商品经济的存在问题上仍然会出现困惑和反复。

将商品经济的存在原因归结为经济行为主体利益的差异或经济行为主体利益的相对独立性是对问题的深化。因为用经济行为主体利益的相对独立性去代替不同所有者以解释商品经济的存在,即使在资本主义条件下也是适用的。

资产阶级宪法认为私有制是至高无上的,从而所有者的利益受到法律保护,任何人不得侵犯。因而一般认为在资本主义条件下,经济行为主体利益是绝对独立的。但是,我觉得这一判断是欠妥的。因为"所有者的利益都是绝对独立且互不侵犯"这一命题只有在不同所有者意志或利益之间不存在任何矛盾,相互承认对方利益的前提下才能成立。这一点恰恰说明即使在资本主义条件下,所有者利益的独立性也是相对的,只有在事前和事后不断同其他所有者的意志和利益进行沟通,充分考虑别人的意志,尊重他人的利益,才能使在独立的所有者意志支配下的行为在不侵犯别的所有者的意志和利益的前提下,充分实现自己的意志和利益。在商品经济运行中,市场为此提供了场所和种种便利。从市场波动中我们看到,别的所有者的意志和利益考虑得越多,独立的所有者意志和利益的相对程度便越大,由所有者意志和利益间不一致而带来的行为上的不和谐和经济活动整体上的盲目性便越小。资本主义商品经济与社会主义商品经济间的根本区别正在于这种独立性的相对程度,而这是由不同的所有制和社会经济制度决定的。由此可见,把社会分工和经济行为主体利益的相对独立性作为商品经济存在的两大基础,和马克思的经典论述在根本上讲是相容的。

不能讳言商品经济与传统全民所有制形式的矛盾

（一）商品经济按其固有的经济规律运行必然造成传统的全民所有制形式对其本质的背离

商品经济与全民所有制传统形式的矛盾主要有两个方面：一是从商品经济角度看,随着商品经济的发展,其运行的分散化的、有差异的利益基础必然侵蚀以全民所有制形式为代表的统一的社会整体利益,造成全民所有制形式对其本质的背离,其主要表现在以下三个方面：

1. 商品经济对全民所有权的弱化

在传统经济体制下,全民所有权简单地表现为以指令性计划为内容的生产经营权和以上缴利润为内容的经营收益权,是一种静态所有权。保障所有权的有关制度的建设一直被忽视,对国有资产价值的评估和管理缺乏一套相关的规则和程序,全民所有权的庞大标的无论是在实物形态上还是在价值形态上,对所有者来说都是比较模糊的。在商品经济获得迅猛发展后,全民所有制传统形式中包含的上述缺陷便充分暴露出来,并与扩权让利改革的局限性结合在一起,使全民所有权受到严重侵蚀。商品经济的发展,使传统的全民所有权中以指令性计划为内容的生产经营权日渐弱化,而所有者用以制约企业生产经营活动的新的理想的替代形式又尚未找到,这样,全民所有权的内容实际上已弱化为以上缴利税为内容的经营收益权。但是由于缺乏对国有资产估值和管理的相关规则和程序,企业的利润分配明显地倾向于经营者和职工的利益。企业的积累动机越来越衰减,而追求职工收入和即期消费(表现为实物性福利的发放)最大化的倾向越来越突出。而企业留利的增长非但没有加强全民所有权,反而进一步模糊了全民所有制的所有权内容。在目前的承包制中,商品经济对全民所有权的弱化得到充分表现,承包标的讨价还价正朝着经营者和职工的利益倾斜,以至于全民所有权的收益相对过小而承包者的经营收入相对过高,经营者行为短期化对承包制两权分离带来的正效应作了种种抵消。

2. 商品经济对全民所有制所代表的社会整体利益的分割

在全民所有制传统形式下,地方所有制和部门所有制对社会整体利益进行的条条和块块的行政性分割已十分严重。并且随着商品经济的发展,商品经济运行中利益分化的趋势更进一步加深了地方利益和部门利益对社会整体利益的条块分割,而且使这种分割带上了经济性分割的特点,出现了"诸侯经济"现象。这样的分割格局无疑削弱了全民所有制代表的社会整体利益的实现基础,预算外资金的膨胀和财政两个比重的急剧下降导致宏观调控乏力,全民所有制代表的社会整体利益受到严重侵害。在各种利益的侵蚀下,计划的严肃性和科学性下降了,公有制经济的总体有序性日益恶化,总量膨胀和分配不公作为商品经济与全民所有制传统形式间的矛盾产物日显尖锐化。

3. 商品经济的发展进一步诱发了行政权力对全民所有权的侵蚀

在全民所有制的传统形式中所有权是和行政权结合在一起的。在传统经济体制下,行政权对全民所有权侵蚀已相当普遍,但那种侵蚀更多的是行政性的,是不尊重经济规律的"瞎指挥"。尽管它最终使全民所有者的经济利益受到了严重损害,但行政权对全民所有权的侵蚀并不掺和个人私利。在商品经济发展过程中,由于全民所有制传统形式中行政权力的运行轨迹是和全民所有权的运行轨迹交叉重叠的,商品经济的运行法则必然渗入行政权力的运行轨迹。在行政权力的运行规则和程序不甚健全的条件下,商品经济的发展必然诱发行政权力对全民所有权的侵蚀。这种侵蚀除了传统的违反经济规律的"瞎指挥"外,比较普遍的是掺和了个人私利的经济性侵蚀,如以权谋私、各种官倒、行贿受贿以及集团性寻租行为。商品经济的发展从全民所有制形式本身弱化了全民所有制。

(二) 传统的全民所有制形式阻碍商品经济的进一步发展

商品经济与全民所有制传统形式间矛盾的另一个方面是从全民所有制形式角度看,与传统的产品经济运行模式相对应的全民所有制形式严重阻碍了商品经济的进一步发展,而且使商品经济的负面效应获得了充分发展。其主要表现在以下三个方面:

1. 全民所有制传统形式弱化了商品经济运行的结构转换能力

在商品经济运行中,市场微观构造的影响是最深层的。市场微观构造健全,市场对商品经济运行的结构导向就有力。市场微观构造脆弱,则市场对商品经济运行的结构导向就乏力。而决定市场微观构造的是所有权的形式。放权让利强化了地方利益,使全民所有制传统形式中以地方所有制和部门所有制为基础的行政性垄断演变为主要以地方所有制为基础的经济性垄断。对商品经济的统一市场进行地方割据,形成了各种各样的地区保护主义,出现了中世纪式的"诸侯经济"和"省际贸易",阻碍了地区与地区间尤其是内陆原材料产地和沿海工业发达地区之间技术、资金、原材料、产品等的相向流动,严重割裂了商品经济运行的内在联系,使本来就十分脆弱的市场微观构造进一步脆化。商品经济运行的结构转换能力每况愈下,商品经济的发展受到结构性矛盾的钳制,步履维艰,困难重重。

2. 全民所有制传统形式成了投资、消费双膨胀的根源,总量膨胀愈演愈烈,严重损害了商品经济发展的宏观环境

在对全民所有制传统形式的改革中,所有权与经营权的两权分离,在形式上更进一步强化了劳动者和生产资料所有者身份的分离。现在所有权归国家,而国家是抽象的,它具体化为各主管部门和中央、地方各级政府。国家处于全

民所有者地位,经营权归企业,经营者和职工的非全民所有者身份在形式上得到了强化,其收入不是来自财产所有权在经济上的实现,因而他们关心的不是国有资产的增值和管理,而是追求在利润分配中占有更大份额以满足即期消费。收入分配权的部分下放使得普遍存在的消费扩张压力,得以在收入分配过程中产生极为直接的影响。另一方面,地方各级政府、主管部门作为全民所有者都希望通过增加投资不断扩大其所有权利益。企业经营者也出于在更大的利润收入中取得较多的份额用于职工消费的动机,而尽可能争取更多的贷款进行投资扩张。这样,全民所有制传统形式中存在的国家高积累倾向和企业的投资饥渴症,在改革中进一步演化为地方各级政府和主管部门甚至企业经营者强烈的投资扩张冲动和经营者、职工的即期消费最大化倾向,预算外投资膨胀和消费基金膨胀并存,使总量膨胀带有前所未有的双膨胀特点,加剧了商品经济运行中的结构性失衡,严重影响了商品经济发展的宏观环境。

3. 全民所有制传统形式引起了市场行为规则的紊乱,导致了商品经济的退化

商品经济运行需要形成相对独立的商品生产者和经营者,以构成其坚实的运行基础,这要求企业具有相对独立的职、权、利,而且在职、权、利之间还需要形成硬的约束机制,这种硬的约束机制是企业经营相对独立性的基础。与产品经济运行传统模式相适应的传统全民所有制形式中普遍存在的是软的预算约束,企业只是行政机关的附属物,没有相对独立的职、权、利,因而全民所有制的传统形式不可能提供商品经济运行的坚实基础。所有权与经营权相分离在一定程度上使企业摆脱了行政机关的束缚,但政企不分的局面没有根本改观,行政权与所有权仍然合在一起。所有权对经营权的约束仍然主要是通过行政渠道进行,行政权常常借行使所有权的名义干预经营权,这使企业作为相对独立的商品生产者和经营者的地位不断受到损害。承包制不仅没能割断企业与行政机关的脐带,反而在新的形式中强化了企业对行政主管部门的依赖关系。承包基数在与行政主管部门的讨价还价中确定,构成了承包经营行为双重化的基础。企业经营行为一只眼睛盯住市场,另一只眼睛盯住上级,导致了市场行为规则的紊乱,各种灰市应运而生,改革中还出现实物化倾向,这实际上是商品经济发展中的一种"返祖现象",是商品经济退化的表现。

上述分析表明,商品经济与全民所有制传统形式的矛盾是尖锐的。我们分析这对矛盾既不是想以公有制来否定商品经济,更不是想以商品经济来否定公有制,而是为了进一步探索社会主义公有制与商品经济的共融及其现实基础。

社会主义公有制和商品经济的共融及其现实基础之构造

社会主义取代资本主义后,社会经

济运行不能完全超越历史的和现实的起点。这种历史的和现实的起点包括两个方面——经济运行的一般利益基础和建立在此基础上的一般运行规则。它们构成了社会主义商品经济和公有制共同的生长点。私有制消灭后,阶级压迫和阶级剥削已成为历史,利益差异的对抗性矛盾亦不复存在,但在匮乏基础上源于生产力发展不平衡和劳动差异的利益差异依然存在。各种纷繁复杂的利益差异构成了个性全面解放的起点,为个性全面解放提供了广阔的可能性空间,同时它也是个性全面解放的诱因。建立在各种利益差异基础上的一般运行规则就是马克思所说的商品生产所有权规律——等价交换法则。这一法则不仅将保障各种利益差异的实现,而且还要协调各种利益差异,使它不至于成为经济运行的障碍。正是这两个历史的和现实的起点形成了社会主义商品经济与公有制共融的现实基础。

从对商品经济与全民所有制传统形式的矛盾分析中我们看到,两者的共融并非是无条件的。公有制和商品经济的共融是在某些特定形式上完成的。现实的公有制形式还不能做到真正的社会占有,不同的社会成员在对全民所有权的利益上存在着各种各样的差异,商品经济势必要求实现这种利益的差异性。可见,要使商品经济与公有制的共融成为现实,必须改革公有制的传统形式,使它摆脱与产品经济运行相适应的外壳而适应商品经济运行的要求。也就是说,要把公有制的形式作为商品经济运行的现实基础来构造,并使它在与商品经济的矛盾运动中不断得到完善和发展。理想的或有效的公有制形式构造上的难点,在于既要适应商品经济发展的需要,保障实现不同社会成员在全民所有权上的利益差异,同时又不使这种利益差异演变为个人利益与社会利益的对立,反过来损害商品经济的正常运行。

不同社会成员在全民所有权上的利益差异是公有制内部商品经济产生的根源,因而也将成为与商品经济共融的新型全民所有制形式的生长点。不同社会成员在全民所有权上表现的现实的利益差异包括不同企业在国有资产存量占用和增量(即企业留利)支配的差异以及不同企业职工在奖金福利上的差异。在构造新型全民所有制形式时必须把这些利益差异作为现实的、历史的出发点。过去人们多从利益刚性的角度去批判这种作为现实的和历史的出发点的既得利益的弊端,实际上在改革中对一般的、非特殊的既得利益的保护既有利于赢得对改革措施的广泛支持,同时亦保护了经济运行的连贯性。问题的关键是要使这种新型的全民所有制形式具有一种开放性,从而使利益差异形成动态演化机制。这种开放的全民所有制形式必须具有双重所有权构造:法律所有权和经济所有权[①]。这种双重所有权构造目前首先应在实物的和价值的双重经济运行基础上形成,并随着信用的发展,最终在现代股

---

① 马克思,恩格斯.马克思恩格斯全集:第26卷(Ⅲ)[M].北京:人民出版社,1974:565.

份制经济的双重资本运行中得到进一步完善和强化。法律所有权归属于国家,由国家的职能部门如国有资产管理局代理。目前法律所有权体现在企业资产的价值形态上,一旦信用的发展使得双重资本运动形成,则法律所有权便表现为对虚拟资本的所有权。法律所有权是处在生产过程以外的价值形态上的非职能资本的所有权,而经济所有权则是处于生产过程中的职能资本的所有权。在目前只有在物质形态的职能资本具有完整的经济所有权,而在价值形态上对于处于生产过程之中的职能资本则只具有经营权意义上的欠缺的经济所有权。只有当信用的发展形成了双重资本运动后,经济所有权才能完整地在企业实际资产上得到体现,并获得价值形态和实物形态的统一,到那时,处置闲置多余资产,实行固定资产更新型的大规模转产等价值形态上的资产存量调整都将构成现实的经济所有权,而这些在目前尚难以做到。

需要指出的是,公有制的所有权和服份制中的股权是有区别的。这是因为公有制中的所有权除了包括股权中的收益权以外还包括着一些公共利益的实现,肩负着一些其他非公有制经济无法完成的经济责任,如重要基础设施的投资、对经济结构的导向和重点产业的扶植以及对整个社会经济秩序的维护和重要经济利益关系的协调。这样,法律所有权和经济所有权在国家与企业之间的分离有时候就不一定有助于公有制上述目标的实现,这就是说法律所有权与经济所有权二重构造并不排斥在特定场合、特定时期两者合一的构造。这就使得现实的国营企业发生了分化:一类是国有企业,它具有法律所有权和经济所有权的二元构造,实行委托经营;另一类则是国营企业,在这些企业中法律所有权和经济所有权是合一的,实行国家直接经营。在这样一种新型的全民所有制形式中,通过经济所有权的独立化使得全民所有权中的利益差异得到保障和发展。同时,通过国家掌握法律所有权和部分直接经营,使得这种利益差异得到协调,不致最后分化为个人利益与社会利益的对立,以保障商品经济协调运行。

我认为关于商品经济与公有制的共融并不能简单地归结为谁适应谁、谁为谁服务的问题。商品经济与公有制的共融是在同一个现实的和历史的共同起点上相互适应、相互促进对方完善和发展的过程,它包含着两者间的矛盾运动。在私有制和商品经济的矛盾运动中,私有制形式几经变更,股份制和国有制的出现在资本主义生产方式的框架内对私有制进行了最大限度的扬弃,资本在一定程度上取得了社会资本的形式,商品经济社会化和资本主义私人占有既相容又矛盾。商品经济在私有制基础上的这些变化,同样影响到了商品经济的运行方式,与小商品经济或资本主义初期商品经济相比较,现代资本主义商品经济的运行已发生了深刻的变化。社会主义商品经济作为一种产生于公有制经济内部的商品经济,其公有制基础必然影响到商品经济的质。商品经济带有的这种新的质体现在它所包含的一定的产品经济因素中,这种产品经济因素是由公有制基础上的联合劳动的特征决定的,它是作为商品经济发展终端的产品经济的萌芽,与传统集权经济运行模式中的产品经济毫无共同之处。社会主义商品经济的这一特征决定了它还不是一种纯粹的自由市场经济。

载《学术月刊》1991年第9期

注:本文关于"社会分工和经济行为主体利益的相对独立性是商品经济存在的两个基础"的观点,曾得到中国社会科学院经济研究所原所长、《经济研究》原主编赵人伟研究员的充分肯定。

论社会主义市场经济

党的十四大报告在总结 14 年实践经验的基础上,明确提出了把建立社会主义市场经济作为经济体制改革的目标,这是我国经济体制改革理论的重大突破,它既反映了中国经济理论的艰难发展,也反映了对计划与市场争论的历史性总结。

一、商品经济必然是市场经济

为了证明商品经济必然是市场经济,让我们从这一命题的历史起点和最简单的逻辑开始吧。

大家知道,最初的、偶然的物物交换孕育了商品交换的萌芽。即使是这种最初的过程,也不能不说是一种市场过程,这种最初的场合,也不能不说是一种最简单的市场雏型。因此,商品交换从它产生的那一刹那,就与市场紧密地联系在一起。而一旦产品作为商品来生产的时候,真正意义上的市场也就随之而产生,它们紧密相联,不可分割。

为什么商品生产离不开市场呢?这是由商品本身的特点决定的。我们知道,商品与产品的根本区别就在于一种产品仅仅是一个有用物,而一件商品则是使用价值和价值的矛盾统一体。商品的使用价值是社会的使用价值,它必须通过交换,只有在对社会有意义的同时才对商品生产者具有意义。所以如此,就在于商品生产赖以存在的条件是自然形成的社会分工。社会分工意味着不同的所有权主体必须通过交换才能实现各自的利益。马克思明确指出,联结不同所有权主体的方式就是以所有权转移为特征的交换,这就是我们今天所讲的市场行为。可见,假如没有商品的内在矛盾,也就没有解决这一矛盾所必须的交换,从而也就没有市场。反之,一旦产品成为商品,则无论如何是离不开市场的。正因为市场与商品有着如此密不可分的关系,所以列宁把市场归结为商品经济范畴。

不但最初的商品生产与市场内在联

系,而且商品生产发展的广度、深度也无不与市场的健全呈正相关系。在马克思的经济学著作里,是区分了商品生产和商品经济的。他认为简单商品生产可以存在于自然经济的夹缝中,但在自然经济夹缝中所产生的商品生产的萌芽绝不是商品经济,原因在于这种商品生产的目的仅仅是为了使用价值,市场狭小,体系不全。从简单商品生产到商品经济,是一个从量变到质变的过程。它的最显著的特征是商品生产覆盖全社会,把投入和产出、生产和消费全部纳入商品生产的轨道,如果不生产商品,就什么也没有生产。这种覆盖全社会的商品经济需要什么条件呢?它需要市场体系的健全和发展。这里所讲的市场体系,不仅包括产品市场、生产资料市场,还应当特别包括劳动力市场和资金市场(包括证券市场)。从发达国家的历史演进来看,早年的英国之所以先进,就在于市场体系和商品经济的发达,早年的德国之所以落后,也恰恰在于行政壁垒阻碍了市场体系的发展。当今,正由于它们的市场体系的迅速发展,才进一步走向世界。而至今还不发达的国家和地区,也正是由于交通不便、行政壁垒等原因,难以形成统一的、健全的市场体系,从而极大地窒息了商品生产的发展。

上述理论和历史的分析说明,无论是在历史上,还是在逻辑上,商品生产从它最初诞生的那一刻起,就是与市场联系在一起的,当发展到覆盖全社会的发达的商品经济时,更是离不开健全、完善、发达的市场体系。因此,商品经济就是以市场机制调节生产、配置资源的经济形态,因而必然是市场经济。

二、从公有制基础上有计划的商品经济到社会主义市场经济是社会主义经济理论的又一次发展

艰难曲折的社会主义实践迫使我们逐步接受了商品经济。1984年《中共中央关于经济体制改革的决定》认定,我国经济是公有制基础上的有计划的商品经济。这一论断是我们以巨大的历史代价换来的,在当时的情况下无疑是一个伟大的历史进步。但由于这是在特定的历史条件下提出的,这一提法本身就存在着一定的矛盾,加之人们对这一提法的不同理解,致使改革时停时进、时缓时急,甚至不排除在特定条件下的倒退。

例如,有的人在对这一提法的理解中更强调计划性,认为整个提法的落脚点是计划经济,商品经济是服从计划经济的,试图以计划制约商品经济。在不改变计划方式的情况下,以平等、竞争、优胜劣汰、横向联系为特征的商品经济,必然为他们所强调的计划经济所窒息。1989年和1989年以后的一个时期,有的人甚至把公有制基础上的有计划的商品经济,解释为计划经济为主,市场调节为辅。可以说这种提法已经不是什么改革了,而是对旧体制的回归和倒退。从1989—1991年的治理整顿中已经可以窥其一斑。

还有的同志虽然接受了公有制基础

上有计划的商品经济的提法,但却拒绝与商品经济紧密相联的市场经济,认为公有制基础上有计划的商品经济是社会主义的,而市场经济则是资本主义的。这种割裂商品经济与市场的内在联系的做法,如前所分析,在逻辑上是讲不通的,而拒绝以市场为主要调节方式的商品经济,在实践中也是很难行得通的,可能只是一种一厢情愿的纸上完善的分析。

邓小平同志南方谈话之后,中国经济理论界提出了要为市场经济正名。党的十四大报告明确提出"我国经济体制改革的目标是建立社会主义市场经济体制",这较之公有制基础上的有计划的商品经济的提法又是一个很大的进步,它标志着我国经济体制改革的理论又有了新的历史性突破。我认为,这种新的提法的重要意义在于:一是它肯定了10多年改革的成功经验,尤其是沿海地区面向市场改革开放的发展经验,是对十一届三中全会以来市场取向改革的基本方向的充分肯定和明确化。二是明确了整个经济体制改革的目标在于建立和完善社会主义市场经济体制,落脚点和重点都在于市场经济。三是按照这一体制目标的要求,整个社会的经济运行将以市场为枢纽。就是说,市场是基础性的,如十四大报告指出的,"我们要建立的社会主义市场经济体制,就是要使市场在社会主义国家宏观调控下对资源配置起基础性作用";而计划是宏观性的,计划必须以市场为基础,并服务于市场。因此,计划方式、调控方式都将随之发生变化。四是上述深刻的含义,在理论上不允许有任何回到传统体制的企图。

三、选择社会主义市场经济,既是对14年改革开放与经济建设实践经验的总结,又是对计划与市场争论的历史性总结

我们知道,马克思对资本主义的市场机制的调节,即市场核算评价是不高的。为此,他设想了自由人联合体。他认为在自由人联合体里,社会可以有计划地把社会劳动分配于各个部门。恩格斯也同样认为经济计算变得非常简单,而不需要价值插手其间。显然,马克思忽视了社会工场的规模问题。囊括全社会的这样超大型的"工场"毕竟不同于一个真正的、事实上的工场。后者规模有限,其投入和产出、生产与消费是完全可以用会计手段计算的。而前者只有把人们的需求抽象到非常简单的程度,简单到毫无需求差别,像军事共产主义那样才有可能实现。这就是马克思模式后来在实践中表现为高度集权模式的原因。而这种模式理论上的缺陷,已经被实践证明它不能有效地解决社会资源的配置问题,并且效率很不理想。

针对马克思模式(也可能包括最初的社会主义实践),20世纪20年代,在西方首先爆发了关于计划与市场的论战。论战的发动者是奥地利经济学家冯·米塞斯。他尖锐地指出,如果没有商品货币关系,仅靠实物计算是缺乏有

效性的。在对这一挑战的回答中,波兰经济学家奥·兰格作出了从当时情况来看非常卓越的贡献。兰格的整个思路就是由中央计划当局模拟市场,用错了再试的办法解决价格问题。在60年代的实践中,布鲁斯也是沿着这一思路前进的。然而这一思路的致命缺陷在于:第一,市场到底能不能模拟。市场得以成立的关键在于以追求更多的社会剩余为目的的独立的财产主体,以及与之相应的制度规范。模拟市场是政府在模拟,由于没有真正独立的财产主体,当然也就缺乏应有的市场行为。第二,错了再试的定价方法仍然是行政定价,而且不能及时反映市场供求的变化,况且,作为个体的商品生产者,如单个企业所需要的信息主要是基于一种瞬间情况的,并且不为别人所知的特殊信息而杰出地实践着自己的有用的活动。如果非要得到全社会的信息再开始自己的行动,则无疑交易费用太大、太不划算了。正是这些致命的缺陷导致了兰格模式的实践乏力。

随着社会主义实践的发展,中国经济学家也不可避免地碰到了集权经济模式难以解决经济计算的问题。学者们解决这一问题的基本思路是所谓"自觉利用价值规律"。这种提法实际上混淆了两种不同性质的核算,即误把社会核算当作了工厂内部的核算,企图以会计手段计算社会必要劳动时间。我们知道,马克思所讲的社会必要劳动时间只是一种理论上的抽象。事实上,社会必要劳动时间如果离开了人们千百次、亿万次的交换就不可能形成。传统体制用会计手段计算社会必要劳动时间已被历史证明是一种乌托邦式的幻想。这正是40年来试图自觉利用价值规律而总是违背价值规律的原因所在,其直接后果是经济效率低下。看来,有效地解决经济核算问题、提高经济效益的出路在于市场经济,它与价值规律天然融为一体。因为价值规律的存在就在于千百次、亿万次的市场交换。

市场经济在经历了古典市场经济、现代市场经济之后而日趋成熟,实践证明是较为理想的资源配置机制。不错,它确实"有其自身的弱点和消极方面",我们应当重视这一点。但我们更应当注意:不要把经济运行中出现的任何问题都不作分析地归咎于市场经济,例如经济的周期性波动。其实,从一定意义上讲,经济波动正是市场经济必不可少的运行成本。传统体制下难道不存在经济波动?实际上,那种人为的经济波动比自然形成的波动危害更大。

积14年改革开放与经济建设的实践经验,在经历了"计划与市场"的长期争论之后,以党的十四大为标志,我们对市场经济的认识有了新的突破,我们终于选择了社会主义市场经济。

四、如何进入社会主义市场经济

社会主义市场经济是顺乎历史潮流的科学选择。根据这一选择,所有企业(国有、集体和其他企业)都要走向社会主义市场经济体制的轨道。那么,我们怎样才能进入社会主义市场经济呢？

要进入社会主义市场经济，建立和完善社会主义市场经济体制，除党的十四大报告中所指出的要抓好"四个环节"外，我认为下述几个方面也是极其重要的：

首先，必须微观重塑。我们知道，经济体制诸要素有着内在联系，传统国营企业是社会工场的车间，而真正的商品生产者则是市场经济必不可少的载体。目前，大多数国营企业较之于乡镇企业、私营企业、合资企业不能真正进入市场的原因也恰恰在于还没有从社会工场的车间脱胎出来，离真正的商品生产者还有一定的距离。因此，社会主义市场经济能否真正形成，关键就在于国营企业能否成为真正的商品生产者。制约国营大中型企业成为真正的商品生产者的要害在于国营企业的产权，在于国营企业至今仍然难以割断与国家的脐带关系。因此，我认为可在国有财产与国家政权机关分离的基础上通过股份制这一企业组织形式，明确产权，使得企业以一个商品生产者的姿态自觉地走向市场，而不是靠行政手段把企业推向市场。当然，这种股份制可能还不规范，但脚踏实地，我们只能是选择这种不规范作为起点。

其次，在国民经济的宏观调控的指导思想及方式上，我们也必须来一番与市场经济相适应的彻底改变。第一，如前所述，要坚决树立市场是基础性的，计划是宏观性的，计划必须以市场为基础并服务于市场的指导思想。如果市场能使资源配置得当，社会经济高效运行，政府就不必干预。第二，在计划方式上，要最大限度地缩小指令性计划，更多地实行间接调控的指导性计划。因此，计划将不再着重于实物指标和与微观运行紧密相连的短期计划，而是着重于中长期计划。这种中长期计划主要对增长率、物价水平、国际收支等重要指标作出预测，安排经济发展的优先顺序及其发展目标。发展目标要适合国力水平，否则就违背了价值规律最基本的均衡规则。在这种情况下无论怎样试图自觉利用价值规律，结果都只能事与愿违。所有这些计划和预测，并不是政府对企业的强制性要求，也不像指令性计划那样构成严格的目标，而是旨在向企业和地方政府提供国民经济在计划期内如何发展的基本线索。

再次，在调控手段上，要与市场经济相吻合，这就是说要着重于物质利益和经济杠杆。具体说，在分配制度上，要"以按劳分配为主体，其他分配方式为补充，兼顾效率与公平"，在经济手段上，除要充分运用"价格杠杆和竞争机制的功能"外，最重要的是要运用财政手段和金融手段。在我国目前的情况下更应当注意发挥金融手段的作用，这不仅因为金融手段较之于财政手段更与市场经济相吻合，还因为在我国财政手段已经着力使用，而金融手段由于银行体制的原因，并没有发挥商业银行的应有功能，中央银行也不能独立地制定和执行货币政策。我们应当在改变银行体制的基础上，根据市场经济的运行状况，研究各种经济手段的搭配以及作用力度。

最后,要进入社会主义市场经济,我们的观念也必须随之改变。就是说,广大人民群众必须在思想上接受市场经济,这样,就可以减小改革的摩擦系数。我们知道,我国历史上是一个小生产的汪洋大海,在此基础上产生的观念在不同程度上又得到了传统社会主义体制的强化。所有这些,都与社会主义市场经济体制格格不入。

例如,传统观念把平等理解为终点平等,于是就为平均主义敞开了大门,窒息了经济活力。而市场经济则强调起点平等、强调机会均等,在平等竞争的条件下八仙过海,各显神通,人们可以通过自己的奋斗,从低层次的酬劳对应,过渡到高层次的酬劳对应,这样的平等观较之于小生产的平等观是一个伟大的历史进步。

又如,关于破产、失业、优胜劣汰问题,在传统体制下,由于企业都是社会工场的车间,因而并不存在破产、失业问题。此点甚至被作为社会主义制度的优越性加以弘扬。而在市场经济的情况下,由于价值规律的作用,不符合社会需要的企业、产业必然被社会所淘汰,又由于劳动力资源的市场配置,失业也在所难免。从一定意义上讲,这不但不是坏事,而且正是产业调整、效率提高和社会进步所必不可少的制度保证,是社会主义正常运行的润滑剂。

向社会主义市场经济过渡是一场革命,建立和完善社会主义市场经济更是一项长期的艰巨复杂的社会系统工程。我们应当而且必须为此而作出不渝努力。

载《社会科学》1992年第12期
中国人民大学复印资料《政治经济学·
社会主义部分》1993年第3期

非公有制经济:能够解决效率和公平问题吗?①

非公有制经济　市场经济体制的客观需要

党的十五大报告指出:"非公有制经济是我国社会主义市场经济的重要组成部分,对个体、私营等非公有制经济要继续鼓励、引导,使之健康发展。这对满足人们多样化的需要,增加就业,促进国民经济的发展有重要作用。"把个体、私营等非公有制经济从过去的"有益补充"和"拾遗补缺"提高到"重要组成部分",从方便人民的生活需要提高到对"促进国民经济的发展有着重要作用",应该说是所有制问题上的一个重要突破。

党的十五大报告后,全国各省区市的党政领导对发展非公有制经济的重要性和迫切性的认识越来越明确。各省区市相继出台了"大力发展个体、私营等非公有制经济"或"大力发展民营经济"的文件。福建省非公有制经济已占"半壁江山"沿海开放城市和经济特区甚至达到90%至98%以上。许多省区市提出了要让非公有制经济的发展达到"三分天下有其一"的目标。在我国,一个以发展个体、私营等非公有制经济的热潮正在出现,形势喜人。

最新统计资料表明:我国个体、私营企业发展迅猛,截至1997年底,全国个体户已达到2 850万户,从业人员达到5 442万人,总产值为4 553亿元,营业额为14 200亿元。到1998年5月底,全国私营企业数已达96万家,从业人员达到1 349.26万人,总产值为3 923亿元,营业额为3 097亿元。其中注册资金超过1 000万元的有100多家,超过亿元的有40多家。1997年,个体私营经济的税收达540亿元,比1996年增长10倍多。1996年,私营企业的全国总产值已达590亿元。据《中国信息报》(1998年4月20日)报道,国家统计局披露,全国

---

① 原编者按:发展非公有制经济能否创造较高的生产效率,能否解决社会公平问题,这是一个长期困扰人们的理论问题,也是一个实践问题。为此,浙江省民营经济研究所名誉所长孔祥有和所长、著名经济学家单东教授撰文进行了探索。

非国有制经济占国内生产总值的比重已达58.1%,非公有制经济的比重占24.2%。国家信息中心预测,到20世纪末,我国私营企业将超过200万家,产值将达到1 300亿元,私营企业工业占全国工业产值的比重将上升到20%,全国零售总额将上升到50%。可见,非公有制经济的潜力十分巨大。

学习贯彻党的十五大报告精神,必须在所有制问题上更新观念。在所有制问题上,不能单纯地从所有制及其形式本身出发比较和评价不同所有制及其形式孰优孰劣。不能笼统地认为哪种所有制绝对的好或绝对的不好。不能一概地说,私有制比公有制好,或公有制比私有制先进。必须结合所有制及其所赖以生存的生产方式及生产力水平和市场的要求来考察。不同的所有制具有不同的社会职能,而且各种所有制的功能并非单一,往往是相互交叉的。私有经济同样可以成为国家财政、税收的重要来源,同样可以提供社会公益服务和造福社会。

各种所有制经济都是适应一定生产力发展水平的产物。它们的存在都有其合理性。不同所有制经济,固然有公有与私有之别,有社会主义经济与非社会主义经济之分,但它们在社会主义市场经济条件下,共同形成统一的社会主义市场和社会主义市场体系。不同所有制是可以区分和独立存在的,但不可能形成各种经济成分的独立市场经济。多种所有制参与的市场,对各种所有制经济都起资源配置作用,这正是社会主义市场经济的特点。党的十五大报告用"社会主义初级阶段的一项基本经济制度"新提法,把非公有制经济确定为这一基本经济制度的构成部分,具有新的理论和实践意义。这表明,我国发展非公有制经济不是权宜之计,而是一项要长期坚持的基本经济制度。发展私有经济,既是我国处于社会主义初级阶段的国情决定的,也是建立社会主义市场经济体制的客观需要。市场是交换发展的产物,而交换是以产权主体多元化和经营方式多样化为前提的,没有包括个体、私营等非公有制经济在内的多种所有制经济的共同发展,就不可能建立起真正的市场经济。

长期以来,人们总认为私有制经济的效率不如公有制经济,私有制经济的发展会导致社会分配不公。在这种传统观念的支配下,我国在改革开放前曾限制甚至取消非公有制经济的发展,其后是经济长期处于不发达状态。那么,发展非公有制经济能否创造较高的生产效率,能否解决社会公平问题呢?

非公有制经济 能够解决社会公平问题

世界上从来没有绝对的公平,公平也不等于收入均等或收入平均,而是指社会交换中的公允合理并取向与适度差距的利益分配。近年来,我国私有经济发展迅猛,一些上了规模的私有企业家的素质也有很大的提高。他们中的一些先进人士的世界观、人生观和价值观已经发生变化,已不再把发财当作个人追求的唯一目的,同时也是为社会创造财富,为国家做贡献。他们热爱祖国,热爱社会公益事业,把不少财富无私地奉献给社会、捐赠给国家,以实际行动响应邓小平同志提出的先富带动后富的号召。例如,由私营企业家发起,全国工商联组织实施的"全国扶贫光彩事业",其宗旨是:开发资源,兴办企业,培训人才,实行互惠互利,既扶持贫困地区发展经济,又为非公有制经济的发展提供条件,变扶贫救济为开发性扶贫。这一活动,受到人民群众的广泛赞扬。不少私有业主自己富了,同时带动一方富起来,这在我国已是比较普遍的现象。可见,发展非公有制经济有促进解决社会分配不公问题的积极的方面。

发展非公有制经济能促进社会分配公平

党的十五大报告明确提出要坚持"效率优先、兼顾公平"的原则,这是对国际和国内、历史和现实进行科学分析而得出的正确选择。20世纪世界各社会主义国家的历史证明,排斥私有经济搞纯而又纯的公有制,再加上平均主义的分配模式,会造成经济运行中效率与公平的失落,既解决不了生产效率低下的问题,也解决不了经济发展中的公平问题。只有生产效率提高了,创造出丰裕的社会财富,才能满足人民日益增长的物质文化需要。只有兼顾公平,才能调动社会全体成员的积极性。但公平不是平均主义的"大锅饭",而是承认并实行分配适度差距的合理性,以促进效率的最大限度的提高。公平与效率的统一,共同富裕与生产力迅速发展的统一,应是社会主义的原则。可以说,效率与公平在社会主义条件下是统一的整体,它们是互相联系、互相制约的,社会主义不仅需要公平,更需要效率。没有效率的公平,公平因缺乏物质基础而难以维持。没有公平的效率,会导致两极分化,挫伤多数人的积极性,效率也难以持久。

当然,就社会主义国家的总体决策而言,在经济发展过程中,要尽可能做到效率与公平齐头并进,但在实现效率与公平优化组合的具体机制和方式上,在社会主义的不同时期和不同阶段,可以有所侧重。当前我国处于社会主义初级阶段,只有坚持"效率优先、兼顾公平",通过发展多种所有制经济,充分利用各种资源并优化配置,才能促进生产力极大发展,提高综合国力,使人民群众的生活水平得到提高,从而"效率优先、兼顾公平"的原则才会逐步实现。

事实上,即使在资本主义社会,在以私有制为基础的德国、英国、法国等发达国家和北欧的一些福利国家,它们的社会公平问题也是解决得比较好的,几乎所有公民都能享有一定的医疗保险和失业保障。据报道,法国支付养老金占职工工资总额的近70%,德国支付一半,英国和荷兰支付约30%。英国、法国、荷兰、西班牙四国公民除工资收入和医疗保险之外,还享有较高的社会补助。这些补助在家庭收入总数中所占的比率,英国为23%,法国为29%,荷兰为29.5%,西班牙为25.4%。在法国和荷兰,退休人员的平均生活水平"大致相当于"就业人员的生活水平。瑞典的国家福利款80%以上系雇主的捐赠。1993年以来,在瑞典,雇员从生病的次日起直到第14天由雇主支付的工资最少占病假补贴的75%,多数工资合同规定的比例为85%。从生病的第16天起,不受时间限制的接受保险公司支付75%的工资,差额工资由雇主支付。孩子年龄不超过16岁的家庭享有子女补贴。1995年起,瑞典还规定给予有20岁以下子女家庭以社会救济。此外,凡在瑞典居住3年以上的人都有权要求得到养老金。这是一个令人吃惊的福利国家。由此可见,在私有制条件下,在某种程度上,收入分配的相对公平问题是能够解决好的。

私有财产的所有者并非都是唯利是图者,他们也在为社会进步做贡献

再说,资本主义社会私有财产的所有者也并非都是唯利是图者,且不说历史上著名的空想社会主义者欧文,他把自己的所有财产奉献给工人,致力于空想社会主义的实验;就是与社会主义毫不沾边的一些资本主义企业家,如澳大利亚一位亿万富翁把自己的全部财富无偿地捐献给社会教育事业,为人类文明和社会进步做贡献。不久前,轰动全球的东南亚金融风暴的始作俑者索罗斯已将巨额个人资产捐献于世界公益事业,并计划在有生之年将自己的财产全部捐献给社会。据报道,美国百事可乐公司的总裁罗杰·恩里科每年把自己100万美元的工资全部拿出来,用于资助企业普通员工的孩子上大学。

话得说回来,各种所有制经济各有所长,也各有所短,我们应扬其长而避其短。私有制经济中也不乏利欲熏心的人。但不管怎么说,非公有制经济毕竟是天然的市场经济,而市场经济是崇尚优胜劣汰的,明显地倾向于效率,同时它又要求公平竞争,鼓励利益分配的公允合理的差别。我国的非公有制经济比较发达的沿海开放城市和经济特区的实践证明,哪里的非公有制经济发展较快,哪里的生产效率就高,哪里的人民生活就较富裕,哪里就有较多的公平。

不消说,公平和效率都是相对的,有一个逐步发展的过程,不可能一蹴而就,正因为如此,以高效率达到共同富裕为宗旨的社会主义国家,必须对这二者始终不断地追求,采取以"公有制为主体、多种所有制经济共同发展"的办法,让非公有制经济与公有制经济优势互补,在激烈的市场竞争中一起获得发展,共同把我国的经济搞上去,这是解决效率和公平问题的根本途径,也是共同富裕的物质基础。资本主义国家尚且能够解决生产效率和一定程度的社会公平问题,难道社会主义国家还不能解决效率和公平问题吗?我们坚信:只要我国的经济实力雄厚了,国家通过分配上的宏观调控,制定和实施诸如收入调节税和社会保障等一系列强有力的法律法规,是能够解决社会公平问题的,是可以达到共同富裕的。

至于私有制经济中消极的一面,那也是客观存在的,但是,只有在它的潜力充分发挥出来以后,其负面效应才会显现出来。到那时国家采取相应措施来克服其消极因素,消除其负面效应,亦未为迟。发展是硬道理,我们完全可以放心地大胆地发展非公有制经济。

非公有制经济 能够创造较高的生产效率

客观地看,在效率和效益上,在财产的维护和保值增值上,在对企业业绩表现出的热情上,在内在机制上,非公有制经济比公有制经济要多一些优势。私有制存在了几千年,经历了多种形态的发展变化,自身也在适应着人类文明社会的发展而不断进步。要说明非公有制经济的效率,就必须搞清楚公有制经济效率问题的症结所在。公有制经济的各种效率问题都可以归结为两个因素:一个是公有制体制本身存在的激励机制的局限性,这种局限性源于公有产权所具有的非排他性,不正当激励很强(需求过度)而正当激励不足(成本控制不力);另一个是公有制经济运行的现实体制环境对其效率提高的制约。

效率从动态来看主要体现在该经济的创新能力和扩张功能上。公有制经济由于其自身存在的激励机制的局限性问题,往往存在着创新能力不足,扩张功能过盛的问题。从目前公有制经济效率问题中体现的严重重复建设现象看,由于公有产权制度存在的上述激励缺陷,使得投资主体风险防范和规避不利,投资扩张冲动过旺。这种现象在企业层面上存在,在行业主管部门甚至各级地方政府身上都得到了充分体现。严重的重复建设对我国经济结构升级换代和经济增长方式的转换带来了沉重包袱。在我国现有收入水平和发展阶段中,许多产业的发展已经因为重复建设而处于市场饱和状态,整个经济呈现出早熟型的相对过剩特征。从某种意义上讲,公有制经济运行中的重复建设不仅损害了其自身的效率,而且由于严重恶化了非公有制经济的运行环境,所以也损伤了非公有制经济的效率。此外,从公有制经济的资产管理来看,公有企业的经营主体对资产的保值增值积极性并不很高,但对资产规模的扩张和资产关系的延伸却表现出很高的热情,甚至通过所谓的资本经营来实现公有资产的流失,虽然这种行为对整个行业经济运行效率的具体影响目前尚无法做出确切的判断,但从公有制经济运行的效率标准来看其损害是十分严重的。

当然,公有制经济的运行效率问题不仅仅是一个自身激励机制的局限性问题,现实体制环境对其效率改善的制约也是十分明显的。过去我们一直讲,公有制经济充当了我国经济体制改革的成本承担者的角色,近几年来,宏观经济体制的改革使得这种格局发生了某种程度的改变,但是,历史包袱和企业冗员依然束缚了公有制经济效率的改善。历史包袱包括两方面的内容:一是庞大的退休工人养老金和医疗费用支出;二是拨改贷对公有制企业带来的巨大的财务费用负担。另外,由于与市场经济相适应的社会保障体系尚未最终建立,就业仍然是公有制企业除了利润目标以外的一项社会责任。当前,中共中央、国务院要求做好国企下岗职工基本生活保障和再就业工作,这既是各级政府的职责,同时也是公有企业必须分担的一项重任。此种效率损失或许对整个社会来说将产生长远的积极的影响,但对于公有制经济运行来说确实是一项实实在在的效率损失。

虽然对于公有制经济运行的效率状态存在着一个如何综合评价的问题,但就非公有制经济运行而言,无论从自身制度安排方面来讲还是从现实体制环境的影响来讲,它都远较公有制经济来得幸运。公有制经济运行中存在的效率问题对于非公有制经济而言都是不存在的。私有产权的排他性使得与之相对应的激励机制能够做到权利与义务间的高度对称性,需求实现和成本控制相互联动,创新与扩张结伴而行。对非公有制经济主体而言,为了投资扩张而不考虑如何防范和规避市场风险是不可能的。同样,非公有制经济主体不可能只注重资产规模扩张而无意于资产的保值增值,因为从所有者利益来说资产规模扩张仅仅是实现资产收益最大化的种种手段之一。从效率的激励基础来讲,只有当权利主体对权益的占有具有排他性时,他对手段的追求才会最大限度地统一到目标的实现过程中去。所以,非公有制经济的效率优势是建立在其具有历史合理性的激励基础之上的。

非公有制具有很高的效率。马恩等经典作家在尖锐批评私有制弊端的同时,对非公有制经济的效率也是给予充分肯定的。马克思、恩格斯指出:"资产阶级在它的不到一百年的阶级统治中创造的生产力,比过去一切世代创造的全部生产力还要多,还要大。"在马克思(1818—1883)和恩格斯(1820—1895)之后的资产阶级一百年的统治中所创造的生产力又比它的前一百年创造的全部生产力不知又要多、又要大多少倍!众所周知,美、德、日、英、法等建立在私有制基础上的国家的生产力发展水平很高,生产效率也很高。因此,我们不要低估私有经济对社会经济发展的巨大作用。在竞争性市场环境里,面对经济、科技全球化趋势,私有经济具有较强的活力是基本事实。在我国,非公有制经济的效率是十分显著的。

据国家统计局的最新调查,仅以每元工资创造价值为例。在每元工资创造增加值指标中,私营企业最高,为5.97元,外商投资企业为5.72元,股份制企业为4.45元,港澳台投资企业为4.08元,国有和集体企业分别为3.35元和3.28元,联合企业为3.34元。在每元工资创利税指标中,私营企业也是最高,为2.43元,股份制企业为2.1元,港澳台和外商投资企业为1.99元,国有和集体企业分别为1.16元和0.88元,联营企业为1.01元。(《钱江晚报》1997年11月7日)如果从世界范围来看,生产效率较高的仍然是私有经济。

目前,私有业主中确实存在着一些

偷税漏税、唯利是图、制造假冒伪劣产品、向党政干部行贿、败坏社会风气等现象，但这不能归咎于发展非公有制经济。从我国现实经济生活中揭露出来的问题看，私有企业中存在的问题，公有制企业也有。公有与私有经济的利弊，都具有双重性。它们的弊端，从根本上说，不是所有制本身造成的，是管理上的问题，是体制和机制上的问题，也是法制不健全和执法不严的问题。对私有经济中出现的一些消极因素，国家完全可以通过各种法律、法规、财政税收政策和货币政策，进行引导、规范和调控，还可以通过提高经营者素质等措施，消除弊端，使公有经济和私有经济都更好地服务与发展社会主义市场经济。

编后语

孔祥有，浙江金华人。曾任中国援乌干达农场专家组副组长、浙江农业大学党委书记兼副校长、温州市委书记。现任浙江省人大常委会副主任、党组成员、省委委员、浙江省民营经济研究所名誉所长等职。孔祥有对温州民营经济的发展有过重要的贡献，对民营经济理论有极浓厚的兴趣，是一位学者型的高级领导干部。

单东，著名经济学家，从事民营经济研究。生于上海，毕业于复旦大学经济学系。现任浙江省体改委教授、浙江省民营经济研究所所长、浙江现代企业发展研究所所长、《改革文摘报》总编、《改革月报》副总编等职。

前不久，本报记者曾对著名经济学家单东教授就《民营经济可以使公有制与私有制互为实现形式》进行过电话采访。文章发表后，深受读者欢迎。民营经济周刊编辑部接到不少读者来电，称单教授的观点来自对改革实践的深刻洞察，不仅具有理论价值，更有实践意义。有位读者还指出，根据这一理论，非公有制企业，尤其是大型非公有制企业或集团在我国国有经济进行大规模战略调整中可以发挥更重要的作用，即大型非公有制企业可以直接参与国有企业的改组、改制和改造。鉴于《民营经济可以使公有制与私有制互为实现形式》一文的观点新颖，说理透彻，对改革具有实践意义，读者反响很大，该文已被本报评为好稿。

今天，我们发表孔祥有和单东的《非公有制经济：能够解决效率和公平问题吗？》一文，目的是使人们进一步消除对大力发展非公有制经济的疑虑，让非公有制与私有制经济共同担负起我国跨世纪发展的历史重任。

载《中国改革报》1998年7月20日
《决策科学》1998年第4期全文转载
浙江省广播电台曾全文播发

论生产社会化与私人资本在社会主义市场经济条件下的相容性

党的十一届三中全会以后,我国从农村开始实行经济体制改革,取得了很大的成功。农村经济体制改革之所以能够取得很大的成功,关键是没有回避所有制问题。这就是,废除了人民公社制,实行了家庭联产承包责任制,触及了所有制这一生产关系的基础。城市的经济体制改革取得的成绩也令人欣喜,但不及农村收效快。究其原因,除了城市情况比农村复杂外,最主要的是对生产社会化与私人资本能否相容认识不清,把握不准,因而城市经济体制改革总想在不触动或者基本上不触动国家所有制的前提下进行。在社会主义市场经济条件下,不对传统的所有制结构进行彻底的改革,纠正人们对私有制经济的偏见和歧视,经济体制改革是难以取得实质性进展的。本文试就生产社会化与私人资本在社会主义市场经济中的相容性问题作一探讨,以便为所有制结构改革提供理论依据,并解决市场主体多元化和经营方式的多样化这两个市场经济存在的基本条件问题。

一

经济体制改革要在所有制结构改革上有所突破,必须先行对所有制改革有重要意义的矢量作出选择。从制度结构分析的视角看,所有制关系在市场经济条件下必然要表现为一定的产权安排,而产权安排的基本依据是其发挥绩效的高低,而绩效的产生、发挥又需有激励机制。因此,绩效和激励,自然成为我们对产权安排作出选择的两个重要矢量。这需要超越所有制问题上的思维定势,不是为了公有制而搞公有制,更不能以损害和牺牲生产力的发展去维护甚至拔高公有化的程度。我们的观点是:凡是符合"三个有利于"标准的,不管是哪种形式的所有制,都应该予以肯定,不要纠缠于所有制上的无谓的争论。我们必须公正地、恰如其分地重新评价公有制和私有制,打破所有制的优劣论,不能再像往昔那样笼统地认为这种所有制绝对地好,或那种所有制绝对地不好。

公有制具有很多的优越性,并在实践中发挥过巨大的绩效,所以我们坚持以公有制为主体,但同时我们也认识到公有制有不足之处。公有制尤其是国有制企业的不足之处并非中国所特有,而是世界各国普遍存在的现象。其原因与国有企业的特殊性有关。因为国有企业担负着与私有企业不同的作用,所有权归国家所有,受政府控制。国有企业的"公共性"目标决定了"利润"不是它追求的第一目标,更重要的是社会目标,即服务于社会整体利益。许多私有制企业不愿经营或无力经营但对整个社会经济发展又十分必需的经济活动则责无旁贷地由国有企业来经营。虽然各国政府都给予国有企业特殊优惠,但终因受制于种种因素的制约,经济活力不足,效益不好,亏损严重,成为财政的沉重负担。对我国公有制中的一部分国有企业来说,由于产权不清、激励不力、权责不明、政企不分、管理也不科学,因而不仅效率不高,效益不好,而且还出现了大量亏损的局面。因此,必须通过理顺产权关系,实行政企分开,建立现代企业制度,落实企业自主权,使其真正成为自主经营、自负盈亏、自我发展、自我约束的法人实体和市场竞争的主体,才有可能增强经济活力,提高经济效益。

对私有制的弊端人们已经讲得不少,如带有雇佣劳动的因素、存在剥削、容易导致贫富两极分化等等。对此,马克思早已作过深刻的揭露、论证和批判。现在我们也看到部分私营企业由于对自身短期利益的追求,往往忽视产品质量,甚至不择手段地搞一些假冒伪劣的东西,影响消费者的利益和损害社会公平,造成收入差距悬殊的现象。但是,在我们社会主义中国,对私有制的这些弊端,可以通过法律手段、行政手段和经济手段予以约束和制止,从而能够将私有制的消极因素降低到最低限度。同时也要看到,私有制也有其积极因素。20多年来,随着我国经济体制改革而出现的私有制企业对整个国民经济所起的积极作用是有目共睹的事实,如吸收剩余劳动力,扩大就业范围;集聚人、财、物等闲散资源,增加社会物质生产;平稳市场供求关系,填补社会消费缺口;推进技术成果商品化,促使技术发明迅速转化为现实生产力;为国家提供大量税金,增加国家财政收入;等等。在一些省市和地区,私有制经济不仅成为新的经济增长点,甚至是重要的增长点,成为就业和财政税收的主要来源。国家和政府对私有制经济没有分文投入,却获得如此巨大的利益,这足以证明私有制存在的价值。所以,我们不能无视或小看私有制,更不应受传统意识形态的影响去贬低私有制,尤其应看到,在中国的公有制占主体地位这一特殊国情下的私有制,对整个国民经济的发展所起的独特历史作用。

二

现今世界各国,至少是大部分国家,无论是实行哪种社会经济制度,都同时存在着公有制经济和私有制经济。我国有公有制经济,也有私有制经济;美国有私有制经济,也有公有制经济,更不要说一些崇扬福利的西方国家,如法国、意大利、英国、瑞典和以色列等,公有制经济就更多了。这些国家除了国有经济以外,在城市和农村,还有合作经济。

国有经济是当代世界各国普遍存在的经济现象。在70年代中期,包括美国在内的70多个国家中,国家投资占全国固定资本形成总值的比重平均为16.5%。80年代早期,在法国和意大利,国有企业占全部企业固定资产投资总量的近50%。而且国有企业还不仅仅局限在一国范围,国有企业在各资本主义国家迅速发展的同时,还出现了国有跨国公司。国有经济已成为西方经济中最大的生产者、最大的消费者、最大的雇佣者、最大的财产所有者和最大的投资者。在西方,法国的公有制经济是比较典型的,其国有经济在国民经济中占有相当大的比重。据统计,1992年法国国有企业的产值占其国内生产总值的17.8%,1998年这一指标达到18.1%。法国公有制经济之所以在国民经济中有如此高的比重,固然有其社会主义思潮的影响,但与其内部矛盾的发展也是分不开的。像基础设施和基础产业等投资巨大而短期内又难以获利的部门,城市交通等以满足社会公共需要或以促进社会公益为目标的部门等,在私人无力投资、不愿投资或投资不足等情况下,就由政府投资生产和经营,建立公有制经济。法国国有企业主要分布在交通、能源等基础设施和基础产业部门(西方国有经济大多也分布在这些部门),钢铁、化工、军工等具有战略地位的工业部门,电子、航天等新兴工业部门,以及银行、保险等金融部门。法国政府还以国有资产所有者的身份行使职能,如任命企业的董事长、总经理,向国有企业派驻监督员和稽查员。意大利、英国、瑞典和以色列等国家的一些重要部门的大型企业也实行国家所有制,公有化程度也比较高。尽管这样,这些资本主义国家还是资本主义国家。同样道理,近年来,随着我国经济的不断发展,私营经济在我国国民经济中占有比重不断增大,但我国实行的社会主义经济制度是谁也否认不了的事实。

三

当今世界范围的新技术革命对生产社会化趋势发生了两方面的影响:一方面促进了生产的集中和资本的积聚,使少数垄断企业继续向集中化和大型化的方向发展,另一方面又造成了生产的分散化和小型化,使私营中小企业如雨后春笋般地出现。生产社会化在促进企业大型化的同时,又导致私营中小企业的发展,我们认为主要原因有如下几点:

一是新技术革命推动了由资本密集型向知识密集型转变。在改善生产工艺、采用新技术和实现自动化、电子化的基础上迅速发展,开创了许多由资本密集型转变为知识密集型的工业部门,它们的技术独特,产品批量少而经营又不断更新换代,要求投资者必须敢冒风险和富有创新精神,而规模不大的私营中小企业的投资者往往更具备这种精神。

二是新技术革命促进了生产社会化和专业化的程度越来越高,以致大企业日益离不开私营中小企业的配合和补充。而私营中小企业通常既有特定的生产技术,又有某些大企业所必需但不经常使用的特殊专用设备,可以为大企业的产品生产配套的零部件,形成一个个为同一产品服务的、高度社会化的私营中小企业。

三是新技术革命造成了消费资料的品种和数量大大增多,消费结构发生了根本的变化,各种高档生活用品和修理部门,以及文化娱乐、旅游等服务行业日益增多,从事这些服务行业的基本上是私营中小企业。

鉴于私营中小企业在新的技术革命中起着不可忽视的作用,西方国家的政府对私营中小企业制订并采取了各种支持和帮助的政策,如协助提高技术和管理水平;减免税收,给予各种优惠贷款和信贷补贴;提供科学和技术情报及市场行情资料;帮助开发智力,培养人才等。西方国家的大企业也意识到,在当今科学和技术日新月异的时代,保留和扶持私营中小企业是十分必要的,如吸收、购买私营中小企业的新技术和新产品,利用中小企业的生产设备为自己服务,等等。所以,它们对私营中小企业也改变或减少以往常用的倾轧和排斥的策略,而代之以有选择的扶植、支持和利用。像德国的一些大公司与德意志银行、德累斯银行等经常保持着密切的联系,以便尽力为及时满足私营中小企业扩大业务需要提供一些追加资本,使它们有更多自由驰骋的余地。而私营中小企业通过其生产经营活动,在一定程度上改变了大企业垄断的僵硬的产业结构和市场结构,提高了整个经济的灵活性和适应性。

在当代西方发达国家,私人资本巨型集团和跨国公司与私营中小企业广泛存在和迅速发展的事实,说明了社会化大生产与私有制并不是不可相容的:私有制经济容纳生产力的发展存在着很大的弹性空间,它既能适应较低的生产力水平,也能适应社会化大生产高度发达的生产力水平。因此,我们应超越传统的理论思维,从现实的角度认识私有制与生产社会化的相容性。

四

我国现在处于社会主义初级阶段,从总体上说生产力水平还不高。但我国社会主义经济也是社会化大生产,由于新技术革命的影响,同样表现出生产集中化、大型化和分散化、小型化两种趋向。公有制的性质决定其财产占有的社会化程度较高,国有企业的规模一般都较大,适应生产集中化和大型化的发展趋势,像主导产业、支柱产业、基础设施等关系到国民经济命脉的领域可由公有制经济控制,它代表社会生产力发展的一个主要方面。但这并非说,私有制性质的企业财产占有的社会化程度就不高,私有制企业的规模就比较小。事实上,自改革开放以来,我国私营企业发展迅猛,尤其是在党的十五大报告和全国人大九届二次会议的"修宪",为私营企业的发展创造了更为宽松的环境,不少私有制企业的规模越来越大。据有关部门调查:1998年底,全国有41家私有制企业达到大型企业规模(资本和销售额均在5亿元以上),其中联想集团的销售额和资产金额在50亿元以上,达到特大型企业标准。可以预见,要不了多少年,中国的私有制企业,特别是在高技术领域的私有制企业,其规模和生产社会化程度会出现前所未有的变化。这是市场经济发展的一种趋势,它代表着社会生产力发展的又一个重要方面。公有制经济和私有制经济各有其独特的优势。社会主义条件下的私有制经济又不同于资本主义条件下的私有制经济,因而它们之间并不存在着不可逾越的鸿沟。随着社会主义市场化改革的深化,公有制与私有制的互融性及其相互转化将是一种趋势。人类进入文明社会后,长期持续发展的现实需要,客观上要求生产社会化不但与公有制相容,也与私有制相容。

传统理论认为,生产资料的私人占有,会导致财富分配不公。但是,当代资本主义国家,即建立在生产资料私有制基础上的西方发达国家的政府就十分重视效率和公平,不断进行宏观调控和微观变革,鼓励科学和技术进步,并采用征收个人调节税等办法来完善社会保障体系,支撑公益事业,还通过政治的、法律的强有力的措施体现分配的合理性,从而使劳资关系和社会各阶层的关系比较和谐,这对促进社会生产力的发展和提高生产社会化的程度也起到了积极的作用。例如,英国就是一个高福利国家。早在1948年,英国政府宣布:向人民提供"从摇篮到坟墓"的全部社会福利。它向公民提供免费的初等级教育和中等教育。大学教育虽然要收费,但大学生中90%的人可以获得政府发放的奖学金。这种现象,在西方资本主义国家,并不少见。

应强调指出的是,无论是公有制还是私有制,它们都是人类社会组织经济活动的方式,共存于一个社会,特别在社会主义条件下,更有利于发挥各自的独特功能,共同推进经济和社会发展。社会化大生产与私人资本能够相容在西方发达国家已是普遍的事实,在我国社会主义市场经济条件下的社会主义国家业已并将继续得到证实。

与孔祥有同志合作,
载《浙江学刊》2000年第1期

经济强省离不开民营经济

改革开放以来,在邓小平理论的指引下,浙江出现了长达 20 多年的高速增长,经济总量从全国第 12 位跃升至第 4 位。生产总值仅次于广东、江苏、山东三省;人均生产总值仅次于上海、北京、天津三市,但高于全国平均水平的 1.8 倍,均列全国第四位。与兄弟省区市相比,浙江人多地少,没有资源优势,国家投入不多,资源小省何以成为经济大省?我认为,主要是坚持了多种经济成分的共同发展,特别是大力发展民营经济。

一、浙江民营经济发展的现状和特征

浙江民营经济的发展居全国各省区市的前列。民营经济已占全省工农业产值的近三分之二,成为我省经济的主要增长点和支撑点。在一些地区,民营经济占据了"半壁江山"或"三分天下有其二",成为地方经济的中流砥柱。关于浙江民营经济的现状,我们可以以民营经济中的个体、私营经济为例来说明。

截至 2000 年底,全省共有个体工商户 158.86 万户,从业人员 272.38 万人;私营企业 17.88 万家,从业人员 300.48 万人;个体私营企业实现产值和零售额分别增长 43.6% 和 29.9%。全省个体私营经济发展的现状如何呢?

(一)增长速度加快

2000 年全省共发展个体工商户 35.86 万户,私营企业 5.05 万家,分别增长 6.9% 和 49.7%,与前些年相比,发展速度明显加快。个体工商户除绍兴、台州、杭州、温州、金华市略有下降外,其他各市均有不同程度增长;各市私营企业增长都较快,温州、宁波、杭州、嘉兴、丽水等市增长速度均超过 20%。从行业发展情况看,农林牧渔业增长比较快。随着效益农业政策和宣传到位,个体私营企业投资农业的开始增多。到 2000 年底,全省农林牧渔业已发展到 16 537 家,比上年增长 116%。杭州、宁波、湖州、丽水、舟山等地利用当地自然资源和地域优势,从事种植、养殖、农副产品加工等农业综合开发的个体私营企业逐渐增多,为调整农业结构和经营模式作出了贡献。

(二)组织形式优化,有限责任公司已占主导地位

随着《公司法》《合伙企业法》《个人独资企业法》的颁布实施,合伙企业和个人独资企业发展速度增快,私营企业的组织形式进一步优化。到2000年底,独资企业、合伙企业分别达到5.64万家和3.64万家,占私营企业总量的31.6%和20.4%,分别增长14.2%和224.3%;有限责任公司总量达到8.58万家,占私营企业总数的48%。自然人控股或纯由自然人投资的股份有限公司开始登记,总量已达到98家。各地企业转制工作逐渐深入,步伐加快,共有4 830家国有、集体企业通过摘帽、拍卖等形式转制为私营企业。个体私营企业进一步支持再就业工程,共吸纳了10万名下岗职工重新就业。

(三)企业规模进一步扩大

个体私营企业普遍注重吸纳浙江丰裕的民间资金,扩大生产经营规模。仅以注册资本(金)统计,到2000年底,全省个体私营企业注册资本(金)总额达1 526.69亿元,比上年底净增加123.1亿元,增幅达8.8个百分点。个体工商户户均注册资本(金)为1.89万元,私营企业户均资本(金)为68.58万元。全省私营企业注册资本在100万—500万元的有20 060家,500万—1 000万元的2 651家,1 000万元以上的1 247家,资产超亿元的私营企业达67家。雇工人数在100—500人的4 693家,500—1 000人的352家,1 000人以上的79家。私营企业集团已发展到194家,比上年增长34.7%。生产经营规模的扩大,增强了企业的经济实力,经济效益明显提高。全省私营企业产值在100万—500万元的有25 270家,500万—1 000万元的7 146家,1 000万—5 000万元的2 937家,5 000万元—1亿元的433家,1亿元以上的160家,与1999年底相比,分别增长50.8%、56.7%、55.7%、151.2%、和162.3%。

(四)利用外资与外贸出口有新的突破

随着国家出口市场多元化、"走出去""引进来"外贸战略的实施,引导、鼓励私营企业吸引外资,获取自营进出口经营权工作力度的加大,个体私营企业利用外资和外贸出口取得了新突破。全省共有1 225家私营企业与外商合资,累计引进外资49 435.43万美元,分别增长87.6%和60.4%。今年新增外资11 159万美元,新设立境外机构56个。杭州、宁波等地新引进外资都在1 000万美元以上。全省共有1 119家私营企业获得自营进出口经营权,获得欧洲CE认证的企业86家。个体私营企业通过外贸代销、自营出口,设立境外机构或分市场开拓国际市场,外贸出口再创新高。全省共有10 400家私营企业产品出口,实现出口交货值537.9亿元,比上年底分别增长77.6%和140.9%。出口在100万元以上的大户已达4 796家,实现交货值433.9亿元,分别增长80.8%和

132.7％。一批大型外贸企业应运而生。宁波环驰集团有限公司全年销售额2.26亿元，出口达2.01亿元；宁波利时塑胶有限公司，通过在美国、巴西以及中国香港等地设立办事处，实现出口3亿元人民币，企业产品已销往50多个国家和地区。湖州适溪畜产品有限公司、湖州世友畜产品有限公司的兔毛出口量已达相当规模，在全国同行中也是颇具知名度。

（五）企业竞争力明显提高

依靠科技提高企业产品的竞争力，依靠品牌和质量开拓国内国际市场，已经成为广大个体私营企业的共识。各地通过牵线搭桥，举办科技洽谈会、博览会、展示会、交易会等，帮助企业引进人才和科技，加快企业技术创新和制度创新步伐。全省个体私营企业技改立项达4 339项，投入技改资金105.3亿元，与上年相比，分别增长60.2％和112.7％。个体私营企业开发新产品1 872只，用于新产品开发资金达21.4亿元，分别比上年增长60.2％和121.5％。企业品牌意识和质量意识明显增强。截至2000年底，共有929家私营企业产品通过ISO 9000质量体系认证，比1999年底增长183.2％；新注册商标6 338只，累计已达34 244只。康奈、东芝、德力西、正泰、步森、传化等6只私营企业产品商品已经获得中国驰名商标称号。浙江伟星集团、浙江喜临门集团、浙江德仁集团、浙江001电子集团等一大批私营企业被省政府确定为"五个一批"企业。浙江民营经济的大发展成为浙江经济的一大优势。

在浙江民营经济中，民营科技企业在激烈的市场竞争中不断发展壮大，到1999年底已有6 400家，日益成为经济发展的新增长点和重要力量。据对我省1 985家民营科技企业的统计，1999年资产总额为3 119 678万元，总产值为3 268 705万元，总收入达772 668万元（其中技术性收入为215 286万元），产品销售收入为134 318万元，出口创汇为40 275万元。民营科技企业在我省许多高新技术产业领域发挥着举足轻重的作用。在杭州高新技术开发区，共有企业600余家，其中民营科技企业就有近400家，约占高新区企业总数的66.7％。民营企业科技的产值、销售收入、利润、税金增长率等指标都高于一般非公有制企业。

20多年来，浙江民营经济的发展有哪些明显的特征呢？我认为，概括起来主要表现在以下几个方面：

1. 与市场的培育结合在一起

民营经济中的个体、私营经济是天然的市场经济。从历史上看，个体、私营经济总是同市场的发展、交换关系的扩大密不可分的。浙江市场的建立和发展是与非公有制经济的发展同步进行的，是在非公有制经济蓬勃发展的形势下催生的。浙江市场起步早、数量多、种类齐、功能强，是全省经济的一个重要增长点。各类专业市场遍布全省，1999年达到4 374家，成交额3 606亿元，其中超亿元的市场共有409个，被誉为"市场大省"。义乌中国小商品城和绍兴中国轻纺城年成交额连续几年居全国十大同类市场之首。全省已初步形成以全国性专业批发市场为龙头、区域性专业批发市场为骨干、遍布城乡的集贸市场为基础的商品交易市场网络。此外,不仅在全国各地举办了"浙江商场""温州街"和其他分市场,还把市场办到俄罗斯、南非、中东、南美等地。目前浙江的产品50%销往省外市场,20%出口国际市场;有300多万人在全国各地经商务农,100多万人在海外创业发展。专业市场和营销网络的发展,带动了一批"一县一业""一乡一品"的特色经济。个体、私营经济还经营着全省90%以上的商业零售、饮食和服务网点,成了这些行业的主力军。

2. 与区域经济的发展结合在一起

浙江民营经济大多是从农村的家庭作坊起步的,带有鲜明的"一村一品"的区域经济特色,如绍兴的轻纺、义乌的小商品、柳市的低压电器、嘉兴海宁皮革、永康的五金、桐乡的羊毛衫、温州的皮鞋、台州的中国商品城,等等。这种区域特色经济是在市场竞争的环境下逐步形成的。1999年,全省特色工业总产值约达4 300亿元,占全省全部工业的65%,呈现出"三分天下有其二"的局面。目前全省已形成特色优势产品产值超亿元的块状经济300多个,特色工业企业达13万家,就业人数约600万,全省特色工业广泛分布在110多个行业,在全国,乃至在国际市场上都具有明显的特色优势。例如,嵊州年产领带2.8亿条,产量占世界五分之一,销售收入达60亿元;海宁年产皮革1 600万件,产量占全国四分之一,销售收入为25亿元;诸暨大唐年产织袜48亿双,产量占全国的40%以上,销售收入为80亿元;萧山年产羽绒及制品2万吨,产量占全国三分之一,销售收入为20亿元;温岭年产水泵2 000万台,产量占全国的28%,销售收入为25亿元;永康小五金年产值达190亿元。1998年,我省占全国同行业产值10%以上的有8个行业,纺织业为15.7%,皮革也为14.7%,服务业为13.5%,化纤业为12.2%,文体用品业为11.5%,塑料制品业为11.3%,电气机械业为10.77%,普通机械业为10.22%。

面对国际、国内市场竞争日益加剧的新形势,浙江特色工业的发展到了一个重要转折关头,迫切需要新的突破,新的飞跃。各地根据城镇发展规划和区域经济特点,以当地已经形成的具有区域特色和一定规模的产业、产品、原辅材料市场、专业营销队伍等产业链为基础,从改善投资环境入手,引导、组织现有的特色优势骨干企业向中心城镇集聚,以联合或参股形式,共同投资工业生产加工区。1988年以来,这种特色工业园区从温州、台州兴起,迅速向杭、嘉、湖、绍、金等地区发展。目前,特色工业园区正在全省范围广泛推开。

3. 与小城镇发展结合在一起

城镇的发展是市场经济的产物,又是促进市场发展的必要条件。个体、私营等民营经济的蓬勃发展,促使我省越来越多的农民走出封闭的村落,走向集镇和城市,使人口和生产要素向城镇聚集,给城镇建设注入了活力。大量能工巧匠、经营人才以及资金、劳力等要素向着交通相对发达的城镇集中,带动了与之相关的运输、邮电、房地产等产业的发展,繁荣了城镇的经济、文化,使得一些交通相对便利、信息相对灵通、人口相对集中的地方,逐步形成和壮大各具特色的区域经济,从而促进了全省各地小城镇的迅速崛起,推动了工业化和城市化进程。而小城镇群体则成为联结城乡经济的重要纽带,成为农村经济新的增长点,成为人流、物流、资金流、信息流的聚集地,这又加速了农村劳动力的转移,使农民群众的生产生活方式发生了质的变化,进而为小城镇的发展创造了条件。

此外,浙江民营企业发展还有一些特征,如以工业企业比重为主,不像广东以商贸为主;股份合作制成为重要的经济组织形式;所有者与经营者在一些大的民营企业中开始分离,即董事长与总经理开始分离;等等,这里从略。

二、民营经济对浙江经济快速发展的作用

加速经济发展,实现现代化,特别是经济现代化是摆在浙江人民面前的一个重大课题。解决这个重大课题不仅有赖于国有经济的力量,而且需要依靠民营经济的力量,因为民营企业产权清晰、机制灵活、充满活力,事实已经表明能对浙江经济的快速发展发挥积极的作用。

第一,民营经济促进我省农村从自给半自给的自然经济向商品经济转变。

我省几十年的实践证明,光靠国有经济解决不了城市建设和发展资金的短缺,也承担不了发展商品生产的一切任务。民营经济不但为启发农民的商品意识、发展商品生产、扩大我省商品生产的规模、搞活流通、活跃市场作出了重要贡献,而且还能为城乡建设和发展积累和提供资金。在一些生产力落后的农村地区,个体和私营经济率先崛起,使这些地区成为发展商品经济的排头兵。例如,像台州这样较后进的地区,由于民营经济的快速发展,如今已成为全省经济发达、人民生活富裕的城市之一。

第二,民营经济促进浙江农村加速实现城镇化。

中国的现代化实质上是农村的现代化,农村的现代化首先是农村城镇化。发展民营经济,使我省农村人口占多数并以手工劳动为基础的农村向现代化城镇转变,促进了城镇的发展。民营经济把大量农民吸收到实现现代化的行列中来,使众多停滞在传统农业中的劳动力转向现代工业,并为城市带来丰裕的资金,加速了城市的步伐,促进了我省经济的发展。

第三,民营经济缓解了我省城乡劳动力的就业压力。

我省人多地少,每年有大量新增劳动力,还有国有企业的许多下岗职工,就业压力已成为一个很大的社会问题。发展民营经济可以广开就业门路,缓解城乡就业压力。1997—1998年,全省通过民营企业安置的下岗职工就达28.4万人,占全社会安置下岗职工总数的30%以上。1999年,个体工商户、私营企业从

业人员共达473.34万人,连同解决下岗职工共达数以百万计的人员的就业问题,不但有利于社会的稳定,而且,这支劳动力大军,还有利于加速我省经济的发展。

第四,民营经济有利于促进我省所有制结构的调整。

过去,浙江公有制经济一统天下,经济效率低下,严重制约了我省经济的发展。改革开放以来,我省较早发展多种经济成分,尤其是放手发展民营经济中的非公有制经济,迅速打破了单一的所有制结构,使得所有制结构不再由人为规定,而是通过市场竞争自然形成。这种由市场形成的所有制结构有利于形成开放型的所有制结构和开放型的产权结构。开放型所有制结构和产权结构为双轨制或多轨制的整合创造了条件,使我省经济能够在协调均衡的基础上快速持续发展。

第五,民营经济促进我省产业结构的调整。

据统计,到1999年底,浙江农村人口从事第二和第三产业的劳动力已达到900多万人。1999年,个体工商户、私营企业投资第二产业明显快于第一产业;个体工商户、私营企业从事第二产业的注册资本为792.9亿元,比1998年净增380.24亿元,增长92.1%,比从事第一产业的注册资本高出64.6个百分点。由于产业结构逐渐趋向合理,全省各行各业的经济活动都围绕市场进行,得以防止产品过剩和资源的浪费,为我省经济的快速持续发展增强了后劲。

第六,民营经济支持国有企业深化改革。

浙江民营企业通过兼并、收购、租赁、承包国有亏损企业或参股、控股国有企业,帮助了部分国有企业扭亏解困,激活甚至救活了部分国有企业,给国有企业的深化改革和发展提供了有力的支持,有利于我省经济的快速发展。

第七,民营经济增加财税收入。

民营经济交纳的各项税金,扩大了财政收入的来源,增加了财政收入。20年来,浙江民营经济中的非公有制经济上交的税金逐年增长。在确保上交中央财政的前提下,浙江地方财政收入也随之增加。政府可以动用部分资金适当增加城乡基础设施的建设,这些都有助于加快浙江经济的发展。

三、抓住机遇,迎接挑战,促进民营经济持续健康发展

鉴于民营经济对浙江经济的快速发展起着重要的作用,因此,浙江省委、省政府把鼓励、引导个体、私营等民营经济的发展当作一项战略任务来抓。1998年2月出台了《中共浙江省委省政府〈关于大力发展个体私营等非公有制经济的通知〉》,今年省政府提出了促进民营经济发展的措施,针对我国经济的发展已经进入跨世纪发展新阶段所面临的国内外新的机遇和挑战,提出一系列政策措施,加大对民营经济的支持力度,促使民营经济在跨世纪发展中走向新的

高度,实现新的发展。

（一）抓住经济全球化的机遇,为民营经济持续健康发展创造良好的体制环境

经济全球化已成为当今世界不可逆转的趋势。我国即将加入世界贸易组织(WTO),将标志我国开始正式参与经济全球化的进程。经济全球化和加入WTO,不仅给我省的民营经济的发展带来前所未有的机遇,而且也带来巨大的冲击,而受冲击最大的首先是现行体制。

近几年来,浙江省政府把主要精力放在鼓励、扶持民营经济方面,较少考虑通过改进管理来突破制度障碍,为民营经济的发展创造良好的环境。这些制度障碍,归纳起来,主要是管理法制不健全,缺乏统一协调的领导部门。众所周知,税务、工商、检疫、公安、交通、环保、社区、民政等部门都要分管民营经济中非公有制经济的一部分业务,各成系统、纵向领导、政出多门、相互掣肘,造成管理上的漏洞和重叠,严重影响民营经济的发展并削弱其参与国内外市场的竞争力。造成这种状况的原因之一,是管理观念跟不上经济发展形势,在思想深处仍存在一定程度的所有制歧视。不重视对非公有制经济的管理,还按照传统观念来管理非公有制企业,至今尚未建立起一套完整的、严密的对非公有制经济的管理体系和措施,习惯于用管理公有制企业的办法来管理非公有制企业。事实证明,运用对公有制经济进行管理的制度和手段并不完全适用对非公有制的管理。除了已经进行的对审批制度进行大刀阔斧的改革外,还通过深化改革来搞好管理,包括行政的、经济的、法律的和思想方面的管理。

第一,行政管理。

行政管理主要通过政府行政管理部门运用行政权力对民营经济的生产经营活动进行管理。保护它们的合法经营,制止和惩罚非法经营,促使其健康发展。行政管理重点抓以下工作:

(1)认真实施登记注册制度。清理假集体、真私营,把非公有制企业真正置于国家的管理之下。(2)建立和健全统一的财会制度。把建立财会制度和设置经过税务机关认可的专职财会人员,或者由公共会计事务所代理,作为申请开业登记注册的重要条件,明确规定非公有制企业都必须建立账户,一切收支都要入账,账证要符合,要有账可查。(3)建立检查和监督制度。规范非公有制企业的行为。

第二,经济管理。

(1)经济管理主要利用税收、价格、信贷和利率这些经济杠杆对民营经济生产经营的方向、收入、分配进行管理和调节。具体说,运用经济杠杆调节民营经济的投资方向和生产规模,如通过降低税收、优惠贷款、低利率等经济手段鼓励民营企业投资于国家和人民生活急需的行业;反之,通过提高税收,少贷或不贷甚至以提高利率来限制其进入某些行业和经营某些产品。(2)利用经济杠杆来促进民营企业进行技术改造。凡是采用新设备、新技术、新材料、开放新产品的民营企业给予贷款、利率优惠,也可以给

予减免税的优惠。(3)通过税收杠杆来调节民营企业的收入分配。形成国家、企业主和雇工之间比较合理的分配关系,既保护民营企业主发展非公有制经济的积极性,又做到力求公平合理。

第三,法律管理。

运用国家制定和颁布的经济法规来确定和调整各方面的利益关系,既保证个体私营企业有一个良好的外部环境,包括经济环境和社会舆论环境,又能够规范非公有制企业的行为准则,促使其经营行为合理化。

第四,思想管理。

建立和健全党团工会组织,加强非公有制企业的民主管理。浙江省政府将通过加入WTO的机会,通过制度创新,形成对民营经济的管理体系。

(二)抓住西部地区大开发的战略机遇,鼓励民营经济拓展发展空间

加快西部大开发,是党中央、国务院面向21世纪的具有总揽全局意义的重大战略决策。浙江在贯彻这一战略决策时,积极鼓励民营企业到西部扩展发展空间。事实上,浙江省许多民营企业已经捷足先登,加入西部大开发的行列当中,还有更多的民营企业跃跃欲试,准备到那里大显身手。

据了解,2000年国家预算安排1 000亿元以上的财政拨款和贷款投入大西部开发,其中西部公路建设投资将占全国总投资的51%。10年内总投资300亿元建设8条公路大通道。国家还重点扶持和建设电话、机场、电信、环保、水利等基础设施和石油、天然气、矿产开采等大项目,并准备用10年时间把西部地区开发成新的经济中心。围绕这些基础设施和大项目,将会产生许多为基础设施和大项目提供服务和生产零部件的机会,这些都是浙江民营企业大有可为的地方。

在党中央作出的西部大开发战略决策的号召下,浙江民营企业紧紧抓住西部大开发的机遇,凭自身的资金、技术、管理、人才和品牌等优势,业已成为先行参与西部开发人数最多、投资最大的省份。据不完全统计,目前在西部10个省、区、市中,参加西部开发的浙江个体、私营等民营企业的人数已近80万,投资总额800多亿元。

对浙江个体、私营等民营企业来说,参与西部大开发也是一种挑战。因为西部经济相对东部来说较为落后,基础设施也不完善,而开发利用西部丰富的资源又是浙江民营企业参与西部开发的重要途径;而且,在进入西部开发的民营企业之间的竞争十分激烈,风险不小。但是,历来有走南闯北、务工经商传统的浙江个体、私营等民营企业的人员,具有坚韧不拔的意志和吃苦耐劳的精神,自会迎难而上,闯出一片新天地。

我省民营企业抓住西部开发的机遇,迎接挑战的重要手段主要有:

第一,利用资金优势,对西部企业进行跨地区资产重组。

我省一批具有实力的民营企业如浙江吉利集团原先主要生产摩托车,而新疆的喀什农机厂则因资金缺乏陷于生产困难的境地,于是吉利集团投资3.5亿元,与喀什农机厂合作兴建新一代农用车及农用配件生产线,因产品适合当地需要,完全为西部开发服务,估计效益将会不错。

第二,利用技术管理优势。

参股西部企业后提高生产效率,改善产品质量,扩大市场占有份额。

第三,利用品牌优势。

与西部企业合作生产的产品改用自己已经具有一定知名度的品牌,使产品推向市场后产生品牌效应,增加产品销路。

可以说,在参与西部大开发中,只有反应灵敏、适应性强、技术含量高、发挥了比较优势、寻找到了好的市场定位的民营经济组织,才能在为西部的大开发中经受锻炼,加速发展。

(三)抓住经济结构战略性调整,促进民营经济增长从量的扩张向质的提高转变

当前,我省正处在结构调整、体制转型,为提前基本实现现代化打基础的关键时期,必须加快发展高新技术产业,运用高新技术改革传统产业,全面提高企业素质;必须全面增强我省经济的国家级竞争力,积极主动地走出去参与国际竞争,因此,促进民营经济发展从量的扩张向质的提高转变是我省提前实现现代化的客观要求。

民营经济是浙江国民经济的重要支柱。没有民营经济从量的扩张向质的提高转变,全省经济就谈不上从量的扩张向质的提高转变。没有民营经济上一个新的台阶,全省经济就谈不上跃上一个新台阶。正因如此,我们必须抓住"十五"规划进行经济结构战略性调整的机遇,积极促进浙江民营经济从量的扩张向质的提高转变。

经济机构的调整,也就是经济结构的提升和优化。进行结构调整,要有人才、技术和资金。

第一,人才问题。

1. 解决人才问题

浙江从战略高度上重视教育发展,进一步优化教育结构。距离经济结构的提升和优化,浙江民营企业劳动力素质较低,人才投资严重不足。当地经济增长的一个明显趋势是:相对于收入来讲,资金和资源的使用越来越少。因此,必须加大教育和培训的力度,增加教育投资,改革教育方式,优化教育结构,合理确定基础教育、职业教育和成人教育的规模,这样做能够在较短时间内迅速提高民营企业就业人员的素质,为民营企业产业结构调整提高人力保证。

2. 以制度创新为突破口,实现人才资源的深度开发

发挥现有人才的作用,积极营造人才成长和使用的制度环境,建设灵活有效的激励机制。应从制度创新入手,构建符合市场要求和人才成长规律的人才成长、使用、配置的新机制。为此,应采取以下措施:(1)帮助有条件的民营企业构建新型的股份制组织,为留住人才、吸引人才提供制度保障。要体现以人为本的社会价值导向,体现以人力资本为主要推动因素的现代增长模式。在微观层

次探索民营企业的股份制组织形式,通过劳动股、技术股、经营股等途径构造新型的股权结构和收益分配机制,为民营企业留住人才、吸引人才、培养人才提供新型的企业制度基础。(2)政府职能部门管理要创新。要集中力量为人力资源的市场化抓好微观管理和宏观指导。(3)让人才由市场来配置,通过各种措施鼓励人才流向市场。(4)按人力资本的营运规律,积极推动人才资源的产业化。使人力资本开发以市场价值为导向,按产业化原则为人才的成长建立高起点的基础平台,实现人才的合理配置和深度开发。

第二,科技进步问题。

浙江民营经济发展迅速,量大面广,为浙江成为经济大省作出了贡献。但是,我们清楚地知道,浙江民营经济从总体上说,还缺乏质量上、科技上的优势。企业规模小、技术装备落后、人才短缺、产品档次低等问题和弱点已日益显露出来。继续走量的扩张的道路,将难以为继。浙江省委、省政府认为,必须及时调整民营经济的发展思路和发展战略,切实把企业发展转到技术进步和技术创新上来。为此,省政府大力推进全省民营企业产业结构的升级和调整,鼓励先进、淘汰落后,重点扶持科技型、就业型、资源综合利用型、农副产品加工型、出口创汇型、社区服务型等民营企业。对那些技术落后、质量低劣、污染环境、浪费资源,以及不符合安全生产条件的民营企业,采取有力措施,坚决予以关闭。在民营企业提升产业结构时,严格审批,防止其在国际市场上接受发达国家扩散或淘汰的低层次产业和劳动密集型的生产环节,造成产业的单一性和从属性。除此之外,浙江省政府还采取以下一些措施:

第一步是抓技术改造。围绕增强竞争力,加大技术改造投入力度,积极引进、运用先进适用技术和高新技术改造设备、改造工艺,着力提高产品质量,不断降低生产成本,促进产品上档次、技术上水平、企业上规模。

第二步是技术创新。制定与企业经营实际相适应、与企业整体发展战略相协调的技术创新策略,建立科学的创新项目论证评估机制,并组织市场实施方案。不断加强组织机构、运行机制、专利管理、信息网络等技术创新基础建设,大力开发新产品、新技术、新工艺,开发一批拥有自主知识产权的核心技术、关键技术、增强自主创新能力和市场竞争力。

第三步是发展高科技。有条件的企业要顺应高科技发展的潮流和市场变化,根据现有的基础和优势,突出重点,瞄准有发展潜力的高科技产品、项目、领域,组织力量奋力开发、转化高科技成果,实现产业化,成为有竞争力的高新技术企业。为了确保这些措施真正落实,浙江省委和省政府还提出了"三配套"措施:一是增强科技意识。转变观念,确立依靠科技、人才和创新办企业、求发展的经营理念,努力使企业成为科技投入的主体、研究开发的主体、成果转化和应用的主体。二是建立技术支撑。主动地与大专院校、科研机构"攀亲"、结对子,夯实技术进步的基础。三是加强政府扶持。各级党委、政府要在政策上给予扶持和引导,积极营造有利于民营企业加快科技进步与创新的良好环境。

浙江省委、省政府鼓励和支持民营经济在跨世纪发展中抓住机遇,迎接挑战。为此,在《浙江省促进个体私营经济发展条例》中,还将放宽民营经济组织经营的领域、行业和商品;协助个体工商户、私营企业经营者和专业人员进行劳动技能、管理素质培训,提高个体私营经营者的素质;支持设立由政府财政拨款、社会团体出资、个人筹资的担保机构,为个体工商户、私营企业贷款提供担保等。在经济全球化的条件下,抓住机遇,迎接挑战,促进民营经济持续健康发展,为浙江省提前基本实现现代化作出新的贡献。

载《中国改革报》2001年2月14日和18日

论经济学公理化的优越性和局限性

公理化最先在近代数学的发展中得到应用,并对各门现代数学都有极其深刻的影响。现在,这种影响已不限于数学领域,公理化在自然科学领域和社会科学领域都起着或大或小的作用。像西方经济学就在公理化方面迈出了较为成功的一步,本文拟对此作一论述和分析。

一

所谓公理化,就是从尽可能少的无须定义的原始概念或基本概念和一组不证自明的命题或基本公理出发,利用纯逻辑推理法则,把一门学科建立成为演绎系统的一种方法。基本概念是无须定义的,更没有必要用更原始更简单的概念去界定,只需对学科客体进行高度纯化的抽象。公理是对诸基本概念相互关系的规定,其选取和设置应该符合这样三个条件:一是要有协调性和相容性,即在公理系统内不容许几个公理能够同时证明或否定作为原则或规律的命题;二

是要有独立性,即公理的数目要减少到最低限度,不容许出现多余的、不必要的公理;三是要有完备性,即要确保从公理系统中能够导出论述中涉及的所有命题。一般说来,对一个较复杂的公理系统来说,要逐一验证这三条要求并不是轻而易举的事,特别是将公理化应用于经济学时更是这样。在这方面,美国经济学家吉拉德·德布鲁(Gerard Debreu)做了很好的基础性工作,其代表作《价值论》是运用公理化分析经济理论的典范。

关于公理化分析,它是指从选择原始概念开始,形成有关假设,再运用与任何对原始概念的主观解释毫无关系的数学推理工具,从那些假设中推出结论,从而提高分析问题的准确性。那么,在经济学中如何应用公理化呢?

首先,选择经济分析的原始概念,然后用数学客体去代表每一个原始概念。如在德布鲁的《价值论》一书中,原始概念有商品空间、价格系统,用个体偏好、个体初始持有和利润分配比例描述的消

费单位,以及由可行性生产集约描述的生产单位。商品空间的数学表示是线性空间,价格系统的表示是商品空间中的线性函数,偏好的表示是二元关系,等等。在给出了这些原始概念的数学表示后,一些导出概念如供给、需求、可达状态和均衡等,也都可以用数学来表示。

其次,要明确在这些代表着原始概念的客体上的假设,然后由这些假设出发,通过数学分析得出结果,并以定理形式给出。例如,均衡价格即一种商品的需求价格和供给价格相一致时价格的存在定理,可以从商品空间是有限维实向量空间给出的许多生产和消费单位以及偏好是连续的、凸的等假设中导出。

这里,且以经典的阿罗-德布鲁(Arrow-Debreu)一般经济均衡存在定理为例作一论述。

先要引入一些基本概念。设所论经济包含 l 种商品、m 个消费者和 n 个生产者。l 种商品的量可以用 l 维线性空间 R^l 中的点 $X=(x^1, x^2, \cdots, x^l) \in R^l$ 表示。R^l 为商品空间,而 $X \in R^l$ 则为商品向量或商品丛。其中有以下三个方面的数学抽象:

一是所说的商品可以是实物,也可以是劳务和实物的使用;

二是为了数学处理上的方便,减少误差,假定每种商品都可以用实数来量度;

三是商品的符号可正可负,对于生产者来说,负值代表生产中的投入消耗,正值代表生产中的产出成品;对于消费者来说,正消费是一种消耗,负消费是一种生产,如出卖劳动力。

接着要引入价格空间的概念。价格空间也是 l 维线性空间,它实际上是商品空间 R^l 的对偶空间,但为了表达上的方便,我们把 R^l 看作是"自对偶"的,即价格空间也是 R^l,价格向量 $P=(p^1, p^2, \cdots, p^l) \in R^l$ 表示第 h 种商品的价格为 $p^h (h=1, 2, \cdots, l)$。价格的符号可正亦可负。价格符号为正的商品是稀缺商品,价格符号为零的商品是自由商品,例如空气;价格符号为负的商品是有害商品,例如污染物。对于产品向量 $X=(x^1, x^2, \cdots, x^l) \in R^l$ 来说,在价格体系为 P 时,x 的总价格就是:

$$\langle p, x \rangle = \sum_{h=1}^{l} p^h x^h$$

这里,$\langle \cdot, \cdot \rangle$ 表示 R^l 中的内称。当 x 是生产活动时,$\langle p, x \rangle$ 代表生产得到的利润。

然后,m 考虑各消费者。每个消费者可能有的消费活动的全体,即为消费集,是商品空间 R^l 中的一个子集。设第 i 个消费者的消费集为 $X_i \subset R^l$,$i=1, 2, \cdots, m$。这些集是非空的,且应该满足一定的合理的假定。第 i 个消费者的行为准则由定义在 X_i 上的偏好 $\leqslant i$ 来决定,这里 $\leqslant i$ 为 X_i 上的一个自反、传递、完全的序关系,它满足:

第一,$\forall x \in X_i, x \leqslant i^x$(自反性);

第二,$[x \leqslant i^y, y \leqslant i^z] \Rightarrow [x \leqslant i^z]$(传递性);

第三,$\forall x, x' \in X_i, x \leqslant i^{x'}$ 或 $x \leqslant i^x$ 至少有一个成立(完全性)。

消费者在其支付能力许可的条件下，选取偏好最优的消费活动。消费者的支付能力由两部分组成：一部分是由其本人拥有的商品的价值；另一部分是生产者分给他的一部分利润。设第 i 个消费者所掌握的商品向量为 $e_i \in R^l$，e_i 即为第 i 个消费者的初始持有，$i = 1, 2, \cdots, m$；第 j 个生产者分给第 i 个消费者的利润份额为 Q_{ij}，这里 $Q_{ij} \in [0,1]$，$i = 1, 2, \cdots, m$；$j = 1, 2, \cdots, n$，且 $\sum_{i=1}^{m} Q_{ij} = 1, j = 1, 2, \cdots, n$。这样，如果第 j 个生产者的利润为 r_j，价格体系为 P，则第 i 个消费者的总财富为：

$$W_i = \langle p, l \rangle + \sum_{j=1}^{m} Q_{ij} r_j, \quad i = 1, 2, \cdots, m$$

当第 i 个消费者的消费活动为 $x_i \in X_i$ 时，则 x_i 必须满足

$$\langle p, x_i \rangle \leqslant W_i = \langle p, l_i \rangle + \sum_{j=1}^{m} Q_{ij} r_j, \quad i = 1, 2, \cdots, m \quad (1)$$

这个不等式即为消费者的预算约束。

还有，再考虑 n 个生产者。每个生产者可能有的生产活动的全体，即生产集，是商品空间 R^l 中的一个子集。设第 j 个生产者的生产集为 $Y_j \subset R^l$，$j = 1, 2, \cdots, n$，它们也将满足非空等的合理的假定。生产者的行为准则是使利润达到最大。在价格体系为 P 时，生产活动 $y \in R^l$ 的利润就是 $\langle p, y \rangle$。因此，第 j 个生产者可能得到的最大利润为：

$$\max_{y \in y_j} \langle p, y \rangle$$

至此，我们已经对一个经济体作了全面的刻画，用符号表示，上述的经济体可记作：

$$E = \{(X_i, \leqslant_i, e_i), (Q_{ij}), (Y_j)\}_{j=1,2,\cdots,n}^{i=1,2,\cdots,m}$$

经济体 E 的状态是指给定了一个价格向量 P，在此价格下，各个消费者都采取了一个消费活动，各个生产者都采取了一个生产活动。用符号表示，即状态：

$$S = \{(x_i), (y_j), p\},$$

其中 $x_i \in X_i$，$i = 1, \cdots, m$；$y_j \in Y_j$，$j = 1, \cdots, n$，$P \in R^l$，且 $\langle p, x_i \rangle \leqslant \langle p, e_i \rangle + \sum_{j=1}^{n} Q_{ij} \langle p, y_j \rangle, i = 1, \cdots, m$

$$(2)$$

上式就是利润 r_j 为 $\langle p, y_j \rangle$ 时的预算约束 (1)。当然，除了要考虑财富上的预算约束外，还要考虑供求上的约束，即应该有：

$$\sum_{i=1}^{m} x_i - \sum_{j=1}^{n} y_j - \sum_{i=1}^{m} l_i \leqslant 0 \quad (3)$$

满足 (3) 的状态即为可达状态。X_i 中所有可能在可达状态出现的消费向量的全体 $\hat{X}_i \subset X_i$ 即为可达消费集。

满足下列三条件的可达状态 (x_i^*, y_j^*, p^*) 即为经济 E 的均衡：

(1) $\forall i \in \{1, \cdots, m\}$，$\forall x \in X_i$，$[\langle p^*, x \rangle \leqslant \langle p^*, l_i \rangle + \sum_{j=1}^{n} Q_{ij} \langle p^*, y^* \rangle] \Rightarrow x \leqslant^{x_i^*}_i$

(2) $\forall j \in \{1, \cdots, n\}$，$\langle p^*, y_j^* \rangle = \max_{y \in y_j} \langle p, y \rangle$

(3) $\sum_{i=1}^{m} x_i^* - \sum_{j=1}^{n} y_j^* - \sum_{i=1}^{m} l_i = 0$

这三个条件的含义是显而易见的。(1)说明 x_i^* 是满足预算约束的最好消费;(2)说明 y_j^* 是使利润最大化的生产;(3)说明供给与需求达到平衡。阿罗-德布鲁定理就是指出在一系列合理的假定下,均衡存在的条件。

按照阿罗-德布鲁定理,如果经济 $E = \{(x_i \leqslant_i, l_i), (Q_{ij}), (y_j)\}$ 满足下列条件:

1. 对于消费者 $i = 1, \cdots, m$,有:

(1) X_i 为下有界闭凸集;

(2) $\hat{X}_i$ 中无满足消费,即 $\forall x \in \hat{X}_i$, $\exists x' \in X_i, x <_i x'$;

(3) 集合 $\{(x, x') \in x_i x x_i\}$;

(4) $\forall x, x' \in X_i, \forall \lambda \in (0,1)$, $[x <_i x'] \Rightarrow [x <_i^{(1-\lambda)x} + \lambda x']$;

(5) $\exists \bar{x}_i \in X_i, \bar{x} \leqslant e_i$,即 $\bar{x}_i^h < e_i^h, h = 1, 2, \cdots, l$;

2. 对于生产者,$j = 1, \cdots, n$,有:

(1) $0 \in Y_j$;

(2) $Y = \sum_{j=1}^{n} Y_j$ 是闭凸集;

(3) $Y \cap (-Y) = \{0\}$;

(4) $Y \supset (-R_f^l)$;

那么 E 有均衡状态。

我们对定理中的条件做出如下说明:

在第1式中,(1)的下有界性是指负消费(生产或出卖劳力)是有界的;凸性是指两种消费的凸组合,这也是一种消费;闭性是指可以达到消费的极限;(2)是指消费者的消费欲望是无止境的,使得生产过剩问题不易产生;(3)是说消费者的偏好有一定的连续性;(4)是对偏好的凸性假设;(5)是保证消费者有一定的支付能力,至少可进行略多于 $\bar{x}_i$ 消费。

在第2式中,(1)是说生产者在条件不利时可以什么也不干,这就保证利润是非负的;(2)、(3)、(4)是对整个经济的生产能力的刻画;(2)的含义与第1式中(1)类似;(3)说明生产活动是不可逆转的;(4)即为自由处置假设,说明经济 E 有能力把任何不需要的商品都处理掉,该假设对于证明均衡的存在是很重要的。

公理化理论必须经过严格的检验,要在去掉模型的全部经济意义后,检验其纯粹的数学结构仍然能够完全成立,才能说明是成功的。

二

从20世纪50年代起,逐步增多的范围广泛的经济理论问题已经成为公理化分析的对象。这是因为,经济理论公理化有很多明显的优越性。

一是经济理论应用公理化使一个经济理论的假设明确化,使人们可以对这个经济理论的适用范围做出比较妥当和准确的判断。而当发现了原始概念的新解释时,公理化还能为新的经济理论问题提供现成的答案。譬如,我们来考虑一下商品概念的发展。传统意义上的商品是指物质属性、交货时间和地点都很具体的一种货物或劳务,而没有考虑到其环境的不确定性。当对传统意义的商品的考察加进交货时可能发生的不确定性情况时,原有模型的形式无须作任何的改变,便能得到关于不确定性的理论。在此理论中,原有确定性理论的全部结论都是有效的。

二是经济理论应用公理化坚持了数学运算的严格性,借以引导经济学家解决仅凭传统的定性方法难以解决的复杂的经济问题,并使其对所研究的问题有更深刻的理解。使用的分析方法的拓宽,显然有益于该学科的发展。由此看来,公理化不仅建立了严格的科学基础,使研究和探讨得以独辟蹊径,而且也使研究人员从必须推敲前人工作的每一个细节的积习中解脱出来。

三是经济理论应用公理化的严格性满足了当代许多经济学家追求严格性本身的学术需要,从而使经济学成为一种有效的思维工具的理论标志。当然,一种有效思维工具的理论还有其他两个标志,即简洁性和普遍性。尽管简洁性和普遍性的美学意义足以成为理论设计者的追求目标,但其对科学的价值远远超出了美学的范畴。简洁性使得经济理论可以被更多的研究人员所运用,而普遍性使得这个经济理论适用于各种经济问题。

四是经济理论应用公理化还以另一种方式帮助了实际经济工作者,使得他们可以运用效率极高的数学语言,用非常省时的方式去交流和思考。一般认为,经济理论总是以大量的论据提供论证以后,才可能给人们提供行动的指针。但是,人们对论据的理解往往存在着各自的偏见,少不了有所争议。因为,论据是通过不同的人观察得到的,而不同的人的生活经历和经济环境肯定有所不同;何况经济理论还依理论家们的经验、利益和思考方式的不同而各有偏重。因此,实际经济工作者对经济理论的选择就主要依靠自己的思考和判断,而公理化则有助于这种思考和判断。

五是经济理论应用公理化使经济学家和数学家之间的对话变得更加频繁。像美籍匈牙利人,著名数学家、经济学家约翰·冯·诺伊曼(John Von Neumann)以其数理逻辑的卓越贡献闻名于世,却又将其研究的很大一部分贡献给经济问题,这样的事例不是独一无二的。由诺伊曼提出的均衡经济增长模型和主要由他创立的博弈论,对经济学的发展有十分重要的影响,使数理经济学进入了当代阶段。同样,公理化也使得经济学能够影响数学,并为数学的发展做出贡献,其中最明显的例子有 $k_a k_n + a_{mi}$ 定理、对应积分法理论、近似定点的计算方法和方程组近似解的方法等。

六是经济理论应用公理化提高了它的预见能力,有助于人们增加对未来的信心。在 19 世纪及 20 世纪初,经济学家相互交流的主要方式一直是以书面文字来表述,伴以图表作补充。但是,随着传统的文字交流逐渐被数学使用所代替,理论家们信心大增,认为公理化和预测能力是使经济学家比对经济问题有兴趣的一般经济工作者要优越的重要原因。

七是经济理论应用公理化使现实经济关系定量化、逻辑化,使人们能极方便地对经济系统的运行状况进行仿真,对有关经济政策进行评价和预测,像计量经济分析、线性规划分析和非线性规划分析、系统动态学仿真等多种分析技术,都是以公理化经济理论为基础的。

如今,公理化已经作为经济分析的标准形式被采用。从一般均衡理论、效用理论和生产理论,到宏观经济学、工业组织经济学、公共财政学等众多领域,都在竞相运用公理化。但是,由于客观经济现象的复杂性,加之我们对经济系统的运行机制特别是对我国的社会主义市场经济运行机制还缺乏足够的了解,因而我们对建立在公理化基础上的经济理论还停留在初步阶段,常常表现出一定的局限性。这种局限性主要来自两个方面:第一,我们用以代表原始概念的数学客体不能十分准确地刻画这些概念的基本属性。例如,用线性空间来代表商品空间,隐含着商品是无限可分的,但实际情况并非如此。此外,模型中还很难容纳所有重要的经济变量,难免影响结论的准确性。第二,我们使用的某些假设纯粹是为了证明上的需要,实际上不一定合理或者是不够合理。例如,在阿罗-德布鲁模型中,假设总生产集 Y 是凸的,即规模扩大而收益不一定增加,这与工业革命的经验——规模扩大收益也增加正好相反。对于其他假设的经济合理性,有不少也是同样存在问题的。

经济理论的公理化虽然在解释经济现象时存在一些局限性,遇到了不易克服的困难,但它在应用中的作用绝不能低估,它对我们理解经济现象的本质有很大的帮助。经济学家特别是数理经济学家所要做的事情,就是要引入或创造更合适、更强有力的数学工具,以便用更恰当的数学客体去代表原始概念,并对已经做出的假设进行修正和补充,使其更加符合实际。这样得出的结论,定能更科学、更确切地揭示经济现象的本质。

参考文献:

[1] BEBREU G. Theory of value[M]. New York: John Wiley and Sons, 1959.

[2] ARROW K J, HAHN F H. General competitive analysis [M]. Amsterdam: North-Holland, 1971.

[3] BECKER G S, LANDES E M, MICHAEL R T. An economic analysis of marital instability [J]. Journal of political economy, 1977, 85(6):1141-1187.

[4] GREEN F. Empiricist methodology and the development of economic thought [M]. London: Thames Polytechnic, 1997.

[5] WINTER S G. Economic "natural selection" and the theory of the firm[D]. University of Texas, 1964.

载《财经论丛》2002 年第 2 期和中国社会科学院经济研究所《经济研究资料》2002 年第 2 期《光明日报》曾对本文作过介绍

相关链接一：

公理化为经济学发展的需要
——读单东《论经济学公理化的优越性和局限性》有感

单东教授发表在《财经论丛》2002年第2期的《论经济学公理化的优越性和局限性》一文，阐述流畅，论证周详，分析在理，读后颇多启发。

西方经济学公理化的历史并不悠久，加之经济系统十分复杂，只有通过一个定理一个定理——如效用函数存在定理、一般均衡存在定理……来积累知识，才会形成经济学严密的科学体系。不消说，这类定理的概念和假定都是严格定义的，其定理的结论和前提之间的关系永远成立，但只要一个假定不成立，就可能证伪。所以，任何经济研究工作都需要以这类定理为基础。这种研究方法有可取之处，事半功倍，值得提倡。

随着经济学的发展，经济学的公理化有助于文科与理科之间的深层次互通有无、互相交流和互相促进。当然，这需要加快改变我国学术界搞经济学的大多数数学功底较差，而有些数学基础好的搞计量经济学的经济理论功底又略显不足的现状。马克思这样说过，一门学科只有在它成功地使用数学，才算达到了真正完善的发展。这句名言从哲学的高度肯定了公理化所必需的量化对经济学发展的重要意义。在这方面马克思是身体力行的。他在《资本论》中为论证再生产理论、利润率下降趋势的规律、生产价格的实质等，都恰当地使用了数学，从而加强了对有关问题的论证力度。

应该指出，西方经济学的公理化在很大程度上得益于19世纪70—80年代发生在西方经济学中的边际革命。正是这场边际革命，导致古典经济学向新古典经济学的转变；也正是这场边际革命，使得经济学家能够将注意力从分析分配方面转向在给定生产要素供给量的条件下寻求资源最优方面。可以说，边际革命为经济学提供了一个可以运用数学的理论框架。在这个框架中，经济学家们才可能以一种可以有效运用数学理论的方式来分析和探讨经济问题。边际分析方法在西方经济学的公理化中起了如此重要的作用，而且边际方法本身确有其可取之处，但它能否直接用来作为我国经济理论公理化的工具仍待研究。

与西方经济学的公理化过程相比，社会主义经济学公理化的困难可能更大一些。其主要原因在于，西方经济学素来以市场经济为主，市场经济学系统虽也会发展和变化，但具有一定的稳定性和可预测性，因而研究起来较为方便。而社会主义经济学则不同，过去研究对象以计划经济体制下的集中管理为主，改革开放以来逐步认识到计划经济体制下高度集中的种种弊端，终将我国经济体制改革的目标确定在建立社会主义市场经济体制,要对这种改变不久的研究对象进行公理化还需要有一个熟悉和研究的过程。

然而,与西方经济理论的公理化过程之初相比,社会主义经济理论的公理化毕竟也有自己的优势,我们可以运用唯物辩证的分析方法,还可以充分参考西方经济学界比较成熟的公理化的经验。单东教授此文的意义恐怕也就在此,因为它指出了西方经济学公理化成熟与不足及其原因之所在。

尽管我们承认西方经济学在公理化方面迈出了比较成功的一步,有许多地方可以供社会主义经济学公理化作借鉴,但我们不应忽视其经济理论存在合理因素的同时,从本质上说还有不合理的成分,例如,对生产关系的分析就是西方经济理论公理化未能涉及的,而这却使我们通常运用的科学的历史分析法大有用武之地。

所以,我国经济理论界在注重历史分析的同时,有必要加紧完成社会主义经济学公理化体系的创建。

上海市社科院研究员陈招顺/文
载《民营经济通讯》2002年第4期

相关链接二：

应用公理化分析经济问题

我国经济理论界分析经济问题的传统方法是定性分析。但在社会主义市场经济的新形式下，单一的传统的定性分析法已难以对动态的和复杂多变的市场经济现象做出准确的、科学的判断。单东在《财经论丛》（2002年第2期）发表的《论经济学公理化的优越性和局限性》一文中指出，应用公理化理论来分析我国的经济问题有重要的现实意义。公理化应作为经济分析的标准形式被采用。所谓公理化，就是从尽可能少的没有定理的原始概念和一组不证自明的命题或基本公理出发，利用纯逻辑推理法则，把一门学科建立成为演绎系统的一种方式。文章通过数学模型的充分论证后，得出应用公理化分析经济问题的优越性为：一是经济理论应用公理化使一个经济理论的假设明确化，使人们可以对这个经济理论的适用范围做出比较妥当和准确的判断；二是经济理论应用公理化坚持了数学运算的严格性，能引导经济学家解决仅凭传统的定性方法难以解决的复杂的经济问题；三是经济理论应用公理化的严格性满足了当代许多经济学家追求严格性本身的学术需要，从而使经济学成为一种有效的思维工具的理论标志；四是经济理论应用公理化使实际经济工作者可以运用效率极高的数学语言，用非常省时的方式去交流和思考；五是经济理论应用公理化使经济学家和数学家之间的对话变得更加轻松；六是经济理论应用公理化提高了它的预见能力，有助于人们增加对未来的信心；七是应用公理化使现实经济关系定量化、逻辑化，以致人们能够极方便地对经济系统的运行状况进行仿真，对有关经济政策进行评价和预测。

载《光明日报·理论版》2002年4月16日

中美经济：合作两利、对立两损
——兼驳"中国经济威胁论"

2003年初，摩根士丹利金融公司的首席经济师史蒂芬·罗奇警告说，在全球经济不景气的情况下，中国很可能会被当成美国通货紧缩的"替罪羊"。罗奇的话不幸而被言中。当前美国经济虽有复苏迹象，但失业率居高不下，于是竟然出现了什么"中国经济威胁论"，有的美国报纸甚至将同中国产品的竞争耸人听闻地渲染为"另一场战争"。美国制造商协会负责人瓦戈认为，美国制造业应该"对中国扣动保护主义的扳机"。事实上，美国政府对中国的钢铁、纺织品的进口设限和提高关税，就是其新保护主义的最鲜明例证。

一

美国是世界上最大的经济体，其经济占世界经济总量的30%左右。世界经济在经历了近10年的良好运行后，其增长率在2000年达到了周期性高点。但是，进入2001年后，全球经济形势急转直下，原因之一就在于美国的消费需求萎缩。在美国，消费支出对其经济增长的贡献率在2/3左右，是支撑其经济的主要支柱。2000年美国股市暴跌以后，金融资产大幅度缩水，账面财富损失达到3.5万亿美元，相当于美国国内生产总值的近40%，致使美国的消费者信心指数不断下降。2001年美国又因受"9·11"事件影响而造成消费者信心指数大幅度下降，导致美国经济的急剧滑坡。在此同时，大量资金为逃避风险转移国外，致使就业岗位锐减，这对美国经济无疑是雪上加霜。2002年以来，美国国内经济问题日益严重，主要陷于以下五个方面的困扰：

第一，公司作弊风波不断，出现信用危机。

自2001年底曝出安然公司假账丑闻开始，2002年几家从事通信、计算机网络等行业的高科技企业也被揭露出假账问题。这一来,为它们提供会计、审计的几大会计师事务所如安达信、普华永道、毕马威等也陷入作弊丑闻,使得美国企业面临前所未有的信用危机。现在信用风波已呈蔓延之势,人们担心有演变成金融危机的可能性。

第二,股市在剧烈波动中展现新低,经济复苏前景难以预料。

美国股市历经18年牛市膨胀起来的总市值,近两年多来几乎已下跌一半。特别是自2002年7月以来,纽约证券交易所在连续保持20亿美元数量的大规模日交易量的情况下,道-琼斯指数多次跌破8 000点,为1998年9月以来最低。股市指数屡见新低,是股市信心危机难以消除的明显反应,使得美国经济复苏前景的不确定性大为增加。

第三,经济进入后工业社会,物资丰富,导致商品价格下跌。

在后工业社会,能源和材料消耗有所降低,对资源的依赖性减弱。由于工业品的需求量已趋于饱和,转而要求质的提高,因而对高素质的劳动力的依赖性增强。这使得劳动力的竞争成为市场上最主要的竞争,结果是少数高素质劳动力的价格大幅度上升,大量普通劳动力的价格趋于下降,进而引起消费需求的不足,形成普遍的、持久的通货紧缩。

第四,贫富差距扩大,影响总需求提高。

美国跨国公司由于控制了产品的核心技术、品牌和营销网络,得以通过在全球范围的外包生产模式,压低了国内普通劳动者的工资水平,提高了利润水平。这样,财富越来越集中,劳动者的购买力却受到很大的限制,导致需求不足,出现供求失衡的局面。

第五,电子商务的推广加剧了市场竞争,促使商品价格下降。

由于电子商务技术的应用和普及,市场的透明度获得显著提高,大大降低了采购成本和销售成本,从而抑制了价格总水平的提高。

由上可见,美国经济的不景气源自其国内的诸多因素,并不是外在竞争压力造成的结果,更没有面临犹如"一场战争"的"中国经济威胁"所带来的危害。近来美国经济虽出现复苏的迹象,但要消除失业率居高不下的现象,还需要经过一段较长时间的努力,来解决其国内经济中存在的种种矛盾和问题。

二

与美国经济的不景气相对照,中国经济却保持着较高的增长速度,"十五"计划开局第一年即2001年的经济增长率就达到7.3%,2002年更达到7.8%,远远高于同期世界主要经济体包括美国的经济增长率。中国经济的这一表现被前述摩根士丹利首席经济师罗奇称为"一枝独秀"。

当然,中国经济发展的良好形势并非不受外部经济环境的影响,即也要受到世界经济增速放缓,以及美国"9·11"事件后世界经济面临衰退危险等因素的影响,出口的增长速度也有所减慢,但由于中国经济的增长是靠改革开放和扩大内需来实现的,因而能够自行消除世界经济不景气带来的不利影响。可以说,深化改革和继续开放,比如重组国有企业、鼓励和支持民营企业、开放资本市场、重视股东价值和作用、完善社会保障和退休福利制度,以及建立法治工作取得的进展等,这一切使得要保持近8%的经济增长率不会只是中国2003年的最高目标,而应该是未来10年将努力达到而且可能达到的年均目标。

在全球经济增长趋缓中,唯有中国"一枝独秀",这绝不是偶然的,具体说来主要原因有如下三个方面:

第一,社会需求保持稳定增长。

中国政府坚决果断地确定了扩大内需的方针,实施积极的宏观经济政策所产生的需求因素不断增多,致使社会总需求呈现稳定增长的趋势。从投资需求看,国有企业投资保持强劲的增长势头,2002年头8个月增长24.4%,比2001年同期高出5.3个百分点;民营企业投资也保持较快的增长势头,2002年头6个月增长比2001年同期高出17.6个百分点;特别是一些民营经济发达的省市,民营企业投资增长更快,如浙江全省民营企业投资2002年比2001年增长33.2%。从消费需求看,2002年以来,城镇居民人均可支配收入增长较快,为7 703元,比2001年增长12.3%,扣除物价因素,实际增长13.4%。据对全国31个省(区、市)6.8万个农村住户的抽样调查,2002年农民人均纯收入也有增长,为2 476元,比2001年同期增加109元,扣除价格因素的影响,实际增长4.8%。所有这些需求的增长,都是市场经济的内在活力激发的结果。

第二,产业结构调整取得新进展。

促使工业生产保持快速增长的势头,并成为近年来中国经济增长较快的重要推动力。这主要得益于工业结构调整出现良好趋势,导致国民经济自主增长机制增强。农业结构调整的力度根据市场需求也在逐步加大,农作物生产向主产区、优势产区、特色产区集中的趋势更加明显。在产业结构调整取得新进展的同时,经济运行质量趋好,财政收入不断增加。例如,2002年全国财政收入1.89亿元,比2001年增长15.4%,完成预算的104.9%。

第三,跨国公司增加了在中国的生产和采购。

全球产业转移效应发挥了积极作用。中国以其经济发展的良好前景和不断改善的投资环境,吸收了大量的国际直接投资,并且已成为仅次于美国的第二大吸引国际直接投资的国家。据联合国的统计,中国吸引的外国直接投资是整个东欧地区吸收外国直接投资的5倍。2002年,中国创造了吸收外资数量世界第一的纪录,超过500亿美元。全球最大的500家跨国公司已有近400家在华投资了2 000多个项目。世界上最主要的电脑、电子产品、电信设备、制药和发电设备制造厂都将其生产网络扩大到中国,充分发挥了中国制造业的比较优势,制造了低价优质的商品,从而显著增强了中国商品的出口竞争力。

很清楚,在世界经济不景气中,中国经济都能保持着"一枝独秀",主要也是源自国内的诸多因素,包括不断增强的内需拉动、产业结构的优化和升级、以及大量外资的进入等。尤其是受国家扩大内需的宏观经济政策和多种所有制经济竞争格局形成的影响,企业活力得到了增强,其中民营经济更是焕发出极大的活力,促使中国经济出现了具有转折性意义的良好发展势头,保持了较快的增长速度;而在中国加入世界贸易组织之后,全面参与国际经济交流,开拓了与包括美国在内的经济合作和贸易往来的新机会,根本不可能存在什么对美国的"中国经济威胁"。

三

当前,中国正在坚持扩大开放的方针。由于中美两国在劳动力、资本、技术、市场等方面都具有各自的比较优势,而且这种比较优势越来越明显地显示出来,因此历年来美国对中国的直接投资以及中国对美国的直接投资都在逐步增长。以美国对中国的直接投资来说,20世纪90年代以前每年约4亿美元,90年代起每年为10多亿美元,最近几年每年都在30亿美元以上。这些直接投资主要集中在机械、汽车、电信、计算机、石油化工、能源、基础设施,以及金融、保险等领域,投资规模都比较大。截至2002年底,美国排名前500位的大公司已有300多家来中国进行直接投资,以致美国成为对中国直接投资最多的一个国家,且已连续五年居全球各国对中国直接投资的首位。

跨国直接投资的发展是经济全球化的表现。这就是说,资本在国际上的流动是在全球范围的市场机制下进行的,是世界产业布局调整的需要,有助于在全球范围的资源配置优化,因而无论对资本流入国还是对资本流出国都是十分有利的。应该说,各国吸纳国际资本的竞争是市场化的、公平的,投资者为经济利益所驱使而往有利的地方投资。中国吸纳包括美国在内的外国企业的直接投资,不但没有损害美国等外国企业的利益,相反还向美国等外国企业的直接投资提供了许多优惠条件,开放了具有巨大潜力的国内市场,创造了不断优化的投资环境,在财税政策上又执行了一些让利措施。中国的低劳动力成本和低土地价格使美国企业在中国的直接投资获得了丰厚的收益,比它在美国和其他国家的直接投资获得的收益更丰厚。可以说,美国企业对中国的直接投资已经并将继续分享到中国经济高速发展的成果。在此同时,美国企业对中国的直接投资也为中国的产业调整、技术进步和产业升级换代,以及创造就业岗位发挥了重要的作用。

现今,美国最主要的电脑、电子产品、电信设备、制药设备等行业的制造厂家都已将其生产网络扩大到中国,中国业务日益成为其全球业务的重要组成部分。例如,美国在中国的摩托罗拉公司连续多年被评为中国最大的外商出口企业。在当前全球IT业不景气的情况下,摩托罗拉公司总部关闭了在欧洲和美洲的一些工厂,而特地增加了在中国的直接投资,总额已达36亿美元。正如美国商会主席温安格所说:"中国加入世界贸易组织表明了中国在向市场经济的方向发展,并在世界贸易组织的框架下按国际准则办事,这无疑是对外国投资者最好的保障,因而美国企业到中国进行直接投资会更踏实。"

中国自加入世界贸易组织以来,市场准入的大门开得越来越大,外商获得的市场份额越来越多,投资的领域也越来越宽,从而为外国跨国公司在中国的直接投资提供了大展宏图的舞台。近年来,摩托罗拉公司在中国市场的份额保持强劲的增长势头,不仅低档手机受到消费者的青睐,连价格不菲的新款式的高档手机的购买者也纷至沓来。2001年该公司在中国联通的首轮CDMA网络建设中拔得头筹,获得了4亿多美元的合同,其移动通信产品已占有中国市场份额的30%左右。其他例子不胜枚举,这里不加详述。可以预料的是,未来若干年,美国企业对中国的投资将趋向多元化,不仅仅是寻找廉价劳动力,更重要的是向研发领域倾斜。到2005年,美国企业对中国年投资达到75亿美元,到2010年年投资超过100亿美元都不会是意外的。

自20世纪80年代中期起,中国有一批初具实力的跨国企业看中美国的资金、技术和市场的比较优势,开始越过浩瀚的太平洋,到美国投资寻找发展新空间。如青岛海尔集团在美国南卡州投资建立家电工厂,为当地的发展做出了贡献,获得了当地政府颁发的"社区贡献奖"。又如总投资2 995万美元的杭州万向集团美国分公司,总投资近2 000万美元的台州飞跃集团美国分公司等,产品都在当地市场获得了畅销。这些集团企业还将研发中心设到了美国,便于吸收美国的最新技术并及时运用到生产线上,不断提高产品质量和方便做好售后服务工作。据统计,截至2002年底,中国对美国投资项目累计698个,实际投资达7.3亿美元。

中美之间的双边贸易额近年来也有了长足发展,2002年达835亿美元,是1979年中美复交时双边贸易额的35倍。如果以中美双边贸易额的累计数来说,1979年至2002年已逾6 000亿美元。尽管两国的统计数据不尽相同,但双方的统计都表明,在过去20多年中,两国贸易额年均增长达到18%以上。

中美之间双边贸易额之所以能够持续快速增长,这是因为两国之间的贸易有很强的互补性。近10年来,中国对美国的出口产品在服装、鞋类、箱包和玩具等传统产品的基础上,不断增加美国市场上迫切需要的机械设备、自动数据处理设备和家用电器等机电产品。与此同时,美国的飞机、精密仪器、电站设备、石油设备、化工产品和医疗设备等高新技术产品大量出口到中国。此外,美国出口到中国的农产品也日益增多,以致美国成为了中国农产品进口的最大来源地。双方的统计都表明,1990—2000年的10年间,美国对中国的出口额年均增长16％以上,大大高于同期美国出口的增长速度,居美国对各国出口增长速度的前列。眼下,美国是中国的第二大贸易伙伴,而中国则是美国的第四大贸易伙伴,谁的产品也没有威胁了谁,又怎能谈得上"中国经济威胁"了美国呢?所以,美国乔治敦大学的国际贸易专家罗德尼·鲁德马教授认为,中美贸易应该寻求互利,说什么由于"中国经济威胁"而在"美国制造业采取一些保护措施,只能帮助保留一些就业机会,没有什么创造性的契机,而所有这些都是以美国消费者的利益为代价的"。2003年9月6日,美国商务部副部长埃弗里特·埃利希则说得更明白:"美国制造业就业机会减少的根源并不在于贸易。"真正的原因是:"技术的发展导致生产力提高,经济结构优化。因此,把就业机会减少归咎于贸易是不对的,归咎于中国则匪夷所思。"他还指出:"中国不是一种威胁,而是一种机遇,是未来的市场。"

随着中国加入世界贸易组织,美国结束了对中国正常贸易地位的年度审议,确立了对中国永久性正常贸易关系,从而消除了中美贸易关系发展的重大障碍,使中美贸易关系逐步进入稳定的发展阶段。然而,美国不仅有人制造"中国经济威胁论",妄图阻挠中美贸易关系的顺利发展,就是早在美国国会通过对中国永久性正常贸易关系法案时,仍然附带了一些与贸易关系无关的条款,给中美经贸关系的发展蒙上了阴影。此外,美国对中国实施极为严格的技术出口管制,使一些较为尖端的高新技术产品出口受到限制。迄今,美国一直歧视性地把中国当作"非市场经济国家",在屡次实施的对中国反倾销调查中常常选用第三国同类产品的价格作为替代的标准,这种不合理的做法也困扰着中美贸易关系的发展。如果美国能够排除技术出口管制以及单边经济制裁等非经济因素的干扰,在平等互利的基础上进行经济合作包括生产和流通领域的合作,那么,在未来的岁月里,中美经济关系一定会发展得更快、更顺利。

总之,中美经济关系的发展不是一场"零和游戏":中国有所"得",美国就必然有所"失";更不会是"另一场战争":落得两败俱伤。合作和资源配置优化可以创造更高的生产率,还可以利用闲置的生产要素,从而形成双赢。中美两国业已在生产和流通诸领域建立起来的渐趋密切的关系,必然形成中美经济合作两利、对立两损的相互依存的局面。"中国经济威胁论"可以休矣!

载《经贸实践》2003年第12期

宠物产业：一个很有前景的产业

如今，饲养宠物的热潮正在都市里悄悄地兴起。随着宠物队伍的日益壮大，一支新兴的产业——宠物产业也正如冰山浮出水面。这一产业的出现是人们生活水平改善后消费层次提高的结果，它不仅是我国改革开放条件下出现的一种社会现象，更是一种值得探讨的经济现象。本文将从宠物产业目前的社会需求、产业结构、发展瓶颈等几个方面来分析该产业的发展之路。

一

从世界范围看，宠物饲养并不是一朝一夕或某个国家、地区的个别现象，世界上许多国家的各个阶层的人们都饲养宠物。

人们从饲养宠物中得到乐趣和益处。从健康角度看，与没有宠物的人相比，拥有宠物的人有较低的血压、心率和心脏病风险。这些益处来自戏耍和遛宠物时的运动，以及身边有一个固定的好"朋友"所带来的压力缓解。又如，1923年11月出生的日本忠犬八公给世人带来了无数感动。1924年这只忠犬跟随上野教授上班，八公早上送他上班，晚上时分再到涩谷站接他回家。1925年5月21日上野教授工作时突发心脏病去世，他再也不能回家。而八公依旧每天都到涩谷站前等着，等那个不可能再等到的人。就这样，它等了9年零95天。1932年10月4日，上野教授的学生报道了这件事，八公的故事火速传遍日本全国，很多人慕名前去看望。1934年，人们为八公建立了一座青铜像。1935年3月8日，11岁的八公去世。八公成了忠诚的民族象征，它去世后，与上野教授葬在了一起，它，终于等到他了。这个真实的故事感人至深，令许多人对饲养宠物感兴趣。

我们以宠物中最为常见的宠物犬为例来看目前世界主要国家宠物市场的发展程度。据报道，在美国，从总统到普通公民有62%的家庭养有宠物狗；而拥有

200万人口的巴黎就有50万只狗;日本也有半数家庭饲养至少一只宠物,现在约有700万只猫与1 000万只犬;在德国,为了从小培养孩子的爱心,几乎每个家长都要孩子养一只宠物;在我国的大城市里,养宠物也日渐普遍。北京也是养狗风盛行。到2002年11月,北京经批准登记的养狗数量已达到14万只,如包括未经登记的狗的数量还要远远超过这个数字;在经济发达的上海,人们饲养各色各样的宠物,目前上海家庭已拥有100万只以上宠物;又如沈阳,养狗数已超过20万只;杭州每年从宠物市场购买的犬有5.5万只,如果把家庭宠物犬自身繁殖的数字计算在内,杭州养犬数不少于10万只,浙江全省包括农村养犬数不少于100万只。据2019年1月29日的《参考消息》报道,中国共有9 150万只猫和狗,它们需要得到喂养、绝育、清洁、打疫苗、看病治疗以及训练等服务和照顾。

根据目前可以搜集到的资料,我们可以看到仅宠物狗一种就在世界各国拥有相当庞大的市场,再加上其他种类的宠物,这一数字恐怕还有大幅度的增加。这样一个庞大的现实市场使得与饲养宠物相关的产业链实际上也拥有一个现实的庞大的市场需求,这也是宠物产业之所以出现并发展迅速的最根本原因。有需求就会有供给,为适应各种现实需求,这一产业逐渐发展出以宠物养殖、宠物食品供应、宠物医疗、宠物美容及其他相关附属产品为主的产业结构,而且这一结构仍在不断的丰富当中。

二

先说宠物养殖,这是宠物交易的后盾。专门的养殖基地不仅需要大量的资金和土地投入,还需要专业知识和技术及相关的经营管理支撑。养殖业成本高,资金周转周期长,所以起步比较艰难。不过,潜在的市场前景也十分诱人。以在宠物中占了主要比例的犬、猫为例,我国家庭目前饲养的犬、猫大部分是一般的家犬、家猫和杂交的犬、猫。而养殖基地所培育的犬、猫就比较纯正地道,无论是外形还是脾性都比一般犬、猫要好。如2003年3月22日北京国都宠物公园和游人见面的北京袖珍犬,经过10年培育而成,它身高10厘米、体长18厘米,重1千克,个小体轻,善解人意,模仿能力强,能表演许多令人叫绝的节目,博得广大观众的喜爱。现在,很多养殖场主都不惜重金从国外引进名贵犬、猫种,因为这类犬、猫聪明伶俐,深受顾客欢迎。只是,优良正规犬、猫的市场价格令一般家庭望而却步。像20世纪初培育出的高贵经典的喜马拉雅猫,天性善良、恋人,叫声如歌一样悦耳,但它的身价高达每只1.2万—2.5万元人民币,出身正规养殖场的一般猫价格也达每只4 000—8 000元人民币。目前有相当一部分宠物交易被"马路市场"所占领。其实宠物交易是不少宠物店的经营重心,所以宠物交易的市场前景仍然十分广阔,随着宠物养殖业本身发展所带来的生产成本的降低,以及消费者对宠物质量档次追求的提高,相信利润的最优化实现也不是遥遥无期。

比起宠物养殖,宠物食品、用品的生产销售似乎要灵活许多,在整个宠物业中也显得比较突出。目前我国已拥有一定数量的宠物食品、用品、玩具等厂家,大部分起步于20世纪90年代。其中有一些发展得比较好的,比如成都好主人宠物食品、上海三美宠物用品等已在国内拥有一定的知名度。又如创建于1970年的上海忠青宠物链条有限公司,它是国内第一家专业生产和销售宠物链条的中外合资企业。自1980年承接大批量订货后,近年来又与德国、美国等国家的一些公司建立了良好的合作关系,产品远销美国、日本、欧洲等40多个国家和地区,外销合同签约率达100%。

又如上海的宝乐堡连锁宠物店为宠物提供服务的项目多多,且服务档次也高,如给狗狗美白牙齿,为狗美容做化妆等等,还有宠物可以在泳池洗澡、剪毛按摩、爪子养护等等。让狗狗观赏江景,宠物白天自由活动,晚上睡在笼子里或私人套房中,住宿一天的价格从698元至998元,包括三餐、遛弯和24小时看护。据悉,2017年宠物市场的营业额达到600亿元人民币,预计到2022年增加至1 000亿元人民币。一个宠物的主人每日宠物养护的花销在600元左右,而这家店每日养护费约3 000元左右,这还是简单开支,实际并不止于这点开支。足见,宠物业的利润多么丰厚。根据宠物行业专家提供的数据,中国宠物市场近几年来正以30%的高速度增长,这个速度还可有望保持10年。

不仅是国内市场,巨大的国际市场是一个更大的诱惑,特别是中国已加入WTO。对于宠物业来说,国外的优势是不容置疑的,比如像美国、澳大利亚、泰国等一些知名的宠物食品出口国,与我国同类宠物食品相比,其产品真可谓物美价廉。国内的某些嗅觉灵敏的企业界人士也正积极兴办生产宠物用品的企业,开设宠物用品专卖店和商铺,很多店铺采用人性化的设计来迎合人们的消费心理,比如用以下一些名称命名:草编宠物睡床(有大小号)、新款雨衣、防水运动鞋、白毛犬专用沐浴香波等。如果以上海为例,每个宠物的食品与用品每月按50元计算,市民每年用于宠物的开支也有6亿元之巨。而实际上就犬、猫而言,每月50元是十分经济型的消费,如果带宠物定期上美容院或进趟诊所医院,外加专门的宠物食品、宠物玩具等,奢侈型的消费就要逾千元。随着经济的发展,人民生活水平的提高,宠物消费无疑会呈增长趋势。据统计,仅宠物食品、用品销售一项,全国2002年比上年上升近两成。据报道,浙江某县宠物一年收入就达2亿元人民币。再拿国外的数字做一下参照,比如美国,每家在宠物身上花费460美元,全国每年达300亿美元。

宠物食品、用品如此,宠物美容更是如此。宠物美容的费用并不便宜。南京有个佳宝宠物店,店主人为了让宠物犬巴迪参加2003年名犬展,特地请专业美容师给巴迪定做发型,上发胶,并带着专业美容师和医生去参展。诚然,宠物的美容也可以放在家里自己完成,比如洗澡、梳毛、修剪指爪等等。但是也正如现在很多家庭宁可选择花钱在外用餐享受轻松愉快，而不愿把自己束缚在厨房里一样，显然，专业性美容院的服务有其不可替代性。在国外，宠物美容师还分不同的级别。宠物的专业美容在国外及我国香港、台湾地区发展得较好，我国的珠海市也已开办起宠物美容医护科技培训学校。

宠物医院诊所之类是十分实际且必要的。宠物的护理和医疗等行业的专业性都是比较强的，尤其是医疗服务，它不仅需要专业知识和技术，而且还要配备必要的医疗器械等硬件设施。对于刚起步的国内宠物业来说，这些方面无疑还是落后的。所以一些外商凭着自身的技术优势和管理优势已进驻中国市场，如果狗进这样的高档宠物医院里做一次全面体检，要花费上千元。宠物医疗费并不比人的医疗费便宜，在比利时，兽医每年对宠物大概做6次医疗检查，一次费用约为32美元，而普通病人看一次病仅需12美元。美国花在狗身上的医疗保健费用每年60亿美元。在中国饲养宠物的人乐意掏钱为狗伴侣或猫伴侣治病的很多。宠物还得到针灸治疗，中国农业大学动物医院院长林德贵说，近三年来，为宠物寻求针灸治疗的人越来越多，针灸治疗每一疗程需人民币100元，有时更多；由于主人对宠物的疼爱，因而对宠物医疗的投入也随之增加。在国外，对宠物做器官移植也在所不惜。如英国，对猫进行肾移植手术费用为8 000英镑，相当于人民10.4万元。如果从长远角度考虑，医学界所提供的技术支持也很重要，若是一些宠物传染病由于医学进步而能从根本上予以消灭或预防，则人们可以放心地饲养宠物而不必惮于健康受到危害，这将对整个宠物业的发展助益颇大。而随着宠物医疗业的发展，与之相关的宠物药业也会得到相应的发展。

为提高宠物的智商和通悟人性，宠物学校的开办就很有必要，这样可以培养为各类人群所需要的宠物。另外考虑到其他一些因素，比如主人远出家门而无法照顾宠物则需要有宠物寄养服务。在宠物业比较发达的西方国家，还有专为宠物开设的宾馆。2002年10月19日，美国弗吉尼亚州造价700万美元的豪华的流浪猫、狗中心正式启用。该中心为猫、狗提供现代欧洲风格的家具和古典音乐，并由专业人员管理。流浪猫、狗在中心里过上舒适的新生活。在德国，主人外出度假，往往把宠物寄养在宠物宾馆里。德国最豪华的狗宾馆为狗配备了桌子、皮躺椅、软垫、组合柜和壁炉，并根据狗的愿望做餐，还备有特别食谱。如果狗的主人想念狗，可以在网上看到自己的狗，宾馆根据主人的需要为狗拍摄纪录片，通过电邮件发送给顾客。但在我国，目前专门的宠物寄养所比较少见，寄养服务一般附带于其他的宠物经营项目，如寄养于动物家园，也有一些家政公司正在尝试开辟这一业务。

此外，一些人还开宠物裁缝店，举行宠物时装表演，如2003年3月6日在莫斯科举行的一场"狗装秀"上，一只小狗登台展示一款小狗"晚装"服，十分引人注目。宠物摄影也应运而生。更有趣的是，人类进行选美，狗也选美。参赛选美的狗由驯犬师牵着在台上摆出各种规定的动作造型，表演"蓦然回首""美目盼兮"，令观众倾倒。还有推出宠物婚介服务的，更甚者还有宠物殡仪馆和宠物公墓之类。比如，继广州有专为宠物操办后事的公司出现后，杭州最近也开办了一家"圣古"宠物服务公司，专为宠物操办火化、司仪、安葬等后事服务，并分为普通、标准、贵宾三种规格，价格分别是 880 元、3 300 元、6 600 元。一套宠物葬礼的风光程度丝毫不亚于"人"。看来人类所享有的宠物也跟着享有。相信随着宠物产业的发展，还会有新的行业出现。可见，这一新兴产业拥有广阔的发展空间。

三

从前面的现象分析不难看出，目前确实存在着一个庞大的宠物市场，相关的产业发展也已经出现，并在逐步发展当中，但是，问题的存在也是不容忽视的。困难主要来自两个方面：一方面是产业发展自身可能遇到的各种客观问题；而另一方面则来自宠物产业发展的外部环境。

产业发展自身问题方面，不少已涉足宠物产业的人士也饱尝了筚路蓝缕的艰辛。像任何一种产业都有其自身生命的周期一样，宠物产业毕竟还处于兴起阶段，市场需求难以预测，也没有多少经验可供借鉴。商家们如何经营，方法也尚在探索之中，培育好这一市场还有很长一段路要走。

另一方面，从发展环境来看，目前尚存在许多困难。很多城市为维护城市卫生环境和保护市民健康，一般都颁布了限制养犬的有关规定，对于养犬实行高价收费。这既限制了犬户数目，也造成了大量的无证之犬，给管理防疫工作带来很大的隐忧。这一主流意识形态对养犬的排斥无疑给宠物产业的发展带来观念和政策的壁垒，使猫猫狗狗的生活终难登大雅之堂。与西方素来喜狗的传统文化相反，我国对于狗似乎并不友善。但是不可否认，不仅是改革开放所带来的外来文明的冲击，市场经济本身也使国人的思想文化观念产生巨变。任何理论都抵不过活生生的现实，我们看到一些媒体在推出宠物专栏后，读者的参与热情是相当高涨的，很多群众要求咨询相关的护理技术和常识。可见，宠物产业的背后已建立起深厚的群众基础，这是不容抹杀的。现代人的生活更注重对娱乐和休闲的追求，从某种角度上讲，饲养宠物与旅游健身等生活内容并无二致，宠物饲养不失为时尚休闲的一道风景线。

任何事物都有其两面性，比如飞机、汽车等交通工具既会给我们带来极大的方便，也会带来意外的事故，我们并不因为会有交通事故的发生就放弃使用这些交通工具，而是采取各种措施尽量避免事故的发生。所以对于饲养宠物不应只看它的负效应，更应看到它的正效益。宠物狗不仅在公安、国防、海关方面可以成为我们工作的好助手，在医疗上也可成为医生进行心理治疗的好助手。德国莱比锡大学医学院的专家用小狗对青少年进行心理治疗,已治愈了200名心理紊乱的患者。饲养宠物虽然会带来一些负面效应,但关键还是加强管理。比如,对于疾病传染,可以预先做好防疫工作,在一些公共场合,可以给狗戴上口罩,既卫生又安全……办法不是没有,问题在于宠物的主人。在国外,驯狗师是一种职业,很多狗在出生以后被送到宠物训练学校(所)接受专门的训练,从而成为彬彬有礼的文明犬。

四

诚然,目前社会上对是否发展宠物产业还存在着很大的争议,但是笔者认为,只要政府完善相关的配套管理制度,发展宠物产业的"利"是大于"弊"的。首先,目前存在着大量的宠物及与其相关的宠物产业企业是不争的事实,完全取缔这些现存的企业或取消人们饲养宠物的权利是不现实的,也是不可能实现的。所以,对待这一问题,我认为,最基本的指导思想应该是如何扬长避短,充分发挥它的积极作用。其次,政府转变管理理念,变被动堵截为主动引导将有利于宠物产业的有序发展,完善相关的管理规章,健全宠物的卫生防疫体制,引导宠物产业的发展方向,规范该产业的市场秩序。最后,对于宠物饲养者及相关宠物产业企业的经营者来讲,有效控制宠物对他人的不利影响,这对促进合理、规范地发展宠物经济是非常重要的。如果多方配合,努力将宠物有可能对人们的健康、生活、学习造成的不利影响降至最低,充分发挥宠物对人们的积极作用,形成良好的社会效益,就可使宠物产业的发展建立在一个稳定、良性循环的基础之上,这对宠物产业的长期发展将是至关重要的。

事实上,宠物产业不仅能够带来积极的社会效益,更能创造良好的经济效益,增强市场经济的自我造血功能。最直接的,在目前许多工人下岗的情况下,宠物产业无疑开辟出一条崭新的就业渠道,而且会给国家带来一定的税收收入。宠物产业将会像旅游业一样,成为我国国民经济的又一个新的增长点。

权衡一下利弊,我认为发展宠物产业值得尝试。但目前宠物产业中的各行业都没有明确的定位和发展方向,且大部分处于低层次经营,这一市场基本上处于自发状态,所以相关的政策引导和规范就显得更为必要。为此,政府要看到宠物产业对发展国民经济的正效应,转变观念,变限制为支持,积极引导和培育宠物产业。对其负面影响方面,如影响卫生和传染疾病等问题,政府可授权卫生部门制定相应措施。目前,我国各城市的条件不一样,宠物产业在我国的发展也是不平衡的。必要的宏观调控十分必要,它可以为宠物产业的发展创造良好的外部环境。

综上所述,宠物产业极有前途,是一个有巨大发展潜力和有广阔前景的产业,应当引起政府重视和积极促进它的发展。

载《特区经济》2003年第6期
2020年5月2日做了修改并补充了新的内容

应对反倾销 企业有高招

2004年美国对中国彩电的反倾销案,中国企业由于仓促应诉,最终遭到沉重打击,不少企业被征收不同程度的反倾销税,使出口企业特别是一些民营企业的利润大为减少。如何避免反倾销,减少由于反倾销造成的损失,已是一个迫在眉睫的问题。

1. 国家和政府对国外反倾销的态势,已经引起高度重视

胡锦涛主席在2005年5月5日与布什总统通电话时,表示中美经贸合作给两国人民带来了实实在在的利益,随着中美经贸合作规模的不断扩大,经贸领域出现一些摩擦在所难免,产生这些问题的原因是多方面的,应在平等互利的基础上加以解决,以推动中美经贸合作健康稳定发展。温家宝总理在接见欧盟"三驾马车"外长时,也对中国的纺织品服装出口欧洲问题作了说明,做了工作。商务部则在最近任命了国际贸易谈判代表和副代表,由商务部一名副部长兼任国际贸易谈判代表,部长助理兼任国际贸易谈判副代表,并设立了国际贸易谈判办公室,以处理国际贸易方面的重大对外谈判事宜。

对于国外的反倾销、设置贸易壁垒,我国政府坚决进行抵制。如针对欧盟委员会对从中国进口的九类纺织品启动特别限制措施的决定,我国商务部发言人指出,欧盟主观认定来自中国进口的增长超过一定幅度即可对中国产品进行调查,既违背了世贸组织的基本原则,也违反了中国加入世贸组织工作组报告书的有关规定,欧盟仅仅根据2005年第一季度进口中国纺织品的数据,在短时期内做出设限的决定是草率的,这与欧方一贯的自由贸易主张相悖,使中国纺织品贸易的长期稳定发展受到威胁。所以,中国对欧盟的设限决定表示坚决反对,并将就此向欧方提交正式评论,进行正式磋商。对于美国对中国纺织品和服装产品设限,中国也表示了坚决反对的态度。2005年6月4日,国务院副总理吴仪在会见来访的美国商务部长古铁雷斯

和美国贸易代表波特曼时就表示,中国是在权利和义务基本平衡的条件下加入世贸组织的,理应享受纺织品一体化带来的权益,希望美方能充分认识这一问题的严重性,切实推动这一问题的妥善解决。

中国政府一向顾全大局,为了减缓中美贸易的逆差,减少中美、中欧贸易的摩擦,中国政府2005年1月1日开始对148种纺织品加征出口关税,之后又在5月20日公布对74种产品大幅度增加出口关税。尽管中国政府一再作出退让,但美国和欧盟仍然咄咄逼人,挥舞反倾销大棒。为此,中国政府不得不进行反击:从2005年6月1日起,中国正式取消对81种中国纺织品加征出口关税。中国对美国和欧盟在纺织品问题上的反击,是维护世界贸易规则和世贸组织赋予中国成员国的权利,也是保护我国纺织品企业利益的重要措施。

2. 争取有关国家和国际友好人士的支持

欧盟对中国纺织品和服装进口进行限制,包括法国、意大利、西班牙、希腊等不少国家的代表在2005年5月10日召开的欧盟部长会议上,再次提议把对中国纺织品的进口限制问题提到日程上,但是瑞典政府反对这一做法,认为这样的限制将引发与中国的贸易摩擦,而且瑞典市场上的纺织品价格在纺织品配额取消后有望降低10%,但如果欧盟决定对中国纺织品采取限制措施,那么价格只能降低2%—4%。我们可以争取像瑞典这样的国家的支持,以取得有利地位。

除了争取有关国家的支持外,发挥国际经济界、贸易界友好人士在我国应对反倾销中的作用,也不失为一大策略。他们有时可以通过各种关系,从中斡旋,从而取消反倾销的动议,或者减轻反倾销的程度。有时可以提供信息,或帮助处理有关问题,使矛盾得到化解。有的友好人士具有话语权,我们也可借重。针对美国和欧盟试图对中国纺织品出口采取限制措施的行为,世界贸易组织总干事素帕猜表示,在纺织品配额取消仅仅几个月就因为纺织品出口增长而采取保护主义措施是一个错误,这些国家在采取保护措施之前,至少应该等待一年时间。此话是有一定分量的。世界贸易组织的副总干事也明确表示过反对美国和欧盟对中国纺织品的不当做法。

3. 吸取民营企业应对反倾销的成功经验

以前的反倾销案例说明,如果民营企业对反倾销事件作出迅速反应,聘请律师,准备材料,到最后反而就打不成官司了,而如果抱着侥幸心理,或迟迟不作反应,官司倒会找上门来。所以,遇到反倾销或类似的贸易壁垒,中国民营企业的最好办法,就是积极应对。前些年温州民营企业应对欧洲打火机反倾销,由于积极应对,团结一致,最终取得了胜利,这个宝贵经验,应该吸取并广而用之。

4. 借重行业协会

商会、行业协会,在应对反倾销中可以起到积极作用。如中国纺织品进出口商会,针对欧盟委员会2005年4月宣布对中国九类纺织品进行"特保"调查之事,代表中国纺织服装出口企业发表声明,坚决反对欧盟对我纺织品服装出口进行特别限制调查,并对此表示强烈不满。声明指出,这9类产品中,有2类是欧盟自行增加的,设限的做法属违反《中国加入世贸组织工作组报告书》第242段的相关规定,滥用裁量权,与中欧友好政治大环境严重不符。

行业协会和商会应建立反倾销预警机制。行业协会、商会可以利用它们相对于企业来说要更为有利的信息渠道和对外联系沟通的能力,为行业制定相应的动态预警机制,分析产品在国外市场上的销售情况,发布有关信息,以使企业可以防患于未然。

5. 加强行业自律,寻求共赢方案

在对外商品出口方面,我们要有约束,不能乱搞低价倾销,否则也会损害我们国家的利益。上海、江苏、浙江的100多家纺织服装企业发表《长三角纺织服装企业后配额时代共同宣言》,承诺企业将加强行业自律,优化出口结构,自觉保证有序出口,企业走低能耗、低污染、高科技发展之路,倡导区域合作和共赢。这三省市占我国纺织服装出口的一半,而三省纺织企业的主体是民营企业,浙苏沪分别列全国纺织服装出口的第一、三、四位,它们加强自律,有利于改善我国纺织服装出口秩序,减少国外反倾销案件的发生。此外,正如龙永图所指出的,中国企业应在取消服装纺织品配额的头几年学会自律,适当考虑对方的承受能力,从长远考虑,逐步加量,防止"井喷",使对方能够接受,不致反倾销。

6. 提高民营企业产品的科技含量,提高产品核心竞争力

出口产品不能仅靠低价取胜,低价竞争最易引起国外的反倾销。比如说,以民营企业为主的中国鞋向欧盟出口,如果单纯从数量上扩张,事实证明就不太现实,而应该走"优质优价,适量发展"的路子,适当提高价格,不能一味低价竞争。我国的空调企业中不少是民营企业,以广东省为例,2005年1—2月份出口空调235万台,价值3.5亿美元,同比分别增长15.5%和21.3%,在国内原材料价格持续上涨的情况下,空调海外出口市场却以降价来争夺订单,单价不断下降,以致已经引起反倾销的苗头。

在目前世界上实力首屈一指的中国服装纺织品行业,企业数量激增,产量过度膨胀,国内市场无法消费,企业只能到海外市场上找出路,因此,企业不仅需要练好内功,跳出量增价跌、低价恶性竞争的困境,提高产品的核心竞争力,多生产高端产品。同时,还需要理性对待国际市场的现实,弄清权利与义务的关系,要有自我约束措施,如在南非、阿根廷、巴基斯坦等国家,纺织产业是支柱产业,我们不能对这些国家大量出口纺织产品,否则断了人家的财路,也不合适。我们只有多方考虑,兼顾他人,才能使纺织服装的出口突出重围。

7. 对国外进口造成倾销的产品也实行反倾销

反倾销这个武器不光外国能用,我

们也能用。对在我国内造成倾销,对我国产品造成实质损害的进口产品,我们也应当运用反倾销的武器,以维护我国的经济利益。例如,我国商务部2005年5月10日发布公告,公布了对原产于日本、美国、欧盟的进口氯丁橡胶的反倾销调查终裁决定,决定即日起对进口该产品征收为期5年的税率2%到151%不等的反倾销税。这也是按照国际贸易惯例采取的一项必要措施,也是对本国产品的一种保护。反倾销在对外贸易中是不可避免的。国外对我产品进行反倾销,同样,我们也可以对外国产品实行反倾销,对我国企业实行必要的保护。例如日本曾对我国的紫菜、大蒜等产品实行反倾销,相应地,我国也对其一些工业产品如汽车等商品实行反倾销,征收高关税,直到日本取消对我产品的反倾销为止。

当然,应对反倾销的办法有多种多样,这里不可能都一一提及。只要加以重视,认真应对,我们就一定会在这场反倾销的声浪中,平稳地度过贸易摩擦高发期,发展我们的对外贸易。

载《经贸实践》2005年第10期

适调社保标准,缓解就业压力
——由大学生就业难所想到的

笔者在浙江经视频道上看到这样的消息:到2005年7月份为止,有6 000多名大学本科毕业生没找到工作。对现今大学毕业生找工作难的状况笔者早有所闻,但像今年这样的情况却未料到。

高校扩招:并非大学生就业难的主要原因

我国自1998年推出高校扩招政策以来,从2001年起,高校毕业生的人数每年大幅上升。近5年来,每年以20%—30%的速度增长,也就是说,每年增加高校毕业生150万人,而2005年竟达到338万人。今年,仅浙江生源高校毕业生就有15万多人、比2004年净增3万,省内高校毕业生为13.8万人,其中研究生0.6万人,本科生5.6万人,专科高职毕业生7.6万人。目前的就业弹性系数理论认为,经济每增长一个百分点,可提供70万—80万个就业岗位,照此推算,今后5年,中国的经济若继续以7%以上的速度增长,每年可新增就业岗位560万个以上,这么多的就业岗位足以满足每年大学毕业生的就业需求。但现实情况并非如此,高校毕业生成倍增长,另外每年还有大批城乡适龄就业人员的加入,就业难已成为一个现实问题。2004年,全国就有9万大学生没找到工作,今年预计将会超过80万。更有甚者,南京、上海已经出现几十名硕士领取失业救济金的现象。

于是,有人把就业难归咎于高校的扩招。对此,笔者认为,大力发展教育本身并未错。教育的目的是让更多的人获得技能,提高自身素质,能够更好的为社会服务。这不仅是社会发展的需要,也符合我国加入WTO后客观上对人才的需求。浙江省政府一直坚持教育优先发展战略,目前基础教育已经接近教育强省标准,高等教育规模也跃居全国前列。

2004年全省高等院校招生接近20万，普通高校在校生达57.3万人，而今年全省高等院校的招生人数则达到22.2万，在全省基本普及高中教育的情况下，我省每100名高考考生中有近77人能够升入大学，高等教育毛入学率跃居全国前列。我省在建设经济大省的同时，也紧抓教育，建设教育强省，这是落实"以人为本"科学发展观的实际行动，是造福浙江人民的德政工程。所以，我们不能把大学生就业难看成是扩招惹的祸。

眼高手低：部分大学生就业难的原因之一

还有一种观点认为，大学生找不到工作的主要原因在于他们自身，部分大学生期望过高，脱离实际。有些大学生在校学到的东西甚少，文凭的知识含量低。笔者认为：当前大学生就业工作难的状况和学校所设置的课程及育才的方法也有一定的关系。不少企业反映，招进来的大学生动手能力和实际工作能力还没有一些职高、技校的学生强，大学所安排的课程实用性不够，学生只知道理论上如何如何，对于实际工种或操作却不知从何入手，面对这样的"人才"，用人单位只能舍弃，转而用一些学历较低、工资要求也低的人。所以，近几年职高学生就业率反而有所上升。另外，一些人文学科的大学毕业生写作水平低，研究能力差，因而也较难找到适合自己的岗位。再者，许多大学生不愿意去那些相对贫困、艰苦的地方和收益不高的部门工作，这也使得就业之路变得狭窄。

高社保：大学生就业难的直接原因

除上述原因以外，笔者认为出现就业难问题的关键所在，则和当前我国社会保障标准过高、企业负担过重有关。浙江省是我国的经济大省，各项经济指标都排在全国前列。杭州作为浙江的省会城市，自然更是名列前茅。省政府、市政府提出要再接再厉，进一步提高浙江的发展水平，当然社会保障也不例外。但高社保导致不少企事业单位欲进人又不愿进人(除非不得已)。

按目前我省的社保规定，各类企事业单位包括民企必须承担以下社保成本：①按企业工资总额的20%为职工缴纳养老保险金(杭州事业单位要按工资总额的23%为职工缴纳养老保险金)；②按企业工资总额的9%为职工缴纳医疗保险金(杭州事业单位按15%缴纳)；③按企业工资总额的2%为职工缴纳失业保险金；④为职工缴纳工伤保险(最高比例为1.2%)、生育保险(占工资总额的0.6%)等等。这样，每个企业所承担的社会保障成本将超过工资总额的30%，如果是事业单位，女职工多，几项保障一起缴，将达到工资总额的41.8%。面对如此高标准的社会保障比率，不少企业宁可让现有员工加班加点，也不愿意增添新职工。笔者接触到一些企业老总，他们认为这样高的社保比率实在难以承受。有的企业干脆进口大型设备来替代人力，如此，将出现机器排斥工人的新现象。这样的状况下,更增加了大学生就业的难度系数。

有关专家指出,中国的社保标准已经高于国际标准,甚至高于发达国家的标准。如美国的社保规定,雇员和雇主应分别交纳雇员年薪的7.65%作为社会保障税,雇主自己则交纳其年收入的15.3%,远远低于中国的标准。国内企事业单位对于社保比例过高很有意见,笔者也略有所知。在金华地区调研时,当地工商联和民营企业主就曾屡次反映,不堪承受这样高的社保费率。笔者在参与省政协主持的省重点课题调研时,也听到杭州市工商联反映,民营企业主对社保负担过重呼声甚高。所以一些业主不得不低报职工工资总额,少缴社保费。社会保障比率过高,使得企业需要进人却不愿进人。显然,如果不对社保比率进行合理调整,大学生就业难的现象还会持续下去。

社会保障权是宪法赋予我国公民的基本权利,积极推进和完善社会保障制度,切实保障劳动者的权益,充分体现了党和国家"以人为本"的思想,是十分必要的。但社会保障体系的发展要与经济发展水平和经济的持续发展相适应。任何急于一步到位,力图赶上甚至超过发达国家的做法都会"欲速则不达",在当前有限的经济能力下,政府应该在社会保障覆盖率、社会保障水平,以及就业率等多项指标中综合平衡,既使劳动者的权益得到保障,又能促进经济的持续发展。现在就业形势严峻,提高社保水平,虽能使一部分受保者得益,但同时也会使不少人因此失去就业机会(不仅仅是大学毕业生),最终损害了多数劳动者的利益。

在当今的国际社会,很多发达国家是通过降低社保标准来改善本国就业状况的。美国为了解决就业问题,就采取了改革社会福利保障制度的措施,如克林顿政府通过降低企业所得税和削减社会福利来增加就业机会。法国政府则通过《福利改革法案》,为公民增加就业机会。欧美国家的这些做法是值得我们借鉴的。

笔者建议社保部门从国情出发,切莫凭"拍脑袋""赶时髦"来决定社保标准,而应该举行听证会,由政府部门与人大代表、劳动者代表、企业家代表、律师代表、专家学者等社会各界人士共同协商确定,对不同类型、处于不同发展阶段的企事业单位应适当区别对待。就业问题的解决是个系统工程,涉及方方面面的利益。刚刚结束的党的十六届五中全会提出:"要把扩大就业摆在经济社会发展更加突出位置,坚持实施积极的就业政策,千方百计增加就业岗位。建立健全与经济社会发展水平相适应的社会保障体系,完善城镇职工基本养老和基本医疗、失业、工伤、生育保险制度,认真解决进城务工人员社会保障问题。"这一决策十分符合中国的现实国情,因而具有很强的针对性与可操作性。笔者认为:合理的社会保障比率是解决就业问题的重要因素,建议政府部门适当降低社会保障标准,改进保障方式,在维护广大已就业者的权益的同时,也要避免更多失业现象的出现。

载《民营经济通讯》2005年第10期

论民营企业的社会责任
——由巴菲特捐赠370亿美元所想到的

2006年6月,美国民营企业家巨擘——沃伦·巴菲特宣布将个人财产的85%捐赠给盖茨基金会。他说:"把从社会得到的财富回赠给社会,是我一贯的信念。"①75岁的沃伦·巴菲特是世界第二富豪,据《福布斯》杂志估算,其个人财富总值高达440亿美元。巴菲特表示将把自己所有的伯克希尔·哈撒韦集团的1 000万股股票馈赠给盖茨基金会,照目前市价估算,这笔美国历史上最大的慈善捐款价值约370亿美元。

一、超级民营企业家的社会责任

前不久,世界顶级民营企业家——比尔·盖茨宣布:逐渐淡出微软公司,准备在两年后把全部精力投入基金会的工作。盖茨声明说:"伴随巨大财富而来的是巨大责任,现在是把这些资源回报社会的时候了,而帮助困境中的人们是回报社会的最好方式。"早在2000年1月,盖茨基金会就成立了。它由盖茨教育基金会和威廉·盖茨基金会合并而成。这个机构的目标是在世界各地抵御疾病的传播和促进教育的发展。截至2005年,盖茨基金会已向第三世界国家捐助了105亿美元,挽救了至少67万人的生命,捐款的数额甚至超过了世界卫生组织。盖茨还表示他会在去世前将95%的财产捐献出去,他的财产总额目前为500亿美元。

2006年8月24日,超级民营企业家——香港某富商宣布:将把个人财产的至少1/3捐给名下3个慈善基金组织。以他的1 500亿港元财产计算,他所捐出的家产约等于495亿港元,这是香港最大的个人慈善基金,也是全球华人私人基金会中金额最高的一个。8月30日,

---

① 刘海二,颖姗.巴菲特:让中国富豪汗颜[N].文摘报,2006-07-27(9).

他的承诺付诸行动:他把自己所持有的28.35%亿股长江生命科技股份全额捐予基金会。以当日的收市价0.85元计算,相当于总值24亿港元,占已发行股本的29.5%。而基金至今累计捐出的金额约为80亿港元,其中超过90%的资金投在我国内地和香港的教育、医疗、文化等公益事业。

从盖茨到巴菲特到香港某富商,这些被财富和荣耀包围着的超级民营企业家巨星们,正在把他们庞大的资金捐献给社会、造福人类。在履行企业的社会责任方面,他们走在了时代的前列,也为全世界的企业家作出了表率。

企业承担社会责任,不仅对社会,而且对企业自身发展也十分重要。现代企业竞争也是服务的竞争和企业形象的竞争,承担社会责任的企业既能提高企业的社会信誉度,又能有效地提高劳动生产率和竞争力,促进可持续发展。

二、企业社会责任的渊源和定义

关于"企业的社会责任"的观点可以追溯到经济学之父——亚当·斯密(Adam Smith)(1723—1790)。他认为,"理性经济人"应具有"充分的慎重""严格的正义""适度的仁爱"三种品德。这里的"理性经济人",我们可以看作是具有"理性行为的企业家"。这样的企业家胸怀开阔,高瞻远瞩,他在追求企业利润最大化的同时,把"正义"和"仁爱"贯穿于经济活动中,从而对员工和社会担负起一定的责任。在《道德情操论》一书中,斯密指出:"社会的财富如果不被全社会所共享,那么这个社会就不稳定。"[1]亚当·斯密提出的财富应让全社会共享的主张,是对企业回报社会的最早、也是最卓越的认识,是企业社会责任的渊源。

从企业社会责任的实践看,1800年,英国杰出的空想社会主义者罗伯特·欧文(1771—1858)在担任苏格兰新拉纳克纺织厂经理时,采取了缩短工作日、提高工资、改善工人居住条件、兴办公共食堂、成立互助储金会、发给工人医疗和养老补助金、抚恤金等一系列措施,以改善工人的处境。1825年,欧文用15万美元在美国印第安纳州沃巴什河岸购买了3万英亩土地和一个居民点,取名"新和谐村",希望其能成为理想社会的起点。虽然试验最终因缺陷太多而失败,但欧文用他的伟大实践,开创了企业社会责任的先河。

20世纪50年代,企业社会责任在理论和实践上进入了真正的发展期。美国学者博文(H. R. Bowen)被认为是现代企业社会责任研究的开拓者。1953年,他在《商人的社会责任》中给出了商人社会责任的最初定义:"商人有义务按照社会所期望的目标和价值,来制定政策、进行决策或采取某些行动"[2],由此正式提出了企业及其经营者必须承担社会责任的观点。

---

[1] 亚当·斯密.道德情操论[M].蒋自强,等译.北京:商务印书馆,1997.
[2] BOWEN H R. Social responsibilities of the businessman[M]. New York: Harper & Brothers, 1953.

博文之后,更多学者开始将研究对象由关注商人个体转向关注企业作为经济组织的社会责任。20世纪60年代,美国学者弗雷德里克(W. C. Frederick)强调,生产的经济意义在于,生产和分配应以提高社会总体经济福利为目标,公众期望社会的经济、人力资源能通过企业被运用于广泛的社会目的,而不是单纯地为了个人和企业狭隘的有限利益[1]。如果说,欧文把企业的社会责任看作是对企业内部人的关爱,那么,弗雷得里克则认为企业不单是为了个人和企业自身的狭隘利益,而是提高社会总体福利和公众期望的目标,这就是企业对社会的回报。到20世纪70年代,美国的该领域的另一位研究者斯坦纳(S. P. Steiner)提出,企业除了遵循基本的经济原则之外,还有责任帮助社会实现基本目标。企业越大,社会责任也越大,而且企业承担社会责任能带来短期利益和长期利益[2]。自此,企业的社会责任被越来越多的学者所重视。

当今时代,强调企业社会责任已成为世界性趋势。近年来,美国的《财富》杂志每年都会发表"企业社会责任评估"报告。最近,该杂志公布了"2006年企业社会责任评估"排名,对64家世界级的企业在承担社会责任方面的表现进行了综合考量。且《财富》和《福布斯》杂志在企业排名评比上都增加了"社会责任"这一必要条件。1999年1月,在瑞士达沃斯世界经济论坛上,联合国秘书长安南提出了"全球协议",并于2000年7月在联合国总部正式启动。协议要求所有的公司遵守在人权、劳工标准和环境方面的九项基本原则,即:①企业应尊重和维护国际公认的各项人权;②绝不参与任何漠视与践踏人权的行为;③企业应该维护结社自由,承认劳资集体谈判的权利;④彻底消除各种形式的强制性劳动;⑤消灭童工现象;⑥杜绝任何在用工与行业方面的歧视行为;⑦企业应对环境挑战未雨绸缪;⑧主动增加对环保所承担的责任;⑨鼓励无害环境技术的发展与推广[3]。协议同时对企业应承担的经济、教育、环境和尊重基本人权的社会责任进行了规范,这是以联合国的名义号召世界各国和地区的企业承担社会责任。世界上许多国家成功的企业都把承担社会责任作为企业经营管理和发展战略的重要内容。

目前关于企业社会责任的定义还没有统一的规定。那么,究竟什么是企业的社会责任呢?世界银行对企业社会责任的定义有一个表述,即:企业与关键利益相关者的关系、价值观、遵纪守法以及尊重人、社区和环境有关的政策和实践的集合;它是企业为改善利益相关者的生活质量而贡献于可持续发展的一种承诺[4]。笔者认为,世界银行对企业社会

---

[1] FREDERICK W C. The growing concern over business responsibility[J]. California Management Review, 1960, 2(4):54-61.
[2] STEINER S P. Dimensions of corporate social responsibility [J]. California Management Review, 1975.
[3] 联合国全球协议[EB/OL].www.csr.ied.cn.
[4] Corporate Social Responsibility [EB/OL]. Business, Competitiveness & Development, WBI Learning Program, Learning, http://web.worldbank.org.

责任定义的概括就目前来看,还是值得认可的。而安南的九点主张,实际上是企业社会责任的具体内涵。大体说来,企业承担的社会责任主要分为两个方面:从企业内部看,是保障员工的尊严和福利;从企业外部看,可分为经济责任、文化责任、教育责任、环境责任等。就经济责任而言,企业要为社会创造财富,提供物质产品,改善人民的生活水平;从文化责任和教育责任方面看,企业主要是为员工提供符合人权的劳动环境,教育职工在行为上符合社会公德;就环境责任而言,企业生产产品要符合环保要求。不过,企业责任应是一个动态的概念,随着企业社会责任实践内容的丰富,其概念的内涵将会进一步拓宽。

三、民营企业的社会责任

1. 民营企业社会责任的演化

民营经济的迅速发展成为促进我国社会生产力发展的重要力量。据不完全统计,目前全国民营企业达 8 000 多万户,从业人员 2 亿左右;到 2005 年底,民营经济占 GDP 的比重达 65% 以上。而在浙江省,民营经济(据较保守的统计)已占全省 GDP 的 70% 以上,税收的 50% 以上,出口的 40% 以上,就业的 90% 以上。无论从浙江省还是从全国看,民营经济已在很大程度上决定着我国国民经济的发展。民营经济还为经济体制改革中的所有制结构调整做出了贡献,并成为我国解决就业和再就业的主渠道。民营企业在从小到大、由弱到强的发展过程中,其对社会责任的认识和实践也经历了一个从"无意识"到"有意识"的过程。

在市场经济竞争环境的压力下,许多民营企业经营者开始积极探索新的经营管理模式。越来越多的民营企业家意识到要在自己企业的发展思路、管理方法等方面,更多地站到社会高度上进行思考。由此,"企业的社会责任"也开始逐渐渗入他们的经营管理理念。

在民营企业发展的不同阶段,因其所处的外部社会环境不同,企业对社会责任的认知和履行是不尽相同的。即使在同一发展阶段、发展时期,由于地区、行业、规模、发育状况等约束条件的影响,其所承担的社会责任也不一致。

① 民营企业社会责任演化的第一阶段。民营企业创立阶段。经济学家一般认为,企业唯一的社会责任是利润最大化。20 世纪 50—60 年代,美国诺贝尔经济学奖获得者米尔顿·弗里德曼(1912—2006)就对企业责任进行了描述:企业仅具有一种而且只有一种社会责任——在法律和规章制度许可的范围之内,利用它的资源和从事旨在于增加它的利润的活动[①]。显然,这是对企业社会责任的狭义表述。1979 年,邓小平约请工商界 5 位领导人,希望原工商业者利用落实政策以后手里的资金办私

---

① 弗里德曼.资本主义与自由[M].张瑞玉,译.北京:商务印书馆,2004:第八章.

企。到1982年12月,《宪法》第一次承认个体经济的合法地位,明确了"国家保护个体经济的合法的权利和权益"①。所以,20世纪80年代初是我国个体经济重新诞生或开始萌芽时期。当时经济发展还非常落后,部分地区正是在这个时候有了民营经济的发展。一开始,它们以街边食品小摊、家庭小作坊、货郎担等形式经营。一些人被生活所迫,开始做一些小买卖、小生意以图生计。这阶段的民营企业内部尚无明显的分工。民营企业在起步阶段完全依靠自身力量,得到的政策支持少,仅因为产权相对清晰和利益主体明确,使它们具有强烈的追求利润最大化的欲望。因而,这一阶段的民营企业承担的最基本社会责任就是经济责任,即主要是追求利润最大化,但同时客观上也为社会提供产品和服务;或者如米尔顿·弗里德曼所云,其社会责任仅在于"增加它的利润的活动"。

② 民营企业社会责任演化的第二阶段。20世纪80年代后期到90年代初期。经历了最初的萌芽期或创业期后,民营企业在激烈的市场竞争中生存下来,并经历了一个曲折的发展阶段。1987年,党的十三大报告指出:"目前全民所有制以外的其他经济成分,不是发展得太多了,而是还很不够。对于城乡合作经济、个体经济和私营经济,都要继续鼓励它们发展。"②这是十一届三中全会以来,党的全国代表大会首次承认并允许私营经济发展。在党的号召下,个体和私营经济逐渐发展壮大,形势很好。

但由于受1989年春夏之交政治风波的影响,到1991年,个体私营经济严重滑坡。1992年邓小平南方谈话和党的十四大后,民营经济又得到了新一轮的发展。这个阶段可称为成长期。企业内部分工开始明晰,尽管人员还是以亲朋为主,但分工和协作已经在企业内部形成。越来越多的民营企业开始寻求企业持续发展的途径,探寻和巩固民营企业所拥有的"优势"。而在民营企业所拥有的"优势"中,人力资源是最具有竞争力的部分。事实上,正如民营企业家们所认识到的一样,人是企业中最宝贵的资源,一个企业长期发展离不开人的积极性和创造性的发挥,而人的积极性和创造性的发挥,又需要企业与劳动者之间形成和谐的关系。因此,尊重人权、保障职工健康和安全,是企业应该承担的社会责任。企业增值的一个重要条件是企业内部组织共同协作的能力,而这种协作能力是建立在相互信任、相互合作基础上的。倘若没有相互信任,缺乏共享的价值观和共事合作的精神,那么,企业与员工之间、员工与员工之间就无凝聚力,企业的经营效率和效益就难以提高。

正是基于这样的认识,民营企业家们开始思考应该如何善待员工。他们开始重视企业文化建设和改善员工的生产与生活状况,开展培训和个人职业

---

① 见《中华人民共和国宪法(1982年)》,第一章第十一条。
② 中共中央文献研究室.十三大以来重要文献选编(上)[M].北京:人民出版社,1991:31.

发展计划,对人力资源进行更多的投资,等等。在这一阶段,民营企业的社会责任更多地表现在承担对员工的社会责任。

③ 民营企业社会责任演化的第三阶段。20世纪90年代中期,民营企业步入稳定的发展轨道。民营企业家一心想将自己的企业做大做强,以争得相应的社会地位。他们更多地将目标转向追求企业的长期利润和可持续发展,关注与民营企业有密切利益的相关者。一般认为,参与民营企业活动的各利益相关者主要有四类:一是劳动者;二是各种资源的提供者;三是顾客或消费者;四是社会的代表——政府。这四方面的关系对企业的发展至关重要。在市场经济条件下,这些利益相关者彼此之间的关系既有平等交易的契约关系,又有相互依存的关系,企业正是在正确、妥善处理好这些错综复杂的关系中取得生存和发展的。企业对社会履行责任,正是对契约关系和各方利益的最大维护。美国著名管理学家斯蒂芬·P.罗宾斯指出:"阶段三管理者的社会责任目标包括公平的价格、高质量的产品和服务、安全的生产、良好的供应商关系以及类似的举措。他们的哲学就是,只有通过满足具体环境中其他各种构成的需要,才能实现他们对股东的责任。"①这一阶段,承担起对消费者、供应商、政府等利益相关者的责任是民营企业社会责任的重要内容。

在承担对员工社会责任的同时,民营企业还必须承担对消费者的社会责任,履行对消费者在产品质量或服务质量方面的承诺,接受公众监督。企业对政府承担的社会责任主要是遵纪守法、照章纳税和有关的其他责任义务,并接受政府的监督。民营企业还要在公共设施使用中承担社会责任,公共设施使用程度高的企业应当承担高于普通公众的费用,以对公共设施给予必要的使用补偿。

④ 民营企业社会责任演化的第四阶段。随着民营企业实力的增强,企业的社会责任也相应扩展。1997年,党的十五大提出:"非公有制经济是我国社会主义市场经济的重要组成部分。对个体、私营等非公有制经济要继续鼓励、引导,使之健康发展。"②从此,民营经济由体制外经济成为体制内经济,民营经济的地位最终确立。故20世纪90年代后期到21世纪的当今,是民营经济蓬勃发展的时期。在这一时期,许多民营企业在某一行业已牢牢扎稳根基,在行业内和社会公众中亦享有较高威望。在拥有了财富和社会地位之后,民营企业家在追求财富的同时把对社会的责任也放在了较突出的位置。这一阶段,民营企业社会责任体现在消除贫困、支持教育、人文关怀、环境保护等方面。其中,慈善捐助、参加各种类型的公益活动及创办基金会是民营企业履行社会责任的重要途径和方式。在这些方

---

① 罗宾斯.管理学(第四版)[M].黄卫伟,等译.北京:中国人民大学出版社,1997.
② 中共中央文献研究室.十五大以来重要文献选编(上)[M].北京:人民出版社,2000:22.

面,我国民营企业进行了诸多有意义的实践。

为配合落实"国家八七扶贫攻坚计划",刘永好等10位民营企业家在全国工商联七届二次常委会议上联名倡议"让我们投身到扶贫的光彩事业中来","光彩事业"由此而发起。加入光彩事业促进会的广大非公有制经济人士和民营企业以参与西部大开发为重点,面向"老、少、边、穷"地区和中西部地区,以项目投资为中心,开发资源、兴办企业、培训人才、发展贸易,并通过包括捐赠在内的多种方式促进贫困地区的经济发展和教育、卫生、文化等社会事业的进步。据光彩事业促进会的不完全统计,截至2005年6月,先后有18 723家民营企业参与了以扶贫开发为主要内容的光彩事业项目13 544个,到位资金总额达1 069.96亿元,为1 176.27万人提供了扶贫帮助;有19 003家企业参与了各项光彩公益事业的捐赠,捐赠总额达130.83亿元,其中,认捐光彩小学536所,认捐资金达12 440.5万元。同时,民营企业还积极为下岗失业人员和农村闲置劳动力提供就业岗位,仅在2005和2006年两年的"全国民营企业招聘周"活动期间,就有14.78万家民营企业为社会提供了330.5万个工作岗位,使119.5万人有了工作①。2005年,由正泰集团公司董事长南存辉等民营企业家提议,全国工商联与27位民营企业家发起设立了"中华红丝带基金会"。基金会旨在动员全社会力量,特别是动员广大民营企业家积极行动起来,推动艾滋病防治事业,加强与中国预防性病艾滋病基金会等组织密切合作,重点支持和促进偏远、贫困地区的艾滋病防治工作,保护人民健康,提高民族素质。基金会自设立以来采取了一系列行动,如在河南省上蔡县建立孤儿村,使当地孤儿得到了悉心照顾,收到了良好的效果,也起了很好的示范作用。

在浙江乐清市,民营企业家的捐助已从单一零散的个体行为转变为成立统一规范的慈善机构进行的团体行为。2003年1月9日,162家乐清民营企业成立了"民营企业扶贫济困总会",这是全国首家由民营企业建立的慈善机构,当时的认捐总额高达2.59亿元。而"抱团行善"也让民营企业家回报社会的行为变得更为"自愿和自觉"。据统计,浙江省近年来各级慈善组织所接受的捐赠有近80%来自民营企业,在今年发布的3个中国慈善榜中,入选最多的是浙江民营企业家;而在上海,仅市慈善基金会名下设立的专门用于教育项目的基金就有约四成来自民营企业。2005年,中央统战部和全国工商联进行的私营企业调查显示,63.6%的私营业主向社会捐赠过,全国一百名社会主义优秀建设者平均捐赠3 670万元②。此外,很多民营企业家还走出国门,开展各项灾后国际援助,展现了中国民营企业家的国际人道主义情怀。

---

① 资料来源:中华工商网,www.cbt.com.cn, 2006年9月11日。
② 资料来源:中国新闻网,www.Chinanews.com.cn,2006年9月11日。

2. 民营企业承担社会责任存在的问题

我国民营企业在承担社会责任方面已经走在国有企业的前面,为其他所有制企业作出了表率,成绩斐然。但不可否认,民营企业在履行社会责任过程中还存在一些问题,主要表现在:

诚信缺失。个别民营企业信用低下的问题集中反映在企业与内部或外部利益相关的社会群体之间相互关系的对立上。内部失信表现为:企业与员工之间的失信,企业不履行劳动合同法的有关规定,延长员工的工作时间,克扣和拖欠工人工资,引起劳资纠纷等;企业与投资者之间的失信,主要是对投资者的承诺未很好履行和对投资回报未按契约兑现。外部的失信主要表现为:企业与消费者之间的失信,如制假售假,承诺的商品售后服务不到位,损害消费者权益;企业与合作企业之间的失信,逃废债务、合同欺诈,等等;企业与政府之间的失信,如遵纪守法、照章纳税、环境保护,等等,没有认真做好。

片面追求利润最大化。部分民营企业的经营者只关注企业的利润,不关心对员工承担的工伤医疗、劳动保险等方面的责任。此外,少数民营企业还利用国家政策和法规的空缺,尽可能减少社会性支出,导致企业经营活动中的恶性事故、环境污染等。

观念狭隘。我国中小民营企业一般是家族制企业,受传统小农思想的影响较深,对企业应承担社会责任的观念淡薄,因而在履行企业社会责任方面不够主动。

四、关于民营企业承担社会责任的若干建议

承担社会责任是现代企业的基本义务。民营企业承担社会责任的实质是平衡社会利益和企业利益之间的关系。企业利益是企业的发展动力,社会利益是经济有序发展的前提。只有尊重社会"公益"利益,企业"私益"利益才能得到社会的认可。政府担当着社会公众利益的代表和社会公共管理机构的角色,因此,政府应建立企业社会责任的约束和监督机制,以形成企业、社会和政府三者之间的合理关系。

1. 从企业自身管理的角度确定社会责任内容,培育民营企业承担起社会责任

首先,企业应当将社会责任纳入企业发展战略规划。民营企业承担什么样的社会责任,将对企业的经营目标、组织结构、用工制度、利润分配等产生重要的影响。所以,民营企业须根据内外部的实际情况制定社会责任战略。总体来看,在企业经营理念中要加入承担多元社会责任的内容;在企业运作的特定时期,要制定具体的社会责任目标;另外,企业还必须根据变化了的内外部环境,适时调整社会责任战略。其次,强化企业社会责任的道德调控。也就是企业从道德的角度对自身经营思想、营销行为等进行规范、约束和控制,它是民营企业内在的、自觉的行动和制度安排。主要

内容有:树立市场经济的营销理念,增强民营企业的社会责任感;加强企业道德形象建设;制定伦理型营销战略,重视道德因素在民营企业决策中的作用,建立企业道德规则,规范企业行为;重视对自身经营活动的监督和对非道德运作行为的控制,等等。

2. 政府应采取措施鼓励民营企业承担社会责任,并对其进行监督

政府应建立规范民营企业社会责任的法律、法规和制度,并强化执法力度。这是形成民营企业社会责任约束机制的基本前提和保证。一方面,政府对主动承担社会责任的民营企业应给予相应的鼓励与支持,如制定优惠政策;对那些倡导诚信、依法经营、合理纳税、重视环保、节约资源、关爱员工、热心社区建设、对社会公益事业做出重大贡献的民营企业加以表彰和奖励,并给予资金上的倾斜,等等。另一方面,政府应充当维护社会公众利益监护人和协调企业利益与社会利益的仲裁者,以行政干预和经济调控为手段,引导和监督民营企业履行社会责任,纠正和惩处民营企业逃避社会责任的现象,以保证民营企业对部分强制的社会责任的履行。

3. 加强社会对民营企业承担社会责任的监督,充分发挥舆论媒体和民间团体的作用,建立多层次、多渠道的监督体系

除了政府的监督外,还应加强社会对民营企业承担社会责任的监督。在这一过程中,行业协会应当发挥积极作用,使企业社会责任管理与国际接轨,建立企业社会责任评价体系和促导机制。制定并公布企业社会责任年度报告,按照SA8000 和 CSM2000[①] 等社会责任标准规范民营企业社会责任管理,使民营企业不断改进工作环境与职工生活环境,改变民营企业"劳工标准低、劳工权益保护不充分"的社会形象。与此同时,了解国际采购商对质量管理、环境管理、健康安全、人力资源管理、财务管理、社会福利和其他方面的要求,为民营企业扩大国际市场打下基础。舆论媒体和民间团体也要充分发挥作用,建立多层次、多渠道的监督体系,营造好民营企业承担社会责任的社会环境。笔者深信,随着中国民营企业的日益发展和壮大,它们在担负社会责任方面将起到越来越大的作用。

参考文献:

[1] 杜玛,斯莱德.组织经济学——经济学分析方法在组织管理上的应用[M].原磊,王磊,译.北京:华夏出版社,2006.

[2] 罗宾斯.管理学(第四版)[M].黄卫伟,等译.北京:中国人民大学出版社,1997.

[3] 默恩.企业家的社会责任[M].北京:中信出版社,2005.

[4] 王新超,吕峰.企业社会责任与民营企业的健康发展[N].中华工商时报,2006-07-21.

[5] 王晶晶,范飞龙.制度安排对企业承担社会

---

① SA8000,即 Social Accountability 8000,社会道德责任标准,它在童工、强制雇佣、健康安全的工作环境、工人结社的自由和集体谈判权、工作时间、工资方面设置了最低要求;CSM2000,即 Compliance Supply Chain Management,针对制造业企业的供应链综合管理标准,它对供应厂商的管理涉及质量、环境、安全卫生、社会责任以及贸易限制等5个领域。

责任的影响[J].经济研究参考,2003(45).

[6] 周建国,蒋蕴,陈绍鲁,等."抱团行善"的乐清民企:慈善捐助的草根势力[N].浙江日报,2006-03-10.

[7] 戴志强.企业社会责任不能超越经济人假设[N].经济学消息报,2006-10-27.

载《特区经济》2007年第1期
中国人民大学《民营经济与中小企业管理》
2007年第4期全文转载

发展民营经济可降温"考公务员热"

公务员考试已成为每年社会的一大热点。笔者发现,每到公务员考试前夕,各种公务员的面试辅导班、冲刺班办得热火朝天,书店里的公务员参考书供不应求,连报刊亭里都堆满了一叠叠面试的"内部资料"。2007年中央、国家机关拟招用1.2万名公务员,有上百万的人报考,其中国家广电总局人事教育司干部人事管理一职的供求比达4 407∶1;中央办公厅秘书局的两个职位也闯过1 200∶1大关。可见,公务员考试热已非同一般。择业中出现的这种考公务员白热化现象引起了笔者的高度关注。

一、"考公务员热"的缘由

政府通过公开招考的方式吸引优秀人才加入公务员队伍,本是一件好事,这对提高公务员的素质和使公务员队伍年轻化都有积极的意义;而且,也确实让一些人才得到了锻炼并找到了施展才华的舞台。但不可忽略的是,很多人报考公务员、政府招考公务员都有无奈的因素。应该看到,绝大部分应考者报考公务员是为了解决就业问题。特别从2002年前后开始,高校毕业生逐渐形成供大于求的局面,与此相应,考公务员也从2002年以后开始升温。高校扩招政策使毕业生人数年年增加,高校毕业生成了报考公务员的主力军,其中还有硕士生和博士生。

对于众多毕业生来说,报考公务员无非是给自己多留一条路,相当于多投一份"简历",成败倒在其次。当然,也有不少应届生对考公务员寄予很大希望,尤其是一些就业率偏低的冷门专业和非重点大学的毕业生,就业形势尤为严峻,报考公务员为他们带来一缕曙光。特别是文、法、经济类学生,考公务员是解决就业的一条好出路,无论是否适合做公务员,先捧到一个铁饭碗再谋求进一步发展,是一些报考者的想法。而政府也考虑到这部分人就业难的现实,在冗员的基础上仍每年设置大量岗位。除了应届生,还有相当一部分已工作的大学生因不满所在单位工资低、社保不完善、工作不稳定的现状也"跳槽"报考公务员。

当然,很多应考者也有去企业发展或个体开业的想法,但我国的社会保障体制不健全,在企业工作或者个体开业所享受的社会保障和公务员相比差得悬殊:很多民营企业家因病无法得到医保救济而致贫;也有一些企业家因投资失败,连养老都成问题。现在很多民营企业未能给职工提供社会保障,许多国有企业对职工的保障也很差。

据《工人日报》披露的数据,2004年全国企业退休职工年退休金人均为7 831元,而事业单位的职工年退休金为14 644元,机关单位的职工年退休金为15 932元;在2000年至2004年的5年间,全国企业职工的年退休金以年均6.31%的速度缓慢增长,而机关和全额拨款的事业单位职工的年退休金增长速度分别是13.45%和11.67%。目前整个社会都处于转型期,在社会大变革中各行各业充满变数,人们的不安全、不稳定感与日俱增,而唯独政府部门很稳定。一个社会的多数阶层普遍有不安全感,而唯独公务员在改革过程中利益节节攀升,导致年轻人拼死拼活想挤进公务员队伍,追求安逸和逐利心态是人的天性,社会上出现前赴后继的报考公务员大军的现象也就不足为奇了。

二、"考公务员热"并非正常

正是公务员高而稳定的收入、完善的社会保障和较高的社会地位吸引了众多的报考者,出现了公务员考试千军万马过独木桥的场面。很多人甚至决心若今年考不上明年再考,年复一年接着考,甘当现代版的"范进"。这些应考者有些是弃所学专业和个人爱好于不顾;有些不专心于现有的本职工作,而且想方设法要考上公务员。不难想象,那些弃所学专业于不顾的应考者即便被录取,能确保人尽其才吗?那些不安心现有本职工作的应考者一旦被录取,能仅凭薪资待遇的好转而从此勤奋踏实工作吗?更有甚者是一些心术不正的应考者进入公务员队伍,极有可能利用公务员的身份或权力变相谋取私利,这恰是对公务员队伍的腐蚀。

早些年,公务员只是清贫的代名词,"坐机关的"通俗说法很形象地形容了公务员清贫、悠闲;而现在公务员却套上了权力、地位、待遇、寻租机会等金环,甚至出现了"万般皆下品,唯有做官好"的与社会主义精神文明相悖的社会现象。夸张点讲,"考公务员热"意味着"全民欲官"的环境正在形成。一些公务员报考者对权力缺乏清纯的心态,更有些人从市场投机的眼光考量权力。今天的报考者,或许就是明天的执法者,如此心态下的报考热潮实在让人产生隐忧。

笔者看到现在很多学有专长的佼佼者一心想考公务员,让自己的创造力和智慧都耗费在学非所用中。笔者曾经在省政府工作10余年,对政府的运行机制和人际关系很了解,也深知做公务员要受到很多纪律、规矩、潜规则的约束,"三分做事、七分做人"，很多事情无法自己左右；笔者曾目睹许多想有所作为的青年公务员为追求升官而绞尽脑汁，甚至扭曲人格、磨平棱角，除极少数仕途顺利而春风得意外，不少往往因得不到提拔而郁郁寡欢。

其实，政府机关最大的职能是实施公共管理，对公务员的要求，并不需要很高的技术含量。如果高素质人才都集中在政府部门，就会形成一定的人才浪费。"考公务员热"使得原本应当在技术和专业性更强、更需要创造性的部门发挥作用的人才卡在了政务部门中，如果这样下去，经济建设就不可能有充足活力去面对新环境的新挑战。而且，生产社会财富的一线生产部门很可能会因人才匮乏而影响经济的发展；又如在教育、科研和社会其他部门因缺少人才而影响全社会的协调发展。如此看来，"考公务员热"对促进社会全面发展来说，未必是件好事。

三、"考公务员热"理应降温

笔者认为，政府不应该把扩编招考公务员作为解决高校毕业生就业的法宝。我国虽已实行社会主义市场经济，但受长期的计划经济体制的影响，政府机构繁多、人浮于事的现象一直存在；要建设和发展我国社会主义市场经济，就必须按照"小政府、大社会"的模式构建服务型政府，精简机构，逐渐消除冗员。另外，政府部门招录公务员，应该本着有所求予所取的原则。应届毕业生虽然有较扎实的理论功底，但缺乏实际工作经验，对一些实践性要求较强的工作岗位并不胜任，对此用人单位也颇有意见。新颁布的《公务员法》也规定新招录的公务员必须有2年以上基层工作经历。但是为了解决应届毕业生的就业问题，在今年的中央国家机关公务员招考中，国务院机关、文化部、中联部等8家中央机关招考单位却将基层工作经历要求改为"无限制"。笔者建议，政府公务员招考的结构应进行调整，不能光从应届毕业生中招考，而应偏向于招考一些有专业技术特长的、有较丰富工作经验的社会在职人员。政府在解决高校毕业生就业方面应该广开思路。不能因为要多安排就业岗位就选择扩招公务员，这不仅增加政府财政支出，导致人浮于事，还会降低政府机构的工作效率。

近几年来公务员的收入及保障水平提高得较快，而其他不少行业职工相关待遇久不提高，这种收入差距日益扩大、分配不公的现象给社会造成许多隐患，且导致人力资源的巨大浪费。民间现在流传"住房改革，钱袋掏空；教育改革，两老逼疯；医疗改革，提前送终"的说法是对改革被扭曲的一种强烈反应。公务员的退休工资发放、医疗补助自成体系；一些效益好的政府单位还提供集资房、福利房，公务员所享受的这些待遇既引起了一些人的羡慕，也引起了许多人的不满。改革不应仅强化个别部门的利益而忽略多数群体的利益。当人们普遍都要挤入公务员队伍时，政府就要考虑，这种现象对社会来说是否正常。政府要体现公平、正义，首先要做的是平衡各行各业从业人员的收入和福利，应该更多地考虑完善我国的社会保障机制，而不是扩大公务员与多种行业人员的工资、社保、福利及各项待遇的差距。政府如能对我国的企业，尤其是对数量众多的民营企业，在人才引进和培养方面提供更多的重视和支持，以及在公共财政上加大对民企职工社会保障的承担力度，给民企在税收上与国企一样的待遇，积极扶持民企的发展，想方设法缩小就职民营企业和就职公务员在薪酬和社会福利保障之间的差距，中国的择业大军就不会像潮水一般涌向公务员岗位，国家的人力资源也会得到合理的配置。

四、大力发展民营经济是解决高校毕业生就业的关键

民营企业已成为高校毕业生就业的主渠道，这是众所周知的事实。民营企业出于发展的需要，求贤若渴；特别是在民营经济比较活跃的科技、生物医药和房地产等科技含量较高的行业，大学毕业生所获得的收入相当可观。如浙江大华科技所聘用的本科毕业生的年薪在5万—8万元，公司还提供住宿和班车。很多民营企业家曾向笔者表示，愿意以高薪和较完善的福利待遇来招徕人才；但是，对于政府在民营企业招聘人才以及社保政策上的政策，民营企业家颇有微词。

据民营企业家反映，政府在计算民营企业的企业所得税准予扣除项目时，对企业职工的工资、薪金支出，规定人均月扣除最高限额为1 600元，超过部分不得抵扣。而大学生在民企工作一二年后的工资都会超过1 600元的抵扣标准，但却无法享受相应的税收抵扣；民营企业招聘的大学生越多，相应的税收成本反而越高。此外，在职工教育经费抵扣项目上，民营企业只能按计税工资总额的1.5%抵扣；而电信企业、中石化、中石油等大型国有企业可按计税工资总额的2.5%抵扣，民营企业所享受的该项税收减免优惠远远低于国有企业。

还应指出的是，民营企业现在所承担的职工社保费用过高。民营企业要为职工缴纳养老保险、医疗保险、失业保险、工伤保险、生育保险五项保险，其所承担的社保成本要占工资总额的30%之多。很多民营企业家反映不堪承受这样高的社保费率，有些企业干脆进口大型设备来代替劳动力；有些企业需要引进人才却又不愿、不敢进人。据笔者所知，我国的社保标准已经高于国际标准，甚至高于发达国家的标准。如美国的社保规定，雇员和雇主应分别缴纳雇员年薪的7.65%作为社会保障税，雇主自己则缴纳其年收入的15.3%，远低于我国标准。我国民营企业承担如此高的社会保障费用，而政府却基本上不承担民营企业职工的社会保障。为此，笔者建议，对于积极招收高校毕业生的民营企业，政府应该给予一定的资金支持或税收减免。政府应降低企业社保基金缴纳率并用公共财政承担差额部分，使多数企业

敢于进入。其实国家的税收收入每年都有大幅增长，财政完全有实力来承担这些费用。政府不能把改革的成本全部推给企业。

除了在税收和社保方面给予民营企业照顾外，还需看到，现在某些政府部门为了短期经济效益，拒不落实国务院的"非公经济36条"的相关规定，阻挡民营企业进入上游行业，维持甚至强化资源型国有企业的垄断地位，而这些垄断部门创造就业岗位的能力十分低下。能够创造就业岗位的民营部门、竞争部门获得的金融和公共服务远远低于那些排斥劳动力的国有部门、垄断部门。行政权力介入市场竞争，垄断重要经济资源，排挤民营企业，客观上削减了民营企业提供就业岗位的能力。因此，政府应大力支持发展民营经济，给予民营企业更多的平等待遇，让进入民营企业的大学生有安全感，并使之与公务员相比收入差距不大，以引导广大大学毕业生到民营企业工作。政府如果真正调整政策，采取如上所述的积极措施，笔者相信考公务员将不再是那些迫于就业压力的高校毕业生的唯一的救命稻草，考公务员热也就自然降温。

载《经济学消息报》2007年1月5日

完全市场经济地位不是靠要来的

2006年11月9日,笔者在从美国回国的航班上,见《星岛日报》上有篇醒目的报道。文曰:欧盟贸易专员曼德尔森访华期间,以强硬的语气说,"中国经济若不进一步开放以面对外国进口和竞争,有可能损害欧盟同中国的关系"。会晤时中国商务部部长屡次请求欧盟承认中国的市场经济地位,却遭曼德尔森的拒绝。

目前,美国、欧盟等国均不承认中国为完全市场经济地位。近期欧盟出台的首份对华贸易文件——《竞争与合作——更紧密的伙伴关系和不断增加的责任》中,更是严厉指责中国"缺乏公平市场竞争环境和充分的法律保护"。笔者认为,欧盟的指责和许多国家不承认中国完全市场经济的地位并非全无道理,因而值得我们深思。

一、完全市场经济地位对我国至关重要

一国是否被认定为完全市场经济地位,既关系到世界上其他国家对该国市场模式的认可,更关系到该国外贸产品是否会遭遇反倾销调查以及在反倾销调查中被惩罚的程度。反倾销案发起国如果认定被调查商品的出口国为完全市场经济地位的国家,那么在进行反倾销调查时,就必须根据该产品在生产国的实际成本和价格来计算其正常价格;反之,如果认定商品出口国为非市场经济国家,将不使用出口国原始数据确定价格,而是用与出口国经济发展水平大致相当的市场经济国家的成本数据来计算正常价格,进而确定其倾销幅度。

中国在加入世贸组织签订协议时,曾承诺:WTO成员可在2016年前视中国为非市场经济国家。目前不仅是欧盟27个国家和地区,连美国、日本、印度等国也不承认中国为完全市场经济地位。这些国家不承认中国为完全市场经济地位并非系2016年这个期限因素,而主要是中国市场经济体制不健全和与市场经济地位匹配的法律、法规、制度缺失,相

关政策不到位,中国市场经济的运行在不少方面不符合 WTO 原则。由于中国不被视为完全市场经济地位的国家,从而导致了我国出口企业在对反倾销应诉中处于不利地位,并成为我国企业败诉的主要原因。既然反倾销案发起国把中国视作"非市场经济"国家,那么,它们就不计算中国企业的实际生产成本,而采用第三国替代法。

20 世纪 90 年代,欧盟对中国彩电反倾销就是将新加坡作为替代国计算成本。当时,新加坡劳动力成本高出中国 20 多倍,相比较,中国的产品价格低廉,自然被当成了倾销,中国的企业不得不被迫缴纳高昂的反倾销税。中国企业难以在反倾销案中胜诉,客观上又进一步诱发了某些 WTO 成员对我国产品提起更多的反倾销申诉。当前在全球范围内,平均每 7 起反倾销案中就有一起涉及中国产品,中国一直是遭受反倾销调查最多的国家之一,也是反倾销等贸易救济措施的最大受害者。据商务部统计,自 1979 年 8 月,欧盟对中国出口的糖精和盐类进行反倾销调查以来,已有 34 个国家和地区发起了 673 期针对或涉及中国产品的反倾销、反补贴、保障措施及特保措施调查案件。一些国家频繁启动各种调查来限制中国产品的出口,削弱了中国产品在当地市场的竞争力,影响了中国与这些国家和地区之间的正常贸易关系。因此,要求 WTO 成员承认中国为完全市场经济地位,是对中国 28 年改革开放成果的认可,也是对中国经济市场化改革的认可。党和国家高层领导人为争取 WTO 成员承认我国完全市场经济地位进行了不懈的努力。但依笔者拙见,一个国家的"完全市场经济地位"不是靠要来的,而是由该国是否事实上达到了"完全市场经济地位"的基本条件所决定的。

二、为什么我国目前还未成为完全市场经济地位国家

判断一国是否是完全市场经济,关键是该国是否有完善的市场经济体制和机制,能否发挥市场机制在资源配置中的基础性作用,市场能否决定价格,所有市场主体是否享受平等的市场准入和国民待遇,能否参与市场竞争。然而就我国社会主义市场经济体制运行的情况看,目前我国离完全市场经济地位尚有较大距离,主要表现在以下几个方面:

1. 市场机制在资源配置中难以发挥基础性作用

在中国,政府和国有垄断企业仍然保持着对许多重要经济资源的控制权和配置权。特别是要素市场,包括资本要素、土地和自然资源要素,绝大多数被行政垄断和国有垄断企业所控制,市场化程度很低。比如在成品油批发领域,1999 年国务院转发经贸委等八部门颁布的 38 号文件,明令除中石化、中石油两大集团之外,不允许独立的成品油批发企业存在,这一"明令"本身就是政府干预经济的非市场化行为,是典型的行政垄断和行业垄断。事实上,中国的油

源已被该两大集团直接控制和操纵,它们垄断了价格:国际油价上涨,它们涨,国际油价下跌,它们不跌,市场不能决定价格。民营成品油批发企业只能通过依附中石化、中石油而生存。一位民营加油站的负责人向笔者透露,他每年要向中石化缴纳近10万元的"管理费"。尽管如此,中石化对其供应成品油仍是"有上顿没下顿"。而且,批发给民企的油价比民企的零售价还高,逼得民企无法经营成品油。

由于资源垄断,致使能源、电力、公交、供水、铁路、民航、殡葬等垄断行业提供的产品和服务价高质差。如电力行业在2004年、2005年以弥补亏损为理由,将电力价格分别上调2.84分/千瓦时、2.52分/千瓦时;但事实是:据国家发改委公布的数据,2006年1—5月,电力行业在保持高工资、高福利的情况下,利润比去年同期增长43%,远远高于全国规模以上工业企业25.5%和煤炭行业9.3%的水平。同样的情况也出现在国有"南航"。南航公司公布的财务报表上显示2006年上半年亏损8.35亿元,国家发改委和民航总局随即批准南航公司因亏损而要求国内机票燃油附加费征收标准提高50%的申请,让广大消费者承担它的涨价;但在2006年8月22日,南航公司为6 000名空姐换制服的花费就达6 000万元人民币。寡头垄断企业没有外部竞争压力,可以坐享垄断高额利润。这表明,我国的非市场化情况十分凸显。

2. 民营企业市场准入难

比上述情况更为严重的是,我国各种所有制经济主体在市场上长期处于不平等、不公正的地位。党的文件虽已明确非公有制经济是社会主义市场经济的重要组成部分,似乎已经从政策层面上认可了非公有制经济也是体制内经济。但事实上,在现实经济生活中,民营经济仍被视作体制外经济受到排斥,民营企业在市场准入、融资、纳税、出口贸易等方面根本无法享受到与国有企业的同等待遇。这与市场经济的起点平等原则相悖。2005年国务院颁布了"非公经济36条",但被民营企业主称为"看得见而进不去的玻璃墙",政策不到位,在许多地方如同一纸空文。

我国民营企业很少能参与使用稀缺资源的生产,无权涉足国民经济的重要行业。那些高收益的投资领域和金融、保险、证券、通信、石油、石化、电力以及水资源等几乎都是被国有企业所垄断,民营企业只能集中在传统的制造业、消费品工业和第三产业中的一般商业及服务业。而且,民营企业还要承受因垄断而提价所带来的企业生产成本提高的巨大压力,很多民营企业处境艰难。如2006年国有垄断企业中石油、中石化的石油提价,使与石油相关的石油炼制品——洗衣粉的主要原料磺酸的价格从年初的6 000元/吨上涨到8 000元/吨;又如从石油中提炼的表面活性剂的价格也上涨了20%。杭州传化花王有限公司负责人坦言,石油涨价已使该公司洗衣粉的生产成本提高了15%。但考虑到中国日化品牌多、竞争激烈,为避免失去客户,传化花王并没有提价而是选择削薄自己的利润空间。此外，石油涨价还使制衣业、汽车销售业、饮料业等民营企业集中的行业普遍亏损。这充分暴露出我国上下游产业处于不同市场体系的现状，上游的国有垄断企业与下游的民营企业形成压榨和被压榨、掠夺和被掠夺的关系，上游企业凭垄断的特权优势扩大产能和占领市场，轻易地就能获取投资的高回报；下游许多民营企业却为保生存而挣扎。

在成品油批发领域，国内原油和国外进口的原油一直控制在中石油、中石化两大垄断集团手中。由于我国在入世时承诺要在 2007 年放开成品油批发市场，商务部不得已而在 2006 年 12 月出台的《成品油批发企业经营管理技术规范》中做出准许外资、民营企业进入的姿态，但却故意提高民营企业的进入门槛。《规范》指出："申请成品油批发经营资格的企业资本不低于 3 000 万元人民币；拥有库容不低于 10 000 立方米的成品油油库。"一位上海民营成品油站负责人一针见血地指出："在上海，除两大公司（中石油、中石化）以外，社会上其他企业能够拥有这样的油库几乎是凤毛麟角。商务部的新规定实际上还是不让我们进去。"再看商务部公布的《原油经营企业指引手册》的规定：新的原油进口商必须符合严格的标准，才能获得进口原油的牌照，例如全资或控股拥有 20 万立方米以上原油库并同时和具有一定炼油能力的买家签订长期协议。仅油库容量就提高了 20 倍，按照这样高的苛刻条件，民营企业还能经营原油进口业务吗？而且，根据我国目前有关规定，非国有渠道进口的原油，并不能在市场自由销售，必须有中石油、中石化出具的排产证明，海关才给予放行，铁路部门才给予安排运输计划。明眼人一看就知道，这些所谓的《规范》和《指引》，说白了就是不让民营企业涉足石油业，从而保证中石油、中石化等石油寡头控制全国的石油资源。石油巨头们在商务部制定的行政垄断和行业垄断的相关"法规"和"指引"的庇护下，可以高枕无忧地把获得的超额垄断利润转化成寡头企业内部人的高工资和高福利。

多年来，国有垄断企业凭借行政部门的权力，以政策壁垒阻碍民营企业参与竞争。如国家邮政局在《邮政法（修改稿）》第七稿中规定，国内"单件 350 克以下"的信件速递业务只能由邮政专营，排斥民营快递公司介入；在社会各界的强烈批评下，国家邮政局在《邮政法（修改稿）》第八稿中将专营标准"由 350 克以下"降到"单件 150 克"以下。据民营快递公司透露："单件 150 克以下"的信件寄递占其业务的 90%，因此第八稿的规定实质为换汤不换药。

电力行业的垄断也没有破冰。在发电环节，截至 2006 年底全国发电装机容量达到 62 200 万千瓦，90% 以上由国有及国有控股企业控制，民营企业和外资发电仅占总装机容量的 6.21%。在输电环节，则 100% 由国企垄断，至今未见电力生产经营市场化的出现。

在城市公用事业上，公用企业对供水、供气（煤气）、公交等产业的自然性垄断,像天然的屏障阻碍民企进入。国务院、国资委于 2006 年 12 月 18 日宣布全国七大行业将由国有经济控制,七大行业包括军工、电网电力、石油石化、电信、煤炭、民航航运等,明确要求对七大行业保持"绝对控制力";对包括装备制造、汽车、电子信息、建筑、钢铁、有色金属、化工、勘察设计、科技等九大行业保持"较强控制力",其实质就是要将这些行业归国有垄断企业和国有企业经营。众所周知,垄断经营不符市场经济规律。现在,国有企业垄断经营的行业越来越多,覆盖面越来越广,民营企业进入的产业领域越来越窄,市场准入的门槛越来越高,甚至已进入其中一些行业的民企,又被排挤出来。笔者认为,这是市场化改革的倒退,是计划经济体制的复归。

《福布斯》杂志 2006 年 12 月 21 日的文章委婉地指出:"中国市场离国外投资者预期的开放程度还有一定差距,中国人需数年才能发展成一个全面开放的投资市场。"这是就中国投资市场而言的。外资还是比较幸运的,而中国的民营企业的投资环境更是欠佳。据统计,目前国有投资和经营涉及的领域达 80 多个;国家允许外资进入的领域有 60 多个;而民营企业可以涉足投资的领域却只有 40 多个。有些项目虽然允许民营企业进入,但不是在投资比例、投资形式上受到严格控制,就是在审批程序上极为复杂。虽然某些有关部门对民营企业投资范围表面上没有严格的限制,但实际运作时,民营企业从未与国有企业和外资企业享受过一视同仁的国民待遇。特别是那些有较好盈利或盈利空间大的行业绝大多数被国有垄断企业所控制。

3. 民营企业在融资、纳税、外贸出口、权益保障方面遭遇不公平待遇

民营企业融资渠道狭窄。在行政垄断和行业垄断日渐扩大的情况下,民营企业投资空间狭小,大量闲散资金被迫流向高风险的股票、期货市场或是民间借贷市场,以致一些民企血本无归。直接融资中,国内的上市公司民企只占百分之一二。发行公司债券的民企迄今只有红豆集团一家;间接融资中,根据人民银行年报,四大国有商业银行给民企的贷款占贷款总数的比例不到百分之一。民企只能选择高利息的民间借贷解决资金问题。由于受计划经济体制根深蒂固的影响,在融资问题上,民营企业享受不到市场经济的金融待遇。

4. 民企税负比国企外企高

民企股东的权益转赠资本金要缴纳个人所得税,而外企如转投资可按投资额的 40% 退还企业所得税;民企工资超过抵扣限额不能计入成本,而外企工资无论多少都可计入成本减免;中石油、中石化、电信等大型国有垄断企业工资成本中职工教育经费可按计税工资总额的 2.5% 抵扣,而民企却只能按 1.5% 的比例抵扣;国企技术开发费有特殊照顾的抵扣政策而民企不能享有。2007 年春,全国人大通过了《中华人民共和国企业所得税法》,新"税法"明确了内外资企业所得税统一为 25%,但对"税"外的"七费八费"的征收,新"税法"能否让民企和

国企享受同一标准，目前还不明确。

5. 出口贸易，对外投资受限

民营企业缺乏开展商业活动的自由：民企获得进出口经营权的标准高于国有企业，国有企业对外投资100万美元以下项目，省一级政府审批即可，而民营企业海外投资金额无论规模多大都须报经商务部、发改委、外管局共同审批同意后，方能进行其商业活动。显然，这一审批制度使民企开展商业活动的自由受到了很大的限制。至于配额商品经营权，则无民企的份儿；政府虽然表态，鼓励民企走出去，但对外劳动合作和工程承包权至今仍未对民企开放；民企很难享受全额出口退税。"公"（有制）与"私"（有制）企业的权益，至今不平等。

6. 产权法律保障机制未覆荫民企

现行《刑法》"厚公薄私"，在罪名设立、罪刑关系、罪罚设置上偏向对国有企业的保护。非法经营同类营业、为亲友非法牟利、签订履行合同失职被骗等行为发生在国有企业被认定为犯罪，发生在民营企业则不认定为犯罪。同样是挪用公款，发生在国有企业最高可判死刑，发生在民营企业则判有期徒刑。另外，《民法通则》未对公、私权益做出清晰的界定，以致民营企业产权遭受侵害无法获得足额赔偿。此外，司法机关还对民营企业主的"原罪问题"纠缠不休，从而引发所谓涂景新涉嫌经济犯罪等冤案。

7. 民营企业的资方权益不被重视

目前偏重保障职工的权益而忽视了对民营企业资方权益的重视。职工恶意跳槽，侵犯原企业知识产权和盗窃原企业商业秘密等现象层出不穷，对民企造成巨大的经济损失，民营企业主对此颇为无奈。

8. 外资企业蒙受损失

据欧盟委员会公布的研究报告，由于中国非关税壁垒的存在，欧盟公司每年在中国失去价值多达214亿欧元的商业机会。在机械、建筑、金融和电信领域，欧盟公司也因中国政府"缺乏透明度、不公平"的采购受到了不公正的待遇。而中国国内影视、软件、音乐和图书盗版使得美国相关公司在中国市场损失22亿美元。美国贸易代表办公室2006年末的年度报告指出，中国侵犯美国商品版权到了"猖獗"的程度，并警告一旦与中国双边磋商无果，华盛顿将随时向世贸组织投诉中国。投诉已于2007年4月10日正式启动：美国政府向世贸组织提交了两项对华诉讼。一项是指责中国打击盗版不力以及商标保护措施违反世贸规则；另一项是指责中国对美国电影、音乐和图书产品在中国销售设置违反世贸规则的壁垒。这些问题都和我国市场机制的不健全有关。

市场经济也是法制经济，而我国与市场经济运行相匹配的法律、法规和制度建设严重滞后，以致市场经济一再被扭曲。在一个市场经济体制和机制不完善，相关法制不健全，市场经济运行不规范的现实面前，说我国已经达到完全市场经济地位是不符合事实的。

三、推进政治和经济体制改革,建设完全市场经济地位国家

改革开放28年来,民营经济虽然获得长足发展,但却一直被视为体制外经济受到排斥。即便在2004年宪法修正案确定"非公有制经济是社会主义市场经济的重要组成部分"和2005年国务院颁布"非公经济36条",支持和鼓励非公有制经济发展,但民营企业的现实境遇仍未获得明显改善。至今有不少人抱着"姓资姓社"的偏见对民营企业家的"原罪问题"喋喋不休;而国资委主任李荣融关于"国有经济应对军工、电网电力、石油化工、电信、煤炭、民航、航运等七大行业保持绝对控制力"的讲话,表明政府对市场干预的强化,对行政垄断和行业垄断的强化,这给欲进入垄断行业发展的民营企业又泼了一盆冷水。

至今,某些行政官员对中国经济体制现状的认识完全脱离实际。如国务院研究室一位副主任在"2004中国企业竞争力年会"上竟说:"无论从西方市场经济国家规则来判断,还是按照国内市场发育状况,中国都达到了市场经济的基本要求。各种所有制企业处于平等地位及产权平等已经解决。"这话离事实太远,是对舆论的误导。笔者对于中国高层行政部门的研究机构个别负责人不说真话,向社会提供不实的信息感到惊讶。这使笔者看到,在我国,确有少数官僚主义者不愿正视我国社会主义市场经济体制的不足和缺失,因而他们也不会认真考虑如何创造条件来完善我国的社会主义市场经济体制。

上述情况的出现,除因少数官僚主义者缺乏"实事求是"的思想作风之外,还有利益得失因素。正如有媒体指出:在那些靠行政垄断的行业,国有巨头们已经固化为独立的利益集团,"被监管者俘虏监管者"已成为普遍现象;在许多情况下,国有垄断企业不是在执行政府意志,而是胁迫政府执行它们的意志。基于盘根错节的利益关系,政府部门明文允许和默认行政垄断的存在,并给国有垄断企业以各种优惠政策和特权。

对于个别媒体的所谓"中国之所以不被承认拥有完全市场经济地位,完全系美国、欧盟等世贸成员的故意刁难"等言论,笔者不敢苟同。根据查阅美国和欧盟对完全市场经济地位的界定标准,发现这些标准没有多少苛求。不知道那些舆论是出自"爱国"激情,还是因对国情缺乏了解而夜郎自大?值得一提的是,俄罗斯还不是世贸组织的成员,市场经济体制改革起步比中国晚,但其市场化改革成效显著。俄罗斯未要求任何国家承认它为完全市场经济地位,然而美国和欧盟却于2005年分别承认了俄罗斯的完全市场经济地位。俄罗斯所以会成为完全市场地位国家,应归功于其政治体制改革领先,传统的计划经济体制破除得彻底,市场经济体制比较健全。相反,在我国,国有垄断企业以改革的名义,不断加大对自然资源和市场的控制面,对非国有企业和民营企业的挤压越来越厉害,市场经济已被严重扭曲。在

知识产权方面的问题则更多,如上海襄阳路的假货一条街,软件业的疯狂盗版等等,引起了包括美国、欧盟在内的世贸成员的普遍不满。

笔者认为,要取得完全市场经济地位,关键取决于我们自己如何完善市场经济体制。任何浮躁、回避问题都无济于事。当前,我们要做的是:加大政治和经济体制改革的力度,为建设完全市场经济地位国家而从政治上、法律上、制度上积极创造良好的环境。笔者坚信不移:如果我国的市场经济体制确实完善了,我们不向他国要求而绝大多数WTO成员都会承认我国的完全市场经济地位。

载《经济学消息报》2007年第22期

把坚持独立自主同参与经济全球化结合起来

把坚持独立自主同参与经济全球化结合起来,这是党的十六大以来取得的历史性成就之一。十七大报告进一步指出,要"拓展对外开放广度和深度,提高开放型经济水平",从而"形成经济全球化条件下参与国际经济合作和竞争新优势"。十七大报告为在保持独立自主前提下,积极参与经济全球化指明了方向。

一、坚持独立自主同积极参与经济全球化的辩证关系

(一)坚持独立自主是参与经济全球化的前提和基础

独立自主,就是一切从实际出发,依靠群众进行革命和建设。新中国成立以来,我国始终坚持独立自主、依靠广大人民群众进行自力更生地发展经济建设事业,实现了由传统的农业社会迈向工业社会,由计划经济走向社会主义市场经济的历史性跨越,取得了令人骄傲和自豪的发展速度。

独立自主是参与经济全球化的前提。要在经济全球化竞争中取得胜利,必须首先立足于本国,从本国实际出发,依靠本国人民的力量,积极融入国际环境和广泛利用外部条件,走出一条适合本国特点的正确道路。中国人民珍惜同其他国家和人民的友谊和合作,更加珍惜自己经过长期奋斗得来的独立自主权利,在积极地参与经济全球化、追求自身发展和强大的同时,也在努力实现与他国和平共处、共享繁荣。在新的国际形势下,中国陆续提出了新安全观、新文明观、新发展观、"与邻为善、以邻为伴"的周边外交方针、"睦邻、安邻、富邻"的外交政策、"和谐世界"新理念的目标等,都集中体现了我国独立自主的和平外交政策。可见,我国的对外一切活动均把握住了独立自主这个原则。

(二)参与经济全球化是增强独立自主能力的有效途径

1. 经济全球化是一场深刻的革命

经济全球化是以信息技术为依托,

以市场经济为基础,以先进科技和生产力为手段,以发达国家为主导,以最大利润和经济效益为目标,通过分工、贸易、投资、商品、服务、资本、技术等生产要素的流动,实现各国市场分工与协作、相互融合、相互交往、相互联系、相互依存,在经济全球化状态下,这种相互关系达到了前所未有的密切程度。

世界上的任何事物或系统都不是孤立存在的,都同它周围的环境或其他系统处于相互联系、相互作用之中。经济全球化已显示出强大的生命力,并对世界各国经济、政治、军事、社会、文化等所有方面,甚至包括思维方式等,都造成了巨大的冲击。所以说,经济全球化是一场深刻的革命,任何国家也无法回避,正确的选择是既保持独立自立,又积极参与到经济全球化中去。

2. 积极参与经济全球化有利于增强我国独立自主的能力

在经济全球化的形势下,我国抓住了20世纪80年代以来全球产业转移的重大历史性机遇,以世界之长,补己之短,我国的改革开放和全面建设小康社会取得了重大进展。加入世界贸易组织后,我国在更大范围内和更深程度上参与了经济全球化进程,加快了全方位、多层次的开放步伐。

经济全球化的发展,给我国的发展带来机遇和有利条件:经济全球化促进了我国贸易、投资和就业的增长;经济全球化使各国经济日益相互依存、相互联系,优化配置各国资本、技术、知识等生产要素,推动国际协调和合作机制的发展;经济全球化有利于促进我国经济体制和行政体制改革以及产业结构的调整和优化。这些都有力地推动了我国社会主义市场经济体制的建立和完善,极大地改变了我国社会经济面貌,我国综合国力大幅提升,人民得到了更多实惠,大大增强了我国独立自主的能力。

二、对坚持独立自主同参与经济全球化做法的建议

经济全球化或者说参与国际经济合作会对我国经济社会发展带来积极影响:它使国与国之间联系日益紧密,相互依存不断加深,各国利益交融,休戚与共。求和平、谋发展、促合作已经成为不可阻挡的时代潮流,因而,它对促进各国的经济发展产生了积极的影响。但不可忽视的是,它在促进各国经济交流的同时,也加剧了国际竞争,增多了国际投机和国际贸易摩擦及纠纷,增加了国际风险,并对国家主权和发展中国家的经济造成严重冲击,南北差距拉大,传统安全威胁和非传统安全威胁相互交织,世界和平与发展面临诸多难题和挑战。在这种形势下,我国应该如何适应国际形势的变化,有效应对挑战,做到既保持独立自主,又促进经济发展,这显然是我国面临的现实问题。笔者认为,面对经济全球化,我们必须坚持经济发展的独立自主,不能受制于他人,更不能让"别国感冒,中国咳嗽"的现象出现。为此,我们必须做到:

（一）始终坚持走中国特色社会主义道路

如果不保持独立自主，在经济全球化的国际形势下，发展中国家的主权很容易受到冲击或削弱。经济全球化运动，是由以美国为首的发达国家发动和掀起的。国际经济的"游戏规则"总体上是在西方发达国家主导下制定的，国际货币基金组织、世界银行、世界贸易组织这类重要的经济组织也是被西方发达国家所掌握。一些西方发达国家还利用经济的全球化，通过资本扩张、商品销售，以帮助和推动经济、政治改革为由，试图把它们的社会制度和意识形态移植过来，这就需要我们警惕和予以抵制。

坚持独立自主，但不排除发达国家的那些经过实践检验是正确的理论和文明。凡是经济全球化过程带来的符合人类社会发展规律，有利于我们的精神文明建设，有利于形成正确的世界观、人生观、价值观的思想、文化都应当吸收和汲取过来。也就是说，在参与经济全球化的过程中，我们必须坚持独立自主，坚定不移地走中国特色社会主义道路，这样，我们就不会迷失方向和蒙受不必要的损失。

（二）既坚持基本经济制度，又形成竞争新优势

我国的基本经济制度是以公有制为主体，多种所有制经济共同发展的一种经济制度。但市场经济要求经济主体多元化，为适应市场经济的要求，公有制的主体地位应该通过公有制（主要是国有制）的多种实现形式来体现，即使对那些需要实行绝对控制力或相对控制力的产业，国有垄断企业都应尽可能通过国有民营来实现。国有垄断企业不应对国内广大民营企业进行挤压，而应使它们也充满活力，大家一起走出国门，到世界市场去追求利润最大化。这是我国各类企业在经济全球化条件下参与国际合作过程中形成竞争新优势的重要条件。

（三）在参与国际经济合作过程中，在贸易、金融、技术开发等方面，必须坚持独立自主的发展原则

当今世界，任何一个发展中国家，特别是实行社会主义市场经济的中国，技术的开发、发展与崛起，都不可能孤立于世界经济大循环之外。邓小平早已指出："要实现四个现代化，就要善于学习，大量取得国际上的帮助。""关起门来搞建设是不能成功的。把自己孤立于世界之外是发展不起来的。"国际上的互助和独立自主是相辅相成的。邓小平还指出："独立自主，自力更生，无论过去、现在和将来，都是我们的立足点。"独立自主和国际帮助（互通有无）是辩证的关系。具体说来，在参与经济全球化过程中，在以下几个方面必须始终坚持独立自主的原则：

1. 在经济贸易领域

有选择地利用发达国家扩散、转移产业来发展自己，而不能长期停留在低层次的国际产业垂直分工上。始终要坚持不断地自主调整、提高产业结构层次；把扩大出口同开发、扩大内需结合起来，并把基点放在开发、扩大内需上；力争加入各种世界性的、区域性的金融和经贸

组织，利用一切可以利用的条件来发展自己，为提高对外开放水平创造新的平台，但不能被迫接受大国所提出的让渡经济主权的要求；全方位开放，同世界各国发展平等互惠的经贸关系，抓住机遇发展自己。在融入经济全球化过程中，实行"走出去"的战略，增强企业的国际竞争力，不断扩大世界市场占有率，这是参与经济全球化过程中坚持独立自主发展的根本保证。

2. 在金融领域

金融是现代经济的中枢，有了金融的安全才能有一国经济运行的安全。所以，在金融领域必须保持独立自主，才能确保我国经济在经济全球化过程中不受制于人。全球化有时是一股盲目的力量，我国的金融体制要适应全球化加速发展的需要，就需要以新的规则遏制资本市场的过度投机性。为此，必须加强市场监控，建立灵敏、高效的危机预警和救援机制，筑起防范金融风险的坚固防线，从而力求实现在经济全球化进程中利润最大化、风险最小化的理想目标。

3. 在技术领域

（1）要树立独立自主、自力更生，坚定不移地依靠自己力量的信念，提高本国的原创力，开发具有创新理念的知识产权和技术，实现生产力的跨越式发展。（2）要加大学习、引进、吸收和消化一切能为我所用的先进技术，改造和提高我们某些落后的行业和产业的技术水平。（3）在引进和输出有关知识产权和技术时，严格按照相关的国际法、国内法对这些产权进行必要的保护，在国与国技术交流中防止技术泄密事件的发生，要防止和警惕某些重要的知识技术产权在经济技术交流过程中被对方窃取。

综上所述，只要我们把坚持独立自主同参与经济全球化结合起来，按照党的十七大的要求，继续扩大对外开放，拓展对外开放的广度和深度，坚持共赢互利，形成参与国际经济合作和竞争新优势，就能实现我国国民经济又好又快发展，从而进一步增强我国经济实力。

载《杭州日报》2008年1月17日

美、中两国市场经济体制比较

经济学界对美国的市场经济有不同的叫法,如称其为"消费者导向型市场经济体制"者有之,称其为"自由主义的市场经济体制"者有之,称其为"完全的自由市场经济体制"者亦有之。这三种叫法都从某一方面概括了美国市场经济体制的特征。不管哪种叫法,有一点是大家共识的,即美国是发达的市场经济体制国家。我国正在进行社会主义市场经济体制的改革,完善社会主义市场经济体制的建设,因此很有必要借鉴美国发达市场经济体制的成功经验。

一、美国市场经济的运行状况

1. 美国是以民营经济为主体的完全自由的市场经济体制

美国经济的国有部分约占1%左右,在国有企业就业的人数也仅占全国总就业人数的1%,即使由政府兴办的这1%的国有企业,政府也将其中的大部分"出租"或"外包"给个人经营和管理,只留下极少数基础设施和基础产业由国家直接经营和管理。而合作社和工会所有制所占比例更小,90%以上均属私有制经济。在私有制经济中,中小企业在企业数量上占98%甚至更多,其在生产、销售、投资和就业等方面都占有相当重要的地位。所以,笔者称美国是"以民营经济为主体的完全自由的市场经济体制"更确切些。在美国,政府十分重视市场力量对经济发展的促进作用,政府对经济发展只起次要作用。这种市场经济体制崇尚市场效率而排斥政府干预,其特点是各生产要素的高度流动性,且资源主要由市场配置。

2. 经济型垄断与竞争并存

从美国的多数行业来看,竞争性市场占有主导地位,但也有相当一部分的行业由垄断组织控制。垄断的形式有两种:一种是私人垄断,如美国的汽车市场绝大部分为通用汽车公司、福特汽车公司、克莱斯勒汽车公司这三大公司所控制;石油主要由美孚石油公司等大企业垄断，但这些是经济型垄断，是私人资本在市场竞争中自发形成的垄断，这和行政型垄断完全不同。另一种是国家垄断，包括国家直接从事某种生产和服务，或采取国有民营的方式控制某些行业，例如公用设施、邮政通信、航天事业、某些医药卫生设施等。但是，美国的垄断从来没有消除竞争。从资产的份额上看，垄断企业往往占有较大比重，但从企业的数量来看，中小企业和非垄断性企业却占绝大多数，并且美国的垄断企业采取竞争的方式来促进生产和经营。美国的垄断发展水平很高，竞争发展的水平更高。美国的竞争不仅表现在垄断企业和非垄断企业之间，在垄断企业之间也形成了比较健全的竞争机制。就这点而言，它比中国的市场经济要健全和完善得多，因为中国的国有垄断企业是行政型垄断，它排除竞争，通过独占国家资源和市场来攫取超额利润，破坏市场配置资源的基础作用。美国的自由市场经济完全是建立在"积极竞争"这一基本原则上的。高度的竞争，是美国市场经济发展成功的最重要的因素。市场经济健康运行的基本条件是，要有一个公平的竞争环境，这样才能最大限度地发挥竞争各方的潜能。为了保护竞争，发挥市场的力量，美国政府始终坚持反对垄断，并且在法律的制定和政策的执行上，远远走在其他西方国家的前面。早在1890年，美国就制定了第一部反垄断法——《谢尔曼法》，而后又陆续制定了一系列法律，不断完善反垄断的措施。

近年来，美国政府在保护竞争、反对垄断方面呈现出的新特点是：一方面，仍坚持严格执行反垄断法，采取种种措施保护中小企业的利益，使它们能公平地参与市场竞争，一旦这方面公平竞争的规则遭到违背，政府就给予严厉处罚。如美国微软公司在销售计算机支撑软件时搭配该公司的其他软件，结果被诉垄断，此举被认为侵害了其他软件公司的利益，微软公司被判以罚款；美国电话电报公司（AT&T）曾被其他企业指控有垄断行为，尽管该公司有国家控股，但美国司法部门还是强令其必须分解为6个分公司。另一方面，为迎接国际市场的竞争和挑战，增强美国企业在国际上的竞争力，美国政府又批准了一些大的公司之间的兼并，让它们组成更大的企业集团以发挥规模效应。

二、中国市场经济的运行状况

1. 行政型垄断的中央大型国有企业控制资源和市场，排斥竞争

虽然我国在不断完善社会主义市场经济体制，但在若干年内还不可能摆脱计划经济体制下形成的桎梏。传统的计划经济体制还会在社会主义市场经济体制中顽强地显现出来。某些行业的国有企业垄断经营就是典型表现。2005年中国企业500强名单中，排在前十名的全是大型国有企业，如中国石化、国家电网、中国石油、中国移动、中国人寿、中国工商银行等，它们都是超级国有垄断企业，即中央大型国企。

中央大型国有企业，是政府运用公

共权力授予它们垄断经营权的。这些垄断企业独占资源和市场，进行"合法垄断"，并且还是"卖方垄断"。垄断虽然使其获得了高额利润，但同时也导致这些企业缺乏改善管理和服务、降低成本和价格、增强核心技术开发的动力。大的垄断型国有企业在几乎没有任何竞争对手的情况下，这些行业仍然经营不善，效率低下。例如，国家电力行业占用了8 000亿元资产存量，每年却只创造80多亿元利润，铁路部门更是全行业叫喊亏损，而中石油、中石化、中国移动、中国联通等垄断型国企的高额利润一定程度上是靠不断推动提价来获得的。鉴于上述现象的存在，经济学界有人戏称中国是"以公有制为主体的，并且是以行政型垄断的中央大型国有企业为主宰的、不完全的社会主义市场经济体制"。

2. 国有垄断企业与民营企业处于不平等竞争状态：民营企业遭遇"玻璃门"现象

2005年国务院颁布的《关于鼓励支持和引导个体私营等非公有制经济发展的若干意见》，即"非公经济36条"，在市场准入方面有了名义上的突破：提出"贯彻平等准入、公平待遇原则"，允许非公有制经济进入垄断行业，并可进入自然垄断行业，加快垄断行业改革，在电力、电信、铁路、民航、石油等行业和领域，进一步引入市场竞争机制。此后，国家发改委会同有关部门出台了一系列落实方案。截至2006年底，在市场准入等方面出台了24个配套文件；全国31个省区市制定、出台促进非公有制经济发展的法规或政策文件200多件。按理来说，这些政策对民营经济的发展将起到巨大的推动作用。但事实并非如此，就在2005年"非公经济36条"出台不久，2006年国资委紧接着出台了《关于推进国有资本调整和国有企业重组的指导意见》，明确国有经济对军工、电网电力、石油、电信、煤炭、民航、航运等七大行业保持绝对控制力。所谓绝对控制力，其实就是实行绝对垄断。从这个文件的内容上看，实际上就是对"非公经济36条"的否定。面对国资委的文件，民营企业要想进入垄断性行业就如同要想进入"玻璃门"一样，看得见却进不去。中国上规模的民营企业数量虽然有了提升，但最大的500家赢利能力却在下降。这虽与整个宏观经济形势有关，但更重要的是因为民营企业几乎只能在竞争性领域生存而不能进入垄断领域。暴利产生于垄断行业，在竞争性领域中，原材料价格的飙升和下游市场的激烈竞争，使得民营企业难以获得较高利润。

2007年1月31日全国工商联公布的《2006年度中国民营经济发展形势分析报告》显示，在邮政、通信、广电和金融等领域，民营经济的进入遇到大量"玻璃门"现象，虽然名义上受到政策鼓励，但时至今日，民企却依然是看得到而进不去。

垄断企业出于维护自身超额利润与抵御市场竞争的需要，往往采取多种手段，如长期维持垄断高价、通过影响政府部门抬高行业准入门槛等，排挤和阻止民营企业的进入。很多垄断领域的国企原本就是大的权力机关,金融、电力、电信、铁路、民航、石油等这些领域虽然部分已撤销行政称号,但它们却仍然拥有足够的行政权力,高管们还保留着行政级别,部分领域还依然保留着行政部门,如铁道部、国家邮政管理局、民航总局等,它们事实上在利用手中的权力,从资本实力、技术水平、从业资历等各个方面抬高行业准入门槛,挡住民营企业的进入。例如,2006年4月,商务部出台《成品油市场管理办法》,要求凡经营油气批发的企业必须拥有10座以上的加油站和1万立方米以上的储油库。国内1万家资产在1 000万元以上的民营油企中绝大部分都不具备这两个条件;民企要进入天然气开采行业,企业注册资本要有40亿元,目前我国无一家民企有如此大的注册资本。同样,邮政、通信、广电、电力、石油、军工、金融、保险、交通、供水、供气、污水处理、基础设施等领域的相关部门都制定了市场准入的高标准门槛,这些刁难性的规定,说穿了,就是阻止了民企进入。因此,既然名义上要让民营企业进入这些行业,但实际运作时又让其进不去,这就令人产生一个疑问:"非公经济36条"是不是做给WTO看的?因为我国需要西方国家承认中国是市场经济国家,市场经济则要求各种所有制经济必须一视同仁、平等竞争,不允许歧视私有制经济,如果真是出于这一目的,那么,这一目的已经达到,但"非公经济36条"在国内却成了一纸空文。

三、按照市场经济的基本准则,规范我国市场经济行为

虽然我国的基本经济制度和市场经济体制模式不同于美国,但只要是走市场经济道路就必须遵守市场经济的起码准则,否则就不成其为市场经济。美国是世界上市场经济最发达的国家,它的成功经验值得我们借鉴。针对我国市场经济体制的不完善和存在的弊端,笔者认为,以下几个方面的改进尤为重要:

1. 必须打破行政型垄断

在我国,许多重要的资源都被大型国有企业所垄断,而且是"卖方垄断",其产品和服务的价格远远高于边际成本。这些国企垄断者凭借其在生产和市场上的垄断地位,以超过生产价格的高昂价格来获取超额垄断利润。它不仅使工人的部分必要劳动转化成垄断企业的利润,而且还占有广大中小企业的部分利润;它使整个社会的生产和服务成本提高,使劳动者的实际工资下降,并增加了广大消费者的支出;它还是当前国内通货膨胀的重要诱因之一。

我国大型国有企业的垄断是"行政型垄断",即由政府干预形成的行政壁垒,如政府部门直接授予中石油、中石化、中国移动、中国联通等几家或独家大型企业的专营权,从而形成垄断。若在市场自由竞争的情况下,商品生产者的资本可以自由地进入某一生产或流通领域,其资源可以在不同地区和部门自由转移,达到资源配置的最优化。但在"行

政型垄断"的情况下，垄断经营一旦形成，竞争就不复存在，市场对被垄断经营的资源的配置作用就会消失。行政型垄断是以行政权力来抹杀竞争活力，因而它对我国经济带来的危害是广泛、持久、严重的。要建立完全市场经济体制，就有必要保证不同经济成分的企业具有相同的政治、经济及法律地位，在市场准入及资源享用等方面具有同样的权利和义务，美国在这些方面就做得比较完善。在美国，政府主要运用经济及法律手段，按照市场经济运行规则的要求对宏观及微观经济进行调控，企业完全融入市场经济环境中，真正成为市场的主体，企业的行为遵循市场经济运行规律的要求，市场准入一视同仁，起点平等、公平竞争，反对垄断。

美国虽然也存在垄断，但它的垄断是在市场的自由竞争中、在资本和生产集中到一定阶段而自发形成的垄断，不存在国家赋予其特权，这种垄断是经济型垄断。但这种垄断并不排斥竞争，是竞争和垄断并存的局面。这种自发形成的垄断企业仍然是以竞争的方式进行生产和经营。尽管如此，美国政府还是不断地反垄断，以此来保护广大中小企业在市场上享有公平竞争的权利，这与我国的行政型垄断大相径庭。我国的行政型垄断主要有两种表现形式：一是行业垄断。行业垄断就是政府所属部门为保护本部门企业的经济利益，利用行政力量限制竞争对手进入市场，从而排斥和限制竞争。二是地区垄断。其实质是地方保护主义，是地方政府及其所属部门利用行政权力所实施的限制竞争的行为，主要是地方政府禁止外地产品进入本地市场，或阻碍本地原料销往外地，阻碍商品的自由流通，排挤竞争对手，但地区垄断目前并不突出。

与美国的既存在垄断又存在竞争的市场结构完全不同，竞争型垄断不存在市场准入的障碍。而我国的行政型垄断是依靠行政权力，即以政府的红头文件来限制竞争对手的进入，在没有了竞争对手的情况下，垄断企业会很轻易地获得高额利润。竞争型垄断则是在竞争的基础上形成的，形成本身正是其高效运作的结果。显然，没有竞争就没有优胜劣汰和资源的优化配置。我国的行政型垄断实质是传统的指令性计划经济的翻版，不仅阻碍我国经济的发展，也与国际经济一体化的趋势不相适应。要限制垄断、规范竞争、完善市场体系，须着眼全局，通过各种途径来遏制行政型垄断所带来的危害。为此，就必须不断地反垄断，尤其是要反行政型垄断，以保证竞争，使市经济的这一基本原则不受破坏。

2. 公平市场准入：让民营企业进入垄断行业

打破行政垄断，必须放宽民营企业的市场准入条件，破除民营企业进入垄断行业的壁垒。在这方面，应学习美国市场经济的做法。在美国，为保护和鼓励中小企业参与市场公平竞争，美国的《反垄断法》一直约束着市场上的大公司，如 IBM 和微软。而我国制定的《中华人民共和国反垄断法》在这方面有很大缺陷，回避了在我国客观存在的行政型垄断。《反垄断法》第一章第七条关于"国有经济占控制地位的关系国民经济命脉和国家安全的行业以及依法实行专营专卖的行业,国家对其经营者的合法经营活动予以保护"的规定,不但不反行政型垄断,还为行政型垄断的国有企业提供了垄断经营的法律依据。中石油、中石化、电信等行业正是在"关系国民经济命脉和国家安全"的名义下享受"专营专卖"特权的,广大民营企业的资本难以进入其控制的市场领地。要真正实行市场经济,就要拆除垄断行业的"玻璃门",放宽市场准入,还民企真正的国民待遇,使民企享有与国企同等的投资机会,真正做到凡是政府已向外资开放或承诺的投资领域,都应向民营资本开放。所谓民营企业的进入会造成重复建设、过度竞争、效率低下等现象,只不过是不让民企进入的一种借口。事实上,民营企业进入市场的潜在竞争威胁,会迫使产业内的原有垄断企业提高效率。退一步说,即便若干年后出现过度竞争,亦可通过市场优胜劣汰,达到产业的优化。就目前而言,过度竞争的状况根本不可能出现。现实经济生活已证明,行政型垄断国企提供的产品和服务大多是价高质差,只有竞争才能给社会带来丰富的优质产品和优质服务以及合理的价格。

我国政府应按照《中共中央关于完善社会主义市场经济体制若干问题的决定》和"非公经济36条"的要求,清理、撤销或修正那些不合理的、过时了的、不利于民营经济发展的政策和法规,清除某些行政主管部门和垄断企业设置的各种进入壁垒。为了不使"非公经济36条"成为一纸空文,国务院应成立贯彻"非公经济36条"的监督机构,接受民企投诉,监督"非公经济36条"的落实,真正体现"平等准入、公平待遇"这一市场经济的基本准则,为民营企业创造平等进入垄断行业的政策环境、制度环境和市场环境。

3. 在垄断行业引入竞争机制

为了行政型垄断企业自身发展的需要,也应把竞争法则引入垄断行业。竞争会对垄断企业造成压力和危机感,为了保住和占有未来市场,垄断企业就不得不努力研究新技术、开发新产品。如在汽车制造业方面,国外那些著名的汽车制造商(如奔驰、宝马、福特等),在汽车的安全性、可靠性、舒适性、环保性等方面掌握着世界领先的技术,以此使得其产品在汽车市场上占据了垄断地位。垄断形成了,但竞争并没有消除。每个汽车制造商面对激烈的竞争,不得不再投入大量的人力、物力,去研究和应用汽车领域更先进的技术,以维护其在汽车产业某个领域内的垄断地位。可见,为了促进技术创新,应借鉴美国市场经济的成功经验,在打破行政型垄断的同时,在垄断国企引入竞争机制。

4. 完善《反垄断法》,建立市场监管机构,保证公平竞争

我国自2008年8月1日起施行的《中华人民共和国反垄断法》并不完善。在《反垄断法》的修订过程中,不仅要吸收国际通行的反垄断规则,更要结合我国市场经济体制的实际国情,把反行政

型垄断作为重要内容。在《反垄断法》的执行方面,需设立一个高度独立的、权威性的反垄断执行机构,使其能有效地处理行政机构的违法行为。这个机构应有自己独立的财政拨款、独立的执行机构及人事制度。同时,需成立相应独立于执行机构的监督机构,成员应由社会上的各界代表组成,并注意吸纳社会知名人士、律师、学者,以定期、不定期形式检查反行政型垄断工作的进展。

目前正在酝酿的电力改革将建立监管机构,对电力市场公平竞争进行监管,国家电力公司将是市场的一个平等参与者,公平监管的确有利于提高电力行业的效率,我们真心希望这一改革成功。同时,也希望电信、民航、铁路等垄断型行业也都建立相应的市场监管机构,这样才能形成一个公平竞争的市场环境。只有这样,中国才有望真正建设成完全的市场经济国家。

载《特区经济》2010 年第 8 期

民营经济的贡献和民营企业家的作用

关于如何评价中国经济发展中民营经济的贡献和民营企业家的作用这个问题，也算是老生常谈了。表面上看起来这是两个问题，其实，差不多就是同一个问题，因为民营经济的贡献与民营企业家发挥的作用是紧密相连的。

众所周知，改革开放以来我国民营经济发展迅速，在经济社会发展方面承担着越来越重要的角色，发挥着越来越大的贡献，可以说，民营企业家、民营经济对于我国经济社会的发展和稳定具有十分重要的作用。不过，对于"民营企业"和"民营经济"这两个概念，官方从不提及到接受承认，却经历了一个缓慢的过程。以前，"民营企业"和"民营经济"的说法都仅限于民间，中央和国务院的文件中几乎从来没有这种提法，当涉及这一类经济形态时，中央和国务院的文件一般都采用"非公有制企业"和"非公有制经济"的说法。随着近年来民营企业和民营经济在经济社会生活各方面发挥的作用越来越大、越来越明显，社会上对这种说法的接受度越来越高，上述情况已经起了变化，比如中共十八届三中全会在使用"非公有制经济"一词的同时，也正式使用了"民营企业"的表述。

不仅如此，前段时间出版的《中共中央关于制定国民经济和社会发展第十三个五年规划的建议》辅导读本里提出："改革开放以来，我国非公经济发展迅速，目前，非公经济占国内生产总值的比重超过60%，税收比重超过50%，新增就业比重超过90%，在支撑增长、增加税收、扩大就业、促进创新等方面发挥着越来越重要的作用。"这个辅导读本是由十八届五中全会文件起草组撰写的，应该是对非公有制经济在经济增长、增加税收和扩大就业等经济数据方面比较官方的表述了。可见，民营企业、民营经济近些年来的发展是绝对不容小觑的，也得到了官方进一步的认可。

一、经济增长方面

根据全国工商联公布的数据，2013年的时候，中国民营经济贡献的GDP总量占比已经超过60%，在全国至少19个省级行政区的贡献超过50%，其中在广东省超过了80%。在浙江，民营企业为浙江经济贡献了70%的GDP。全国工商联的数据还表明，2013年，中国民营规模以上工业企业增加值累计增速为12.4%，连续第四年有所下降，但仍高于国有工业企业的6.9%。

在民间投资领域，2013年，中国民营经济完成城镇固定资产投资共计27万亿元，同比增长22.8%，占全部投资比重达到62%；其中私营企业完成12.1万亿元，同比增长30.8%。在电商领域，由于民营企业的加入和投资，2013年中国电商交易规模达到了9.9万亿元，比2012年增长了21.3%，其中网络购物市场达到1.85万亿元，同比增长了42%。2013年，中国民营企业出口额9 167.7亿美元，增长19.1%；进口5 764.8亿美元，增长27.8%，分别高于整体增幅11.2和20.5个百分点。这些数据足以表明民营经济在经济增长中起到的重要作用。

二、增加税收

对于民营经济为国家到底贡献了多少税收这个问题，社会各方曾经有过争论，以前国家统计部门也没有对民营经济在税收上的总体贡献数据进行过专门的统计，更未正式公布过相关数据。国务院研究室工交贸易司副司长陈永杰在今年2月份说，为了进一步搞清楚民营经济到底贡献了多少税收这个事实，国务院研究室从国家统计局和国家税务总局公布的相关具体数据中进行采集、分析与推算，分析得出的结果是：民营经济、非公经济和私营经济对整个国家税收的总体贡献，不是小于而是明显大于《中共中央关于制定国民经济和社会发展第十三个五年规划的建议》提出的"税收比重超过50%"。国家税务总局2015年12月税收月度快报显示，2015年国有及国有控股企业税收占全国税收的比重为31.7%。由此推算出，除国有及国有控股之外的广义民营经济占全国税收的比重大约为68.3%，这是非常大的一个比重。当然，这是就广义上的民营经济而言，细分起来的话，广义民营经济占全国税收的68.3%，内资民营经济占全国税收的50.1%，狭义民营经济占全国税收的约51%，非公有经济占全国税收的约66%。全国工商联编制的"2015中国民营企业500强"数据显示，2015年，民营企业500强共纳税5 727.51亿元，占全国税收的比重为4.81%，其中，纳税总额第一的是华为(337亿元)，万达和万科纳税总额也均超过了270亿元，电商巨头阿里巴巴纳税额也达到了178亿元。华为、万达、万科、阿里巴巴是大型民营企业的代表，但同时还有无数的中小民营企业做出税收贡献。所以，在关注大型民营企业的同时,也应该多扶持中小微民营企业的发展。

三、增加就业

民营企业是我国吸纳就业的主要渠道,这和民营企业的总量是分不开的。在全国政协十二届四次会议上,全国政协委员袁亚非提出,到目前为止,我国各类民营企业已达4 000万家左右,是我国最大的企业群体,民营企业的总量已占了全国企业总量的99%,贡献了超过80%的就业岗位。

自2014年9月李克强总理在夏季达沃斯论坛上提出"大众创业、万众创新"以来,全国各地掀起了创业热潮。随着支持大众创业的各项优惠政策的贯彻落实,这股创业热潮必将带动一大批民营企业的创立和崛起,而这也将为社会增加更多的就业岗位,缓解现在普遍的就业难问题。以浙江而言,民营企业解决了多少就业岗位呢?2015年浙江民营企业提供了90%的就业岗位,对过去一个时期的发展和稳定起到了至关重要的作用。

综上所述,民营经济在中国经济发展中的贡献是明显的、多方面的,并不局限在经济增长、增加税收、增加就业三个方面。那么,该如何评价民营经济在中国经济发展中的贡献呢?

习近平总书记在全国政协十二届四次会议民建、工商联界委员联组会上的重要讲话中重申了"非公有制经济是我国社会主义市场经济的重要组成部分",并鲜明地提出三个"没有变",即"非公有制经济在我国经济社会发展中的地位和作用没有变,我们鼓励、支持、引导非公有制经济发展的方针政策没有变,我们致力于为非公有制经济发展营造良好环境和提供更多机会的方针政策没有变"。

习近平总书记还将非公有制经济上升到"中国共产党领导下开辟出来的一条道路"的高度加以强调。这是关于非公有制经济最全面、最系统、最集中的一次阐释,充分彰显了对非公有制经济地位作用认识的深化,极大丰富和发展了中国特色社会主义政治经济学,对于在新常态下坚持和完善我国基本经济制度、推动各种所有制经济健康发展、凝聚合力实现中华民族复兴的伟大中国梦具有重大理论和现实意义。

由此可见,党和国家对于非公经济、民营经济对中国经济发展的贡献是持肯定、鼓励和支持态度的。具体地说,民营经济对于中国经济社会各方面的发展,无论是带动经济发展、增加税收、增加就业、稳定社会,都是十分重要的力量,民营经济的地位和贡献不容忽视。

习近平总书记在全国政协会上还提到了一个说法。他说,要推动广大非公有制经济人士做合格的中国特色社会主义事业建设者。许多民营企业家都是创业成功人士,是社会公众人物,用一句土话讲,大家都是有头有脸的人物,民营企业家的举手投足、一言一行,对社会有很强的示范效应,要十分珍视和维护好自身社会形象。他还提到,民营企业家要在推动实现中华民族伟大复兴中国梦的实践中谱写人生事业的华彩篇章,广大民营企业要积极投身光彩事业和公益慈善事业,致富思源,义利兼顾,自觉履行社会责任。这些都是民营企业家在当前所能发挥的作用,在新时期,希望民营企业家能发挥更大的作用,民营经济能在促进中国经济发展过程中不断做出更大的贡献。

载《浙江经济》2016年第10期

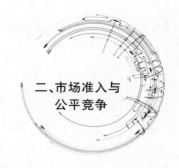

二、市场准入与公平竞争

1. 中国石油行业行政垄断的成因、危害及解决之对策
2. 行业垄断：落实《条例》的一大障碍
3. 民企进入垄断行业面临的机遇与挑战
4. 垄断经营不应成为改革的取向
   ——评《邮政法》修改稿第七稿
5. 《反垄断法》不能没有"反行政垄断"
6. 改革收入分配制度 打破行政垄断是关键
7. 垄断行业的伪市场化评析
8. 评反垄断法中"另有规定"条款
9. 评新《破产法》
10. 不应否认行政垄断的存在
    ——由全国人大法委会主任委员称"我国不存在行政垄断"所想到的
11. 民间投资能进石油行业吗？
12. 央企上缴收益比例应提高

中国石油行业行政垄断的成因、危害及解决之对策

一、垄断行为的外在表现

2005年以来,油荒不断席卷而至,波及范围越来越广,影响程度越来越深。在2008年的油荒风波中,民营石油企业陷入前所未有的困境,663家国内民营石油批发商倒闭2/3,4.5万座加油站关闭1/3,价值高达几万亿的资产处于闲置状态(赵友山,2008)。显然,这是石油行业行政垄断导致市场不平等竞争的结果,包括民营企业在内的非行政垄断企业都深受其害。

2009年初以来,我国成品油价格历经8次调整,大多是涨多跌少。以发改委调整浙江省汽、柴油最高零售价为例,其中5次调高,幅度最高为6月30日调高8.6%,3次调低,幅度最高为9月30日调低2.5%,且每次调低之后的调高不但不能填平调低缺口,而且较调低前更有提高,一年来,成品油指导售价较年初上涨23.8%(年初为6 390元/吨,目前为7 910元/吨)①。石油是关联度极强的上游产品,油价上涨必然会带动其他物价上涨,埋下通货膨胀的隐患。整个社会因油价上涨将不得不承受高昂的生产和生活成本。

不言而喻,上述现象正是我国石油市场存在垄断行为的外在表现。人们对垄断和垄断行为的一般理解是:少数企业独占资源、生产和市场;处于垄断地位的企业设置进入障碍,阻止潜在竞争对手进入,以损害消费者利益为代价,利用垄断优势,获取垄断超额利润。其手段往往有:操纵价格、控制产量、划分市场、价格歧视、联手抵制、非法兼并、通过"价格战"消灭竞争对手等。而油荒无非是石油巨头通过控制产量、限量供给及拒绝交易等手段人为制造的一种紧张局面,意在迫使政府提高石油价格,进而获得高额垄断利润。油价"涨多跌少"的波动也无非是垄断者利用自身垄断优势完全乃至过度转移国际油价上涨,使石油

---

① 数据根据2009年历次《国家发展改革委关于降低成品油价格的通知》计算得到。

价格维持在高位,进而保证自身的高额垄断利润。

那么,这种垄断是如何形成的?其根源是什么?本文将通过详细的分析将垄断现象背后的秘密层层揭开,透视到底是什么因素影响着中国石油供给,是谁在左右着中国的石油市场。

二、垄断行为的缘由——垄断型市场结构

中国的石油行业主要包括三个经营领域:原油生产及进口、石油炼制、成品油流通。在原油生产及进口领域中,中石油、中石化和中海油三大集团控制了95%以上的原油生产和进口;在石油炼制领域,据2008年的数据统计,"中石油、中石化的加工能力占全国的79.8%,零散的地方炼油厂仅占18.5%"(边思颖等,2009);在成品油流通领域,中石油、中石化通过收购以及自己投资兴建加油站,也占据了主导地位。到2007年底,中石油、中石化全资和控股的成品油批发企业占全国的63.7%;在零售终端环节,中石油、中石化全资、控股及特许加油站数量占加油站总数的51%(张军,2009)。从这些数据可以看出,中石油、中石化基本垄断了从原油开采到终端销售的整条产业链,囊括产、供、销链条全过程。

根据产业组织理论,有什么样的市场结构就会有什么样的企业行为(王俊豪,2003)。在我国石油行业,垄断型的市场结构决定了垄断性的企业行为。寡头垄断企业作为理性的经济人势必会通过限量供给,将市场均衡价格控制在高位。它是通过这样一个作用机理形成的:当国际原油价格上涨时,不管国内原油生产成本是否有变化,三大垄断巨头借助这一趋势相应地提高原油价格,这使得炼化企业生产成本升高并使成品油批发价格也随之升高。国家对终端石油销售价格的限定就会理所当然地导致"批零倒挂"。大批民营加油站因此而不得不退出市场。在这一趋势下,垄断巨头往往会通过限量供给人为制造成品油供应的紧张局面,以抬高石油终端销售价格。政府抬高油价也面临着公众的压力,只得下令降低石油批发价格。于是,石油炼化企业必然面临着亏损。其结果是大批炼化企业退出市场,石油供应的紧张局面再次出现。当炼化企业石油供给不足时,中石油、中石化往往会优先供应自己下属的加油站,民营加油站因为得不到油源而被迫关闭,致使石油供给更加紧张。2005年以来屡屡出现的区域性油荒风波就是在这一机制下形成的。

迫于石油限价政策下的供需矛盾,2009年5月我国开始实施新的成品油定价制度,规定当国际市场原油连续22个工作日移动平均价格变化超过4%时,可相应调整国内成品油价格。新定价制度使成品油定价透明化,但是这一价格机制也存在根本性缺陷,它客观上赋予了石油企业只赚不赔的市场地位,显然有悖于市场经济规律。而且新定价

机制所依据的价格基准虚高,无论国际原油价格是涨是跌,国内油价始终维持在相对高位。占有市场最大份额的寡头垄断者是这场改革的最大受益方。2009年上半年,中石油实现净利润505亿元,在全球最赚钱的石油公司中排名第二;中石化实现净利润332.5亿元,同比增长300%(姜雷、严凯,2009)。这一改动措施进一步壮大了中石油、中石化的垄断实力。新定价机制允许国内油价随着国际油价浮动,在我国由少数垄断巨头完全纵向一体化操纵的格局下,国际石油市场的价格任何一点上涨都会被完全乃至过度转移到国内市场就成为一种必然趋势。尽管发改委针对历次价格调整规定了最高限价,但是垄断巨头往往是将最高限价作为销售价格。当国际油价下滑时,垄断巨头仍然使国内油价保持在高位水平上。这就是我们所看到的价格"涨多跌少"的症结所在。

这些行为看似不道德,但是作为理性的经济主体,在寡头垄断市场格局下,垄断寡头操控市场是一种必然。长期以来,社会公众往往将斥责的矛头对准垄断巨头。笔者认为,问题的根本并不单纯在于垄断巨头油企,而更多在于塑造石油行业垄断格局及创造石油行业游戏规则者。我们需要透过现象看本质,寻找问题产生的根源。石油市场出现的一切问题,其根源均在于支撑石油行业垄断格局的幕后者。幕后者究竟是谁?幕后者的行为究竟是怎样的?搞清这一问题很简单,我们只要分析石油行业垄断格局是怎样形成的以及石油行业的游戏规则是如何制定的,问题就会迎刃而解。

三、垄断型市场结构形成的根源——行政垄断

(一)从制度变迁的角度看垄断格局的形成过程

新中国刚成立,中央人民政府就建立了燃料工业部,下设石油管理总局,对整个石油工业采取高度集权的管理模式。有学者对我国传统石油工业管理体制自建立以来历经的一系列改革进行了总结(王冠,2008)。石油工业部于1988年9月被整体改为行业性总公司即中国石油天然气总公司(CNPC,简称中石油),负责石油陆上开采,既是独立法人又承担着原石油工业部的政府职能;原石油工业部所属炼油部分与化工部、纺织部及部分地方石化企业合并,于1983年组建中国石油化工总公司(SINOPEC,简称中石化),负责下游石油炼化加工;石油及其化工产品的进出口贸易仍然为外经贸直属的中国化工进出口总公司(后改为中国中化集团公司)专营;为开发海洋石油资源,中国海洋石油总公司(CNOOC,简称中海油)于1982年2月批准成立,统一管理海洋石油的勘探开发和生产销售。原国家能源委员会和能源部分别于1988和1992年撤销,其职能部分由政府综合部门行使,部分由中石油、中石化、中海油行使。1998年,国务院对中石油、中石化所属企业"完全打乱,重新洗牌"。经过这次

重组，企业的行政职能被进一步剥离，形成了上下游一体化的独立法人。石油行业呈现出了中石油占据北方、中石化占据南方、中海油占据海上的"三分天下"的格局。

从整个石油行业的制度变迁过程我们可以很清楚地看到，石油行业垄断现状并非是市场竞争的结果，从石油行业的完全垄断到三大巨头公司的成立再到三大巨头公司的重组，完全是政府运用行政手段所实行的自上而下的改革，自始至终都带有浓厚的行政色彩。可以说，是政府一手塑造了石油行业的垄断格局，也就是说行政主体正是我们上文所提及的"幕后者"。那么，幕后者在这一塑造过程中具体实施了什么样的行为，采取了什么样的手段呢？

（二）从政策壁垒的角度看垄断格局的形成过程

在原油开采领域。 1986年和1987年分别颁布的《矿产资源法》和《石油及天然气勘查、开采登记管理暂行办法》，规定只有由国务院授权的有关主管部门审批并颁发采矿许可证的企业才有权开采石油、天然气等矿种。当时，"拥有石油开采许可证的只有中石油、中海油、中石化及陕西延长石油集团四家"（王冠，2008）。在原油进口领域，2004年之前，国家一直将原油和成品油进口配额限制于国营贸易企业。为了履行我国加入世贸时的承诺，即"保障每年非国营贸易进口原油配额以15％的速度增长"，国家近年逐步增加非国营油企的进口配额。据了解，2010年较2009年非国营企业进口配额将增加15％。即便如此，2010年民营油企进口配额也仅占到中国1.9亿吨原油进口配额的13％。而且，国家对能够获得原油进口配额的民营油企规定了非常苛刻的限制条件，如：注册资金不低于5 000万元；拥有不低于5万吨的原油进口码头；拥有库容不低于20万立方米的原油储罐。此外，民营油企的进口原油又只能卖给两大石油巨头——中石油和中石化。很容易看出，国家所推行的这种政策并没有真正考虑到非国营油企的利益。重重排他性规定，封闭了石油上游领域，国营垄断油企完全控制了我国石油链条的源头，从而为控制整个石油链条打下了基础。

在石油炼化领域。 1999年，国务院办公厅转发国家经贸委等部门《关于清理整顿小炼油厂和规范原油、成品油流通秩序的意见》，要求撤消未列入国家原油分配计划的、未经国务院批准的、未符合规定的一切已建、在建和拟建的小炼油厂；经清理整顿合格的小炼油厂，可由中石油、中石化依法采取划转、联营、参股、收购等方式进行重组。这次整顿后，全国100万吨以上的大中型国有炼油厂基本都划归了中石油、中石化。2006年1月，国务院第121次常务会议通过的《炼油工业中长期发展专项规划》和《乙烯工业中长期发展专项规划》规定了众多市场准入条件，基本上限制了民营资本进入。长期以来，受国家政策限制，民营炼油企业没有直接进口原油的购买配额，从国内获得的原油配置指标远远不能满足生产需要。因此，民营炼油企业维持生产的主要原料来源是从国际市场上采购燃料油。2009年所实施的燃油税改革造成油品成本直接增加30%—35%,民营炼油企业纷纷出现严重亏损。

在成品油流通领域。早在1994年,国务院下发了《关于改革原油、成品油流通体制意见的通知》,规定原油的收购由中石化专营,成品油由国家计委进行导向配置,取消企业的自销权。1999年,配合国家石油行业的清理整顿及三大石油公司的重组,由国家经贸委、国家计委、公安部等几个部门联合发布的《关于清理整顿小炼油厂和规范原油、成品油流通秩序的意见》及由国务院生产办公室、对外贸易部等几个部门联合发布的《关于清理整顿成品油流通企业和规范成品油流通秩序的实施意见》等几个文件,将成品油批发零售权集中于中石油和中石化,使成品油油源被牢牢控制在两大集团手中。2002年,经国务院办公厅签发,国家经贸委以当时市场存在"加油站违规建设、布局不合理、过多过滥"等不良现象为理由,要求各地"在征求中石油、中石化意见的基础上做好行业规划,严格市场准入,凡还未经经贸部门批准且不属石油集团、石化集团的加油站,要么关闭、搬迁,要么由石油集团、石化集团收购、控股,从而纳入其连锁经营体系"(蔡琳,2008)。铁道部2003年《铁运函150号令》规定,没有中石油和中石化两大集团同意盖章,各铁路局不准受理成品油运输业务,从运输上将民营油企掐住。为了履行加入世贸组织的承诺,商务部于2006年12月颁布《成品油市场管理办法》和《原油市场管理办法》,《办法》规定:无论所有制形式、内外资企业,只要符合《成品油市场管理办法》和《原油市场管理办法》,都可以经营成品油和原油的批发和仓储。但在实际操作中,高筑的准入门槛让民营油企望而却步。2008年,国家发改委和商务部联合发布《关于民营成品油企业经营的有关问题的通知》,允许中石油、中石化加快推进对民营批发企业的"重组",而所谓重组,实际上是将民营油企兼并掉,进一步加强二巨头的垄断地位。

(三)从政府行为的角度看垄断格局的形成过程

重重政策壁垒赋予了三大垄断集团独有的市场地位,国家赋予的垄断权实际是最大的制度补贴。然而这还不够,政府又通过财政补贴、行政授权等方式进一步强化其垄断地位。

据中石化人士说,"中央财政在2005年和2006年两次出台补贴政策,中石化分别得到一次性补贴100亿元和50亿元"(中广网,2007);"2007年中央财政对中石油、中石化的补贴额约达2 000亿—3 000亿元"(张静,2008);"中国政府于2008年1—8月累计向中石油、中石化两大石油集团提供成品油财政补助531.8亿元,以弥补两大集团因国际油价高涨导致的炼油业务亏损,中石化获441亿元,中石油获90.8亿元"(华尔街日报,2008)。本次金融危机爆发以来,国家的政策和资金大幅度向国有大型垄断企业倾斜。国有垄断巨头油企也在这一浪潮中大获其益,垄断实力大大加强,而民营油企的市场地位被进一步削弱。中央政府通过庞大的财政补贴保证了垄断油企在市场中特有的霸权地位。

国家行政机关经常授权于中石油、中石化两大油企,使其兼企业和行政职能于一身。政企不分的现象在石油行业非常突出。从前面的政策分析中可以看出,每一次石油市场整顿的善后处理者都被指定为中石油、中石化,二者从中获利颇巨。中央企业核心管理层的任命仍然采用行政任命制。石油二巨头参与政府决策也是非常普遍的。例如,中石油和中石化在2001年的成品油流通领域整顿过程中不仅参与了有关规则的制定,还直接参与了整顿工作。从这些方面来看,中石油、中石化两大集团公司在行业中参与政府决策的地位从未动摇过,被指"官商一体"并不为过。

笔者认为,从当前的市场格局和政府作用于石油市场的表现来看,行政垄断左右着中国的石油市场,是中国石油市场一切问题产生的根源。只要行政垄断存在,石油市场的垄断格局就不会改变,垄断格局下的企业行为也就不可避免,中国石油市场的问题就会一直持续下去。

四、行政垄断的负面影响

行政垄断依靠权力分配资源,导致资源配置不当、市场被扭曲。行政垄断的影响波及的范围极广,从微观看主要涉及垄断企业、消费者和民营油企三类主体,从宏观看主要涉及国家、社会和市场秩序。

(一)行政垄断对垄断油企的影响

行政垄断为垄断油企谋取利益最大化创造了极其便利的条件。每当国际原油价格上涨时,石油巨头就以亏损为由,通过制造油荒、合谋等形式要求政府提高油价或者给予补贴。石油巨头的原油相当大一部分来源于国内,国内原油生产成本远低于国际;进口部分大多是购买质量较差、价格较便宜的原油,是按照低于国际公布的原油价格交易的。垄断油企每次按照国际公布的原油价格计算的亏损实际是虚化的或者是被夸大的。对此,政府不但给予巨额补贴,而且还允许其提高油价,获取巨额利润。

人们对行政垄断企业的腐败现象常有所闻。这些腐败现象不仅暴露了石油垄断企业高管的腐败,同时也让人们明白,在现有体制下,中国油价不断攀高已不足为怪。垄断巨头在行政力量的呵护下严重缺乏创新动力,效率低下让人瞠目结舌。统计数据显示,埃克森美孚、道达尔、壳牌公司2008年的净利润率分别是9.8%、6.6%和5.7%,而中石化是2%,中石油仅1.94%。中国的石油垄断巨头与国际老牌石油企业不仅在经营能力上相差巨大,生产效率也相差甚远。2009年第二季度,全球500强排名第二位的埃克森美孚,用8万员工创造了4 429亿美元收入。而名列第九的中石化,用66万员工仅创造了2 078.1亿美元收入(叶檀,2010)。

(二)行政垄断对民营油企的影响

长期以来,行政垄断使民营油企举

步维艰。1999年,国务院办公厅转发原国家经贸委等八部门的"38号"文件,明文规定将成品油批发权集中于两大石油巨头手中。由政府出面强化了石油行业的行政垄断,导致民营石油企业陷入生存困境。2004年,按照中国加入WTO的承诺,国内成品油零售市场开始正式向外资全面开放,外资公司可以在国内大量销售自己生产的成品油,致使民营石油企业在应对中石油、中石化的巨大冲击的同时,又面临着外资石油巨头的严重压力。2005年,国务院颁布了《关于鼓励支持和引导个体私营等非公有制经济发展的若干意见》,明确表示允许非公资本进入电力、电信、铁路、民航、石油等行业和领域,放手让民营企业获得生存和发展机会。在此基础上,商务部又在2006年发布《成品油市场管理办法》和《原油市场管理办法》,宣布自2007年1月1日起开放中国原油、成品油批发经营权,让民营企业又看到了一线生机。但是,因为垄断油企对市场的控制,民营油企只是在公文文字中有了生存余地,在现实中仍受到严格限制,发展的空间非常有限。

行政垄断使民营油企生存于夹缝之中。石油开采领域是绝对封闭的,只能由国务院授权的四家国有垄断油企经营,民营油企只能涉足石油生产链条的中下游环节。然而,就是在这两个仅有的空间中,民营企业的生存也十分艰难。在石油生产炼化领域,受到进口配额的限制,民营炼油厂的原油主要来源于垄断巨头。垄断巨头凭借垄断特权,常以较高的价格向民营炼油厂供给原油。在原油不足时又"拒绝交易",并只供给本企业属下的炼油企业。由于垄断巨头对终端市场的垄断,民营炼油厂生产的石油又不得不以较低的价格卖给垄断油企。民营炼油企业处在这样一个以较高价格进油、较低价格售油的境地,生存难以为继。在成品油批发零售领域,民营加油站的生存空间极小。销售量最大的高速公路、国道附近,几乎全被两大石油巨头的加油站占据。而且,大部分民营加油站是从垄断巨头批得成品油,垄断巨头在油源充足时供给,不足时就不供给,致使民营加油站长期面临着缺油的困境。

(三)行政垄断对消费者的影响

消费者是石油行政垄断的最大受害者。2009年以来油价不断高涨。以发改委规定的浙江成品油指导价为例,"当前的价格是7 910元/吨[①]",较年初的6 390元/吨上涨23.8%。如表1所示,我国作为人均收入水平较低的发展中国家,却要承受比世界发达国家还高的汽柴油价格。

表1　2009年7月国内外成品油价格对比

(单位:元/升)

类别 \ 国家	中国	美国(新泽西州)	英国	日本	德国
成品油税前价格	6.37	4.56	12.2	7.5	—
成品油税后价格	4.08	3.64	3.294	3.4	3.05

数据来源:叶书宏,任芳.中国成品油裸价远超美日[N].北京青年报,2009-07-04.

---

① 数据来源:2009年历次《国家发展改革委关于降低成品油价格的通知》。

油价牵一发而动全身,油价的上涨会导致运输成本的提高,从而会立刻引起物价的上涨。以北京新发地的大葱市场为例,"油价上调后,一夜之间,大葱价格每500克涨了5分钱。成品油价上调后,每车大葱的运费从1 500元增加到了1 600多元,批发商们只能将这部分费用转嫁到大葱的价格上。"油价上涨最终的结果将体现在CPI上(汤敏,2009)。从一定意义上说,石油行业的行政垄断已经成为国内通货膨胀的引擎。

（四）行政垄断对国家的影响

行政垄断使国家石油安全缺乏保障。日益膨胀的垄断势力对中国石油供给已经构成了最大威胁。长期以来,它们操纵国内石油市场、排挤竞争对手,并不断以腐化等手段影响和控制行政主体的行为和决策。而西方发达国家的石油市场都存在多元化的竞争者,政府鼓励竞争,让它们在竞争中相互制衡,因此,在石油供给方面从来没有出现过像我国这样的状况。

行政垄断给国家造成巨大的财政浪费,国家历年对垄断油企进行巨额补贴。垄断了整条产业链的垄断巨头经常将某个环节的亏损故意突出或夸大,而整体上并不亏损,所谓的亏损不过是一个借口,以此来坐享国家政策之利和巨额补贴。在新定价机制下,油价不断上涨迫使国家又拿钱补贴消费者。补贴消费者是为了维持垄断高价,维持垄断高价是为了维持垄断利润,维持垄断利润就是为了维持石油巨头的垄断地位。所以说,不管从哪个角度看,石油补贴已成为垄断巨头牟利的工具。这种补贴支撑着日益膨胀的垄断势力、日益高涨的垄断价格和日益畸形的垄断市场。

（五）行政垄断对社会的影响

社会生产在高油价之下承受着高昂的成本,石油巨头却饱享着行政垄断下的高额利润。行政垄断直接导致了社会不公平。首先是资源占有上的不公平。经济学家盛洪表示:"我国石油资源归国家所有,但两大石油公司却没有向国家交付相应的矿区使用费,只是象征性地交付资源使用费,原来是每吨8—24元人民币,后来上调为每吨约30元人民币,与美国相比每吨原油就少500多元人民币"(许智博,2007),这些数据表明我国矿区使用费成本偏低。不仅如此,国有石油巨头交税少,国际上原油资源从价税率为10%,我国仅为1.5%[1]。此外,国家还有成品油出口退税政策,仅此一项,垄断巨头年进账就达上百亿元。

其次,行政垄断也带来了收入分配的不公平,加剧了我国的贫富差距。以2007年为例,全国城镇职工平均年收入为24 932元,中石油平均每位员工的年收入为97 996.34元,是全国城镇职工平均工资的4倍;而2008年其人均工资更是达到了109 461.91元[2]。中海油2008年年报显示,中海油董事长兼首席执行官的薪酬(酬金加股份期权收益)高达1 204.7万元[3]。众所周知,在

---

[1] 数据来源:http://www.crifs.org.cn,2008-05-07。
[2] 根据国家统计局2007年、2008年公布的数据计算而来。
[3] 数据来源:中海油2008年年报。

现行体制下,我国"限薪令"对石油巨头高管收入的控制形同虚设,反而从政策上使垄断巨头高管的高收入"合法化"了。石油行业的高额收入,造成社会分配严重不公,贫富差距只会越来越大,社会主义共同富裕目标也会因此变成一句空话。行政垄断导致的分配不公平将对社会稳定造成一定的威胁。由此可见,行政垄断对社会造成的危害必须引起足够的重视。

（六）行政垄断对市场经济的影响

石油巨头的垄断行为,严重扰乱了市场经济秩序。市场经济是一种自主的经济、自由的经济、平等的经济、竞争的经济、信用的经济、法治的经济。然而,行政主体赋予特权企业垄断权,使市场竞争主体之间存在不平等地位;行政主体发布行政命令干预企业行为,使市场主体的行为不具备自主性;行政主体设置层层壁垒,使石油市场不存在真正意义上的竞争。行政垄断正是通过对这些基本原则的破坏阻碍我国市场经济的完善。

民营油企徘徊于生死之间,游离于夹缝之中。而外资企业受政策壁垒的限制还没有成规模地入驻国内。国内市场是中石油、中石化、中海油"三分天下"的垄断格局。行政垄断妨碍了市场竞争、破坏了市场经济秩序,使中国至今不能成为具备完全市场经济地位的国家。

坚持市场经济改革是我国经济腾飞的必由之路。我国经济体制改革从单一的"社会主义计划经济"到"计划经济为主,市场调节为辅"到"计划经济与市场调节相结合"到"有计划的商品经济"到"国家调控市场,市场引导企业",到十四大确定的"社会主义市场经济",到十五大对社会主义市场经济的精确阐述,再到十六届三中全会通过的《中共中央关于完善社会主义市场经济体制若干问题的决定》,都是推动市场化改革的里程碑。时至今日,建设社会主义市场经济体制已经写进了我国《宪法》和中共党章。整个改革进程历经风风雨雨,既有传统观念、传统思维方式的束缚,也有既得利益者们势力的阻挠,可谓付出了巨大的代价。当然,这些巨大代价的背后也孕育了市场经济改革的累累硕果。国家面貌发生了翻天覆地的变化,2009年GDP总量雄居世界第二,综合国力跃至世界第四位,我国成为真正意义上的经济大国和强国。应该说,这一切成就都离不开市场取向的经济体制改革。为了使改革取得更大的成功,我国应该坚定不移地沿着市场经济改革之路走下去,除此之外,别无选择。

然而,不幸的是,传统计划经济体制遗留下来的行政垄断一直是改革征途上的绊脚石。因为它的存在,中国经济改革的步伐蹒跚而吃力。可以说,这是行政主体给自己加上的枷锁,使其为任何行为和决策无形中承担了一笔毫无必要的巨大成本。特别是这次国际金融危机爆发以来,我国的行政垄断愈演愈烈。事实上,行政垄断并不仅仅存在于石油行业,在电信、金融、航空等领域,都是行政垄断处于主宰地位。行政垄断干预市场准入、妨碍市场竞争、破坏市场秩序,它与我国坚持社会主义市场经济改革的取向背道而驰;它影响社会自主经济主体的培育,降低生产效率,它与社会主义"解放生产力、发展生产力"的本质属性大相径庭;行政垄断造就了垄断巨头暴富的高管,加剧了中国贫富差距,它与全国人民"共同富裕"的最终目标南辕北辙;行政垄断还是我国通货膨胀的引擎,它使人民长期忍受着高昂的生产和生活成本,它与党中央"关注民生问题"的呼吁分道扬镳。

总而言之,行政垄断是中国石油市场所出现的一切问题的根源,是中国建设市场经济体制的巨大障碍,它的存在已经严重影响了人们的生产和生活。无论从微观方面还是从宏观方面看,行政垄断都存在着不可忽视的负面影响。只要中国坚持走市场经济之路,就必须打破行政垄断。

五、打破行政垄断的对策思路

(一) 转变政府职能,实现政企分离

行政垄断的根源在于政企不分。破除石油行业的行政垄断,政府必须收回赋予中石油、中石化、中海油等大型国企垄断资源和市场的特权,政府的职能主要体现在对市场秩序的规范和不让市场出现垄断行为的监管上。

(二) 放开市场准入,形成竞争性市场结构

消除行政垄断的制度土壤,取缔相关行政垄断政策。放宽准入门槛,开放市场,让民营资本自由进入石油行业,不受限制地参与竞争,并且在石油行业的上中下游都形成竞争性的市场结构,而不是只开放下游,政府不得通过行政许可控制这些产业的上游。

要形成竞争性的市场结构,政府必须为此提供适宜的政策环境。为此,国务院及其有关部委应当撤销那些阻碍民营企业进入石油行业和赋予中石油、中石化等油企垄断地位的有关文件和规定,如 1987 年颁布的《石油及天然气勘查、开采登记管理暂行办法》中的关于"目前拥有石油开采证的只有中石油、中海油、中石化及陕西延长石油集团四家"的规定;降低对民营油企进口原油的苛刻条件,如注册资金不低于 5 000 万元,拥有 5 万吨码头,拥有库容不低于 20 万立方米的原油储罐的规定;取消民营油企进口的原油只能卖给两大石油巨头——中石油和中石化的"强买强卖"的规定;撤销 1999 年发布的《关于清理整顿小炼油厂和规范原油、成品油流通秩序的意见》和《关于清理整顿成品油流通企业和规范成品油流通秩序的实施意见》等文件中的"成品油批发零售权集中于中石油、中石化"的规定;撤销 2002 年国务院办公厅和国家经贸委关于"未经经贸委部门批准且不属中石油集团、中石化集团的加油站,要么关闭、搬迁,要么由中石油集团、中石化集团收购、控股,从而纳入其连锁经营体系"的规定,并清理一切限制民营油企经营石油的有关文件。之所以要清理和撤销或修改上述相关政策和规定,因为这些政策和规定是政府凭借权力干涉企业和市场、分割社会资源和划分市场领地的典型表现,它严重地破坏了

市场对资源的基础性配置作用,破坏了市场的统一性和竞争性,是典型的行政垄断对市场秩序的破坏。

(三)拆分现有寡头,重塑市场主体

必须拆分中石油和中石化,并阻止拆分后的企业间达成串谋协议。打破中石油、中石化和中海油之间的地区市场分割协议,在三者之间引入竞争。例如,向中海油颁发陆地石油开采的许可证,向中石油和中石化颁发开采海洋石油的许可证;再如,不分割市场领地,中石油可以到南方市场,中石化也可以到北方市场。同时,以优惠政策吸引和培育民营石油市场主体,并使之形成市场规模和提升其竞争力。

行政垄断是妨碍我国市场发挥正常功能的主要因素。为了防止垄断对市场的破坏作用,发达市场经济国家甚至不惜动用国家行政权力依法强制拆散一些大型垄断企业。我国行政型市场垄断的特点是:国家赋予某些行业、某些大型国企独占资源和市场的垄断权力。这种垄断与在市场自由竞争基础上形成的经济型垄断不一样,它是以国家行政权力为后盾并以维护国家经济安全的冠冕堂皇的名义进行的,因而更具有欺骗性,其破坏力更大。"官商一体"的大型国有垄断企业称霸市场,已成为我国社会主义市场经济运行秩序混乱的根源。

为了保证我国社会主义市场经济功能的正常发挥,必须通过立法和行政手段来彻底打破石油行业的行政垄断,让包括民营油企在内的各种所有制的非行政垄断企业进入石油市场,并与中石油、中石化、中海油进行竞争,只有这样,中国石油市场的油荒和不断攀升的油价问题才能得到解决,中国的市场经济体制也有望走向完善。

参考文献:

[1] 边思颖,等.我国炼油行业发展面临的挑战与对策[N].中国化工信息,2009-05-25.

[2] 蔡琳,何青松.从中国石油行业的反竞争行为看中国的反垄断问题[J].生产力研究,2008(9):2.

[3] 姜雷,严凯.新成品油定价机制下两石油巨头业绩飘红[N].经济观察报,2009-10-09.

[4] 汤敏.油价上调产生连锁反应[EB/OL].(2009-07-02).http://news.sina.com.cn/o/2009-07-02/155915887934s.shtml.

[5] 王冠.行政垄断对中国石油产业结构的影响分析[D].济南:山东大学,2008.

[6] 王俊豪.现代产业经济学[M].杭州:浙江人民出版社,2003.

[7] 许智博."经济租"视角下的石油垄断[J].中国改革,2007(5):23-25.

[8] 叶檀.中石油市值全球第一不值得骄傲[N].南方都市报,2010-05-31.

[9] 张静.油价上调:正确的一小步[J].传媒文摘,2008(10).

[10] 张军.燃油税破茧而出,成品油改革仍需努力——中国成品油市场回顾与展望[J].能源产业研究,2009(1).

[11] 赵友山.民营石油批发商2/3倒闭民营油企欲诉两巨头垄断[J].中国石油流通论坛,2008(10).

载《经济社会体制比较》2010年第5期,并以《打破行政垄断优化我国市场经济环境》为题发表在《经济学消息报》(2010年5月21日)

行业垄断：落实《条例》的一大障碍

不久前，浙江省政府派出40多人到全省各地市对国有企业转换经营机制进行了广泛的调查，绝大多数厂长（经理）对行业垄断反映强烈，认为这是落实《全民所有制企业转换经营机制条例》（以下简称《条例》）、转换机制不可忽视的一大障碍。

笔者这次参加调查发现，行业垄断或行业摊派，表现形式很多，五花八门。如电力部门利用企业对公共产品"电"的需求而向企业高价推销其有关产品。据反映，杭州地区某电力部门强制某企业购买由其指定公司经营的变压器，其变压器是劣质产品，企业无法使用。宁波地区某电力部门硬是要企业安装停电预报器，每只2 000元。该地区某交通部门还利用企业对公共产品"公路"的需要，与保险公司串通一气，在收取养路费时统一收取车辆保险费。在金华市，尖峰集团发行股票时，因不能满足某部门的要求，结果车辆被罚款的特别多，有一天，被拦的车达10多辆，影响企业的正常生产，直到政府出面才解决。萧山某环保部门成立环保公司后明文规定，所有企业新上基建技改项目的环保部分必须由该公司收费咨询和论证。在绍兴地区，企业买发票本要交抵押金，还要企业交聘请兼职税务咨询员年薪6 000元。在宁波地区，某银行支付工资要收预约金万分之二。在舟山地区，一机械厂申请安装程控交换机，某邮电局指定该厂必须到其开设的商店购买，结果不但价格比上海高出50%，而且质量不好，安装后至今不能开通。还有其他种种例子，不再一一枚举。由此可见，行业垄断的不正之风已愈演愈烈。这种现象严重影响市场经济新秩序的建立，背离了市场公平竞争的原则；同时也反映了某些公共服务部门的腐败现象，败坏了社会风气。

行业垄断为什么有加无已，愈演愈烈呢？主要有以下三个原因：

第一，新旧体制交替，政府放权，行业扩权。

政府的职能一般体现在行业部门上，

行业部门不放权，不转变职能，政府的放权和转变职能就到不了位。行业部门至今握有许多大权，如对厂长(经理)的人事任免权，进出口贸易、技改项目和基建项目的审批权，等等。不少行业部门还借"转变职能"之名，打出翻牌公司，将主管的企业并入自己的集团公司或总公司，将政府放给企业的权利收归自有，进一步扩大权力，更有甚者，中央宏观控制放宽后，行业部门乘机兴办各种经济实体，这些实体借行业部门的权力推销产品，造成权力下海，以权谋私。

第二，市场经济中，某些行业如电力、环保、公路、邮电通信部门以及绝大部分政府服务部门提供的都是公共产品。

公共产品有其一定的运行机制。当这种运行机制健康地合乎规律地运行时，就能促进经济的发展和社会进步。反之，如果这种运行机制不完善或处于混乱状态，就会成为经济发展的障碍。我国现阶段的行业垄断，可以说是由国有制或公有制的变种而衍生出来的行业所有制或部门所有制的产物。从更深层意义上讲，实际上也是公共产品运行机制扭曲的结果。

第三，在我国，公共产品发展滞后，它的供给与市场经济的发展需求存在很大缺口，构成了市场经济的瓶颈。

到目前为止，我国公共产品的运行机制很不完善，处于混乱状态。造成这种混乱状态的原因有两个方面：一方面是由传统体制所引起的。传统体制把公共产品的范围扩大到私人产品和私人资本领域，而传统的发展战略又是封闭式的，长期忽视了真正的公共产品的发展，特别是一些公共基础产业和制度建设。另一方面，由于我国市场经济制度的设计和安排严重不足，缺乏政府必要的宏观指导。在传统体制的影响随着体制改革的推进日益衰减时，由某些部门的"非生产性创新活动"产生的非正式制度纷纷填补传统体制的空缺，在扭曲市场经济运行机制的同时，扰乱了公共产品的正常运行。

如何消除行业垄断现象呢？我认为，首先是政府要致力于对市场经济制度的设计和安排。历史和现实证明，凡有利于经济发展的制度都是政府供给的。因此，要深化改革，进行制度创新，加强宏观指导，完善公共产品的运行机制。其次，政府应该通过改革国有经济，缩小其范围，转变其职能，逐步收缩公共产品运行的范围，同时政府应积极鼓励非国有经济的发展，通过股份制来有效地组合多种所有制经济，齐心协力，共同发展公共产业，并形成竞争的格局，以提供更多的公共产品如保证有更多的电力等等的供应，填补供求的缺口。最后，建立和完善监督制度，出台完备的反行业垄断法规。若电力部门有强行推销诸如停电预报器等行为的，政府部门要大刀阔斧，惩一儆百。如此持之以恒，行业垄断现象必能消除。

载《改革月报》1993年第9期

民企进入垄断行业面临的机遇与挑战

2005年2月24日公布的《国务院关于鼓励支持和引导个体私营等非公有制经济发展的若干意见》(俗称"非公经济36条")是新中国成立56年来第一次以中央政府的名义发布的鼓励支持和引导非公有制经济发展的政策性文件。"非公经济36条"进一步解放思想,放开民企的手脚,使本来正在蓬勃发展的民企有了更好的政策环境、社会环境和市场环境,同时也正确引导和规范民营经济的健康发展。所以,这是民企期盼已久、深得人心、适应我国社会主义市场经济发展的重要文件,体现了中央对非公经济的发展指向。在政策大力扶持的同时,不断发展壮大的非公有制经济也具备了进军垄断行业的雄厚资本。

一、民企进入垄断行业的政策环境得到改善

"非公经济36条"规定,允许非公有资本进入法律法规未禁入的行业和领域。加快垄断行业改革,在电力、电信、铁路、民航、石油等行业和领域,进一步引入市场竞争机制,对其中的自然垄断业务,积极推进投资主体多元化,非公有资本可以参股等方式进入,对其他业务,非公有资本可以融资、合资、合作、项目融资等方式进入。除国家法律法规另有规定的外,允许具备资质的非公有制企业依法平等取得矿产资源的探矿权、采矿权,鼓励非公有资本进行商业性矿产资源的勘查开发。

其实,我国的自然垄断行业,如民航、石油、电力、电信、铁路等实际上并不完全属于自然垄断,而是通过行政命令形成的。一些行业之所以长期对民营企业紧闭大门,主要是因为许多政府部门职能错位,直接参与到某些行业的经营当中,由此导致对这些行业的垄断以维持高额的利税来源。垄断导致进入不充分,有效供应不足,价格向上走,也使一些垄断行业成为经济发展瓶颈,

如水、电、收费公路、地铁等行业。显然,这是一种带有浓重行政干预色彩的垄断。而鼓励和支持民营企业进入垄断行业,也就必然意味着对行政性垄断的突破。

党的十六大就提出了对国有垄断产业要实行改革的方针。十六届三中全会通过的《中共中央关于完善社会主义市场经济体制若干问题的决定》指出,要加快推进和完善垄断行业改革,对垄断行业要放宽市场准入,引入竞争机制,有条件的企业要积极推行投资主体多元化,继续推进和完善电信、电力、民航等行业的改革重组,加快推进铁道、邮政和城市公用事业等改革,实行政企分开、政资分开、政事分开,对自然垄断企业要进行有效监督。由此可见党中央关于民企可以进入垄断行业的政策是非常明确的。

我国民企进入垄断行业,已经具备了相当条件:

第一,政策条件和相应的体制条件的具备。党和政府制定的国有企业包括垄断行业改革的相关政策,指出民营经济是促进我国生产力发展的重要力量,要求清理、修订限制民营经济发展的法律、法规和政策,消除体制性障碍,放宽市场准入,允许民营资本进入法律法规未禁入的基础设施、公用事业及其他行业和领域。民企在投融资、税收、土地使用、对外贸易等方面,与国有企业享有同等待遇。同时,经过二十多年的改革开放,我国许多民企已经积累了不少资金,因而也具备了进入垄断行业所必要的资金条件。

第二,民企进入垄断行业,也是我国加入世界贸易组织(WTO)的必然要求。世界贸易组织规则规定,加入世贸组织的国家或经济体,必须对内对外开放市场,要求发展市场经济,取得完全市场经济地位。这就客观上要求我国进一步放松对自然垄断行业的管制,开放市场;加入世贸组织,还要求其成员对外资实行国民待遇、市场准入,垄断行业也要逐步参与国际市场竞争。因此,必须提高自然垄断行业的国际竞争力,才能适应这一要求。

第三,民企进入垄断行业,对于减轻政府财政负担、提高投资效率有着重要的作用。垄断行业包括基础设施和公用事业,需要政府作很大的投资。同时,由于多数垄断行业运作的低效率,往往给政府造成财政负担,因此政府也是欢迎民企进入垄断行业的。此外,科学技术的进步,市场需求的增长,使垄断行业的垄断性发生动态变化,某些原来具有自然垄断性的部门或环节发生变化,使之产生可竞争性,从而也为民企进入垄断行业创造了条件。

二、民营资本可以进入更多的垄断行业和领域

(一)民企进入垄断行业是国有垄断行业改革的目标

民企进入垄断行业,是使垄断企业实行产权主体多元化的必要措施。国有垄断企业进行股份制改造,建立现代企

业制度,是国有垄断企业改革的目标。我们看到,在改革实践中,国家名义上是国有企业(所谓全民所有制企业)的大股东,但行使股东权利的主体却只能是作为政府代表的官员,而不是国企所有者的全体人民。这是委托代理关系的根源所在。即代表全体人民的政府,委托政府部门代理,政府部门再委托公司法人代理,公司法人再委托经营管理者。因此,国有垄断企业的资产所有权或股权,企业法人财产权,经营管理权,这三权是由不同主体控制的。这样,所有者缺位问题并没有从根本上解决。国有股份仍没有很具体化的所有者,股东的权利仍然是由非股东地位的代表——官员行使的。

为了解决这个问题,国家成立了国有资产管理监督委员会(简称国资委),目的是想从上述委托代理关系中脱离出来,但事实是只能缩短委托代理的链条,因为国资委同样只能是所有者代表而非所有者本人,同样不具有"剩余索取权"。所以,国资委对国有资产的运营,并不能起到很好的监督作用;同时,国资委作为政府部门派出的国有产权代表,国家还是缺乏有效的监督派出代表的行为方法和手段,即缺少一种机制,监督代表行使所有权代表的职能,以致国资委也不可避免地产生一些问题。显然,要真正从根本上解决产权主体的缺位问题,国有垄断企业的改革必须实现产权主体多元化,即实行股份制。要股份化,民企、民营资本必然进入垄断行业。

(二) 民企可以进入较多的垄断行业发挥功能

民间资本进入较多的垄断行业和领域已为党和国家政策所允许。国家正在加快垄断行业改革。这表明,垄断行业的大门已经向民企资本打开。但民营资本进入垄断行业还仅仅是起步。比方说,民营航空公司已经成立并已正式运营,首家获得民航总局批准的民用航空公司——鹰联航空有限公司的A320客机在2005年7月28日首次飞行抵达杭州萧山机场。而在此之前的7月18日,主打"廉价航空"路线的上海春秋航空首航成功,奥凯航空公司也获准组建。机场向民资开放,民营资本可以投资除空中交通管制系统外的所有民用航空领域,包括民用机场、公共航空企业、服务保障及民用航空相关企业。2005年8月15日起生效的《国内投资民用航空业规定(试行)》还鼓励国内投资主体投资航油企业。民营资金参股铁路或建设全资铁路,也已经成为事实。衢常铁路已经正常运营。铁道部出台的《关于鼓励支持和引导非公有制经济参与铁路建设经营的实施意见》于2005年7月22日宣布对国内非公有资本开放四大领域:铁路建设领域、铁路运输领域、铁路运输设备制造领域、铁路多元化经营领域。而石油、电信、邮政、文化事业、公用事业、基础设施等垄断领域,民营资本的介入也都已经成为不争的事实。以石油石化企业为例,全国规模以上的民企已经达到4 800多家。另据权威消息,民间资本也已开始参与军工生产。

三、民企进入垄断行业所面临的挑战

目前我国民企涉足和参与垄断行业,总体来说,还处在谨慎探索阶段,还有很长的路要走,无论在思想舆论氛围、社会环境方面,还是政策机制环境、法律法制方面,都还存在一定程度的障碍和约束。虽然党和政府的大政方针是十分明确的,但真正执行起来还是会碰到不少意想不到的困难。就以民营航空来说,放开准入还需要明确准入门槛,而现在的准入门槛并不是很明确的,三家民营航空公司的组建,都是以个案审批口头方式通过的。允许民营资本进入还需要很多配套方案的出台,比如给民企什么样的航线,对民营航空在安检上有什么要求,获准进入时能否与现行的一些规定衔接,怎样衔接,如何制定合理、必要、符合国际惯例的监管政策等等。此外,当民企进入垄断行业并与国有资本这样的庞然大物站在一起竞争时,在资本实力、品牌信誉上的底气不足以及对发展战略、商业模式的陌生,也必然使之面临相应的风险。从获取必要收益和回避风险的角度看,民营企业进入垄断行业必然是谨慎选择后的结果。更为重要的是,民营企业如何发挥机制上的优势,如通过细分市场、业务创新等手段来获得其进入垄断行业的发展。这些也都是民企进入垄断产业时所面临的不可避免的挑战。

我国民营经济虽然发展很快,到2004年底,全国民企已经达到375万家,但是真正上规模、有实力的企业还不是太多,能进入世界500强的企业,到目前为止,一家也没有。而进入垄断行业,一般来说,市场准入的门槛相对比较高,资金需求量大,所以,没有一定的经济实力和资金实力,受到自身实力的制约,即使外部条件具备了,民企想进入垄断行业,也是心有余而力不足。加上融资条件和融资环境不具备,所以民营资本要较大规模地进入垄断行业,在近期还是有一定难度的。

但是,由于在我国加入世界贸易组织以后,垄断产业必须根据世界贸易组织的有关规定逐步对外开放,我们必须践约,必须兑现我们加入世界贸易组织时的诺言。而对外资开放的领域,对民营资本也应该一样开放。所以,民企进入垄断行业是一种客观的必然趋势,不是可有可无或者可以随意回避的事;同时,民企进入垄断行业,对于加快推进和完善我国国有企业特别是垄断行业的改革,也是必不可少的步骤,是我国经济改革进一步深化的必然结果,是垄断行业产权多元化改革目标的必然结果。我们期望着有更多的民企能进入垄断行业,使我国的国民经济更加快速健康稳定地发展。

原编后语:目前,市场准入受限仍然是很多民企面临的问题。"非公经济36条"在条文上,或者说在形式上,对民营企业的市场准入的门槛虽已拓宽

到"非禁即入",但事实上,很多行业对民营企业仍是禁区,对此,民营企业家将之比喻为"玻璃墙",政策看得见,可是进不去。比方在成品油批发、零售领域,民营企业就很难涉足。近期,《邮政法》修改稿第七稿又规定"360克以下邮件寄递邮政专营",排斥民营快递企业开展相关业务,我们希望邮政部门不要"与民争利",放弃垄断,实行公平竞争。

载《当代经济》2005年第10期

垄断经营不应成为改革的取向
——评《邮政法》修改稿第七稿

2006年初,《邮政法》修改稿第七稿因有"350克以下信件邮政专营"的内容引发了一系列争论。由于350克以下的信件寄递占目前民营快递公司日常业务的90%以上,如果上述规定通过,会给社会造成许多不安定因素。笔者对此也甚为关切,认为《邮政法》不宜再设置禁入门槛来保护垄断,而应在立法中体现邮政改革国有民营的导向,并就此谈几点看法。

一、对《邮政法》修改稿"350克以下信件邮政专营"规定的评析

笔者认为,"350克以下信件邮政专营"的规定不妥,理由如下:

第一,"350克以下信件邮政专营"的规定,实质上是邮政部门凭借行政权力保护部门垄断利益,目的是把竞争对手民营快递从邮政业中排挤掉。

长期以来,基于国有邮政服务价格高、服务态度差等原因,很多消费者特别是商业机构选择了由民营快递公司提供的服务,邮政部门对民营快递公司十分不满。《邮政法》修改稿并未划分邮政普遍服务和邮政商业服务的范围,而将350克以下信件的寄递服务统一纳入邮政专营业务范围。显然,其实质就是邮政利用自己的行政地位和起草法律的权力,设置高门槛把竞争对手民营快递赶走,不让民营快递涉足,从而继续保护邮政部门的垄断地位。

笔者读了《邮政法》修改稿第七稿,最明显的感觉是,它背离了公开、公平、公正的社会主义市场经济的竞争原则。我国20多年来市场经济的发展历史证明,只有打破垄断、引入竞争机制才能有利于市场经济的完善。特别是改革开放以来一大批民营企业的涌现,为我国市场经济的建设和完善注入了新的活力。然而,民营企业所能享受的待遇远不及它们对国民经济和社会的贡献。民营企业不仅因为

所有制问题受到歧视，同时在与邮政业等国家垄断企业竞争过程中，也遭遇各种不公正的限制和制裁。近年来，国家逐渐提高了民营经济和民营企业的地位，2004年宪法修正案将民营经济纳入保护范畴，并于2005年公布了国务院"非公经济36条"，规定要放宽民营经济的市场准入，要进一步加大对民营经济的财税金融支持。但实际上，民营企业若要进入垄断领域，总是遇到国有部门的限制，政府的许多有关部门出于本部门利益考虑，往往给民营企业明松暗紧地设置种种障碍，此次民营企业参与邮政寄递业的遭遇仅是诸多案例中的一个典型而已。邮政部门的这种行政立法干预，不符合市场经济"呼唤竞争、消除垄断"的原则，对减轻政府财政负担、控制游资上涨、提高邮政寄递效率有弊无益，也不利于国有邮政的改革和发展。

我国正处于社会主义市场经济不断完善的进程中，民营快递业是在市场需求的哺育下发展起来的，在极大程度上符合社会主义市场经济的发展规律，但"350克以下信件邮政专营"的规定欲将其置于死地。《邮政法》的改革非但不与市场经济改革相适应，反而背道而驰。对于民营快递企业这么有效的经济实体，邮政体制改革应该予以肯定并给予支持才对。为什么有"邮政专营"的规定？其实质恐怕不像某些邮政部门人员说的那样：民营快递会损害邮政部门提供普遍服务的质量。如此说来，难道民营快递就不能提供高质量的社会普遍服务，而只会损害社会普遍服务的质量？只有邮政部门才能提供高质量的社会普遍服务？据笔者所在单位工作人员反映，民营快递比邮政要安全，上门服务的效率更高，他们对邮局的衙门服务不感兴趣。谁服务得好，不是由邮政部门说了算，而是由客户来评定的。

民营经济作为社会主义市场经济的重要组成部分，理所当然地包括民营快递业。从这个层面上说，民营快递企业与我国邮政部门在快递行业中是两个独立平等的市场竞争实体。但是长期以来邮政部门同时兼有行政管辖权和经营权，在快递业中邮政部门既是"裁判员"又是"运动员"。在这场利益分配纷争中，"350克以下信件邮政专营"的规定，实际上是邮政部门在自己处于下风的情况下利用自己手中的行政管辖权铲除异己。这不但压缩了市场经济的竞争空间，而且压缩了消费者的选择空间，是对消费者选择权的剥夺，完全是垄断者的"强权主义"。

第二，"350克以下信件邮政专营"的规定若通过，将引发一系列问题。

"350克以下信件邮政专营"的规定若通过，最直接的影响是全国3万多家民营快递公司将无法生存，而这些企业的数百万员工也将失业。在就业形势十分严峻的情况下，安排这些低技术水准的职工再就业很难。如此一来，势必影响构建和谐社会。在市场经济条件下，在宪法的基础上，通过任何一项法律法规的最终目的都是要能够使尽量多的社会成员获得更多的利益以及获得更高的效率。但"350克以下信件邮政专营"的规定，只是满足邮政部门的独家垄断的需要,受到利益损失的将是全社会的多数成员,而且邮政部门的垄断经营所造成的直接或间接的全社会的经济损失将是难以估量的。

2005年,国务院"非公经济36条"明确指出,要放宽市场准入,允许非公有资本进入法律法规未禁止的基础设施、公用事业和其他行业和领域。这一政策的出台是对非公有制经济发展的一个重大突破,如果在当前国有企业改革处于攻坚阶段的关键时刻通过此法,不仅对民营企业的进一步发展会起到严重的阻碍作用,而且还会造成政府与民争利的不良影响。在民营快递企业已经存在若干年,并且在解决就业、提供税收、提高市场经济运行效率方面做出很大贡献的情况下修改法律来毁灭这个行业,可以预见,那些正在或者将要进入这些行业的民营企业将会畏惧不前,这样就会使非公经济发展的建议成为一纸空文,严重削弱国务院"非公经济36条"的权威性。

此外,这一规定也不符合我国邮政体制改革的取向。我国邮政体制改革的一大目标,就是要顺应市场化潮流,通过改革来激活国有邮政业。要实现这一目标,国有邮政必须通过改善服务态度、提高服务质量、拓宽服务领域来占有市场;企图通过行政手段打压对手是对市场经济平等竞争原则的破坏。根据我国入世协议,我国的邮政领域将对外开放,DHL、TNT、UPS等国际大型快递公司已为进军中国市场做好充足准备。在这一大背景下,如果350克以下信件寄递业务禁止民营快递公司介入,显然有违内、外资公平待遇原则,也违反了WTO的基本原则。

第三,邮政部门关于"350克以下信件邮政专营"的规定有许多解释,笔者认为其辩解是站不住脚的。

邮政部门提出,"350克以下信件邮政专营"的规定是为了便于监督检查和保密工作的需要。笔者认为,这是邮政部门为垄断经营而推出的一个借口。邮件安全的检查和邮件保密完全可以不依赖邮政专营的方式达到预期效果。如国外专门设置邮政警察负责对邮件的抽查监督;此外,各国对邮件寄递经营的参与者资格都有一定规定,防止邮政经营者良莠不齐。就我国而言,也可以考虑借鉴国外的方法,在公安、海关系统配备专门的邮政督察人员,并且,如果邮件涉及保密需要,可以依《保密法》的规定实行保密邮件专营、专寄。客户也会根据自己需要保密与否来选择民营快递或邮局专递的,用不着邮政部门代为劳心和越俎代庖。

邮政部门有关负责人认为,目前邮政业务普遍亏损,需要通过赢利良好的快递业弥补亏损,因此要保证快递业由邮政部门专营。笔者认为,这是典型的与民争利的强权逻辑。以此推理,政府的职能部门或者国有企业为弥补亏损岂不都可以堂而皇之地采用行政垄断来解决亏损吗?比方说,若石化行业亏损则国家石油批发、零售只准由中石化、中石油经营;若纺织行业亏损则民营纺织企业就需关闭,如此等等。这样一来,我们岂不是又要回到改革开放前的计划经济时代去吗？

笔者认为，《邮政法》修改稿第七稿"350克以下信件邮政专营"的规定是要重筑邮政垄断的坚冰，如果它被通过，则是市场经济改革的倒退。第七稿是邮政部门为自己制定的保护自身垄断利益的法律草案，但国家立法是为保护绝大多数公民利益的，而不是仅仅为了保护某个部门的利益。邮政体制的改革绝不能将民营快递排斥在参与者之外，更不能置其死活于不顾！如果邮政部门坚持第七稿，那么即使它侥幸被通过，也将是短命的。因为中国的市场化改革是不可逆转的，一切逆历史潮流而动的东西都将被历史所抛弃，并且以立法维护垄断地位绝非是邮政业改革的正途，国有民营才应是邮政改革的探索方向。

二、邮政改革应探索国有民营

笔者认为，我国邮政体制改革以及《邮政法》修改应尝试国有民营，原因如下：

其一，国有邮政部门的衙门作风是邮政部门亏损的根源，必须引进民营机制来激活其活力。

和许多改制前的国有国营企业出现大面积亏损情况一样，国有国营的邮政部门没有实行市场化改革，导致亏损毫不为奇。扭亏为盈的根本途径是深化邮政部门的市场化改革，而不是垄断。邮政部门把亏损归咎于民营快递公司，认为民营快递专门从事同城和城际利润丰厚的快递业务，而将偏远地区的业务甩给邮政部门，由此造成了国有邮政企业的连年亏损。邮政部门的这种看法是错误的。市场主体多元化和竞争主体多元化是发展市场经济的必要条件，有市场就有竞争。事实上，各行各业都面临着竞争的环境，又何止邮政部门一家呢？竞争是市场经济的天然法则，邮政部门不在改变机制、改进服务、增加服务品种上下功夫，而把眼睛盯住竞争者，想通过垄断经营来排斥竞争以弥补亏损，这显然是下下策。邮政部门说民营快递公司唯利是图，其实，逐利性是现代企业的最本质的特征。就逐利性而言，邮政部门与民营快递公司相比，则有过之而无不及。仅以目前350克以下的信件快递为例，民营公司每件收费仅为8—10元，而国有邮政每件收费22元。可见，邮政部门的逐利之欲远超民营快递，邮政部门又有何事实可指责民营快递企业唯利是图呢？

国有邮政企业之所以亏损，衙门作风是其根源。国有邮政企业奉行机关办公时间，早八晚五，不上门揽业务，而且中午大部分窗口都挂出"暂停服务"的牌子。笔者曾遇到过这一情况：某日中午，一位国家工作人员在某一邮局针对"暂停服务"这一现象对营业员指出："如果对面有家民营的'邮局'，你们就不会暂停服务了。"更令老百姓不满的是，不少邮政单位把国家提供的邮政场所出租给卡拉OK、饮食店和服装店等搞创收，使服务窗口越来越窄，到邮局办一点事如取款、寄挂号、订报纸等都要排队。另外，顾客寄快件必须到相应的邮政服务点才能办理,要是迟于下班时间,快件就只能隔天办理。而与之相比,民营快递公司往往一个电话就会主动上门服务。在递送速度上,同样一件从浙江省内发出的快递信件,民营公司隔天就到达江苏省,而邮政部门至少要3天。民营快递公司还将包裹送上门,邮局则是通知客户到营业网点领取。无论是价格、速度还是方便群众的程度,邮政部门的快递业务都不及民营快递公司。在市场经济条件下,消费者对成本高低、服务质量好坏、速度快慢非常重视。由此可见,邮政部门竞争不过民营快递公司及其亏损的真正原因在于端惯了铁饭碗、吃惯了大锅饭,因而缺乏活力,疏于对提高服务效率和服务质量的考虑,在市场竞争的情况下,邮政部门作为国有企业像改制前的其他国有企业一样,怎么会不亏损呢?而要扭亏为盈,则必须如同其他国有企业一样,打破铁饭碗、大锅饭,深化体制改革,鼓励民营企业参与邮政行业的改革,转变机制,强化服务意识、提高运作效率,从而激活国有邮政。

其二,世界各国邮政改革的经验表明,公平竞争、国有民营是邮政业改革的必然趋势。

自20世纪60年代开始,世界上绝大部分国家陆续进行邮政体制改革。这些国家的改革大都是放宽了邮政业市场进入的限制,缩小或取消邮政专营权,以使邮政市场日趋开放。如瑞典作为欧洲第一个废除邮政专营的国家,自1993年起宣布2千克以下信函实行经营许可证制度;而英国不仅于2001年决定对申请经营重量350克以下或资费在1英镑以内的邮件经营者颁发经营许可证,并废除了延续300多年的邮政信件专营制度,还通过包裹送上门、代缴水电煤气费等特色服务吸引消费者;日本的邮政体制改革虽然面临重重阻力,但政府仍冒着巨大的政治风险,最终还是通过了邮政民营化改革方案。上述国家在邮政业通过引入竞争机制,提高了邮政行业效率和效益,使邮政业不再亏损,并使之成为一个盈利的部门。从各国实践经验来看,发展邮政是靠竞争而不是靠保护,西方国家邮政的民营化改革的成功经验值得我国邮政业认真借鉴。

如何对待竞争对手?笔者认为,邮政部门应该与竞争对手比服务态度、服务品种、服务质量、投递速度、价格合理等,谁有优势,谁就会占有市场份额。邮政部门若能把以民为本作为改革的出发点和落脚点,转变机制,实行国有民营,专心、贴心地为民服务,真正做到"人民邮政为人民",那么,邮政部门就能够搞活,利润也会随之而来。

必须指出,我国邮政部门以及其他垄断部门如电力、燃气、电信、公交、供水、铁路、民航等竭力排斥民营企业,不利于国务院"非公经济36条"的贯彻落实。因此,国家应该出台《反垄断法》,禁止上述部门"与民争利"。

载《经济学消息报》2006年4月21日
《中国改革报》2006年5月10日、
《人民日报》网络中心转载

《反垄断法》不能没有"反行政垄断"

自1987年开始,我国就开始了《反垄断法》的立法起草工作。然而,近20年来,备受社会各界关注的《反垄断法》却迟迟未能颁布。直至2006年6月7日,国务院常务会议才原则通过《中华人民共和国反垄断法(草案)》(以下简称《反垄断法(草案)》)。

然而,令社会各界诧异的是,原先送审稿中"禁止滥用行政权力限制竞争"一章在这次通过的草案中被整体删除。如果这次草案获人大常委会审议通过,将意味着那些违背公平竞争原则、阻碍市场经济发展、损害非垄断行业和消费者利益的行政垄断行为将不受《反垄断法》的制裁。笔者对此深表关注,现就国务院常务会议原则通过的《反垄断法(草案)》谈几点看法。

一、反行政垄断的重要性

(一)行政垄断是计划经济的产物

在传统的社会主义国家实行的是计划经济,而行政垄断正是计划经济的产物,且行政垄断又能保证计划经济的贯彻。在计划经济时代,企业是上级行政主管部门的附属物,原材料的供应、生产、流通、分配等都听命于有关行政部门的指令,因而人们不会去考虑反行政垄断的问题。现在我国实行的是社会主义市场经济,市场经济最基本的原则是起点平等、公平竞争,而行政垄断恰恰破坏了这一基本原则。在我国现实经济生活中,既有因行政权力与市场的边界不清晰而造成的行政垄断现象,也有政府有关部门出于自身的权力和利益的考虑,对某些重要资源和商品实行垄断,如电力、石油、石化、信息、邮政等行业的垄断,政府或其相关行政部门通过立法或其他形式让国有部门的企业独家经营而排斥其他所有制企业的进入。

(二)行政垄断限制了民营企业的市场准入

随着我国社会主义市场经济体制的

不断完善,政府的行政职能逐渐从单一的市场管理转变为市场引导、宏观调控和公共服务的提供。与此同时,民营经济的地位也逐渐被重视,特别是去年颁布的"非公经济36条"以及各地出台的配套政策,都强调要扩大市场准入,允许其进入更多的垄断行业和领域发展。文件颁布后,有部分民营企业进入垄断行业发展,并凭借自身产权清晰、经营灵活的优势,迅速在市场上立足,这是可喜的一面;但另一方面,很多民营企业不仅无法凭借"非公经济36条"的规定涉足垄断行业,相反,连在原来已进入的非垄断行业领域的市场也被国有企业排斥、剥夺,社会称此现象为"国进民退"。如在成品油零售、批发经营领域,根据入世协议的规定,2004年开始民营企业可以进入成品油、零售市场,但因油源始终受中石化、中石油两大国有垄断企业的垄断,民营企业无法在这一领域施展身手。目前《成品油批发企业管理技术规范》正在报批,在该《规范》征求意见稿中,有一条款规定成品油批发企业的资格是"必须从事两年以上成品油零售经营业务,并拥有30座以上自有或控股加油站",这是垄断者故意提高门槛,限制民营企业的进入。该征求意见稿一旦通过,将意味着全国绝大多数民营企业无法再涉足成品油市场。由于石油、石化的垄断,导致以其为原料的相关产品的价格大幅度提升,中小民营企业凡用到与这类资源相关的原材料制品,其生产成本高得令人难以承受。

在对民营企业的调研中,一些中小企业经营者向笔者叫苦不迭。另外,从2006年《邮政法》修改稿第七稿规定"350克以下信件寄递邮政专营"来看,邮政部门也想通过立法排斥民企经营邮政业务,企图实行部门垄断。350克以下的信件寄递占目前民营快递公司日常业务的90%以上,若这一规定通过,则将有一大批民营快递公司面临破产。此外,2006年3月还发生宁波建龙钢铁的民营大股东被迫向国有钢铁企业转让股权的事件。为了申报将近两年的项目能顺利取得国家发改委的批文,宁波建龙钢铁的大股东唐山建龙实业有限公司(民营)持股份额被迫从原来的35%下降到29.17%,而改由国有公司杭州钢铁集团持有宁波建龙44.39%的股权并一跃成为第一股东。行政垄断现象之所以层出不穷,就是因为行政部门和部门主管的垄断企业存在千丝万缕的利益关系,行政机关通过部门立法,制定高门槛的标准或直接通过实施具体行政行为来干预、遏制民营企业进入垄断领域,通过扼杀竞争对手——民营企业来维护垄断企业和行政部门的利益。由于国家没有反行政垄断的相关法律、法规的约束和制裁,行政垄断就可以大行其道,民营企业的市场准入受到重重限制,"非公经济36条"也难以得到贯彻落实。

(三)垄断企业凭借垄断地位垄断价格,侵犯消费者的权益

日常生活中,消费者遭遇了太多"行政垄断"之苦:无法查阅家中固定电话的通话详单,单位电话只能拉长途而不能拉市话清单;所购买的免费小灵通尽管

没有技术上的障碍,但因政策上的限制无法进行漫游;某省手机欲实行单向收费,而国家主管部门下令说谁单项收费就吊销谁的营业执照;航班无故延误,乘客无法得到妥善的食宿安排;珍贵物品邮寄中遗失,只能获得低廉的赔偿;信件、报纸不能按时送到,等等。在被垄断的商品和服务面前,消费者没有选择商品和服务的权利;同样没有竞争对手的威胁,这些垄断企业,自然不会视消费者为上帝而改进服务,它们凭借垄断地位就能轻松地提价攫取超额利润。更有甚者,现在部分垄断企业,如两大石油集团、电力公司等,一方面声称自身"亏损"要提高服务产品的价格,一方面将攫取的巨额利润用于提高本企业职工工资,提供免费福利。据报载,现在垄断企业的职工收入普遍比其他行业职工的收入高10多倍。当行政部门与垄断企业达成利益共享时,不仅是消费者的权益,而且国家的利益也会受到严重损害。

(四)禁止行政垄断,迫在眉睫

起点平等、公平竞争是市场经济的基本法则。我国要完善社会主义市场经济体制,那么一切违背起点平等、排斥竞争的垄断都应被禁止,行政垄断也概莫能外。我国由于过去长期实行计划经济和高度国有化,在主要基础设施和公共服务部门的行政垄断,已经形成一个庞大的既得利益集团,其特点是借助政治资源来进行经济资源的占有和分配,排斥其他利益集团参与竞争,妨碍生产要素自由流动,寻求本行业、本部门、本集团的利益最大化,而不是全社会财富或人民福利最大化。行政垄断还极容易成为孳生腐败的温床。行政垄断是一种兼具行政性与经济性的垄断行为,它已经成为中国经济高速增长的制度性瓶颈;不铲除行政垄断,就不可能建立起完善的社会主义市场经济秩序,中国经济也无法取得和谐的发展环境。反行政垄断不仅是民意所向,也是政府经济体制和政治体制改革的必要选择。

因此,应该明确界定和严格禁止行政垄断。行政垄断理应纳入《反垄断法(草案)》,这是保证我国经济持续、快速、健康发展的迫切需要。

二、剖析主张删除"反行政垄断"内容的几种观点

在社会普遍期望通过立法遏制行政垄断的漫长等待中,国务院原则通过的《反垄断法(草案)》却把送审稿中原来已有的"禁止滥用行政权力限制竞争"一章的内容整体删除,真令人始料未及。早在1993年,我国颁布的《中华人民共和国反不正当竞争法》中还对"滥用行政权力限制竞争"的行政垄断行为有所涉及,虽然内容空泛;而在社会主义市场经济取得长足发展的今天,原则通过的《反垄断法(草案)》却把反行政垄断全文抽掉,这是立法理念上的倒退。

此次《反垄断法(草案)》采用的是部委"关门立法"的方式,对于立法过程中专家争议的问题和原则通过的《反垄断法(草案)》具体文本并未公布,民众知之

不详。但部分起草组专家还是通过媒体披露了《反垄断法(草案)》删除行政垄断内容的缘由,笔者也就媒体介绍的观点做些剖析。

观点一: 部分专家认为,我国现在实施"反行政垄断"条件尚不成熟,规制"反行政垄断"特别是追究行政机关的法律责任很有难度。因此《反垄断法》应目标单一,删除"反行政垄断"内容,集中于"反经济垄断"。

笔者认为,反"行政垄断"不能坐等体制改革来解决。明确的法律规定能够对行政垄断行为造成威慑,也能促进和保障体制改革的顺利进行,是巩固体制改革成果的重要外在力量。否定法律对行政性垄断的规制作用是错误的。我国很多法律的相关条款的实施背景都有欠缺因素。比方说,社会上商业欺诈现象屡见不鲜,那么《合同法》是否要删除"诚实信用"条款的规定呢?再比方说,现在很多企业反映侵犯知识产权案件举证难、查处难,那么《刑法》是否因此要删除侵犯知识产权罪的章节呢?若《合同法》删除了"诚实信用"条款,那就丧失了《合同法》"诚信"的立法之本;若《刑法》删除了侵犯知识产权罪,那么知识产权遭受侵犯的企业要求索赔将无法可依。任何一项立法都有执行难的问题,立法和执法的差距是始终存在的,但不能因为实践中存在操作难就放弃立法。如果这样,世界上就无"法"可立。法律的功能就在于通过强制威慑力遏制违法行为的发生,从而确保经济的平稳安全运行。缺少了法律责任这种最严厉的责任承担方式,道义责任、舆论指责又能发挥多大的作用呢?所以,《反垄断法》根本不能回避"反行政垄断",恰恰相反,"反行政垄断"应该成为《反垄断法》的重点内容之一。《反垄断法》应该明确行政垄断行为的概念、表现形式、法律责任,以便司法实践中有较清晰的操作依据。

观点二: 还有部分专家认为,发达的市场经济国家的《反垄断法》主要反经济垄断,为与国际接轨,我国的反垄断法不宜再规定"反行政垄断"。

这种说法与事实不符。西方发达的市场经济国家中政府对经济干涉的权力有限,主要提供公共服务,很少有行政垄断。这些国家的《反垄断法》当然不需要大费篇幅来规制行政垄断。即便如此,发达的市场经济国家的《反垄断法》也还是考虑到"反行政垄断"的。如美国在1984年就制定了《地方政府反垄断法》,同时以联邦最高法院判例(美国是判例法国家,法院判例具有法律效应,可以作为今后审判相同案件的参考依据)的方式,明确市政机关是反垄断法规制的主体,将反行政垄断纳入反垄断法范畴。为确保行政垄断得到顺利查处,美国、日本还规定凡垄断执法机构直接向国会负责(而非向政府的行政机构负责)。德国法律也赋予反垄断执法机构独立的决定权。而转型国家更是青睐于法制的手段来实现对行政垄断的限制。匈牙利1990年颁布的《禁止不正当竞争法》、保加利亚1991年颁布的《反垄断法》、乌克兰1992年颁布的《禁止垄断和企业活动中不正当竞争行为法》等法律对行政垄断行为都明确禁止,不失为我国立法的参考。不知道那些专家是怎样主观臆别国立法的。即便其他国家的《反垄断法》对"反行政垄断"都没有加以规定,那也不意味着我国立法时就不要反行政垄断了,法律必须与本国的具体情况相结合。

在我国的现实经济生活中,行政垄断和经济垄断往往交织在一起,且大量的经济垄断恰恰是通过行政垄断来实现的。这是因为,中国是从社会主义计划经济过渡到社会主义市场经济的,而计划经济和行政垄断是一对孪生的兄弟。从我国 1993 年决定实行社会主义市场经济体制以来,实践表明,由于行政垄断的普遍存在,严重阻碍了我国社会主义市场经济体制的建设和完善。在绝大多数人盼望通过出台《反垄断法》来消除行政垄断的今天,一部《反垄断法(草案)》竟将具有特别重要意义的"反行政垄断"删除,这简直令人不可理解。

观点三:有专家认为,反行政垄断不利于国有资产的保值、增值,对国有企业的做大做强不利。

笔者认为,这是把"反行政垄断"从《反垄断法(草案)》中删除的真正原因。事实是,一旦"反行政垄断"纳入《反垄断法》中,则国有垄断企业以及与这些垄断企业相关联的行政部门的利益势必受损。关于这一点,国资委主任李荣融说得很明白:"政府的职能是促进公平竞争,破除垄断;而出资人的目标是追求资产回报,所以出资人其实是希望垄断的。"国有企业的出资人是谁?是政府。而政府是抽象的,它必须通过委托其相关的行政部门来代表出资人行使权力。所以,政府和相关行政部门是利益共同体。为了保护出资人——政府和相关行政部门的利益,政府及其相关行政部门是希望维护行政垄断的。李荣融主任的话道出了政府对反行政垄断二律背反的心态。

据立法组成员透露:"这次《反垄断法(草案)》的背景主要是巨型跨国公司,如微软、英特尔在国内市场的垄断地位对市场造成了严重的冲击,因此要出台相关法律来遏制跨国公司的垄断。"原来《反垄断法(草案)》只为了反外国公司在中国市场的垄断。原来立法是反对别人垄断,但不反对自己垄断。恐怕这不符合 WTO 原则吧?

《反垄断法(草案)》的立法逻辑是,既要防止国外企业在祖国大陆的垄断,又要确保国有企业能"做大""做强"。所谓国有企业的做大做强,并不是通过技术创新、管理创新和制度创新来实现,而是凭借行政垄断,以牺牲市场的起点平等、公平竞争的原则和其他非国有企业的利益为代价。

显然,这是对已经确立的社会主义市场经济的倒退,是计划经济体制的复归。没有"反行政垄断"的《反垄断法》,受益的只是某些行政部门以及和其有密切利益相关的国有垄断企业,而受损害最大的是绝大多数民营企业和广大消费者。这种缺乏公平、公正的《反垄断法(草案)》,是不会得到社会认可的。

出台《反垄断法》是我国企业界、经

济界、专家学者和广大人民群众多年来的要求,面对社会的强烈要求,《反垄断法》久拖不出是说不过去的。但《反垄断法》,如果有反行政垄断和反国有垄断企业的条文,相关行政部门和国有垄断企业势必不能接受。在既要顺应民意要求出台《反垄断法》,又要保护行政垄断部门和国有垄断企业的垄断地位和垄断利益不受《反垄断法》的束缚,最后只能将"反行政垄断"从《反垄断法(草案)》中删除。抽掉了反行政垄断这一核心内容的《反垄断法(草案)》已是一部无关紧要的法律文件。反垄断立法过程中出现的这种尴尬局面,折射出中国经济社会的现实:行政性垄断力量何其强大,行政体制改革何其艰难。这充分表明,现行行政体制已成为中国进一步完善社会主义市场经济体制的巨大障碍。

中国的现实国情是,行政性垄断比比皆是(尤其在经济领域更甚)。故笔者认为,如果不"反行政垄断",《反垄断法》的出台就没有多大意义。为此,笔者建议,全国人大常委会应审慎对待《反垄断法》立法。

载《经济学消息报》2006年7月21日

改革收入分配制度　打破行政垄断是关键

一、收入差距悬殊必须高度重视

"允许一部分人先富起来"的收入政策极大地提高了社会的生产效率,但随着收入差距的不断扩大,也带来了一定的不良社会影响。收入悬殊的现象,已引起了党中央的高度重视。2006年5月26日中共中央政治局召开会议,决定改革收入分配制度和规范收入秩序。这对促进社会公平正义,构建和谐社会主义社会有重要的现实意义。

收入差距的表现形式是多方面的,有区域差距、城乡差距和行业差距(行政垄断行业和竞争行业间的收入差距)等等。在贯彻落实中央关于改革收入分配制度的精神,调节收入分配政策时,笔者认为,行政垄断行业的不合理高收入首先应予改革。因为他们的高收入已经严重破坏了我国社会主义的收入分配秩序,扭曲了收入分配制度。第一,这些行业经营的资源是全民资源,他们用全民资源来获得个人的高收入,是对社会主义全民资源收益的侵吞;第二,他们的不合理的高收入,背离了社会主义共同富裕的本质。

行政垄断行业的高收入在全国各区域具有普遍性,是部分社会成员收入分配差距扩大的主体。"银行加证保(证券、保险)、两电(电力、电信)加一草(烟草)、石油加石化,看门的也拿不少。"这些垄断行业的高工资、高福利在社会上已经引起了种种非议。媒体的所谓"10万年薪抄表工"更是把垄断行业的高工资、高福利推到了舆论的风口浪尖。虽然我国的改革已进行了20多年,但至今没有触动垄断行业及其垄断寡头的地位和利益。

二、行政垄断企业是对全民资源收益的侵吞

行政垄断企业是受我国公民委托代理的经济组织,其经营者是受公民委托的代理人。公民把公有资源委托给他们

进行经营管理，他们以工资、奖金、福利等形式向公民领取服务费，并对公民负有资产保值增值的义务。他们所经营的这些资源是公民的公有财产，财产权的所有者既然是全体公民，财产的收益也必须由全体公民享有和支配，用于社会和改善全体公民的整体福利。而现实情况是，这些垄断企业利用其占有的全民资源所获得的垄断收益或垄断利润却被用于国有垄断企业经营者和其员工的高工资及高福利，把本该属于全体公民的垄断收益或垄断利润由其内部人控制并被内化成了内部人的人工成本。媒体指出，国有资产不仅每年至少流失1 000亿元，就是每年几千亿元的利润也由央企"私吞"，所谓"国企"的"国"几乎是徒有虚名。

据国务院国资委统计评价局发布的2005年统计年报，中石油集团2005年度将675.8亿元用于了人工成本，同比增长22.2%。这一数字比中部大省河南一年的地方财政收入还要多（同年度河南省地方财政一般预算收入537.5亿元）。以中石油职工114.01万人（2004年度数据）计，人工成本人均5.92万元/年。而中国移动则是11.2万人花掉了136.7亿元的人工成本，人均12.36万元（此处职工人数仍然用的是2004年度的数据）。而就人工成本增幅论，中石油集团销售收入同比只增加了19.9%，而人工成本同比增加22.2%，人工成本增幅高于销售收入的增幅。而中石油股份自2001年以来的5年内，雇员酬金成本每年分别以12.3%、12.0%、14.4%、29.4%的速度在增长，到2005年这一成本已经在5年里翻了一倍。在全部169家央企中，人工成本同比增幅高于同期销售收入增幅的企业有72家，人工成本同比增长超过30%的企业有23家。2005年度，中央企业人工成本同比增加了13.5%，高于同期销售收入7.4个百分点，其中有55家企业其他人工成本同比增长超过30%（据《21世纪经济报道》2006年7月11日报道）。国有垄断企业内部人瓜分、侵吞垄断利润到了令人吃惊的程度。

三、严重损害共同富裕目标的实现

国有垄断行业的高收入不是靠诚实劳动，而是靠行政垄断、行业垄断和涨价获得的。他们没把国家资源所获取的超额垄断利润贡献给国家，而是留在企业内搞工资最大化和福利最大化。据媒体披露，"十二豪门"员工工资是全国平均工资水平的3—4倍。电力集团公司普通职工年薪竟高达15万元，相当于全国职工年薪的10倍，隐性收入还不包括在内。垄断行业的高收入，是我国收入差距扩大、基尼系数迅猛提高的根源。

现在，生产要素越来越多地参与到分配体系中。民营企业主是用自有的生产要素进行经营的，他们完税后的工资外收益和利润理应归他们所有和支配，他们的高收入无可厚非。在美国乃至世界范围内没有人会指责微软公司比尔·盖茨和他的员工的高收入；通用公司员工的福利好，人们对他们只有羡慕，而不是指责……我国的国有垄断企业不同，它们经营的是公民共有的国家资源，所有公民都是投资者，从这个角度看，国有垄断企业的员工是所有公民的雇员，他们向国有垄断企业投入的是劳动，获得的应该是正常水平的代理费用（工资）和一部分合理的奖金、福利，除此之外的垄断收益应该上缴国库，由政府用于公共支出和惠泽公民，但事实并非如此。国有垄断企业占有使用公民共有的生产资料，通过非市场化的方式和手段，把获取的大量的超额垄断利润转化成了内部人的收益。这显然背离了我国社会主义市场经济体制改革的初衷，背离了共同富裕的宗旨，给社会造成了不安定因素。

四、损失着社会资源的利用效率

行政垄断企业掌握着大量的社会资源，却以很低的利润率、资产报酬率甚至"亏损"回报社会，极大地损失着社会资源的利用效率。

国家统计局于2006年6月20日发布的统计月报显示，规模以上工业企业中，国有及国有控股企业实现利润3 642亿元，比去年同期增长18.6%；而集体企业、股份制企业、外商及港澳台商投资企业、私营企业的增长幅度分别为33.4%、30.5%、26.6%、52.9%。在各种所有制企业中，国有及国有控股企业的利润增长率最低，私营企业利润增长率最高，前者仅为后者的35.2%。

以资产总量最多的国家电网公司为例，11 115.4亿元的庞大体量，却只创造了143.9亿元的利润，总资产报酬率2.63%。人均利润只有1.1万元/人（据2004年的统计数字）。截至2004年，国家电网公司负债7 344.7亿元，资产负债率达63.8%。每年100多亿元的利润，在7 000多亿元的负债面前，显得杯水车薪。2005年国家电网公司销售收入增长21.4%，但人工成本也同比增长了19.8%。成本费用利润率只有2.04%。

这一系列数据显示的是国家把大量资源委托给行政垄断企业经营所付出的巨大机会成本。这些垄断企业不仅在极大地损耗着国有资源，而且压缩了民营中小企业创造财富的空间。

电信部门的高定价，使得其他企业的客服呼叫、业务联系等日常费用大大提高；在国内打长途电话比在国外打入国内的国际长途还贵……邮政垄断，邮寄资费高；电信垄断，电话通信费高；电力垄断，电费高；石油垄断，油价高；银行金融业垄断，民营企业融资难……这些都是行政垄断部门强加给民营企业和人民群众的高价格、低质量服务，大大提高了民营企业的生产经营成本并降低了居民的实际收入水平。民营企业的利润空间也被不断挤压。民营企业在它们的产品需求市场上不具有垄断力，对垄断行业供给给它们的产品没有议价权，只能"任人鱼肉"；民营企业的产品在市场上供给时也不具有垄断力，只能按照行业价格水平供给。生存成长的空间就随之不断缩小。

五、加快立法进程　打破行政垄断

我国行政垄断和经济垄断经常胶结在一起,有些本来不具有自然垄断性的行业,由于行政垄断的保护却成了垄断行业。我国国有垄断企业并不是靠生产效率优势获得的垄断地位,而是靠行政权力的支持和保护获得的,是以牺牲社会资源效率、公平竞争为代价的。为改变目前这种状况,除运用税收手段调节过高收入,缓解社会分配不公的矛盾外,釜底抽薪的办法是打破国企的行业垄断,加快垄断企业的市场化改革,实行市场竞争,同时,加快《反垄断法》的完善进程,改进监管体制,从根本上改变行业垄断造成的低效率。

(一) 加快《反垄断法(草案)》的完善过程

我国长期以来实行的是计划经济,行政垄断和经济垄断对我国经济产生着重大的影响。表面上是国有企业在以经济垄断的形式垄断着各个重要产业,其实一直是行政垄断在背后主导着国有企业的经济垄断。不反国有企业的垄断,受害的是广大民营企业和消费者。不打破行政垄断,市场经济就会被扭曲。成品油批发行业里,国内民营企业为了突破行政垄断的限制,盼望着外资企业通过WTO的市场规则进入国内市场,然后与其联合以获得市场准入权和议价权。国内企业反而要借助外资企业的超国民待遇的帮助才能参与国内市场竞争,这岂非咄咄怪事吗?

1993年党的十四届三中全会决定建立社会主义市场经济体制,而维护我国市场经济秩序的《反垄断法》却迟迟未出台。《反垄断法》之所以难出台,关键在"反行政垄断"一章的取舍牵扯着太多方面的利益问题。一些靠行政垄断权力而取得市场垄断地位的国有企业及其相关部门为了自身利益而极力主张删除"反行政垄断"。2006年6月7日,国务院常务会议原则通过的《中华人民共和国反垄断法(草案)》,就删除了"反行政垄断"一章,这明显是照顾反方意见。行政垄断对我国市场经济的影响更甚于经济垄断,行政部门更应该是《反垄断法》的规制主体。西方国家从一开始实行的就是市场经济,行政垄断对经济的影响微乎其微,但它们的《反垄断法》中仍然有"反行政垄断"的条款,并明确规定行政机关是反垄断法的规制主体。因此,根据我国建设社会主义市场经济秩序的需要,应该加快《反垄断法》的立法,并明文确定"反行政垄断"。如果一部《反垄断法》少了"反行政垄断",那么,《反垄断法》只是一纸空文。

(二) 改进监管体制

为了解决我国的行业垄断问题,在健全《反垄断法》的法律基础上,还必须完善监管体制。

在我国,许多监管部门与被监管部门之间有着错综复杂的利益关系,以致行业垄断缺乏制衡机制和规制机制。要想彻底打破我国的行业垄断,就必须割断反垄断执法机构与垄断部门的密切关系。操作思路是,把审计部门和反垄断执法部门独立出来,直接向人大常委会负责。由审计部门负责对真正具有自然垄断性的国有垄断企业的经营进行审计,并定期对其经营状况进行科学评估,客观地公布其成本和利润以及内部人的收入状况。再由国务院的相关部门按照公平合理的原则进行行政定价。另外,笔者认为,《反垄断法》出台之后,由反垄断执法部门担任反垄断诉讼的公诉人,由司法部门裁定是不是垄断。对于本不具有自然垄断性的行业,完全放开;即使是具有自然垄断性质的行业,也要尽可能取消其行业垄断,让民营企业进入参与竞争,通过竞争降低产品和服务的价格,以消除高额垄断利润,从而降低全社会的生产成本和服务成本,并提高国有资源的利用效率。

如前所述,行政垄断企业是利用全民资源进行垄断经营的,审计部门必须对其进行客观审计,确保行政垄断企业只按照行业平均水平进行工资提取,留存部分利润作为国有企业员工的奖金和福利,剩余利润作为全民资源的要素收益,上缴国库,归全民所有。如有违反,应追究其负责人的行政责任和进行必要的经济惩罚。

笔者认为,出台《反垄断法》,改进监管体制,以打破行政垄断,调节垄断行业的不合理的高收入,这是改革收入分配制度的关键。

载《中国改革报》2006年9月14日

垄断行业的伪市场化评析

一、垄断行业的伪市场化

电力、电信、石油、石化等行业一直以来由国有企业垄断,这些行业一直处于垄断经营,并由垄断寡头垄断着市场。它们掌握着大量的国家资源,长期攫取着丰厚的垄断利润。从国资委公布的资料获悉,全国40家国有垄断企业,平分了169家央企6 000多亿元利润中的95%。其中有12家垄断企业利润超过了100亿元,仅"十二豪门"就囊括了央企总利润的78.8%。这12家垄断企业主要来自石油、石化、冶金、通信、煤炭、交通运输和电力系统。而且垄断无所不在。因为垄断,中国航油价格比日本高60%,是新加坡的2.5倍。而处于同样垄断地位的中航材集团,其价格高于国际水平,国内航空公司的飞机维修费比国外高出2—3倍。这些都是因垄断而导致的高成本。

市场中的垄断按性质可以分为市场性的和非市场性的,也即经济垄断和行政垄断。这些行业的垄断地位和垄断利润都是伪市场化的。

第一,它们的垄断地位是行政垄断赋予的。

行政部门利用它们手中掌握的行政权力资源通过制定不合理的市场准入制度,把竞争者挡在门外。它们制定市场准入制度对外宣称是为了规制不正当竞争,但现在看来这些准入制度恰恰是在维护它们的垄断地位而不让其他企业进入它们把持的领域。至于民营企业却被剥夺了自由、公平参与这些领域的市场竞争的权利,被排斥在市场之外,严重阻碍了社会资源的自由流动。温州大量的民间资金为什么会在全国东突西进,"炒房""炒煤""炒棉花"?原因之一就是一些极易获利的行业被国有企业垄断着,民间资金无法进入。众所周知,银行金融业的国有垄断,存款利率很低,资本逐利的本性决定着这些资金的所有者不愿把资金存入银行。而电力、石油、通信、石化、金融等行业的市场准入制度赋予国有企业垄断经营，民间资金难以涉足此类行业。

第二，它们的垄断利润是通过行政垄断获得的。

垄断行业所提供的产品和服务的定价不是在市场竞争中按价值规律形成的，而是它们利用手中所掌握的行政权力和资源单方面制定的，消费者只能被动接受。据媒体披露，为缓解民众的不满情绪，监管部门偶尔组织一些"作秀似"的"价格听证会"，然后美其名曰"市场定价"。但由于监管部门与这些垄断行业有着相同的经济利益，这些听证会往往演变成垄断行业陈述涨价提价理由的会议，被民众戏称为"涨价听证会"。政府对国有垄断企业的支持政策是民营企业难望其项背的。就信贷政策而言，银行对民营企业显得极为吝啬。一位知情者透露，每年有大量与中小企业相关的创业基金和项目基金，但由于基层执行力度不够，往往到不了真正的创业者手中。更让人吃惊的是，就在中小企业因资金短缺"卡脖子"的同时，国家提供的创业无抵押小额贷款，在北京市一个区5年以来只放了不到10笔。笔者至今未见过有关国有垄断企业贷款难的报道。在税收政策上，国有企业在增值税进项购买固定资产抵扣、企业所得税新技术研发费用、职工培训费用等项目抵扣上享有的政策远远优于民营企业。

第三，当国有垄断企业在同民营企业竞争过程中一旦处于下风不能维护其垄断利润的时候，它们就会利用手中的行政权力垄断资源；或者修改各项制度来限制民营企业的发展甚至把民营企业逐出市场竞争；或者通过相关行政部门发布统计数据，宣称行业亏损要求提价，"挟亏损以令提价"。

民营快递业凭借其优质的服务、低廉的价格很快就取得了对国有邮政部门的绝对优势。在此不利的形势下，2006年1月邮政部门欲通过修改《邮政法》，将"350克以下信件邮政专营"，这是垄断部门欲把民营快递企业赶出邮政业市场的典型案例。"国家发改委发布了《电力行业2005年运行分析及2006年趋势预测》报告，指出了电力企业的经营状况：2005年电力全行业亏损企业1 280户，亏损额127亿元，其中火力发电亏损企业数增长3.4%，亏损额增长10.1%。报告指出，从总体看来，火力发电企业在销售收入增长19%的情况下，利润只增长2%，亏损有所加大，应收账款增加，负债率上升，经营状况有所恶化。"这是"涨价告示"。难怪有一幅漫画讽刺道，垄断企业"效益好涨工资，效益不好涨价"。这"告示"是发改委帮电力垄断行业"张贴"的。

发改委实际上是国务院的一个综合部门，有权和国资委一起弄清电力部门的财务状况。这份报告为什么不见有关电力部门高工资、高福利的调查数据？我们不禁要问："一个每天只抄四次电表的抄表工就年薪10万，还不包括奖金和福利，这样的行业怎么会亏损？"煤炭涨价，远不会导致电力"亏损"。其"哭穷，喊亏损"，一是可以向消费者示意，涨价请谅解；二是可以向国家少缴税或不缴税;三是可以向政府申请补贴(中国石化以国际油价上涨为由,2005年底从国家财政部那里获得了100亿元的财政补贴)。行政部门本来是对垄断行业进行监管并规制其经营的,但从行政部门的表现来看,它们基本上都在偏袒垄断行业。垄断行业凭借它们的垄断地位涨价,行政部门面对消费者的质疑有时候又以"这是行业部门的市场化行为,行政部门不应干涉"的措辞来推脱责任。这些其实是行政部门和垄断行业联合打着市场化旗号的伪市场化行为。

二、伪市场化阻碍社会主义市场经济体制的完善

什么是合格的市场主体？正如周为民先生所说:是有独立财产权利,自主决策,自负盈亏的市场参与者。要形成合理的市场关系,即市场主体间平等竞争、优胜劣汰的关系。良好的市场机制及其有效作用,需要有足够多的市场主体,权利、地位平等基础上的充分的市场竞争,以及其他一些必要条件即不存在显著的信息不完全、不对称的情况,不存在个别成本与社会成本的重大差异,不存在突出的可"搭便车"现象。只要形成了这些条件,就会有良好的市场。离开市场机制作用的基础、条件和内在逻辑,任意套用所谓市场手段,结果造成混乱,带来更多的矛盾和问题,这其实只能叫作伪市场化。垄断部门的伪市场化对我国社会主义市场经济建设的负面影响,是广泛的、深层次的,其危害是多方面的。

(一)对全民资源收益的侵吞

国有垄断企业是受我国公民委托代理的经济组织,其经营者是受公民委托的代理人。公民把公有资源委托给他们进行经营管理,他们以工资、奖金、福利等形式向公民领取服务费,并对公民负有资产保值增值的义务。他们所经营的这些资源是公民的公有财产,财产权的所有者是全体公民。收益权是由财政权派生出来的,收益权的所有者也理应是全体公民,这些资源的收益也必须由全体公民享有和支配,应该是用于社会和用来改善全体公民的整体福利的。

而现实情况是,这些垄断企业利用其占有的全民资源所获得的垄断收益和垄断利润却被用于国有垄断企业经营者和其员工的高工资及福利,把本该属于全体公民的垄断收益和垄断利润由其内部人控制并被内化成了内部人的人工成本。媒体指出,国有资产不仅每年至少流失1 000亿元,就是每年几千亿元的利润也由央企"私吞",所谓"国企"的"国"几乎是徒有虚名。

国内媒体根据国务院国资委统计评价局发布的2005年统计年报,对国企垄断部门内化垄断利润的问题作了披露。中石油集团2005年度将675.8亿元用于了人工成本,同比增长22.2%。这一数字比中部大省河南一年的地方财政收入还要多(同年度河南省地方财政一般预算收入537.5亿元)。中石油职工114.01万人(2004年度数据)计,人工成本人均

5.92万元/年。不过,这与中国移动集团人工成本比较确显得微不足道。夺得了"十二豪门"①人工成本头把交椅的中国移动11.2万人花掉了136.7亿元的人工成本,人均12.36万元(此处职工人数仍然用的是2004年度的数据)。就人工成本增幅而论,中石油集团最为惹眼——人工成本同比增长22.2%,而销售收入同比只增加了19.9%,人工成本增幅高于销售收入的增幅。而它旗下的上市公司中石油股份,年报显示从2001年上市以来的5年,雇员酬金成本每年分别以12.3%、12.0%、14.4%、29.4%的速度在增长,到2005年这一成本已经在5年里翻了一倍。据了解,中石油股份公司雇员酬金成本主要分两部分:薪金和社会保障成本。以2005年支出的296.75亿元雇员成本为例,工资薪金部分占了193.5亿元,社会保障成本花去了103.24亿元。人工成本"井喷"的不只是中石油一家。远洋运输集团销售收入同比增长了9.2%,而人工成本同比增长16.5%。在全部169家央企中,人工成本同比增幅高于同期销售收入增幅的企业有72家,人工成本同比增长超过30%的企业有23家。2005年度,中央企业人工成本同比增加了13.5%,高于同期销售收入7.4个百分点,其中有55家企业其他人工成本同比增长超过30%。国有垄断企业内部人瓜分、侵吞垄断利润到了令人吃惊的程度。

(二)严重损害共同富裕目标的实现

允许一部分人先富起来,那是指一部分人依靠诚实劳动而致富。国有垄断企业不是靠诚实劳动,而是靠行政垄断、行业垄断和涨价。它们不是把占有和使用全民的国家资源所获取的超额垄断利润贡献给国家,而是留在企业内搞工资最大化和福利最大化。据媒体透露,"十二豪门"员工工资是全国平均工资水平的3—4倍。电力集团公司的普通职工年薪竟然高达15万元,相当于全国职工年薪的10倍,这些都还没有把他们的隐性收入包括在内。垄断行业的高收入,是我国收入差距扩大、基尼系数迅猛提高的根源。

我国的基本分配制度是按劳分配为主体,多种分配方式并存。垄断行业的高收入显然不是按劳分配的结果;国有垄断部门的工时基本是每天8小时;而竞争性部门(尤其是民营企业)加班加点是常事,每天工作时间都在8小时以上,劳动强度和压力也比垄断行业大得多,按照等量劳动获得等量报酬的话,他们的收入应该比垄断行业高才对。为什么垄断行业的收入是全国平均工资水平的许多倍?难道垄断行业的员工每天要工作24小时以上?

现在,生产要素越来越多地参与到分配体系中。民营企业主要是用自有的生产要素进行经营的,他们在完税后所获得的工资外的收益和利润理应归他所有和支配,他们的高收入无可厚非。在美国乃至世界范围内没有人会指责微软

---

① "十二豪门":中国石油集团、中国移动集团、中国石化集团、中国海油集团、中国电信集团、神华集团公司、宝钢集团公司、远洋运输集团、中国铝业公司、国家电网公司、鞍山钢铁集团、中国海运集团。

公司比尔·盖茨和他的员工的高收入；通用公司员工的福利好，人们对他们只有羡慕，而不是指责……我国的国有垄断企业不同，它们经营的是公民共有的国家资源，所有公民都是投资者。从这个角度看，国有垄断企业的员工是所有公民的雇员，他们向国有垄断企业投入的是劳动，获得的应该是正常水平的代理费用(工资)和一部分合理的奖金、福利，除此之外的垄断收益和垄断利润应该上缴国库，由政府用于公共支出和惠泽公民，这是天经地义的准则。但事实并非如此。国有垄断企业占有使用公民共有的生产资料，通过非市场化的方式和手段，把获取的大量的超额垄断利润，转化成了内部人的收益，肥了自己。这显然背离了我国社会主义市场经济体制改革的初衷，背离了共同富裕的宗旨，给社会造成了不安定的因素。

(三) 损失着社会资源的利用效率

国有垄断企业掌握着大量的社会资源，却以很低的利润率、资产报酬率乃至"亏损"回报社会，极大地损失着社会资源的利用效率。

国家统计局于2006年6月20日发布的统计月报显示，在规模以上工业企业中，国有及国有控股企业实现利润3 642亿元，比去年同期增长18.6%；集体企业实现利润246亿元，增长33.4%；股份制企业实现利润4 406亿元，增长30.5%；外商及港澳台商投资企业利润2 241亿元，增长26.6%；私营企业实现利润1 182亿元，增长52.9%。在各种所有制企业中，国有及国有控股企业的利润增长率最低，私营企业利润增长率最高，前者仅为后者的35.2%。

以资产总量最多的国家电网公司为例，11 115.4亿元的庞大体量，却只创造了143.9亿元的利润，总资产报酬率2.63%。人均利润只有1.1万元/人(据2004年的统计数字)。截至2004年，国家电网公司负债7 344.7亿元，资产负债率达到63.8%。每年100多亿元的利润，在7 000多亿元的负债面前，显得杯水车薪。2005年国家电网公司销售收入增长21.4%，但人工成本也同比增长了19.8%。成本费用利润率只有2.04%。

这一系列令人眼花缭乱的数据显示的是国家把大量资源委托给国有垄断企业经营所付出的巨大的机会成本。国有垄断企业不仅在极大地损耗着国有资源，而且破坏了社会主义市场经济公平竞争的环境，它把广大的民营中小企业排斥在竞争之外，压缩了民营中小企业创造财富的空间。

载《经济学消息报》2006年10月20日
本文第二作者张恒金
《经济学家》2007年第1期以《加强国有垄断企业的立法监管体制》为题刊载。

评反垄断法中"另有规定"条款

2006年6月7日,国务院原则通过的《反垄断法(草案)》因将"反行政垄断"整章删除而引起了社会的广泛评论。后全国人大常委会法制委负责人表示,《反垄断法(草案)》将保留"反行政垄断"。此态一表,得到了专家学者和广大民营企业家的拥护。但全国人大常委会法制委在6月24日审议的《反垄断法(草案)》中,在保留"反行政垄断"一章的同时,又增加了新条款——"对本法规定的垄断行为,有关法律、行政法规另有规定的,依照其规定。"笔者认为,如果新增加的"另有规定"一旦被采纳通过,那么,它将抵消"反行政垄断"的有关规定。为此,笔者谈点看法。

一、对反垄断法中"另有规定"条款的剖析

反垄断法中"另有规定"条款,系指在某些领域或对某些特定行为,法律允许一定的垄断状态及垄断行为存在。西方国家反垄断法中虽有"除外条款"即"另有规定",但普遍对该条款持谨慎态度,只允许"另有规定"条款在特定领域或就特定行为适用。无论是立法或司法实践,都避免出现滥用的情形。特别是近年来,美国、德国等国家相继通过一些立法、司法活动来缩小垄断豁免的范围。如德国于1999年第六次修改《反对限制竞争法》,仅允许条件卡特尔、专门化卡特尔等七类卡特尔可豁免,还有农业、金融业、保险业等特殊行业可不受《反对限制竞争法》规制。美国在司法实践中,将原允许的保险业、劳动争议与集体协议等垄断豁免的判断标准趋于严厉;而且近年来美国国会屡屡收到提议废除《麦克卡兰—费古森法》(该法规定保险业等特殊行业可享受垄断豁免)的议案。从他国对待"另有规定"条款慎重态度的经验看,我国即便要在《反垄断法》中设置"另有规定"条款,也应将垄断豁免范围限定在特定领域、特定行业,并以条文具体列举。而更需要指出的是,纵观他国

"反垄断法"立法,"另有规定"条款的设置目的是既充分发挥市场经济的调节作用,又保持国家的宏观管理和经济干预的职能,从而找到排斥经济垄断和维护政府适度干预市场的平衡点,但其根本目的还是在于鼓励市场经济的有序竞争。但根据我国目前反垄断法立法的设立背景和设置目的,设置"另有规定"条款并不合适。

由于我国长期实行的是计划经济,政府对经济的影响无处不在。虽自1993年开始,我国进行社会主义市场经济体制改革,但我国现行的经济体制仍然带有明显的计划经济的烙印。特别是因行政权力与市场的边界不清晰而造成的行政垄断,成为构建起点平等、公平竞争的社会主义市场经济秩序的最大障碍。行政垄断排斥自由竞争、妨碍生产要素自由流动,破坏公平、平等的市场秩序。电力、石油、石化、信息、邮政、金融等垄断行业效率低下,提供的产品或服务虽价高质劣,但它们却能凭借垄断地位轻松地攫取超额利润,其职工也能获取很高的收入。"10万元年薪的抄表工""建行职工加薪30%"等现象即为明证。汽油、燃气、电力、自来水、移动通信等产品说涨就涨;特别是汽油,只涨不跌。邮政、金融、航空等部门提供的低质量服务,消费者对之无可奈何。越是关乎国计民生的行业,行政垄断越甚,消费者的权益越得不到维护。种种实例证明,行政垄断并未造福国计民生,相反却不断损害着国家的利益和消费者的合法权益。行政垄断制约着中国经济的和谐发展,不铲除之,就不可能建立起完善的社会主义市场经济体制。基于此,我国《反垄断法》的重点应是"反行政垄断",打破政府相关部门通过国有企业的垄断实现对市场的控制,让市场在资源配置中发挥基础性功能,这是我国完善社会主义市场经济体制的客观需要。因此,《反垄断法》应该旗帜鲜明地"反行政垄断",而不应通过增设"另有规定"条款来变相地保护行政垄断。

自2004年商务部起草的《反垄断法(送审稿)》至2006年6月7日国务院原则通过的《反垄断法(草案)》,都没有"另有规定"条款。"另有规定"条款为何会在全国人大常委会审议的《反垄断法(草案)》中出现?笔者从反行政垄断章节历经删除、重生中不难看出,人大常委会法制委的左右为难。为了平衡两种对立的意见,在既保留了"反行政垄断"的章节的同时,又增加了"另有规定"的条款,可是这"另有规定"的条款所起的作用不能小觑,它实际上满足了国有垄断企业及其相关行政部门取消"反行政垄断"的要求。一部包含"另有规定"条款的《反垄断法》如获通过,那么,行政垄断和国企垄断会因"另有规定"的条款而享有垄断豁免权,从而继续保持其垄断地位。这样一来,《反垄断法》中的"反行政垄断"就成了一纸空文。

二、《反垄断法》中不应增加"另有规定"条款

《反垄断法》中不应增加"另有规定"

条款,这是《反垄断法》立法宗旨的需要。

我国改革开放20多年的实践证明,只有实行社会主义市场经济体制,才能解放和促进社会生产力的发展。为保证社会主义市场经济体制的健康发展,必须建立与市场经济体制相适应的法律、法规和规章制度。而起点平等、公正、公平、自由竞争,充分发挥价值规律的作用——这是建立市场经济体制的起码准则,否则就不称其为市场经济。因此,一切与市场经济基本规则相悖的法律、法规、部门规章和制度都应清除。"行政垄断"破坏了市场经济体制的基本准则,扰乱了市场经济秩序。不打破"行政垄断"就不可能完善市场经济体制,不可能使社会主义市场经济体制得以最终确立。

众所周知,"行政垄断"在我国无所不在。其危害性极其深广,故"行政垄断"理应成为《反垄断法》规制的重点。笔者认为,《反垄断法》决不可增加"另有规定"——这一为"行政垄断"网开一面的条款。

不增加"另有规定"的条款也是保护民营企业的客观需要。虽然国务院"非公经济36条"已经出台一年多了,但是,许多行政部门对"36条"置若罔闻,依然通过部门立法,排斥民营企业。如在成品油批发、邮政等国有垄断行业中,相关行政部门通过部门立法,提高经营门槛或给予国有企业专营的权利,排斥民营企业的进入。对于这种部门立法的行政垄断方式,民营企业无法通过行政复议或行政诉讼的方式获得法律援助。如果不包含"另有规定"的"反行政垄断"法条被全国人大常委会立法通过,部门立法则无法凌驾在"反行政垄断"之上。这意味着,广大民营企业可凭借"反行政垄断"的规定来对抗部门立法的行政垄断。

此外,"另有规定"条款还与立法法的精神相违背。上位法高于下位法、基本法高于部门立法是立法法的基本原则。《反垄断法》是全国人大制定的基本法,而"另有规定"条款中"有关法律、行政法规另有规定的,依照其规定"的表述,意味着"法律""行政法规"高于《反垄断法》的适用,这显然不符合立法逻辑,与立法法的精神相悖。

"反行政垄断"是《反垄断法》的立法重点,在《反垄断法》中不应包含"另有规定"的条款。目前草案中加入"另有规定"的条款,无非是在无法删除"反行政垄断"章节情况下的弥补措施。如果认可了"另有规定"条款,实际上即认可了"行政垄断"的合法性,如此一来,"反行政垄断"则名存而实亡。为此,笔者建议,人大常委会在二读《反垄断法(草案)》时,慎重对待"另有规定"或其他欲抵消"反行政垄断"的条款。

载《中国改革报》2006年10月23日

评新《破产法》

近年来,随着我国经济发展和经济体制改革的不断深入,市场竞争日趋激烈,遭遇淘汰出局的企业也逐年增多。我国1986年出台的《中华人民共和国企业破产法(试行)》(以下简称原《破产法》)带有明显的计划经济烙印,它不具有对其他所有制企业破产的适用性,原则上是针对国有企业破产的法律,大量民营企业经营不善却由于缺乏法律依据而无法申请破产,只能自生自灭。民营企业如何在市场经济条件下合法退市,亟须有破产法的保障。原《破产法》也存在一些缺陷,如对破产企业财产的分配、破产责任、破产欺诈等事项规定不明,在实践操作中债权人的权益屡遭侵犯,社会各界对于修订《破产法》的呼声一直很高。

20年后的2006年8月27日,全国人大常委会通过了新的《中华人民共和国破产法》(以下简称新《破产法》)。新《破产法》共12章136条,就破产的申请和受理、管理人、债务人财产、破产费用和共益债务、债权申报、债权人会议、破产重整、和解、破产清算等事项作出了具体规定。新《破产法》的最大优点是既适用于国有企业的破产也适用于民营企业的破产;新《破产法》进一步明确了企业有序退出的法律规定,规范了企业破产秩序,在公平清理债权债务、保护债权人和债务人的合法权益等方面,填补了原《破产法》中的许多空白,这对完善社会主义市场法治具有重要意义。

一、新《破产法》为民营企业退市提供了法律保障

竞争是市场经济的特征。竞争的结果是优胜劣汰,强者生存,弱者出局。企业因竞争失败而破产,乃是正常现象。原《破产法》的规定只适用于全民所有制企业,广大民企即便债台高筑,也无法享受破产退市的权利,"求生不得,求死不能",大量的社会资源也因无法有序流动而闲置浪费。同时,债权人无休止地追究民企的清偿责任,使之没有喘息重整

机会,导致其彻底消亡;而民营企业主实际上被迫承担了无限清偿责任,一旦企业经营不当欠下债务,很可能变得一贫如洗,甚至被逼上绝路。

考虑到民企的实际困难,1991年颁布的《中华人民共和国民事诉讼法》(以下简称《民事诉讼法》)将破产申请人资格放宽,允许具有法人资格的民企申请破产还债。但《民事诉讼法》关于企业破产还债的规定只有七条,且《民事诉讼法》只是程序法,缺乏相关实体法细则的指导,人民法院无法审理民企的破产案件。在实际操作中,人民法院对民企的破产还债申请往往裁定"不予受理"。事实上,民企根本无法通过司法程序申请破产。

自1994年开始,我国政府对国企实施了"每年上报指标、财政拨款、核销银行部分债务"的政策性破产制度,这是一种特殊的待遇。国企经其上级主管部门批准后可享有两年的破产整顿期。在整顿期内,如果上级主管部门想让国企继续存续,会通过资金补助、豁免银行债务的方式支持国企;即便上级主管部门要放弃国企,也会划拨资金帮助国企解决职工安置等后续问题。这意味着国企可以高枕无忧地面对破产,国家财政成了其破产的买单者。据国资委披露:截至2004年4月,中央财政累积拨付国企破产补助资金493亿元①。而在2006年的中央预算中,中央财政安排338亿元,用以推动国企政策性破产和中央企业分离办社会②。虽然我国已经实行社会主义市场经济,但公平竞争与机会均等并未体现,国企在破产上享受的特权,民企联想都不敢想,优胜劣汰的市场竞争秩序总被扭曲。

上述不合理情况在新《破产法》中有了改变:第一,新《破产法》扩大了法律适用范围,不受企业所有制限制,即不再局限于国企,而适用于所有法人企业,包括国企与法人民企,上市公司与非上市公司,有限公司与股份有限公司以及金融机构等。第二,新《破产法》扩大了"企业破产整顿"范围。原《破产法》中"破产整顿"只适用于国企,新《破产法》把所有申请破产的法人企业都纳入了"破产重整"对象③。这里需要指出的是,新《破产法》中的"破产重整"和原《破产法》中的"破产整顿",虽一字之差,但其内容是有区别的。"破产重整"并不依赖于行政机关的财政支持,而着重于拟破产企业自身有无自我拯救能力。如果拟破产企业在"重整"期内恢复了经营偿债能力,则有重生的机会;否则仍会淘汰出局。显然,"破产重整"规定并非人为地干预企业破产,而是给企业创造一个缓和、再生的机会,这比原《破产法》中的"破产整顿"的规定更合理。第三,新《破产法》第133条对国企享受政策性破产的期限作出了规定。除已列入国务院总体规划的2 000家国企可在2008年年底前进行政

---

① 数据参见《中国将对最后一批2 000家国企实施"政策性破产"》,http://www.china-embassy.org/chn/gyzg/t140239.htm。
② 参见财政部《2006年中央财政预算报告》。
③ 破产重整制度指不对无偿付能力债务人的财产立即进行清算,而是在法院的主持下,由债务人和债权人达成协议,制订重整计划,规定在一定的期限内,债务人按一定的方式全部或部分清偿债务,同时债务人可以继续经营其业务的制度。

策性破产外,其余约 10 万户国企只能选择市场化退出。

新《破产法》的这些规定表明,国家对国企和民企今后在破产上将一视同仁,这一立法意义深远。原《破产法》未给民企破产退市提供法律保障,这对民企的权益损害甚大。相比较而言,市场准入受限只限制了民企在某些行业方面发展的机会;税负不公只提高了民企的经营成本;而无法破产退市,则意味着民企只能在经营亏损的泥潭中越陷越深,最终,民企主多年经营的心血及本人的私产都将荡然无存,公司法中的公司有限责任制度也名存实亡,民企主的财产所有权全无保障。

以往行政机关对国企破产的不当干预也引发许多问题。有些国企已无生存能力,但地方政府领导为了"面子问题""政绩工程",仍动用财政补助资金去填补国企亏损;而有些地方政府有关领导则大发"破产财",借破产之机贱卖、侵吞国有资产,从中渔利。在行政机关的干预下,国企仍是上级行政机关的附属物,既无法选择"生",也无法选择"死"。纳税人上交的税金,本应用于公共建设、公共福利事业,但却被填补到国企亏损的黑洞中,因而政策性破产遭到社会各界的诟病。

新《破产法》的好处是,它不仅为民企退市提供了法律保障,而且取消了政策性破产制度,给民企、国企以平等的破产待遇。这是立法上的创新,标志着在破产法律规定上,民企、国企实现了"终点"平等。

新《破产法》还强调所有企业在公平的基础上自由竞争,优企、劣企通过市场检验或生或死,真正做到"适者生存,不适者淘汰"。新《破产法》符合市场经济的优胜劣汰机制。

二、新《破产法》有利于完善市场经济秩序

诚信是维护市场经济良好秩序的重要因素,但我国市场经济缺乏的恰恰是诚信。表现在破产领域,虚假破产、恶意破产的情况屡见不鲜,债权人和破产企业职工的权益受到侵害。新《破产法》在立法时充分考虑到企业破产时会出现的这些弊端,并为此作出了相应的规定。

(一)新《破产法》在优先受偿上的合理规定有利于担保信用机制的构建

根据国际惯例,破产财产首先应清偿担保债权,其次对无担保债权人进行公平分配。我国原《破产法》对破产财产的清偿顺序为:(1)清偿破产企业所欠职工工资和劳动保险费用;(2)破产企业所欠税款;(3)破产债权。司法实践表明,扣除破产费用后,破产企业财产所剩无几,破产企业债权人的债权极难兑现。

原《破产法》是 1986 年出台的,那时是我国改革开放的初期,立法偏重于保护职工权益、强调社会稳定,而对于维护商业信用的重要性认识不足。且当时破产企业的债权人大多为国有银行,它们的放贷损失最终由国家承担。因此对原《破产法》清偿顺序规定异议不大。随着

经济体制改革的深入和社会主义市场经济的进一步发展，人们认识到，市场经济是需要信誉的，没有信誉，就没有市场秩序。因此，新《破产法》对企业把担保债权放在首位是正确的，是社会主义市场经济健康运行的客观要求，和国际通行的惯例也是一致的。随着我国"入世"和我国一些地方民营银行和民营金融机构的诞生，外资银行、民营银行和民间金融机构都会介入民企的金融担保，而这些银行都是自负盈亏的经济体。新《破产法》中保障担保债权人的合法权益和破产财产优先清偿担保债权的有关规定，是对外资银行和民间金融机构债权人利益的有效保护。这会激励它们积极为民企担保。

在按照市场经济的客观要求和遵照国际法惯例的前提下，新《破产法》本着以人为本、保护职工权益的原则，在解决担保债权和劳动债权谁该优先受偿的问题上予以平衡。一方面，新《破产法》第109条规定："对破产人的特定财产享有担保权的权利人，对该特定财产享有优先受偿的权利"。另一方面，立法机关充分注意到了中国经济转轨时期面临的特殊情况，对弱势群体进行特别保护，新《破产法》第133条把职工工资、保险、医疗等费用摆在了清偿的第一顺序。这两条规定意味着，用于清偿担保债权人的破产财产相对独立，剩余的破产财产则优先照顾破产企业职工的劳动债权。反之，如果因为保护破产企业职工的权益而破坏担保信用机制的话，那么整个市场经济的基础将会受到破坏，其他企业，特别是金融企业的生存也势必会受到严重影响。

（二）规制破产不当行为，强化破产责任

"破产欺诈"是各国破产法所严厉打击的对象。在我国破产案件中的欺诈、逃债行为尤为严重。一些债务人利用破产程序策划各种欺诈、逃债行为侵害债权人利益，损害职工利益，破坏经济秩序。为此，新《破产法》设置了更为完善的撤销权与无效行为规定。该法第31条规定，人民法院受理破产申请前一年内，债务人具有无偿转让财产、以明显不合理的价格进行交易、对没有财产担保的债务提供财产担保、对未到期的债务提前清偿、放弃债权等行为的，管理人有权请求人民法院予以撤销。另外，新《破产法》第33条规定，为逃避债务而隐匿、转移财产、虚构债务或者承认不真实的债务等涉及债务人财产的行为是无效的，这在一定程度上对实践中出现的"虚假破产""恶意破产"等行为进行了规制，从而更好地保护债权人权益，维护市场经济秩序，也为整个社会商业信用体制的建立和完善提供了法律保障。

过去一些企业的破产导致员工下岗后生活艰难，而企业负责人却不承担责任。对此，新《破产法》对企业负责人的破产责任作出了规定，以督促企业的董事、监事、高管人员勤勉尽责地经营企业。这也能从客观上防止"假破产真逃债""穷庙富方丈"情况的继续发生。

新《破产法》有多处创新，这是我国市场经济体制改革中一部具有标志性的法律,它的出台,在促进国企的深化改革和推动民营经济的发展以及完善社会主义市场经济环境等方面都具有重要的现实意义。但新《破产法》只是提供了一个法治框架和标准,它能否实现民企和国企在破产退市上的平等,能否真正发挥公平清偿债务、拯救困顿企业、协调公共利益的功能,能否贯彻"平等竞争,优胜劣汰"的市场经济准则,能否构建诚实守信的社会主义市场经济秩序,关键在于强化执法力度。

三、对新《破产法》某些规定的商榷及适用建议

虽然新《破产法》有多处创新,但笔者认为,新《破产法》中某些规定还值得商榷。由于某些规定欠妥和缺失,在实施过程中,以下几方面的问题不容忽视:

（一）行政机关对企业破产案件的不当干预

以往,一直由地方政府官员充当政策性破产案件的管理人。为了地方财政利益,地方政府动用各种行政手段对破产企业存续与否、破产财产如何分配等事项横加干涉。地方政府的意见凌驾于法院之上,独立司法审判原则不被重视。新《破产法》虽然取消了政策性破产,但该法第24条规定:"管理人可以由有关部门、机构的人员组成的清算组或者依法设立的律师事务所、会计师事务所、破产清算事务所等社会中介机构担任",这里的"有关部门""机构的人员"实际上是指政府行政部门的官员。所以,此项条款将带来政府行政官员干预企业破产的法律隐患,故笔者认为这是新《破产法》的考虑不周之处。官员的参与很可能会影响法院独立自主地依据法律规定来判定企业是否破产。如果政府不从企业彻底退出,那么,无论出台多少部新《破产法》都不能实现企业在法律意义上的破产,国企和民企也不可能在破产问题上得到事实上的一视同仁,公正、平等的社会主义市场经济秩序也难以实现。笔者建议:应该把破产运作交由律师、注册会计师等专业人士来处理,这样才能做到专业化、公开化和公正,避免新《破产法》成为法律摆设。

（二）破产企业职工的合法权益保护

劳动债权和担保债权孰先清偿,一直是《破产法》立法过程中争议的焦点问题。虽然新破产法对清偿顺序做了协调,但笔者认为,必须高度重视破产企业职工的合法权益。我国改制、破产的国企拖欠职工工资的情况相当严重。据中华全国总工会2006年上半年对山西、甘肃、青海、安徽、福建、湖南六个省的调查,仅该六省国企在改制、破产过程中,拖欠职工工资、医疗费、安置费、职工经济补偿金分别高达3.05亿元、3.08亿元、10.08亿元、1.23亿元[①],全国的情形由此可见一斑。要保障破产企业职工的合法权益,事先防范比事后补救更重要,即关键不在于强调破产财产清偿顺序的先

---

① 数据参见《破产法能给我们带来什么》,http://www.acftu.net/template/10004/file/jsp?cid=43136.

后,而是要在破产企业尚存续时就加强监管,劳动监察部门和社会保障部门应对企业拖欠职工工资和社保费用的情况予以严格审查。新《破产法》中应增设"破产保障基金"条款,同时,国家应尽快通过《劳动合同法》,给职工再就业提供方便,出台互相匹配的法律,对于保障破产职工的合法权益,稳定经济社会秩序至关重要。

载《经济学消息报》2007年2月23日

不应否认行政垄断的存在
——由全国人大法委会主任委员称"我国不存在行政垄断"所想到的

我国是否存在行政垄断,这绝非仅名词之争。有没有行政垄断,关系到要不要反行政垄断;反不反行政垄断,不但关系到我国能否建成一个完善的、有效保证公平竞争的市场经济体系,而且还直接关系到我国经济的健康发展和人民的福祉。因此,澄清我国是否存在行政垄断有重要的现实意义和深远的历史意义。

中国经济体制改革委员会副会长石小敏先生说:"中国最大的问题是行政垄断","中国经济就本质而言是行政垄断",笔者十分赞同石先生的观点。笔者还就"中国是否存在行政垄断"专门请教过所熟悉的一些省部级领导,他们告诉笔者,"中国不但存在行政垄断,而且行政垄断最严重"。但全国人大常委会委员、全国人大法律委员会主任委员杨景宇先生则公开否认我国存在行政垄断。

2007年9月底10月初,国内许多报纸都大致以"权威人士称我国不存在行政垄断"为题,报道了杨景宇去年9月20日在学习贯彻《反垄断法》视频报告会上所作的"我国不存在行政垄断"的讲话。杨景宇先生说:"我国不存在所谓'行政垄断'的问题,'行政垄断'的提法是不科学、不准确的。"并说:"反垄断法意义上的垄断是经营者在市场经济活动中的一种行为。行政机关并不是经营者,也不从事经营活动,因此,不存在所谓'行政垄断'的问题。""行政机关滥用行政权力,排除、限制竞争,突出的是实行地区封锁。""行政机关和法律、法规授权的具有管理公共事务职能的组织不得滥用行政权力,限定或者变相限定单位或者个人经营、购买、使用其指定的经营者提供的商品。"(《中国改革报》2007年10月9日)

杨景宇先生的讲话一石激起千层浪:《中国经济信息》发了《千夫所指:经济垄断,还是行政垄断?》一文,把"行政垄断"作为千夫所指的对象。一位读者感慨道:"我国不存在所谓'行政垄断'的问题——如果考虑到杨景宇先生所担任的职务,那么,闻听此言给人的感觉不仅是'吃惊',简直就是'震惊'了!"

中国究竟存不存在行政垄断不是由哪个人说了算的。真理面前人人平等,人们服膺的是真理,而不是某个权威。实践是检验真理的唯一标准。杨景宇先生(以下简称杨先生)的"我国不存在所谓行政垄断"的讲话如果符合中国的实际,那他的讲话就是"科学的、准确的",反之,就是"不科学、不准确的"。胡锦涛总书记倡导的科学发展观,其实质就是要我们讲话、做事、考虑任何问题都要从实际出发,都要力求符合实际。澄清我国是否存在行政垄断,是坚持求真务实,落实科学发展观的要求。杨先生也坦言,"由于我国实行社会主义市场经济的时间还不长,反垄断方面的实践经验还不足,加以经济生活中垄断行为的复杂性",《反垄断法》有不足之处在所难免。根据胡锦涛总书记倡导的精神,笔者对我国是否存在"行政垄断"作一些探讨,以供立法部门日后修正《反垄断法》时参考。

一、行政垄断的内涵

为了澄清我国是否存在"行政垄断",我们首先要弄清楚什么是"垄断"以及"行政垄断"的内涵是什么。

早在14世纪,英国的统治者就与商人结成了垄断的利益共同体。1601年,英国下议院有一次关于垄断的讨论,这是关于垄断起源的最早文献之一。这一文献阐释了最早期"垄断"的含义,指出:"垄断是和政府对市场的制度限制联系在一起的:一方面,'垄断'所具有的排他的力量的根源,来自国王或政府设置的限制进入的行政和法律壁垒;另一方面,'垄断'的特征在于公权由私人支配,支配者支配地位的取得不是来自市场竞争,而是来自公权的授予。"

由此我们可以看出,历史上早期的"行政垄断"的内涵至少包括两个方面:一是政府通过行政的和法律的手段来限制某些行业的市场准入;二是某些行业的企业之所以能够取得"垄断"权,是因为政府将国家的公权授予某些行业企业的经营者。美国奥地利学派经济学家穆瑞·罗斯柏德对垄断下了这样的定义:"可用的垄断定义只有一个,就是政府给予的特权。解决的措施也只有一个,就是政府降低垄断,消除政府的垄断"(马克·史库森《朋友还是对手》)。

中国社科院法学研究所编著的《法律辞典》给行政垄断下的定义是:"政府及其所属机构滥用行政权力限制竞争的行为。"学者王保树指出:"行政垄断是指国家经济主管部门和地方政府滥用行政权力,排除、限制或妨碍企业之间的合法竞争"(《法学研究》1990年第1期)。也有学者认为,"行政垄断"一般意义上是指各级政府及其所属部门或其授权单位,凭借行政权力扶持或培植一定范围的经营者,使之限制竞争从而形成垄断状态的行为。还有学者指出,行政垄断表现为垄断企业大多为国有独资企业或者国家控股企业;垄断企业由政府直接经营,或者在企业的管理结构中,政府主要通过对经营者人事权的控制实行内外结合的监管;垄断企业市场力量的获得来源于法律的合法性和行政的合法性;在我国,行政垄断的实施主体是政府和政府部门。

不论是从英国的下议院对"行政垄断"的论断,还是从国内外学者以及我国《法律辞典》对"行政垄断"所下的定义来看,笔者认为,在我国,行政垄断的实质可以概括为:政府及其授权组织对市场进行干预或干涉,动用行政权力(诸如下发"红头文件")把国家某些重要的稀缺资源或社会资源授予国有企业独家或几家占有和经营,同时限制其他企业占有和经营这些资源。为了实现这一目的,政府及其授权组织必然设定这种或那种限制,即滥用行政权力来排斥市场竞争。例如:政府主管部门——由国家经贸委、商业部等部委联合下文——批准设立集行政管理和生产经营于一体的行政性公司,如"中石油""中石化"等;同理,由信息产业部批准设立的集行政管理和生产经营于一体的行政性公司,如中国移动通信有限公司、中国联通公司等;由邮电部出台文件公布有关规定,国内"单件350克以下的信件速递业务只能由邮政经营"等等。这些垄断性公司一身而二任:既拥有行政权,又拥有经营权。这些公司的董事长和总经理既享有政府官员行政级别的政治待遇,又享有企业经营者的经济待遇,这就是中国式的国有垄断企业的独有特征,它不同于西方发达市场经济国家中的经济垄断。经济垄断是在市场竞争中自然形成的,取得了经济垄断的企业仍面临巨大的竞争压力,比尔·盖茨就说过:只要不创新,微软离破产只有18个月。而行政垄断是由政府这只"看得见的手"掌控的行政机关动用公权授予的,实施行政垄断的企业没有竞争压力,因为资源和市场都被它们垄断了,竞争对手已不复存在。我国享受行政垄断特权的国企,如中石油、中石化、中国移动、中国联通等就不存在生存危机,它们凭借行政垄断就能轻而易举地获得巨额暴利。

二、"我国不存在所谓行政垄断"之说不科学

在对"行政垄断"概念的内涵有了基本了解之后,我们就可以对杨先生的说法作一些分析。

(一)*行政机关是不是经营者,是否从事经营活动,不能作为判定我国是否存在行政垄断的标准*

杨先生说:"行政机关不是经营者,也不从事经营活动。因此,不存在所谓'行政垄断'。"笔者认为这句话的前提是站不住脚的,其因果关系也不成立。

1. 行政机关直接作为经营者从事经营活动，在我国不乏其例

不能笼统地说，行政机关不是经营者就不从事经营活动。在我国，行政机关或官员直接从事经营活动的大有人在，他们利用权力进行不平等竞争而取得高额利润不乏其例。据2007年12月8日《工人日报》报道："某地的审计发现党政机关经商办企业，出现了新的动向和形式，一些打着国有资产投资有限公司和城市建设投资有限公司旗号的公司，就是最为典型的官商'变种'。"报道揭露了如下事实：某地旧城改造工程，涉及800多户居民拆迁。房地产开发商虽看好此黄金地段，但担心拆迁难度大，不敢带资拆迁，受让土地。政府遂成立"国有资产投资有限公司"，以拆迁人身份，组织机关干部和社区干部进场拆迁，并以净地出让，从中赚取巨额差价。地方政府摇身一变，成为新的投资主体，干起了土地使用权的经营活动，打着"国有资产投资有限公司"或"城市建设投资有限公司"的旗号，在囤积土地、融通资金、经营城市、参与利益博弈等方面有着巨大威力和潜力。审计指出："政府的这种新型投资形式，以土地、财政等资产投入作为注册资本，仍未摆脱'官商'的色彩。这类公司往往自觉不自觉地以强势和垄断资源进入市场经营和竞争，甚至与民争利，背离了政府'经济调节，市场监管'的基本职能。"这是行政机关直接从事经营活动的一则典型案例。

又如，香港《太阳报》(2007年12月26日)在《城管出售保护伞　权力走向资本化》一文中讲述了一场由行政垄断强行出售"保护伞"的闹剧。事情发生在河南虞城，说的是市场上一把价值仅45元的普通雨伞，虞城市容管理局在伞上印上自己的金字招牌"城管监制"的字样，以130元的高价强制卖给小商小贩。显然，这85元的差价就是城管部门以行政权力从小商小贩身上掠夺的利润。"不买我的伞，不许出摊"，买了"保护伞"就可以一路绿灯并享受"保护"。这130元一把雨伞的定价不就是行政垄断所定的垄断价格吗？虞城城管滥用行政权力，售前施压，售后提供"优质服务"，恩威并施，不怕你不就范！城管公开出售权力，让人跌破眼镜。虞城市容管理局凭权力的威力赚了个盆满钵满，堪称"权力营销"的典范！某财经杂志记者在贵阳采访发现，多家茅台专卖店的经营者，都有政府官员和茅台内部人员的背景。这些事实皆证明，在现实社会经济生活中，无论是政府部门抑或是行政机关的工作人员，从事经营活动的并非绝无仅有。

2. 行政机关授权组织实施经营，也会产生行政垄断行为

如前所述，"垄断"在最早期的意思是指拥有一种由公权授予的排他性的权利。虽然这种排他性的权利由经营者拥有，但拥有的前提是公权授予。谁拥有公权？当然是政府及其行政机关。行政垄断来自政府，主要表现在中央政府部门、地方政府及其所属部门以及具有管理公共事务职能的组织滥用行政权力，排斥竞争。在实践中，行政机关授权组织(如行政性公司)因兼有

管理职能和经营职能,更容易利用自身优势实施经营行为,从而形成非常典型的行政垄断行为。如在中国民航业,民航总局为限制机票低价竞争而采取了航线联营政策,颁布"限价令",不允许各航空公司自己降价,这就是行政垄断在作祟。

市场竞争也会产生垄断,但这种垄断与由公权市场化造成的垄断不同:由市场竞争引起的垄断在一定程度上有利于促进技术创新;而公权市场化引起的垄断,则只有以涨价来不断满足垄断者的贪欲。中石油、中石化对石油资源的占有和经营权的垄断,是由国务院1999年批转国家经贸委、商业部等八部委颁布的38号文件授予的,放眼银行、民航、电力、电信等多个领域,哪个不是通过政府严格控制的市场准入来确立其在市场中的控制地位或者说垄断地位的?政府部门在鼓励民营企业发展壮大方面,仅停留在"口号"形式上而未予落实,甚至出台自相矛盾的公共政策。譬如说,就在2005年底出台"非公经济36条"后不久,国务院国资委又出台了《关于推进国有资本调整和国有企业重组的指导意见》的文件,明确国有经济对军事、电网电力、石油、电信、煤炭、民航、航运等七大行业保持绝对控制力。所谓保持绝对控制力,说白了就是实行绝对垄断。很明显,面对两个相互"打架"的红头文件,民营企业要想在垄断行业占有一席之地,真是难之又难!石小敏先生说:"现在中国的行政垄断由于在转型时期跟政府职能的转换比较滞后结合在一块,已经成为我们国家经济社会发展中的一个很大阻力。"

权威人士以"我国行政机关不是经营者,也不从事经营活动"来否认我国行政垄断的存在是站不住脚的。行政垄断从其产生之日起,就未曾以行政机关从事经营活动为特征,因此不能以行政机关有无从事经营活动来判定我国行政垄断的是否存在。市场经营者的垄断行为主要表现为独占进入市场的机会。行政机关虽不是市场经营者,但其可以利用行政权力占有客观存在的进入市场的机会,而后在"给予"经营者这些机会时施以不平等,这就造成经营者本应通过竞争而获得进入市场的机会却变成为经营者被行政机关"授予"才有进入市场的机会。由此我们可以断定,行政机关及其授权组织完全有动机、有能力对市场的经济运行过程进行排他性控制或对市场竞争进行实质性的限制,从而妨碍公平竞争秩序。正如有读者责问:难道国有企业不就等于是政府企业吗?政府企业在这些行业中实行垄断,与行政垄断有什么区别?何况政府同时又掌握了这些行业市场准入的审批权,它以抬高门槛或者干脆"不批"的方式限制或不准非国有企业进入这些行业,以保护自己属下的企业"独占江湖",这不是"行政垄断"又能叫什么垄断呢?该读者一针见血地指出了什么是"行政垄断"。

(二)我国的行政机关及其授权组织理应成为法律中的垄断主体

1. 行政垄断是传统计划经济的产物,在经济转型过程中并未退出历史舞台

行政垄断在中国历史悠久,它源于

封建社会的官商一体。中国历代封建王朝都将重要的生活资料、生产资料,如盐、铁、金、银等实行高度垄断:由国家专营专卖,限制私人资本的进入。可见,在中国封建社会时期就已经存在着行政垄断的基础形态。

新中国成立后,我国的经济体制是仿照苏联斯大林模式建立的。这种体制的特点是高度集权,"国家权力渗透到了社会组织的血管和神经"。经济学家胡汝银指出,在传统的集权体制下,中央通常以无所不包的计划指令,控制着一切经济活动,形成了一种绝对垄断的局面。这种垄断基本上是通过行政手段和具有严格等级的行政组织来维持的,我们称之为行政垄断。一切经济活动都服从于行政指令的体制支配我国经济活动约30年,可谓根深蒂固。在这一体制下,整个经济基本在行政垄断下运行。人们对这一点已经习以为常了。改革开放后,虽然提出了计划经济和商品经济相结合,强调了商品经济的必要性,但对行政垄断下的传统计划经济并没有触动。直到邓小平同志提出社会主义可以有市场,资本主义可以有计划,这才开始触动传统的计划经济体制。自1993年11月14日十四届三中全会作出了关于建立社会主义市场经济体系的决定以来,由于政府职能转变缓慢,整个上层建筑和政治体制改革严重滞后,传统的计划经济体制却并未退出历史舞台,仍在发挥着重要作用。按照发展市场经济的要求,政府的主要职能是提供服务,规范市场秩序。但在中国,政府部门却继续利用行政权力,插手市场,通过行政机关,下达红头文件,指令哪些社会资源只能由谁拥有和经营,排斥竞争,从而形成市场垄断。行政垄断的严重存在,致使我国至今未能建立起公正、公平竞争的市场经济体制。

再从我国现实经济管理来看,我国中央企业(包括省市级国企)核心管理层的任命仍然采用行政任命制度。他们既是职业经理人,又是官员。他们经常在企业家和政府官员之间进行角色转换。西方发达市场经济国家企业的核心管理层却不如此。在美国,石油集团的负责人没有政府官员的背景,全球最大的石油联合公司埃克森美孚的蒂勒森最初是以产品工程师的身份进入艾克森公司,后因业绩显著而晋升为公司中央生产部总经理,2001年进入公司高管层,这样一个石油大亨没有任何政府官职在身。政府官员担任国有企业的经营者,必然导致大量行政行为的产生。他们既以经营者的身份经营企业,又以政府官员的身份出席政府的各种会议,接受省厅局(他们同时享受一定的行政级别,如厅局级或省部级行政级别的政治待遇)或中央的红头文件,参与政府的政策决策和规则制定;甚至直接借助于制定规则、操纵价格,将权力转化为内部人的收益,如银行是金融企业,但银行的行长却是政府官员而不是银行家,他们的行为并不是独立的,而是政府行为和企业经营者行为的综合。

2. 行政机关受自身利益最大化的驱动,直接运用行政禁令参与限制或支持经营活动,成为行政垄断的主体

地方政府有地方利益,部门行政机

构有部门利益,而这些利益又与企业利益息息相关。过去在"划分收支,分级包干"的财政体制下,财政上缴任务固定,收入越多,地方留成越多,地方留成多则被视为地方政府官员的一大政绩。在税制改革后,利税分流,本区域内的企业收入越多,地方政府所得的地方税和企业上缴的利润也就越多,地方政府官员的政绩也就越大。可见,地方企业是地方政府财政收入的重要支撑者。为了增加地方财政收入,地方政府便会竖起羽翼,将地方企业置于地方行政权力的保护之下,采取种种优惠政策,帮助本地企业占领市场,同时运用行政禁令限制外地企业和商品的进入。

在我国,一些国有企业已经成了官办的垄断企业,成为少数人利用公权谋取部分人利益的工具。国有企业本来是为全国人民服务的企业,可现实中的一些国有企业恰恰相反:扒老百姓房子,圈占农民土地,逼迫工人下岗,经理上百万上千万年薪,超过发达国家几十倍甚至上百倍的通信收费,还有不断涨价的水电煤气等等。垄断国企的利益扫荡,如果没有行政公权力在背后撑腰,能发生并能继续存在吗?

3. 行政机关授权组织也应列入行政垄断的主体

随着商品经济的发展,考虑到我国由传统的高度集权的计划经济向市场经济转型的独特国情,通说中法律意义上的垄断应是市场主体、政府机构或国家凭借其资源优势或国家权力,以单独、合谋或其他方式实施的,妨碍或排斥市场竞争效果的行为。从定义中可以看出:行政机关虽然不是经营者,但它的授权造成了某经营者在某一领域的垄断,造成了妨碍或排斥市场竞争的效果,就已经产生了垄断的效果。

我国行政机关作为垄断主体,对某些企业授予公权,导致垄断现象产生的实例不胜枚举。如中央电视台和各省市电视台的独家垄断分别是由各级相关主管部门授权的。众所周知,在中国,是不允许私人和民间办广播电视台的。历年央视广告招标,其中标总额不断攀升。北大教授刘国基认为,央视代表的是国家声音,广告主选择它发布广告信息,实际上可以获得政府权威的烘托效果与背书效果。央视利用这种认知来进行广告招标,表面看起来似乎是一种正常的营销手段,但实际上,"则是将一个代表权力的公共资源市场化了"。央视背后若有若无的"公权"阴影成就了央视"一台独大"的垄断地位,央视的广告招标行为,不仅是一种经济垄断,更是一种凭借公权的行政垄断。更有甚者,2008年新春期间,央视还干起了直接营销,在屏幕上赫然打出"央视购物·独家销售"的牌子,卖起项链和手链等商品。在这个案例中,行政机关的授权组织国家广电总局是行政垄断的主体。政府作为间接主体,企业和其他组织作为直接主体,政府机关及其授权组织通过授予某类企业以垄断经营权或指定某种产品只能由某类企业经营,由经营主体行使垄断经营的行为,正因为如此,行政机关及其授权组织理所当然地成了垄断主体。

三、行政机关滥用行政权力,排除、限制竞争,正是行政垄断的表现

"行政垄断的表现形式是行业垄断和地区垄断,或者称为条条垄断或者块块垄断"(《法律辞典》)。行政垄断的形成根源在于政府权力对经济生活的不当介入,是那种既不是商品、又不能参与市场竞争的政府权力不当介入市场的结果。行政垄断中的垄断地位不是靠生产效率的提高实现的,而是依仗行政权力和行政行为实现的。行政垄断是对行政权力的一种滥用,即不恰当的行使。可以说,政府对市场滥用权力的本身就是行政垄断。

1. 我国的地区垄断已经向隐形、软性过渡

杨先生认为:"现实生活中存在的问题是在经济体制转轨过程中,有些行政机关滥用行政权力,排除、限制竞争。而限制竞争,突出的是实行地区封锁。"

其实,"行政机关滥用行政权力,排除、限制竞争",正是"行政垄断"的内涵。行政垄断行为主要体现为限制竞争,而地区封锁只是限制竞争的一种表现,杨先生所说的"地区封锁"也就是现在已经受到法律明文禁止的行政区域内的地方保护主义。地方保护主义是地方政府动用行政公权力限制某些行业及其产品进入本地区经营,实际上也是限制市场准入问题,是排斥竞争的一种形式,也是一种行政垄断。

为了限制地方政府搞地方保护主义,我国政府先后下达了有关文件,如《关于禁止地方封锁的通知》《国务院关于整顿和规范市场经济秩序的决定》,国家的各个部门还联手打击"地区封锁"(垄断)行为,现实情况有了明显的好转,但还是存在一些地方的工商、质监、食品、卫生等部门对进入本地的外地商品超严执法,比如要销售酒类,必须到本地区酒类专卖局加贴一个标记,而这个标记是要收费的,这无疑加大了经营成本。地方保护主义(地区封锁)已有明确的法律加以禁止,已经受到了一定的抑制,并不表现为当前的突出问题。就我国目前情况看,行政垄断体现在行业垄断方面的状况远甚于地区封锁。杨先生把已经并不严重的"地区封锁"说成是限制竞争的突出问题,这不符合事实。

2. 我国目前最突出的问题是行业垄断

行业垄断是指在某个行业或者某个生产部门,政府主管部门批准设立集行政管理和生产经营于一体的行政性公司。众所周知,政府掌握着大量的经济资源,而我国行政性公司与政府有着特殊的关系,它们有着其他企业不可能拥有的竞争优势,某些商品的生产、销售或者原材料采购处于垄断地位,人们通常称这种现象为"权力经商",这是传统计划经济的产物,到现在它们既没有脱胎换骨,也没有明确的法律对其进行规制;相反,有些行业,如民航、铁路、电力、电

信、石油、天然气等等，还得到行政机关的特殊支持。一个时期以来，这些行业同行政垄断相配合，搞高价、高收费，为本行业及其职工谋利益，使其收入水平大大高于其他行业，且服务质量不高并导致社会分配不公，引起广大人民群众的不满。采油业方面，陕北油田事件中，中央与地方两大垄断力量间的争斗，最终牺牲了广大农民的利益；流通业方面，东北民营油商在被切断供油事件中，受到严重的不公待遇；下游提炼业方面，上市公司茂化实华被中石化中断供料，居然导致罕见的长达130天的停产事件而引起社会公愤；电信业方面，国际电话从中国打到英国和美国，每分钟话费为2.40元；而从英国打回中国每分钟话费0.14元，从美国打回中国每分钟仅为0.08元（《特别文摘》）。这是电信行业为攫取暴利而执行的垄断高价，这种垄断高价增加了全国各级政府机关、所有企事业单位和全社会成员的负担。再看"漫游费"，所谓"漫游"的全过程，不过是由网络传送几个由计算机自动生成、比普通电子邮件还简单的信息，其成本可以忽略不计。美国多年来全国全网同价，不但没有"漫游费"概念，连国内长途费都没有；欧洲国家较小，也从来没有国内漫游费，连国际漫游结算费也正在被强制性取消。而我国的"漫游费"，除了支撑起了复杂的各地"套餐格局"，还隔离了竞争态势不一的地方市场，最终维护了运营商有悖经济伦理的暴利。论电信设备，中国电信公司的不比别国的贵，我国还出了一个华为，为降低世界电信设备的制造成本做出了显著贡献。论市场规模，在2007年上半年发布的报告《亚洲呼声：亚洲电信业的崛起》中指出，目前亚洲移动电话用户数量已经超过10亿，堪称全球老大。那么，凭什么中国的国际长途电话如此之贵？为什么"漫游费"一直不取消？因为这是由行政垄断决定的高价而不是由市场竞争形成的价格。面对电信高价，全国人民尽管意见极大，但也无可奈何，因为电信高价有政府部门——信息产业部的支持。

我国的行业垄断是普遍存在的。比如有线电视可以一次性涨价50%；中国移动永远要收每月50元租费，而且长期双向收费。近年来中国石油化工行业中民企与中石油及中石化两大巨头间接连不断的种种纠纷已经成为人大和政协"两会"中一个颇受瞩目的焦点。全国政协常委、中国民（私）营经济研究会会长保育钧的提案即直指焦点，呼吁"在石油天然气产业中引进竞争机制，打破行政垄断"。保育钧称，石油及其化工行业成为目前国内垄断程度最高且越来越严重的行业，这样的垄断阻碍了行业发展，进而对整个国民经济的发展带来明显的损害。

"非公经济36条"颁布后，就在民营资本以前所未有的激情投入钢铁、煤炭、石油、邮政快递等领域时，它们却发现，一些行政部门和垄断企业以资本实力、技术水平和从业资历等各种理由抬高行业准入门槛，民营经济在邮政、通信、广电、电力和金融等领域的进入普遍遇到

"玻璃门"现象。这是一种"无法抗拒的力量",让它们从哪里开始,又回到哪里去。各种资源向大型国有企业集中,有学者将这种现象称为"再国有化"。而笔者认为,这是一种体制复归,是向传统计划经济体制的复归,是倒退,是改革过程中出现的一股逆流。国有企业在做大做强的合法名义下,借助政府那只"有形的手",把市场竞争的基本原则予以破坏,把重要的资源都配置到自己门下,由其独享国家资源而形成垄断。我国的行政性行业垄断对社会福利性的损失已经到了威胁国民经济平衡发展和导致初次收入分配严重不公的地步,利益集团的形成使得社会多数人享受不到改革成果,而且改革难以深化,真正的市场经济难以建立起来。

四、为什么要否认"行政垄断"的客观存在

杨先生简单地以"行政机关不是经营者,也不从事经营活动"就说我国不存在"行政垄断",这显然是不准确的。笔者认为,杨先生否认行政垄断的存在不仅仅是因为对"行政垄断"概念的理解上存在偏差,更主要的是出于对中国特殊的社会背景的考虑。我们可以从《反垄断法》起草过程中由于各方利益冲突而几易其稿中略见一斑:

2006年6月7日,国务院常务会议原则通过的《反垄断法(草案)》因将原送审稿中"反行政垄断"整章删除而引起了社会的广泛批评。笔者还为此写了《〈反垄断法〉不能没有"反行政垄断"》一文(《经济学消息报》2006年7月21日)。后全国人大常委会法制委负责人表示,《反垄断法(草案)》将保留"反行政垄断"。但全国人大常委会法制委在6月24日审议的《反垄断法(草案)》中,在保留"反行政垄断"一章的同时,又增加了新条款:"对本法规定的垄断行为,有关法律、行政法规另有规定的,依照其规定。"鉴于新增加的"另有规定"将抵消"反行政垄断"的有关规定,为此,笔者又写了《"另有规定"可能会给行政垄断网开一面》(《中国改革报》2006年10月23日)和《评反垄断法中"另有规定"条款》(《经济学消息报》2006年11月10日)。几经反复,在2007年8月30日立法部门正式出台的《反垄断法》中还是将"反行政垄断"整章删除了。

参与反行政垄断立法事宜的余辉先生就《反垄断法(草案)》中整章删除"反行政垄断"说过这样的话:"反垄断法应该暂缓出台,因为中国的行政垄断没有解决。""行政垄断"这个词在有些政府部门听起来有被戳脊梁骨般的难受。《反垄断法》中已经指出了行政垄断的内容,但又不用"行政垄断"一词来表述,并且还要由权威人士出面向社会公开否认它的客观存在,了解中国国情的人都能够理解,这背后有着深刻的社会背景。在目前的情况下,要将"反行政垄断"列入《反垄断法》,立法部门尚无能为力。商务部条约法律司一名副司长在一次座谈

会上说:"《反垄断法》出台受阻的症结在于草案中行政垄断部分条款与现有产业部门的职权和相关行业法规之间难以协调。若是依照《反垄断法》的条款制裁或解散这些部门,就会触及一系列行政职权和行业法规。"立法者深知:如果把这些内容用"行政垄断"一词在立法中表述出来,可能会引起行政部门和垄断性国企的强烈反对。面对行政部门和中央企业垄断势力的巨大压力,法律的制定者不得不用心良苦地进行了转弯抹角的表述,这是立法部门与既得利益集团博弈妥协的结果。

权威人士出面公开否认我国存在"行政垄断",也许是出于不得已:因为全国人民都期待"反行政垄断"成为《反垄断法》的主轴,而如今出台的《反垄断法》竟然没有"反行政垄断",怕人们因失望而引起强烈的负面反响,故索性由权威部门的负责人来宣布中国不存在行政垄断,以转移人们对行政垄断的关注。但事与愿违,全国广大人民都认为"我国不存在行政垄断"的这种说法是"不科学、不准确的",还对立法者没有从国家全局利益、人民的全局利益公正立法感到遗憾和失望。一部没有"反行政垄断"的《反垄断法》并无多少价值,这样的《反垄断法》有与无或出不出台均无多大意义。

五、《反垄断法》中没有反行政垄断条款是严重缺失

在颁布的《中华人民共和国反垄断法》中,专设了"滥用行政权力排除、限制竞争"一章,但"行政垄断"这个概念通篇没有出现,这是严重缺失。

1.《反垄断法》内容的自相矛盾

该法的总则中仅将垄断定义为经营者的行为,这显然是不全面的。但该法第五章又规定了行政垄断的内容,这又是自相矛盾的。

众所周知,行政官员或其他行政组织的成员并不能以自己的名义实行排除、限制竞争,而只能以行政主体的名义即实际是利用行政公权力来决定和实施,因此不难看出垄断的幕后是行政主体的意志。《反垄断法》专设了"滥用行政权力排除、限制竞争"一章,具体规定了行政机关和法律法规授权的具有管理公共事务职能的组织不得滥用行政权力排除、限制竞争的几种行为。如果对这些内容的表述提炼和概括一下,还能找到比"行政垄断"更精确的表述吗?这明白无误地告诉我们:只要行政机关和法律法规授权的具有管理公共事务职能的组织滥用行政权力排除、限制竞争的行为存在,那就是行政垄断的存在,这和本文前面引述的《法律辞典》关于"行政垄断"的定义是一致的。反之,如果没有所述的这种行为的发生,当然也就无行政垄断了。

在现实经济生活中,以"红头文件"或以国务院批转某某等部委的联合通知的形式下达指令,允许哪些部门经营或其他行业未获某某部门批准不得经营等,这是从中央到地方常有的事,这就是行政垄断。在我国的特殊国情下,任何

部门、任何人也无法保证行政机关不滥用行政权力。尽管法律文本回避了"行政垄断"的概念，却回避不了行政垄断客观存在的事实。

2. 不反行政垄断，我国的垄断行业将长期称霸于市

《反垄断法》无视"行政垄断"存在的严重危害，继续保护少数既得利益集团的利益，必定会阻碍我国政府的行政改革，阻碍国企改革步伐。

笔者向立法者大胆建言：行政机关和法律、法规授权的具有管理公共事务职能的组织滥用行政权力排除、限制竞争的行为的事实及其对市场体系（包括对物价结构）的严重破坏已经成为当前我国经济不能平稳运行的一个重要因素。由于没有"反行政垄断"的法律条文，由行政垄断赋予的行业垄断可以长期以国家政策做护身符而称霸市场，继续垄断资源和维持高价，从而损害国家利益和人民的利益。仍以石油行业的垄断为例，中石油、中石化两大垄断集团以"国家石油安全"的名义为其垄断辩解，但即使从国家安全方面看，两大集团也是表现不佳，在石油需要迅速增长和国际油价持续高涨的严峻形势下，两大集团的垄断地位造成两家缺乏效率和服务意识，不能很快应对国际和国内石油供求的大幅变化，导致有时供给不足，引起油荒和气荒。由于其自身的利益与平衡石油供应往往相矛盾，为了维持国内石油垄断高价，在国际油价下跌时不买入，高价时却大量购进，人为地加大了油价波动。在国际原油价格下跌时，中国成品油价格仍居高不下。中石油、中石化在国内市场之所以能叱咤风云，制定垄断高价，攫取暴利，正是政府相关部门滥用行政权力，授权其垄断经营的结果。

国务院已通过《关于鼓励支持和引导个体私营等非公有制经济发展的若干意见》，允许非公经济进入电力、电信、铁路、民航、石油等领域，这对中国经济的良性发展至关重要。但现实状况却令人沮丧，非公经济进入石油石化业非常艰难，即使个别有幸进入后，垄断集团常利用其垂直一体化的垄断地位，对已经进入的外来者从价格到原料供应到市场出路施以或明或暗的钳制手段，使进入者陷入进退维谷的境地。因为垄断，广大人民在垄断行业中多花了钱；因为垄断，民营企业在市场上享受不到公平竞争的权利。我国的经济发展在一定程度上已经受到行政垄断的制约。

3. 不反行政垄断，我国的贫富两极分化矛盾将会加剧

在中国，有多少人奋斗一生也买不起一间房子，又有多少人还为养家糊口而挣扎，就在这样的现状下，国有垄断行业的利润却在一个劲地飙升。据财政部2007年10月19日公布的数据，前三季度国有企业实现利润总额为1.2万亿元，同比增长31.2%，而央企实现的8 391.5亿元的利润，占整个国有企业利润的近70%（邓聿文：《经济结构"央企化"有碍民生》）。但是央企的高收益并没有回报到国民身上；相反，由于央

企80％以上的资产都集中在石油、石化、电力、电信、资源、能源、民航、航运等关系国家经济发展命脉的领域，这些领域的央企凭借政府行政权力授予的几家或独家"资源占有权"和"垄断经营权"以及政府让渡的"部分定价权"，将许多成本转嫁给整个社会，造成了物价上涨的后果。

另据调查，电信、金融、航空、运输等垄断性行业的职工收入近两年保持了近20％的增长率，职工工资平均收入也远远高于全国职工工资收入的平均水平，最少的也比制造业职工工资平均收入高1.5倍以上，而且，这些收入还没有包括其职工工资外的高福利收入。垄断性行业的职工在住房等生活福利方面也大大好于其他行业。由于我国《反垄断法》忌提行政垄断，立法部门负责人还公开否认行政垄断的存在，政府当然就不会反对或抑制行政垄断了。毫无疑问，这将使行政垄断有恃无恐，受行政垄断保护的行业将继续控制国家的重要资源，在市场上，它们独占鳌头，垄断价格，牟取暴利。这一现实，决定了我国行政垄断性行业与其他行业的收入水平差距将长期存在并日益扩大。

至今，我国的电信、邮政、电力、铁路、石油、石化、航空等行业长期被"独此一家"的行政部门或其下属国有企业所垄断，这些行业不存在竞争，全国的企业和社会成员都要为之付出高成本。不反行政垄断，社会财富越来越单向地向垄断行业的经营者们转移。在我国国企股份制改制过程中，原来的政府官员成为控大股的经营者，利用国家的资源和垄断的权力，成为巨富的不在少数。据港刊在一则题为《国企老板年薪近亿》的报道中披露："内地在境外上市的电信、石油国企董事长、常务董事、总经理要职人员，年薪加上花红(分红)，年均2 500万元至8 000余万元，最高者电信业老板年薪达一亿元，还不包括不计人数的交际开支。"难怪在全球巨富排行榜上，中国巨富能够超越除美国之外的世界各发达国家而跃居全球第二，而广大人民口袋里的钱也源源不绝地转移到他们的袋里。长此以往，社会将因新的分配不公而导致两极分化矛盾加剧——一极是财富的积累，一极是贫困的积累，这是我们最不愿意看到的，因为它根本背离了改革开放的初衷——全社会成员的共同富裕。

4. 必须把"反行政垄断"作为《反垄断法》的重点进行立法

上述分析充分证明，在我国，行政垄断不仅普遍存在，而且情况十分严重。真理是以客观事实为依据的，任何权威都推不倒客观事实，因而也推不倒真理，同样，任何权威也垄断不了真理。因此，借权威人士之口否认"行政垄断"的存在，是对舆论的误导。奈何广大人民心知肚明，他们仅凭直觉都会强烈地感受到行政垄断对他们利益的侵犯。

在我国经济的转型时期，在行政权力普遍大于法律法规的情形下，行政权力如果得不到规制，无论从政治上还是从经济上考虑，其危害绝不能小觑。"行政垄断"一天不消失，中国就无法建立起完善的社会主义市场经济体制;没有完善的市场经济体制,中国经济就永远不可能有健康的发展,中国全面建设小康社会的远大理想也难以实现。我国应该多借鉴那些发达国家的经验和教训,改革现存的制度,不要回避或掩盖"行政垄断"的客观存在;在适当的时候,修正严重缺失的《反垄断法》,把"反行政垄断"作为《反垄断法》的重点进行立法,从而使《反垄断法》成为限制行政垄断、保护市场公平竞争的法律利器,从根本上改变我国严重存在行政垄断的现实。

载《经济学消息报》2008年3月21日
原题《行政垄断客观存在,权威人士安能否定》
《中国改革报》摘发了5 000余字

民间投资能进石油行业吗？

石油，事关国计民生，由国有大公司专控，本有着较深的考量。然而，人们有理由质疑，为何总在油荒后涨价，总在吃"补贴"，卧榻之侧，总不容他人酣睡？

早在 2005 年 2 月，国务院就颁布了"非公经济 36 条"，第一次明确提出允许非公资本进入垄断行业和领域。但回头看来，民营企业在进入相关垄断行业时，"玻璃门""弹簧门"现象并未得到根本缓解。今年 5 月 13 日，国务院又出台了"新 36 条"，希望借这次东风，能进一步敲破石油行业的"玻璃门""弹簧门"。

六大质疑投向"垄断石油"

2005 年以来，油荒不断席卷而至，波及范围越来越广、影响程度越来越深。每逢油荒，彻夜等待加油的"车龙"成为一道风景线。缺油困境下的黑市贸易一时突显，众多行业因缺油而无法正常运转，全社会对国内石油供给短缺的愤怒和斥责也随之升至极点。在 2008 年的油荒风波中，民营石油企业陷入前所未有的困境，663 家国内民营石油批发商倒闭 2/3，45 万座加油站关闭 1/3，价值高达几万亿的资产处于闲置状态。于是，各种质疑纷纷投向"垄断石油"。

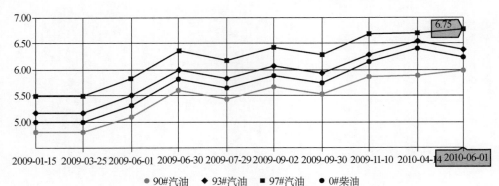

2009年初以来,我国成品油价格历经9次调整,大多是涨多跌少。以发改委调整浙江省汽、柴油最高零售价为例,每次调低之后的调高不但不能填平调低缺口,而且较调低前更有提高。

调整时间	调整类别	产品(单位:元/升)							
		90#汽油		93#汽油		97#汽油		0#柴油	
		现价	涨跌	现价	涨跌	现价	涨跌	现价	涨跌
2010年6月1日	下调	5.92	-0.17	6.35	-0.18	6.75	-0.18	5.22	-0.18
2010年4月14日	上调			6.53	0.26			5.40	0.27
2009年11月10日	上调	5.85	0.35	6.27	0.38	6.66	0.40	6.13	0.41
2009年9月30日	下调	5.50	-0.14	5.89	-0.15	6.26	-0.16	5.72	-0.16
2009年9月2日	上调	5.64	0.22	6.04	0.24	6.42	0.26	5.88	0.25
2009年7月29日	下调	5.42	-0.20	5.80	-0.20	6.16	-0.20	5.63	-0.20
2009年6月30日	上调	5.58	0.47	5.98	0.49	6.35	0.53	5.81	0.51
2009年6月1日	上调	5.11	0.29	5.49	0.32	5.82	0.35	5.30	0.34
2009年3月25日	上调	4.82	0.21	5.17	0.23	5.47	0.24	4.96	0.15
2009年1月15日	下调								

注:在2008年的"油荒"风波中,663家国内民营石油批发商倒闭2/3,45万座加油站关闭1/3,价值高达几万亿的资产处于闲置状态。

涨价了,为何就有油?

西方经济学中所描述的垄断者惯用的手法,如操纵价格、控制产量、划分市场、价格歧视、联手抵制等,中国垄断油企发挥得淋漓尽致。每当国际原油价格上涨时,石油巨头就以亏损为由通过制造油荒、联合逼宫等形式胁迫政府提高油价或者给予补贴。而一旦涨价了,往往油荒就得以很快平息。

石油巨头绑架了政府,政府竟一而再、再而三地满足贪婪的垄断者,不是给予巨额补贴,就是允许其提高油价,不断地将社会的财富转移到垄断者手里。石油巨头因为有政府赋予的垄断地位,不断获得超额利润,也因此在世界500强排名中占据了十分显赫的位置。石油垄断巨头的高额利润或巨额亏损,往往与随之出现的贪污腐败和铺张浪费纠结在一起。

垄断油企显富片断

被判死缓的中石油原董事长、总经理陈同海,每月花费公款花天酒地达120万元,平均每天挥霍4万元人民币。

据媒体披露,中石化大楼建造价达10亿元、装修2.4亿元,并装修1 200万元天价吊灯(造价为156.16万元)。

2009年9月又曝出在北京朝阳区三元桥东北角的太阳星城三期,中石化花20.6亿元团购了八栋住宅楼和两栋商用楼,外加两个地下停车场。据中石化职工反映,这些获得团购楼盘福利的职工都是在位的有一定背景或级别的人物，一般人享受不到这种福利。

垄断巨头在行政力量的百般呵护下严重缺乏创新动力，效率之低下让人瞠目结舌。统计数据显示，埃克森美孚、道达尔、壳牌公司2008年的净利润率分别是9.8%、6.6%和5.7%，而中石化是2%，中石油仅1.94%。石油巨头机构人浮于事，效率低下，几乎是众所周知的事实。

放开了，为何不给他人空间？

长期以来，行政垄断使民营油企徘徊于生死之间。民营油企的发展正经历着坎坷的历程。

1992年，石油市场改革开放，党中央、国务院号召利用民间资本开拓石油市场，许多民营企业自筹资金进入了石油市场；1994年，国家放松成品油批发市场准入限制，中国成品油炼制、批发和零售市场几乎处在一种自由竞争的状态，民营资本抢得先机经营加油站；但好景不长，1999年，国务院办公厅的"38号"文件规定，除中石油和中石化两大集团之外，不允许其他独立的成品油批发企业存在，明文规定将成品油批发权集中于两大石油巨头手中。

2005年国务院36条明确表示，允许非公资本进入电力、电信、铁路、民航、石油等行业和领域，放手让民营企业获得生存和发展机会。在此基础上，商务部又在2006年发布《成品油市场管理办法》和《原油市场管理办法》，宣布自2007年1月1日起开放中国原油、成品油批发经营权，让民营企业又看到了一线生机。但是，因为垄断油企对市场的控制，民营油企只是在公文文字中有了生存余地，在现实中仍受到严格限制，发展的空间非常有限。

油荒了，为何总让消费者纠结？

近年来，不断席卷而至的油荒风波让消费者吃尽了苦头。油荒对人们生产生活的影响极大，它使无数货车滞留途中耽误了生产，使无数生产线因为缺少原料陷入瘫痪，使无数农民因机器加不到油而耽误了播种和收成。几乎每个人都直接或间接地成为油荒的受害者，各行各业都受到或大或小的牵连。各加油站轿车、货车、客车、出租车排成长龙；大罐小罐充斥着整个加油站；小贩们穿梭于排队的人群中，打着倒卖油的主意；人们为了争油时而引发争执；警察们紧张地维持现场秩序。油荒在人们心中已经演变成"油慌"。

2009年以来不断高涨的油价让人们叫苦不迭。我国作为人均收入水平较低的发展中国家，却要承受比世界发达国家还高的汽柴油价格。油价牵一发而动全身，油价的上涨会导致运输成本的提高，从而会立刻引起物价的上涨。油价上涨对中国各个行业的影响不容忽视，最终的结果将体现在CPI上。从一定意义上说，石油行业的行政垄断已经成为国内通货膨胀的引擎。

进五百强了，为何还要吃"补贴"？

中国能源网首席信息官韩晓平说："与其让石油垄断企业人为地制造亏损，向政府要钱、'抢劫'消费者钱包，还不如干脆不让他干，开放市场、引入竞争。我们担心私营企业、外资企业会操控市场，难道我们的市场还没有被操控吗？"

行政垄断给国家造成巨大的财政浪费。巨额补贴培养了垄断油企张口就要钱的劣习。只要国家政策稍有一点变动，垄断油企立刻会有充足的"理由"向国家要钱。有亏损就要得理直气壮，即使没有亏损也要制造出亏损来。不管什么亏损，居然都一律被归为"政策性亏损"。

无止境的财政补贴产生了极其不利的负面影响。当其他社会主体都效仿垄断巨头向政府要补贴时，财政补贴就真的成了无底洞。想想看，2007年补贴的两三千亿元能建多少所希望小学，能解决多少城市贫困阶层的住房，能解决多少农民的医疗保障？可悲的是，这笔钱补贴给富得冒油的石油垄断巨头了，补贴给了"亚洲最赚钱的企业"，并以之支撑着日益膨胀的垄断势力、日益高涨的垄断价格和日益畸形的垄断市场。

国有了，为何就不能公平？

行政垄断直接导致了社会不公平。首先是资源占有上的不公平。我国石油资源归国家所有，但两大石油公司却没有向国家交付相应的矿区使用费，只是象征性地交付资源使用费，原来是每吨8—24元人民币，后来上调为每吨约30元人民币，与美国相比每吨原油就相差500多元人民币。不仅如此，国有石油巨头交税少，国际上原油资源从价税率为10％，我国仅为1.5％。此外，国家还有成品油出口退税政策，仅此一项，垄断巨头年进账就达上百亿元。

行政垄断也带来了收入分配的不公平，加剧了我国的贫富差距。中石油平均每位员工的年收入是全国城镇职工平均工资的4倍。由于社会公众的舆论压力，财政部办公厅于2009年2月10日颁布了"限薪令"，将国企高管最高年薪限定为税前280万元，但"限薪令"管不了额外收入。中海油2008年年报显示，中海油董事长兼首席执行官的薪酬（酬金加股份期权收益）高达1 204.7万元。美国企业是私人的，尚且受高薪限制，中国的企业是国家的，也是全国纳税人的，其收入更应受到制约。石油行业的高额收入，造成社会分配严重不公，长此以往，贫富差距只会越来越大，社会主义共同富裕目标也会因此变成一句空话。

行政垄断导致的分配不公平将对社会稳定造成一定的威胁，低收入群体能够忍受自由竞争的社会不均衡，却无法忍受特权而导致的收入分配不公平。群众对社会不公的愤恨积聚到一定程度，势必会影响社会的稳定。

市场化了,为何不能破"三分天下"?

行政主体设置层层壁垒,使石油市场不存在真正意义上的竞争。

国内市场是中石油、中石化、中海油"三分天下"的垄断格局。就像一个家庭中的三兄弟,表面上存在竞争,实际上由于已经分割了资源和市场,他们不会自相残杀,为了牟取暴利会共同排挤其他竞争者的进入。三兄弟的父母又恰恰是游戏规则的制定者,在规则制定上无疑会偏袒三兄弟。中国的石油市场的现实就是如此,真正意义上的竞争是不存在的。

2009年,中国GDP总量雄居世界第二,综合国力跃至世界第四位,我国成为真正意义上的经济大国。应该说,这一切成就都离不开市场取向的经济体制改革。为了使改革取得更大的成功,我国应该坚定不移地沿着市场经济改革之路走下去,除此之外,别无选择。然而,行政垄断一直是改革征途上的绊脚石,因为它的存在,中国经济改革的步伐蹒跚而吃力。

载《经贸实践》2010年第7期

央企上缴收益比例应提高

央企上缴收益问题已成为社会各界关注的焦点,不仅许多学者,广大民众也质疑央企上缴利润过低,而据《半月谈》2011年第10期报道,国资委某负责人在接受采访时认为,央企上缴收益不应大幅提高,其理由有二:一是母公司可支配利润只占利润总额的25%左右;二是央企在推进改革发展、解决历史包袱、加强技术创新等方面还需要大量投入。针对以上观点,本文从社会公平正义、央企管理问题和过度投资等角度论述了提高央企上缴收益比例的必要性和紧迫性,并以中石油为例,通过论证,得出资源垄断型央企上缴收益应提高至税后利润的50%以上,竞争型央企也应参照行业标准,在原有基础上提高上缴比例的结论。

一、央企上缴收益的历史与现状

1994年,在国有企业效率低下、亏损严重的情况下,为盘活国有资产,国企改革提出税养国家、利活企业,之后国企采用税收的形式向国家上缴收益,告别了财政拨款的年代。

直至2007年5月,财政部和国资委曾联合发布《中央企业国有资本收益收取管理暂行办法》,开始实施国有资本收益收取的试点。这一办法还按行业将央企划分为三类,按不同比例征收:第一类为资源型企业,如烟草、石油石化、电力、电信、煤炭等,征收比例为10%;第二类为一般竞争性企业,如钢铁、运输、电子、贸易、施工等,征收比例为5%;第三类为军工企业、转制科研院所企业,暂缓三年上缴。

2010年11月,国务院常务会议决定,从2011年起,将5个中央部门和2个企业集团所属共1 631户企业纳入中央国有资本经营预算实施范围,2010年12月,财政部公布了《关于完善中央国有资本经营预算有关事项的通知》,按照该通知,从2011年1月1日起,上述三类央企应分别上缴企业税后利润的15%、10%和5%,而政策性央企则免缴国有资本收益。

从实际收缴情况来看，2008年、2009年分别为547.8亿元、873.6亿元①，均不到当年央企利润的10%，2010年，在国有企业累计实现利润近2万亿元的情况下，央企上缴利润仅为440亿元②。

从上缴红利的用途上看，以国有资本红利为主要来源的国有资本经营预算体系，主要定位于调整国有资本在不同行业与企业之间的配置状况，并不注重公共福利。数据显示，2008、2009年国有资本经营预算支出1 553亿元，主要用在产业结构调整、技术创新、重组补助等方面。而2007、2008两年，国企红利调入公共财政预算，用于社会保障等民生的支出只有10亿元③。

二、提高央企利润上缴比例的必要性与紧迫性

（一）央企对自身定位不清和分配不公，已严重损害社会公平正义

从产权上来说，央企属于全体国民所有，是全民的共有财产，其管理者作为全体国民的代理人管理企业，其职责在于回报股东，服务国民。因此央企的根本作用，在于服务全体国民、提高社会福祉。然而这样的定位并没有被央企管理者和国资委充分认识，导致央企定位不清，以高利润作为衡量业绩的唯一标准，没有承担应有的社会责任。

大部分央企依靠国有资本和行政垄断获取高额利润，高额利润意味着对市场公平竞争的破坏，垄断带来消费者剩余的减少和对社会福利的损害，这与其服务全民的根本作用背道而驰。央企以各种理由向国家申请补贴，如2008年中石油和中石化获得660亿元财政补贴④，而获得高额利润时却没有回报社会。上缴利润少且不用于提高社会福利，引起民众对央企的强烈不满。

央企的薪酬和福利制度，已长期成为公众抨击的目标，十万年薪的抄表工、百万甚至千万年薪的央企高管，使人们广泛质疑央企薪酬制度的合理性和公平性。央企获取的高额利润，并非完全来自其管理者的领导才能和员工的辛勤付出，而是很大一部分来自行政垄断，来自其在各个领域中享有的特权。据统计，2009年上半年，占全国企业总数1%的国企获得全国贷款的91.2%，而民营企业仅获得8.2%⑤。国企，尤其是央企，在享受特权的同时，由于缺乏有效监管，导致全民资产分配不公，甚至被少数人用于挥霍，如建豪华别墅、购买天价灯、购买茅台酒等，这种严重破坏社会公平正义的行为应尽快得到纠正。

央企利润上缴比例过低，拥有垄断资源，获得政府支持，却又不承担应有的

---

① 2009年央企红利预算出炉，873.6亿元侧重改革重组[N].21世纪经济报道，2010-01-04.
② 2010年国企实现利润近2万亿元上缴红利440亿[N].人民日报，2011-02-21.
③ 公共财政，八万亿多不多[N].人民日报，2011-02-14.
④ 中石油和中石化去年共获得660亿元财政补贴[N].北京晨报，2009-03-30.
⑤ 民间投融资难有望"双解"[N].上海金融报，2010-07-27.

社会责任,已经造成社会分配的严重不公,并挤压中小企业的生存空间,不利于经济发展和社会和谐稳定。

如果说央企是全体国民的一笔积蓄,经过33年的改革和发展,央企已然成为国民一笔不小的财富,每年创造着大量利润,在"十二五"期间以提高民生为重点的背景下,是时候将积蓄转化为社会福利,使民众共享发展的成果,这不仅是社会经济可持续发展的需要,更是全体国民的强烈呼声。

(二)国资委监管不到位,致使央企管理问题重重

国资委的角色是接受全民委托履行出资人职责,对国有资产保值增值进行监管,规范国有企业行为,建立完善的监督机制、激励机制和惩罚机制,杜绝管理者的舞弊行为,最大限度地为股东,也就是全体国民谋求利益。本质上,它是全体国民的代理人,监督国企的同时应接受全民监督,反映全民意愿。

然而,在监督方面,许多央企分配不公、腐化奢华的事件都是经媒体披露,引起公众不满,才使国资委开始重视,展开调查。2011年国家审计署公布对中国核工业集团公司等17户中央企业2007—2009年财务收支审计结果。从国家审计署的报告来看,部分企业出现领导职务消费不清、假发票、违规发薪酬、少缴税收等问题。其中,滥发福利、赶超工期、投资项目"先上车、后补票"等问题成为央企财务不规范的重灾区。中钢等中央企业甚至出现对主管央企的国务院国资委的瞒报现象①。这些现象的根源,在于国资委没有积极督促央企信息公开,更没有以审慎原则核查国有企业的内部控制和管理,致使国有资产分配不公,央企管理者缺乏约束。

正是国资委的监管不力、激励措施不当,致使央企在内部管理、成本控制、激励机制、利润分配等方面没有很好地反映央企的特殊性质,造成民众利益的损失。

(三)无效与过度投入,给全民财富造成极大损失

国资委某负责人称央企不应大幅提高上缴收益比例,其主要理由之一是央企在推进改革发展、解决历史包袱、加强技术创新等方面还需要大量投入,然而近年来几大央企的投资无度,亏损巨大,使国有资产损失惨重。

在投资扩张方面,由于收益上缴比例小,央企手中资金富余,开始大举在海外投资,导致海外巨亏事故频发。2011年7月初,中铝宣布"澳大利亚昆士兰奥鲁昆铝土矿资源开发项目最终告吹",项目损失高达3.4亿元②;2011年6月,中国铁建投资沙特轻轨项目亏损达人民币41.48亿元;2009年底,中化集团在海外投资的3个油气田项目,累计亏损1 526.62万美元;2009年9月,中国中铁在波兰投资的A2高速公路项目亏损,合同总额4.47亿美元;截至2010年年底,中石油、中石化、中海油三大石油公司投资海外的油田及工程项目总计

---

① 2011年审计署第12至28号公告[A].
② 中铝再曝海外投资失误 澳铝土矿项目损失3.4亿[N].经济参考报,2011-07-07.

144个，投资金额累计更是高达近700亿美元。而中国石油大学2010年一份报告显示：受管理制度及国际投资环境等因素的影响，三大石油公司在海外的亏损项目达到三分之二①。

在技术创新方面，虽然需要大量资本投入，但由于行政垄断的存在，一些央企依靠垄断地位即可获取巨额利润，无需通过技术创新降低成本，使之缺乏技术创新的动力。只有提高上缴收益比例，降低央企留存利润，才能迫使央企通过技术创新降低成本，获得可持续发展的能力。

在历史包袱方面，国资委官员透露，国有企业存在各种历史包袱，光是厂办大集体职工的安置费用，至少需要1 000亿元②。解决历史包袱的确是央企改革中的重要一环，但如此高额的改革成本让人质疑改革的效率，历史包袱的解决应尽量依靠市场化和制度创新，节约改革成本，杜绝成为央企浪费资源的又一源头。

（四）从国际比较来看，央企上缴利润比例偏低且分配不合理

在西方国家，国企上缴利润比例差别很大。在新西兰，国有企业董事会在与持有股份的政府部门协商后，根据国有企业的资本结构、未来投资计划和盈利前景等因素来制定分红计划。丹麦、芬兰、挪威以及瑞典的国有企业董事会设定了多年度的目标分红率，例如，整个商业周期预期盈利的33%、50%或67%。许多国家上缴的红利一般为盈利的1/3—2/3，有的甚至高达80%—90%，其上缴利润多用于民众。以美国为例，1978年，阿拉斯加永久基金公司（APFC）成立，1980年，阿拉斯加州议会通过永久基金分红计划，该方案将每年及前4年平均下来的永久基金投资净收入的50%发放给每一个在阿拉斯加州居住满6个月的居民；德、英、法、美、日等国都将国有资产管理与政府财政预算体制直接挂钩③。

而我国不仅上缴利润比例偏低，在用途上更是"取之央企、用之央企"。2011年中央国有资本经营预算支出共安排了858.56亿元。其中723.56亿元用于中央企业兼并重组专项资金、国有经济和产业结构调整支出、中央企业重大科技创新项目支出、中央企业重大节能减排项目支出、中央企业境外投资支出、中央企业安全生产保障能力建设支出、中央企业改革脱困补助支出、中央企业社会保障支出和预留资金等，重新投入央企，只有45亿元用于支持新兴产业发展，40亿元纳入公共财政预算，用于支持社保等民生事业发展，50亿元用于补充社保基金④。

央企上缴利润若成了央企的内部基金，不用于提高国民福利，则与央企"民之储蓄"的地位严重不符，与其应承担的社会责任大相径庭。

---

① 央企海外投资巨亏 根在问责缺位[N].羊城晚报，2011-07-21.
② 国资委提醒央企赶快甩"包袱" 要求三年内轻装迎战"世界杯"[N].经济观察报，2011-02-01.
③ 国企分红的国外经验[N].国际金融报，2011-05-03.
④ 一边哭穷一边大赚 国企利润[N].国际金融报，2011-05-03.

三、提高央企收益上缴比例的可行性

国资委某负责人认为"央企利润总额是合并报表的利润总额,其中母公司可支配的利润只占利润总额的25%左右",即由于央企手中缺乏现金,因此收益上缴比例不应过高。本部分以中石油为例,基于其财务数据,论证提高央企收益上缴比例的可行性。

根据《关于完善中央国有资本经营预算有关事项的通知》,央企上缴比例是以税后利润为基准,并非利润总额。税后利润又称为净利润,是指利润总额减去所得税费用之后的结果。只有净利润才可以进行法定公积金和公益金以及相关利润的分配。

根据中石油年报,笔者整理出如下数据:

中国石油部分财务数据(单位:亿元)

	2010	2009	2008
利润总额	1 891.9	1 397.6	1 612.8
归属母公司股东的净利润	1 398.7	1 031.7	1 138.2

资料来源:中国石油2010年年度报告。

2010年中石油利润总额1 891亿元,其中归属母公司股东的净利润为近1 400亿元,中石油国家持股比例为86.2%,即使扣除约25%的法定公积金和公益金,母公司可支配利润占利润总额的比例依然远高于利润总额的25%,占税后利润的比例也大大高于50%。

值得注意的是,中石油2008年利润总额为1 612亿元,而就在这一年,中石油以亏损名义申请财政补贴,获得国家财政补贴157亿元。

从现金流方面看,2010年中石油经营活动产生的现金流量净额3 188亿元,是母公司净利润的两倍多,从负债率看,2010年中石油资产负债率仅为39.0%,远低于上市公司平均水平。

数据表明,以中石油为代表的资源垄断型央企,不仅获得高额利润,而且手中资金宽裕,足以承受较高的收益上缴比例。

四、结论与建议

基于以上分析,大幅提高央企收益上缴比例,是规范央企管理、促进社会公平、完善收益分配机制的重要举措,不仅在理论上具有必要性,更在实践上具有可行性。对于央企利润的上缴与分配,本文有如下政策建议:

(一)认清央企性质,改革央企评价体系

央企不同于普通的企业,它是全体国民的财富,应服务于社会发展和民众福利,不应将利润最大化作为企业目标,国资委的KPI(关键绩效指标)导向给了央企一个错误的指导方向,使之通过行政垄断权一味追求利润而忽视社会效益和消费者利益,从而造成央企自身定位不清,没有承担应有的社会责任。改革央企绩效评价体系,把央企的社会效益纳入评价体系中,是使央企回归正确定位的前提。

参考西方企业所建立的激励制

度,将央企得益于行政垄断而来的利润,纳入管理层的薪酬体系。本质上,这些利润是将老百姓的钱转移给央企管理者,造成严重的分配不公,因此应当建立央企管理者和职工合理的薪酬分配机制,剔除央企的垄断效益,以其通过努力获得的经济和社会综合效益作为激励的基准之一。

另外,应通过制度创新和市场化运作,尽快解决央企历史包袱问题,从对人民和职工负责的角度,以有效方式节约改革成本。

(二)提高央企利润上缴比例,用于民生

在认清央企性质的基础上,提高央企利润上缴比例,使之服务于广大民众,则是理所应当之事。央企上缴利润比例应该多高,可以有几个参照标准:一是其他国家国有企业上缴利润比例,二是行业红利分配比例,三是央企现金状况。从这几个方面看,资源垄断型央企应当而且有能力承受税后利润50%以上的上缴比例,竞争型央企也应参照行业标准,在原有基础上提高上缴比例。并且这部分的钱应直接纳入财政预算,或成立专门的基金进行管理,用于社会保险、医疗建设、教育投入等民生方面的用途,使国民财富真正惠及普通大众。

(三)规范央企监督机制,建立科学决策机制

如前文所述,央企出现缺乏社会责任感、投资造成巨额亏损、任意分配国有资产等现象的重要原因在于缺乏有效的监督机制。在信息不公开透明的情况下,国资委容易背离监管者的角色,基于部门利益,成为央企的代言人。因此应尽快建立以央企和国资委信息公开为基础的国民全面监督机制。全体国民是国有资产的拥有者,对国有资产的经营、管理和决策拥有知情权和监督权。实行央企全民监督,有利于督促国资委认真履行监管者职责,促使央企管理者有效分配资源,防止国有资产流失,并使之建立科学的决策机制。

参考文献:

[1] 赵凤彬,韩丽.基于公平的国有企业利润分配问题[J].经济导刊,2008(2):81-82.

[2] 任可.国企利润分配制度历史沿革[J].中国经济周刊,2006(45):21.

[3] 贾康.国企利润分配政策思路和分配法治化的探讨[J].中国财经信息资料,2008(8):1-4.

[4] 陶友之.破解国企利润上缴的十个难题[J].上海市经济管理干部学院学报,2006(6):36-42.

载《经济视角》2011年第8期

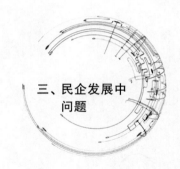

三、民企发展中问题

1. 如何做好民营企业的传承
2. 民营经济发展应在"四大瓶颈"突破
   ——学习浙江"非公经济《实施意见》"有感
3. 民企的资方权益与"用工荒"
4. 民营企业须正确认知和慎重应对外资并购
   ——由达能和娃哈哈的合资纠纷所想到的
5. 浙江民营经济发展态势分析
6. 对当前经济形势的一些看法
   ——在浙江省企业形象研究会工作会议上的主题演讲
7. 中小企业如何走出困境
8. 扶持中小企业发展的几个关键问题
9. 林瑞荣副主任和单东会长对话温州民营经济
10. 降低税负和解决融资是对民企的最实惠的扶持
    ——在舟山市调研座谈会上的讲话
11. 影响民营企业发展的障碍
    ——对温州市龙湾区民企的调研

如何做好民营企业的传承

一、民营企业传承的趋势

从中国民营企业的发展历程来看,家族所有与家族经营结合有利于生存阶段的民营企业。但民营企业家族经营通常是阶段性选择而非持久性的最优选择。就世界范围观察,民营企业的存续已有百年以上历史,少数企业甚至有千年以上历史,如全球最古老的民营家族企业——日本的粟津温泉饭店——诞生于公元718年,迄今已有1 289岁了,像这类最古老的民营家族企业,全球有100余家。它们曾经都是以家族经营为主要的经营模式。虽然家族所有的现象至今在许多发达国家的企业甚至在跨国公司中仍然存在,并未随社会经济的发展、企业规模的扩大和市场的扩张而消失,但是,企业由家族经营的现象基本消失。西方大型民营企业,如约·戴·洛克菲勒创建的洛克菲勒企业帝国(石油公司),托马斯·沃特森创建的IBM公司和现在世界企业500强中排名第一的沃尔玛百货公司等,在创业者辞世后不久都改由职业经理人主管运营。近年来,我国民营企业对经营模式的选择,总体上是随着企业规模的发展壮大,家族经营渐显弱化,甚至一些尚处于中小规模的民企,家族经营现象也随着企业的进一步发展而引发争议。这说明,民营企业家族经营的模式并非在私营企业的所有阶段都得到普遍认可。一旦企业经营规模扩大,市场区域扩张,不可避免地将产生对更多人才的需求,而这些需求不是始终能够在家族内部或同一地域的人才中得到满足。因此,家族经营往往是民营企业在特定阶段的选择,或者说是民营企业创建时期经营模式的选择。

(一)家族股权的"稀释"

民营企业的发展方向是由家族制企业向现代企业制度转型。而所谓现代企业制度,指的就是现代产权制度。建立现代产权制度,必须产权明晰。要使产权明晰化,如同有人指出的,关键是要分清"帮忙"与"合作"的关系。这种关系应该包含两个方面：一是在家族成员之间，二是在家族之外的合作者之间。与后者的关系不难界定清楚，如温州正泰集团总裁南存辉与温州德力西集团总裁胡成中的关系即属后者，两人最终和平地分道扬镳；但对于前者，在掺杂了血缘和亲情之后就会变得很复杂。方太集团创始人茅理翔常向人提起的"江苏四兄弟"的故事，就是一个兄弟之间产权关系剪不断理还乱的案例。相比之下，茅理翔创业之初就与妻子约定，双方的亲人都不能进入公司，可谓颇有先见之明的举措。分清"帮忙"与"合作"的关系，需要家族企业在创业时就达成契约，对双方的权利和义务进行约定。这对于民营企业家来讲，要有一定的战略眼光与处理家庭和社会关系的高超技巧。

许多学者都把产权的社会化视作民营企业可持续发展的一条必由途径。而所有权的让渡，则是产权社会化的主要措施。将自己家族的股份主动稀释，对民营企业家又是一个更高层次上的要求。任何产权方面的改革对家族企业来讲都是被动的。南存辉在对南氏家族的股份进行稀释时，也遭遇到了来自家人的阻力和社会舆论的不解。但是对于众多民营家族企业来讲，如果这一步跨不出，也就谈不上向现代意义的企业转变。

股权的最初转让一般都是通过作为激励措施的赠予方式实现的。中国众多民营家族企业所实施的，大多是短期的激励，即赠予企业技术人员及职业经理人的是虚股，人在企业时，可以享受分红的权利，而一旦离开，股权也就随之消失。作为长期激励的实股，民营企业主就不会轻易给予了。

欧美民营企业为什么会一代又一代地保持旺盛的生命力，而且还能做大、做强？研究发现，这主要源于产权优化与经营管理方面的传承与创新，建立起企业与员工的利益共同体，不断注入企业新的发展活力。如在企业经营管理上实行业主与职业经理人兼容，优化公司管理层配置；在产权资本构成上，实行多元化结构与重组；在产权资本利益上，实施股权激励等。

当然，我国民营企业不能盲目崇拜和追随国外一些与自己实际情况不符合的经营管理理念，而关键是在适当的时机推动民营家族企业的社会化，即把封闭的家长式企业逐步改变为开放的法治企业——现代企业。在这方面，均瑶集团创始人王均瑶就做得很好。其在世时，就在企业内开始推行经营权和所有权的分离，当时集团中高层职业经理人大概就有50人。王均瑶最终的目标是，让企业实现股权"三三制"，即1/3为家族持股，1/3为公司高层管理人员持股，1/3为社会公众持股，加速向现代企业迈进。其去世后，企业并未因创始人的突然消逝而遭受挫折，家族成员顺着王均瑶生前的思路，加快了企业经营制度现代化的步伐。

（二）职业经理人的引入

钱德勒（Alfred D. Chandler）在分析比较美、英大型企业发展演变翔实资料的基础上，令人信服地证明：管理职业化程度的差异是美、英国际竞争力差距的重要原因。

国内学者在考察了相当多的民营家族企业后,同样得出结论认为,这些企业的成长瓶颈主要不是金融资本,而是缺乏管理资源这种最重要的人力资本。这些民营家族企业的内源性——亲戚、熟人关系网——的融资能力很强,企业的技术、机器设备也很先进,但仍然陷入发展困境之中,一个重要的原因就是不能有效地吸纳和集聚管理资源。所以,有效地融合社会人力资本,特别是善用经理管理资源是民营企业顺利发展的关键。

当民营家族企业成长到一定规模时,必然要构建新的格局,于是企业的产权结构开始发生变化,股权开始出现多元化和社会化;创始人也逐渐从管理层淡出,经营工作交由职业经理人承担。引入职业经理人是建立现代企业制度的前提。问题是,要保证职业经理人有良好的职业道德和职业行为,从而将委托—代理风险降至最低,这需要市场上有足够多的职业经理人的供应,从而保证职业经理人之间的竞争压力。这是从企业角度考虑的。另外,从职业经理人方面看,我国当前虽有不少优质人才,但他们选择职业经理岗位的却相对较少,究其原因是缺乏动力机制。动力机制的缺乏有职业经理岗位的进入、退出机制不畅,与雇主谈判地位不对等,个人合法权益和社会福利得不到保障等原因。这些问题的妥善解决,不仅需要企业主和职业经理人的努力,还需要政府提供法律、制度、仲裁等公共产品。

笔者认为,作为一个民营企业家,他必须综合平衡各方面的关系,既要维护家族的利益,也要充分保障员工和职业经理人的利益,即只有双赢,才能保障企业有持续发展的动力。作为政府,则要为民营企业提供一个宽松的外部环境,例如:金融支持、培育要素市场、规范中介服务等,降低民企制度变迁成本;满足民企上市要求;制定相应法律、法规、政策,为民企传承和发展提供一个较好的制度环境。

二、如何做好民营企业的传承

为了做好民营企业的传承,研究发现,事前做好接班计划、财产界定、企业立法、家族文化等方面的工作,是传承顺利进行的必要保证。

(一)接班计划

2005年4月10日,有着"视觉艺术大师"美誉的逸飞集团掌门人陈逸飞突然去世,其生前未及留下遗嘱,对由谁来接任董事长、遗产如何继承、公司如何发展等等,都未交代,而陈逸飞遗孀宋美英与其前妻的长子陈凛则为遗产的继承诉诸公堂。由于创始人缺乏传承计划,未规划好财产的分配,引发了家族成员争夺遗产的纠纷,在投资者、合作伙伴中造成了不良后果。这或许是众多民营家族企业没有继续生存下来的一个重要原因。据了解,大约70%的家族企业在其创始人死后被出售给别人。由此可见,民营家族企业中的"老掌柜"要充分认识到制定接班计划的重要性,这是成功实施企业"所有权"传承的第一要务。

1. 传承时机的选择

企业传承时机最好选择在企业稳定发展时期和创业企业家精力旺盛时期，因为新老交替要有一个融合期，平稳时期进行交接有利于规避风险。那么，企业在什么时候考虑传承给接班人较好？笔者认为，传承拟提前五年。在我国，几乎所有成功的民营企业的基本特点，就是对优秀企业家个人素质和创业能力的强烈依赖，而不是依靠某种体制所特有的优越性。民营企业家才能的不可替代性，将成为决定企业换代继任成败的关键。因此，要给接班人充分锻炼的机会，创业者在该引退时就引退，让企业潜在的接班人尽可能早地参与到企业的经营管理之中，通过实践和竞争使继任者的身份明朗化，逐步使之成为企业内外人们一致认同的新权威。反之，如果出现"临终遗言"式的"床前交班"，这个企业很可能会面临危险的境遇。

2. 传承方式的选择亦应重视

现行的模式主要有三种。第一种是"子承父业"型。受传统宗法和血缘关系支配的民企基本上采用这一模式。这一模式能使权力交接顺利，但弊端也很明显：父亲"大人"或垂帘听政，或"扶马"上任再走一程。企业甚至可能形成"老子党"和"太子党"的宗派格局，不利于企业的稳定和发展。第二种是"两权分离"型。采用这一模式的民营企业基本上解决了企业的产权关系，实现了所有权与经营权的分离，从而可以建立起规范化的现代企业制度。但也存在一定的交接风险，因为继任者此时是否已树立起权威，与管理层和员工是否融洽，都将影响企业的经营和发展。第三种是"管理团队"型。这种模式适合于从国企转制为民企的企业，尤其适合于国企由原所在企业的领导集体置换转制而来的民营企业。这类企业虽然由国营转为民营，但原企业的"管理团队"仍留在新转制的企业内继续担负着领导职责。

（二）文化传承与制度建设

民营企业主不仅传承所有权，而且要传承企业家能力、企业文化资本和社会网络资本，以此让继承者建立起在企业中的威信，达到顺利交接的目的。美国管理学家彼得·德鲁克曾说，管理是以文化为转移的，并且受其社会的价值观、传统与习俗的支配。说到底，就是家族文化和家族价值精神的传承。老亨利·福特执着地坚持其家族价值精神，他说："消费者是我们工作的中心所在。我们在工作中必须时刻想着我们的消费者，要为其提供比竞争对手更好的产品和服务。"福特家族第四代、福特公司现任董事长比尔·福特把这种价值观加以发展和创新为："我认为追求商业目标与追求社会与环保需求并不矛盾。我相信一个好的公司与一个伟大的公司是有区别的：一个好的公司能为顾客提供优秀的产品和服务，一个伟大的公司不仅能为顾客提供优秀的产品和服务，还竭尽全力使这个世界变得更美好。"可见，企业的社会责任也成为比尔·福特价值观的重要内涵了。

成功的民营企业，一般都形成并传

承企业文化的精华,不断进行企业文化与企业精神的创新,赋予企业文化更丰富的内涵和企业精神更新的内容。美国哈佛商学院在其《企业文化与经营业绩》中指出,企业文化是企业独有的观念形态和价值体系的总和,是企业员工基本信念、价值理念、道德规范、生活方式、人文环境以及与之相适应的思维方式和行为方式的过程体现,从而成为决定企业兴衰的关键因素。欧美民营企业在重视传承家族企业经营理念的同时,十分注重企业文化与企业精神的重塑,具体表现在:

一是在传承家族企业原有文化与本民族文化中,更加注重吸纳全球文化的精华,以适应企业全球化的要求。著名文化学奠基者E.D.Talon说:"文化是知识、信仰、道德、法律、风俗及任何人作为社会成员而获得的所有能力的习惯的复合总体。"各国各民族的文化客观上存在差别,不同国家、不同民族的风俗习惯、道德传统、生活环境、物质与精神追求都不一样。欧美民营企业进入中国市场后,纷纷将中国文化融入其企业文化之中,建立起蕴含着中国本土文化的新型企业文化。

二是将家族企业以血缘、亲情凝聚力为纽带组成的团队与团队精神进行放大,将家族企业中原有的亲情化团队精神放大到覆盖企业全体员工,形成企业整体力量的凝结和团结奋斗、目标一致的群体意识;甚至将这一精神向外延伸,在企业与企业间、企业与行业间等方面形成一致与共识,在更大的范围内培育团队文化与团队精神。

三是高度重视企业道德与法治文化建设,树立诚信形象。民营家族企业中的"老字号""百年老店"等,均在企业发展过程中创建起诚信守法、优质服务等知名企业与品牌形象。近年来,这些企业还在道德与法治文化建设中,不断注入了全球化的新内容。一批跨国民营公司在进入中国后,都相继在企业内设立了"中国法律中心",加强对中国道德与法律的研究,使企业道德与法治文化适应中国的本土国情。对此,我国民营企业同样需要在文化精神方面重视传承与创新,适应世界新的潮流,推进企业更快发展。

欧美市场经济历史悠久,许多民营家族企业经历了百年以上的风风雨雨,其"家文化"逐渐淡出,企业实行规范管理,内部分工严密,各司其责,井然有序;权力分配公平合理,而权力集中制衡也已制度化、透明化、流程化。欧美在民营企业管理模式上积累了许多成功的经验,值得我国民营企业借鉴,如实行财产所有权与经营权的分离,由职业经理人去经营企业,淡化家族制,推行"法治";在缺乏合适继承人的时候,全盘出售自己所持股份,或把企业卖出去,或通过减持股份把家族成员变为普通股东,使之和其他股东一样,只有通过选票或竞争才能入主企业的董事会,或是家族成员仍然持有较大股份,但是管理权交由"经理人"来行使。如一些家族企业钟情于基金托管制度,把家族的股份托给一个专门的基金来管理,家族成员是基金的受益人,由基金经理来代替家族行使其所有者权利。

与欧美国家的民营企业相比,中国民营企业更多的是"人治"而非"法治"。欧美民营企业都通过"法治"来实现接班人的产生、选拔、培养、更替,不仅产生了企业领袖人物,而且产生了一个个团队。产生接班人靠的是机制、制度,接班人好比种子,机制和制度就像供种子发芽、成长的土壤,因而,在这种环境下,接班人就会脱颖而出。据此,笔者认为,中国民营企业传承方式改革的目标应是:管理制度化,用公众公司中正常的管理关系代替家族企业管理中"家"的关系,通过对家族治理结构的改造,淡化家族制,让所有权家族化、经营权社会化、股权公众化——核心是以制度管理企业。

《中国改革报》2007年6月12日

民营经济发展应在"四大瓶颈"突破
——学习浙江"非公经济《实施意见》"有感

2006年1月11日,浙江省政府公布了《浙江省人民政府关于鼓励支持和引导个体私营等非公有制经济发展的实施意见》(以下简称《实施意见》)。在国务院常务会议原则通过"非公经济36条"一周年之际,浙江省政府适时出台了配套《实施意见》,这对广大民企来说,是一个令人振奋的好消息。

《实施意见》分为七大部分,共32条。统观《实施意见》全文,笔者认为,这份文件延承了浙江省政府一贯支持和引导民营经济发展的工作思路,紧扣"十一五"规划的要求和本省实际情况,将国务院"非公经济36条"的规定进一步完善和细化,提出的举措颇具针对性和创新性。在此,笔者就《实施意见》中难以落实的有关条文,谈几点意见。

第一,关于《实施意见》中"加大对非公有制经济的金融支持"的问题

融资难一直是困扰民企发展的重大问题,其成因有多方面,金融机构改革滞后是关键因素。我国的金融体制受计划经济影响较深,行政管理集中度很高。据笔者在和一些银行负责人交谈中发现,许多基层银行很希望搞活,想和民企加强信贷关系,但因银行高层主管部门控制严且不下放信贷审批权限,使得基层银行很难为扶持民企而有所作为。如今,《实施意见》特别提出"扩大省以下各级银行信贷审批权限",笔者认为,在银行垂直领导的现行体制下,省一级政府出台这一举措,实在是对当前金融体制的一项创新,意义深远。金融问题不应"怕"字当头,而应"改"字当头;商业银行以市场为导向、以效益为前提而进行改革已是必然。商业银行必须改变下级银行作为上级银行的行政附属物和国有企业"提款机"的现状,各级商业银行必须拥有独立自主的经营权特别是贷款发放权,这样,商业银行就会在民营企业这一广阔的领域开拓金融业务。

除间接融资外,在直接融资方面,

《实施意见》也提出了很多好的建议。如在支持非公有制企业上市融资方面,提出可以"在法律允许的范围内,妥善处理非公有制企业改制上市前的税收减免、资产权属和股权规范等历史遗留问题"。据笔者了解,浙江很多民企因为股权结构不清晰而无法在国内上市融资。究其根源,是长期以来把民营经济当作体制外经济,存在所有制歧视;民企在夹缝中生存,不得已而挂靠国有经济,成为戴"红帽子"的企业。"红帽子"企业因产权不清晰,在管理、利益、税收方面与被挂靠单位的纠纷频起,这也给民企上市造成困难。笔者认为,政府应帮民企理顺产权关系,摘去"红帽子",从而为其上市创造必要条件。

第二,关于《实施意见》中"放宽非公有制经济市场准入"的问题

市场准入受限仍然是很多民企面临的问题。无论是国务院"非公经济36条"还是省政府的《实施意见》,在条文上,或者说在形式上,对民营企业的市场准入的门槛都已拓宽到"非禁即入";而事实上,很多行业对民营企业仍是禁区。对此,民营企业家将之比喻为"玻璃墙"——政策看得见,可是进不去。此次《实施意见》虽重申要放宽非公有制经济的市场准入,但效果如何,还需看落实。例如,民企经营成品油一事就很能说明问题。

国务院的"非公经济36条"和浙江省政府的《实施意见》都明确规定,"允许非公有资本从事成品油零售业务和批发业务",但笔者对这一条款能否兑现很有疑虑。我国民企参与成品油零售、批发经营举步维艰。自1998年国家石油经营政策调整后,石油成品油的专营批发权和零售批发权由中石油、中石化两大国有集团公司垄断,民企无"资格"涉足。直至2004年,根据我国加入WTO的相关承诺,成品油零售、批发行业始允民企进入。湖北天发等20余家民企于当年获得了《成品油批发经营批准证书》。但是,民企虽然获得了经营牌照,但仍无法在成品油零售、批发方面开展业务,因为其经营的核心——油源,必须仰仗上述两大国有集团公司的供给,而国企为了自己的垄断利润,一般不会给民企提供油源。此外,虽然部分民企名义上获得了成品油的进口权,但商务部对于民企成品油进口仍采用配额制(对国有企业成品油进口已于2004年采用自动许可制),民企能申请到多少成品油的进口量未定。而且,即便民企申请到进口配额,也必须有上述两大国有集团公司安排的进口计划单给海关才能放行。显然,民企能否进口成品油和原油,最终还得看两大国有垄断公司是否"恩赐"。另据了解,《成品油批发企业管理技术规范》正在报批。在该《规范》征求意见稿中,有一条款规定成品油批发企业的资格是"必须从事两年以上成品油零售经营业务,并拥有30座以上自有或控股加油站"。以北京为例,现该市除中石油和中石化外,全市其他81家民营批发企业无一符合要求。这些高门槛的规定一旦通过,就意味着全国绝大多数民营企业将被拒之门外。

笔者认为，民企成品油的进口要通过中石油和中石化安排计划，这一规定本身就不公正。在市场经济条件下，国企和民企之间存在着天然的竞争关系，存在着控制与反控制、垄断与反垄断的关系。正确途径是，国家把权力直接下放到海关，民企进口成品油可向海关直接办理手续。把权力赋予两大国企，这就给两大国企提供了垄断机会，客观上，国家保护了这两大国企的垄断地位，从而扼杀民企在这一领域的经营权。所以，国家如果不取消中石油和中石化的垄断地位，国务院的"非公经济36条"和浙江省政府的《实施意见》中有关民企可以经营成品油零售和批发业务的有关规定只是一纸空文。不过，在这一问题上，地方政府还是能在某些方面有所作为的。比方说，浙江省政府可以与省海关协调，由省海关负责调度，解决油源问题，责任由省政府承担。再如在民企建设加油站方面，省政府既可以提供信贷及技术支持，同时也不必理会上述高门槛的规定。只有这样，才能拆除玻璃墙，使国务院的"非公经济36条"和浙江省政府《实施意见》的有关规定真正落实到位。

第三，关于《实施意见》中"加大对非公有制经济的财税支持"的问题

税负不公是民营企业家反映强烈的一个问题。特别在增值税和企业所得税方面，民企与国企及外企相比，承担税负明显过高。在增值税方面，民企所购固定资产的进项税额不予抵扣，而外企和国企可以抵扣。在企业所得税方面，一是内外企税负不统一，外企享受"二免三减半"优惠，民企不享有；二是民企所得税存在双重征收的问题，除上交企业所得税外，所得利润还要交纳个人所得税；三是国企的技术开发费及技术改造投资购买国产设备可以部分抵扣，民企不能。这种在所有制上税负的不公平，不仅导致民企在市场竞争中明显处于劣势地位，而且还有损民企在政治上的形象。

此次《实施意见》中关于公平税负的规定不多，只有一条，即允许"企业发生的技术开发费可按规定据实扣除，其中技术开发费比上年实际发生额增长10%以上（含10%）的盈利企业，对取得享受技术开发费加计扣除审核确认书的，还可再按实际发生额的50%直接抵扣当年应纳税所得额"。原先，技术开发费的抵扣优惠只有国有、集体及其控股企业能享受；浙江省浙委〔2004〕4号文（即《中共浙江省委浙江省人民政府关于推动民营经济新飞跃的若干意见》）规定民企经批准也准予抵扣，这次又取消了个案审批制度，简化民企技术开发费抵扣手续，虽属进一步放宽限制，但总的来说，《实施意见》给予民企的税收优惠还只是杯水车薪，无法填平民企与国企、外企税负的悬殊。

笔者认为，税负不公的问题，最根本原因是所有制歧视造成的。既然"非公经济36条"和《实施意见》把非公有制经济纳入国民经济和社会发展规划，将之视为体制内经济，那么，就应该着手解决民企的税负不公问题。改革的原则应该是：（1）实行增值税转型，变生产型增值税为消费型增值税，允许抵扣企业所购固定资产进项税额,避免重复征税。这样做,有利于民企加大对基础产业的投资和更新生产设备。(2)完善出口退税政策,及时返还民企出口退税款,缓解从事外贸出口行业民企的资金压力。(3)实行内外企所得税的统一。给予外企的税收优惠民企也应享有。地方政府应该在上述改革中发挥积极作用。此外,据笔者了解,现在浙江省税收方面存在的问题还有:第一,和江苏、上海相比,浙江省各地的实际税收优惠措施少于上述省市,以致不少浙江民企撤资并转到苏、沪发展;第二,浙江省很多下辖工业园区、高新技术园区、经济开发区对外企税收优惠举措很多,这些优惠民企却都沾不到边。据我们所知,发达市场经济国家十分重视刺激和扶持中小企业(民营企业)的发展,在税收上普遍实行倾斜政策。1981年,美国对中小民营企业的所得税在原有基础上下调了25%。美国前总统克林顿就是通过降低税收来刺激经济发展和扩大就业的,这一政策收到了很好的效果,促成了美国经济的持续增长和广泛的社会就业。布什总统也力排众议,积极推行降税政策。英国自1983年起,规定中小民营企业投资的60%可以申请减免税和豁免资本税。发达市场经济国家尚且如此,更何况我国是一个发展中国家。发展是硬道理。适当调低税负,等于"放水养鱼"。由此,笔者认为,浙江省政府可以借鉴西方发达市场经济国家的成功经验,同时还应参考苏、沪等地税收执行标准和本省对外企的税收优惠措施,从而给本省民企应有的税负公平。

第四,关于《实施意见》中"维护非公有制企业合法权益"的问题

笔者在调研中,浙江金湖集团、温州日丰打火机等多家民企老总向笔者反映,他们企业大量的知识产权、商业秘密遭到严重侵犯,产品仿冒层出不穷。由于法制的不健全,企业在搜集证据、起诉及请求司法执行方面遇到许多困难,企业的合法权益得不到法律的有效保障,严重影响他们开发自主知识产权和打造品牌的积极性。

民企的自主创新是提高其综合竞争实力的关键。国家"十一五"规划和浙江省"十一五"规划都强调企业要拥有自主知识产权和知名品牌。如何激励民企自主创新和打造知名品牌的积极性呢?笔者认为,首先要使民企的创新成果得到有效保护。就这次出台的《实施意见》来看,在维护非公有制企业知识产权等合法权益方面的政策力度仍显不够。维护民企自主知识产权已刻不容缓,相关法律、法规亟待完善。要切实改变国家在立法、司法保护中实行的不同所有制区别对待的价值取向,加大对侵犯民企知识产权行为的处罚、制裁力度;强化监督机制,杜绝司法、行政机关相互推诿职责,敦促其认真为民企维权提供服务。就浙江省而言,可以先出台相关地方法规,为民企自主知识产权维权保驾护航。

载《当代经济》2006年第3期

民企的资方权益与"用工荒"

近年来,随着我国政府对人权问题的重视和法制建设的不断完善,政府出台了多项措施维护职工权益,特别是农民工权益;民企恶意拖欠职工工资、违规加班的案例逐年减少。但另一方面,很多民营企业家却抱怨现在"用工荒"和人才问题严重。2006年9月,笔者在浙江省诸暨市对民企调研时,就听到浙江情森制衣有限公司、浙江三马锦纶科技有限公司、步森集团等民企负责人反映,现在企业一线工人匮乏,不少工人不遵守劳动纪律以致工厂无法正常开工,很多订单被迫放弃;而且企业中技术人才、营销人才、管理人才频频跳槽并带走原企业核心机密的现象经常发生。笔者认为,要解决民营企业"用工荒"和人才问题,对民企的资方权益应予高度重视。

一、民营企业"用工荒"和人才问题现状堪忧

民营企业的"用工荒"现象已持续两三年,不仅珠三角、长三角等劳动力短缺地区受到冲击,连劳动力资源丰富的黑龙江、重庆、湖北甚至人口大省河南都遭殃及。在2006年春郑州举行的农民工专场招聘会上,现场提供3 000多个岗位,最终却只招到600多人。其中郑州三全食品公司提供住房补贴、免费工作餐等优厚待遇,也招不满人。"用工荒"现象的成因有多方面。一些农村条件的改善使得农民人均纯收入的增长速度高于部分企业工资的增速,一些人员权衡利益后就不愿输出劳务;另外,现在年轻的农民工受过一定的文化程度的教育,他们的职业期望值较高,不愿从事较苦较累的一线生产劳动;而高等教育和职业教育与社会实践的脱钩,令企业难以找到合适的技术人员和技术工人。

劳动力供需格局的改变使得外来务工者特别是有经验的外来务工者成为"香饽饽"。正因为"用工荒"的存在,民营企业对职工十分"迁就"。现在很多民营企业都以上调薪水、购买社保、提供班

车及住房等优厚条件来留住外来务工人员。但现实情况却不容乐观，外来务工者往往不太遵守劳动纪律，有些人辞职随意性较强，哪家工薪高就往哪里跳，说走便要走人，给企业造成"突然袭击"；有些消极怠工，故意不完成生产任务；有些置工厂赶订单于不顾，春节前后要休息一个多月，直到工厂派专车来接才勉强去上班。更有甚者，一些职工拉帮结派，实施一些恶劣手段逼迫企业炒掉自己，在索取较高补偿后集体跳槽。这些做法使得民营企业主苦不堪言。即便企业与职工有劳动合同，但职工如果一走了之，企业连人都找不到，安能以劳动合同约束之？

对于技术人才、营销人才、管理人才的恶意跳槽并带走企业核心机密，民营企业主更是万分苦恼，企业也可能因此遭受毁灭性打击。民营企业在发展过程中需要充实各类外来人才，但外来人才不讲诚信只能迫使民营企业延续家族管理的模式，影响了民企的管理创新。

可见，民营企业招不到人、不敢用人的现状，已经到了迫切需要解决的地步。

二、切实重视和保护民企资方的正当权益

现在社会上有种偏向，即在民营企业发生劳资纠纷时，人们往往总同情和偏袒劳方。劳方有政府文件的引导，有劳动监察部门的帮助，有无偿提供的法律援助，有新闻媒体的舆论支持；而资方受到损失却无所依靠。虽然某些民企用工不规范，发生过一些苛待农民工的情况，但应该看到，近年来农民工的就业环境明显改善，待遇也逐步提高。如果政府和社会总是将农民工视为弱者，给予过多的强化保护，使得农民工与所雇民企对立，则将会激化劳资关系的矛盾。

事实上，政府在对待民营企业劳资问题上确实存在一些不合理的规定，影响了民企的积极性。比方说，政府强令民企为农民工缴纳社保等各项基金，违者还课以罚款。但是农民工一旦退保，社保机构并不把企业原先替其缴纳的部分退还给企业，而是充公变成社保统筹基金。而且，政府对职工缴纳的养老保险都采取预先征收，但很多时候保险一旦落实不到个人，社保基金也被"充公"，这对民企来说是一种莫名的损失。

另外，对于民企营销人才、技术人才、管理人才侵犯企业权益的情况，现行法律法规缺少有力的约束。比方上述人员经营与其任职公司同类营业而损害原企业利益的行为，刑法不认定为犯罪，从而使得那些人才利用原来在民企的销售渠道、技术优势以谋取私利的不法行为变得更为猖獗。同样的不法行为如果发生在国有企业，刑法便认定其构成非法经营罪而加以惩处。显然，现行的法律、法规对民企资方权益的保护缺失，客观上造成了劳资双方权益保护的不对称性，严重影响到民企的平稳健康发展。

三、解决民企"用工荒"和人才问题的建议

笔者认为,要解决民营企业"用工荒"和人才问题,应从改革现行社保制度、修改现行法律法规、建立诚信档案制度、完善职业教育制度等几方面入手。

第一,改革现行社保制度,减少民企损失,提高农民工打工的积极性。

由于目前养老保险不能划地转接,农民工一旦换城工作或回乡务农,就只能选择退保。据悉,浙江省累计约有3万多名农民工退保,仅2006年1—8月份绍兴地区就有2 000多名民工办理了退保手续。退保时民企遭受不小的损失。如果一家企业雇用100多名农民工,每月付工资1 000元并为其缴纳养老保险,则企业一年共要缴纳24万元养老保险(单位缴费比例为20%);若农民工都退保,企业则要蒙受18万元的损失(其中单位缴费的3%要划入职工个人账户),这是一笔不小的花费。因此,笔者建议政府改革养老保险制度。一是规定如果农民工退保,企业替其缴纳部分的基金退还给企业。二是对农民工实行分层分类社会保障,将稳定就业(即从事正规就业、建立劳动关系,以及实施劳动关系五年以上)的农民工纳入现行制度;对不稳定就业的农民工采用过渡性的办法,除工伤、失业保险按现行规定执行外,养老保险先建立个人账户,不建立社会统筹,实行过渡性的个人账户制度,将本人的社会保障权益直接记入个人账户,最终建立健全全国统一的农村社保体系。农民工流动到其他城市或回乡之后可以将保险关系转移到居住地或新工作地,继续参加养老保险。这样,不仅降低了企业的用工成本,也能使进城务工的农民工老有所养、老有所靠,他们工作的积极性也会提高。

第二,修改现行法律法规,加大对民营企业职工的约束。

首先,应改变现行法律中不同所有制区别保护的规定。如在刑法中,明确职工若为亲友非法徇私舞弊造成企业亏损,签订或履行合同失职被骗,利用职务便利从事同类营业等行为,无论发生在国企或民企,都应认定为犯罪行为。其次,应在劳动法中增加关于职工违反同业禁止和保密协议所应承担法律责任的规定。完善的法律保障体系能使民营企业有法可依,也会对民企职工产生威慑力。

第三,建立诚信档案制度,倡导民企职工诚信工作。

笔者在境外考察发现,境外企业职工即便跳槽,也很少发生泄漏原企业秘密而侵犯企业权益的情况。原因之一就是有发达的诚信档案制度。职工一旦违背职业操守,该污点将终身记入档案,那他就无法在社会上立足。这里有一个典型的实例。有一位某大学的著名教授告诉笔者,他的博士毕业生到美国去,因为无意中闯了红灯,这件事有了记录。就为这件事,他在美国两年都找不到工作。用人单位认为,连红绿灯

规则都不能遵守的人怎么能进企业工作呢？最后，他只好回国找工作。可见，国外对诚实和操守多么重视。而我国档案制度不发达，职工不讲诚信、恶意跳槽、盗取企业机密等情况都不在档案上显示。用人单位在录用时也无从调查所引进人才的操守，给今后的用人埋下了隐患。因此，建立诚信档案制度，一方面能使民企事先预防，防止录用一些道德品质败坏的"人才"，另一方面也能使职工认识到，诚信关系到个人的命运。

第四，完善职业教育制度，培养民营企业所需的技术人才。

2005年，我国中等职业学校扩招100万人，这些人将成为民营企业用工的主力军。但现在职业教育比较突出的问题就是学校培训和社会需求脱节。因此笔者建议，职业教育可以开展校企联合的订单式培训方式，这既能解决企业技能人才的短缺，又能为学生发展提供广阔的空间，不妨一试。

载《经济学消息报》2006年12月15日

民营企业须正确认知和慎重应对外资并购
——由达能和娃哈哈的合资纠纷所想到的

一、跨国并购是市场行为

据联合国贸易与发展会议的统计资料,跨国并购已成为跨国直接投资的最主要方式。1998年跨国直接投资总流量达到6 440亿美元,其中跨国公司并购总额达4 110亿美元,占全球跨国直接投资额的63.8%;1999年,全球企业并购成交总额超过20 000亿美元,其中属跨国并购的占一半以上;2000年全球10大并购案所涉及的金额就超过8 000亿美元,其中5 500亿美元来自跨国并购。由格瑞贝斯环球财经推出的《中国并购调查》预测:全球的并购已经进入高潮,2006年,全球宣布的并购已经达到45%的增长。亚洲范围的并购必将成为全球并购市场下阶段的重点。随着全球经济一体化的发展,越来越多的跨国公司相继进入中国这个富有潜力的市场。在过去的外资进入中,大多数以绿地投资为主,然而在近些年来,跨国并购越来越受到青睐。据统计,2005年国内并购创纪录地达到1 251单,其中外资所占比例达10%以上,而外资的收购标的额平均高出内资收购50%。2006年的中国资本市场,最大的看点莫过于外资对中国企业的并购。外资并购,无论是交易金额,还是发生数量,都达到了一个前所未有的高度。统计数据显示,仅2006年上半年我国的并购交易额就达到410亿美元,同比增长71%,其中外资并购金额创下历史新高,达到128亿美元。中国已成为仅次于日本和澳大利亚的亚太地区第三大并购市场。从资金来源看,国际收购资金主要来自跨国企业、QFII及各种私募基金,其中国际私募基金近年来已逐渐成为并购的主角。其投资领域开始由网络、通信、软件、生物等高风险、高成长性的高科技行业渗入到日用消费品、机械、食品、建材、纺织、电器、石化、能源等传统制造业,还有房地产业、商业、金融业等现代服务业以及物流、传媒、动漫、医疗保健等新兴产业。例如：从德国波尔并购活力28，到法国达能参股娃哈哈，控股乐百氏，并购上海梅林、海虹股份，再到最近闹得沸沸扬扬的法国SEB并购苏泊尔以及法国的施奈德与德力西合资等等。考察出现在我国的外资并购风潮，所有的并购都没有附带任何政治条款，亦非强制性。显然，这是在世界经济一体化的国际环境下出现的市场行为。

二、外资并购对我国经济和民营企业的积极影响

（一）外资并购有利于国家经济结构的调整

外资(主要是跨国公司)对我国企业的并购，除少数国有企业(经国资委批准)外，并购的绝大多数是上规模的龙头民营企业。外资并购有一定的积极影响，它可以给我国经济发展带来一定的利好。从宏观上看：

第一，外资并购能有效地推动经济结构调整，提高资源配置效率。

我国国民经济面临着经济结构调整的重要任务。民营经济占中国经济的半壁江山，没有民营经济的参与，中国就不可能实现经济结构的调整。而企业并购的过程，也就是经济资源重组的过程。民营企业在技术、管理、人才、资金实力上都不如国际跨国公司。例如，2004年，中国500强（包括大型民营企业和国有垄断企业在内），其资产总额只相当于世界500强资产规模的5.61%；营业收入总额也只相当于世界500强的7.3%，其中民营企业所占的比例更是微不足道。通过具有相当优势的跨国公司（包括世界500强）的并购，可以使中国企业特别是民营企业实现资产重组，从而促进生产要素向更高效益的领域转移，提高经济资源和生产要素的利用效率。另外，外资并购对于朝阳产业取代夕阳产业也能起巨大的推动作用，它有助于我国产业结构的调整，促进产业升级换代，推动国民经济的结构调整。不仅如此，跨国公司无论是并购民营企业还是国有企业，根据乘数原理，并购所带来的投资是这些投资的若干倍，由此可以拉动我国经济的新一轮增长。

第二，外资并购有助于国有企业民营化改制。

我国国有企业改制仍处在攻坚阶段。除了国有垄断企业和国家控制的国有企业外，绝大多数竞争性国有企业都将改制为混合所有制。国家对改制后的混合所有制企业若不再控股，改制后即成为民营化的企业。要实现国企民营化的改制，需要大量的改制资金。当前，国企在改制过程中存在三方面的资金缺口：一是社保资金缺口；二是竞争性行业中的国有资产达数万亿元，其中很大部分资产需要变现；三是涉及国企贷款的另一面——银行不良债权的处理。通过跨国公司并购这些企业，利用外商的雄厚资金，既可弥补国企改制资金的短缺，又可推动我国资本市场的发展。显然，

外资并购可以直接推动国有企业民营化的改制。

(二)外资并购对民营企业发展的促进作用

第一,利用外资并购解决民企资本短缺,实现民企的再次发展。

自我国实施宏观调控以来,民营企业发展压力渐增,经济要素制约问题更为严重。金融瓶颈一直是制约民营经济发展的主要障碍,在金融宏观紧缩政策下,民企融资难问题更加突出。随着外资并购的到来,民营企业完全可以利用跨国公司的并购或合资的机遇吸收外部资源把企业做大。而面对当前土地资源的严重短缺,外资并购还成为实现"无地招商"的重要途径。正如浙江省对外贸易经济合作厅厅长冯明所云:"利用民资吸引外资,做大做强浙江民营经济是民营经济进一步发展的必然要求。"

第二,外资并购引入了先进的技术和管理经验、品牌、国际市场渠道,全面提升了行业的市场竞争能力与经营层次。

对外开放初期,来华投资的外商多数是中小型劳动密集的加工企业,对中国技术进步和产业升级的带动意义不大。20世纪90年代以来,众多大型跨国公司前来投资,这种直接投资对中国的产业升级和企业的技术进步的推动作用日益增强,它加快了我们与国际先进水平接轨的速度。外资特别是国际著名跨国公司(包括500强企业)通过资金、技术、设备、品牌和国际市场渠道的输入,会快速提升被并购企业的技术水平、知名度、市场形象,以及驾驭国内、国际市场的能力。这一现象在中国汽车业表现得尤为突出。目前国内知名的几大汽车厂商,如东风、上汽、广州本田和丰田、郑州日产等,以及这些厂商旗下一系列在中国汽车市场叱咤风云的汽车品牌,无一不渗透着外资的技术和品牌优势,且其旗下的民营汽车经销商干得更是红火。

第三,外资并购有助于促进体制转换和民营企业的人才培养,引入优秀的管理理念和决策机制。

不难发现,外资并购后的民营企业以前家长式的管理不复存在,"家长们"再也无法以个人的意志来决定一个公司的命运。并购可促进民营企业的制度变革,增强民营企业在竞争激烈的市场环境中抗风险的能力;此外,通过并购,可促进企业经营机制的转换,培养一批能够胜任大型跨国公司现代化和国际化经营管理的人才。从长期发展看,在这方面的积极意义甚至远远超过对当前经济增长、就业和出口的推动作用。

对行业来说,外资的进入将会引发新一轮的创新和技术进步的竞争,使整个产业得到升级和结构调整的机会,现在一城一池的得失也许将换来中国本土企业创新精神和竞争意识的提高。

三、不可忽视外资并购可能出现的消极影响

外资并购虽然对我国经济发展有许多利好,但亦不可忽视并购可能出现的

消极影响。外资并购看中的是中国广大的市场和丰厚的利润。跨国公司无论是并购中国的民营企业抑或国有企业,看中的是被并购的企业在中国的销售网络和渠道、市场渗透力和影响力。从外资已经并购的企业可以看出,它们都是在国内有相当大的市场占有率和影响力以及有较强品牌号召力的企业,都是行业的龙头企业。例如,民营企业娃哈哈和乐百氏是中国水饮料市场的老大,苏泊尔是中国炊具行业处于领先地位的民营企业。跨国公司在进入中国的时候都会遇到一个难题:水土不服。要真正了解中国市场,融入中国文化,需要花费很长时间,投入很高费用。而通过并购,可以比较容易地获得被并购企业的销售网络和渠道,便于了解中国的市场和消费者,从而能更快地融入中国市场。在融入中国市场后,再以其雄厚的实力,占领该行业的中国市场。中国加入WTO后,逐步开放A股市场,加之中国股市5年来的熊市,从而为跨国公司提供了绝好的机会。外资并购我国的企业也可能会带来一些负面影响,主要表现在宏观和微观两个方面:

(一)从国家宏观方面看

第一,外资并购可能对国内企业产生挤出效应。

国内市场对外资扩大开放,使我国企业面临强大的跨国公司的竞争,其中相当多的民营企业和部分国有企业为求生存和发展,很可能寻求外资的并购。在被并购之后,随即纳入跨国公司的生产体系,与外资结合而形成规模经济,从而对国内新形成的投资有可能构成进入壁垒,产生挤出效应。这种挤出效应不仅表现在外资直接进入的领域,甚至会出现在相关联产业的有关企业。

第二,外资并购可能造成国有资产流失。

对民营企业来说,由于产权清晰,所有者主体到位,基于利益的驱动,在外资并购过程中,不太会出现民营企业资产的流失。但国有企业情况不同。国有企业存在制度不健全、监管不严的缺陷,因而在外资并购过程中往往会出现国有资产流失问题。如果把外资并购看成一个市场,那么这个市场不仅是一个不完全竞争的市场,而且在很大程度上是一个买方市场。跨国公司与我国国有企业存在严重的信息不对称,它们完全可以利用这种信息不对称,低估国有企业固定资产和无形资产的价值。另外,由于我国产权交易不规范,资产评估制度不完善,评估方法不够科学;加之全民所有制企业的所有者缺位,内部人公职泛滥,以及在国有资产委托代理关系下的管理不完善,导致并购过程中低估、漏估国有资产的现象时有发生,造成国有资产的公开流失。

第三,并购可能会造成某些产业部门的生产向外资集中。

跨国公司挺进中国市场是想取得对中国市场的支配地位。由它们控股的企业凭借其资金、管理和技术上的优势,通过向被其并购的企业提供融资、研究与开发、销售等方面的服务,可以轻而易举地并购另外一些龙头民营企业或竞争性国有企业,造成某些产业的生产向外资集中,加大了产业内其他企业的竞争压力。但这种生产集中不太会形成产业垄断。(目前还没有发现有某一产业被跨国公司所垄断。其实,中国凡重要的产业几乎都已被国企所控制了,外资想垄断也插不了手。)

（二）从企业的微观方面看

第一,外资并购不一定使中方企业达到双赢目的。

所谓双赢的含义是指:一方的发展不是以牺牲另一方的根本利益或市场生存为代价,此其一;竞争的双方谁都不能吃掉谁,而是共同把市场做大,实现利益共享,此其二。从近几年的跨国并购实践来看,并购双方要达到"双赢",一般应具备两个条件:一是在市场、生产能力（包括技术）、财务状况等企业经营要素方面有一定的互补性;二是彼此实力接近,或者差距不太悬殊。如美国的波音与麦道两大民营飞机公司的合并以及美国的埃克森与美孚两大民营石油巨头的合并。跨国公司并购的绝大多数都是我国上规模的龙头民营企业,这些企业在国内管理和技术上都处于领先地位,但是与国际跨国公司相比无疑是弱小的,许多民营企业缺乏双赢的资本。由于实力差距太大,在并购之初实际上就决定了胜利的天平往往不可能向中方这一边倾斜。

第二,外资并购可能使国内企业丢失一些优秀品牌。

跨国公司欲并购的民营企业,它们的优秀品牌大多是在国内甚至在国际上享有了一定的知名度。这些企业的产品拥有广阔的市场和大量的客户,跨国公司通过并购,能够利用并购企业的原有品牌现成地占领市场、扩大市场,取得更多的利润空间。然而,并购毕竟是一种市场竞争,而竞争往往是战胜对手。对于进入中国市场的跨国公司来说,既想利用本土优秀品牌快速获取中国的市场渠道,又想以自己的品牌取代中国的优秀品牌。外来资本进入一个新市场,买断当地的品牌通常是成本最低廉的。买断品牌,一来可以利用原来的竞争对手在当地市场的影响力,将其纳入自己的经营范围;二来可以无障碍地扩大自己的品牌,并逐渐淡化被买断的优秀品牌的影响力,甚至使其消失。这样的例子如活力28、乐百氏、梅林正广和等。

四、正确认知,慎重应对外资并购

近年来,随着外资跨国并购中国民营企业热潮的出现,引起了一些民营企业家的强烈反响,甚至个别民营企业家以极其偏激的情绪抨击外资并购。笔者认为,之所以会出现这些问题,和一些民营企业家对外资并购缺乏正确的认知有关。我们知道,并购是一种市场竞争。中国是WTO的成员,因而对于正当的跨国市场竞争,无权将其拒之国门之外。加大改革开放的力度,欢迎更多的国际资本进入中国市场,这是我国的重要国策。应该看到,跨国公司的并购对中国技术进步和产业升级的推动作用是明显的。一些民营企业家动辄把并购上纲为政治问题——威胁国家经济安全。如果说，跨国公司对中国企业的并购一定会威胁我国经济安全，那么，中国并购他国企业是否也对他国经济安全构成威胁呢？如中国的万向集团、海尔集团对美国相关企业的兼并是否就对美国经济安全构成了威胁呢？又如，2007年5月23日，河南商人庞玉良用10亿元买下德国帕西姆机场，这会不会对德国经济安全构成威胁？外资并购是资本为寻找有利的投资场所而形成的跨国流动，是世界经济一体化环境下必然出现的一种现象。所以，我们不能随意把跨国公司对我国民营企业或国有企业的并购上纲为对我国经济安全的威胁。民营企业家应该知道，在中国，不存在那么多的"威胁国家经济安全"。中国的所谓关系到国家经济安全的行业，如军工、电网电力、石油石化、电信、煤炭、民航、航运，包括装备制造、汽车、电子电信、建筑、钢铁、有色金属、化工、勘测设计、科技等，国资委主任李荣融已经宣布，国家对这些行业实行"绝对控制"和"相对控制"，就是说，这些产业及其企业由国有垄断企业或国有企业直接控制和经营。（事实上，国有垄断企业已完成了对上述绝大部分产业的垄断和控制，李荣融不过是再次强调并进一步扩大垄断和控制的覆盖面而已。）显然，关系到国家经济安全的产业，既轮不到跨国公司垄断，更轮不到民营企业垄断，所以不必杞人忧天。退一步说，跨国公司即使欲并购这些产业的企业，没有国务院或国资委的允许，并购是不可能的。既然民营企业并不经营所谓关系到国家经济安全的产业，那么，外资并购民营企业怎么会威胁到国家经济安全呢？对跨国公司的并购，民营企业家要有平和的心态。笔者认为，如下的事本不该发生：据媒体报道，2006年12月，当法国的施耐德电气公司和浙江的德力西集团签订战略合作协议之后，民营企业家、正泰集团董事长南存辉就将炮口对准这次并购。南存辉呼吁："政府一定要看清楚，跨国公司跑到这个乡下地方来干什么？它的目的就是垄断，在低压电器领域高、中、低端通吃！跨国公司惯于用标准、专利、收购、诱惑、威胁、污蔑等一切手段来达到目的。"作为一个知名的民营企业家，用如此激烈的语言攻击跨国公司的并购实在无此必要，民营企业家不要惧怕竞争。跨国公司就一定能"通吃"低压电器？你有本事，你先"通吃"了他不就行了吗？你竞争不过他，你就出局，优胜劣汰是市场经济的规律，怎么能要政府出面禁止呢？又如，爱士达、双喜、顺发等六家炊具企业联合发表声明，反对法国SEB集团收购国内知名品牌苏泊尔，这也是没有道理的。试问：你六家企业有权干涉SEB和苏泊尔企业之间的正常的合作关系吗？中国已是WTO的成员，如果跨国公司没有犯规，你不让他并购，你就违背了WTO的基本原则，人家就可以向WTO这一组织起诉你。故笔者建议，民营企业家不仅要视并购为动力，还应把并购带来的竞争压力也转化为动力。

所幸的是，我国一些地方政府和国家高级官员对于国际并购有很正确的认知。在施耐德并购德力西案中,浙江省和温州市的领导都对这次合作给予了充分的肯定,认为引进施耐德电器这样的世界500强企业对于当地经济来说,有着积极的作用。这次合作,将会引发新一轮的创新和技术进步,这是政府愿意看到的。

一些民营企业家曾经寄希望于政府出面干预,希望政府有关部门对外资并购做出行业垄断和威胁国家经济安全的定性,并要求政府禁止外资在中国的并购,但未被国家权威部门所采纳。相反,2006年8月,商务部发文指出,中国还没有一个行业真正被外资企业垄断。文件同时指出:随着改革开放步伐加大,那些被国家政策限制的行业允许外资、民营企业进入,这对中国的产业安全更有利。不能因一个产业或者一个行业在市场竞争中遭遇困难,就把问题上升到国家经济安全的高度,这样做往往会使某些企业以国家经济安全为名行企业保护之实。保护并不能促进行业的健康发展,却时常阻碍技术创新,从而使整个行业丧失发展动力。商务部的这一论断十分正确。

而且,国家有关部门的高层领导也对并购明确表态:"中国利用外资的政策是不可逆转的。"——2007年3月18日,商务部部长在第八届中国发展高层论坛晚宴上再次重申了中国对外资的欢迎态度。针对外资并购案引发的争议,商务部部长表示,跨国并购是全球跨国直接投资的一个重要方式,也是有效方式,总的趋势是要发展,在发展的过程中规范、在规范的环境中发展。

改革开放以来,国际资本的进入,对我国国民经济的发展起了很大的促进作用。我国民营企业要做强做大,就必须参与国际竞争。当今跨国并购席卷全球,不可避免地也给中国的整个经济带来影响。中国向世界开放的广度将越来越广,深度将越来越深。我国民营企业或国有企业无论是立足国内市场还是走向国际市场,面对全球市场的超强竞争所拥有的竞争强项是有限的,传统的低成本等竞争优势也将逐渐减少或被一些国家所取代。而在全球市场上的超强竞争中起关键作用的是人才、技术、品牌等因素,因此,我国民营企业必须努力获取这一切。面对这场机遇和挑战并存的外资并购风潮,民营企业要借助这一极好的机遇,积极应对,慎重选择,充分利用外资并购的正面效应,争取共赢。欲达此目的,在并购过程中,应特别注意以下几个方面:

第一,努力提高自身价码,争取控股权,慎重应对,谨防纠纷。

49%和51%从数字上说只是相差了2个百分点,但是这2个百分点的意义重大,关系到公司的控股权。掌握了控股权,在公司的重大决策上就有了较大的发言权,就不会出现如乐百氏那样,为了尊重大股东的意见而实行大幅度裁员,导致公司管理框架不可收拾。达能和娃哈哈的并购纠纷也发出了警示:法国达能集团和中国娃哈哈集团合资,达能拥有娃哈哈合资公司51%的股份。后来,双方又达成协议:由达能公司再投资40亿元来控股娃哈哈的下属公司。根据这一协议,今后将由合资公司独家生产和销售娃哈哈品牌的食品和饮料(据媒体报道,宗庆后对协议颇为后悔,并想收回协议,但为时已晚)。纠纷的直接导火线据说是宗庆后掌控的下属公司继续生产和销售与娃哈哈合资企业相同的产品,目前纠纷已公开化。达能指责"杭州娃哈哈食品饮料营销有限公司以非法的手段销售与娃哈哈合资企业相同的产品,并非法利用合资企业的经销商和供应商资源开展业务活动",而娃哈哈则指责达能试图迫使娃哈哈董事长宗庆后低价出售这些下属公司。达能集团已于2006年6月4日在美国洛杉矶对娃哈哈集团相关公司提出了诉讼,称"这些公司违反了娃哈哈与达能签署的合同"。纠纷已导致宗庆后于2007年6月6日辞去了娃哈哈合资企业董事长职务。纠纷结局如何,还须等待时日。中国的民营企业家要吸取本并购案的教训,对外资并购必须慎重对待。当然,控股权要力争,但这不是由我国民营企业一方说了算的。并购是一种博弈,取决于实力和谈判技巧。那么中方企业应该如何提高自身的价码呢?

(1) 在谈判前应深入调查,对自身企业有一个合理的定位和定价,并要重视无形资产和品牌效应的评估。企业应该遵循普遍适用的企业价值判定原理。按照目前国际上普遍接受的价值理论,企业的价值等于企业未来的现金流折现值之和。基于这个理论,投资银行在评估企业价值的时候往往会综合采用现金流折现、上市公司比较、可比交易比较等多种方法,得到一个合理的价值区间。在对本企业进行估价的时候,务必要做到客观。对无形资产——品牌亦要进行评估折价,这是一笔不小的资本。

(2) 建立多个合资目标,使企业有个好价位。例如,混合所有制上市公司梅林正广和(国有控股企业)在被法国民营企业巨头达能并购之前,曾经和瑞士巨型跨国民营公司"雀巢"有过密切接触,两者都非常渴望能够拿下正广和,作为在中国饮料水市场争夺的一颗棋子。正广和本应运用自身的企业优势在两家之间很好地周旋,以获得最高价位。很遗憾,正广和在经过几个回合的谈判后就轻易地接受了达能。如果正广和能够和两家企业都进行多轮谈判,相信能够增加企业的价码。

(3) 通过国内企业的强强联合来提高自身的竞争实力和谈判筹码。有人士分析,当初在达能并购娃哈哈和乐百氏之前,如果两个企业能够先合并,那么价位就会提高很多。(两家先合并亦非轻而易举之事,但双方都不妨试探一下对方的意图。)所以,民营企业家应该从这宗并购案中得到启示,就是说,民营企业在兼并之前应该运用多种商业技巧来提高自身的价码。

第二,要维护品牌形象。

品牌是企业竞争力的重要体现,也是重要的竞争手段。知名品牌是企业通过在产品款式新颖、质量上乘、技术领先、服务良好等多个环节的积累而折射出来的一种综合竞争力。一个企业的成功,往往就是企业具有自主权的知名品牌的成功。与企业相比,知名品牌的美誉度和产品形象更容易得到市场的认同。因此,几乎所有具有远见的企业家都会付出长期的努力,致力于品牌形象的建设与推广宣传。可口可乐的总裁说过这样的话:即使全世界的可口可乐生产基地在一夜之间都被烧毁了,我也有信心马上在全球各地重建一个全新的可口可乐,因为我们有品牌。可是,在外资并购过程中,中方企业谈判的筹码更多的是企业产品质量、技术水平和固定资产,而对品牌往往重视不够、保护不力,从而导致自有品牌的丧失;有的在对企业的价值进行评估时,无形的品牌价值通常被忽视或低估,甚至出现转让全部股权而商标品牌却分文未计的情况。部分企业即使保住了品牌,也可能会被束之高阁。有些外方企业控股后很想打自己的品牌,对本土品牌不感兴趣,由于中方企业不能坚持自身品牌,导致一些曾经深入人心的品牌逐渐销声匿迹。例如,活力28、乐百氏、梅林正广和、羽西等等。当今世界激烈的市场竞争,实质是品牌的竞争。某一行业领导品牌的销售规模明显高于同行业第二品牌,排在后面的品牌相继被淘汰出局,很多行业甚至只有第一品牌。失去自有品牌对企业、对当地经济的发展都是巨大的损失,几乎等同于将市场直接拱手让给竞争对手。但是,如果外资公司的品牌在国际上的知名度超过本土企业的品牌,则另当别论。

综上所述,外资对民营企业的并购也好,合资也罢,这一切都不是强制的,是由企业自主决定的,是企业之间的正当竞争,是纯粹的市场行为。民营企业是否接受并购或由谁控股,都不是由单家企业说了算,而是由当事双方的企业共同协商达成的(如果一方出现恶意并购,另一方完全有权拒绝)。至于A家民营企业接受外资并购与否,是其自家的事,B家或C家民营企业不应干涉,也无权干涉,否则你就侵犯A家企业的自主权了。笔者认为,我国民营企业不但应该以积极的态度面对外资并购,而且还应该把外资并购带来的利好最大化,而把并购可能带来的消极影响降为最低——这才是我国民营企业在外资并购风潮中立于不败之地的最优选择。

参考文献:

[1] 金伯生,等.外资并购国内企业的现状、问题与政策取向研究[J].经济管理文摘,2004(17):3.

[2] 王得新.外资并购国内企业的形势与对策[J].经济问题探索,2003(8).

[3] 本月实施的"并购新规"对浙江民企影响有多大[EB/OL].浙江在线,2006-09-22.

[4] 浙商南存辉宗庆后吁立法限制外资在浙江并购[EB/OL].新浙商网,2007-03-08.

[5] 外国对华投资正从新建投资向跨国并购转型[EB/OL].新华网,2006-03-12.

载《民营经济》2007年第3期
《中国改革报》2007年10月8日部分转载
中国人民大学书报资料中心——
《民营经济与中小企业管理》
2007年第9期转载

浙江民营经济发展态势分析

民营经济是浙江经济的活力所在、优势所在、潜力所在,也是推动浙江经济快速发展的重要力量。得益于民营经济的蓬勃发展,浙江从一个"资源小省"发展成为"经济大省",并成为全国发展速度最快、经济最活跃的地区。

一、发展现状

经历了三十年的改革开放,浙江民营经济从无到有,从小到大,由弱到强,逐渐壮大,终于发展成为全省经济的主体。民营经济集中体现了浙江的所有制结构优势、市场先发优势、区域产业特色优势。随着国家对民营经济市场准入的放宽,尤其是在"非公经济 36 条"颁布后,浙江省委省政府进一步构建了市场准入、税收管理、收费标准、金融贷款和部门服务"五个平等"机制,配套出台了贯彻落实"非公经济 36 条"的细则,优化了民营经济的发展环境,进一步推动了民营经济的发展。

2006 年是浙江民营经济发展较快的一年:全省私营企业达 40.64 万户;个体工商户达 179.8 万户。浙江民营经济的总产值、销售总额、社会消费品销售额、出口创汇 4 项指标连续 8 年位居全国第一。全省民营企业设立境外机构已有 340 个;在中国民营企业综合实力 500 强中,浙江占了 201 家,总量居全国之首;在"中国十大民营企业"排行榜中,浙江占了 4 家。

目前,浙江民营经济已占全省经济总量的七成以上,税收占五成以上,外贸出口占四成以上,就业占九成以上。

"十五"期间,浙江国税总收入平均增长 18.41%。民营经济税收年均增长更快:其中非国有经济税收年均增长 20.59%,个私经济税收平均增长 31.10%。6 年间,非国有经济税收比重从 2001 年的 81.65% 上升到 2006 年的 85.4%,个私经济税收比重从 2001 年的 19.08% 上升到 2006 年的 25.01%。

民营工业总产值已占浙江工业总产

值的88%以上,已成为工业总产值的主体。2006年全省全部工业增加值达到7 538亿元,对GDP的增长贡献率达到49.8%,拉动GDP增长6.8个百分点,民营工业增速加快,其中私营企业增加值为17.4%,所占比重上升到33.7%。在外贸方面,增势强劲:私营企业进出口423.4亿美元,增长49.4%,占全省外贸总额的30.4%;其中出口346亿美元,增长48.6%;进口77.5亿美元,增长53.3%。

民营企业积极帮助国家缓解就业压力。2006年全省民企举办招聘大会156场,参加招聘的民营企业8 044家,解决了省内下岗失业人员和农民工共2.4万人的就业,吸纳省外农民工在我省就业4.5万人。2006年浙江省高校就业毕业生约16万人,就业率超过92%。有11万多毕业生就业于民营企业,民营企业已成为浙江高校毕业生就业的主渠道。民营经济挑起了我省经济社会发展的大梁。

二、我省民营经济发展的制约因素

(一)垄断成为制约我省民营经济持续快速发展的最重要因素

1.《反垄断法》的出台,未能有效保障民营企业平等参与市场竞争

我国出台的《反垄断法》,目的是制止垄断行为,保护公平竞争,规范市场经济秩序,保障社会主义市场经济健康发展,但事实并未如愿以偿。《反垄断法》的出台,对国有垄断行业没有任何制约。如《反垄断法》第七条的所谓"国有经济占控制地位的……行业以及依法实行专营专卖的行业,国家对其经营者的合法经营活动予以保护"。这里所指的"专营专卖的行业"就是垄断行业,如中石油、中石化、电信、邮政、电力等。这些行业的"专营专卖"权是政府以公权力赋予它们的。说白了,就是行政垄断。《反垄断法》对这些已经控制了全国自然性资源的垄断行业的"巨无霸"从立法上给予保护,进一步强化它们的垄断者地位,赋予其排除竞争的特权,势必会破坏市场经济的基本原则——公平竞争。由于《反垄断法》回避反行政垄断这一重大问题,从而保护这些垄断巨头不受任何制约地称霸市场,攫取庞大的垄断暴利,压制了其他经济主体的发展,尤其是大大压缩了民营企业的发展空间。《反垄断法》不反行政垄断,这是该法的严重缺陷。这也是《反垄断法》出台后不被叫好,反而受到众多批评的重要原因。与我国相反,美国和日本的《反垄断法》特别重视对小型企业的保护。相对于大型企业来说,小企业是弱者。对像"苹果""微软"这样的大公司,美国的《反垄断法》对其进行严格约束;而对洛克菲勒石油公司的垄断则实行肢解。日本政府在反垄断方面也保护小企业。他们反垄断的决心很大,严格做到"官民同等",甚至"罚官"甚于"罚民"的程度。这和中国的现实形成巨大的反差。在我国,"国营""民营"平等竞争的原则始终得不到落实。

2. 民营企业难以涉足垄断行业

虽然政府在口头上和"红头文件"上鼓励民营企业涉足垄断行业,但相应的

配套措施一直缺位,民营企业在投资经营垄断性行业时仍然受阻,始终面临政策性约束,难以涉足。

不能把民企向垄断行业的企业注入一些"民资"就认为是涉足了。没有民企的自主经营权能算涉足吗?要让非公有制企业涉足垄断行业,必须有个前提,那就是国家需下决心打破垄断。只有打破垄断,才有民营企业进入垄断行业的发展空间。具体说来,不仅要在电信、邮政、铁路、民航等服务业引入竞争机制,而且更要打破独霸中国市场的中石油、中石化等国企对自然资源的垄断,从而创造一个公平的市场竞争环境,以确保我国经济的均衡发展和市场经济的平稳运行。

(二)其他制约因素

社会保障部门要求企业为员工所交养老保险几项资金的比例过高,税收部门对职工养老保险等要交"五金税"。这些都是加重企业——尤其是加重民营小企业的负担,极不利于它们的生存和发展。人民币的对外升值和对内贬值、原材料价格上涨、政府减少出口退税、通货膨胀,这些都给民营企业发展造成了前所未有的巨大压力。

在一次民营企业座谈会上,许多民营企业主向笔者反映:他们对《劳动合同法》中关于打工者进入企业马上要交养老保险等规定颇有意见。他们还反映说,只要有员工投诉,劳动稽查大队就对企业罚款,企业随时面临被投诉和被罚款的风险,这给企业的发展带来了不小的压力。他们建议:《劳动合同法》应规定经过一个适当的试用期后再交养老保险比较合理。笔者认为,这一建议并非没有道理。

三、我省民营经济发展中存在的突出问题

首先是人才引进难。多数民营企业存在人才难招、有才难留的问题。据统计,我国民营企业的人才流动率接近50%,而有一些民营企业的人才流失率达70%。过高的人才流动率表明,相当一部分的民企对员工缺少凝聚力、感召力,员工对企业缺乏归属感、认同感。人才决定企业兴亡,政府有关部门应帮助民营企业建立一套留住人才、用好人才的用人机制。

其次是融资难。民营企业有着巨大的资金需求,然而,从银行所得到的贷款,尚不足银行贷款总量的2%;通过发行股票融资的民营企业在我国证券市场的上市公司中只占9%左右,这里还不包括那些以昂贵的代价买壳上市的民企;在债券市场上民企占有的份额几乎为零。民营企业的融资难,全省突出表现为中小企业融资难、小城镇融资难,这是政府和社会应该加大支持力度的重要环节。

再次是用地难。2006年12月31日国务院发布的《关于修改〈中华人民共和国城镇土地使用税暂行条例〉的决定》,提高了城镇土地使用税税额标准,将每平方米年税额在1988年暂行条例规定的基

础上提高2倍。财政部和国家税务总局通知也要求各地进一步从严控制各类开发区,对不符合国家产业政策的项目用地和除经济适用房以外的房地产开发用地一律不得减免税。这些政策从宏观上看是必要的,但在客观上使我省的土地资源使用更趋紧张,为了解决生产用地的短缺,一些民营企业不得不外迁他省求发展,影响了浙江本省民营企业的发展。

四、浙江民营经济发展中出现的一些新趋势和特点

除了前几年已经出现的集团化、股份化等现象外,近年来,浙江省委省政府为促进民营经济的发展,推动民营经济从量的扩张向质的提高转变,引导民营经济在发展中提升,民营经济发展中出现了一些新的趋势和特点,主要表现在以下三个方面:

(一)民营企业的素质和竞争力不断提高

1. 企业家综合素质提高　主动担负起社会责任

全省民营企业负责人年龄结构趋向年轻化,以中青年为主,文化层次不断提高。民营企业家们社会责任感增强,不仅努力做大做强企业,而且还自觉承担起经济社会责任、文化责任、教育责任和环境责任。在实现企业可持续发展的同时,促进了社会的可持续发展。民营企业参与社会活动日趋活跃。在资助教育、扶贫筑路、赈灾救灾、安置就业等方面,充分体现了我省民营企业的社会责任感。近五年,全省民营企业为各项社会事业捐助总额达到7.5亿元。

2. 科技型企业发展迅速　企业自主创新能力增强

近年来,省政府及有关部门加强对民营科技企业的扶持力度,鼓励民营企业引进先进技术、先进设备,加快对传统产业的升级、改造。越来越多的民营企业重视对人才、技术、管理等知识型要素的投入,注重原始创新、引进技术再创新和集成创新。在中国民营企业自主创新50强中,浙江占19家。像万向集团、华立集团等大型民营企业,不仅建立了研发机构,还设立了博士后工作站。

3. 实力型企业迅速崛起　增强了企业的竞争力

全省民营企业数量增长较快,资金实力显著增强。民营经济呈加速发展和持续增长态势。民营企业为适应新的市场竞争环境,积极优化结构调整和产业升级,提高了综合质量,从而增强了企业竞争力。正泰集团董事长南存辉说得对:"我们目前迫切要做的,是在调控中确保产业升级和结构调整的真正到位。在别人都忙于扩大生产的时候,保持冷静的头脑,用技术、质量、成本、服务和创新赢得市场。"像这样有睿智头脑的民营企业家,在浙江为数颇多。

4. 通过国际并购　做大做强企业

实力强、知名度高的一些民营企业通过收购外资企业或者接收外资并购,把企业做大做强。如万向集团收购美国PS公司60%的股份,成为第一大股东。

这项收购，用了万向"分配未来"的理念，使福特、PS、万向三方共同对 PS 的生存发展承担了责任。万向通过收购不仅开拓了国际市场，贯通了国内外资源，同时使自己成为在北美制造并直接向美国三大汽车厂供货的一级供应商。苏泊尔集团接受法国 SEB 并购，德力西接受法国施耐德并购，同样做大做强了企业。

（二）推进社会主义新农村和现代农业建设

没有农业的现代化、没有农村的现代化，中国就进不了小康社会。为了"创业富民，创新强省"，一大批民企积极反哺农业：回乡投资高新技术，踊跃参与"经济顾问"联村活动，担任农村"经济顾问"，实现工农合作共赢，通过民营经济"带出去，返回来，联起来"的以工促农、以城带乡的新机制促进社会主义新农村建设。江山市规模大、效益好的民营企业，与重点建设村进行结对，企业主按需求与重点村结起帮扶对子。桐乡市每年都有民营企业向结对村捐助资金，全市有许多家民营企业在村庄整治中赢得了商机，在服务新农村建设的同时壮大了自身，取得了双赢。

（三）第三产业发展迅猛　品牌建设意识提高

全省房地产业、社区服务业、中介服务业、信息服务业、融资担保业、租赁服务业等行业日新月异。民企的品牌意识普遍提高，以品牌引领新飞跃已成为浙江省民企新一轮发展的指向。2006 年，全省累计有注册商标 27 万件，境外商标注册累计近万件，是全国商标国际注册最多的省份。全省民营企业获得驰名商标 125 件，累计认定著名商标 1 295 件，专业商标品牌基地 36 个，知名商号 523 个，品牌集群优势逐步凸显。

浙江民营经济在发展中虽然遭际诸多困难，但笔者相信，只要省委和省政府重视，通过民营企业和政府的共同努力，克服困难，理顺体制和机制，一定会取得更大的成绩，为我省夺取全面建设小康社会新胜利而做出更大的贡献。

载《民营经济》2007 年第 6 期

对当前经济形势的一些看法
——在浙江省企业形象研究会工作会议上的主题演讲

各位领导、各位企业家：

大家好！"十二五"的开局之年已经过去了一大半，我们所面临的经济形势变得越来越复杂，我想用"内忧外患"这四个字来形容也不为过。

从国外情况来看

世界经济局势动荡不定，全球经济复苏缓慢，美国失业率高企，欧元区债务危机愈演愈烈，今年以来各大机构纷纷下调了全球经济增长预期，对经济二次探底的担忧越来越强。9月份美国非农业部门失业率为9.1%，为连续第三个月保持在这一高位。自2007年12月美国进入这一轮经济衰退以来，美国共有超过800万人失去工作，这是自第二次世界大战以来美国历次经济衰退中失业人数最多的一次。就业市场复苏缓慢，引起美国民众对现行制度的严重不满。最近几周，众多美国民众在纽约发起"占领华尔街"示威活动，抗议美国金融机构的贪婪腐败，表达对美国当前经济形势的不满，该活动自发起以来迅速蔓延到847个城市，甚至危及美国的政治稳定。

为了刺激经济，美国从2009年开始推出两轮量化宽松货币政策，向市场注入2.3万亿美元，然而美国经济仍然不见起色，反而加剧了全世界尤其是新兴发展中国家的通货膨胀，俄罗斯通胀率突破8%，印度通胀率接近10%，越南通胀率一度突破20%，而通货膨胀又加剧了全球经济动荡，给世界经济复苏笼罩了一层阴影。同时，全球主权债务危机此起彼伏，标普近百年来首次降低美国评级，引发全球股市暴跌。希腊已经深陷债务危机，葡萄牙、意大利和西班牙等南欧国家的财政赤字问题十分严重，欧元急速下跌，股市剧烈动荡，整个欧元区陷入了窘境。10月26日，欧盟领导人就提高银行资本金比率、扩大欧洲金融稳定工具救助规模以及提高希腊债务减记比例达成一致。这在一定程度上缓解了人们对欧债危机的担忧，但要解决欧洲债务问题，还有很长的路要走。

世界经济动荡威胁中国大量外汇资产的安全，更使得美国贸易保护主义抬头。最近美参议院通过了针对人民币汇率的法案，逼迫人民币升值，自汇改以来人民币升值已经超过30%，中国外向型经济遭受市场萎缩和人民币升值的双重打击，大量出口企业陷入了困境。

从国内情况来看

年初时中央经济会议就指出今年的主要任务是控制物价，可见通货膨胀问题已经是国内经济的第一大问题。美国著名经济学家弗里德曼曾说，一切通货膨胀都是货币现象，本质上是过多的货币追逐过少的商品。当前我国的通货膨胀就是多年来央行超发货币的结果。长期以来，我国广义货币的增速远远超过GDP的增速，2008年和2009年我国货币增发量总额为24.3万亿元，加上四万亿元的经济刺激计划，严重加剧了市场流动性过剩。加之银行负利率，使市场上涌现出大量的投机资本，追逐房地产、矿产资源和大宗商品。投机只是表面现象，反映的是实体经济中缺少投资机会，经营实业越来越困难，而这背后的原因又是"国进民退"，民营经济的生存空间日益受到挤压，资金没有出路，涌向看上去赚钱容易的金融领域。对于经济稳定来说，恶性通货膨胀是致命的，因此中央下定了打击通胀的决心，实行紧缩的货币政策，今年央行已经六次提高存款准备金率，四次加息。

紧缩的货币政策又带来了另一个严重的问题，那就是民营企业资金链断裂，于是出现大量的高息民间借贷，然而由于实体经济不稳，企业利润率低，无法长期支撑高额的民间借贷利息，就出现了多家大型民营企业倒闭，大量中小企业陷入困境的局面，造成恶劣的社会影响。本质上这是一个金融体制的问题，市场流动性充裕而企业缺钱，这就是计划性的金融体制造成的结果，在利率无法自由浮动的情况下，银行必然选择风险小的国有企业，而民营企业经营风险大，却没有与之相匹配的金融供给。民间借贷没有什么不对，问题在于有序引导，列入监管体系。鼓励民间资本参与实体经济的发展，只有增加金融供给，破解制度性的障碍，才能使民间资本健康发展。一味遏制民间借贷，而又不建立资本与实体经济的桥梁纽带，只会使资本短缺现象更严重。改革银行定价机制，采取市场化的手段解决融资难问题才是根本出路。10月12日，国务院常务会议研究确定了支持小型和微型企业发展的九大金融、财税政策措施。通过宏观经济政策的微调，扶持中小企业的发展。最近，国务院确定在上海试点增值税改革，这一改革"据说"有利于减轻中小民营企业的负担。但扶持小微企业还需要一整套的制度设计。

浙江省委、省政府近日出台了有关做好金融服务、规范民间借贷、支持中小微企业健康发展的一揽子举措。浙江省委、省政府将推出"加强融资保障、提供财税政策支持、规范民间借贷、提升政府服务","解决中小企业融资难问题"的一揽子计划。浙江省政府财政出资10亿元建立中小企业再担保基金,经营困难、符合转型升级条件的小微企业可一次性缓缴3个月税款,2011年的城市土地使用税、房产税、水利建设资金等也可减免。推出小额贷款保证保险试点,小企业贷款不良率容忍度从1%提高到2%。在中长期规划方面,将推出"一个试点""两个中心"和"三大板块",争取通过3—5年的努力,把浙江打造成为"中小企业投融资先行区"和"民间资本投资高地"。支持民资入股地方商业银行,鼓励民资设立小贷公司和农村资金互助社。最近,省委向各市派出11个"双服务"工作组,把帮扶中小微企业、协调解决当前企业困难作为重点。同时,省相关部门正在抓紧研究论证,争取近期在全国率先出台一个加强民间融资管理的指导意见,选择在温州等民间融资活跃的市、县(市、区)开展规范民间融资试点,探索民间融资阳光化途径。我相信通过这一系列的制度性建设,浙江的中小企业和民营经济将会迎来崭新的发展阶段。

另一个重要问题是大家普遍关注的房地产调控问题。这几年房价飞涨,背后的原因是多方面的,既有经济的也有政治的,但直接原因还是货币现象,是需求和供给的不平衡。现在中央一方面收缩货币,另一方面用行政手段打压房地产,"十二五"期间要建3 600万套保障房,从总量上看这是一个很大的量,中国人口13亿,城市化率接近50%,城市人口是六七亿,如果每个家庭平均人口数为4,那就是大概1.6亿户家庭,换句话说有近20%的家庭可以住上保障房。当然这是从全国总量上说的,在不同地区、不同类型的保障房会对市场起到不同作用。今后几年,随着独生子女政策效应的显现,中国尤其是沿海省份将很快进入老龄化社会,人口结构将发生很大的变化,适婚人数逐渐减少。同时随着新农村的建设,城市化步伐也会放慢。所以长期来看,房地产行业粗放型扩张的时代已经过去了,今后将进入精耕细作,以品牌、市场定位、融资能力为核心的时代。

中国经济存在的上述问题,根子在于经济体制和政治体制的改革没有到位,并且,最实质的原因是政治体制改革没有真正推行。邓小平曾说,"只搞经济体制改革,不搞政治体制改革,经济体制改革也搞不通",又说"我们所有的改革最终能不能成功,还是决定于政治体制的改革"。现今,部门与行业的腐败、央企的垄断、对民营资本的限制、不让民间资金建立适应中小企业需求的民营中小银行、不合理的资源分配制度等,使得民营经济体尤其是中小企业发展举步维艰,降低了整体经济的活力。这些问题的深层背景仍然是体制问题,特别是政治体制问题。

在这样"内忧外患"的情况下,我想体制性改革是根本,应该把这次危机看作是推进政府体制改革、金融体制改革、分配制度改革的契机,丰富金融供给的主体,减少国有企业的垄断特权,改革现有银行的监管体制,建立自由竞争的体制机制,改革社会分配机制。只有解决根本性的体制机制问题,才能使我国的经济破解结构性的矛盾,走上健康发展的道路。而这些诸多改革的实现,都需要政治体制改革先行。

载《民营经济通讯》2011年第11期

中小企业如何走出困境

浙江省统计局公布的数据显示，2011年上半年浙江省规模以上工业企业亏损4 673家，同比增长23.5%，亏损面和亏损率分别为14.6%和6%；全省14 447家中小企业倒闭注销，6.6万家小微企业出现总产值和利润下降的情况。北京大学国家发展研究院的最新研究表明：72.45%的小企业预计未来6个月没有利润或小幅亏损，对未来6个月经营信心较低；3.29%的小企业预计未来6个月可能大幅亏损或歇业，对未来经营持悲观态度。今年小企业利润严重下滑，与2010年相比平均利润减少30%—40%。

陷入困境的因由

——从全球经济环境来看。世界经济局势不容乐观，今年以来各大机构纷纷下调了全球经济增长预期，对经济二次探底的担忧越来越强。全球经济复苏缓慢，美国失业率高企，欧元区债务危机愈演愈烈。9月份，美国非农业部门失业率为9.1%，连续第3个月保持在这一高位。自2007年12月美国进入本轮经济衰退以来，美国共有超过800万人失业，是自第二次世界大战以来美国历次经济衰退中失业人数最多的一次。欧洲诸国债务危机继续蔓延，国际信用评级机构多次下调欧元区国家国债的信用评级。世界经济动荡更使得美国贸易保护主义抬头，最近美参议院通过了针对人民币汇率的法案，再次逼迫人民币升值。对于许多从事出口、来料加工的外向型中小企业来说，国际市场萎缩和人民币升值，使企业订单减少、利润下滑、经营困难。

——从国内环境来看。"钱荒""人荒""电荒"以及原材料价格上涨、劳动力价格上涨、"高税费"不断挤压中小企业的生存空间。其中，中小企业融资难现象在我国特别严重，最新的调查显示，中小企业只有10%左右可以从银行等主流金融机构获得贷款，80%以上依靠民间借贷生存。为了遏制通货膨胀，今年央行6次提高存款准备金率，4次加息，使得中小企业融资难现象更加严重，民间借贷利率节节攀升，大大增加了企业的融资成本和财务风险。

2009年以来，我国CPI和PPI增速持续上升并保持高位，企业原材料价格尤其是能源价格不断上升。2010年，电子元器件、有色金属、信息服务、交运设备和轻工制造业、化工、餐饮旅游业的成本上升都在27％以上。化工、纺织服装、电力、机械等资源密集型行业受到很大的冲击。同时，随着我国人口结构的变化，人口红利逐渐减少，加上中西部地区经济的发展，浙江中小企业"招工难"现象特别突出，使得劳动力价格上升。今年以来，全省企业人均劳动报酬增长16.9％。不少中小企业是以低端制造为主的劳动密集型企业，主要是进行来料加工或定制，企业本身利润率不高，金融危机后更是挣扎在盈亏生死线上。另外，今年由于限电，许多中小企业的生产节奏被打乱，甚至处于半停产状态。

我国中小企业一直要缴纳较高的增值税、企业所得税、城建税、房产税等。除了税还有费，政策性收费、行政性收费、社会性收费三大类给企业带来了沉重的负担，如教育附加费、地方教育发展费、价格调节基金、堤防费、工会经费、残疾人基金、环卫评估费、消防许可费、员工健康证费等，很多领域还存在同行业不同税、重复缴税等问题。某些部门的乱摊派和乱罚款，也同样成为中小企业的沉重负担。

——**从企业自身来看**。一些中小企业陷入困境很大一部分原因在于其长期以来不重视创新、科学管理、人才培养，依然走粗放型生产的老路，在扩大再生产中存在一定的盲目性和投机性。在经济转型升级的大背景下，调整产业结构、转变经济增长方式，已经成为"十二五"期间的主要任务。依靠资源、劳动力、高耗能、高污染、盲目扩张的企业，在宏观政策调整和市场竞争格局变化中，必然受到挤压，处于不利位置，最终要么走向转型，要么难以为继。最近温州、台州等地出现了民营中小企业资金链断裂现象，据调查，许多陷入困境的企业大量参与民间借贷，盲目走多元化道路，参与资本密集型的房地产与太阳能行业，使得资金链断裂。而广东顺德民营经济发达，在银根紧缩的情况下，没有出现大面积的企业资金链断裂现象，市场利率仅比官定利率高15％左右。当地企业家认为主要是因为：企业的负债率一直较低；运营资金和投资资金分隔，再好的投资机会也不动用实业的资金；个人资产组合中现金比例高；坚持谨慎的经商风格。

走出困境的途径

中小企业走出困境，需要多方面的共同努力，不仅需要政策的扶持，更需要中小企业自身实现转型升级，在调整产业结构、改善管理模式、引进人才、创新技术上实现突破。

（一）宏观方面

政府需要为中小企业的发展提供良

好的政策环境。2011年10月12日,国务院常务会议研究确定了支持小型和微型企业发展的九大金融、财税政策措施,这是缓解中小企业融资难、减轻中小企业负担的良好开端,但扶持中小企业还需要一整套长期的制度设计。首先,要充分认识到中小企业对国民经济蓬勃发展的重要性,认识到限制中小企业的发展无异于竭泽而渔。中小企业是国家经济的命脉,是技术创新、社会稳定、居民收入的源泉,要千方百计地为中小企业提供宽松的政策环境,从金融、财政、技术、管理等多方面扶持中小企业的发展。

在金融方面,要增加对中小企业的金融供给,通过金融创新和金融开放,如股权投资、信托基金、债券融资、政府引导式基金等,引导资本投入管理和创新能力强的中小企业。在扶持中小企业的同时,达到鼓励创新、转变发展方式的目的。在财政方面,减轻中小企业的税费负担,制定鼓励中小企业发展的财政政策,严禁乱收费、乱摊派现象,严厉打击公职人员索贿受贿行为,实行政府信息公开,建立服务型政府。在技术方面,应当建立鼓励中小企业技术创新的政策支持体系,从技术研发、技术引进、技术应用等多方面,引导中小企业从粗放型的生产方式向依靠技术与创新转变。在管理方面,鼓励中小企业实行科学化管理,积极引导中小企业管理者重视自身能力的提高,企业、政府、社会共同建立完善的人才培养体系。最后,建立法治化的社会是中小企业权益的根本保障,只有完善并严格执行法律,降低企业维护合法权益的成本,契约原则才能得到保护,中小企业才能得到公平的待遇。

(二)中观方面

要充分发挥社会组织(如科研机构、行业协会、信息服务机构等)在中小企业发展中的重要作用。社会组织是构建中小企业发展网络中的重要一环。中小企业的发展,离不开社会中介组织为其提供信息、技术、管理等方面的支持,也需要社会组织为其搭建沟通平台,完善中小企业的服务体系。政府应积极推进公共事务服务外包,建立现代社会的管理方法,发展科技型、知识型的现代服务业。通过服务外包,在减轻政府负担的同时,促进现代服务体系的蓬勃发展,提高服务效率,拓展信息沟通渠道。社会组织的发展能使中小企业得到社会多方面的支持,如市场信息的获取、先进技术的引进、人才的引进、管理方式的创新,都可以通过社会组织为其提供服务。

(三)微观方面

企业自身需要通过不断努力,积极参与转型升级,适应新的发展形势。对于从事传统行业的中小企业来说,摆脱困境就意味着需要转变发展方式,寻求新的经济增长模式。长期以来,中小企业主要从事轻工业的制造环节,很大一部分从事来料加工,处于产品价值链的最低端,缺乏技术创新与品牌经营。在新的经济形势下,有品牌内涵、懂得技术创新、通晓精细化管理的企业必然会在市场、科技、成本竞争中取得胜利,旧的生产模式必然要被淘汰。中小企业亟须转变发展观点,重视人才建设、品牌运营和技术、管理创新,将制造与服务相结合,从简单制造业向制造服务商转变。企业需要在产品中注入新的文化理念,在管理中重视效率提升,在发展中注重核心竞争力的构建,顺应新经济的发展方向,从价值链的低端向高端突破、从制造向服务转变、从传统产业向新兴产业过渡。

中小企业的蓬勃发展是市场经济活跃的根本,只有雨后春笋般发展的中小企业,才能容纳庞大的就业人口,才能体现公平的市场竞争,才能保持源源不竭的创新动力。从国家到各个行业,都应该重视中小企业的发展,让中小企业成为经济变革、技术创新、转变经济发展方式的主体。

载《浙江经济》2011年21期

扶持中小企业发展的几个关键问题

浙江目前在册企业有 85.5 万户，其中 99% 以上属于中小企业，而中小企业基本上是民营企业。中小企业税收占全省税收份额的 60% 以上，生产总值占全省份额的 70% 以上，外贸出口占全省份额的 80% 以上，新增就业岗位占全省份额的 90% 以上。浙江中小企业的发展，决定了浙江经济发展的活力，关系到浙江经济发展的全局，是浙江实现转型升级的关键。

然而，今年以来许多中小企业陷入了困境。上半年全省 14 447 家中小企业倒闭注销，6.6 万家小微企业出现总产值和利润下降的情况。与 2010 年相比，小企业平均利润减少 30%—40%。

浙江一直以来都把中小企业视为浙江经济的命脉。面对中小企业的困境，省委省政府迅速采取措施，相继出台了多项政策，从财税、金融、管理等各个方面，帮助中小企业走出困境。包括：推出"加强融资保障、提供财税政策支持、规范民间借贷、提升政府服务"等解决中小企业融资难问题的一揽子计划；财政出资 10 亿元建立中小企业再担保基金，经营困难、符合转型升级条件的小微企业可一次性缓缴 3 个月税款，也可减免 2011 年的城市土地使用税、房产税、水利建设资金等；推出小额贷款保证保险试点，小企业贷款不良率容忍度从 1% 提高到 2%。最近，省地税局与省财政厅联合下文，自 2011 年 11 月 1 日起，我省按期纳税的营业税起征点将提高到 20 000 元，按次纳税的营业税起征点提高到 500 元。

在中长期规划方面，浙江将推出"一个试点""两个中心"和"三大板块"，争取通过 3—5 年的努力，把浙江打造成为"中小企业投融资先行区"和"民间资本投资高地"。支持民资入股地方商业银行，鼓励民资设立小贷公司和农村资金互助社。同时，省相关部门正在抓紧研究论证，争取近期在全国率先出台一个加强民间融资管理的指导意见，选择在温州等民间融资活跃地区开展规范民间融资试点，探索民间融资阳光化途径。

这些有力的政策措施，无疑为中小企业走出困境减少了障碍，可谓雪中送炭。但要从根本上扶持中小企业的发展，还需要有一整套的制度设计，以解决中小企业发展的几个关键问题。

完善市场机制，建立服务型政府

唯有蓬勃发展的中小企业才能营造出富有活力的市场经济，也唯有完善的市场机制才能培育出活跃的中小企业。中小企业的高税费、融资难的背后，凸显出的本质性问题是市场机制的不完善。政府和国有企业掌握了大部分资源，中小企业基本上都是民营企业，无法进入垄断性行业，它们一方面要面临激烈的市场竞争，另一方面无法像国有企业那样享受税收减免，还要承担由行政管制和腐败而带来的额外成本，这使得中小企业面临的制度环境十分不利。

因此，当务之急是要建立公平公正的市场环境，坚持以市场机制而不是行政手段配置资源。要进一步破除制约经济社会发展的体制机制障碍，激发全社会的活力和创造力。要继续推进行政审批制度改革，推动政府职能转变取得实质性进展，推动行政管理体制改革取得实质性进展。转变政府职能、建立服务型政府是完善市场机制的前提。政府应当在市场中扮演"守夜人"和"服务生"的角色，而不是直接干预市场资源的分配、设置行业的进入退出壁垒。只有减少政府对市场的行政性干预，减少政府和国有企业的特权，才能减少对中小企业的制度性束缚，拓展中小企业的发展领域，减轻因不公平竞争而造成的中小企业的高成本，使中小企业获得平等的市场地位。

改革金融体制，增加金融供给

资本是企业的血液，中小企业的发展尤其需要新鲜血液的注入，然而融资难已经成为阻碍中小企业发展的重大问题。

中小企业融资难的直接原因是我国金融制度的不完善。利率的非市场化使银行倾向于将贷款发放给国有企业和大型基建项目。对金融机构和金融创新的种种限制，如对小额贷款公司在融资上的限制、对民间资本成立金融机构的限制等等，使适合中小企业的金融供给严重缺乏。必须深化金融体系改革，鼓励发展多种形式的金融机构，尤其是中小金融机构，实现银行产权主体的多元化，拓宽中小企业的融资渠道。就是说，要运用市场化的手段，建立与中小企业的需求相适应的金融体系，从而从根本上解决中小企业融资难的问题。通过利率市场化改革，鼓励发展民营银行、社区银行、村镇银行；加快发展股权投资、信托基金、担保基金；建立政府引导式基金等，引导资本投入管理和创新能力强的中小企业。在扶持中小企业的同时，达到鼓励创新、转变经济发展方式的目的。

构建创新服务体系,引导企业转型升级

中小企业的根本出路在于转型升级,告别粗放型的生产方式,增强创新能力,提高科学管理水平,以创意和创新带动企业的品牌化、国际化和产品的差异化。然而,许多中小企业还没有意识到转型升级的重要性,有的企业虽然认识到技术与创新的重要性,但由于缺乏资金、技术、人才等方面的支持,找不到转型升级的突破口。

因此,必须构建完善的中小企业社会化服务体系,加强部门联动合作,以企业发展为导向,以提高社会服务水平为出发点,从科学管理、项目对接、技术指导、人才培训、创新指导、转型经验咨询等各个方面,为中小企业转型升级提供完善的配套服务。同时,扩大中小企业专项扶持资金,以政府引导、社会资本广泛参与的方式,加大对创新型、成长型中小企业的扶持力度。运用税费减免、建立创新基金、组建技术联盟、打造示范工程、鼓励企业联合转型等手段,使中小企业充分感受到转型升级是经济发展的迫切需要,深刻体会到社会服务体系为企业转型升级提供的有利条件。

载《浙江日报》2011 年 12 月 12 日

林瑞荣副主任和单东会长对话温州民营经济*

林瑞荣：浙江省民营经济研究会理事、温州市鹿城区企业家协会会长、鹿城区人大常务委员会副主任。

一、温州民营企业遇到的一些问题

单东会长（以下简称单）：我们想多了解一些温州民营经济的情况，请您给我们多作些介绍。

林瑞荣副主任（以下简称林）：温州是民营经济最早发展的地区之一，没有民营经济温州就不可能发展到今天这个水平。但是这几年来，在如何引导温州民营经济健康发展方面，所做的工作很欠缺。欠缺什么呢？一个就是温州这个发展平台不够，没有一个很好的平台让民营经济得到更大的发展。所谓发展平台，我们讲具体点就是：企业用地不够。一个企业的发展总要有一个"窝"吧？现在有些民营企业要发展，原来的"窝"太小了、不够了，它必须要有更大的"窝"，但是温州的发展空间没有拓展好，政府缺少给民营企业制造一个做大自己"窝"的条件。

单：温州的用地是不是可以向郊区发展？

林：当然可以。

单：郊区还有没有土地啊？

林：有的，过去我们就是利用郊区的土地来发展企业，但没有把它整合好。东一块小的园区，西一块小的园区，土地资源没有整合好。

单：为什么没有整合好？

林：开始发展肯定是好的。因为刚开始的时候这些民营企业连一个小窝也没有，能够给它这么一块地方让它发展，它就能生存了。但是这几年企业发展很快，用地问题没办法解决了。尽管也在积极整理土地资源开发新的园区，但温州还有个最大的问题就是，政府前期投

---

* 2011年4月12日上午，浙江省民营经济研究会会长单东教授与温州市鹿城区人大常委会副主任林瑞荣就温州民营经济的发展进行了对话。读者从对话中可以了解到温州民营经济发展中存在的一些问题。

入不够。比如说土地整理出来,就是搞工业园,本来政府把土地整理好,企业一过来马上就可以建厂房,其他事情企业不用考虑了。但是温州的情况是,政府把土地给了企业,而所谓四通一平、五通一平根本就跟不上。企业厂房都造好了,路嘛,路不通,电嘛,电没有,水嘛,水供不上,你说企业怎么开工生产?

这些事情,我们也经常跟外地进行比较。外省市一些地方搞工业园区,政府先建基础设施,那才真正叫作几通一平,就是把路全部修好,把水电全部通进去,企业一过来,这个地方已经是熟地了,直接造厂房就行了,其他不用企业去考虑了,厂房一旦建好,搬进来就可以正常生产了。我们温州有的厂房老早建好了,但是这些配套跟不上,你说叫企业怎么生产?这也是温州这几年政府对民营经济如何做大的服务工作没做好。

单:温州的资金是很充裕的吧?

林:温州有很多民资,人们把它叫作"游资"。所谓游资是什么呢?就是到全国各地去游,今天游到这里,明天游到那里。你知道,社会上甚至把钱拿来做炒作,什么"温州炒房团""温州炒煤团",甚至什么"温州炒棉花团"等等,都说是温州人去做的。说老实话,温州民间是很有钱。据统计,温州有6千个亿的民间资本。6千个亿啊!你如果把这6千个亿引导用好,温州的发展会很快的。

单:不要让它再做游资不行吗?

林:对,不要让它再做游资,把这6千个亿用于温州的发展会好得不得了。现在新的市委书记过来,也在考虑如何利用民资问题。他在温州抓什么呢?他在抓城市的转型,这一块抓得很紧。

单:那么城市转型怎么转呢?

林:城市转型一个是城市的建设,一个是城市的环境改造。

单:温州这方面很欠缺,我们一路上过来都可以感受到。

林:对,温州这几年已落后了。现在这几年温州经济落后了,城市建设也落后。经济落后了,政府的资金少了,政府财政资金哪里来?就是靠经济发展嘛,增加收入嘛。但是政府这块少了,现在好多温州老板到外地了。几千家企业跑到上海去了,而且温州在外省市的企业做得很多很好,像美特斯邦威,上海浦东给了它三四百亩地,它不仅搞企业的设计研发大楼,还搞了一个服饰博物馆,甚至搞了自己企业的一个大学。美特斯邦威做的是什么呢?是虚拟经济。它一般来说自己不生产的,它自己搞设计,设计以后让人家去生产,打它的牌子就是了。

单:它是卖品牌的。

林:是的,是搞虚拟的,但是现在做得这么大,上市已经三年多时间了,这也是温州出去的企业啊。

单:温州的企业,温州不把它留住吗?

林:刚才也讲了前面一个平台没抓好,另外一个是服务和环境没搞好。温州的经济真的是民营经济,从一开始发展不是靠政府,而是靠民间自己发展起来,那政府在做什么?用政府的话说是

"无为而治",意思是说不去管你,让你先去发展。但后来政府制定政策是引导发展。引导发展有吗?有。它是把一些好的东西总结出来,然后加以推广。这个也是政府曾经做过的,但是现在不同于那个年代了,改革开放已经30多年了,还是按照原来的模式去做,就不适应了。现在最关键的是如何进一步解放思想。为什么中央现在还要提解放思想?不解放思想的话,经济发展还会受阻的。思想解放了,我们视野就开拓了,然后,我们对这些经济的发展尤其是温州这一块民营经济的发展,会让它有一个更大的空间,不会去束缚它。所以,思想不解放也就会导致政府服务跟不上。现在,陈德荣书记过来一抓城市转型,二抓政府转型。城市转型重点要对环境进行改造,环境改造好了以后可以吸引人家过来,环境不好谁到你这里来投资呢?政府转型就是服务要提速,这也是环境,是软环境。软硬环境都要改造好,才能留住本土企业,才能吸引外来企业。

我们曾经有段时间把所谓的引进外资作为一号工程来抓,其实,温州的民资都用不了。引进外资给企业带来不少后遗症,现在还没解决。企业为了借外资,优惠批土地,其实所谓外资,不过是温州企业打给海外的资金,然后以海外名义批土地、造厂房。土地和厂房有了,外资要求按资本投入参加分成,甚至永远参加企业的利润分成。这使得温州一些企业陷入经济纠纷,至今解决不好。

单: 自己的民资都用不了,自己的资金都留不住,却把引进外资当作任务来抓,有点本末倒置。

林: 我认为招商引资关键是引进好的科技项目。并不是在于钱,钱有的是,资金温州有的是,如果你是引进外面好的项目,那不管资金是谁出都一样,都要给优惠政策,这样才对。

所以,现在这个后遗症也是很多很大的。现在温州的经济在发展,由于这些原因导致好多企业外出,资金流向全国各地,到其他地方发展,我认为从企业老板本身来说没错。哪里可以发展,哪里可以赚钱,我就到哪里去,这事是很对的,这也是一种经济规律,我不一定在这里困死。问题是政府如何引导。

二、产业空心化与房地产问题

林: 现在温州还有一个什么问题呢?产业空心化。曾经一段时间,温州好多老板都去搞什么了呢?不仅仅是炒房,炒房的还是那些小资本,小资本的去炒房,比如说太太炒房团,丈夫给她们点钱,几个人去外面买房子,买卖房子就行了,能赚几个钱就行了,真正大的企业自己去搞楼盘开发,这个温州倒是很多。房地产的钱很好赚,资金流向了房地产,制造业的钱不那么好赚嘛。现在有一些楼盘地段推出,并不是原来的房地产开发商的,有的都是几个企业大家合起来共同出资,你出多少、我出多少,共同出资把地块拿下来,然后一起共同开发。最近国家宏观调控加大以后可能会有点影响。但是在温州影响不是很大。那个时候开发楼盘,这个钱赚得不得了。

单：不管你怎么调控，房地产赚的钱不得了。

林：对，不管你怎么调控，现在我们的市区这些楼盘价格仍然很高。

单：即使短时间跌，也跌不了多少，国内对房产的需求是刚性的。

林：对，怎么可能跌得下来？楼面价已经这么高，难道开发商会亏本去做？

单：资金雄厚的开发商不主要依靠贷款的，他将房放在那里不卖也不会亏，还比利息高很多很多，总会赚的。

林：在这种形势下，产业空心化就难免了。产业空心化尤其是在制造业方面，温州搞来搞去还是几个传统的东西：鞋，你昨天看的服装、眼镜、打火机这几样东西。现在有些行业是倒退的，比如说打火机，打火机这个行业曾经在温州很红火的，鼎盛时期有近千家生产企业，现在越来越萎缩。我曾经了解过，2007年还有300来家企业在做外贸出口，去年只有30多家在做了。有这么一个数字就很明显：2009年打火机出口是负的5.6，去年下降到负的14.8。眼镜也是一样，发展显现出萎缩。

我认为原因有多个。一个是产业的转变，从制造业向房地产业转变。有一个数据：在温州百强企业中涉足房地产的有一半，或者自己去搞楼盘开发，或者是参股房地产企业。另一个是产业的转移，我们大都是劳动密集型的企业，出现用地紧张、用工紧缺。所以，不少企业向土地资源宽、地价便宜以及用工富余的地区迁移。比如说鞋是我们温州的一个支柱产业，随着用地紧张和用工荒的出现，好多企业搬到外地去了。温州土地价格高，企业想扩大生产基地，土地稀缺，地价昂贵，使得这些企业不得不考虑外迁或压缩生产规模。

单：规模缩小了，利润也下去了。

林：对，温州前段时间有做鞋子的企业跑到安徽去了。奥康早就在重庆建立了奥康工业园区，已有七八年了。康奈、东艺、巨一等这些大型的制鞋企业都在考虑去外省寻找发展空间。

单：温州政策不完善。

林：我上次遇到一些制鞋的老板，他们说安徽宿州土地零价格，劳动力便宜，政府又很热情欢迎他们行业过去，于是有三十多家企业联合过去了。所以，温州要推进民营经济健康发展非转型升级不可，但如何转型升级很伤脑筋。我想请单老师有机会来向企业讲一讲如何转型升级。我们企业大都是劳动密集型的，我很想引导它们转型。最近，它们也在做些尝试，搞联合。您知道温州企业喜欢抱团集体经营，温州在全国各地有两百来家商会，各个城市都有，有好项目大家就一起做。

单：这就叫作求政府不如求自己了。

林：我曾牵头鹿城区九家行业龙头企业成立控股公司，注册资金一个亿，引导它们联合经营。今年年初，我区又成立了两家这样的公司，一是开元集团牵头，二十八家企业，注册资本十个亿，另一个是巨一集团牵头，十九家企业，注册三个亿，成立控股公司，集中自己力量，开发大项目。

单：关键是项目要找好。

林：对，这种公司也是根据市场来运作的，比如贸易好就做贸易，房地产好就做房地产。渠道在，一起做资金就雄厚一点。他们成立发展公司，准备参与城市拓展开发建设。现在政府建设项目很多，但资金匮乏，我们一个区今年建设要安排309个亿，而我们区财政总收入一年才三十几个亿，根本不够。政府决定让民营企业参与。

单：参加招拍挂？

林：对，招标、拍卖、挂牌。挂牌会设置一些条件，企业符合条件就可以投标。所以，抱团企业有氛围，是对的，体现温州民间资本运作走向规范。现在大项目也是这样，愿意就一起做，不愿就算了。我们把联合经营也看成转型。但究竟怎么转型升级，的确是政府面对的难题。转型弄好了，前面说到的产业空心化就不会扩大。有好项目一起做，照样可以赚钱。不一定依赖楼盘这一块。当然，楼盘这一块还是要做的，随着城市化扩大，要不断满足老百姓的需求。老百姓日益富裕，也要改善住房条件，这是社会发展的必然。政府拿出的土地价格已经这么高了，开发商要有利润的空间。没有利润空间，他不会拿这个地，这是一。第二，政府想要把楼市控制住，就要做出具体的，做什么具体的，比如说造公租房或者经济适用房、廉租房，这样有一部分人租政府的房子住，需求的层次不同，有好几个层次，有钱的人住高档的，好的楼盘开发让他们去买，没有钱的人或者钱少的人住次一点，不一定住这么好，像我们公务员，我们拿工资的不能和人家攀比，一定要住豪华别墅，住得稍微好一点

就行了，政府关键要把这一项具体工作做好。国家对整个楼市的宏观调控，温州的反应不是很明显，最近这段时间只不过是二手交易量少了。好的高价楼盘照样有人去买，温州楼市如何去做，我认为不是去压它的价格，但是要考虑民生问题，政府做的具体工作是首先解决那部分极其需要的人，也就是解决民生问题。你不一定把楼房价格压下来，让那些有钱人或者富人也去买便宜的楼房，这是不现实的。

单：其实，对于楼市，国家可以根本不去管这个事，政府如果为中低收入者提供大量便宜的安居房、租赁房，楼价高得上去吗？政府如果这样做了，炒房团还会存在吗？

林：大家都讲，现在政府的财政是土地财政，什么土地财政？就是卖地财政，你土地卖价越高，政府收入也越高。

单：还有中国的分税制，中央把大头拿走了，严重削弱了地方政府财政来源。

林：对。政府要有两个措施，楼市就不会涨得这么快。一个措施就是把土地价格控制好，比如说把这个土地价格推出去，最高应该有个高限，是高限的问题不是低限，你把这个价格限定以后，给它规定好一个利润空间。第二是大量推出安居房、公租房，政府的房子推出来，让那些低收入的人有住房，高房价问题就迎刃而解了。

单：香港就是，我到香港去，房子那么漂亮，都是两室一厅、三室一厅，让低收入者来住，房租是他工资收入的几分之几，而我们现在租金也高得

不得了,许多人租不起房子,只好几个人拼住。

林:现在政府的公信力越来越弱,必须通过这些具体到民营经济的发展、具体到老百姓的民生改善来提升公信力。

单:谢谢您给我们介绍了温州民营经济的许多情况,我们很多并不了解。

载《民营经济通讯》2001年4月

降低税负和解决融资是对民企的最实惠的扶持
——在舟山市调研座谈会上的讲话

谢谢张副区长和王总的介绍,我听了之后很受启发。现在,我谈一些看法。

舟山的民营经济主要集中在捕捞、水产加工、海运、港口、造船、修船等领域。现在舟山在提倡"港、景、渔"的发展思路。但渔业资源毕竟有限,捕捞量已超过其再生产能力,海洋资源方面也应该发展循环经济。舟山还应该发挥港口优势,与上海连接起来,发展海洋运输。舟山跨海大桥建成后,交通便捷,经济发展会更快些,运输成本会比轮渡低一些。

舟山的民营企业家精神状态很好,对舟山经济发展做贡献的积极性很高,他们希望把企业做精做强做大,并把它当作一项事业来回报社会。总的来讲,政府对发展民营经济很负责任。但是,我们长期实行的计划经济的烙印很深,政府职能的转变比较滞后。这是一个普遍性的问题。特别是我们加入WTO以后,要与国际接轨,需要按照WTO的原则来清理我们过去的政策、法规。

民营经济发展的外部环境有不少不如人意的地方。据我们的调查,舟山民营企业反映比较强烈的一个问题是融资难,另一个问题是税负不公。这也是全省民营企业普遍反映比较强烈的问题。金融是发展经济的动脉,金融改革搞不好,就会影响经济的发展。金融受计划经济体制影响特别深,其行政管理集中度太高,社会各方面对金融改革的非市场化取向不太满意。

基层银行是希望搞活的,但银行高层的主管部门不让它们搞活,怕把金融搞乱,怕到了"因噎废食"的程度。银行业的高度集权体制不亚于改革开放前的计划经济时代。民营企业普遍反映融资困难,这就给金融改革发出了一个很重要的信号:银行改革严重滞后,已成为制约民营经济进一步发展的一个瓶颈。

近几年国家允许民间资本进入银行,但却不让银行资本进入民营企业,贷款也存在许多民营企业办不到的条件。

因此，企业不容易搞活，不容易做大。而民间资本虽被允许进入了金融业，但只参与银行的利润分红，并没有取得资本的经营权，银行方面也未很好地支持民营经济的发展。

金融问题不应是"怕"字当头，而应是"改"字当头，应积极探索新的模式。现在的模式不符合市场经济改革的取向，只发挥了政府对金融严加控制这只手的作用，市场这只无形的手在金融方面几乎微不足道。所以，金融在促进民营经济的发展中究竟发挥了多少作用，值得深思。

再一个是税制问题。市场经济基本的规则是起点平等。我们既然承认"非公有经济是社会主义市场经济的重要组成部分"，那么，不同所有制经济就应该是平等的，不能厚此薄彼。把国有企业当成体制内的，而把民营企业当作体制外的来对待，这是不公平的。就其具体表现来讲，在贷款方面，不肯轻易贷给民营企业；在税收方面，民营企业在交了企业所得税后，所得利润还得交个人所得税。负税方面，民营企业比国有企业重得多。例如，对民营企业购买固定资产设备不实行增值税抵扣，而外资企业和国有企业可以享受抵扣，外资企业和国有企业享受的待遇民营企业沾不到边，这是明显的所有制歧视。如果税负平等，人们就不会叫它所有制歧视了。公平税负一天不到位，就不能改变人们对所有制歧视的看法。由于税负事实上的不公平，造成民营企业税收负担重于外资企业和国有企业，使民营企业在国内和国外两个市场竞争中都处于不利的地位。

"降低税负"是西方发达国家刺激和扶持中小企业（民营企业）的重要政策。1981年，美国对中小民营企业所得税在原有基础上下调25％。美国前总统克林顿就是通过降低税收来刺激经济发展和扩大就业的，这一政策收到了很好的社会效果，促成了美国经济的持续增长和广泛的社会就业。布什总统也力排众议，积极推行降税政策。英国自1983年起，中小企业投资的60％可以申请减免税和豁免资本税。我国各级政府都表示要大力支持民营经济的发展，但对民营经济发展的最有力、最有效和最实惠的措施就是"降低税负"和"融资支持"，但政府目前还没有对中小民营企业实行税负优惠，相反，中小民营企业的税负比外资企业和国有企业更高，这是极不公平的，这是我国税收政策的严重缺失。政策是更大的生产力，目前，税制和金融的改革未能有利于促进民营经济生产力的发展。税制和金融究竟应该如何改，这是一个很重要的课题。

本文为2005年11月9日浙江省民营经济研究会单东会长在听完舟山市定海区副区长张立军和舟山市越洋食品有限公司总经理王岳庆等民营企业家的发言后的即席讲话。

载《民营经济通讯》2005年第11期

影响民营企业发展的障碍
——对温州市龙湾区民企的调研

应温州市龙湾区委副书记方立明同志的邀请,2005年10月26日和27日,省民营经济研究会会长、《民营经济》杂志总编、经济学教授单东在温州龙湾区进行调研。龙湾区委副书记方立明同志到会讲话,龙湾区外经贸局副局长孙方忠同志主持座谈会。龙湾区委办副主任包一双、区委办秘书张祥陪同调研。现将调研结果综述如下:

一、民营企业家希望政府统一提"民营经济"

有民营企业家(汪茂法等)提出,希望政府不要提"非公经济"而统一提"民营经济"。他说:"'非公经济'是贬义的,为什么不统一提'民营经济'?"显然,有些民营企业家对"非公经济"的提法不喜欢。不过,许多民营企业家对"民营经济"的概念并不了解,他们不清楚,"民营经济"与"非公经济"是两个既有联系又有区别的经济学范畴。"民营经济"不等于"非公经济","非公经济"不能代替"民营经济"。从他们喜欢提"民营经济"而不喜欢"非公经济"来看,他们已不把"民营经济"当成"非公经济"的同义词了。这说明民营企业家对所有制歧视还是很敏感的。

民营企业家普遍认为,他们仍受到所有制歧视。绝大多数民营企业都面临融资困难。银行在办理对民营企业贷款时要求全部股东都要承担责任,而不是按公司法行事;还扬言,要贷就这么办,不贷拉倒。如此歧视,实在很不公平。民营企业家(王秀兰)认为,这种歧视也来自政府,政府没有转变观念。在龙湾2/3以上是民办学校,2001年政府发文件指示,不能给民办学校贷款。银行行长想贷也不敢贷,如果贷,行长就犯错误,既要承担经济风险,又要承担政治风险。由于得不到支持,一些民办学校垮了。

二、影响民营企业发展的障碍

（1）民营企业家认为，政府诚信不够（方剑宏）。企业和农民之间的矛盾是土地征用后政府缺乏诚信造成的。环境问题也是政府的责任，因为企业办厂是经政府部门包括环保部门批准的。

（2）外来打工者（包括专业技术人员）引进来待不下去，技术人员子女的入学问题，企业无法解决。住房价格高，外来人员留不住。

（3）政府强制企业要为打工者交纳养老保险、福利金等。像安徽的农民工到龙湾打工，企业给他交保险，但员工不愿交保，原因是养老保险服务很不健全，个人交保可以退但不可以转。员工认为他可能会在一家企业或一个地方干5年或8年，但不可能干一辈子，交了保不能随人转，交了也没意思。不能转，企业也留不住人。政府服务滞后，给企业交保带来麻烦。

（4）员工不善待民营企业，说走就走，影响企业的稳定发展。政府要企业与员工签订劳动合同，按劳动法执行，企业不执行合同，员工可以告企业；可是，员工走了，企业告不了员工。如果员工敬岗爱业、遵纪守法，老板当然要关爱员工，但员工不善待企业，企业有苦难言，员工和企业处于不对等的关系，企业难以有稳定的环境。现在是，人才难引进，引进养不起、留不住，弄不好还把你企业的机密带走、营销网络带走，与你竞争。

三、自主知识产权的法律保障不健全

日丰打火机有限公司董事长黄发静反映：

（1）在保护知识产权上，国家法律法规不健全。由于国民"知识产权"观念淡薄，造成国际形象不良。日丰的产品有60%被人仿冒。如果通过法律起诉，起码一年半载，即使打赢了，产品也没人要了。所以，提高民企素质和全民素质迫在眉睫，希望国家出台比较完善的政策和法律法规。

（2）在品牌问题上，我们没有融入国际标准化体系。在国外，人家不问你是不是中国名牌，而是通过检验后看你符不符合国际标准。你在中国是名牌，但国际上并不认可你。我们中国评比是以市场占有率和产值为标准的，所以我们日丰公司的打火机始终评不上。我们的产品在美国已经被认可，但在中国没有成为名牌。评名牌的标准要和国际接轨才合理。

（3）国家"十一五"规划对民营经济政策比较抽象。规划应该划出一块专门规划民营经济的发展。"非公经济36条"出台是好事，但只是大的框架，没有配套实施措施，民营企业得不到真正的实惠。

（4）政府职能转变并没有做到有所为而有所不为。企业讲科学管理，政府也要讲科学管理，一位新领导来上任了，提一个新口号，另一位新领导来了，又提一个新口号。不能来一位新领导就提一个新口号，不能以人治为主。政府要减少一些管理,多一些服务,从服务中管理,政府要起引导作用。

(5)应该建立非公企业破产法与保护法。民营企业在办成后交了很多的税,一旦经营失败破产,经营者就会沦为失业者,政府应根据他过去纳税贡献,给予其破产后的生活补助。

总之,我希望政府对民营企业的自主知识产权和财产有保障。

四、人才短缺影响民企发展

浙江格林兰印染有限公司董事长张国林反映:

我的企业有1 000名工人,产值7个亿。就我们企业来说,主要是人力资源跟不上。企业苦于缺少人才。有能力、有水平的人有的往往心术不正,而培养人才又不是一朝一夕的事,能够默契和你一起工作的很少。很多员工私心重,为公司出力少。

我不停留在要为自己赚多少钱上,而是考虑如何回报社会。这是我的理念。这个理念,对员工也很重要。现在有些员工,心态不好,老是跳槽。当然,企业主应激发员工的热情,要善待员工。现在,民营企业快速发展,人力资源奇缺,最困难的是缺人才。

我的感受是家族提升的比外聘的博士生做得好,后者认为自己是为你打工的,前者认为是为自己做的,必须把它做好,因而尽心尽责,后者认为过得去的就可以了。对我们企业来说,我们最需要的是七种人才:①财务总监;②生产经理;③销售经理;④技术工程师;⑤人力资源部经理;⑥机械工程师;⑦老板。有了这七种人才,企业就能兴旺发达。

载《民营经济通讯》2005年第11期

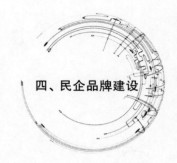

四、民企品牌建设

1. 民企为什么要创品牌
2. 认清民企创牌的成绩与不足
3. 民企品牌建设的途径
4. 民企需要怎样的创牌环境

民企为什么要创品牌

一双从中国制鞋厂花 120 元人民币买走的运动鞋因贴上了"耐克"品牌，售价翻到 700 多元，比原价高出近 6 倍；浙江台州吉利集团生产的"吉利"轿车，其品牌价值高达 60.05 亿元；被列为世界三大蒸馏名酒之一的贵州茅台是中国的国酒，"茅台"品牌已成为经典白酒的代名词；人们为拥有一块劳力士品牌的手表而自豪……

调查表明，大约有 70% 的客户会根据商品的"品牌"进行购买，有 50% 的客户购买行为则完全受"品牌"驱使。"品牌"对消费者的购买行为具有极强的导引作用。很多情况下，品牌的价值会超过产品自身价值的几倍、十几倍甚至上百倍。究其原因，是品牌所具有的魅力独绝的价值超越了实体产品本身，在顾客心中拥有了很高的感知价值。

什么是品牌？现代营销学之父、美国西北大学教授菲利普·科特勒指出：品牌是一个商品的名称、术语、标记、图案等因素的组合。而从消费者的角度看，品牌具有属性、价值、利益、文化、个性、使用者等六层含义。它具有丰富的内涵。而自主品牌是指由企业自主开发，拥有自主知识产权的品牌。它有三个主要衡量因素：市场保有量、生产研发的历史及其在整个行业中的地位。

对企业而言，品牌是其拥有的区别或领先于其他竞争对手的独特能力，使其能够在市场竞争中显示其品质、技术、性能和完善的服务，从而引起消费者的品牌联想并促进购买行为。在市场上，各企业都在销售自己的品牌产品，而企业品牌的差异会直接影响企业的品牌竞争力。

品牌竞争力与企业竞争力关系密切。品牌竞争力反映企业（产业、区域和国家）的生产组织能力、自主研发和技术创新能力、开拓能力、营销服务能力和品牌的市场占有能力。企业竞争力是企业参与市场竞争的实力。品牌竞争力是企业最为持久的核心竞争力，是支撑企业综合竞争力的重要杠杆。

品牌竞争力的打造要通过品牌建设来实现。品牌建设是一个系统工程，它需要全方位地完成为客户创造价值的体系，包括采购、生产、营销、管理等各项内容。有关专家认为："产品经营是一般的经营，资产经营是较高级的经营，以品牌为主的无形资产的经营才是一种最高级的经营。"早在10年前，有关研究机构就向社会呼吁："我们与世界名牌的差距，不完全是技术上、设备上的差距，品牌价值上的差距更大。我国好多产品，内在品质已经达到世界先进水平，产品出口却必须使用外国的牌子才能通行。……发展民族工业，必须打响中国自己的牌子。中国要真正走向世界，必须创出中国的世界名牌。"

我国经济发展正处于一个重要的转折点。我国正由经济大国向经济强国转变，由全球产业链的低端向产业链的中端和高端转变；我国民营企业从开始的经济"游击队"和"杂牌军"而成为如今的"主力军"。在国内外新经济环境下，民营企业必须十分重视品牌战略，并通过它来增强自身的竞争力，以促成这一转变的实现。

载《浙江市场导报》2007年2月6日

认清民企创牌的成绩与不足

部分民企重"申"牌,轻培育。它们热衷于申请品牌,而不是自己培育品牌;重"创"牌,轻运用。这是民企创牌中的大忌。

不可否认,当前民企在创牌中已取得了一定的成绩。主要表现在:越来越多的民企获得了中国最高级别的品牌认证。到目前为止,在中国驰名商标、中国名牌产品、出口名牌等三种国家级品牌认证中,民企品牌占有重要地位。2004年底,经国家工商行政管理总局批准认证的中国驰名商标中,民企获得的认证量已超过了认证总量的30%。在商务部2005—2006年度重点培育和发展的出口名牌产品认定中,民企获得的认证量占认证总量的35%。民企的中国名牌产品已占认证总量的一半,并有继续上升的趋势。

民企自主品牌出口量持续上升。20世纪80—90年代,在自创品牌和贴牌生产之间,许多民企在利益驱动下选择了贴牌生产,成为别人的"组装车间"和"加工基地"。对创业之初的民企来说,贴牌生产是一座桥梁,通过与一流的企业合作,可以直接学习它们在标准控制、质量管理、产品设计、市场开发等方面的成功经验。民企经历了一个"来料加工—产品出口—贴牌生产—海外建厂—用自主品牌进军世界"的过程。像飞跃集团这样自主品牌出口规模较大的民企,目前已比较多。

民企区域品牌竞争力较强。我国民企产品竞争力培育发展时间不长,但区域品牌竞争力已经显现。例如,浙江省诸暨市大唐镇以袜子生产为主的区域品牌竞争力为世界所瞩目,宁波服装、嵊州领带、台州多用缝纫机等区域品牌已经具有很高的知名度。

当前民企创牌后劲不足主要表现在以下方面:

认识模糊 部分民企没有充分认识到创立"品牌"的重要性,不少外向型民企甚至生产能力、产品质量都不错的民企,至今仍满足于"贴牌生产""来料加工"。

流行跟风 不少民企在品牌建设上流行跟风，忽视品牌的基础建设和品牌为企业利益服务的宗旨。一些民企喜欢高谈创意、策划、宣传，却不顾预期收益。

冒牌普遍 有些中小民企或个体户进行冒牌生产，侵犯他人知名品牌的知识产权。这一现象过去在我省民营经济较发达的地区，如台州等地尤为突出。调查显示，许多知名企业的产品品牌——不论国内还是国外的名牌——都有过被侵权的情况，从而导致贸易纠纷。

急功近利 一些民企不愿扎扎实实打造品牌，梦想一夜之间就能成就一个名牌。

市场错位 任何品牌建设都应该在明确市场定位的基础上选择其形象、个性诉求、传播途径，但不少民企甚至不知道自身的目标市场是什么、顾客是谁。

一味模仿 当前民企品牌建设的一个突出问题是：人云亦云、亦步亦趋。例如，杜康酒一出名，市场上立即就有了"杜仙"酒、"杜泉"酒，等等。

几重几轻 部分民企重"申"牌，轻培育。它们热衷于申请品牌，而不是自己培育品牌；重"创"牌，轻运用。

管理薄弱 中国社会科学院民营经济研究中心开展的民企品牌竞争力问卷调查表明，我国民企中鲜有真正设立品牌管理组织的。一些民企把品牌管理等同于谨防假冒伪劣产品的管理。

融资困难 在品牌开发上很多民企因缺资金而投入甚少，自主品牌很难产生。

保护不力 社会上对知识产权法律保护的不力，也影响了民企自主品牌开发的积极性。

载《浙江市场导报》2007年2月13日

民企品牌建设的途径

以产品为中心,提升自主创新能力

民企品牌竞争力经历培育、快速提升、形成鼎盛竞争力、衰落四个时期,刚好与产品的生命周期相吻合。因此,必须将产品生命周期与品牌发展周期有机地结合起来。在产品进入市场成熟期后,产品的量显得充裕且有充分弹性,品牌建设也变得更为紧迫和必要。

在这一系列过程中,需要明确的是:品牌的特征是高知名度、高信誉度,它的影响持续、深远且广泛,需要建立在优秀的产品质量和优质服务的基础之上,并且要得到消费者的公认。在市场上,消费者是最实际、最客观的,他们只认质优价廉的产品,而不管企业背景如何。因而在市场经济环境下,民企必须树立品牌战略观念,打造优质的产品和服务。

事实上,即使是小规模的民企,只要认真研究市场、从严控制质量,也有机会成长起来。例如,20世纪80年代,广东顺德一带有众多小型民企,它们靠生产电风扇、电饭锅等小家电起家,但在创业之初就树立了精品意识、品牌意识,在产品质量方面严格把关,最终赢得了市场认同,先后涌现出名声如雷贯耳的万宝、科龙、美的集团等等。

目前我国民企缺少叫得响、有竞争力的自主品牌,一个重要原因就是自主创新不够,缺乏核心技术支撑。为此,民企还应集中精力进行产品研发,不断推出新产品和服务来满足消费者需求,从而增强品牌的核心竞争力。

民企品牌建设需"循序渐进"

首先,明确品牌定位。

品牌定位是指"品牌意图"在消费者心中建立起来的联想,品牌向消费者传递的一切信息都不应与品牌战略定位发生冲突。比如,美国大牌民企——国际商业机器公司(IBM)对其生产的手提电脑的战略定位是"商务首选、权威、严谨",所以IBM对音乐会的赞助就严格限定在高雅音乐,鲜有涉及流行音乐和摇滚音乐。

其次,进行品牌规划。

品牌核心价值的提炼需要民企进行全面科学的品牌调研与判断,充分研究民企所处的市场环境、行业特性、目标消费群、竞争者以及民企自身情况,为品牌战略决策提供详细、准确的信息导向,并在此基础上提炼高度差异化、明确的、能触动和感染消费者的品牌核心价值。此外,民企还需建立科学的品牌结构。在单一产品格局下,民企经营活动都在围绕提升同一个品牌进行,而产品种类增加后就会面临诸多难题。

再次,理性品牌延伸。

品牌延伸是指在已有相当知名度与市场影响力品牌的基础上,将成名品牌运用到新产品和服务上,以减少新产品进入市场风险的一种策略。它可以增加新产品的可接受性,提高促销效率,满足消费者多样性需求。品牌延伸使用与管理得当,不仅有利于民企提升品牌的竞争力,而且有助于扩大产品的影响力。海尔从生产电冰箱起家,建立了强势品牌,然后采用品牌延伸扩张战略,延伸到白色家电和通信行业,包括生产空调、电视机、手机、电脑等产品,有效地把海尔的品牌核心价值"真诚服务"和延伸产品的相关性联系起来,并各自取得了很大的市场规模,实现了企业品牌的跨越式发展,海尔的经验值得学习。

最后,加强品牌管理。

品牌需要悉心呵护,民企要创建强势品牌,就要加强品牌的日常管理,尽量避免"品牌危机"的发生。如何对品牌进行管理?第一,要充分了解品牌资产的构成,明晰品牌资产各项指标的内涵及它们之间的相互关系。第二,结合企业实际,制定品牌建设所要达到的品牌资产目标,使民企的品牌创建工作有一个明确的方向。第三,围绕品牌资产目标制订营销策略,不断检查目标完成情况,并适时调整下一步目标与策略。第四,建立"品牌预警系统",避免"品牌危机"事件的发生。如果"品牌危机"真的发生了,要及时处理和用一种声音说话,尽量减少品牌的损失。在民企品牌管理的过程中,"品牌危机"时有发生,要引起管理者的高度重视。比如,山东民企三株医药集团公司持有的中国著名保健品品牌"三株口服液"就是因为"品牌危机"事件处理不当,造成产品销量大减,以致最终砸了品牌。

载《浙江市场导报》2007年2月27日

民企需要怎样的创牌环境

我国民营企业从一开始的经济"游击队"成为了如今的"主力军"。在国内外新经济环境下,民营企业必须十分重视品牌战略,并通过它来增加自身的竞争力。那么,在这个过程中,民企又需要怎样一个创牌环境呢?

改善民企品牌建设环境

首先,政府和正规金融机构要为民企融资创造条件。目前,正规金融机构已成为西方发达国家中小企业融资的主渠道。在加拿大,中小企业融资体系包括直接融资、间接融资和政策性担保三部分。统计表明,加拿大的中小企业间接融资中有50%来自银行。而在我国,民企融资面临的障碍较多。品牌建设的过程需要大量的资金投入,民企仅靠家庭成员筹集资金是远远不够的,而向非正规金融机构借贷风险很大,因此民企的品牌建设离不开正规金融机构的支持,必须深化金融体制改革。

其次,要大力营造创新技术环境。政府要为企业创新提供技术支持,要大力鼓励高等院校、科研院所和民企进行技术合作,并帮助民企引进技术人才。如今,高校为企业打造专门人才是国外普遍采用的一种人才培养模式。在美国等西方国家的高等院校中,由企业提供"奖学金""助学金"形式资助的"委培生"的例子比比皆是。笔者认为,这种校企合作的人才培养模式很值得我国民企在人才建设中加以借鉴。

再次,营造知识产品保护环境。针对目前我国市场上知识产权屡遭侵权的严重现象,要建立统一执法的市场环境。美国目前已形成了包括商标、专利等在内的保护知识产权的法律体系,对美国在海外跨国公司的知识产权的保护也做出了详细的规定。相比较而言,我国知识产权保护的立法还比较滞后,国家迫切需要对商业秘密、专利、商标等知识产权侵权行为制定详细的法律条款,对造成严重损失的知识产权侵权行为给予较重的惩处。此外，知识产权保护环境的营造还有赖于民企和全社会知识产权保护意识的提高。

整合民企品牌

政府应加强对品牌工作的组织领导，完善品牌工作组织协调机制，统领谋划、指导品牌建设等一系列工作，帮助企业发挥商标、专利等知识产权作用，对创名品牌企业给予多方面支持。

在这方面，日本政府采取了诸多有效方法。二战后，为了使农业、工业、矿业、服务业和制造业能够协调发展，日本在制定产业政策等方面狠下功夫，并随时根据国内外形势的变化而调整、补充，其目的在于保护国内市场和国际市场。为了赢得国内外市场，日本政府还通过科技政策、税收政策、对外贸易政策以及一定的"政治营销"手段来支持品牌建设；政府还加强服务意识，为企业实施品牌战略提供信息服务，以减少企业的决策失误；同时，日本政府的各个经济主管部门还都配备了专门的刊物，提供与本部门管理领域有关的信息。

市场经济发达国家的这些做法值得我们学习。我国政府也应加强对民企品牌建设的相关服务，行业协会及其主管部门更要主动配合民企整合品牌资源，倡导行业品牌共创共享，克服各自为战、无序竞争的问题，从而推动民企依托品牌优势，更快地发展和提升。

载《浙江市场导报》2007年3月6日

以上四篇内容曾以《论民营企业的品牌建设》为题在《特区经济》2007年第9期发表。

五、民企自主创新

1. 论民营企业的自主创新
2. 关于创新和完善民营企业法律保障体系的问题
3. 借鉴美国民营企业科技创新经验 提高我国民营企业科技创新能力
4. 推进民营企业创新 大力发展实体经济

论民营企业的自主创新

创新,是一个民族进步的灵魂,是一个国家兴旺发达的不竭动力。从广义上说,创新包括观念创新、知识创新、技术创新、理论创新和制度创新,其核心内容是坚持自主创新。党的十六届五中全会和"十一五"规划中强调,要全面增强自主创新能力,努力掌握核心技术和关键技术。增强自主创新能力,是保证我国在 21 世纪激烈的国际竞争中占据主动地位并立于不败之地的关键所在,也是我国这个发展中大国实现跨越式发展的根本途径,是实现中华民族振兴的强大支撑。实践证明,自主创新是发展我国科学技术的重要基石。只有实现科技的自主创新,我国的社会主义现代化建设才有生命力,才能蒸蒸日上。对民营企业而言,自主创新是民营企业品牌建设的基础,是对民营企业产业升级的支撑。我国的联想、华为等民营企业迅速发展的事实雄辩地证明,民营企业要在国内外竞争中获得大发展,自主创新是根本保证。

一、民营企业应把握自主创新的内涵

一个不争的现实是,我国民营企业目前自主创新的能力很弱。"中国出口约 8 亿件衬衫,才能抵一架法国的空客 380 飞机。"时任中国商务部部长在 2005 年 5 月为消除法国与欧盟对中国纺织品的恐惧而说的这句话,说明了我国制造业特别是纺织业缺乏自主创新的尴尬,印证了"中国民营企业正在成为全球苦力"的评价的某种真实性。由于缺乏自主知识产权,我国许多民营企业制造的产品要向具有知识产权的国外企业交纳专利费,以致出口商品虽然耗费了大量人力资源和物质资源,但获利甚少。例如,我国大量生产的电脑鼠标、DVD 等产品,因无自主知识产权而必须向有关国家厂商交纳大量的专利费,结果是:一台 DVD,卖几十美元却只能赚一二美元,鼠标所得则更少。我国主要靠出卖廉价劳动力和有限资源来挣一点微薄的利润,这种状况在短时期内还难以改变。据国家知识产权局介绍,我国有99%的企业没有申请专利,仅有万分之三的企业拥有自主知识产权核心技术。目前大型民航客机完全靠进口,高端医疗设备、半导体以及集成电路制造设备和光纤制造设备也基本来自国外。没有自主创新,我们就只能当制造大国和仿制大国,而当不了创造大国。我国河南省几千万人一年所创造的价值,只与可口可乐一个品牌的价值相当。目前我国高技术产品只占外贸产品的2%,我国许多外贸出口产品是贴牌、无牌产品,有60%的企业没有自己的商标,有自主品牌的产品只有21%。尤其是民营企业的出口产品,具有完全自主知识产权的就更少。目前全球500种名牌产品中,中国只占4席,而在世界100种名牌产品中,亚洲占有10席,其中日本7席,韩国3席,中国无。这种状况与我国是世界第三大市场的地位极不相称,必须尽快改变。

自主创新是民营企业发展的必由之路,亦是其实现增长方式转变的中心环节。笔者认为,民营企业完全能够成为自主创新的主体。无论在原始创新、再创新还是国际交流领域,民营企业的创新能力都不可小觑。当然,在实践中,民营企业若能正确把握以下几层内涵,将可以更灵活多样的方式开展自主创新。

1. 自主创新与自力更生

自力更生是我们的基本立足点。"四个现代化是买不来的",这是一针见血的诤言。我国是一个发展中的社会主义大国,在一些战略性、基础性的重大科技项目上,必须依靠自己原始创新,拥有自主知识产权。不能只靠别人,只靠别人是靠不住的。

有一个生动的例子很说明问题。我国几次进行铁路提速,但因火车的铁轮硬度不能承受,提速受到限制。我们得知只有法国、日本等少数几个发达国家拥有这方面的技术,于是想向它们进口技术,谁知这些国家无一例外地只同意出口产品,不提供技术。后来,马鞍山钢铁公司科技人员刻苦研究,自主创新,终于造出了符合提速要求且造价要比国外低得多的火车轮。这说明只有奋发图强,自力更生,才能实现发展的跨越。

无数事实表明,一个国家,如果没有很高的科技水平,没有自主创新的能力,也就不可能在国际交往中赢得主动,受到尊重,也不会有真正平等的交流和合作。在尖端高科技领域,在国防科技领域,在最前沿的科学技术领域,在涉及商业利益的高新技术领域,一般来说,是不会有人把最先进的技术转让给你的。虽然市场可以换技术,但真正的核心技术、战略技术是换不来的。自主创新才是技术进步的根本保证。民营企业必须了解这一点。以浙江传化集团为例,该企业在创业初期,曾有过科技创新方面的深刻教训:20年前,该企业花费一笔不小的费用买到了生产液体皂的核心技术——只在加工中放一勺盐。传化集团以该耻辱为激励,积极进行科研攻关。1990年,在经过上千次试验后,自己研制出用于印染脱油的"901",结束了中国印染业长期进口脱油灵的历史,传化凭借该产品使销售额在当年突破 2 000 万元。核心技术带来的巨大成功，坚定了传化走自主创新发展之路的决心。现今传化已拥有国家火炬计划项目 2 项，国家级重点新产品 2 个，科技成果通过省级技术鉴定国内领先 13 项，国内先进一项；传化品牌还荣登"2005 中国民营企业品牌竞争力 50 强"。传化的例子说明，民营企业开展原始创新是有广阔前景的。杭州聚光科技有限公司的自主创新开展得更为有声有色。作为 2002 年才诞生的一家民营企业，由于研发成功全国唯一的半导体激光在线气体分析仪，并拥有 20 多项专利，在半导体激光在线气体分析仪产品领域，聚光科技占国内市场份额超过 95%，产品远销美国、日本和欧洲市场。2005 年，聚光科技的产值达 8 000 万元，并与世界 500 强之一的西门子公司达成初步合作意向。聚光科技的实践证明，通过原始创新，民营企业在参与全球化竞争中，可以告别"亦步亦趋"的被动局面，赢得竞争的主动权和广阔的发展空间。事实证明，民营企业完全有能力进行自主创新。

2. 自主创新与站在巨人肩上

强调自主创新，并非都要求原始创新。鉴于我国目前的科技实力和经济实力，从数量而言，原始创新不可能占很大比重；从发达国家的经验来看，也没有一个国家的原始创新在创新整体中占最大比重。对民营企业来说，受资金、项目风险、政府政策支持、人力资源等诸因素的制约，一味要求原始创新是不现实的。而民营企业的自主创新可以充分利用一切有利条件，可"站在巨人的肩膀上"，以现有的先进知识和经验为基础，丰富自身，完善自身，从而做到引进、消化、吸收和再创新。在这方面，亦有国际上的成功先例，如日本、韩国就曾通过上述方式实现创新强国。

我国民营企业在再创新方面同样不乏成功的先例。早在 20 世纪 90 年代，上海联丰科技产业有限公司与国外公司合作，引进先进的生物芯片技术。在消化国际先进技术的过程中，联丰如同站在巨人的肩头，看得更远。原来的动物电子标签，注射到动物体内之后，会在表皮和肌肉之间游离，给动物控制管理带来难度。联丰自主研发了一种胶原体，可以固定电子标签，这个小小的二次创新为企业赢得了国际市场的三分之一。现在，经过联丰二次创新的动物电子标签，已经在宠物狗、牛、扬子鳄和大熊猫身上使用，该标签还赢得了国外客户的赞赏，甚至植入了美国消防员的体内。2003 年，联丰获得了国际组织 ICAR 的认证，成为全亚洲仅有的 3 家动物识别编码管理标签的生产商之一。还有一例：上海置信电气股份有限公司从国外引进非晶合金变压器技术，并结合中国的国情，再次创新。从刚引进技术时的五六个品种，扩展到两大系列、五大类，拥有 13 项国家专利，置信产品在上海的共和新路高架、中环线、东海大桥等地得到普遍使用。置信的二次创新惊动了国际市场，2003 年美国通用电气总裁在上海参加"财富论坛"时，赞叹置信引进消化吸收再创新的能力。联丰和置信的成功事例表明,民营企业进行再创新的潜力很大。

3. 自主创新与国际交流合作

在创新领域,加强国际交流合作很有必要。当前,世界科技进步和经济发展正趋于全球化,科学技术的竞争日益成为国际经济竞争中的决定性因素,任何国家都不可能在封闭情况下实现本国的现代化,只有置身于国际开放的大系统中,才具有强大的生命力。尤其是我国作为发展中大国,经济和科技实力与发达国家相比,还是存在不小差距的。因此,扩大对外开放,积极引进国外先进技术,博采众长,为我所用,是加快我国技术升级和经济发展的有效途径,也是我国民营企业实现深层次发展的一项重要手段。

我国有为数不少的民营企业通过国际交流合作尝到了创新的甜头。如中恒兴业科技集团就凭借与海外知名公司合作的优势在国内数码市场稳占一席之地。该企业与韩国两家数码技术研究所联合成立科研机构进行技术攻关,研发出国内首款全彩超大屏掌上学习工具"情景学习王"和高科技产品 MP4 播放器 PMP303,备受国内消费者的青睐。上海华盛集团、上海新时达电气公司等民营企业则通过境外并购的方式,引进国外企业先进的生产技术、管理经验和运行机制,提升了本土公司的管理水平和技术水平。实践证明,国际交流合作也是提升民营企业竞争能力的良药,且自主创新和国际交流合作可以相互结合,从而发挥出更大的作用。

冒险精神、市场意识、创新冲动是民营企业所具有的天然特性。民营企业注定将在自主创新领域发挥积极作用,开辟新的天地。诚然,目前民营企业自主创新的力度薄弱,也并非能一概归咎于民营企业惰于创新或盲目创新。在客观上,外在因素的制约,如融资难、税负不公、知识产权保护不力、人才缺乏等等,这些都给民营企业自主创新造成很多困难。因此,政府要进一步转变职能,为民营企业的自主创新营造一个良好的外部环境。

二、政府应为民营企业的自主创新提供支持

民营企业自主创新面临许多困难,这是一个现实问题。仅以下方面难题,就亟待政府支持。

1. 缺乏正常畅通的融资渠道,是阻碍民营企业自主创新的最大障碍

浙江银象生物工程有限公司负责人沈颜新对此感受颇深。20 世纪 90 年代中期,在将中科院研发的纯天然防腐剂"乳酸链球菌素"投入生产时,由于缺乏信贷支持,沈颜新只能通过变卖杭州加油站、上海面包房筹集资金,举步维艰。"中国第一光"的发明人林茂开发的高清晰度中天视力宝台灯,分别荣获"2003 年全国发明金奖""2003 年上海工博会观众最喜爱的消费者奖""2003 年第十七届上海发明产品推广实施金奖",产品还申请了专利并通过光源质量监督

检验中心的 3C 认证;但因民企难获得贷款,其高科技产品无法得到推广。

沈颜新和林茂的烦恼,其实很多民营企业家在自主创新过程中都遇到过。对此,笔者认为,民营企业是自主创新的主体,但不能成为创新的风险主体;政府应该为民营企业提供创新资金支持。现在,一些地方政府已开始重视这一问题。如江苏省在 2005 年度划拨专项资金 1.3 亿元扶持民营经济发展;深圳市政府规定,对科技中小企业的研发投入,企业研发经费在 100 万元以上者,将视投入情况给予研发经费总量 10%—50%不等的财政补贴及无息贷款。不过,这些补助细化到每个民营企业只是杯水车薪。因此,解决问题的关键在于改革现有的融资体制,扩大地方银行的信贷审批权限;同时,政府应允许并积极引导民间资金和海外资金设立专业化的中小商业银行,专门从事针对民营企业的融资活动和资产管理活动;加快建立和健全针对民营企业自主创新的担保机构;逐步建立我国的风险投资体系,为民营企业自主创新提供多层次的融资渠道,等等。通过多头努力,缓解民营企业自主创新的融资压力。

2. 税负不公,挫伤了民营企业自主创新的积极性

在增值税方面,民营企业若购进生产设备等固定资产,其进项税额不得予以抵扣,而外资企业和国有企业则可以抵扣。在企业所得税方面,国有企业的技术开发费及技术改造投资购买国产设备可以部分抵扣,民营企业则不能。这种在所有制上税负的不公平,无形之中增加了民营企业自主创新的成本,进而挫伤了它们的积极性。

解决税负不公问题,浙江省政府采取了一些措施。在 2006 年第一号文件《浙江省人民政府关于鼓励支持和引导个体私营等非公有制经济发展的实施意见》中规定,非公有制企业发生的技术开发费可按规定据实扣除,其中技术开发费比上年实际发生额增长 10%以上(含 10%)的盈利企业,对取得享受技术开发费加计扣除审核确认书的,还可再按实际发生额的 50%直接抵扣当年应纳税所得额。原先,技术开发费的抵扣优惠只有国有、集体及其控股企业能享受;浙江省政府的此次规定,进一步放宽限制,尝试平衡民营企业与国有企业、外资企业税负的悬殊。合理的税收能鞭策民营企业进行自主创新。温家宝同志在全国科学技术大会闭幕会议上就强调,要"通过税收政策激励企业加大研发投入"。这一点,对民营企业是同样适用的。

笔者认为,税负不公的问题,最根本原因是所有制歧视造成的。既然"非公经济 36 条"已经把非公有制经济纳入国民经济和社会发展规划,将之视为体制内经济,那么,就应该着手解决民企的税负不公问题。为促进民企的自主创新,对民企同样应实行增值税转型,变生产型增值税为消费型增值税,允许抵扣企业所购固定资产进项税额,避免重复征税。只有这样,才能鼓励民企加大研发投入,进行基础产业的投资和更新生产设备。因此,政府应加快税制改革的步

伐,切实做到公平税负。

3. 政府要加强对民企知识产权的保护力度和帮助民企引进人才

在知识产权保护方面,立法机关应完善和健全针对民营企业创新成果的法律保障制度,司法和行政机关应加大对侵犯民营企业知识产权行为的处罚力度。当然,这更需要政府起草有关方案,提交人大进行立法。通过立法和宣传教育,使全社会和广大群众普遍树立起尊重和维护他人知识产权和品牌的理念。另外,在人才引进方面,政府应出台鼓励各类人才流向民营企业的优惠政策,并构建平台促进民营企业与科研院所的合作,以灵活的方式招徕人才进行创新。

综上所述,随着我国建设创新型国家战略的实施,民营企业将通过自主创新迎来新的发展春天。面对这一发展机遇,除民营企业必须自身要大有作为外,政府更要为民营企业自主创新提供一个较好的环境,尤其应进一步取消对民营企业的种种不合理的限制。党的十六届五中全会和"十一五"规划确立的自主创新强国之策一旦落实,中国民营企业就能在自主创新方面作出新的贡献。

载《特区经济》2006年第2期头版头条

关于创新和完善民营企业法律保障体系的问题

一、引言

2005年,笔者就如何增强民营企业的创新能力等问题赴温州、舟山等地调研。在与温州日丰打火机有限公司、浙江金湖集团等浙江知名民企负责人交谈的过程中,出乎意料的是,这些民企老总并没有按笔者的预期介绍本企业创新的成果及经验;相反,他们几乎无一例外地向笔者大吐苦水,表示由于我国现行法制的不健全,知识产权的保护力度不够,致使民营企业不敢进行自主创新。这些埋怨引起了笔者的深思①。

众所周知,随着知识经济时代的来临和国际一体化进程的加速,民营企业面临着较大的产业升级和科技创新压力;并且,同一产业层次的市场竞争加剧。从美国和欧盟对中国商品的反倾销情况来看,以产品低价格占据市场份额的营销策略已行之无效且易引发国际贸易摩擦,提高产品的综合竞争力迫在眉睫。在这种背景下,创新,特别是自主知识产权的开发和品牌的打造,已成为民营企业应对市场竞争的关键性问题。基于此,十六届五中全会和"十一五"规划都把自主创新提到了战略的高度。

诚然,我国许多民营企业通过创新,取得了长足发展,如海尔、华为、万向,已成为国际市场的领军企业;但就总体而言,民营企业的创新力度不够,开发自主知识产权和打造企业知名品牌,仍是企业发展中的薄弱环节。民营企业创新能力弱有多方面原因,如开发自主知识产

---

① 2005年10月和11月,浙江省民营经济研究会、《民营经济》杂志特就"民营企业家如何落实党的十六届五中全会提出的'不断增强企业的创新能力,形成一批拥有自主知识产权和知名品牌、国际竞争力较强的优势企业'"等问题赴温州龙湾和舟山进行调研。在调研中,温州日丰打火机有限公司董事长黄发静、浙江金湖集团有限公司董事长何春雷等民营企业家纷纷向笔者反映,我国目前法律保障机制的不健全,已经严重影响到企业开发的高新科技产品和品牌的保护。为此,笔者认为,完善民企自主创新的法律保障机制已相当紧迫,特撰写此文,以期引起相关主管部门和其他社会各界的关注。

权和打造企业知名品牌的成本较高,并需面临很大的投资风险;目前我国"模仿文化"浓厚,民营企业的自主知识产权和知名品牌很容易被其他企业仿冒,伤害了企业家创新的积极性;民营企业在技术开发和品牌打造方面,很难享受政府相应的优惠政策及资金支持;另外,还有企业自身的不足,即企业缺乏技术和营销人才,等等。如前文笔者提及的浙江民营企业家的反映,我国法律保障体系的不健全,是阻碍民营企业创新的一个更为重要的因素。故本文仅就如何完善我国的法律保障体系,以增强保护民营企业的创新能力,作些探索。

二、我国现有民营企业创新法律保障体系的缺陷

我国对民营企业的创新成果,即自主知识产权和知名品牌的保护制度①,主要集中在知识产权法,并散见于刑法、民法、公司法、反不正当竞争法、劳动法等法律、法规的相关章节。知识产权法(著作权法、专利法、商标法的统称)从整体上明确了专利、商标的申请和维护程序,以及侵犯著作权、专利权、商标权的刑事、行政、民事责任。而其他部门法则各有针对性地制定了民企创新的保障规则。如刑法设专章对假冒注册商标等七类侵犯知识产权的犯罪行为的定罪和刑罚做出规定②;民法(本文主要指民法通则和合同法)对于侵犯企业的知识产权、商业秘密的民事责任的认定方法和承担方式加以原则性规范③;公司法和劳动法本着杜绝职工侵犯企业创新成果情况的发生的精神,纲要性规定了职工保密和同业禁止的义务④;而反不正当竞争法则对侵犯商业秘密、假冒注册商标等不正当竞争行为进行界定,并规定其应承担的法律责任。

由此可见,我国已经初步建立了法律保障体系,以惩治各种侵犯自主知识产权和知名品牌的行为,保障民营企业的合法权益。然而,在实际操作中,民企创新成果的保护不尽如人意,相关制度设计及司法实务中的问题不容忽视:

第一,保护力度不够。

首先,对于侵权行为的处罚,无论是刑事、行政还是民事制裁,法律规定的处罚标准都不严厉,不足以惩戒仿冒行为,以最严厉的处罚即刑罚规定标准看,最高刑仅为7年,和侵犯知识产权所获得违法收益相比,犯罪成本相对较低;其次,在处罚实践中以罚(行政罚款)代罚(刑事处罚)较普遍,侵权者只要缴纳较

---

① 品牌作为经济学上的概念,主要指商品品质及其功能的特定标识,包括商品名称、术语、标记、符号、图案等因素的组合;而按照法学理论,品牌可理解为商标,主要受商标法的调整和保护。
② 《刑法》分则第三章第七节规定了假冒注册商标罪,销售假冒注册商标的商品罪,非法制造、销售非法制造的注册商标标识罪,假冒专利罪,侵犯著作权罪,销售侵权复制品罪,侵犯商业秘密罪七类罪名。
③ 《民法通则》第118条对于侵犯知识产权、商业秘密的民事赔偿方式做出原则性规定;《合同法》分则中的技术合同章节也有类似规定。
④ 《公司法》第148、149条规定了公司董事、高级管理人员具有忠实、勤勉、保密及同业禁止义务。《劳动法》第102条规定劳动者违反劳动合同中约定的保密事项,对用人单位造成经济损失的,应承担赔偿责任。

少的罚金(和侵权所获收益相比)就可以躲过严苛的刑罚,刑法的惩戒功能不强,侵权者的犯罪气焰更为嚣张;再次,侵权的民事赔偿机制并没有实质性地建立起来,知识产权和品牌遭受侵犯的民营企业即便提起民事诉讼,也无法获得足额的资金赔偿①;最后,民营企业的知识产权如遭受侵犯,通常需要自行搜集证据应诉,成本和败诉风险都很高,且法院判决、调解的执行不力,也弱化了创新成果法律保障的效果。

第二,各法律、法规之间的配套衔接不够。

目前,虽有刑法、知识产权法、民法、反不正当竞争法分别规定了侵犯知识产权和品牌的刑事、行政、民事责任,但对于刑事制裁、行政处罚、民事赔偿的适用标准,法律并没有清晰的划分和认定依据,以致当事人对应运用哪一部法律、采用何种方式进行权利救济深感困惑;另外,各部门法分别赋予专利、商标、工商、公安等行政机关监管权,多头管理不可避免地造成了各机关相互推卸责任的情况屡有发生,该现象在民营企业作为受害方时尤其明显,以致很多民营企业怀疑运用法律、行政程序救济自身合法权益的有效性,转而倾向采取其他不正当或消极的方式解决问题。民营企业对司法保障的不信任,正是现有法制体系缺失的后果。

第三,现行法律仍存在许多约束空白。

比方说,对于民营企业的高管人员利用职务便利,经营与其任职公司同类营业而损害原企业利益的行为,刑法并不认定为犯罪,这使得民企高管人员利用原企业销售渠道、技术优势以谋求私利有恃无恐。再如,劳动法中关于职工违反同业禁止和保密协议义务的规定较模糊,缺乏强制效力,也不具备应诉指引价值,法律的预警功能形同虚设②。现在有很多民营企业负责人表示,不敢聘用和培养外来员工担任高管人员,因为一旦这些员工掌握了企业的核心技术和销售渠道时,他们就会另设炉灶。对此,笔者认为,没有健全的劳资协调约束机制,民营企业只能采用家族管理的模式,这将严重影响民营企业建立现代企业制度。

上述分析表明,我国法律保障体系的不完善,不利于民营企业的自主创新。完善民企创新的法律保障体系,已是当务之急。

三、完善我国民营企业创新法律保障体系的几点建议

笔者认为,民企创新法律保障体系

---

① 按照现行法律规定,侵犯知识产权的赔偿数额有三种计算依据:一为侵权人在侵权期间因侵权所获的利益;二为被侵权人在被侵权期间所受到的损失;三是上述两种方式难以确定的,由法院根据侵权行为的情节判决给予50万元以下的赔偿。由于在实践中,第一、二种方式的具体数额很难计算,方式三较为常用;但是,50万元的赔偿限额显然无法弥补企业实际遭受的损失。

② 《劳动法》并没有将保密和同业禁止列为职工的法定义务,而只是规定用工单位可以与劳动者在签订劳动协议中约定保密等事项;并且,职工违反该约定义务所需承担的赔偿责任也不明确。而《公司法》规定只有董事、高管人员具有保密和同业禁止义务,且同样未规定违反义务所应承担的法律责任。

的完善,应在改变立法价值取向、尝试改进立法技巧、加强司法保护等方面努力。

1. 改变立法价值取向

首先,应改变立法保护中的不同所有制区别对待的价值取向。笔者认为,民营企业所面临的创新成果得不到法律有效保障的问题,很大程度上与我国法制长期因不同所有制形态而区分保护标准有关。长期以来,在我国的法制理念中,国家公权力地位过于被强化;与之相对,私权利一直处于被漠视的状态。各部门法也通常因所有制的不同而设置有区别的标准,导致法律有失公正。如在刑法中,为亲友非法牟利,徇私舞弊造成破产、亏损,签订、履行合同失职被骗等行为,发生在国有企业均构成犯罪,而发生在民营企业则不认定为犯罪。尤值一提的是,对于国有公司,企业的董事、经理利用职务便利经营与其所任职的公司或企业同类的营业并获得数额较大的非法利益行为,刑法规定构成"非法经营同类营业罪";而民营企业的高管人员如有同样行为损害本企业利益的,刑法却不认为构成犯罪。由于民营企业高管人员经营同类营业、侵犯原企业知识产权和品牌的犯罪行为缺乏相关刑法的威慑,导致这类现象屡有发生而得不到有效遏制,民营企业的知识产权受到严重侵犯。特别在2005年《公司法》修改后,公司注册资本金的门槛降低,如有限责任公司注册资本的最低限额为3万元。仅从资金实力上看,不仅民企的高管人员,甚至是一般员工都有能力创办新公司;如果刑法再不将民企纳入"非法经营同类营业罪"的保护对象,那么,民企高管及技术营销骨干人员另行设立一个新公司就可以经营与其原所在民企经营同类业务,这种侵权仿冒的事件仍会不断发生。笔者呼吁,立法应该摈弃对非公有制经济的歧视,对各种所有制经济采取一视同仁的保护态度,对现有的法律作必要的修正和补充,使我国民企切实得到国家法律的保障。另外,在司法领域,民营企业也不同程度遭遇过不公正的待遇,在起诉受理、举证上受到刁难的例子也不胜枚举。有时法院执行不力,判决难以兑现,民营企业历经"千辛万苦"胜诉后,才发觉拿到手的只是一纸空文,其损失无法得到弥补和挽回。2005年年底,在全国法院知识产权审判工作座谈会上,最高人民法院副院长曹建明等领导重申要加强对企业特别是民营企业知识产权的保护。笔者希望地方各级法院要像最高院领导一样,加大对侵犯民营企业知识产权案件的处理力度。

其次,应改变知识产权专有权利弱化保护的价值取向。在我国,知识产权的法律保护力度较低,与弱化保护的立法价值取向有关。我国三部知识产权法即商标法、专利法、著作权法分别在1982年、1984年、1990年创设,由于当时刚值改革开放初期,我国企业的创新特别是研发能力普遍不强,其所拥有的知识产权总体数量不多,仿冒行为也不严重,采用强化保护原则似无必要;另外,当时的立法在一定程度上有默认仿冒行为存在的倾向,特别是允许仿冒国外先进技术,以加速我国国内企业的科技创新。但在知识产权法颁布后的二十余年里,我国的市场经济已经取得长足发展,国内企业特别是民营企业的自主知识产权和品牌不断涌现,而知识产权法在保护力度方面却没有随之作相应的调整。即便在2001年前后为了应对中国入世及和《世界贸易组织与贸易有关的知识产权协议》等国际条约接轨,上述法律在修改时仍然坚持最低保护原则。而纵观其他国家的知识产权立法,都随科学技术的进步而不断加强保护力度,这对维护其本国高新科技成果和知名品牌成效明显。笔者在欧洲考察时得知,在芬兰一般不会出现制假行为,因为一旦被查到,制假者将被罚到倾家荡产的地步,并且被作为信用记录,永无翻身之日。据此,笔者认为,知识产权法应该紧跟时代的进步和科技的迅速发展而及时作出调整,若能对于侵犯知识产权的行为给予严厉制裁,不仅可以保障现有创新成果的巩固,且有助于提高民企研发和品牌打造的积极性。

再次,立法应对使用、购买假冒知识产权产品的行为作出制裁。我国侵犯知识产权的情况屡禁不止,与国民知识产权保护意识薄弱、喜用仿冒产品甚有关系。如以贩卖假货为名的北京市秀水街市场、上海市襄阳路市场的兴起,即和当地消费者大肆追捧贴牌服饰有关。而我国立法沿袭自古以来的"法不责众",从未对消费者购假的行为作出处罚。而在西方国家,如意大利则不仅对制假侵犯知识产权行为者,还对购买假冒产品者施以重罚。该国法律规定,购买诸如假普达拉手袋(普达拉为意大利知名品牌)之类产品的人,将被处以高达一万欧元的罚款。西方国家的知识产权法律保护的手段值得我们立法时借鉴。

2. 改进立法技巧

笔者认为,立法价值取向的改变,是站在高度公正性上对私财产权的重新认识和调整对其保护方式、范围;而立法技巧的改进是在微观层面对法律进行补充完善,对于实践指导价值而言,后者更为重要。特别需要解决如下问题:

首先,应解决各部门法之间的衔接协调问题,以构建一个较为完整的创新成果法律保护体系。目前,各法律、法规的冲突问题主要表现在:

① 对于侵犯创新成果的行为究竟应采用何种方式制裁,各部门法之间并没有明晰的标准。如在刑法——侵犯知识产权罪中,对于假冒注册商标罪等七类犯罪的定罪界限,都只采用"情节严重"的模糊标准,以致在实践中,各经办单位对具体侵权行为是否应认定为犯罪观点不一。另外,就具体案件是否应提起公诉,或要求当事人自诉①,或只采取行政处罚,也没有操作参考标准。法律间的协调不一致的空间恰好成为司法、行政机关推托塞责的理由。以罚(行政罚款)代罚(刑事处罚)现象的存在,与部门法缺乏统一认定标准有很大关系。为此,笔者建议,应该对知识产权法、刑法、民法、反不正当竞争法进行综合梳理,明

---

① 按照《刑事诉讼法》及配套司法解释规定,侵犯知识产权案件一般为自诉案件,但案件如严重危害社会秩序和国家利益的,对之可以提起公诉。

确各部门法的分别适用情况。

②三部知识产权法对于知识产权客体的种类划分和保护手段的冲突。通常而言,知识产权客体在技术发展的不同阶段表现形式各异,一般其在选题阶段,表现为新思想、新方案,适用技术秘密法的保护;在开发试验阶段,其表现为工艺诀窍、专利或著作物,由专利和著作权法调整;在市场推广阶段,其表现为具体商品,名称受到商标法的保护。然而由于专利法、商标法、著作权法未对知识产权客体划分确立统一标准,且三法立法宗旨各有所侧重而导致个法保护手段的差异,造成同一客体受到著作权法、专利法、商标法以及反不正当竞争法之间不协调的交叉保护,这反而不利于民企创新成果的维护。兹以计算机软件保护为例,依照著作权法规定,该保护程序不需申请而自动取得;而依专利法,要获得保护则需事先进行申请报批。但如采取交叉保护,究竟是否需要申请启动程序,著作权法和专利法中并没有相应条款加以明确。这样,交叉保护不但没有起到原先期望的双重保护效果,反而影响了对高新技术成果的保护。笔者认为,随着科技的进步,知识产权客体必然会呈现复杂化、重合化的形态,运用单一法律、法规调整显然不能起到充分的保障效果,交叉保护已是必然。在此情形下,必须对三部知识产权法进行同步调整,特别在知识产权申请、维护、法律责任追究方面应建立一个统一的标准。

其次,立法应具预见性,采取开放性保护方法,以保障不断涌现的新的知识产权。随着科技日新月异的进步,新的知识产权相应陆续产生,而现有法律在认可和保护诸类权利时显得相对滞后。例如,生物技术已列入我国高新技术发展计划,但专利法并不保护动植物的新品种;此外,基因工程的保护在专利法中显得十分薄弱。民营企业如果从事上述行业的科研开发,其成果就较难享受法律保护。就此,笔者的对策是:知识产权法应采取开放性保护的方法,将以具体概括著作权、专利权、商标权客体种类的列举方式和抽象描述知识产权范畴的方式相结合,从而将更多的知识产权客体纳入法律调整及保护的范围。

3. 其他

笔者认为,除通过以改变立法价值取向和改进立法技巧为主的修改法律外,还应该结合实践需要制定新的法律。比方说,为杜绝民企内部人员侵犯企业知识产权和品牌现象,除修改公司法、劳动法相应条款外,应尽快颁布劳动合同法,责令企业和职工必须签订保密和同业禁止协议,并对保密事项、同业禁止期限等内容作出明确的阐释。再如,针对法院判决、调解执行不力,以及工商、专利、商标等各监管机关推诿职责的情况,有必要完善监督机制,制定相关奖惩规则以敦促司法、行政机关工作人员切实为民企维权服务。现在我国有99%的企业未申请专利,有60%的企业没有商标,民营企业的专利申请和商标注册更不如人意。这种情况的出现,除了民营企业创新意识薄弱外,专利和商标申请程序烦琐、费用过高也是重要原因。因此,立法也应简化专利权、商标权申报程序,缩短审批时间,降低申报费用,以促进民企技术产业化,缩短知名品牌打造进程。同时,若要民营企业独立承担自主创新费用和项目风险也不切实际。立法还应完善民企融资体系,为民企自主知识产权开发、品牌打造提供筹集资金的渠道。

四、展望

民营企业的自主知识产权开发和品牌打造是个长期的系统性工程。它牵涉到民营企业对经济时局变革趋势的把握;牵涉到民营企业对自主创新紧迫感的认识和对开发知识产权以及打造品牌项目的认同;还牵涉到民营企业对资金和人才投入的力度,等等。而这些都关系到政府职能的转变和对民企扶持力度的加大;关系到社会普遍树立起尊重和维护他人知识产权和品牌的理念;凡此种种,都必须由法律提供一个健全的保障体系。党的十六届五中全会和国务院"十一五"规划已把自主创新作为一个十分重要的战略问题提出,笔者期待相关的法律制度能够早日完善,并以此来构建一个企业主导、政府扶持、社会参与的民营企业创新格局。

载《特区经济》2006年第8期

借鉴美国民营企业科技创新经验　提高我国民营企业科技创新能力

美国是一个以私有制为基础的资本主义国家，具有高度发达的自由市场经济体制。美国的国有企业在美国经济中微不足道，国有企业资产占全国总资产和就业人数占全国总人数都仅为1%左右。一些高新技术领域的新兴部门，在私人资本不足或私人资本不愿投资的情况下，才由政府兴办。但即使由政府兴办的这些仅有的国有企业，政府也不愿意承担全部风险，于是政府把这部分中的多数国有企业又"出租"给个人经营和管理，只留下极少数基础设施和基础产业由国家直接经营和管理。从2000年至今，被美国政府各机构"外包"给私营公司承担的工作合同额近4 120亿美元。而且不论像苹果、微软、福特等这样的大企业，还是占企业总数98%以上的中小企业，基本上都是私人控股。因此，本文中所提到的美国企业，就是泛指"民营企业"。

一、美国民营企业科技创新的现状

美国的国有企业或称联邦公司，数量不多，经营范围仅限于少数行业。联邦公司的业务活动主要分布在信用、证券、金融、保险、公用服务、通信卫星、交通运输和传播媒介等领域。美国政府将这些领域的大部分国有企业出租或委托给私人资本经营，政府只进行间接管理，这被称作美国式的出租或租赁方式，即国有企业民营化。

20世纪80年代以来，面对世界经济竞争日趋激烈的新形势，美国政府把确保美国科学技术的全面领先地位和经济竞争力作为一个基本战略，进一步加大了全国科技的投入力度，鼓励产业界、政府、学术界和各种社会力量相互合作，共同推动科技发展，创造了"新经济神话"：不但科技投入的总量和规模稳居世界第一，而且拥有世界上一流的最庞大的科学家、工程师队伍;在基础研究的众多领域处于世界领先地位,成为世界上拥有发明专利最多的国家。2006 年,美国专利商标局授权发明专利 173 771 件,其中企业专利达 173 222 项,比 2005 年增长 25%,占发明专利的 99.68%。其中,美国民营企业 IBM 就获得 3 651 项专利,数量连续 14 年位居榜首①。从上述数据看出,美国的民营企业在技术创新方面实力非常强大。美国民营企业大量的科技创新来源于大量的科学研究和科研投入。其科学研究和开发投入是世界上最多的。2000 年美国用于研究与开发的经费近 3 000 亿美元,占美国 GDP 的 2.5%,总量比日本、德国、英国、法国、意大利和加拿大 6 个国家的总和还多②。2006 财年,美国政府的研发预算达到了 1 320 亿美元。

80 年代后,美国民营企业对研发的投入开始超过联邦政府而成为技术创新的主力,民营企业占有了最大量的科研人员和经费。2006 年美国民营企业的研发预算达 2 000 亿美元,超过政府的研发预算 680 亿美元。全美上万家民营企业都有研发实验室,有 300 万工程师和科学家在民营企业工作。如:福特汽车设有 50 个实验室;IBM 公司在纽约的中央实验室拥有科研开发人员 3 000 多人,其中诺贝尔奖获得者就有 4 位,自 1992 年以来,该公司年均研发投入高达 50 多亿美元,年均获得美国专利 2 300 多项。③

研究与开发资金的大量投入,推动了美国民营科技发明的迅速增加和成果商业化应用的加快。目前美国拥有一大批明星民营企业,其成功的关键就在于科技创新。科技创新之所以会在美国高技术工业发展中取得领先地位,全归功于美国在培训科学家和工程师方面较其他任何国家进行了更多的投入。

二、美国民营企业科技创新卓有成效之原因

1. 企业内部因素

① 危机意识。美国作为一个私有制国家,政府和企业的利益界限明晰,政府无权干预企业,对企业的成败也不承担任何责任,企业面临很大的竞争压力,因此,美国企业普遍有一种强烈的忧患意识和时不我待的危机感,美国企业家普遍认为,"要么创新,要么灭亡"。因此,美国的企业普遍把创新与变革作为基本的经营理念,在创新和变革中寻求和把握机遇。危机意识迫使产业界成为技术创新的主体,很多大公司为此设立了专门的研发机构。

② 创新精神。美国人民推崇的传统英雄主义让美国的民营企业具有浓厚的创新文化氛围,这是美国有利于科技创新的文化背景。

美国全球创业观察(GEM)在其第 7 个年度报告中指出,美国企业家在建立使经济保持活力和繁荣的创新型企业

---

① 赵旭东,李新,蒲静兰,杜英.略论美国的科技创新管理体系与环境[J].甘肃科技,2007(1).
② 徐志宏.美国科技创新体系的考察[J].浙江经济,2005(5).
③ 任德.美国科技创新体系的特征[J].全球科技瞭望,2006(11).

方面独树一帜①。美国马萨诸塞大学经济学教授塞利格曼在其《英国经济史》一书中提出,美国企业家的发明创造精神"使英国来了个翻天覆地的变化",开创了向美国公众分配货物的各种渠道。

美国许多企业家们具有通过创建企业向全世界推广新技术的强烈愿望,具有在第一时间将新产品、新工艺、新方法引入产业化生产、引入市场的勇气,如著名的民营企业惠普、苹果、雅虎等公司。美国企业家总是在不断寻找创新机会,不断创造新的管理方法。如通用汽车公司、3M 公司(明尼苏达矿业和机械制造公司)等成功的民营企业都有意在企业内部创造竞争的环境和机会,让各车间、各小组或各部门之间进行竞争。美国微软、英特尔、百通等民企的一个共同特点就是注重主导技术创新,聚合更多的科技强者,携手共进,站到未来科技创新的战略高地。微软公司还把科技与经营创新作为企业的战略重点来抓。

③ 人才意识。人才是决定美国科技创新的关键。美国所有的企业都极重视个人价值,鼓励个性张扬,充分发挥个人的想象力和创造力,鼓励标新立异和冒险,鼓励尝试一切新事物,包容不同的理念、意见,为科技创新提供了良好的人际环境。美国的企业尤其重视对人力资源资料的收集和管理,各企业普遍设立了专门的职能部门以收集、处理和保存大量的科技人才信息,加强人才管理和使用。美国民营企业对人才的重视充分体现在对员工的待遇上:技术人员可以以技术入股,把技术人员的利益与企业的绩效捆绑在一起,形成利益共同体,从而有力地激励了科技人员的创新激情。

2. 企业外部因素

① 丰富的科技创新资源。美国具有完善的金融市场,为企业提供了非常宽松的创新资金融通渠道,如贷款、风险投资、上市募集资金等。斯科公司、基因技术公司、英特尔公司、雅虎公司等成功的民营企业都是在风险资本的支持下成长起来的。

美国拥有世界一流的高等教育体系,拥有多所世界著名的大学,其硕士和博士研究生教育水平亦是全球第一,为美国培养了一批又一批的世界级科学技术精英。人们把美国的研究型大学比喻为美国知识创新的"火车头"。美国的研究型大学分为广博型(extensive)和集中型(intensive)两类,分别占美国高等学校总数的 3.8% 和 2.8%。在这些大学里,拥有众多的世界级一流学术大师和国际著名的实验室以及国际领先的原创性科研成果,代表了国际前沿的科学研究。全世界获得诺贝尔奖的 400 多名大学教授多数出自美国著名研究型大学②。美国良好的人才制度吸引了来自世界各国的顶尖级人才、杰出人才的加入,使美国成为世界上最具科技创新能力的国家。

美国拥有现代化的创新基础设施,

---

① 美国企业家精神全球领先[N].香港商报,2006 - 08 - 14. http://www.cnwnc.com/20060814/ca2412813.htm.
② 美国企业家精神全球领先[N].香港商报,2006 - 08 - 14. http://www.cnwnc.com/20060814/ca2412813.htm.

如大型科研基础设施、重点实验室、综合科技图书中心、文献情报中心、科技出版、科技普及组织等，为企业科技创新提供了帮助。如美国能源部于20世纪80年代开始建设了一系列大型科学设施，每年有多达1.8万名来自大学、企业、国家实验室的研究人员使用这些先进的设施进行科学研究。

②硅谷科技创新的示范效用。人们习惯把美国斯坦福科技园区称为"硅谷"，它位于美国西海岸旧金山以南的半岛上，是一块长70千米、宽15千米的狭长地带。其每年创造的国民经济总产值与韩国几乎相等。硅谷的科技产业以附近一些具有雄厚科研实力的美国一流的如斯坦福、伯克利和加州理工等世界著名大学为依托，以拥有最新高科技的中小民营经济实体为基础，培育出了一大批全球知名的大型民营企业如惠普、IBM、英特尔、苹果、雅虎等。硅谷的400多家风险投资公司，引进了全美1/3的风险投资。硅谷的信息技术产业特别发达，其高精尖发明创造和获得批准的专利，每年都在6 000件以上，约占全美总数的9%。硅谷在全世界起到了科技创新的示范作用，它吸引了众多来自世界各国和各地区的高科技拔尖人才，构成了一个高度发达的技术社会，形成了多民族、多种族、多元文化的群体。

③国家支持创新的政策和鼓励创新的制度环境。具体如下：

第一，经费支持制度。a.迄今为止，美国的科学研究与开发投入仍然是世界上最多的。2000年美国用于研究与开发的经费接近3 000亿美元，占美国GDP的2.5%，如前所述，总量比日本、德国、英国、法国、意大利和加拿大6个国家的总和还多。目前美国的新产品率已达40%左右，比70年代的20%提高了20个百分点。美国的高技术部门对经济增长的贡献率为35%，比80年代的14%提高了21个百分点。对科研经费实行科研合同制，目前联邦政府2/3的科研经费是通过合同分配给企业和大学所属科研单位的，科研经费的这一分配制度有力地促进了科学发展和技术创新。美国政府还设立了专项财政资金以支持中小民营企业的科技创新，如建立小企业创新研究项目（SBIR）；允许"政府拥有政府经营"的实验室向中小企业提供排他性使用许可。b.美国政府鼓励发展风险投资。对某些企业提供政策性补助，发放政策性贷款。c.政府采购高新技术产品。政府采购的目的就是支持企业研究、开发和应用高新技术生产的产品。d.政府提供设施。由于科技研发所需要的一些设备投入太高，某些企业无法支撑，为此，美国政府还向来自大学、企业、国家实验室、政府部门以及外国研究机构的研究人员提供本国的大型科研基础设施、重点实验室、综合科技图书中心、文献情报中心等设施，让他们开展科学研究。

第二，技术支持制度。a.提供技术支持和营造有利于民营企业科技创新的服务机构。政府不断实施一系列科技计划，推动科研技术向民营企业转移。如根据《美国联邦技术创新法》，在商务部设置"联邦技术利用中心",在国家各个实验室设立了"研究与技术应用办公室",建立产业技术中心,向产业界尤其是民营小企业提供技术援助和支持服务。b.设立民营中小企业技术创新奖励计划,推动非营利性科研机构向科技型民营小企业转让科技成果。

第三,人才支持制度。美国政府很重视人才培养。教育是科技兴国的基础。在美国联邦预算诸项开支中,增长最快的是教育。美国高中以下教育学费全部由国家承担,公立大学经费主要由政府拨款,对私立重点大学资助大量科研经费。美国政府努力加强对人才的继续教育,高度重视人才的知识更新,并为此建立了国家技术大学,让科技人员轮流接受继续教育。鼓励人才在高校、产业界和联邦实验室之间流动。《技术创新法》还明确规定了技术创新中各级科技工作人员领取薪金的标准和依据。

此外,美国政府还制定了一系列吸引全世界优秀人才的政策:首先,长期执行有效的移民政策。美国接收移民有严格的选择,但对高科技人员政策较宽。《移民法》规定,国家每年留出29万个移民名额专门用于从国外引进高科技人才,凡是著名学者、高级人才和具有某种专业技术的人才,不考虑其国籍、资历和年龄,一律优先允许入境。其次,灵活的H-1B签证计划。H-1B签证是美国给具有特殊专长的外国人签发的入境证件。在这种签证方式下,只要过了"市场淘汰关",就足以让这些外国人拿到绿卡。也就是说,美国巧妙地利用签证,将真正的优秀人才引进了美国。再次,创造了一个能体现个人价值和个性的人文环境,让大批外国人才深切感到,他们来美国不仅仅是为追求丰富的物质生活,而是为更充分地发挥自己的才干。为此,美国尽量创造出较之其他国家更加自由宽松的科研环境,鼓励冒险、包容失败,提供丰富的信息资源。经美国政府一番努力后,对于美国企业来说,它们要做的就只是如何将优秀技术人才留住而已。

第四,税收减免制度。美国1984年制定的《公平简化与经济增长税收改革方案》规定,凡用于科学研究和试验设计的费用,企业可以作为日常生产费用,或者从应税所得中一次性彻底扣除,或者在若干年内从全部所得逐次扣除。税收减免制度有效地激励了企业积极投入科研。

1986年美国制定的《国内税收法》更进一步激励企业开展科技创新。该法规定:一切商业性公司和机构,如果其从事的研发活动的经费同以前相比有所增加的话,则该公司或机构即可获得相当于新增值20%的退税。美国税法把各类科研机构(包括政府的和私营的)都定为"非营利机构",免除其纳税义务。这一政策使许多科技开发投资从税金中得到了补偿,大大刺激了企业增加科技投入的积极性。为支持企业与高等院校共同开发研究,1986年的税制改革方案规定,凡资助大学开展基础研究和向大学转让科研设备的工业企业,享受较高比率的科研费用税收冲抵优惠;对通过合同委托大学帮助完成基础研究课题的企业,允许它们将其科研经费的20%抵减应纳税额。

降低风险投资税率是美国政府支持民营企业发展高科技的一项战略决策。风险投资总额的60%可免交所得税;并且,政府还将风险投资的税率从1970年的49%下降到目前的20%。《国内税收法》使高新技术的投资风险由国家和企业共同承担,这在很大程度上减轻了企业的负担,促进了风险投资的大幅度增长。这充分显示出美国政府在科技创新上的高瞻远瞩。

④ 鼓励创新的法律保障体系。美国还建立了一套完整的鼓励技术发明和创新以及促进技术转移的法律体系,具体法律有诸如《拜耶-杜尔大学与小企业专利程序法》《技术创新法》《联邦技术转移法》《专利法》《知识产权法》《反垄断法》《商标法》等。

《技术创新法》旨在促进美国的技术创新,支持国内技术转移,加强和扩大各科研机构与产业界之间在技术转让、人员交流等方面的合作。《拜耶-杜尔大学与小企业专利程序法》允许"政府拥有政府经营"的实验室向大学和中小企业提供排它性使用许可。

专利制度是美国政府促进技术创新的有效措施,被美国学者称之为"保证你能够保持与获得竞争优势的工具"。美国是世界上建立专利制度较早的国家之一。美国专利制度强调把专利颁给第一个专利发明人,而非第一个申请人;保护的范围较宽,如允许遗传信息和企业软件申请专利。但专利保护过渡就会产生垄断,所以美国在设立保护制度的同时出台《反垄断法》,在立法上给予限制,在强调保护知识产权的同时也强调对滥用专利战略的防范。《反垄断法》一直约束着市场上的大公司,如对IBM和微软的约束,以保护公平竞争。

美国的法律体现出以市场为导向,鼓励竞争、激励创新的特点,刺激了知识产权数量的增长,加速了科技成果的转化。

三、中、美科技创新环境比较

鼓励创新、发展高科技,中美两国都在积极探索和实践。但由于经济基础、教育水平、社会制度和文化背景等因素的不同,因而存在着两国科技创新环境的较大差异。

1. 社会制度和经济实力的差异

美国的市场经济是建立在私有制基础上的。美国宪法规定:"私有财产是神圣不可侵犯的"。美国实行的是"自由企业制度",私人企业是主体,有充分的经营自主权,并承担经营的风险和盈亏,而政府的职能主要是服务。企业要在激烈的市场竞争环境中生存下去,就必须不断进行技术创新、开发新产品,这就迫使产业界成为技术创新的主体。近20年来,美国企业在R&D的投入占全社会R&D投入的2/3。大企业如:GE、IBM、波音、辉瑞制药等在R&D的投入在同行业中更是遥遥领先。我国企业虽然对科技的投入也在大幅上升,但实际投入量及比例与美国相比差距相当悬殊。

2. 支持科技创新系统的软环境差异

在科技力上,中国在科技投入、科技产出和科技对经济的贡献率上都明显低于美国,形成这种局面的根源在于中美两国在支持科技创新系统的软环境上的差异,在于中国发展科技制度、支持技术创新的风险投资环境、保护知识产权的法律、技术管理水平和国内技术发展的氛围等等方面滞后于美国。美国宪法规定,国会与政府要支持科学,促进科技进步,奖励科学发明。美国90年代建立了国家创新体系,把科技发展放在国家发展的战略高度上来考虑,目前信息产业的领先占有已成为其作为超级大国的重要条件。虽然中国也把科教兴国当作我国的发展战略,建立了国家科技创新体系,但在许多方面缺乏力度,导致技术投入少,科技人才缺乏,科技管理落后,科技成果转化率低,科技对经济的贡献率低。在IMD(瑞士洛桑国际管理学院)"知识产权保护是否充分"的专家调查中,中国得分仅为4.23,美国得了8分,这反映了在知识产权保护上中国的措施乏力。在IMD对"公司间技术合作程度"的调查中,中国得分为4.71,美国得了7.5分①。

3. 人力资本的巨大差异

美国高等教育规模大、质量高。总人口2.17亿的美国有各类高校约4 000所,2 300万在校生,每年培养4万名博士、30万硕士、120万学士、50万准学士。而我国13亿人口,仅有高校约2 300所,在校生2 000多万人,培养的博士、硕士数量和质量远低于美国。科技靠人,人靠教育。中美两国高等教育的差异决定了两国创新能力的巨大悬殊。

中国与美国的人力资本差距不仅仅表现在劳动力的受教育程度上,在其他方面差距也很大。有人说美国的发达在于有一批视组合各类资源创造社会财富为天职的企业家,我国的劳动力质量相对落后,其根本原因在于公共教育投资不足。此外,中国的人才流失比较严重,而美国则凭借其良好的人才制度吸纳了来自世界各国的社会精英。《纽约时报》专栏作家托马斯·弗里德曼曾统计,美国建国200年来,大约有40万欧洲的科学工作者移居美国或到美国做学术研究,过去几十年,自然科学、经济学和医学领域的诺贝尔奖得主中大约有75%在美国从事研究或居住在美国。良好的人力资本环境给美国的科技创新和经济持续增长输入了最强大的原动力。

4. 有利于科技创新的移民文化

美国是个移民国家,美国人口99%以上是外来移民及其后裔,印第安人不到1%。开放性的移民文化为各种文化观念的撞击、融合创造了条件;人们在迁徙中重视的是策略和效果的行为模式;鼓励的是科技成果的产业化和管理机制的创新。外来移民为美国工农业提供了大量劳动力、雄厚的资金和先进的科学技术。据有关资料显示,在美国的高校中,约有45万学生来自于世界其他国家。全世界科技移民的40%被吸引到

---

① 论中国目前的综合国力及在世界上地位[EB/OL].中国国际关系战略研究网,http://www.chinaiiss.org.

了美国,在全美从事科学和工程项目工作的人员中有72%出生在发展中国家,目前仅在硅谷地区供职的中国科技人才也已超过10万人①。

由此可见,中美综合国力最主要的差异体现在支撑综合国力的国力资源上,根本在于支持国力资源的软环境上的差异。美国有一个良好的支持科技、教育等各类国力资源成长和创新的环境,包括良好的法律环境、制度环境、市场环境和激励机制等等,并且他们能够根据市场的需要不断进行创新。正是由于充满活力的软环境和不断创新的文化,美国能够不断引进各国的新思想并迅速把新思想和新的创造转化为生产力,这是支撑美国综合国力强大的取之不尽,用之不竭的源泉。

四、对美国民营企业科技创新成功经验的借鉴

创新是推动经济增长的发动机。国家创新能力是国家面临的所有挑战中的核心问题,建立"创新型国家"是我国中长期发展规划战略中的重要课题。要使我国科技加速推动经济发展,一个重要的措施是借鉴美国的经验,创造一个有利于知识生产和传播的途径,加强营造适合原始创新的环境和机制,促进我国原始创新重大成果的产生和转化。为此,我们应该采取以下重要措施:

1. 政策支持

建设一个健全的、有效运行的国家创新体系。为了便于把问题阐述清楚,我们须先弄清楚以下一些概念:a.创新体系——创新体系从功能上分为知识创新和技术创新两个体系。知识创新体系是指创造知识(包括科学知识和管理知识)以及掌握和使用知识的人才;技术创新体系是指创造产品和服务。b.创新执行机构——指企业、大学、科研机构、咨询和中介机构。c.创新基础设施——指国家技术标准、数据库、信息网络、大型科研设施、图书馆等。d.创新资源——指人才、知识、专利、信息、自然资源和资金等。e.创新环境——指政策、法律、管理体制、市场和服务等。f.国际互动——指参与国际合作和竞争。为了能使创新体系卓有成效地运行,必须对创新体系中的上述所有组成部分进行一揽子建设。国家创新体系作为经济增长源泉的重要性,丝毫不亚于自然资源、劳动者的聪明才智和奉献精神以及资本积累在历史上所发挥的作用。国家创新体系是由相互联系的许多构件组成的复杂网络。这一网络的主要角色是私有部门、政府机构和实验室、大学和非盈利研究机构等。私有部门是指美国的工商界,公有部门主要是指依靠政府经费支持的机构。建设创新体系就是要把这些众多的部门或机构组织起来,相互协调配合,以促进广大民营企业的科技创新。具体说来,主要有以下几个方面:

第一,建立民营中小企业技术创新

---

① 徐冠华.科技创新与创新文化——在"中国科学家人文论坛"上的报告[R].2003-04-17.

服务体系,促进中小企业创新。我国民营企业绝大部分是中小企业。因此,政府可以不断设立和实施一系列科技计划,并以此为载体推动技术向中小企业转移,如实施"小企业技术转移计划"、"制造技术推广伙伴计划"等;同时要营造有利于中小企业技术创新服务机构建设的环境,如建立咨询服务公司和民营企业发展中心,为民营企业的技术创新活动提供指导、咨询和帮助。

第二,出台技术创新法,加强知识产权保护。技术创新法旨在推动国内企业的科技创新,促进新技术推广、应用和有效地利用国家科技资源,针对技术创新的各个环节做出全面规划,将科技政策与产业政策结合成一个有机的整体。

第三,加大科技研究和开发投入,增加政府采购。我国应强调基础研究与应用研究并重,加强跨学科的交流合作。在应用研究方面,优先项目的安排应体现国家利益需要与产业驱动特点;利用国家实验室、大学和工业界等科研优势进行联合攻关,政府侧重于引导和组织协调;重视基础设施与高素质人才的建设;注重促进研究成果向高技术转化。

政府对高技术产品的采购有重要的意义,它对民营企业开发应用高新技术的积极性有很强的激励、引导作用。美国航空工业、计算机、半导体工业的建立发展在很大程度上是靠政府采购给予第一推动力的,政府采购还能减少企业技术创新所面临的市场风险。

第四,鼓励风险投资。在美国,风险投资对快速发展的高技术企业起到了关键作用。我国政府可以仿效美国的战略性措施:制定高技术产业发展计划以吸引风险投资;设立科技咨询及服务机构,为投资者提供咨询及所需服务;制定吸引投资者的优惠条件和基础设施条件,改革税制制定优惠税法,对风险投资免征或减征税,建立金融机构网,专门为技术风险大的高技术民营公司提供风险创业投资。

2. 加强科技人才的培养和引进

美国高科技发展之所以如此迅猛,从根本上说是美国对高科技人才培养教育的重视,是美国吸引集聚世界优秀科技人才为之服务的结果。如前所述,美国高中以下教育费用全部由国家承担,学费全免。公立大学经费也主要由政府拨款,一般学费较低,而对本州的居民不收学费。私立大学办学经费主要来自学费和私人捐助,但政府给重点私立大学亦资助大量科研经费。目前,我国的研究型大学与美国研究型大学相比,能为优秀人才提供学习、生活和工作的环境并不理想。因此,必须集中力量重点投资与建设一批研究型大学,动用财政,加大教育投入,减轻大学学费负担,通过高等教育培养大量的优秀科技创新人才,为科技创新提供充分的人力资本。

3. 企业为本,大学主导

企业是技术创新的主体。在美国,企业既是研发活动的最大投入者,也是创新活动的主要承担者和成果的占有者。全美大约70%的创新发展是由民营小企业实现的。中小民营企业人均承担的重大技术创新项目是大企业的2

倍,人均完成的技术成果也是大企业的2倍。其中,所完成的一流创新成果是大企业的1.9倍,重大改进1.92倍,一般改进2.46倍。民营小企业每年创造的就业机会占美国全社会新增就业机会的60%—80%,其所雇用的高技术人员,包括科学家、工程师、电脑工作人员等,占总量的39%,平均每个雇员所创造的专利要比大企业高出10余倍。民营小企业每年在产品创新、服务创新、工艺创新和管理创新、技术创新四个方面均起着举足轻重的作用。

发挥大学在科技创新中的重要作用。美国大学科技成果产业化并不是大学自己办企业,而是将技术发明转移给企业去实施商业化。斯坦福大学创造的"技术和商标许可办公室"(OTL)模式,目前在全美普遍推行。这一模式的要点就是大学通过专利保护和许可方式,把科研成果转移给企业,科研成果商业化推广由企业来完成。我国应积极仿效这一模式,使学校、发明者、创业企业、国家各方面都能从科技创新中得到益处,达到"多赢"的收获。

4. 参与国际化的创新,进行全球范围的检索与合作

鼓励中国国内研发实体充分利用国际基础设施开展国际合作研究,特别是利用各个国际研发组织的基础设施来为我国的创新活动服务,提高创新效率。为此,应鼓励外国尤其是美国等发达国家的跨国公司将研发活动扩展到中国来,以便我国能够利用他们的科技创新资源,如现有的资金、成果、人才与智力等要素从事科研开发活动,达到优化整合、高效利用科技资源的目的。大力推进我国民营企业信息化和网络化服务,创建一批高水平、开放式、国际化的科技创新平台和科学研究基地,改进国际合作环境。

五、结语

美国民营企业的科技创新成果十分凸现,这是企业自身、政府和社会共同努力的结果。我国民营企业普遍规模小,缺乏核心竞争力,关键是科技创新能力弱。因此,借鉴美国民营企业科技创新的成功经验,对提高我国民营企业的科技创新能力有着十分重要的意义。我国政府作为民营企业经营环境的营造者,必须在基础设施、立法、税制、资本、服务、法律等层面上对民营企业的发展给予强有力的支持。只有通过民营企业和政府的共同努力,加速科技创新的步伐,才能夺取全面建设小康社会的胜利。

注:笔者于2006年11月上旬率浙江省部分民营企业家去美国考察。在美国,无论是海关、机场、宾馆、饭店、娱乐场所还是企业,高科技产品几乎渗透到了生产生活的每个角落,可以说是无处不在。高科技在给美国人民生活、学习带来享受和便利的同时,也在影响和改变着整个世界,科技缔造的威力震撼人心。笔者感叹不已,特撰此文。

参考文献:

[1] 封超年.以科技创新为灵魂,不断增强经济发展的动力源[J].扬州大学学报,2003(7).

[2] 张孟军.必须让企业成为技术创新主体——讲实效、重人才的美国科技创新政策[J].浙江经济 2006(1).

[3] 毛兵.美国企业在国家科技创新体系中的地位分析[J].企业活力——技术创新,2005(10).

[4] 王虹,王红梅,丁荣娥.从美国的科研创新环境看营造创新环境的重要性[J].农业科技管理,2004(3).

[5] 张云.美国的科技税法及其税收政策[EB/OL]. http://panbing75.bokee.com/viewdiary.12445106.html.

[6] 徐志宏.美国科技创新体系的考察及启示[EB/OL]. http://www.zei.gov.cn:8080/zjeco/0207/23.htm.

[7] 美国财政考察[EB/OL].http://www.1w90.com/paper/jingjilunwen/caizhengshuishou/20060612/50601.

载《特区经济》2008 年第 2 期专稿
本文作于笔者率领部分民营企业家
赴美国考察之后

推进民营企业创新 大力发展实体经济

贯彻落实党的十八大精神,浙江要积极完善社会主义基本经济制度,坚持两个"毫不动摇",积极推进国有经济改革发展、整合提升,推进民营经济创新发展、转型升级,健全现代市场体系,建立现代金融机制,推进资源要素配置市场化改革。

一、要大力发展实体经济

国际金融危机以来,浙江许多民营企业在发展实体经济受阻后,从事虚拟经济投资,炒房、炒资源,导致实体经济空心化,资产价格泡沫化,这对浙江经济的长期健康发展十分不利。小微企业融资难的根源是银行业的垄断。银行作为企业,只追求自己的利润最大化,因此偏向于大企业,不愿意贷款给小微企业。银行依靠垄断权力,自己决定高利率,增加了小微企业的融资成本。金融体系的问题不解决,实体经济就得不到长足的发展。我在调研中了解到,小额贷款公司和村镇银行利率很高,远高于制造业的利润,使企业无法承担,而担保公司保费高,且需要抵押品,很多小微企业被拒之门外,融资难融资贵的问题没有得到根本解决。我认为,解决小微企业融资难的问题,最根本的就是打破银行垄断,允许民间资本办小银行,把小银行也纳入监管体系,使其依法经营。小银行服务于小企业,利率实行市场化,银行多了,市场资金充裕了,贷款难的问题解决了,利率自然就下来了。所以,浙江必须放开步子,争取在金融改革上有大的突破,大力发展实体经济、抑制资本投机,通过金融体制改革,允许民间资本进入金融领域,让民间多办一些如台州银行之类的民营银行,给民间资本进入实体经济搭建渠道。同时,要鼓励中小微民营企业通过技术创新和管理改进实现转型升级。

二、要打破行政垄断

当前,我国经济上的垄断都是行政

性的垄断。央企依靠行政权力垄断了石油、电力、矿产等重要资源，获取超额的垄断利润，导致我国整体市场价格扭曲。行政垄断对我国市场经济的发展造成极大的危害，许多重要资源无法进行市场化配置。行政垄断严重妨碍市场竞争，挤压了民营企业的生存空间，全体国民的福利受到侵害。在我看来，除了军工产业以外，石油、电信、电力、煤气等行业都可以民营化，并通过市场竞争来降低价格，只有这样，才能真正地保障国计民生。当前，打破行业垄断已经是摆在我们面前最紧要的经济体制改革。建立健全的市场经济体制，就必须从打破行政垄断入手，消除各个领域中对民营资本准入的限制，给予民间资本与国有资本同等的市场权利，高度重视浙江本地中小微民营企业的重要性，以大胆改革的决心，为民营企业创造公平公正的发展环境。

三、为民营企业提供宽松的政策环境

当前浙江应加紧出台政策、提高政府服务水平，为民营企业提供宽松的制度环境，尤其是从税费负担方面减轻中小微民营企业的负担。在营业税改增值税的过程中，很多小微企业反映它们因缺少增值税抵扣发票，"营改增"反而加重了企业的负担，甚至使企业无法维持生存。"营改增"不能像搞运动那样一刀切，应该在条件成熟的行业中先试行，然后再逐步推进。在减轻民营企业负担方面，桐庐的经验值得推广。桐庐从地方财政中划出资金，对在营改增过程中负担加重的企业实行返税。我认为，只有对当前阻碍经济发展的经济体制进行大胆的创新改革，浙江才能真正早日实现物质富裕、精神富有的奋斗目标。

载《杭州日报》2013年1月21日

六、民营经济与国企改革

1. 90年代深化所有制结构改革的取向
2. 企业产权改革的内容与目标、步骤与形式
3. 国有产权制度改革的方向及其迫切性
4. 非国有化和国企民营化
5. 国有不等于国营　民营不等于私有
6. 《物权法》使有恒产者有恒心
7. 民营化：国企改革的必由之路

90年代深化所有制结构改革的取向

党的十四大报告把建立社会主义市场经济确定为我国经济体制改革的目标,而所有制结构改革是建设社会主义市场经济的一项重大的基础工程。由于实践经验的缺乏和理论的"供给不足",我国所有制结构改革尚未取得实质性进展,本文拟对我国所有制结构改革作一简要评价,并在此基础上提出20世纪90年代深化我国所有制结构改革的取向。

一

党的十一届三中全会以来,通过恢复和发展多种经济成分和多种经营方式,过去那种国有经济一统天下的所有制结构已不存在,一个以公有制为主体、多种经济成分并存的格局已形成。据国家工商管理局提供的资料,到1990年底,全国在工商管理机关登记注册的企业共460多万户,从业人员1.7亿多人,注册资金1.8万亿元。其中全民所有制企业115万户,从业人员7 700多万人,注册资金1.19万亿元;集体所有制(包括乡镇企业)共338万户,从业人员9 000多万人,注册资金5 444亿元;其他经济类型企业6.8万户,从业人员500多万人,注册资金629亿元。但是我国所有制结构改革远远没有完成。为了实现社会主义市场经济体制的改革目标,客观上要求进一步推进我国所有制结构改革。

我国所有制改革是从改革单一的公有制格局、调整所有制结构着手的。从当时的情况看,有这样三个目的:一是解决就业。20世纪70年代末,国民经济尚处于恢复时期,发展仍很缓慢,无法吸纳长期无计划生育生产的就业人口,尤其是无助于解决"文化大革命"结束后大量回城知青造成的就业问题。同时,20世纪80年代初农村普遍实行家庭联产承包制后,在人口密集的沿海地区,人多地少的矛盾很突出,特别是在农业劳动生产率获得较大提高以后,富余农业人口的就业压力也很大。政府提出鼓励发展多种经济成分和多种经营方式,一个很重要的目的就是缓解这些就业压力。二是解决温饱问题。20世纪70年代末我国人均国民收入排名世界100位之后,人民的温饱问题尚没得到解决,建设和吃饭的矛盾很突出。政府不得不通过发展多种经济成分和经营方式,让一部分人通过勤奋劳动先富裕起来,以提高整个国家总体收入水平。三是营造市场运行的氛围。这一目标在开始时并不十分明晰,当时只是提出非公有制经济对国民经济起到拾遗补缺、填补市场缺口的作用。大约到了20世纪80年代中期,人们才提出发展非公有制经济以引入竞争机制,目的是在国有经济的外围营造一个市场,通过这个市场把生产和消费衔接起来。

经过十年多的改革与发展,我国所有制结构变化巨大。据国家统计局的资料,1978—1991年,在工业总产值中,全民所有制的比重由77.6%下降为52.9%,集体所有制的比重由22.4%上升到35.7%,城乡个体经济比重由1980年的0.2%上升到5.7%,其他经济类型由1980年的0.48%上升到5.7%。总起来说,在这十多年中,我国所有制结构的变化具有以下三个显著特征:

首先,集体经济尤其是乡镇企业和街道所办企业有了巨大发展。与1980年相比,1990年集体经济工业总产值增加到8 522.7亿元,增长453.97%,占全部工业总产值的35.6%,上升12.1个百分点。城镇集体企业吸纳就业3 549万人,增长46.4%。江苏、浙江、山东、广东、河北等省集体经济的工业总产值所占比重已接近或超过了国有经济,在区域经济发展中起着举足轻重的作用。

其次,非公有制经济,主要是私营、个体经济获得了前所未有的发展。到1990年底,全国城乡个体工商户共1 328.3万户,提供就业机会2 092.8万人,全年工业总产值达到1 290.3亿元,占全国工业总产值的5.39%,商业零售额1 569.6亿元,占全社会商品零售总额的18.9%。私营经济1990年底登记注册9.8万户,提供就业机会170.2万人,注册资金95.2亿元,户均9.7万元。据国家工商行政管理局对30个省、自治区、直辖市的调查,1990年资金超过百万元的私营企业共492户,鉴于相当一批私营企业以集体所有制的名义注册登记,私营经济的实际数比现有统计资料所反映的数据还要高得多。"三资"企业到1991年6月底全国已达3万多家,注册资金达到1 600亿元。1990年"三资"企业的工业总产值为448.95亿元,占全国工业总产值的1.88%。

再次,国有经济与非国有经济的发展存在着强烈的反差。与集体经济和非公有制经济迅速发展的势头相反,1980—1990年的11年间国有经济在全部工业总产值中比重下降了22.4个百分点,平均每年以2.04%的速度递减。近年来,国营企业活力下降,后劲不足的现象十分突出。从"七五"期间的情况看,预算内国营工业企业的账面资产增长很快,1990年底达10 915.6亿元,比

1985年增加7 843.3亿元，年均增长12.9%。但1990年国营企业的资金利税率10.3%，比1985年下降8.4个百分点，资金利润率只有3.3%，比1985年下降7.7个百分点。其中国营工业企业的资金利税率为12.9%，资金利润率只有2.7%，分别比1985年下降13.5和11.2个百分点。需要指出的是，近几年国有经济在工业生产中的比重下降过快并不是由于其投资比重的下降引起的。1981—1990年，全民与集体所有制工业固定资产投资额年均增长率仅相差3.72个百分点，而同期全民所有制工业总产值年均递增8.3%，集体所有制工业总产值年均递增19.8%，两者相差11.5%个百分点。由此可见，国有经济在工业总产值中比重下降过快主要是由于其资产收益的下降引起的。

二

通过对以上不同经济成分在发展过程中的比较，我们发现，国有经济发展的速度和效益均不如非公有制经济。尽管国家对国有企业实行许多倾斜政策，尽管国营企业在资金、技术、人力资源、原材料和能源供应、产品质量和市场占有率等方面均占有明显的优势，但它的活力和效率并不理想。而非国有经济的活力和迅速发展，除"三资"企业以外，主要不是依靠国家的政策优惠，在很大程度上是因为国家放松了控制，非国有企业的制度结构更适合于市场经济的运行。长期以来，国营企业并没有彻底摆脱行政依附的地位，承担着保证完成指令性计划的任务以及大量社会职能，如安置就业、稳定物价、职工和退休人员的医疗、住房保障等，从而无法适应市场经济运行的客观要求。

改革以来，国营企业已经在不同程度上开始进入市场，需在市场竞争中实现利润最大化目标，但由于同时保证宏观经济运行计划性的种种政策目标都落实在它的经营活动中，因而两者之间经常发生矛盾和冲突。承包制试图通过两权分离赋予国营企业以"独立的"商品生产者和经营者的地位；同时又以契约的形式要求企业承诺保证宏观计划的实施，以期解决国民经济宏观目标与企业微观目标的矛盾。但是，实践已证明，承包制非但没有解决反而加深了国营企业双重身份间的矛盾和冲突。在市场竞争中，承包企业常常为避开经营风险而寻求种种行政庇护以换取各种特惠；而主管部门对企业的行政干预终因承包企业不是真正独立的商品生产者和经营者身份而屡禁不止。可见，在承包制下，难以解决国营企业双重身份的矛盾，企业的活力自然不强，从而也使企业面向市场的改革难以深化。

以上分析说明，十多年的所有制结构改革在壮大市场经济力量的过程中使非国有经济成了我国20世纪80年代市场经济运行的主体力量，而国有经济未能在市场中发挥其主导作用。这显然违背了我国所有制结构改革的初衷。由此可以想见，在确立社会主义市场经济为目标模式之后，通过深化国有经济和国营企业的自身改革，巩固国有经济在社会主义市场经济中的主导地位,已成为20世纪90年代改革的主要任务。

三

如果说20世纪80年代改革的重点在于放松对非国有经济发展的限制,那么20世纪90年代改革的重点,在于国有经济自身的改革。20世纪90年代深化所有制结构改革同样有三个方面的目的:就业、收入与市场。20世纪90年代的就业问题,主要是国有经济改革中国营企业的冗员以及国家机关事业单位改革中富余人员的就业问题。收入问题是解决国有经济就业人员包括国营企业职工、国家机关事业单位干部收入偏低的问题。市场问题则是让国营企业成为社会主义市场经济运行的微观基础的重要组成部分。根据党的十四大报告关于"围绕社会主义市场经济体制的建立,加快经济改革步伐"的要求,所有制结构的改革要与市场对接,就是说,要以市场经济对所有制的要求、进而对产权的要求为参照系,研究所有制结构的改革。这样,20世纪90年代所有制结构改革应该有两项重要内容:从宏观角度看,通过所有制结构的进一步改革,形成与社会主义市场经济运行相适应的开放型的所有制结构;从微观角度看,则必须形成一种具有开放型产权结构的企业制度。

(一)通过进一步改革所有制结构,转变国有经济的职能,给非国有经济的发展提供更充分的市场空间

迄今为止的所有制结构改革尚停留在数量调整上,即通过保证国有经济在国民经济中绝对高的比例而确保其主导地位。这种改革没有突破封闭的所有制结构,自身存在着无法克服的矛盾而难以进一步深化。其主要表现在以下两个方面。

一是国有经济的覆盖面过于宽广,力量过于分散和承担过多的职能。这种改革要求国有经济在国民经济几乎所有部门都成为主体力量。这样,国有企业不仅承担了大量的经济职能,而且也承担了过多的社会职能。比如改革尤其是价格改革、分配改革的绝大部分成本是由国有经济来承担的,而其他经济成分尤其是非公有制经济成分却充分享受了改革的实惠。不仅如此,国有经济力量的过于分散还导致了国有资产的分散管理,政出多门,条条块块都分享着国有资产的管理权。这种分散管理使得对国有资产效率的关心下降,导致国有企业提高效率缺乏应有的监督。

二是由于这种改革过分注重数量调整,因而在整个国民经济运行向市场经济转变过程中严重忽视了国营企业的机制转换和国有经济的职能转变。国有经济的职能转变,国有经济的职能在于实现非国有经济不能实现的公共性目标,这些公共性目标代表非国有经济在市场经济中无法整合的那部分社会利益。如提供经济运行硬件的垄断性公共基础产业,要为宏观产业政策的实施及产业结构的调整提供物质保证,要为宏观财政金融政策的实施提供物质后盾,等等。显然,国有经济职能的实现无须要求其

在所有的行业中均充任主体角色。相反，国有经济分布面越宽，力量越分散，其社会负担越重，从而越影响其上述职能的实现。我认为，收缩国有经济的范围（收缩多少，目前尚不清楚），在价值形态上把分散的国有资产集中起来，是国有经济转变职能的客观要求，也是所有制结构改革由数量调整过渡到质量调整的客观要求。因此，把国有资产在价值形态上最终集中在自然垄断性的公共产业和对国民经济的发展及产业的调整起支柱作用的行业，是20世纪90年代深化国家所有制改革的主要内容。

在目前许多探讨所有制结构改革的文章中，有不少同志把探索不同所有制经济的数量比例作为重点，我不同意这种观点。作为一种客观经济关系表现的数量比例是存在的，但现在先提出一个不同所有制经济间的确定数量比例以指导所有制结构改革是不适合的。各种所有制经济的不同比例只能根据效率原则、生产力标准在实践中加以确定，而无需我们现在就先验地加以人为规定，并为此规定而争论。事实上，我们无法知道目前条件下和今后一段时期内需要什么样的所有制经济比例更符合生产力发展的需要、更符合发展市场经济的需要，而只知道现在非国有经济、非公有制经济的发展还不很够，很不适应市场经济发展的需要和生产力发展的需要，因此，我们现在需要扩大非国有制经济发展的市场空间。随着各种所有制经济成分的竞相发展，在其潜能获得充分显现的基础上形成的客观比例关系就是本文所说的开放型所有制。形成这样一种所有制结构，要求打破所有制等级制度，恢复不同所有权在经济运行中的平等地位，同时要求不同所有制间形成亲和关系，在充分吸纳其他所有制经济成分的基础上，最大限度地发展该所有制经济成分的潜能。

必须指出，深化所有制结构改革，进一步鼓励非国有经济的发展，不仅仅是由于国有经济转变职能后让出了许多市场空间，更重要的是，非国有经济的发展与国有经济的改革间存在着正相关，对于促进开放型所有制结构的形成具有强大的催化作用。目前，在相当大程度上，是非国有经济支撑了经济的增长和居民实际收入的提高。就业的增长主要也是依靠各种非国有经济提供工作机会的支持。非国有经济发展中"制度创新"还弥补了国有经济改革过程中政府制度供给之不足。总之，非国有经济的发展为国民经济提供了很大一块"收入增量""就业岗位""制度供给"，不仅为国有经济的改革提供了较为宽松的条件，而且大大提高了社会成员对国有经济的改革的承受力，同时也降低了国有经济改革的成本。另外，与国有经济改革密切相关的国营企业劳动分配制度的改革和机关事业单位人事制度的改革以及社会福利保障制度的建立，都有赖于非国有经济的进一步大发展来提供"收入增量""就业岗位""制度供给"。恰恰是基于这一点，我认为，**给非国有经济以更大的发展空间，使非国有经济尤其是私营、个体经济成为我国市场经济的重要组成部分而不**

仅仅只是有益补充，这应该成为 20 世纪 90 年代我国所有制结构深化改革的一项重大内容。

（二）通过进一步改革所有制结构，形成具有开放型产权结构的企业制度，变多种经济成分并存为多种产权的自由融合，真正确立市场经济运行的微观基础

我国所有制结构改革之所以一直没有跳出数量调整的思路，除了受制于宏观封闭的所有制结构外，另一个客观制约因素就是在微观企业层面上存在着封闭的产权结构。封闭的产权结构是宏观上封闭的所有制结构在微观经济运行中的表现。封闭的产权结构使多种经济成分并存于企业的外部，阻碍了各种不同产权的自由组合和要素在不同所有制间的自由流动，从而使各种经济成分间的竞争关系不是表现为互相促进，而是表现为此长彼消的关系；同时，还成了双轨制甚或多重体制存在的基础。

封闭的产权结构是与我国经济中存在的所有制等级制度密切相连的。在传统体制下，国有制或全民所有制一直是作为我国经济中最优的所有制形式，而集体所有制实质上是"二全民"，私营经济更染上了"戴红帽子"的嗜好。在传统体制下，不同所有制产权间的融合是不存在的。即使在改革中，不同所有制产权的组合有许多也只是利润收入的转移，是获取"灰色收入"的一种方式。

按市场经济的要求进一步深化改革我国所有制的结构，必然要求形成具有开放型产权结构的企业制度，以便建立起高效率的社会经济组织方式。要形成开放型产权结构的企业制度，就必须鼓励各种制度创新，明晰产权主体并通过市场选择来完成社会主义市场经济运行的微观重塑。虽然不同所有制产权的经济效能与社会效能各有千秋，甚至在特定条件下从某个单项指标上衡量有优劣之分，但这种差异只能影响不同所有制产权发挥作用的领域，它不能影响不同所有制产权在市场交换和组合中的平等性。开放型所有制结构及其产权形式的优劣在于它破除了所有制等级制度，并根据不同所有制产权的经济效能，来具体确定不同行业的所有制结构和不同企业的产权制度结构，因而符合市场经济运行的客观规律（如起点平等、机会均等和平等条件下的竞争等）。所以，具有开放型所有制结构的所有制制度和开放型产权结构的企业制度一旦形成，不同所有制产权间的自由融合将为双轨制或多轨制的整合创造宏观的和微观的条件，并最终奠定社会主义市场经济的微观基础。

载《浙江社会科学》1993 年第 1 期

企业产权改革的内容与目标、步骤与形式

在现有的企业产权形式下国有企业难以成为市场的主体。企业产权不清是制约国有企业活力的原因,是企业界出现"七风波""八风波"的根源,是落实企业14项经营自主权的障碍,因此,企业产权制度的改革已经到了非改不可的时候了。

一、产权改革的主要内容

明确国有经济的职能对深化产权改革有重大意义。国有经济的主要职能在于实现非国有经济不能实现的公共性目标,这些公共性目标代表非国有经济在市场经济中无法整合的那部分社会利益。如提供经济运行的硬件——垄断性基础产业,为宏观产业的实施和产业结构的调整提供物质保证,为财政金融政策的实施提供保障等。显然国有经济职能的实现无须要求其在所有的行业中均充当主体角色。相反,国有经济分布面越宽,力量越分散,其社会负担越重,从而越影响其根本职能的实现。因此,有必要在一定范围内收缩国有经济,把自然垄断性以外的行业,不管明亏、潜亏或赢利的企业,根据各地的实际情况予以收缩,并把收缩的那部分国有资产从价值形态上集中起来,最终集中到自然垄断性的公共产业和对国民经济发展及产业结构的调整起支柱作用的行业,我认为这应该是我国国有经济产权改革的主要内容。

二、产权改革的目标

影响国有经济活力的一个重要制约因素,是千千万万个国有企业存在着封闭的产权结构。封闭的产权结构使多种经济成分并存于企业的外部,阻碍了各种不同产权的自由组合和要素在不同所有制之间自由流动,成了双轨制或多轨制摩擦的基础,这是企业界"七风波""八风波"的风源。为此,必须改革现有产权结构,以形成开放型产权结

构的企业制度。开放型产权形式的最大优势在于打破所有制等级制度,有利于资源的优化配置和提高资源配置效率。这种新型产权形式符合市场经济运行客观规律(如起点平等、机会均等和平等条件下的竞争)。

根据上述分析,我认为,深化产权改革,就是要形成具有开放型产权结构的企业制度,使各种所有制下的产权形成亲和关系,能够按照市场对资源配置的要求自由流动、自由融合,从而真正确立市场经济运行的微观基础,这应成为我国产权改革的目标。

三、产权改革的步骤与形式

15年的改革开放为收缩国有经济创造了一定的条件。实践证明,非国有经济的发展不会成为国有经济的对立物,而是国民经济的重要组成部分,并且在相当大程度上,非国有经济支撑了国民经济的增长和居民实际收入的提高。现在,非国有经济已经被越来越多的人们所接受,使国有产权改革的环境变得较为宽松。这样,我们就可以给非国有经济以更大的发展空间。收缩部分国有经济,转让部分国有资产,使之成为非国有经济(非国有并非就私有),这是产权改革和所有制结构改革所必须做的事。

一般来说,社会主义国家拥有1/3的国有资产,掌握自然垄断性行业及一定数量支柱企业就足以实现国有经济的主要职能了。因此产权改革的具体目标是转让2/3的国有资产,把国有资产从价值形态上集中起来投向对市场经济发展构成瓶颈制约的行业,促进这些行业的迅速发展。但要完成国有资产的大面积转让,则有赖于一个高效率的、完备的产权市场。现在产权市场上国有产权的供给和需求是客观存在的,但供给机制和需求机制均很不成熟。如果一步到位,一次性转让2/3的国有资产必然会冲击产权市场,给经济带来巨大的震荡,从而有可能导致产权改革的失败。

根据我的看法,产权改革必须分两步走:先改革1/3的国有产权,主要是那些供求矛盾不突出、市场竞争程度较高行业的国有资产,不论其效益好坏,均列入第一批转让计划。现在有不少人主张先转让亏损国营企业(亏损国营企业固然不能实现国有经济的职能),但这让人觉得产权改革就是国家卸包袱,有损于国有产权改革的形象。现在企业亏损原因很复杂,包含许多体制及政策因素,这给正确估价这些企业的国有资产带来种种困难,而且亏损企业职工的就业安排亦令受让者望而却步。可见仅仅希望通过转让1/3亏损企业的国有企业来完成产权改革只是人们的善良愿望。转让国有产权不能仅从卸包袱的角度去理解,这样会使产权改革走样。前面讲了国有产权改革的根本任务是转变国有经济的职能,必须从转变国有经济职能的角度去制定收缩国有经济范围、改革国有产权的计划。这就要求转让国有资产的工作分行业进行。根据不同行业讲求平衡状况以及市场竞争程度分别制定转让国有资产的具体步骤。我认为只有在完成了第一步 1/3 国有资产的转让后,才可以开始实施第二步 1/3 的国有资产转让计划。

另外,必须强调指出,国有产权改革不能一蹴而就。改革决策者必须看到产权市场上转让量(即价值量)与转让收入(价格)间的辩证关系。过小的转让量,很难启动产权市场的运行,过大的转让量则会使转让价格回落,从而使国有资产在转让中出现不必要的流失。在一定区城内,转让量与转让收入间是成正比例关系的,改革决策者必须寻求量(转让量)与价格(转让收入)间的最佳组合,使国有资产在转让中最大限度地实现自身的价值,这就要求政府尤其是中央政府加强对国有资产转让中的宏观控制和协调,防止某些部门或地方为了局部利益,过分扩大产权市场上国有产权的供应量,引起产权市场运行的大起大落(上述观点在证券市场的发展中已得到充分证明)。根据有关部门统计,我国个人资产总额已近 1.3 万亿元,首次超过国有资产总额 1 万亿元。显然,我国个人资金已足够收购全部国有资产,还不包括居民个人储蓄的 1.2 万亿元。这表明,目前社会消化 1/3 国有资产不仅在理论上讲是可行的,而且在实践上已具备现实的经济条件,关键是看产权市场运作的具体情况。

载《经济学消息报》1993 年 9 月 9 日

国有产权制度改革的方向及其迫切性

产权制度是企业运行方式的制度基础,是市场经济运行微观基础重构的重要组成部分。因此,完成国有产权制度的改革是建设社会主义市场经济体制的第一块奠基石。

我们十分赞同这样一个观点:中国历史上的财产关系向来缺乏明确的法律体现,这是古代断断续续达到惊人的商品经济繁荣却始终没有累积性结果的重要原因。今天,我国商品经济再一次发展到这样一个临界点上,靠政策发动形成的改革成果,必须靠上升为法律保障的明晰的财产权的现代企业制度来巩固。我觉得还应补充这样一个观点:在发展社会主义市场经济过程中,靠政策性调整无法清除的深层次障碍,也需要法律保障的明晰的产权制度来改革。这就要我们按照社会主义市场经济的客观要求来推动我国产权制度的进一步改革与发展。

一、必须在转变国有经济职能的基础上推进国有产权制度的改革

经济体制改革以来,对国有产权制度的变革曾出台过不少措施,并取得了不少的成就。但这些改革均没有突破传统计划经济体制的基本框架,国有产权制度的一些根本弊端还没有得到彻底解决。企业还是只能负盈不负亏,企业行为短期化问题亦相当突出。近年来,越来越多的同志对承包、租赁能否成为我国国有产权制度改革的目标模式纷纷提出了质疑。不少同志认为,在一定时期内,把承包、租赁作为国有产权制度改革的重点是可以的,但是承包、租赁不能从根本上解决企业经营短期化和政企职责不分的问题,从长远看,需要探索更好的改革模式。现在比较多的同志赞成股份制是一种比较好的选择,也有不少同志把股份制作为国有产权制度改革唯一的目标模式,推崇备至。我们认为这种观点过于轻率。尽管在发达的市场经济中

股份制是现代产权制度中最为重要的部分，但也不能把股份制作为国有产权制度改革唯一的目标模式。目前我国国有资产存量大约2.2万亿元，在2.2万亿元国有工业企业的资产存量中，闲置或利用率不高的资产比重约占35％。国有资产存量股份化可以说是通过股份制改革传统国有产权制度的主要内容之一，但如果在这35％中通过股份化每年使得5％的资产存量得到合理流动，那就意味着每年有375亿元国有资产进入股票市场，这显然超出了我国稚弱的股票市场的承受能力。股份制只是对社会上既已存在的属于不同主体的资产的集中和组合，它本身不创造任何新的资产主体和经济形式。因此，当人们设想用股份制形式改革国有企业尤其是大中型国有企业的产权制度时，无论他们意识到与否，事实上都只能以所有制结构已发生较大变化，非国有制经济形式已有相当程度的发展为前提。在非国有产权的股份与国家股份相比只占极其微小的份额时，它们对国有企业的影响是极其微弱的。

按照社会主义市场经济的客观要求来改革国有产权制度，这是所有制结构的重大变革，即在收缩国有经济范围、转变国有经济职能的思想指导下，将统一的国家所有制分解为全民所有制、集体所有制、个人所有制等多种形式。具体方案是：第一，对大量小型国有企业进行合并和"转制"，即一部分依据产业政策的要求，将其并入对口的大中型企业之中；另一部分尤其是由集体所有制过渡到全民所有制后国家基本上没有或根本没有投资的，直接转变为集体产权；再一部分即绝大部分小型国有企业拍卖给集体、私人或外商。第二，对中型国有企业和一部分大型企业实行股份制，这种股份制未必是上市的股份有限公司，大部分股份制是未上市的股份有限公司，一部分股份制将是无限责任公司即股份合伙企业，另一部分股份制将是中外合资（合作）的有限责任公司。

二、按照合作经济的要求深化集体产权制度的改革

寻找更符合生产要素优化配置的集体产权制度形式，具体做法是：明确产权归属，合理确定股权，在清产核资基础上，把企业资产划分为集体股、个人股、社会法人股、国家扶植股等。集体股是指城镇集体对企业的原始投入及历年追加投资所形成的股份。对于这部分资产的处置可以有两种选择：一种是将集体资产统一折股后，其中一部分为"公股"，由各级政府财政部门掌握，其余部分在集体范围内按人头平均折股到民，允许继承或自愿转让；另一种办法是将集体投资与企业自有资产合并为集体共有股，其红利亦作为积累之用，不折股到民，个人股一部分由集体财产折股到民，一部分是企业内外个人向企业投资入股形成的股份。社团法人股是指社团法人向企业投入的各种生产要素所形成的股份入股。国家扶植股是指政府给予市场的免税和企业税前还贷形成的资产，这部分资产不能折股量化

到个人,必须全部用于扩大再生产。集体产权制度的这种改革主要是为了明晰产权,解决公有财产无人负责、政企不分和无法调动职工积极性问题。它首先不是将无数小资本联合成大资本,而是通过划分股权使一个产权不清、相对大的资本划分成多个产权明确的相对小的资本,使社会主义集体所有制寻找到更符合生产要素优化配置的实现形式。

三、按照私营个体的本来面目来规范私有产权制度,规范化的私有产权制度又可以上一个台阶

私营个体企业的产权本来是明确的,主要是因为得不到明确的法律保障和条件保证,不少名为集体性质的企业,其实是私营、个体企业。这种情况带来许多后遗症和消极因素,应恢复其原有面目。国家应鼓励私营或个体企业打出私营、个体牌子,注册私营商号、商标,并从法律上给予确实保障。现在这方面存在一些问题,是我们的法律、政策不到位、不健全的结果,有待于通过完善和发展私有产权制度来解决。

载《中国社会科学》1994年第2期
《中国社会科学》(英文版)1995年第3期
全文翻译刊载

非国有化和国企民营化

一、非国有化不是私有化

有一种说法,认为西方国家和俄罗斯的非国有化就是私有化。这种说法不全面。

首先,俄罗斯的非国有化的确是私有化。它把国有资产以有价证券的形式无偿地分配给每个公民。

西方国家的非国有化并不完全是私有化。西方国家在多数情况下是出让部分国有股的股权。西方国家也转让小额股给职工,成为私人资本。但西方国家也有共有经济即合作经济。如丹麦、美国和加拿大等国的保险合作社和运销合作社、英国的罗虚戴尔公平先锋社(在曼彻斯特)等。

有人把西方国家和俄罗斯的非国有化提法套到中国来,这是不符合事实的。我国提非国有化,其含义与俄罗斯和西方国家都不相同。我国部分学者提出非国有化有两层含义:一是将一部分国有企业变成非国有企业,即变国有企业为集体企业并仍保持公有制性质;二是废除国家所有制形式。原因是我国的生产力水平不高,公有化程度不宜过高,大多数企业以采取集体与合作形式为宜。各社会主义国家的实践证明,国家所有制很容易滋生腐败现象,废除国家所有制,可以杜绝这类腐败现象的发生。因为国家所有制都以政府有关部门为代表,实际变成政府部门所有制,这些部门的官员就容易以权谋私,搞权钱交易,成为腐败现象的经济基础。这是一部分人的主张,但未必能够实行。

实现非国有化的步骤是:

第一步,将部分国有企业变为非国有企业。这主要是指中小企业特别是小企业。

第二步,将大部分国有大中型企业变为股份有限公司,使其由国有企业变为混合所有制企业,其余小部分大中型企业变为有限责任公司。最后剩下的极少数国有大企业,如军工业、核工业、航天工业、高科技、邮电通信、铁路干线、大油田、大煤矿、国家银行、钢铁公司以及环保企业等，可保持国有甚至国营形式。

第三步，将国家所有制形式改变为人民所有制形式，与政府脱离关系，改属全国人民代表大会管理。具体办法，可以在全国人民代表大会常务委员会领导下，设立人民资产管理委员会，下设投资公司和经营公司。这一意见，全国人大代表、著名经济学家董辅礽1979年就提出了，但至今没被采纳。

以上分析表明，我国搞非国有化不等于非公有化，更不等于私有化。非国有化不但不会取消乡镇企业和二轻企业的公有制性质，而且会有许多国有企业变成集体所有制的公有制企业。

我国一直坚持以公有制经济为主体，并强调工人阶级的主人翁地位，在这种特殊国情下，如果实行非国有化也只是将大量的国有产权从竞争性行业中退出来，把其中的一部分转变为集体所有，少部分转变为私有。中国的私有经济是薄弱的，目前还无力吃进大量的国有产权。

二、国有企业民营化

有人测算，到2000年，民营经济将占到国民生产总值的70%—75%。从发展趋势看，从数量上和质量上，民营经济在国民经济中的优势将越来越突出，这是市场经济发展的必然趋势。除非不搞市场经济，回到改革开放前的旧计划经济中去。因为市场的发展，必须以市场主体多元化和经营方式的多样化为前提。大家对民营经济发展的前景要乐观，民营经济要大发展，大踏步前进。真正有活力的经济成分恰恰就是民营经济。实践已经证明，并将继续证明，哪里的民营经济发达，哪里的经济就繁荣，人民生活就富裕；反之，就贫困，如东北辽宁等地的比较贫困就是证明。

所谓国有企业民营化，一般是指在不改变国家对国有企业财产终极所有权的情况下使国有企业经营方式（实现形式）多样化，而并不一定都要求改变其所有制形式。

在国有企业民营化过程中，会有一部分企业破产、被拍卖、被兼并，有可能会改变所有权。但是，只要是纯粹的等价交换就不是资产流失，只有不等价交换才是流失。这种纯粹的等价交换改变的只是资本的存在形态，只是从实物形态变成价值形态。在这里，非此即彼的二元论（不是国有就是私有）的分类方法是不适用的。

1996年5月在《改革月报》
理论座谈会上的讲话

国有不等于国营　民营不等于私有

目前,在发展多种经济成分和深化国有企业改革过程中,一个很大的认识误区是"民营等于私有"。这不仅使得我国民营经济的发展一直无法摆脱传统计划经济体制的影响,而且极大地限制了我国国有企业制度创新的选择空间。把民营等同于私有,在理论上经不起推敲,澄清这种流行观念对于加快国有企业改革与促进经济的快速增长具有重要的意义。

一、把民营等同于私有混淆了所有与经营的关系

所有权与经营权的分离以及两者关系的多样化和复杂性是现代企业制度创新的主要内容。传统国有企业制度的僵化以及低效率正是缘于国有企业所有权与经营权的高度合一,这种高度合一的经营制度极大地束缚了经营者的自主性与创造性,缺乏对经营环境的细小变动做出及时反应和调整的自我组织机制和功能。20世纪80年代中后期提出来的两权分离改革思路,就是希望通过所有权与经营权的分离以及两者关系的多样化来塑造国有企业经营制度的自我组织机制,增强企业经营者的自主性和创造力。两权分离改革后的国有企业(从承包制、租赁制到股份制)实施的都是一种国有民营的混合型制度,这种国有经济与传统意义上的国有经济有相当大的区别,实际上是一种民营经济。如今,国有民营的企业制度已十分普遍。如武汉市对80%的小型国有企业和集体企业实行了"国有民营""公有私营"[①]。在所有权与经营权相分离的基础上国有与民营不再是一对相互排斥的矛盾体,国有企业两权分离改革后从所有制形式上看依然是国家所有,但从经营形式上看它已经是一种民营经济了。民营无法淡化国有之性质,国有也不可能掩盖民营之实态。两者是两个不同层面的经济范畴。

---

① 见《中国经营报》1995年8月15日的报道。

国有产权既可以采取国营的形式,也可以采取民营的形式;同样,虽然私有产权在大多数场合采取民营的形式,但是无论是在西方国家还是在我国都实际存在着很多私有国营的情形。据有关报道,在第二次世界大战期间,美国政府曾经大量租用私人船队为美军输送军需,这是私有国营的典型例子。如果这仅仅是战争时期的一个特例的话,那么,发生在我国民航中的例子则是一个普遍适用的论据。近年来,我国民航有了长足的发展,其中一个重要原因是利用国际融资性租赁形式向国外引进了大量飞机投入运行,这些运行中的飞机其所有权显然是私有的,但另一方面,我国民航的经营方式毋庸置疑是国营的。事实证明:国有可以民营,私有亦可国营。

二、把民营等同于私有缘于传统计划经济体制的偏见

在现实社会主义经济中,从一开始就没有把私有仅仅局限于生活资料领域,而民营经济的分布范围更为广泛。但是,在传统计划经济体制下,私有经济一直是作为体制外的外生变量存在,民营经济中的集体经济、合作经济、社区经济则被归入公有经济范畴。由于在传统经济体制下企业组织结构是所有权与经营权的高度合一,因而在那时民营经济实际上是不存在的。集体经济、合作经济乃至社区经济都隶属于各级政府部门,带有明显的官办色彩;虽然私有经济实际上只是简单的个体经济,但它在当时却是唯一的民营经济。随着对传统计划经济体制信念的动摇和国有企业改革的日益深入,人们发觉现代企业制度的组织结构较传统国有企业复杂得多,所有与经营的关系变化亦要多样化得多。民营经济已超越了国有经济与非国有经济、公有制与非公有制的分野,难以再用所有制的性质来界定。把民营等同于私有实际上是一种缘于传统计划经济体制的偏见。问题的关键是在社会主义市场经济中,我们目前尚需大量保留的到底是国有产权还是国营企业。我以为问题的答案很明确:一方面,传统体制下国营企业经营权与所有权高度合一的企业制度正是我们改革的主要内容;另一方面,从市场经济运行的一般要求出发,需要配置一定数量的国有产权,以解决"市场失效"问题,而且,从我国社会主义市场经济目前所处特殊发展阶段的特殊要求出发,需要配置较市场经济一般更多数量的国有产权,以稳固市场的微观构造,加强产业发展的宏观导向,扶植幼稚产业和支柱产业的发展。既然在我国市场经济新体制下体现中国特色社会主义本质要求和宏观调控基础的是国有产权而不是国营企业,那么,就不应该把国有产权与民营对立起来。相反,在许多场合国有产权必须融入多元化产权结构中,通过民营来实现其功能目标。目前关键的问题是如何尽快遏制国有企业的大面积亏损和国有资产各种各样的流失,保证国有产权的权益不受侵犯,这才是第一位的。至于国有产权的运行到底采取

怎样一种方式则要视市场经济运行的客观要求而定。但有一点是肯定的,国有产权的运作拘泥于国营是不能适应市场经济的要求的,更无益于上述问题的解决。而民营经济就是为了探寻解决这一关键问题的有效途径而进行的有益尝试。基于多元化产权结构之上的民营制度由于非国有产权主体的介入而将在大大降低监督成本的同时强化监督约束的力度,提高监督约束的效果,有效地保障国有产权的权益。

三、跳出民营等同于私有的认识误区有利于扩大国有企业改革的选择空间

国有企业的改革从一开始就是以放弃把国营作为国有经济的唯一定式为前提的。无论是承包制、租赁制还是后来的股份制、有限责任公司制以及国有资产的授权经营等,无一不在探索有效的民营方式,以解决国营方式下国有经济的种种问题。目前,国有企业的改制方向有四:一是保留原有国有产权单一的结构,改制为国有独资有限责任公司;二是变单一的国有产权结构为多元产权结构,改制为国有产权控股参股的有限责任公司;三是根据"抓大放小"的精神,通过产权转让把竞争性行业中的相当一部分中小型国有企业改制为非国有企业,把国有资产从竞争性行业中置换出来。这里又包含了两种做法:一是将国有资产全额转让给由企业全体职工组成的共有体,改制为股份合作制公司;另一种做法是将国有资产全额转让给一个或几个私有产权主体,改制为私有企业。以上四种改制从所有权与经营权的制度结构来看又可以归纳为国有民营、共有民营、私有民营三大类。而共有民营和私有民营则为民有民营。国有独资有限责任公司和多元产权结构下的国有控股参股企业大多数都属于国有民营;股份合作制公司是一种共有民营;由一个或几个私有产权主体组成的私有企业属于私有民营。实际上,国有独资民营仅仅是很少的一部分,且具有很强的行业属性和战略属性。尤其是带有战略属性的国有独资民营企业(即国有独资有限责任公司),其经营制度结构并不是一成不变的,将随着其战略性功能目标的实现或行业属性的改变而表现出较强的制度上的灵活性。即使是自然垄断行业中的国有独资民营企业,其所有权与经营权的制度结构也是可以表现出相当程度的灵活性的。且不说民航及其他行业大型设备的国际租赁在经营制度上所表现出来的高度灵活性,就是在公用事业领域,为了吸引非国有产权主体的投资,弥补国有产权的资金缺口,尽快缓解其对国民经济的瓶颈约束,在一定期限内国有独资民营的经营制度也可以改制为国有控股民营甚至国有参股民营。可见,跳出民营等同于私有的认识误区对于加快国有企业尤其是中小型国有企业的进一步改革具有何等重要的现实意义。

载《改革月报》1996年第6期

《物权法》使有恒产者有恒心

3月16日十届人大五次会议审议通过了《中华人民共和国物权法》，并将于今年10月1日起开始施行。所谓物权，是指自然人、法人直接支配财产、不动产的权利。而《物权法》则是关于物权的界定、保护的系统性的法律规范，是国家的基本财产法，在一个国家的法律体系，特别是民法体系中有着极其重要的地位。我国虽然在《民法通则》《担保法》《农村土地承包法》《城市房地产管理法》《土地管理法》中对物权作了不少规定，但随着经济社会的发展，物权种类日益繁多，交易活动日益频繁，涉及物权的法律体系显得很欠缺。《物权法》的出台，对健全市场经济的法律体系，明确物的归属，维护公民的切身利益具有重要意义。

从一审到七审，它是全国人大立法史上审议次数最多的法律草案，也是中国从法律上明确保护私人财产的一项重要举措。法律界人士认为，在计划经济时代，物权长期被忽视，被否定，制定《物权法》就是要通过物权制度来巩固劳动者和企业的物质利益，从而调动人创造财富、爱护财富、积累财富的热情，推动社会进步和发展。

《物权法》体现了国家、集体和私人物权的平等保护。物权法到底应该以保护私有财产为主，还是以保护公有财产为主？这曾是《物权法（草案）》在全国人大常委会审议、修改过程中争论最大的问题之一。有人认为，国家和其他民事主体不是平等主体，对他们的财产不能平等保护；也有人认为，物权法是私法，首先应保护私人财产，按照先私人、再集体、后国家的顺序加以保护。

这次全国人大审议通过的《物权法》，未采纳上述两种极端的观点，而明文规定："国家、集体、私人的物权和其他权利人的物权受法律保护，任何单位和个人不得侵犯。"这一规定，体现了对属于不同所有制的物权主体实行平等保护的原则，对于保护公民，尤其是广大民营企业主的合法权益具有十分重要的现实意义。

众所周知,国民待遇、平等竞争、优胜劣汰是发展市场经济的必要条件。各种所有制经济主体在统一的社会主义市场中进行经济活动,它们遵守相同规则,承担相同责任,理应享有平等地位和权利。就物权保护而言,在财产归属依法确定的前提下,作为物权主体,不论是国家、集体、还是私人,对他们的物权如果不能做到在法律面前人人平等,那么,社会主义市场经济的健康运行就得不到保证,我国社会主义基本经济制度也得不到保障。

我国因受"公有制一统天下"的传统计划经济体制的影响,国家立法、行政、司法机关以及一部分群众,往往只重视国家、集体的公共财产的保护而忽视私人财产权益的保护,长期以来,私人财产被国家或集体征收、征用得不到足额补偿的情况普遍存在,甚至出现某些机关打着"公共利益"的名义恶意征收、征用私产,受害人却无法凭借相关法律获得救助。社会上已发生过多起侵犯民营企业主财产权益的恶性事件,而这些民营企业主的权益常常得不到法律保护,严重挫伤了他们创业的积极性。有部分民营企业主对国内法制环境失去信心,在有了相当的财产积累后就设法移民海外,对我国经济社会发展造成损失。此次审议通过的《物权法》中的相关规定,将有力地保护我国公民的私人财产,从而消除广大民营企业家的顾虑,使他们能够放心和定心地创业和发展。

《物权法》使恒产者有恒心。物权法在制定和修改过程中的另一个焦点是住宅土地使用权续期是否需要交费的问题,这和广大公民切身利益紧密相关。我国《宪法》规定土地属国家所有,私人购买住房只在一定年限内享受土地使用权(住宅土地使用权年限为70年),对于使用期满后土地使用权费用是否要续交的问题,我国现有的法律、法规均未有明确规定,这使广大有房者颇为忧虑。一户住宅的土地使用权费约占房价比例的1/3以上,且随着城市建设进程的加快,土地资源稀缺性的问题越来越凸现,土地使用权价格上涨的趋势不会逆转。如果70年后再要缴纳土地使用权续期费,估计一般工薪阶层难以承受。

考虑到广大公民的实际情况,《物权法》体现了以人为本的精神,明确规定"住宅建设用地使用权期间届满的自动续期",这就解除了所有有房者的担心。

有恒产者有恒心,安居才能乐业,这是《物权法》对构建和谐社会的一大贡献。

载中共浙江省委机关刊物
《今日浙江》2007年第7期

民营化:国企改革的必由之路

国企是国有经济的重要组成部分。要从战略上调整、优化国有经济的布局和结构,提高国有经济的活力和竞争力,发挥国有经济的主导作用,巩固和完善以公有制为主体、多种所有制经济共同发展的基本经济制度,就必须深化国有企业的改革和改制,建立健全适应现代企业制度要求的公司治理结构,重视民间资本在国企改革和改制中的作用,培育一批具有国际竞争力的大公司,加快推进主辅分离、辅业改制,减轻国企负担。让多数国企特别是中小国企走民营化改革的道路,盘活国有资产,以发挥国有企业在国民经济中的重要作用。

国企改革二十余年,下一步必是改制

前些时候,"郎顾之争"在经济理论界和企业界闹得沸沸扬扬。香港中文大学、长江商学院教授郎咸平以《格林柯尔:在国退民进的盛宴中狂欢》为题,发表演讲,指责格林柯尔董事局主席顾雏军席卷国家财富,通过收购科龙电器股份,侵害国有企业利益,并提出,在改革改制过程中,国有企业存在大量国有资产流失现象,为此,主张国企改革应当止步。顾雏军则对此加以反击,迅速发出律师信让郎咸平提供发言稿并公开道歉。郎咸平的呼声得到原来就对国企改革有看法的一部分人的响应,一时间"狼烟四起",而国内经济学界、理论界许多学者则持相反意见,认为国企改革的步伐不能因此而停顿。国家权威部门亦做出表示:坚持规范国企改革,加强国资委的监管,防止国有资产的流失,继续深化国企的改革改制。

国企改革,历来是我国经济体制改革的中心环节。国企改革二十多年来,经历了放权让利、承包经营责任制、建立现代企业制度等各个阶段,取得了举世瞩目的成就。深化经济体制改革,必然要涉及国企改革。党的十六大为深化国企改革进一步指明了方向:"深化国有企业改革,进一步探索公有制特别是国有制的多种实现形式,大力推进企业的体制、技术和管理创新。"与此同时，十六大还提出了调整国有经济布局和结构、改革国有资产管理体制的任务，以确保国企改革的深入和顺利进行。

我国国有企业有几十万家，据2001年的统计，光是经营性国企就有20万家。在国企改革中，大力推进国企的战略性改组，真正做到有进有退、有所为而有所不为，确保国有经济在关系国家经济命脉的重要行业和关键领域占支配地位。除极少数必须由国家独资经营的企业外，国有经济的支配地位要通过股份制来实现。国企必须通过改制来实现股份制、混合所有制或民营化。国家可对这些股份公司中的重要企业实行控股。

国内外的实践经验已经证明股份制是国有经济最有效的实现形式。要实行股份制，就要大力发展混合所有制经济。而发展混合所有制经济就必须广泛吸收民间资本和外资，让民资和外资共同参与国有大中型企业的股份公司制改造。在实现投资主体多元化的同时，使重要的企业由国家控股，一般的企业则实现民营化，在这些民营化企业中，国有企业也可以参股其中，达到有效壮大国有经济的目的。显然，民营化改革有利于国企的扩张，有利于增强国民经济的实力。

2002年11月8日，国家经贸委、财政部等八部委联合颁发了《关于国有大中型企业主辅分离辅业改制分流安置富余人员的实施办法》，明确规定：坚持党的十五届四中全会确定的国有企业改革方向，鼓励有条件的国有大中型企业进行结构调整、重组改制和主辅分离，利用非主业资产、闲置资产和关闭破产企业的有效资产改制创办面向市场、独立核算、自负盈亏的法人经济实体，多渠道分流安置企业富余人员和关闭破产企业的职工，减轻社会就业压力。这个文件明确了提高企业竞争力的原则，有利于企业做强做大主业，放手搞活辅业。国家发改委制定、国务院正式颁布实施的《国务院关于鼓励支持和引导个体私营等非公有制经济发展的若干意见》(俗称"非公经济36条")也明确规定，非公有制企业在准入条件、信贷、土地使用等方面与其他各类企业享受同等待遇，鼓励民营资本进入城镇公用事业等领域，允许民营资本参与金融机构的改组改制，等等。这表明，民营企业进入国企、在国企的改革改制中发挥作用已有相应的政策保障。

国企必须深化改制

国有企业的改革改制，是我国改革开放政策的重要内容，改革改制具有它的历史必然性。正如有的学者所指出的，在传统国企中，人民名义上是全民财产的主人，实际上眼看着鼻子底下的浪费和挥霍却无能为力。传统国企不承认任何私人产权，主人是抽象的全民，而不是一个具体的自然人，从根本上说，是没有委托人制度，没有监管。传统国企如不改革改制，资产流失就会花样百出，最后是国有资产流失殆尽。著名经济学家于光远说过，所谓全民所有制，实际上是没有的，没有什么全民所有制。近些时日发生的中航油事件,造成国家损失 5.5 亿美元。有关"高管"陈久霖,出事之前的年薪高达 2 350 万元人民币①,这种国字号的垄断企业,实际上由于出资人缺位,资产管理职责不清,所谓内部人自己为自己制定高薪水,依据行业垄断赚取的暴利作为薪酬标准,在无人监管并造成国有资产的大量流失后才引起注意。中航油事件只是诸多案例中的典型。这说明,国企必须继续深化改革改制。

第一,国企固有的弊端,决定了国企必须改革改制。众所周知,由于历史的原因和体制的因素,大多数国企都程度不同地存在着冗员过多、人浮于事、劳动效率低下等弊端。大量国企经营亏损或经营业绩较差,以致不少国企在改革的过程中造成大量工人下岗,从 20 世纪 90 年代以来,已经有几千万职工下岗或失业,如果就业和再就业问题解决不好,就会造成社会稳定的隐患,这是我国社会面临的不容忽视的重大问题之一。而在国企改革中,如何做到安排好职工的出路,不甩包袱,不将就业负担推向社会,这是一个十分重要的问题,也是国企改制的任务之一。浙江省的一个老国企——江山水泥厂改制为浙江虎山集团后,全员就业,合理安排所有职工,使之各得其所;改制后的企业生产效率大幅度提高,进入"2004 年中国成长企业 100 强";虎山集团的总裁张剑星被评为"中国改革十大风云人物",就是一个非常成功的例子。

第二,党和政府关于国企改革的方针政策不是权宜之计。按照社会主义市场经济体制的要求,我国企业的所有制结构将进一步形成多元化格局,即大多数企业实现投资主体多元化、产权主体多元化。这样,除了少数关系国计民生的、关系国家安全和国民经济命脉的、需要由国有资本绝对控股和相对控股的企业外,大多数国企则要通过资产重组和结构调整,在市场公平竞争中优胜劣汰。在这个过程中,绝大多数国有企业都要变成股份制企业或混合所有制企业,而在党和政府的鼓励、支持下日益壮大的民营资本已积极参与国企的改组改制,正因为如此,国企的民营化改革具有历史的必然性。

第三,不能因国资流失而否定国企改制的大方向。在国企改革中,确实存在国资贱卖等国有资产流失、职工合法权益得不到保障、债权人的权利得不到保障、新的企业经营管理者把原来不错的国企搞垮的现象,有的问题还更严重。例如,内蒙古长城地毯有限责任公司在没有权威机构估价以及充分竞争的情况下,由当地政府决定搞拍卖,将净资产 5 904 万元的国企,仅以 2 050 万元的低价卖给了私企老板。有的原国有企业的管理者利用改制之机,自买自卖,为改制后给予职工补偿留下后患。尤其是企业改制后导致国有土地使用权财产价值流失。据报载,有一个饮料厂改制时,股金总共还不到十万元,而在该厂拆迁时,靠着该厂免费得来的土地,每个股东都得到了至少几十万元的拆迁费②。而且,

---

① 方立新."打工皇帝"的薪酬应由谁定[N].北京青年报,2004-12-16.
② 董华.企业改制中出现的法律问题[N].北京日报,2004-12-29.

更为严重的是,至今还没有一个全国统一的完整的指导国企改制的政策文件。但是,我们不能因此而停止国企改革或改变国企改革的大方向,而只能去加强改革中的监督管制,发挥国有资产管理部门的作用,规范国企改革的程序,严格执行有关法律法规,遵循市场经济规律,加强国企改革的透明度,公开、公平、公正地实施国企改革,切实维护职工群众的利益,减少、防止甚至杜绝国有资产的流失,继续坚定不移地、积极稳妥地推进国企的改革,绝不能因噎废食,使改革改制中途止步。

第四,要对国有资产的流失作具体分析。国资流失,有的是改革改制不当引起,有的则是由国企内的蛀虫所蚕食。而在很多情况下,后者所占的比例可能更大些。如震动江城的"武汉电脑大世界"出售事件,有人危言耸听地称2.6亿元巨额国资被港商鲸吞。但事实证明,并不是港方侵占了国企利益,而是国企内的蛀虫逐步侵吞国家资产,将企业慢慢掏空,搞得资不抵债。出售"武汉电脑大世界",只是为了偿还公司债务,是合资公司董事会为维护公司利益做出的正确决策。国有资产在国企管理人手中流失了,这正说明,国企必须改革改制。

在国企改革和改制过程中,国家和政府明文规定,由于现在时机和条件还不成熟,不符合所有者和经营管理者相分离的现代企业制度方向,大型国企不能搞MBO(管理层收购),并针对管理层收购设立了禁令,这是正确的决策。同时,还需要制定中小国有企业改革改制的具体条例,规范改制,规范产权转让,规范操作程序,从而推进国企改革改制既进一步深化又健康地进行。

国企民营化改革不可逆转

国企改革的方向不会变,对于绝大多数国企来说,它们的改制必然是走民营化道路。这样的改制将继续深化和完善,这也是我国社会主义市场经济发展的必然要求。

正如有些专家所指出的,事关决定全局、决定长远的根本大计,我们的大战略,是不能因为碰到一些困难或产生一些问题就轻言转变的。例如国企的产权改革问题,不能因为郎咸平教授指出了改革中存在的一些问题,不能因为有些人对改革不理解,也不能因为惧怕国有资产的流失,就轻易改变国有企业改革的大战略、大方向。如果我们在这个时候把握不住,迷失方向,在改革问题上打退堂鼓,那就大错特错了。

我们曾有过教训。那就是在20世纪80年代末90年代初,有些人曾产生疑问:改革还要不要继续? 党的十三大报告要不要改动? 当时苏联解体,东欧剧变,国际共产主义运动处于低潮,颇有黑云压城城要摧的架势,但中国改革开放的总设计师邓小平,面对泰山压顶,不为所动,他一言九鼎:决不能变,十三大报告一个字都不能动。就这样稳住了全党的阵脚,稳住了中国改革开放的大局,维护了中国社会主义现代化建设的正确道路和光明前途,坚持了改革开放的大战略。若当时听从某些人的意见,往"左"的道路上走,恐怕中国现在又回到计划经济的老路上去了。

前面提到的格林柯尔董事局主席顾雏军,因实施资本并购曾受到争议,但在沉寂了一些日子后,于2004年11月25日宣布,格林柯尔已经通过境外子公司收购了世界著名汽车配件生产商汤姆肯斯的子公司——盖兹国际在法国的汽车管件工厂,同时被其收购的还有欧洲著名汽车设计公司雷莱德产品发展公司,这两项收购都获得了百分之百的股权。这两项收购,使格林柯尔一下就获取了世界主流整车厂A集团汽车配件供应资格,并缩短了中国企业在客车设计领域与世界汽车巨头的技术差距。顾雏军认为,收购欧洲汽车厂,比收购国内企业还要顺利①。由此看来,民营资本格林柯尔收购科龙电器20%的股份,不能被说成是对国企的侵害,如果收购是按照国家政策规定进行的,是受到监督和规范的,就更不能随便加以指责。因为资本并购是市场经济中的普遍现象,无论是在国内收购还是在国外收购,也无论收购国企还是收购非国企,都是正常的市场经济行为。这表明,国有企业民营化改革的大方向是正确的,民营化改革的步伐是要继续走下去的。

郎咸平教授也对民营化争论有了新的说法。2004年12月5日,他在回答《民营经济报》记者提问时说:"我并不是要反对民营经济,我国国企改革由于包袱过大,通过民营化解决是对的。我只是说,民营经济必须在法制框架下得到约束,民营化的过程要建立信托责任制度,否则后果会不堪设想,有可能会造成官商勾结,侵吞国家财富。"②这与他当初要求停止国企民营化改革的态度,已大不相同。

国有企业的民营化改革改制是不可阻挡的历史潮流。在党的十六大制定的政策的正确指引下,民营经济得到快速发展,这更加速了国企民营化改革的步伐。据权威统计,2004年,民营企业已经发展到375万家,比上年增加了75万家。以石油石化企业为例,全国规模以上的民营企业已经有4 800多家,在有的领域中,民营企业已经占据"半壁江山"。为防止国有资产流失,国家在国企改革改制过程中,对改革改制正在逐步做到制度化,国有资产管理和监督制度正在走向健全,表现在新的国有资产监督机构的组织框架初步建立;国有资产监管法规渐趋完善;建立落实了国有资产经济责任的业绩考核等相关制度;加强了国有企业监事会工作;加强了国有资产的基础管理,开展了清产核资工作;国有产权交易的监管工作得到加强。所有这些,都为国有企业的民营化改革改制铺平了道路。

载《特区经济》2005年第3期

---

① 张钦.顾雏军跨国收购欧洲汽车厂[N].北京青年报,2004-11-26.
② 贺朝辉.郎咸平:我没有下一个"批判对象"[N].民营经济报,2004-12-16.

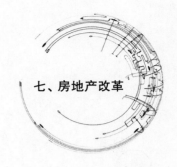

七、房地产改革

1. "国六条"后房价上涨不会逆转
2. 中国房地产改革之路径
3. 对媒体"楼市面临崩盘"的澄清

"国六条"后房价上涨不会逆转

"国六条"出台后,社会各界对房价走势议论纷纷,见解不一。笔者认为,"国六条"的出台不会使房价上涨的趋势逆转。

一、供需矛盾突出

1. 长期积累的住房欠债导致居民住房严重短缺

新中国成立后,我国实行的是"国防第一、工业第二、普通建设第三、一般修缮第四"的基本建设方针,大量的土地和资金用于国防和工业发展。到了20世纪60年代,在"深挖洞、广积粮、备战备荒为人民"的方针指引下,大量的钢筋、水泥等建筑物资用于全国广大城乡构造防空洞。虽然城市人口不断增长,但居民住宅建设在国家建设中始终排不上号。"二五"计划开始时曾提出过要将大、中、小城市人均2、3、4平方米的住房水平提高到4、5、6平方米的水平,后来因国家处于三年困难时期,连温饱问题都无法解决,更谈不上新建住房,原计划也就变成了一纸空文。改革开放前,在"先生产后生活"的思想指导下,城市居民住房建设仍然没有得到重视。到1978年,全国许多城市都出现了房荒,许多居民"三代同房",城市住房的人均水平甚至低于新中国刚成立时的水平,居民住房严重短缺可见一斑。

民营房地产业是在改革开放中诞生的新兴产业。由于民营房地产业的出现和发展,到20世纪90年代中后期,商品房的供应状况有所改善。多年来,商品房绝对量增加了,但由于对居民住房欠债太多、中国人口基数庞大、居民收入逐步提高、住房购买率不断增长等原因,住房始终处于供不应求的状态。另一方面,开发商为降低成本、追求利润,将商品房的套型、面积越造越大,导致多数人买不起房;而作为住房供应体系的组成部分的经济适用住房因利薄而严重短缺,又由于配给机制的不健全,数量有限的经济适用房到不了真正的缺房户手中。至今,一般居民住房仍然严重短缺。

2. 消费者需求不断增长

(1) 被动需求仍然较大。当前和今后相当一个时期内,大规模城市改造和居民拆迁使住房市场的被动需求不断增加。2003年全国城市房屋拆迁量约为1.4亿平方米。近年来,各地的城市改造与规划不断增加,在我国经济和社会持续健康发展的基础上,房屋拆迁仍将保持相当的规模,对住房的被动需求不会减少。

(2) 居民自住需求不断增加。首先,随着我国经济快速增长,城镇居民收入水平有了较大提高,居民消费重点已转向住、行等方面。据统计,2005年全国城镇居民人均可支配收入为10 493元,扣除价格因素,比上年实际增长9.6%,增幅比上年提高1.9个百分点。消费结构的升级转型,较大幅度地提高了住房消费在居民消费中的比例,增加了住房消费的总量。其次,居民的住房需求档次不断提高。许多计划经济条件下建设的住房面积小、功能差或结构不合理、配套不完善,已经不能适应居民现阶段对住房的更高要求,而小房换大房、旧居换新居等,都会增加住房的需求总量。1999年下半年起,住房二级市场开放,允许房改房上市,增加了个人购房的支付能力,这在客观上也促进了居民对住房改善的需求。2005年我国城镇人口为5.6亿,假设20%的城镇家庭有改善住房的需求,而且这20%要改善住房的城镇家庭每户也只想增加20平方米的住房,那么这20%的城镇家庭约是3 400万户,每家增加20平方米,现实需求总量就是6.8亿平方米。而统计资料显示2005年全国新增住宅商品房面积约为3.42亿平方米,缺口巨大,远不能满足需求。

(3) 城市化进程加快,住房需求处于膨胀状态。国家在加速推进户籍制度改革,部分地区正逐步取消农业与非农业户口的界限,建立城乡统一的户口登记管理制度,这一政策产生的直接影响就是农村人口大量涌入城市。而一些经济发达地区拟以具有合法固定住所作为落户的基本条件,逐步放宽大中城市户口迁移限制,这势必诱发对住房需求的增长。与此同时,随着城市化进程的加快,城市越发展,各类经营者、技术、科技人才和大中专毕业生越向城市集中。目前我国城市化水平保持在每年提高1.5个百分点的水平,2010年城镇化水平将达到50%以上,城镇人口将达到6.5亿人左右。如果新增城镇人口中有60%需要解决住房,人均居住面积按新标准28平方米计算,年需住房3亿平方米。城镇人口的急剧增加,形成巨大的住房需求。

(4) 财富向城市集聚,增加了对高档住房的需求。市场经济的发展使财富越来越向大中城市集中和集聚,导致对高档住房的购买力大大增加。以杭州为例,这里的高档房相当多的是被外来民营企业家和一些富人所购置。

3. 住房有效供给不足

当前,面向中低收入阶层的中低档

住房比重在住房供给中偏低，需求结构与供给结构错位，有效供给不足继续扩大。2004年，全国商品住宅施工面积、竣工面积同比分别增长18.2%和2.3%，其中经济适用房却分别下降11%和26.3%。资料显示，2006年上市的商品住房，从套型结构看，全国40个重点城市套均面积达到113平方米，有16个城市甚至高于120平方米。而从价位看，中低价位住房以及经济适用房的比例明显不足。这一供给结构严重脱离中低收入群众的购房需求。在我国社会主义市场经济条件下，商品的价格直接受市场供求关系的影响，而住房供不应求时，价格自然上涨。

在笔者看来，今后几年中国房价总体走势仍将表现为上升的趋势，这是因为影响我国房价上涨的因素具有持久性和不可逆转性。早在2004年6月5日，笔者在接待温州和台州房地产开发商的咨询时曾经做出过宏观调控下房价会持续上涨的判断，后来的事实证明：这一判断是正确的。2004年12月15日，国内某权威财经报纸擅自以笔者名义刊登名为"杭州楼市面临崩盘之忧"的报道后，笔者随即进行了澄清。笔者认为：房价上涨的趋势是不可逆转的。而接下来，"十一五"时期是加速城市化进程和全面建设小康社会的历史时期，供不应求或者说供求关系的失衡仍将是房地产市场的基本态势，这也正是房价持续上涨的一个深层次因素。

二、土地供应短缺、政府"圈地"、原材料价格上涨等推动了房价的上涨

1. 土地供应的影响

2005年全国房地产土地购置面积比上年减少4.0%。据国土资源部报告，2005年房地产开发用地供应总量比上年减少了20.2%。2006年国家仍然会加强对房地产市场土地供应的控制。《2006年国土资源管理工作要点》指出，今年国土资源部将加强房地产市场土地供应调控，根据居住用地价格变化情况，调控土地供应。包括增加对中小户型、中低价位商品房、经济适用住房和廉租房的土地供应，严格控制低密度高档住宅土地供应，继续停止别墅类用地供应。中国人多地少，因此必须十分珍惜与合理利用每一寸土地。国土资源部在严格控制土地供给的方针中还指出：土地供应一是优先国家重点工程；二是保证市政基础建设；第三才是保障居民住房。2006年7月26日，温家宝总理明令"要切实把好土地闸门"。显然，对房地产市场土地供应的调控将使许多地区特别是良好区位原本不足的房地产用地更为有限。而"国六条"还规定，90平方米以下住房面积必须达到开发建设总面积的70%以上，那么90平方米以上的住房土地供应势必趋于短缺，90平方米以上房价的上涨亦不可免。

2. 政府"圈地"导致地价上涨

分税制改革后，中央财政收入迅速

增加，地方财政所占比例萎缩。地方财政财力不足，而作为地方财政收入主要来源的营业税、个人所得税以及增值税的地方留成部分不可能"暴涨"，加上银行系统权力上收使得以变通方式从商业银行获取贷款的方法"失效"，土地就成为地方政府一个巨大的资金来源渠道。1994年确定新税制后，中央政府把土地出让金全部划归地方政府，且作为预算外收入。这部分收入占地方政府预算外收入的60%以上，已经成为地方政府的第二财政来源。另外，房地产业的繁荣给地方政府带来的税收占预算内收入的40%。这就是地方政府"圈地"的动力所在。就在"国六条"出台后不久，北京某区一名政府官员即语出惊人："敢于拉动房价是负责任的一种做法。房地产业现在已成为重要的财政收入来源。"按照这种思路，地方政府要弥补财政缺口，就要靠房地产及建筑的税收，房价不上涨，就会面临资金瓶颈。所以，只要市场能够承受，地方政府自然希望房价越高越好。地价越高，地方政府的日子越好过，就会有更大的能力"上项目"，这也是地方政府推动房地产业快速发展的动因。

与此同时，和西方国家相比，当前我国的市场经济运行仍然不可避免地受到"计划指令"的影响，行政命令动辄干预市场经济运行的行为时有发生。在土地供给方面，由于审批权在政府手中，许多地方政府纷纷参与到"圈地"之中：看中好的地段先予收购，然后让政府有关部门向房地产商拍卖，被拍卖的土地可以修建居民住宅、写字楼，也可以修建厂房等工业设施，竞拍的结果往往导致土地价格昂贵，而价格昂贵的土地成了地方政府的重要财源。尤其是在实行"经营性土地使用权招标拍卖挂牌出让"政策后，土地交易价格大幅上升，更加推动了房价的上涨。

3. 原材料价格上涨使房地产开发成本上升

房价的构成包括土地、建筑安装成本、项目经营期间的费用、税金及附加、开发利润等。从各构成要素分析，房价上涨的趋势也是不可逆转的。近年来，投资过度旺盛等因素导致价格持续上涨，进而导致建筑安装成本不断提高。从长期看，原材料供应紧缺的趋势仍将继续，房地产开发企业的人力资本也会上涨，企业开发利润不会有多大下降空间。

4. 房屋质量不断提高

部分民营小房地产企业在新一轮宏观调控中可能被淘汰，另一部分资质优良、实力雄厚的民营房地产企业则在市场中进一步增强了核心竞争力，竞争法则使住房建设质量得到保障，豆腐渣工程会被淘汰，房屋品位不断提高、配套设施和环境不断完善，这些也都将拉动房价上升。

三、社会预期需求影响房价上涨

社会预期需求会对房价产生很大影响。我国正处在经济和社会快速发展时期，宏观调控形势乐观，土地资源稀缺和供给政策的调整给公众造成房价上涨的预期,促使部分住房需求提前释放。另一方面,尽管房地产市场价格具有区域性差价的特点,但一些城市房价具有示范效应,从而形成攀比现象,这也会导致房价上涨。

房价上涨的原因错综复杂。除了上述因素外,国家利率、汇率等金融政策、房地产市场对外开放度等因素都会影响房价波动。

载《经济学消息报》2006 年 8 月 25 日和《浙江经济》2006 年第 8 期

中国房地产改革之路径

自1998年我国住房实施市场化改革以来,房地产业得到了飞速发展,在增加地方财政收入、提供社会就业、带动家具、钢材、水泥等相关行业的快速发展方面发挥了重要作用,为国民经济发展做出了贡献。但十多年来高房价、高空置率的现象也日益突出。中国指数研究院发布的数据显示,即便是在新一轮房地产调控启动的2010年,上半年15个主要城市中仍然有8个城市的涨幅超过30%,12个城市超过20%,杭州的最高涨幅甚至接近50%。房价上涨速度之快,大大超过了城乡居民收入的增长速度。同时,投机性购房占比越来越高,2009年,北京、上海、杭州、深圳、广州等大城市的投机性购房占城市购房比例的30%—40%左右,早已大大超过投资性购房比例应控制在15%以内的警戒线①。房地产市场投机成风,许多地区商品房空置率居高不下,甚至被称为"鬼城"。这种局面与普通居民的住房条件和需求形成强烈反差,从而使住房问题成为社会矛盾的一个焦点。多年来,尽管国家实施了一系列的宏观调控政策,但都没有取得预期的效果。2010年遏制房价快速上涨上升到政治高度,这种局面才得到一定的扭转,但是正如温家宝总理在2012年全国两会之后答中外记者问时所言,一些地方房价还远远没有回到合理价位,即与居民收入水平相适应、与成本和合理的利润水平相匹配的价位。那么,目前的调控政策是否具有长效性?"十二五"及以后一个较长时期,中国房地产业到底应该走一条什么样的道路?本文将对此进行较为细致的探讨。

一、2010年以前宏观调控下的住房市场

房地产业在我国形成较晚,1998年

---

① 谭丽莎.楼市调控应转向局部"退热"[N].中国工商时报,2009-11-20(2).

的住房分配货币化政策终结了传统的住房实物分配,确立了房屋的商品地位,从而开创、活跃了住房市场,并带动了住房供应及其配套环节的迅速发展,为我国经济的快速增长做出了较大的贡献。实际上,房地产投资对 GDP 增长的总贡献率从 1998 年的 15.03% 上升到 2007 年的 27.49%。然而,在刺激我国经济快速增长的同时,我国房地产自身存在的诸多问题也日益暴露。

（一）房地产投资过热

从 1999 年开始,房地产开发投资一直保持两位数的增长速度。2009 年,中国房地产投资出现爆炸性增长,总额高达 1 562 亿美元,成为全球最大的房地产投资市场[1]。房地产投资高位运行,必然会引发土地市场交易增多,土地价格飘升,市场投机现象频发,误导资金流向,加大资源环境压力,使经济运行风险加大。

1. 地产投机性炒作

在土地的购置及开发上,房地产商热衷于买地炒地,从土地增值中获益甚多。全国"地王"的不断涌现,也说明了地产的高利润。在"地王"频繁产生的同时,土地闲置现象也日益突出。据 2010 年 8 月 20 日《经济参考报》报道,全国有 2 815 宗闲置土地,共计 16.95 万亩,闲置的最长时间达到 17/18 年。土地市场的不规范以及相关法规执行监督不到位必然会使投机囤地现象泛滥,引发地价的不断攀高,助推房价急剧上涨。

2. 房产投机过热

2008—2009 年,我国出现了流动性泛滥的局面。由于投资渠道狭窄,房地产业成为过剩民间资金投机的最好途径。大量的民间资金涌入楼市,温州"太太炒房团"、山西煤老板等炒房大军更是辗转南北。另外,房地产开发商为了以更高的价格出售房产,也采取了"捂盘"的措施,住房建好了以后故意推迟出售,待价而沽。这两方面的情况结合在一起,共同推动了住房空置率的高涨。国家电网公司的调查显示,中国 660 多个城市现有连续 6 个月以上电表读数为零的住房 6 540 万套,如果将这类住房视为空置房,那么其规模之大,足够 2 亿多人居住[2]。2007 年,有课题组对北京 50 个小区进行了空置率的调查,结果显示,北京的住房空置率高达 27.16%[3]。按照国际通行惯例,空置率在 20% 以上就是商品房严重积压区[4]。我国房地产市场危机之甚,已无须赘言。

（二）房价上涨过快

从 1999 年到 2009 年,我国全国范围内的房屋平均销售价格从 2 053 元/平方米涨到 4 694.6 元/平方米,十年涨幅高达 128%。2009 年,我国住房价格较上年上涨 68%,上涨速度居全球第一。

在房价一路狂飙突进的同时,我国民众收入水平的上涨却步履蹒跚,两相

---

[1] 杜笑宇.中国已超过美国成全球最大房地产投资市场[EB/OL].(2010-03-03).http://finance.21cn.com/news/cjyw/2010/03/03/7379675.shtml.
[2] 易宪容.住房空置率之高说明啥?[N].人民日报(海外版),2010-07-09.
[3] 梁宵.北京 27.16% 住房空置率数据由来[N].中国经营报,2010-09-20(A06).
[4] 王家庭.中国商品住宅空置率过高的原因及对策[J].经济评论,2002(1):79-83.

比对,完全是一幅龟兔赛跑的景象。2009年,我国房价收入比创下了8.03的历史新高①。中国社科院发布的2011年《经济蓝皮书》指出,2008—2010年的三年之间,虽然我国商品房价格的上涨速度降了一大截,但仍然要比城镇居民收入增幅高出5个百分点,以致我国85%的家庭没有能力买房②。

(三)住房供给结构不合理

在住房供给结构方面,中国缺乏一种符合现实要求的住宅类别供应体系,即能够满足社会各阶层多样化、多层次住房需求的供应体系。要满足民众的现实住房需求,市场上建设的经济适用房、廉租房、公租房等保障性住房应占整个城镇住房体系的80%。然而,巨大的利益诱惑却使地方政府和房地产开发商始终不愿意为此而努力。以2009年为例,根据国家统计局公布的数据,全国经济适用房的投资额不足全部住宅投资额的5%,新开工面积不足全部房屋新开工面积的5%,销售面积则不足全部住宅销售面积的4%③。至于廉租房建设则是少之又少,而且还不断被压缩。

2007年出台的《廉租住房保障办法》规定:土地出让净收益用于廉租住房保障资金的比例不得低于10%,部分也可用于公租房。根据2010年12月国家审计署对19个省市2007年至2009年政府投资保障性住房审计调查的结果,有22个城市从土地出让净收益中提取廉租住房保障资金的比例根本未达到要求④。可见,在商品房建设方面,地方政府是不遗余力地予以支持;而在关系民生的保障性住房方面,许多地方政府则虚与委蛇,不愿把更多的财政收入投入其中。

二、房地产宏观调控失利的原因

中国房地产市场已严重失衡。这一局面的出现说明了历次房地产调控的失效,也反映了我国住房市场相关机制不足以解决该领域的不公平问题。历次调控失利的原因更多地在于房地产宏观调控本身的失误以及相关配套制度的不完善。

(一)房地产宏观调控本身的失误

1. 房地产宏观调控的目标定位不当

随着社会价值观的进步,尤其是人权观念的兴起、普及和强化,基本住房是基本人权的组成部分的观点得到认同,基本住房由此而成为一种"权益—伦理型公共品"。这种观念为政府供给基本住房提供了新的、强有力的依据,使供给基本住房成为政府不可推卸的职责。

在美国、英国、德国、新加坡等不同类型国家的住房体系中,公共住房保障制度在整个住房制度中均占有十分重要的地位,这些国家都将提供大量公共住

---

① 数据来源:国家统计局。实际上,中国社科院发布的《经济蓝皮书》有另一种计算结果。该书认为,我国房价收入比在2009年和2010年分别为8.3和8.76。
② 王永生.社科院经济蓝皮书指出中国85%家庭没有能力买房[N].法制晚报,2010-12-07.
③ 根据国家统计局网站发布的数据计算而得。
④ 胥会云.上海等20城市去年卖地收入近1.24万亿[EB/OL].(2011-01-06). http://house.southcn.com/f/2011-01/06/content_19055976.htm.

房放在首位位置，国民的住房问题基本得到解决之后，再逐步推进住房市场化，以满足不同阶层居民的住房需求。因此，在国外，住房供给体系中最核心的部分是政府投资建设公共住房，并由政府部门运营管理，以低廉的价格出租或销售，同时给予货币化住房补贴。在这些国家，正是政府的强力介入，才有效地解决了中低收入者的住房问题。

反观我国，在我国住房改革的历程中，中央政府在前期把住房作为一种福利来向社会提供，到了后期则把住房定位为商品，建立了借以推动国民经济快速发展的完全市场化的住房制度体系。政府把住房作为商品全部推向了市场，同时又垄断了土地供应，这种格局使得普通民众对住房的刚性需求完全显现在地方政府和房地产商面前，从而为地方政府和开发商创造了一种对普通民众进行"勒索"的机会。长期以来，中国政府一直没有建立一套保障公众基本住房权利的住房供给体系，以致历次的宏观调控模式总是以调控房价为中心，单纯采取货币调节等手段来规范和稳定市场，没有采取系统而有效的制度设计，将保障房和商品房供应体系有效地结合起来，促进整个房地产市场的健康发展。

2. 房地产宏观调控政策缺乏长效性和稳定性

从宏观调控的长效性来看，房地产调控政策以往常常是朝令夕改，缺乏明确坚定的政策导向。反反复复、前后政策不一，使调控半途而废。一个完善而灵活的房地产市场必须首先要有一个稳定、明确及长远的房地产政策，有一个完善的法律基础和一个统一、简明、灵活有效的房地产现代化管理制度，使房地产开发、交易和管理均有法可依。

导致宏观调控反复无常的一个重要原因，其实就是这样一对矛盾。一方面，我国经济增长对作为一个整体的房地产业具有很高的依赖性。有一句网络话语可谓众所周知：房地产绑架了中国经济。虽然有所夸张，但这句话所提出的中国经济对房地产业的依赖性，却是不争的事实。另一方面，我国政府未能建立起两个住房供给体系，而让我国民众基本上完全依靠购买和租用商品房来满足住房需求。虽然中央政府很早就有关于经济适用房建设方面的规定，但现实是，比之于我国人民的住房需求而言，包括经济适用房在内的保障性住房长期以来都是杯水车薪。

3. 房地产宏观调控政策落实不到位

从宏观调控的执行力度来看，历次房地产调控政策往往在落实中形成"上有政策、下有对策"的局面，很多调控政策仅停留在政府口头和文件层面。许多地方性的政策实施细则往往不能及时出台，或是曲意理解国家调控意图。2011年2月，国务院发布了最严厉的"国八条"调控措施，要求各地方政府在二季度前向社会公布当地房价调控目标。但调查显示，全国600多个城市中公布房价调控目标的城市比例不到一成，且在这些公布了的调控目标中，除北京市之外，没有一个提"降"这个字眼，也没有一个提及"居民住房支付能力"这一参考标准,绝大多数城市将当地的房价涨幅定在10%左右。一些政府部门还钻政策的漏洞,使房地产市场越发不规范,衍生出更大的投机和寻租空间。

(二)相关制度不完善

实现房地产调控目标,需要一个良好的制度环境配合。我国的房地产调控是在财税制度、土地制度等相关制度改革不到位的情况下进行的,这种制度环境使得我国房地产调控政策治标不治本,难见实效。

1. 行政体制改革滞后

在经济转型过程中,中国的行政体制改革严重滞后,由管理行政向服务行政的转型进展缓慢。我国政府在教育、医疗、卫生、养老、住房等方面的公共投入长期不足,造成上学难、看病难、住房难等一系列问题。

在房地产调控中,中央政府希望房地产业与国民经济协调发展,在保持居民收入水平增长的同时,让居民买得起房。多年来中央政府对主要承担政策执行责任的地方政府就这一政策目标的支持极其有限。在传统的以经济增长为中心或以财政收入为核心、不能与建设服务型政府相协调的官员考核制度未得到根本性调整,GDP主义仍然是主流观念的情况之下,地方政府及其官员有着自己独特的利益诉求,他们既期望通过扩大地方财政收入来实现自身经济利益,又期望通过促进地方经济或财政收入增长来追求个人政治利益。这种利益诉求意味着地方政府会最大限度地利用房地产业刺激当地的经济增长,并通过支持房地产业的发展来增加地方财政收入,而不会真心实意视民生为工作重心。由此造成的结果是,地方政府往往不会严格执行国家宏观调控政策。例如,由于保障性住房利润低,地方政府没有供给的意愿,通常只是在中央政府三令五申之后才勉强"意思一下",而且一般会远远低于中央政府指定的建设规模。再比如,尽管在2011年的政府工作报告中,中央提出今后五年年均经济增长目标为7%,以加快转变经济发展方式为主线,深化改革开放,保障和改善民生,但多个省市在制订本地"十二五"规划时仍然抛出雄心勃勃的GDP增长计划。

2. 不合理的分税制导致地方政府过度依赖土地财政

1994年,我国实行了"分税制"改革,重新划分了中央税和地方税,把大部分地方税收划归中央政府。从此,地方财政收入占整个财政收入的比重逐年下降,从1993年的78%下降到2008年的46.7%。另外,在中央财政收入占全国财政收入比重逐年提高的背景下,省级以下的财政收入也层层向上集中。然而,与之形成鲜明对照的是,地方政府的财政支出占整个财政支出的比重却没有相应变化,一直在70%上下波动①。在这种财权少、事权多的形势下,"土地财政"就逐步发展为地方政府的主要筹资渠道。资料显示,2001—2003年,全国

---

① 于猛.地方政府"土地财政"不可持续[N].人民日报,2010-12-27.

土地出让金达9 100多亿元,约相当于同期全国地方财政收入的35%;2009年全国土地出让金达到1.5万亿元,相当于同期全国地方财政总收入的46%左右。在有些县市,土地出让金占预算外财政收入比重超过了50%,有些甚至占80%以上[1]。即便是在被称为"调控最严年"的2010年,土地出让金总额仍然创出新高,达到2.7万亿元,同比增幅达70.4%,占地方财政收入的比例也再创新高,达到76.6%。这些数据充分反映了地方政府对土地财政的极度依赖。如果不改革目前不合理的分税制度,"土地财政"就未有已时。

3. 土地制度助推房价不断攀升

在我国土地市场中,地方政府垄断了土地的所有权。土地出让的"招拍挂"交易制度,使得土地成为地方政府和房地产开发商获取暴利的工具,也推动土地价格节节攀升,不断创出新高。2011年全国重点监测城市平均综合地价较2000年上涨了93%。在各用途地价中,住宅地价涨幅最高,较2000年上涨了1.24倍。2011年国家出台一系列严格的调控政策,住宅用地地价增长率下降了4.44个百分点,但是也仍然达到6.58%[2]。而据专家整理的数据,2000—2010年,我国70个大中城市的地价累计上涨了123%,其中住宅用地价格累计上涨了163.5%,普通住宅用地价格更是上涨了174%,并主要集中于2005年以来"招拍挂"严格实施之后。

4. 国民收入分配制度不合理

我国国民收入分配分为两个层面,其一是政府与社会之间的分配,其二是社会内部的分配。我国税负水平重已经是我国民间的一项共识。2003年以来,我国财政收入每年增长速度都比GDP快10—20个百分点,而这还不包括可能规模更为庞大,且找不到统计数字的"费"。作为这种趋势的结果,我国财政收入占GDP的比重从2002年的15.7%一直攀升到2011年的近23%。而且,实际上还没有将大量未纳入预算范围内的财政收入计算在内。我国财政收入所占比重严重超过了合理水平。

在各行业之间,以垄断地位及低分红政策为基础,20世纪90年代中后期以来国有企业职工工资增长过快,如电力、电信、石油、金融、保险、水电气供应、烟草等以国有企业为主体的垄断行业的职工平均收入是普通行业职工的5—10倍;全国范围内行业平均工资差距从2倍左右扩大到6倍以上,我国收入最高和最低行业的差距甚至高达15倍。

在各社会阶层之间,企业中主要经营职位和一般职位间收入差距目前普遍在20倍以上;农民工工资长期被过分压低,从事同样的工作的城市职工比农民工工资高1—2倍[3];我国城乡居民人均收入之比从2000年的2.85∶1扩大到

---

[1] 于猛.地方政府"土地财政"不可持续[N].人民日报,2010-12-27.
[2] 中国土地勘测规划院城市地价动态监测组.地价总体增长放缓住宅地价增速大幅回调——2011年全国主要城市地价状况分析[N].中国国土资源报,2012-03-02(7).
[3] 宋晓梧.完善市场经济体系提高初次分配比重[N].经济参考报,2011-02-09(6).

2010年的 3.45∶1①。

在这种收入分配趋势和格局之下,我国大多数居民越来越买不起房。实际上,这甚至会使保障房政策也难以落实。从供给的角度来看,现行的财政体制使得保障房建设资金难以从高收入群体获得,而低收入群体也不可能承担多大的责任。实际上,由低收入群体承担保障房建设资金就使保障房政策失去意义,因为它本就是为了促进公平,通过收入再分配提高低收入群体的生活水平的,这意味着其资金来源必须主要是高收入群体。从需求的角度来看,不合理的收入分配制度将通过增加低收入家庭、人口而创造更大的保障房需求。供求两方面形势的恶化,就很可能使得保障房政策以失败告终。

三、中国房地产改革的政策建议

2010年以来,房价高涨的问题得到中央高层的重视,遏制房价过快上涨被提到了政治高度,也成为地方政府的政治任务。在具体措施方面,中央政府主要采取了提高房贷利率、限购和保障房建设这三大手段。比较70个大中城市2011年年末与年初新建商品住宅价格就可以看到,调控政策取得了初步效果,价格走势由年初的环比上涨为主转变为年末的环比下降为主,如下图所示。

但是,温家宝总理在2012年全国两会之后答中外记者问时指出,合理的房价是与居民收入水平相适应、与成本和合理的利润水平相匹配的价位。以此观之,一些地方房价还远远没有回到合理价位,因此调控仍然不能放松。

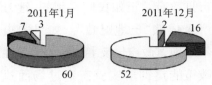

资料来源:戚建卫.2011年房地产市场调控效果显现[N].浙江日报,2012-03-06(4).

治理我国房地产市场的釜底抽薪之计,是政府切实承担起保障房的供给责任。就此而言,可以说我国政府终于确立了正确的宏观调控目标。只要坚决贯彻执行这一政策,房地产市场健康发展就会有好的结果。

不过,正确目标的确立只是走好了改革的第一步,还有很多问题有待解决。如果应对不当,不仅数量目标将落空,而且即便建好了住房,最终分配结果也可能违背保障房政策的初衷。有鉴于此,本文提出如下政策建议。

(一)建立多元融资渠道,允许民营资本进入

保障房建设的一个重要问题在于财政实力是否充足。照目前的情况来看,"十二五"期间3 600万套保障性住房对我国政府而言不是一个可以轻松实现的目标。为此本文建议:

首先,在保障房建设方面,中央政府

---

① 引自国家开发银行顾问、原副行长刘克崮于2012年3月9日在全国两会上的发言,http://finance. sina. com. cn/review/hgds/20120300/113011551911.shtml.

必须扩大财政支持力度。在资金来源上,中央政府不能把建设成本完全推给省市县政府。正如我们看到的,地方财政严重依赖"土地财政"。如果中央政府不给地方政府以支持,那么保障性住房政策的贯彻落实就有走过场而执行不到位的可能,或者地方政府会以资金不足相要挟,要求中央政府放松房地产调控,再度以卖地筹集资金,从而使房地产市场重新上演疯狂的一幕。当然,地方政府也应将一定比例的财政收入投入保障房建设,尤其要把地方土地出让净收益用于保障房建设的资金比例提高。

其次,除了稳定的财政资金外,国家还可以吸引社会资金进入保障房建设领域。借助民间力量有多种途径。国务院副总理李克强明确提出,政府可以通过购买合适的普通商品房现房来增加保障房的有效供应①。这种做法实际上仍然属于政府供给、市场生产的范畴,应该作为一种有助于加快保障房建设进度的措施来看待,因为它并未减轻政府的财政负担。其实,中国政府还可以放开保障房建设融资,允许民营资本进入,政府对项目进行规划和监督,并给予购买者或开发商适当的补贴,其中,对开发商的补贴可以采取零成本土地供给,在财政和金融方面给予优惠措施等各种形式。在住房建成之后,由具备购买保障房资格的家庭选购房地产商生产的保障房。这样可以减轻财政负担,扩充保障房建设的资金实力。

(二)完善对保障性住房建设、申请与居住的监管

对于民众应该被划分为多少个级别,保障性住房应该覆盖多大比例的人群,人们有着各种不同的看法。例如,在2012年全国两会期间,国家开发银行原副行长刘克崮指出,应该将人群按收入五等份划分,保障性住房应该覆盖全国40%的人群②。

其实,人群的划分和保障房的覆盖面,相对来说都是不大重要的问题,只要拥有足够的财政能力、良好的融资机制和管理能力,一定程度上扩大覆盖面是完全可以的。真正重要的问题在于居民相关信息的获得和有效的监管措施。

从其内在属性上讲,住房主要是一种私人物品,但是保障性住房被制度建构成了一种公共资源。面对公共资源的诱惑,任何人都有隐藏家庭住房和收入的真实信息,借以搭制度"便车"的可能。实际上,本该分配给低收入家庭的保障性住房被中高收入人群所占有并租售,这类现象已经屡见不鲜。因此,居民相关信息的建立,是保障房政策初衷得以实现的必要条件。为此,我国政府应该积极推动建立住房保障、房地产、民政、公安、税务、银行等相关部门之间的信息共享机制,建立居民经济状

---

① 杨仕省.国土部再推落地追责制,保障房供地计划3月下达[N].华夏时报,2012-01-03.
② 刘克崮:基本住房保障制度要保障40%的人群有房子住[EB/OL].(2012-03-07). http://estate.caijing.com.cn/2012-03-07/111728353.html.

况核查系统,借以全面了解申请家庭的实际经济状况,为判断保障性住房申请者的资质提供依据。其次,政府还可以引入社会监督机制,如通过充分公示申请人终审信息、准入门槛信息等,为社会监督畅通渠道。另外,建立健全并严格实施奖惩法规,是保证保障房制度实至名归的一种必要的有效手段。实际上,我国已经开始起草《基本住房保障法》。该法的主要任务,首先在于保障国民的住房权利,确保保障性住房的财政资金来源以及建设规模,其次则是为了加大对挪用建设资金、虚假申报、骗购骗租、转租转售、闲置浪费保障房等行为的惩罚力度,追究法律责任,为保障房的运营与管理提供基本法律依据。

(三)改革相关制度

我国多年来房价过高的现象,是由多方面的制度和政策共同造成的,这也就决定了房地产市场的良性运行不能离开相关制度改革的配合。虽然2010年以来的调控政策取得了一定的成效,但是仅仅靠限购限贷,恐怕很难长期坚持。房价过高,和现行的土地出让制度、房产税收制度有关,不改革制度,解决房价过高,恐怕只是良好的愿望。有专家指出,这轮调控并未触及土地出让制度,而这一制度实际上是房地产价格迅猛上涨的主要原因之一。综合起来看,本文认为,我国房地产市场根本性的改革依赖于以下几个主要方面的配套改革。

1. 完善政绩考核体系,加快政府转型

要加快政府转型,建立公共服务型政府。为此,应改革对地方政府及官员的政绩考核制度,敦促地方政府把改善民生作为主要任务。在考核指标设计上,综合地域特点和民意情况,形成一套可以反映政府作为和提高民众生活质量的指标体系,提高社会监督力度和居民满意度的重要程度,使对政府和干部的考核导向与民众的幸福追求相一致。特别要将保障房建设与管理情况纳入考核范围,关注保障性住房的数量、质量、分配情况等民生指标。在行政问责制中,要把保障房供给列入政府在民生问题中所担负的重要责任。

2. 推进财政体制改革

财政体制改革遵循两条基本原则:其一是要确保每一级政府拥有能够基本满足本级政府事权的自主财力,财政转移支付应只占其财政收入的次要地位;其二是财权与事权相匹配。依据这两条原则,在我国目前的社会经济形势下,首先,我国需要减少财政层级,可以取消乡镇级财政,直接由县政府管理;取消地级市财政对县级财政的管理,实行县级财政省级直接管理。将五级财政简化为三级财政,这样就有助于增强各级财政的调控能力。其次,由于县级政府是承担公共服务的一个主要政府级别,我国需要增加县级财政的主体税种,扩大县级财政在税收中所占的比例。同时,需要加大对中西部地区县级财政的转移支付力度。

3. 改革土地制度

我国需要规范土地市场秩序,打破地方政府对土地供给的垄断。应允许农村集体建设用地直接进入土地市场,

加快农村土地流转市场化,增加土地的有效供给。实际上,土地制度改革还是事关收入分配制度改革的一个重要问题。通过虚化土地所有权,将土地使用权物权化,并赋予农民以土地流转的权利,创造土地流转的条件,将极大地增加农民的财产性收入。而从房地产市场良性发展的角度来看,这一举措既有利于扩大土地供给,也有利于减轻保障房需求。

对建造不同类型房屋的开发用地实施不同的土地供给政策。保障房的用地应采用行政划拨形式,中低商品房采用综合评标方法,高端商品房继续采取招拍挂的方式出让。

逐步改变批租制,以地租的逐年收缴的方式——即年租制——取代一次性收缴方式,为地方财政的长期可持续性奠定制度基础。年租制可以显著弱化地方政府"挤牙膏"式土地供应的动力,刺激地方政府扩大土地供应规模。

4. 深化收入分配制度改革

在收入分配制度方面,首要的是解决央企占据主要地位的垄断行业收入过高的问题。为此,我国需要坚决推进体制改革,为民营企业进入垄断行业,在平等的平台上与国企展开竞争创造坚实的基础,取消国企制定垄断价格的权力。政府还需要大幅度提高国企分红的比例,使国企工作人员不再侵占本该属于全国人民的财富,将这笔财富投向保障性住房、医疗保障基金、教育等公共服务领域。其次,要改革税收制度,降低国民的税负压力。应该尽早实现从流转税为主体的税收结构转向流转税和所得税双主体的税制结构,并进一步转向所得税为主体的税制结构。同时,我国应该适时开征房产税等新税种。

再者,要加大对小微型企业的扶持力度。应通过财政和金融两方面的支持,为小微型企业的发展创造良好的条件。小微型企业是解决就业问题的主力军,而其就业人员几乎完全是普通社会成员。因此,扶助小微型企业将有助于提高普通社会成员的收入水平。政府应该同时从税收优惠、财政支出两个角度对这类企业予以援助,并通过政策性银行对它们提供低利率贷款;而尽可能多地提供及时、有效的市场信息,也是一种卓有成效的支持手段。

另外,应不断扩大社会保障的覆盖面、提高保障水平,促进社会保障的公平性,使民众增加收入,从而有力量购置房产。

参考文献:

[1] 刘克崮.基本住房保障制度要保障40%的人群有房子住[EB/OL].(2012-03-07). http://estate.caijing.com.cn/2012-03-07/111728353.html.

[2] 程志良,蔡敏.保障房工程为中国政府赢得民心[EB/OL].(2012-01-27). http://news.xinhuanet.com/fortune/2012-01/27/c_111462966_2.htm.

[3] 杜笑宇.中国已超过美国成全球最大房地产投资市场[EB/OL].(2010-03-03). http://finance.21cn.com/news/cjyw/2010/03/03/7379675.shtml.

[4] 李正强.保障性住房发力五年将新建

3600万套[N].中国联合商报,2011-03-05.

[5] 梁霄.北京27.16％住房空置率数据由来[N].中国经营报,2010-09-20(A06).

[6] 王家庭.中国商品住宅空置率过高的原因及对策[J].经济评论,2002(1):79-83.

[7] 王永生.社科院经济蓝皮书指出中国85％家庭没有能力买房[N].法制晚报,2010-12-07.

[8] 胥会云.上海等20城市去年卖地收入近1.24万亿[EB/OL].(2011-01-06).http://house,southcn,com/f/2011-01/06/content_19055976.htm.

[9] 易宪容.住房空置率之高说明啥？[N].人民日报(海外版),2010-07-09.

[10] 于猛.地方政府"土地财政"不可持续[N].人民日报,2010-12-27.

载《浙江学刊》2012年第4期

对媒体"楼市面临崩盘"的澄清

2003年12月份,我因别人冒用我姓名发表文章而写了声明(详见2003年第11、12期《民营经济通讯》、2003年12月11日《钱江晚报》刊登的《单教授新遇烦恼事——有人竟多次冒用他的姓名刊发论文》),没想到今年时近岁末,又发生媒体报道与我个人观点相悖的事件,在此不得不重新来"告白天下"。

12月中旬我在外省出差,杭州、南京、广州等地电台和电视台等多家媒体先后找上我。杭州台记者告诉我:"你在《21世纪经济报道》上所谈的杭州楼市将崩盘的说法很有影响,我们想详细了解你在这方面的观点。"南京电视台还专程赶到杭州要求采访我,说:"你关于杭州楼市的谈话在南京反响很大,你是这方面的权威,我们想请你就目前杭州的房产走势再谈些看法。"

事后查实,12月15日的《21世纪经济报道》上确有《杭州房价暴跌 专家称楼市面临崩盘之忧》一文,文中写道:

"浙江财经学院单东教授表示,杭州楼市供需关系即将出现变化。原因在于,前段时间集中供房的大潮已经过去;加息等一系列金融新政策的相继出台,抬高了房产投资的门槛;尤其已试运行的杭州'透明售房系统',也在一定程度上抑制了交易量的虚高现象","单东教授认为,随着2005年杭州市计划再推出4 500亩住宅用地,以及九堡、下沙、丁桥等地大量经济适用房对住房需求的'釜底抽薪',杭州楼市将进入一个相对较长的冰河期"。

我并未接受过相关的采访,也未公开发表过相关的言论和观点,对此无中生有的报道我感到莫名其妙,这篇报道经全国众多网站转载后,扩大了负面影响。

与这篇文章中所谓我的观点恰恰相反,就"杭州房价"这个焦点而言,我一直认为杭州的房价会一路上涨。在国家宏观调控措施出台后,关于房地产业的各种争论也日趋激烈,尤其是房价下跌的呼声日益高涨。为此我省有多位房地产开发商(2004年6月5日)曾找我咨询。我坦然告诉他们,这次宏观调控,房地产业虽然首当其冲,但不会因此而下滑,仍会继续保持较高的发展水平,杭州的房产价格会继续攀升,并鼓励他们继续投资并向省外拓展。当时我还向他们戏言:在宏观调控形势下,如果我有经济实力,首选的投资项目就是房产。这不是我的主观臆断,而是由供求矛盾这个铁一般的事实所决定的,由现有体制支撑着的。希望杭州房价暴跌固然是很大一部分人的美好愿望,但事实并非由人们的愿望所决定,去买过房的人就知道现在杭州的房价究竟是涨还是跌了。相对于广州等城市而言,杭州的房地产市场还处在一个并不成熟的阶段,房价确实存在一些炒作和非理性的追捧等不合理现象,但最关键的问题是:需求不是泡沫。首先,杭州因经济的发展引进了大量的人才,旧城改造、住房标准提升、户籍制度改革等因素,促使对房产需求长期处于膨胀状态;同时,浙江及周边地区经济相对发达,人均可支配收入较高,有较旺盛的购房需求。其次,我国证券市场低迷,投资品种单一,且储蓄利率以前多次下调,导致大量民资为追逐高利润而涌入房产业。再者,今年国家实施的宏观调控措施紧缩了银根和可供开发的土地,这样一来,土地的稀缺性就更凸显出来,这意味着盖出来的商品房将更加有限和吃紧,供求的失衡必然会进一步促使房价继续上扬。该文以我的名义发表所谓我的观点,让我甚是忧虑。

我对杭州广播电台记者说了,我没有接受过《21世纪经济报道》的采访,但是现在杭州楼市的现实状况证明,我上半年作出的在宏观调控下杭州房价会飙升的判断是正确的。南京等媒体的采访请求则被我婉拒了。我不喜欢接受媒体的采访,这一点我所在单位和我身边的同事都知道。

另需说明的是:《21世纪经济报道》2004年8月刊登的《台湾"经营之神"王永庆的宁波三喜》和9月刊登的《"36条"猜想:温总理浙江之行给民企带来什么》(前者我从网站获悉,后者从浙江的报纸转载得知)两篇文章也有类似情况,文中分别提到:

"浙江财经学院单东教授向本报分析指出,王永庆上述举动将有利于其内地产业链垂直整合——掌握自有港口、物流系统、与垂直整合的工厂等竞争优势,并提高运作效率以降低成本";"'温总理的浙江之行非常及时,等于告诉大家可以安心搞生产,等待相关配套政策的最终出台。'浙江省民营经济研究会会长单东教授对记者如是说"。

以上均非我的言论,实乃子虚乌有。作为一个学者,我要对我的言论负责,所以有必要加以澄清,以免给社会造成不良影响。而作为个人,我的精力和时间有限,无法杜绝也不希望纠缠于此类事件,谨希望和大家一起来共同抵制此类"假冒"事件的发生,还学术界和舆论界一个纯净的空间。顺便一提,在我写这篇澄清事实真相的文章的同时,杭州的一位朋友关心地问我:你是否在研究房产？上海的一位亲戚则来电询问：杭州的房产跌得很厉害吗？说真的，媒体的炒作，令我苦不堪言。希望新闻工作者实事求是，勿为了追求报道的所谓"权威性"而丧失最重要的真实性。

载《民营经济通讯》2004年第12期

八、促进民营经济高质量发展

1. 建设共同富裕示范区　浙江民企大有可为
   ——读《浙江高质量发展建设共同富裕示范区实施方案》
2. 数字经济如何赋能制造业高质量发展
3. 浙江民企出海需发挥数字经济平台优势
4. 浙江民营经济30年：发展历程与宝贵经验
5. 用科学发展观统引舟山民营经济发展
6. 如何有效地转化民间资金为产业资本
7. 破解民间资金进入实体经济的制度性障碍
8. 浙江民企回归实业的核心问题与路径
9. 实施三项举措　促民营经济发展
10. 运用社会组织促进浙江经济发展的政策建议
11. 浙江民营经济发展迎来新机遇
    ——读《浙江省民营企业发展促进条例》有感
12. 发挥地摊经济积极作用　为经济社会发展赋能
13. 优秀私营企业主入党问题不容回避
14. 金融危机条件下浙江民营企业的转型升级
    ——2009年4月8日在江西财经大学对博士和硕士研究生的专题演讲
15. 调研称：浙江中小民企转型升级存五难点分别为"重""难""低""缺""差"
16. 应对国际金融危机挑战　民营企业要加快信息化建设
17. 为什么这些民企在危机中能傲然挺立
18. 民营经济的产业转移与打造战略性新兴产业
19. 民营企业应积极发展战略性新兴产业
20. 浙江中小民营企业转型升级问题研究
21. 民营经济　风华正茂
22. 提振民企信心　要坚持短期"回血"和长期"活血"并举

建设共同富裕示范区　浙江民企大有可为
——读《浙江高质量发展建设共同富裕示范区实施方案》

近日,浙江发布了《浙江高质量发展建设共同富裕示范区实施方案(2021—2025年)》(以下简称《方案》),提出率先探索建设共同富裕美好社会,为实现共同富裕提供浙江示范,到2025年推动高质量发展建设共同富裕示范区取得明显实质性进展,形成阶段性标志性成果。笔者认为,浙江作为国内的民营经济大省、强省,建设共同富裕示范区,浙江民营企业大有可为。

《方案》第二部分第7条指出,要"全面落实民营企业发展促进条例,健全市场准入负面清单制度,打造民营经济发展生态最优省,鼓励民营企业放心大胆发展,支持民营企业在培育中等收入群体、促进共同富裕上发挥更大作用"。民营企业在国民经济发展过程中发挥的重要作用,已经得到一致认可,亦即公认的"56789"一说:民营经济贡献了中国经济50%以上的税收、60%以上的GDP、70%以上的技术创新成果、80%以上的城镇劳动就业和90%以上的企业数量。可以说,民营经济已经和国家的经济社会发展休戚与共、息息相关,结成了命运共同体。浙江民营经济发挥的重要作用更为突出,地位更重要,与具有全国普遍意义的"56789"不同,浙江民营经济茁壮成长、蓬勃发展,呈现出的是"67789"的显著特征,亦即浙江的民营企业贡献了全省65%的GDP、74%的税收、77%的出口、87%的就业和91%的企业数量。

笔者认为,新时代下,浙江高质量发展建设共同富裕示范区,浙江的民营企业依然大有可为,而且将发挥更加重要的作用。

一、民营企业是共同富裕的重要建设者

习近平总书记强调,实行以公有制为主体、多种所有制经济共同发展的基本经

济制度,是中国共产党确立的一项大政方针,必须毫不动摇巩固和发展公有制经济,毫不动摇鼓励、支持和引导非公有制经济发展。当下,民营经济已经成为中国特色社会主义市场经济的重要组成部分和重要基础,为中国经济发展做出了非常重要的贡献,新时代下,对实现全国共同富裕具有重大作用。在浙江,民营企业在促进全省经济高质量发展中发挥的作用尤为突出和明显,浙江的民营企业应该在建设共同富裕示范区的过程中,更好地彰显"重要建设者"这一身份,为稳定经济增长、促进科技创新、增加就业、提高税收、改善民生等发挥重要作用,成为浙江建设共同富裕示范区的重要参与者。

二、民营企业发展促进条例为民营企业参与建设共同富裕夯实基础

作为全国省域层面第一部促进民营企业发展的地方性法规,《浙江省民营企业发展促进条例》自去年2月颁布实施以来,在平等准入、保障措施、权益保护、行政行为规范、法律责任等方面,对民营企业的发展做了相应的规范,保障民营企业与其他所有制企业依法平等使用资源要素,公开公平公正参与市场竞争,同等受到法律保护,实现权利平等、机会平等、规则平等,进一步优化了营商环境,以及构建亲清政商关系,保障民营企业公平参与市场竞争,保护民营企业合法权益,激发民营企业活力和创造力,更好地促进了民营经济高质量发展,也为民营企业参与建设共同富裕夯实了基础。

三、建设共同富裕是民营企业履行社会责任的重要体现

民营经济是中国特色社会主义市场经济的重要组成部分和重要基础,也是建设社会主义现代化重要力量,民营企业当然应该把建设共同富裕作为自身积极履行社会责任的重要方式。去年,习近平总书记在主持召开企业家座谈会时强调:"只有真诚回报社会、切实履行社会责任的企业家,才能真正得到社会认可,才是符合时代要求的企业家。"民营企业作为推动共同富裕的重要市场主体,应该积极履行新时代民营企业家的社会责任,不断为我国经济社会发展创造新的物质财富和精神财富,而浙江民营企业作为全国民营企业的代表,应该敢履责、能履责、愿履责,发挥先锋模范作用。

综上所述,笔者认为,新时代下,浙江民营企业应该成为浙江建设共同富裕示范区的重要参与者和贡献者,浙江的民营企业应该在党的领导下,积极融入政府主导、市场引领、社会协同,鼓励先富帮后富,构建专项扶贫、行业扶贫、社会扶贫互为补充这一大扶贫的格局中来,为浙江建设共同富裕美好社会,为实现共同富裕贡献更大力量。

2021年8月2日

数字经济如何赋能制造业高质量发展

最近,浙江省委、省政府公布的《关于以新发展理念引领制造业高质量发展的若干意见》提出,通过"完善和优化全球化产业链"来助力我省制造业的高质量发展。笔者认为,在数字经济已经成为当前世界经济发展的新动力、各国加强经贸合作的重要桥梁和纽带,以及全球新一轮产业变革的核心力量的当下,借助数字经济平台来实现这一目标,是符合我省经济发展实际的有效途径之一。浙江应紧紧抓住数字经济发展机遇,通过积极布局数字经济的新平台、新经济、新模式,进而完善和优化全球化产业链,推动制造业迈向高质量发展之路。

浙江是制造业大省,为了更好地发挥我省制造业优势,《意见》除了秉承通过加快"互联网+""大数据+"应用,促进我省制造业高质量发展的理念以外,更是高屋建瓴地提出了借助5G、工业互联网和数字经济平台等形式,完善和优化全球化产业链,促进我省制造业高质量发展。可以说,这是一次具有突破意义的理念创新。

浙江在数字经济发展方面具有显著的优势,拥有不少在国内外具有一定知名度的跨境电商数字经济平台,这些平台的业务涵盖全球及各行业、各领域,且已通过数字化技术构建了较为完整的全球数字化生态系统。借助这些平台,可以为我省、我国和全球用户提供"物联、数联、智联"三位一体和"物流、资金流、信息流"三流合一的数字经济底层架构,帮助传统贸易、服务、制造业实现在线化、数据化,以数字技术助推制造业等实体经济向数字化转型,推动制造业优化资源配置、调整产业结构、实现转型升级,促进实体经济与数字经济融合发展。同时,这些平台也可以通过数字化生态系统,为制造业等实体经济的发展创造新体验、新沟通、新价格、新速度、新服务、新模式,推动制造业等实体经济产业创新,帮助我省制造业企业有效对接全球资源和市场,促进我省制造业以及我国具有自主产权的大数据、云计算、物联网等技术"走出去",进而实现不同经济体的优势互补和互联互通,最终拉动我省经济增长,实现我省制造业和工业经济高质量发展。

制造业是强省之基,是社会稳定和民生改善的"压舱石"。建设先进制造业基地,也是"八八战略"的题中之义。《意见》的公布,是省委、省政府深入实施数字经济"一号工程",推动制造业质量变革、效率变革、动力变革,全力建设全球先进制造业基地的重要举措,更是坚持以习近平新时代中国特色社会主义思想为指导,坚持以供给侧结构性改革为主线,推动互联网、大数据、人工智能同实体经济深度融合,加快推进数字产业化、产业数字化,为经济高质量发展打造新引擎的重要实践。通过数字经济平台,运用数字经济新模式,加速渗透全产业链,进而完善和优化全球化产业链,定能助推我省全力建设全球先进制造业基地,提升制造业在全省经济中的支柱地位,更好发挥浙江制造在制造强国建设中的地位和作用。

载《浙江日报》2020年4月2日
中国社会科学院社会科学网站同日转载

浙江民企出海需发挥数字经济平台优势

新冠疫情发生以来，国际产品需求明显下滑，我国外贸企业发展面临重重困难和挑战。浙江拥有数量众多的民营外贸企业，这些企业大多属于中小型企业，一旦遭遇到了订单骤减的局面，企业生存就出现了重大危机。从现阶段看来，这种危机仍将在一段时间内持续。世界贸易组织预测，2020年全球商品贸易将下降13%—32%，几乎全球所有地区都将出现两位数下降。联合国贸发会议也指出，2020年全世界的贸易收缩情况，比2008年全球金融危机时更严重，负面的影响也将更加深远。在如此艰难的环境下，浙江民营企业该如何从困境中突围，浴火重生？

浙江省民营经济研究中心在近期的调研中发现，疫情之下，仍然在坚持做出口的浙江民营企业，积极发挥自身才智，通过多种方式不断拓展销售渠道。在整体外贸数据下降的情况下，以数字经济平台为代表的外贸新业态，凭借海外渠道丰富、信息面广、联动速度快的优势，在此次疫情中异军突起，成为浙江中小微企业主要的出口通道和发展的一大亮点。

而这一点，与浙江省重视数字经济发展密不可分。作为数字经济先行者，十多年来，浙江省坚持不懈地抓数字经济发展，加紧深入实施数字经济"一号工程"，目前，数字经济已成为引领浙江经济高质量发展的新引擎。而数字经济平台作为一种外贸新业态，也为浙江经济发展做出了重要贡献。众所周知，数字经济平台利用区块链、人工智能、大数据、物联网、云计算等新技术，突破时空限制，连接各类主体，构建联动交互数字经济生态，采集、共享、利用各类主体的数据提高交易效率，是支撑和稳定经济运行的一种新型基础设施，在当前外贸困境下，对于推动浙江民营企业出海、促进经济发展具有独特的作用。

那么，如何通过数字经济平台，更好地助推浙江民营企业出海？以下几个方面的建议或可供参考。

借助数字经济平台,积极推广浙江本地产业品牌,提升本地产业影响力,为"浙江制造"造势

可以根据浙江民营企业的特色和优势,量身定制产业出海平台,塑造一批可以代表浙江民营企业的优质品牌;线下可以通过跨境电商数字经济平台,如国内外大型和专业会展机构、国际商协会、不定期举办的国内外经贸论坛和企业交流对接活动等,来进行品牌推广;线上可以利用数字经济平台丰富的客户资源作为品牌推广渠道。线上线下相结合、全方位、多渠道精准地推广浙江民营企业品牌,全面提升浙江民营企业的国际影响力和知名度,为浙江民营企业在国际上打造金牌名片奠定基础。

积极构建基于浙江本地的民营外贸生态圈,提升本地民营外贸企业的国际竞争力

借助"产业出海"平台,协助构建属于浙江本地的民营外贸生态圈,为本地民营外贸外贸企业出海赋能,提供包含在线商机、全球采购商库、海关贸易数据、环球会展、国家风险报告、企业征信查询、贸易预警、通关检验、物流运输、海仓在线、认证检测、在线保险、退税融资、商账追收、外贸指南、HS编码查询、汇率查询以及税率查询的外贸全生态圈服务;为浙江民营外贸企业提供覆盖外贸全流程的深度专业服务,解决企业外贸订单难、资金难、国际认证难、国际贸易风险识别难、国际物流规划难等一系列外贸难题,提升浙江民营外贸企业融入国际市场和参与国际市场竞争的能力。

快速搭建浙江民营企业商品出海的快车道

定制打造专属浙江本地产业的商品海外专区,并可以通过浙江本省的跨境电商数字经济平台对接全球资源,搭建本省产业出海的直通车;并通过跨境电商数字经济平台在全球各地的线下团队,全方位扶持产业直接对接全球市场,从而提高外贸销量,推动产业发展。同时,根据浙江本省产业企业的实际情况以及产品特色,重点扶持和打造一批本省民营外贸企业出海的案例,通过这些成功案例提升民营企业产业出海的信心以及引领作用,提升浙江外贸增量。

构建浙江产业出海大数据,实时掌握外贸动态

借助大数据分析,可以吸引本省企业群体通过数字经济平台进行交易、结汇和融资,企业在平台交易形成的数据和信息又可以为第三方外贸服务企业拓展服务功能、创新数据服务产品提供机会,大数据与平台数据可以实现良性互动。第三方外贸服务企业利用大数据拓展平台服务功能,可以逐渐延伸出在线报关、信用融资、跨境结算、全球商业咨询等高增值服务,显著提高外贸业务的专业化和信息化水平,提高交易效率,全面展示浙江全省的外贸发展情况,同时可以模型化分析浙江优势产业和外贸的运行状态,方便相关单位和部门实时掌握整体贸易动态和个体企业贸易情况,对区域经济和贸易发展进行及时调整引导。

浙江民营企业产业出海可以借助当地数字经济平台在技术、能力、资源等方面所有有利的出海要素,并结合浙江省产业带的产业特色和优势,全面赋能浙江产业带的发展,打造品牌出海、商品出海、外贸生态圈、产业大数据等板块,进而帮助全省产业集群做大做强,加强国际竞争力,快速出海,最终实现浙江经济迈向高质量发展,为国家"一带一路"倡议源源不断地提供可借鉴的"浙江经验",贡献"浙江力量"。

载《浙江经济》2020 年第 10 期

浙江民营经济30年：发展历程与宝贵经验

30年发展的四个阶段

从新中国成立到1978年前，从总体上讲，全国个私经济已被当作资本主义尾巴割掉了。改革开放后，特别是20世纪70年代末80年代初，浙江各地开始出现了第一批农民企业主和民营企业。1978年，浙江经济增加值为123.7亿元，其中，集体经济增加值为68.9亿元，占全部增加值的比重为55.7%，高出全国平均水平21个百分点；非公有制经济增加值为7亿元，所占比重为5.7%。从1978年以后，浙江民营经济逐渐发展起来。截至2008年上半年，浙江民营企业为全省创造了70%的生产总值、60%的税收和76%的出口，以及90%以上的新增就业岗位，30年的发展成绩辉煌。根据党和国家有关方针政策的调整和变化，浙江民营经济30年的发展历程可以划分为以下几个阶段：

（一）允许民营经济的存在和发展（1979—1986）

1979年4月9日，国务院批准工商行政管理总局关于全国工商行政管理局长会议的报告，报告中首次提出了恢复和发展个体经济。这份报告标志着我国开始允许发展民营经济。这一年，浙江省登记的新工商个体户达8 091户，从业人数达86 900人。

1981年，国务院公布了《关于城镇非农业个体经济若干政策性规定》。《规定》既明确支持鼓励个体经济的发展，又以请"帮手"、带"徒弟"形式突破了不准雇工的限制，但是对雇请人数做出了最高规定。

1982年，党的十二大提出："在农村和城市，都要鼓励劳动者个体经济在国家规定范围内和工商行政管理下适当发展。"这一方针同以往相比，有了大的突破。这是第一次在党的代表大会的报告中明确提出要鼓励个体经济发展，并且把个体经济发展的地域扩展到农村，打破了过去个体经济仅局限于城镇的状况。同年12月，五届全国人大五次会议通过的《中华人民共和国宪法》第十条规定:在法律规定范围内的城乡劳动者个体经济是社会主义公有制经济的补充,从而使发展个私经济获得国家宪法的许可。

1984年10月,党的十二届三中全会通过的《中共中央关于经济体制改革的决定》,第一次系统地阐述了我们党在现阶段对发展个体私营经济的基本指导方针。以十二届三中全会为标志,党的发展民营经济的方针政策已经基本形成。

(二)鼓励民营经济的存在和发展(1987—1992)

1987年11月,党的十三大明确提出社会主义初级阶段的基本路线和鼓励发展个体经济特别是私营经济的方针。十三大报告把"要在公有制为主体的前提下,发展多种经济成分,在以按劳分配为主体的前提下,实行多种分配方式,在共同富裕的目标下鼓励一部分人通过诚实劳动和合法经营首先富裕起来"作为社会主义初级阶段党的工作的指导方针。

1988年4月召开的第七届全国人民代表大会通过《中华人民共和国宪法修正案》,在宪法第十条中增加了规定:"国家允许私营经济在法律规定的范围内存在和发展。私营经济是社会主义公有制经济的补充,国家保护私营经济的合法权益。对私营经济实行引导、监督和管理。"从此,私营经济的发展与管理被纳入法制的轨道。1988年下半年,工商行政管理机关开始对私营企业实行登记监督管理。到1990年,浙江省集体经济占GDP比重基本保持不变,个私经济的比重上升了10个百分点;在工业方面,个私经济上升了5.5个百分点,这个阶段个私经济发展速度是快的。

就在这个阶段中,发展个私经济还受到长期形成的对私有经济的歧视,许多私营企业迫不得已而戴上了集体所有制的"红帽子"。到1990年,当集体经济占GDP的比重高达53.1%时,个私经济所占比重仅为15.7%。1991年,浙江省经工商登记注册的个体工商户和私营企业分别为153.2万户和9.2万家,从业人员分别为155.8万人和16.9万人,注册资金分别为40亿元和7.3亿元。

(三)民营经济进入健康有序发展阶段(1992—2000)

1992年,邓小平发表南方谈话。这个谈话对于民营经济的进一步发展是个重要的转折点。他科学地总结了十一届三中全会以来的基本经验,阐明了计划和市场的关系,并提出:"计划多一点还是市场多一点,不是社会主义与资本主义的本质区别。计划经济不等于社会主义,资本主义也有计划;市场经济不等于资本主义,社会主义也有市场。计划和市场都是经济手段。"邓小平的南方谈话,彻底消除了人们对发展民营经济认识上的顾虑,解放了思想,放开了手脚。

1993年11月14日,党的十四届三中全会通过的《中共中央关于建立社会主义市场经济体制若干问题的决定》指出:"坚持以公有制为主体、多种经济成分共同发展的方针。在积极促进国有经济和集体经济发展的同时,鼓励个体、私营、外资经济发展,并依法加强管理。"《决定》的公布,鼓舞了浙江民营企业的经营者更加放开手脚,许多家庭作坊不但应运而生,而且还搞起了股份合作制,相关企业之间开始注重合作联合,民营经济得到进一步的发展。

截至2000年底,浙江省个体工商户总量为158.86万户,从业人员272.38万人;私营企业17.88万家,从业人员300.48万人。在这一阶段,浙江民营企业开始有序发展,在经营上重视市场规则,并实现了资本的原始积累。

（四）民营经济高速起飞阶段（2000年以来）

进入21世纪,社会主义市场经济体制已经确立并逐步完善,经济全球化进程加快,全方位、宽领域、多层次对外开放格局逐步形成,利用两个市场、两种资源发展社会主义市场经济的条件更加有利,民营经济迎来了大发展的春天。党的十五大的召开以及随后通过的宪法修正案,确立了民营经济的合法性地位,浙江民营经济有了一个更加宽松的环境并开始了新一轮的蓬勃发展。2002年,党的十六大报告提出了两个"毫不动摇"的方针:必须毫不动摇地巩固和发展公有制经济,必须毫不动摇地鼓励、支持和引导非公有制经济发展。2005年,国务院发布了《关于鼓励、支持和引导个体私营等非公有制经济发展的若干意见》,即"非公经济36条"。2007年,党的十七大报告又进一步提出要实现"两个平等":坚持平等保护物权,形成各种所有制经济平等竞争、相互促进的新格局。

到2006年底,全省已有私营企业40.6万家,投资者人数达92.6万人,雇工508.6万人,注册资本金达到6 936.7亿元。在全国500强民营企业中,浙江占203席,总量居全国第一。全省注册资金100万元以上的私营企业有10.1万家,1亿元以上的有435家,私营企业户均注册资金达170.7万元,总资产亿元以上的私营企业超过1 500家,年总产值或销售总额为亿元以上的私营企业达1 700多家,私营企业集团1 019家。2006年,个体、私营经济创造总产值12 546.9亿元。

发展方式的二大转变

浙江民营经济30年的发展,其间经历了很多转变,从最初的重数量转变为重质量等。浙江民营企业根据市场变化不断地调整发展策略,形成了如今"发展好、增长快、后劲足"的态势。

（一）管理方式的转变

浙江民营企业一个最显著特点就是企业"家族化"管理。长期以来,"个体工商户"和绝大部分的"私营企业"完全属于家庭或者家族企业,就连"股份合作企业"和"股份制企业"也大都保留着浓厚的家族色彩。家族化管理模式在民营企业创业初期具有其存在的合理性,家族企业的血缘关系很好地解决了管理层的约束激励问题,家族企业减少了监督难度和交易成本,减少了委托代理的管理成本,增加了内部信息沟通的程度。但是随着民营企业的不断发展壮大,家族化管理暴露出的缺陷越来越多。由于家族化管理,企业对外来金融资本、外来人力资本的排斥,造成了许多民营企业的融资难、管理落后。

近年来,越来越多民营企业认识到了自身管理方面的缺陷,自觉实现管理模式或管理方式的转变。第一,改革和完善现代企业制度和企业产权制度,实现所有权和控制权的高度分离。第二,实现股权激励,降低代理成本,在两权高度分离的企业中,产权所有者与控制权所有者之间既相互尊重又相互统一,是一种委托代理关系。第三,许多民营企业改变了用人机制,去除过去任人唯亲的旧机制,实现了任人唯贤。第四,浙江民营企业重视企业文化建设,重视企业文化的影响力。

（二）生产方式的转变

长期以来,浙江民营企业一直是以劳动力密集型生产方式为主。随着浙江产业结构升级的不断推进,光靠劳动力密集型生产方式已经不能满足浙江经济发展的需要。目前浙江大型民营企业在不放弃劳动力密集型工业的基础上,改变了创业初期的粗放型生产方式,加大科技投入,加快技术改造,并大力培植优质产品和创名牌,出现了较多的上水平、上档次的民营企业,从而使绝大多数民营企业从低水平、粗放型扩张向劳动密集型和高科技型相结合的生产方式转变,实现从劳动密集型企业向高科技密集型、资金密集型企业的转变。通过民营企业的生产方式的转变,浙江产业结构也从以传统制造业和商贸业为主升级到以高技术高附加值的先进制造业、新兴服务业为主的产业结构,实现产业结构的优化和升级。

发展进程的四大特点

特点一：市场与企业集群的互动。

浙江民营经济之所以能够发展得这么快,是和拥有许多成熟的专业市场分不开的。专业化市场为区域特色经济集群的发展提供了产业资源配置的内在机制和产品辐射网络。市场上集聚的各类产品,大大降低了交易成本和交易失败率,同时又能快速反馈给企业市场信息和产品信息,帮助企业不断提高技术水平和劳动生产率,促进资源的流动以及在各个行业的配置。此外,专业化市场的存在提供了区域品牌,极大地降低了企业营销费用。当前浙江已经拥有义乌小商品市场、海宁皮革城、永康中国五金城等国内外知名的专业市场,这些专业市场发展壮大并带动了周边经济的快速成长,形成许多国内外知名产业群。

特点二：较普遍的块状经济。

浙江民营企业规模普遍较小,但是往往众多中小民营企业集聚在一起,生产同一种或者同一类相关产品,形成一个产业集聚区,即块状经济。在这个产业集聚区内,各个企业分工细密,联系密切,通过相互间的合作来赢得市场。比如玉环县汽车和摩托车零配件行业,全县有上千家汽车摩托车零配件企业,许多企业生产规模都不大,有些企业甚至只生产一种螺丝钉,但由于企业分工非常细,大大提高了企业的生产效率,加快了产业集聚。目前浙江全省共有600多个规模上亿元的块状经济。

特点三:优势凸现的品牌集群。

近年来,民营企业品牌意识不断加强,以品牌引领新飞跃,已成为浙江许多民企新一轮发展的目标。截至2006年底,全省注册商标累计达27万件,境外商标注册累计近万件,是全国商标国际注册最多的省份。民营企业获得驰名商标125件,全省累计认定著名商标1 295件,专业商标品牌基地36个,知名商号523个,品牌集群优势逐步凸现。

特点四:企业家不倦的开拓精神。

从20世纪90年代初浙江人的"四千精神"(走遍千山万水、说遍千言万语、想尽千方百计、历经千难万险)到新世纪的"浙江精神"(自强不息、坚忍不拔、勇于创新、讲求实效),浙江人从不安于现状,拥有强烈的求富欲望、自强不息的自主创业意识和敢想敢干、敢闯敢冒的创新精神,浙江民营企业在世界许多地方生根、开花、结果。到2007年6月底,共有1 910家民营企业在境外设立分支机构,居全国首位,中方投资额9.12亿美元。以浙江民营企业的领头羊——万向集团为例,如今已经在美国、英国、德国、加拿大等国家拥有31家公司,在全球市场建立了服务网络,在美国设立了技术中心和生产基地,成为名副其实的跨国公司。

对浙江发展的巨大影响

改革开放30年,浙江的生产总值已居全国第四位,民营经济功不可没。据统计,浙江全省生产总值由2002年的8 004亿元增加到2007年的18 640亿元,年均增长14.1%,人均生产总值由16 978元增加到37 130元,年均增长12.7%;城镇居民人均可支配收入由11 716元增加到20 574元,农村居民人均纯收入由4 940元增加到8 265元,年均实际增长分别为9.8%和7.8%。实践证明,浙江人民生活水平的大幅度提高归根结底在于民营经济的发展。

——民营经济是就业的主渠道。

无论是发达国家,还是发展中国家,就业问题一直是首先要解决的社会问题。浙江省依靠其发达的民营经济,不但解决了本省的就业问题,而且还吸纳了大量的省外务工人员。2006年浙江新增就业人口为134.46万人,其中国有经济单位和城镇集体经济单位解决新增就业为13.15万人,而民营经济则解决了121.31万人的新增就业人口。

——民营经济是新农村建设的主力军。

2005年10月,党的十六届五中全会通过的《中共中央关于制定国民经济和社会发展第十个五年规划的建议》中指出,"建设社会主义新农村是我国现代化进程中的重大历史任务"。许多民营企业积极响应中央的号召,将企业的发展重心转向农村发展,以促进农民增收为宗旨,推动社会主义新农村建设。截至2007年底,浙江农民人均收入已经达到8 265元,连续20多年居于全国之首。浙江农民之所以能够取得这么高的收入,和浙江高度发达的民营经济是分不开的。

——民营经济是城市化的推动力。

改革开放之前,浙江的城市化在计划经济体制下发展缓慢。改革开放以后,浙江经济迅速发展,浙江城市化也有了很大的发展。1979年,浙江的城镇人口为550万人,占总人口的14.5%,到1998年,城镇人口达到1 637万人,占全省总人口的36.7%,到了2007年,城镇人口为2 894.3万人,占总人口的57.2%。浙江城市化进程之所以能够快速推进,主要是浙江能够将农民从土地上不断地解放出来,聚集城市人口。义乌市的城镇化就是一个典型。改革开放初,义乌城区只有2.8平方千米。经过30年民营经济的发展,义乌已经成为全国性的小商品流通中心和国际性的小商品采购基地。如今城区面积已经达73平方千米,城区人口达到71.6万人,城市化水平达到62%。

发展实践的三条经验

（一）解放思想,用正确的政策引导企业发展

一个地区经济的发展,良好的自然条件禀赋、原有资本积累的程度以及现有高新专利技术的支撑固然重要,但如果没有一个好的政策引导,它的发展也会受到外部的影响。改革开放以来,浙江省委、省政府坚持一切从实际出发,用发展的观点去统一思想和行动。20世纪80年代末,浙江个体私营企业遇到了重新进行工商登记等问题,许多地方政府从发展的观点出发,或让企业挂靠有关单位和外资企业,或组建成股份合作制企业,借助"公家企业"的名义,使民营企业"挂户经营"而获得生存机会,维护了企业的发展势头。20世纪90年代,浙江先后出台了《关于进一步促进个体、私营经济健康发展的通知》和《关于大力发展个体私营等非公有制经济的通知》,放宽了民营企业的市场准入门槛并拓展了民营企业的投资经营领域。对于民营企业融资难问题,浙江省政府通过组建中小企业信用担保机构、推行企业财产抵押贷款、创新金融产品等方式,探索并构建有针对性的融资机制。进入新世纪,根据国家出台的《国务院关于鼓励支持和引导个体私营等非公有制经济发展的若干意见》,及时出台了相应的实施细节(浙江省政府2006年1号文件)。这个文件的出台,对浙江民营企业进入一些垄断行业放宽了门槛,使民营企业拥有了更加广阔的发展空间。正是由于浙江省政府对民营经济的政策支持做到了一切从实际出发,特殊问题特殊解决,坚持因地制宜,一厂一制,特事特办,把政策用活,使民营企业在政策扶持下不断成长壮大。

（二）规模经济是浙江民营经济快速发展的重要推动力

规模经济有三个层次:企业内部规模经济、聚集经济和范围经济。浙江民

营经济的一个主要特征就是"块状经济","块状经济"的形成,用经济学的说法就是"聚集经济"。所谓聚集经济,是指经济活动在空间上呈现局部集中特征,这种空间上的局部集中现象往往伴随着在分散状态下所没有的经济效率,使得企业聚集而形成的整体系统功能大于在分散状态下各企业所能实现的功能之和。浙江省"一乡一品"的特色给区域内企业带来了许多便利。首先,采购成本降低。区域内许多企业联合一起来采购原材料,会带来采购价格的定价优势和运输费的减少,从而大大降低采购成本。其次,给企业带来定价权。浙江民营企业中有很多是中小企业,它们经常是联合起来一起生产一张订单最后再卖给客户,这样企业就可以取得定价权。最后,聚集经济还会减少交易费用。在浙江"块状经济"区域内,许多企业都是产业链内相关,它们在同一个区域内进行交易会比从区域外花费更少。

(三)浙江人的自我创业和吃苦耐劳精神是浙江民营经济迅速发展的原动力

自古以来,浙江就有经商的传统,宁波商人在历史上为繁荣商品市场起到非常重要的作用。在浙江,几乎每一位创业者都经历了创业的艰辛和风险的考验,他们为了创业,可以四海为家,什么苦都能吃,什么脏活、累活都干,数百万连普通话都不会讲的浙江农民,足迹遍布天南海北,正是这种艰苦创业的精神给浙江民营企业奠定了坚实的基础。

近年来特别是2007年下半年以来,由于受到紧缩性宏观政策出台、人民币兑美元汇率升值、原材料涨价、劳动力成本上升以及出口退税政策调整等因素的影响,浙江许多行业受到了很大冲击,特别是一些传统优势产业——机械制造业、仪电仪表业、化工化纤业、纺织服装业、皮革业、商业等受到冲击最大,发展态势不够理想。如何面对这些制约因素是摆在浙江民营经济面前的首要问题。从政府层面上看,政府应该为民营企业的生产经营提供一个适宜的环境;从企业层面上看,要加快建立现代企业制度,推进企业转型升级和创新发展;从社会层面上看,全社会都应该为民营企业发展创造条件。

载《浙江经济》2008年第21期

用科学发展观统引舟山民营经济发展

舟山,中国东海的璀璨明珠,风景绮丽的文明城市。舟山不仅因独特的海岛风光备受世人推崇,更因其持续强劲的经济发展态势得到各界关注:2004年,该市实现生产总值212.04亿元,按同比价计算,比上年增长17.0%,增幅位居浙江省各地级市第一;当地的民营企业,如浙江金鹰、国泰水产、天力化纤、金湖塑机、越洋食品、帅马服饰等,为舟山经济的快速腾飞做出了重要贡献。2005年11月,乘党的十六届五中全会的东风,笔者以《民营经济》总编的身份专程赴舟山市对民营经济发展现状进行实地考察;其间,笔者还对郭剑彪市长就舟山民营经济发展状况,舟山市委、市政府对民营经济发展的总体战略规划,以及对民营企业在融资、自主知识产权的创新、人才引进、国际贸易等方面的问题进行了专访。以下为访谈实录。

单总编(以下简称单):舟山经济在这几年发展良好,成绩卓越。请您介绍一下整体概况好吗?

郭市长(以下简称郭):好的,那我就重点介绍一下2004年舟山经济的整体情况吧。2004年,我市实现生产总值212.04亿元,按同比价计算,比上年增长17.0%,增幅位居全省各地级市第一;按户籍人口计算,全市人均生产总值为21 855元,按现行汇率折算约2 643美元,增长17.5%。全年实现预算内财政总收入19.53亿元,比上年增长22.2%。其中地方财政收入13.57亿元,增长27.2%。全市农业及工业总产值为84.49亿元和310.39亿元,分别比上年增长13.4%和29.3%;公路运输量完成6 260.02万人次,水路货运量完成3 991万吨;社会消费品零售总额达89.52亿元,比上年增长16.5%;直接引进外资项目20个,其中合同利用外资6 071万美元,实际利用外资2 251万美元,分别增长了21.4%和32.1%。

单:听了您的介绍,舟山经济的成就确实引人注目。我想进一步了解一下，民营经济在舟山经济发展中扮演着怎样的角色？

郭：我就从以下三方面介绍一下舟山民营经济的概况。

第一，民营经济目前已是舟山市经济的重要支柱。2004年全市实现生产总值212.4亿元，其中民营经济实现的增加值超过60％，地位极其重要。民营工业、民营商贸、民营投资与民营企业出口额分别约占全部工业总产值、全社会消费品总额、全社会固定资产投资及地方外贸出口的82％、95％、40％和60％。可以说，正是这几年民营经济的快速发展推动了我市经济增长。

第二，舟山民营经济呈现发展迅猛、综合竞争力不断提升的态势。2004年全市规模以上民营工业企业超过300家，实现产值近150亿元，利税9亿元，分别比1998年增长1.4倍、3.1倍和3.2倍；全市已拥有民营科技企业131家，其中产值在1千万元以上企业46家。民营企业的经营理念也出现新变化，更加注重产品创新、技术创新、管理创新和产业提升，企业活力不断增强，也加快了舟山开展自主创新、建设科技强市的步伐。

第三，舟山民营经济对社会就业和政府税收的贡献作用越来越突出。"九五"期间我市国有单位职工人数下降了37.1％，同期个私企业从业人员增长24.7％，而到2004年，全市民营经济吸纳的从业人员已占全社会从业人员的90％左右，民营企业已成为吸纳社会失业人员、化解社会就业压力、维护社会稳定的主要渠道。并且，民营经济还逐步成为政府财政收入的重要来源。2004年全市民营经济交纳的国税约占全市国税收入的70％，交纳的地税占全市地税收入的比例超过70％。民营经济的发展壮大，正逐步改善全市财政收入的结构，拓展了财政收入的来源，促进了财政收入的稳定增长。

总体来说，目前我市的民营经济，在企业数量、经济规模、企业家素质、科技实力方面取得了长足进步，对就业、税收做出了巨大贡献，成为舟山经济的一支主力军。

单：可见民营经济大有可为。您是非常支持发展民营经济的。市委、市政府在引导、统领民营经济发展方面有什么总体战略规划？

郭：市委、市政府依据"发挥六大优势，推进六大建设"的战略思路，秉承加快发展海洋经济强市、海洋文化名城和海上花园城市的整体战略目标，制定了今后一个时期舟山民营经济发展的总体规划。即：拓展领域，提高水平，到2007年形成一批年产值10亿元以上、具有较强竞争力的民营企业，全市民营经济的比重要达到85％以上。

要顺利实现上述目标，我们将主要在开拓投资领域、加大扶持政策、推进自主知识产权和知名品牌创新方面为民营经济的发展创造良好条件，并促进其做大做强、做优做精。

首先，在营造公平经营环境方面，我们力争：凡是法律法规没有明确禁止、或没有明确提出准入条件、或承诺向外资开放的行业、领域，都要向民营资本开放。特别要鼓励民营资本参与舟山大宗物流储运基地、先进港口工业基地、海洋旅游基地和现代渔业基地的建设，另外、结合"暖人心、促发展"工程，鼓励民营企业吸纳下岗失业人员和弃捕渔民、被征地农民；鼓励转产转业渔农民兴办各类经济实体，发展民营经济，走上致富新路。

其次，我们要继续加大对民营经济在市场准入、财政支持、税收优惠、技改立项、银行信贷、用地用电用水等方面的政策支持力度，积极创造公平竞争的政策环境。要围绕目前舟山正在开展的机关效能建设，深化行政审批制度改革，提高办事效率，主动为民营企业搞好服务。要拓宽融资渠道，建立健全担保体系，积极提高市级担保公司资本金，积极引入市外金融机构，进一步扩大银行信贷资金对民营经济的支持力度。要根据市委、市政府"暖促"工作要求和经济发展需要，认真做好弃捕渔民、被征地农民、民营企业经营者、中高层管理人员、技术人员的培训工作。

最后，要大力推进民营企业的自主创新进程，做好制度创新、科技创新和管理创新这三篇文章。制度创新方面，要鼓励民营企业根据发展阶段和自身特点，寻求适应市场竞争要求的企业制度和经营机制，建立现代产权制度；要高度重视上规模的民营企业进行股份制改造，引导其通过上市或其他方式增资扩股吸纳民间资本，形成开放多元的产权结构，实现所有权和经营权分离。科技创新方面，要培育民营企业区域或行业技术中心，发展产学研联合，加快提升产业技术层次，提高其综合竞争力。管理创新方面，要实施民营企业管理信息化和企业家素质提高工程，抓好先进企业的文化创建，着力塑造现代市场文化和品牌文化，突出现代人本管理，倡导诚信文化，增强员工凝聚力；实施民营企业品牌经营工程，加大企业质量体系认证和产品标准建设。

单：加快发展民营经济，对于推动舟山市跨越式发展，对于促进舟山接轨上海、发展海洋经济、建设先进制造业基地、创建生态市、推进城乡一体化等重大战略的实施，具有十分重要的意义。

通过我们这次的调研以及和舟山民营企业家的座谈来看，这个战略部署很全面，也非常切合舟山实际情况。

郭：谢谢。不过民营企业在发展中还是遇到了很多问题，也引起了我们政府管理部门的高度重视，必须花大力气切实予以解决。

单：能具体谈谈民营企业碰到的难题和政府的扶持对策吗？

郭：好的。首先，我认为是舟山产业结构调整所带来的民营企业发展规划更改问题。

单：舟山的渔业资源日渐萎缩，这给水产捕捞业、水产加工行业带来很大的压力；转产转业渔民的安置也是个大问题。

郭：是的。过去，舟山靠海吃海，主要工作重心是发展渔业经济。结果近万艘渔船地毯式轰炸捕捞,这种拼资源、低水平开发的粗放式经营方式,将"东海鱼仓"变成了"贫鱼之海",近海渔业资源严重衰退。基于此,政府决定从根本上改变海洋开发模式和经济增长方式,适时提出了"港、景、渔"的开发思路,变渔业经济为海洋经济。政府坚持二、三、一产业发展导向,即二产突出临港化工、船舶修造、水产品精深加工,三产突出港口物流业、海运业、海洋渔业,一产突出渔农民"双转"、现代渔业基地、高效生态农业,以此来优化海洋产业结构,通过海陆联动以提高海洋经济的综合实力。

　　政府产业结构的调整势必影响舟山民营企业的发展规划。原先,舟山的民营经济主要集中在捕捞、水产加工、海运、造船修船等领域,基本上围绕着渔业运作;现在,民营经济逐步涉足于港口建设、港口物流、水产品养殖、海洋生物产品研发、海洋商贸旅游等领域,并取得了良好的效益。以旅游业为例,从舟山市树立"大旅游"观念后,旅游市场得到进一步开发,也为民营经济开辟了新的空间。海洋文化特色游、国际沙雕精品游、滨海度假休闲游等项目吸引了大批游客,给民营经济集中的商业、餐饮业、旅游业、娱乐业、交通运输业带来兴旺。

　　单:目前,民营企业的融资难问题非常突出,市政府在这方面有什么考虑?

　　郭:融资难这个问题.在我市民营企业中确实也较普遍存在。特别是2004年年初以来,国家综合运用多种货币政策工具控制货币供应量和信贷规模,各商业银行纷纷采取行业准入政策紧缩银根,造成了我市民营企业融资渠道不畅、资金周转紧张的状况。

　　为了满足我市民营企业融资的需求,市政府进行了多方努力。今年初,市经贸委编制了《2005年舟山市工业企业资金需求表》及《十家重点扶持中小企业资金需求表》,采取市、县二级中小企业担保公司联保的方式,专程赴宁波等地进行项目的融资推介;截至10月底,我市工商企业共引进26.1亿元市外资金。此外,今年7月份,市人民银行和市经贸委联合举办了全市中小企业融资洽谈会,其中有100多家企业负责人及市、县(区)各级银行参加,现场达成融资意向的项目达20多个,涉及信贷金额近5.3亿元。另外,全市各商业银行也积极开辟信贷扶持新路径。如市工行推出了小型企业整贷零偿贷款、小型企业循环贷款以及小型企业应收账款融资、存货融资等业务品种;市建行在抵押物品中扩大了设备等动产抵押,大力发展信用证、保函、保理、商业汇票等业务。经统计,截至今年4月末,全市金融机构对民营企业贷款余额计156.55亿元,比年初增加18.8亿元,民营企业贷款占全部贷款余额的58.78%。

　　除此之外,我市还鼓励民营企业通过上市等直接融资方式筹措资金。2000年,浙江金鹰成为我市首家上市公司;目前该公司运作良好,正拟发行4.5亿元可转债。为指导、协调舟山其他民营企业股份制改造及上市筹备工作,我市还于今年7月特设企业上市领导小组及企业上市办,并率团组织浙江金湖集团、浙江炜弛机械集团、舟山海星轮船有限公司、舟山海峡轮渡有限公司等13家企业老总赴绍兴杨讯镇考察、学习当地公司运作上市的经验。

单：政府的措施有可能会缓解一些民营企业的资金压力。

郭：我们政府在民营企业融资方面，主要起引导、协调的作用，以期突破僵化体制的束缚，给民营企业营造一个公平竞争的环境。民营企业的融资难问题，涉及我国金融、信贷等体制的一系列改革尚未完善，经济转型过程中的所有制歧视观念未彻底清除，以及民营企业自身存在的信誉度不高等问题。我个人认为，彻底解决尚待时日。

单：期待国家早日制定和完善有利于民营企业融资的信贷政策，也希望民营企业注重诚信建设。

郭：这的确是一个需要多方面努力的系统工程。

单：十六届五中全会把企业的自主创新，特别是拥有自主知识产权和打造知名品牌作为一项重要的任务来抓，市政府在这方面有什么举措，舟山的民营企业是怎样贯彻落实这一中央政策的？

郭：创新是一个民族进步的灵魂，是一个国家兴旺发达的不竭动力。五中全会这次提出"必须提高自主创新能力"，这表明科技创新将成为我国经济社会发展的一个重要牵引力。就民营企业而言，以拥有自主知识产权和打造知名品牌为主要内涵的自主创新，是其发展的原动力，是其从劳动密集型提升为知识密集型企业的必经之路，是其扩大利润空间、开拓国际国内市场的内生保障。

有鉴于此，我市对民营企业的自主创新工作十分重视，特别设立了舟山市知识产权工作领导小组，创建了舟山海水产品企业创牌示范区，以指导和扶持民营企业的知识产权开发和品牌建设。

在国家宏观政策的引导和舟山政府的帮扶下，我市民营企业的自主创新工作开展得有声有色，成果显著。2004年度，全市民营科技企业达150家，其中产值1 000万元以上的有75家，有炜驰、宏基等8个商标获浙江省著名商标称号。目前，舟山国泰水产有限公司、岱山宝发水产有限公司等民营企业承担的"美国红鱼等养殖鱼类的精深加工技术开发""养殖网箱水下清污养护机械开发""滩涂养殖主要敌害波罗囊螺综合防治技术示范与推广"项目列入了国家星火计划；浙江金海塑料机械有限公司的"超高分子量聚乙烯管材基础设备"、舟山市海山密封材料有限公司的"300无石棉耐油橡胶板"等5个新产品列入省火炬计划；浙江华源电气有限公司的"电动车智能脉冲快速充电器"、舟山市定海华光精细陶瓷材料厂的"等离子喷涂氧化铝粉末"等60项新产品被省科技厅列入浙江省2004年新产品试制计划。此外，舟山海洲水产公司、浙江鹰王科技有限公司、舟山弘通清密机械有限公司分别研发的"烟熏系列"熟制水产品、新型环保型电动自行车、TB电子提花机取得了良好的市场效益。现在，尝到创新甜头的舟山民营企业都非常主动参与自主知识产权开发和品牌打造，投入了大量人力、物力进行经营。

单：据我们的调研所知，舟山民营企业的自主创新已经先走了一步，与中央决策不谋而合；市政府的指导工作也非常到位。那么，舟山民营企业的人才引进，特别是高科技人才的引进做得怎样？

郭：舟山市政府十分关注人才的引进和技能人才的培养工作。首先从整体战略高度出发，政府专门设立人才工作领导小组统筹全市的人才引进及培训；今年10月份，市委、市政府特下发了《舟山市人才工作目标责任制实施意见》，通过目标完成情况与年度考核成绩相挂钩的责任方式，敦促各县区和市直属单位落实人才引进和培养工作。

此外，每年舟山市政府还组织形式多样的人才招聘会招徕人才。在不久前的11月5日，就举行了以"山海协作工程"为主题的人才劳动力招聘会，共有来自杭州、宁波、绍兴、嘉兴、湖州和舟山本地的4 000多名人才进场求职。11月份中下旬，市政府还将组团赴北京、上海、昆明、大连、沈阳、哈尔滨参加年度高层次人才洽谈会，其中大部分人才招募是为满足舟山民营企业的需要。

另外，舟山市政府也十分注重转产转业渔民的技能培养。在"暖人心、促发展"工程的指导下，市财政每年动用专项资金用于渔农民的就业培训和技能指导。去年至今，我市有27 234位渔农民接受了技术培训，有14 556位渔农民实现了就业，这些人有部分成为我市民营企业的行业骨干和技术标兵，为舟山民营经济的发展注入了新的活力。

回顾2004年，我市的人才工作还是卓有成效的：全市共引进紧缺人才1 586名，高层次人才464名，其中外国专家3名；有13个和21个引智项目分别列入国家外专局和省外专局2004年度计划；科技园区和弘生集团的博士后工作站全面启动，已有两名博士后进站工作。我们市政府和舟山的民营企业期待，有更多的人才到这里大展宏图。

单：人才是企业发展的智力保障和动力源泉。舟山市政府和民营企业的爱才、重才、惜才值得提倡。

郭：舟山虽然地处海岛，但近年来经济发展不错，市民收入普遍较高，生活也很便捷。希望通过《民营经济》杂志作一次免费宣传，以吸引更多人才到舟山发展。

单（笑）：我本人愿意担当这个宣传大使。舟山经济的外向度现在很高，国际贸易很活跃；但也有一些国际贸易摩擦发生，民营企业也因此受到很大损失，能介绍一下基本情况吗？

郭：舟山水产品的国际贸易形势近年比较严峻。2002年，舟山冻虾仁因氯霉素含量超标被欧盟禁销，我市水产加工企业损失惨重。对此，我市随即设立立体质量监督体系，以负责全市加工水产品的质量核查并配合欧盟调查小组的抽查活动。经过多方努力，去年7月，欧盟对中国对虾解除进口禁令；12月份，我市立洲水产有限公司的对虾重新在欧洲市场上出现。

2003年底，一波未平一波又起，舟山对虾遭遇到了美国的反倾销；这对舟山从事水产加工的民营企业来说,无疑是雪上加霜。我们政府充分发挥了组织协调作用:市经贸局和市出口水产协会及时召集输美虾出口协会开会,商讨应对措施,鼓励企业积极应诉;并且还派人赴京聘请熟悉国际反倾销业务的律师。目前,本案尚在行政复审过程中,估计结果对我方民营企业有利。

单:这场没有硝烟的国际贸易战听起来真是惊心动魄。政府应该鼓励民营企业勇敢走出去,敢于运用法律武器维护自己的权益;同时,民营企业也不能恶性竞争,应做到确保产品的质量,提高产品的科技含量和品牌效应,这样才能立足国际市场。

郭:这才是企业国际贸易的长久之道。

单:舟山市政府对民营企业发展的整体规划,帮助民营企业解决在融资、自主创新、人才引进、国际贸易等方面做出了很多努力,体现了"有为政府"的形象。最后,您能对舟山民营经济的发展前景加以瞻望吗?

郭:民营经济一直是我市最具特色和活力的经济亮点。虽然舟山的民营企业在融资、知识产权开发和品牌建设、人才引进、国际贸易方面面临一定的困难和挑战,但我个人坚信,在科学发展观的统引下,在市委、市政府的指导和支持下,在政府和企业的齐心协力下,舟山的民营经济一定能排除万难,迎接更大的胜利!

【访后随感】通过采访和民营企业家座谈会,以及对舟山国泰水产、天力化纤、金湖塑机、越洋食品、帅马服饰等民营企业的调研,笔者深切感受到舟山民营企业的旺盛活力;郭剑彪市长的睿智、魄力和务实的工作作风也给笔者留下了深刻印象。笔者眼前仿佛浮现出一幅舟山民营经济发展的宏伟蓝图。笔者坚信,在中央十六届五中全会和科学发展观精神的统引下,在郭剑彪等舟山市党政领导的指导下,通过社会各界的广泛参与和舟山民营企业家的奋发努力,舟山的民营经济必将迎来更加灿烂的明天。

载《民营经济》2005年第2期

如何有效地转化民间资金为产业资本

改革开放30年来,民营经济得到了快速发展,不论是企业数量、规模、创造的产值、贡献的税收还是提供的就业人数等都在国民经济中占据了很大的分量。尤其近几年来,一些沿海省份已成为民营经济大省,民营经济占据国民经济70%—80%的比重。同时,民营资本也得到了快速的积累。据有关机构测算,浙江民间资金高达8 000亿—10 000亿元,仅温州人手中就大约拥有6 000亿元,江苏、广东这些省份民间资金也极为丰富。

然而,民间资金也存在越来越多的问题:一方面是大量民间资金或被闲置,或涌入楼市、股市及大宗商品市场,资金运行出现泡沫迹象;另一方面,许多民营企业尤其是民营中小企业倒闭,其中一个很重要的原因就是资金匮乏。如何使民间资金顺利注入实体经济,使之转化成为产业资本,从而推动传统产业和新兴产业的发展,为转变经济发展方式和加快经济结构调整注入巨大的动力,这是需要解决的现实问题。

国际金融危机以后,国家曾动用4万亿元的资金投入刺激经济,这虽为我国经济企稳回升、摆脱金融危机的困境做出了贡献,但也滋生了很多问题,如为通胀埋下了隐患,且经济发展的基础依旧较为脆弱,而谙熟市场经济动向的民间资金投资则少之又少,其没有发挥应有的内生刺激作用,原因是多方面的。

首先,在外部环境方面,经济较为低迷,较多行业产能过剩,国家多次上调银行存款准备金率和加息,融资环境更加困难,国内通货膨胀形势依然严峻,多数民间资金不想投资、惧怕投资。在传统产业领域,民营资金担心许多行业产能过剩会带来不必要的损失,以往粗放型的扩大再生产不能产生可观的效益。在新兴产业领域,由于目前国家相关产业政策不明朗,尤其在高新技术行业,民间资金担心投入产出比不高,不愿过早涉足。

其次,在体制机制方面,国家在产业

准入、公平竞争、审批程序及对外开放方面，对民营经济及民间资金仍存在传统的偏见，很多行业可以让国有经济、外资经济进入发展，但对民间资金进入却有很多限制条件。

由于行业准入政策在国有经济、民营经济和外资经济之间仍然存在很大的差异，使得民间投资在将近30多个产业领域存在着实际上的"限进"情况。这些限进现象的原因也是多方面的：

一是由于部门、行业垄断和其他歧视性的准入政策，使得民间资金一直很难进入金融、保险、证券、通信、石化、电力等行业。这些行业被牢牢地控制在国有经济中，形成了很多行业性的行政垄断。

二是有些行业虽然允许民间资金介入，但存在着明显的不公平竞争现象。由于诸多条件的限制，民间资金很难参与进去。

三是有些领域由于审批程序复杂，进入条件苛刻，致使民间投资对其可望而不可即。

四是民间资金对外开放程度不高，在海外投资方面，国家重视国有经济，优先支持国有资本开发国外资源，进行海外经营，而对民间资金或谨小慎微，或排斥。

这些限制使民间投资的产业进入深度不足，严重影响民间投资的扩张。

再次，在制度环境方面，民间资金在经济运行中是最具活力和流动性的，有强烈的获利意愿和获利能力，但同时也要求具有良好的制度环境。而我国现存的制度缺陷使民间资金在获利方面有很高的风险，如税收制度造成民营企业高额的税负，在财政、信贷方面不能得到相应的待遇。对民间资金法律法规方面存在许多空白。沿海地区的"地下钱庄"以及近些年来的"非法集资案"都说明了关于民间资金投资相关法律不健全，在投资使用上缺乏法律保护，得不到应有的地位。由于资本市场和产权保护方面不到位，很多民营企业家都把巨额财富转移到国外，众多精英移民海外就是一个明证。

"十二五"时期，国民经济发展动力开始较多地依赖内需来拉动，而这些都需要民间资金的有力支持，只有这样才能真正为经济发展提供内生动力，更好地把控投资流向和实现扩大内需的目标。因此，政府应改革顶层设计，从上到下，对民间资金在认识、投资、经营和保护方面构建一个良好的政策制度环境。

第一，在观念上，政府要给民间资本（在这里，我特指民间资本而不用民间资金，请读者注意两者差别）一个与国有资本平等的地位，促进民间资本和国有资本共同发展，在行动上而不是在名义上消除对民营经济的歧视，尤其是对民营资本在观念上的偏见。

第二，政府应放宽对民间资金的限制，尽快修订政府投资核准目录，降低民间资金进入基础设施、金融服务、文化产业等领域的门槛，进一步消除在投资领域中对民间资金的进入壁垒，允许民间资金进入金融、铁路、航空、电信等行业，鼓励民间资金参与到基地型、龙头型特大项目中。

第三,政府可通过土地、税收、财政、金融等优惠措施,尽可能地减少民营企业的负担以及民间资金的投资经营成本,促进尽可能多的民间资金进入实业领域。

第四,加强政府对民间资金的引导,鼓励民营企业进入战略性新兴产业,加快自主研发和科研创新,掌握战略性新兴产业发展的主动权。

第五,拓宽金融改革空间。一方面,广大中小民营企业因缺少流动资金而濒临破产,而另一方面民间却有巨额资金找不到出路,如何解决这一矛盾呢?办法是有的,那就是政府允许和支持民营资金联合成立更多的民营银行,更好地为民营实业发展提供资金支持。民间资金可以聚集相关资源,成立社会基金,也可以与海外投资、风险资本或私募基金协同运作,从资金支持上推动民营中小企业的快速发展。

载《中国社会科学报》2011年7月28日

破解民间资金进入实体经济的制度性障碍

目前我国民间资金总量已接近50万亿元,仅在浙江省民间资金就超过万亿元。但近年来,随着民营经济对我国经济做出的贡献越大,民间资金的处境却越尴尬。民间资金很难在实体经济中找到合适的投资出路,庞大的民间游资只能进入楼市等市场;或是进行至今仍未完全合法的民间高额借贷等交易,并衍生出许多非法集资、集资诈骗大案。这样,在金融危机依然在全球蔓延以及我国经济面临硬着陆风险情况下,我国反而出现了以下怪现象:一方面是大量民间资金或被闲置,或涌入楼市、股市及大宗商品市场,导致市场投机气氛浓烈,资金运行出现泡沫迹象;另一方面,许多中小民营企业在信贷紧缩的背景下,出现资金紧张的困境,生产和再生产难以为继。为化解我国民间资金的上述窘境,经济学界和政府部门的主流观点就是要努力促进民间资金进入实体经济。2012年春节刚过,温总理就指出要深化垄断性行业改革,要尽快制定深化垄断性行业改革实施细则,促进民间资金进入金融、能源、交通和社会事业等领域。

深化垄断行业改革、放活民间资金是我国政府提了多年的政策。早在2005年,国务院就颁布了"非公经济36条",提出"贯彻平等准入、公平待遇原则",允许非公有制经济进入垄断性行业,并可进入自然垄断行业。但随后的实践证明"非公经济36条"更多地被停留在了纸面上。2010年5月,国务院又发布了"新36条"。"新36条"对非公有资本的开放力度更大,允许和鼓励民间资金以独资、合资、合作和参股等方式进入石油、电力、电信、铁路、公路、水运、港口码头、民航、机场、通用航空设施等领域。但"新36条"没有摆脱"非公经济36条"的命运,贯彻落实效果依然不佳。2005年以来,金融、能源、交通等重点领域改革进展缓慢,民间资金一旦进入就会遇到玻璃门、弹簧门。金融领域几乎没有对民间资金有实质性的放开;能源、电信和铁路等领域仍然是国有央企垄断。这表明我国垄断性行业改革遇到了巨大的阻力，原因是深化垄断性行业的改革触及到相关政府部门和既得利益集团的利益。有关政府部门和相关利益集团成了垄断性行业改革的阻力，并因此形成了强大的制度性障碍。

一、解放思想依然是破解制度性障碍的关键

在深化垄断性行业改革、促进民间资金进入实体经济这一攻坚克难的改革过程中，继续解放思想依然是摆在我们面前的重大任务。我国正在建设社会主义市场经济。在社会主义市场经济中，政府不应该是资源的分配者，而应该更多的是市场的"守夜人"与"服务生"。转变政府角色定位，政府要主动抛弃那些在错误观念支配下建立起来的各种制度安排，并努力提供符合市场经济的促进民间资金进入实体经济的新的制度安排。如政府要真正给予民间资本与国有资本平等的地位，消除对民营经济的歧视，促进民间资本和国有资本共同发展，等等。

二、必须积极创造条件努力打破行政性垄断

在我国，金融、电信、电力、石油等部门存在严重的行政垄断。政府部门依然在通过行政审批和许可证等制度阻挠民间资金进入垄断性行业。原因是一些政府部门职能错位，直接参与到某些行业的经营当中，以牟取部门和相关团体的利益。从制度层面看，行政垄断已经成了阻碍民间资金进入实体经济最主要的制度性障碍。

我国正在实施的《中华人民共和国反垄断法》也给民间资金进入垄断行业设置了壁垒。《反垄断法》第一章第七条关于"国有经济占控制地位的关系国民经济命脉和国家安全的行业以及依法实行专营专卖的行业，国家对其经营者的合法经营活动予以保护"的规定，就为行政垄断在某些行业盛行提供了法律依据。石油、石化、电信等行业正是在"关系国民经济命脉和国家安全"的名义下享受"专营专卖"特权的，民间资金难以进入其控制的领地，即使勉强进入也难以与之竞争，如民营加油站。因此要促进民间资金进入实体经济就必须拆除垄断性行业的"玻璃门"，放宽市场准入条件，消除行政审批以及项目投标中对民间资金歧视性做法，坚决反对地方保护主义，还民企真正的国民待遇，使民企享有与国企同等的投资机会，同时真正做到凡是政府已向外资开放或承诺开放的投资领域，都向民间资金开放。

三、不断加大金融制度改革创新力度

金融体系是民间资金进入实体经济的重要媒介。为此，应该通过各种金融制度的改革和创新多方面拓展民间资金

与实体经济连接的渠道。政府应允许和支持民间资金联合成立更多的民营银行,制定相关政策允许民间资金聚集相关资源,成立社会基金,与海外投资、风险资本或私募基金协同运作,推动民间资金进入实体经济;要改革中小企业担保机制,建立创新性的企业信用制度,通过第三方网络服务,提高中小企业融资效率;成立政府资金引导、民间资金共同参与的股权投资基金,改变民间资金分散、无序的管理状态,搭建民间资金参与国家重点开发项目的平台;制定相关法规,促进民间借贷的合法化和阳光化等。

四、加强政府对民营企业的扶持和保护

政府对民营企业的有效扶持和保护是民间资金进入实体经济的重要条件。为此,政府可通过财政、金融等方面优惠政策和措施,尽可能减少民营企业投资的经营成本;降低民间资金进入实体经济在行政审批等方面的成本;通过技术扶持、资金支持和人才培养,设立针对普通创业型企业的国家级投资引导基金,积极引导民营企业进入战略性新兴产业,加快自主研发和科研创新。与此同时,要不断完善促进民间资金进入实体经济的支持性法律法规体系,加强对民间投资合法权益的保护,加强对民营企业的产权和经营权保护,加强对知识产权的保护,并增强相关政策的稳定性,从而切实解除民间资金进入实体经济的后顾之忧。

载《特区经济》2012 年第 3 期

浙江民企回归实业的核心问题与路径

近年来，浙江民营经济保持了良好的发展势头，许多民营企业走上了集团化、品牌化、国际化的发展道路，浙江涌现出了一批具有国际影响力和竞争力的民营企业。但随着国内外形势的变化，浙江民营企业尤其是中小民营企业的发展遇到了前所未有的困境。国际金融危机爆发以来，浙江民营实体经济的发展呈现疲软态势。在过去数年间，许多民营企业从制造业转向房地产与金融行业，即由实体经济转向虚拟经济。民间资本轮番炒作房地产、矿产、农产品，浙江乃至全国都面临着经济泡沫化和产业空心化的潜在风险。

这是由外部经济环境和浙江原有的经济结构所决定的。一方面，国际市场需求减少且人民币持续升值，不断压缩浙江外向型民营企业的利润空间，外贸模式主导的实体经济难以持续。另一方面，国内市场环境不利于民营实体经济的发展，尤其是低效的金融市场、高额的税费、对民间资本的限制，使得民营实体经济的发展环境恶劣。于是民间资本纷纷放弃实业，投向利润率高、见效快的虚拟经济，如民间借贷、房地产、矿产投资领域。然而，繁荣的虚拟经济必须以强大的实体经济作为基础，不然就会形成严重的经济泡沫，并对整体经济导致灾难性的后果。2008年美国的次贷危机和2011年温州民企资金链断裂事件，就是实体经济不振导致虚拟经济泡沫破裂的结果。

市场经济不完善是民营实体经济疲软的根本原因

从调研浙江民营企业的情况来看，市场经济不完善是当前实体经济疲软的根本原因。改革开放以来我国长期持续的高增长，主要得益于市场化改革的巨大贡献。市场化改革保护了私有产权、消除了许多行业的进入退出壁垒，取消了对商品供给的行政管制，发挥市场"看不见的手"对资源配置的作用，从而大大激发了人们的生产热情，提高了资源配置的效率，鼓励了创业创新的企业家精神，带来了浙江民营企业的蓬勃发展。然而，近年来市场化改革的步伐放缓，行政垄断依然根深蒂固，一些行业甚至出现了"国进民退"的现象；民间资本依然受到很大限制；政府直接干预市场的现象较为普遍。在原有的市场化红利减退的情况下，劳动力、土地以及初级产品价格的上涨，使得浙江民营制造业行业利润率越来越薄，而技术、资本、人才上的瓶颈，使得浙江民营制造行业转型升级举步维艰。靠实业起家的众多民营企业只好纷纷"逃离"实体经济，沉淀于工业和农业的大量资金游离出去，流向房地产、矿产、金融等行业，导致制造业的空心化。

（一）行政垄断造成的不公平竞争侵蚀着民营实体经济的生存空间

当前我国许多行业存在严重的行政垄断，主要表现为政企合一的体制下特殊产品或者服务专营、专卖行为，譬如邮政局的邮政专营行为、烟草专卖局的烟草专卖行为等；国务院各部委机构改革后设立的行政性控股公司，如国家电网、中石油、中石化等；国务院各部委及各地政府设立的国有公司；地方权力机关为了发展特色经济，促进某些产业或者某个企业的发展，利用行政权力，干预企业经营行为。行政垄断普遍存在于矿产、石油、金融、电信、文化等各个部门，是用行政权力扭曲市场经济，在许多领域建立人为的进入壁垒，并在行业中以行政手段分配资源，它阻碍了市场的公平竞争，降低了市场效率，使得民营实体经济的发展受到严重的不公正待遇。

虽然国务院早在2005年2月就发布了"非公经济36条"，鼓励支持民间资本进入垄断行业，但这一文件的精神至今没有落到实处。当前允许民间资本进入的行业，基本上都存在高度竞争和产能过剩，投资收益不佳，能够带来可观投资回报的行业，又大多存在垄断和各种各样的市场壁垒，民间资本很难进入。

更值得关注的是，近几年来，在许多领域，尤其是关乎矿产资源、土地资源、行政审批的领域里，国有企业在做大做强的名义下，借助政府"有形的手"，破坏市场竞争的基本原则，优先掌握各种资源，享受行政权力赋予的特权，在一定程度上出现了"国进民退"的格局。这不仅使得民营企业的生存空间受到挤压，更严重干扰了市场秩序，破坏了市场公平，使社会创新创业的积极性受到了很大的打击。

（二）金融市场垄断造成民营企业资金链困境

过去的一年里最值得关注的，是银行的暴利与民营企业资金链断裂现象并存，金融与实体经济一个利厚一个利薄的问题。其根源在于金融市场垄断，包括利率的非市场化和金融行业的进入壁垒，使得市场金融供给严重不足且结构性失衡，从而严重影响到民营实体经济的发展。

在长期的计划经济体制下，国家对存贷款利率进行控制，且严格限定金融机构的准入门槛，限制民营银行和小额贷款公司的发展,造成民营实体经济"钱流"趋紧。比如2011年1年期定期存款基准利率是3.5%,而1年至3年的贷款利率为6.65%,利差超过3%。在央行紧缩货币的情况下,银行议价能力大幅提升,对中小民营企业的贷款利率普遍在基准利率的基础上上浮了20%—50%,且80%以上的民营企业根本无法从银行获得贷款,只能求助于高息民间借贷。

高利差、名目繁多的手续费和非阳光化的民间借贷,大大增加了实体经济的财务成本,挤压民营实体企业的利润空间,更使得一些民营企业放弃利润微薄的实体产业,投身于高风险的民间借贷,这种弃实体投身虚拟经济的趋势,使经济泡沫化和产业空心化的风险加大,已经严重影响了整体经济的良好运行,扭曲了金融与实体经济的关系,阻碍了经济健康平稳发展。

(三)行政改革滞后导致民营实体经济发展受阻

近几年,国家频繁用行政手段干预市场经济的运行,实行价格管制、颁布行政禁令,而非用市场手段调节经济。一些地方政府为了政绩,甚至依然用粗暴的行政手段干预企业的正常运营,更有甚者,把企业当成唐僧肉,以各种理由收取税费,索贿受贿。市场配置资源的基础性功能没有得到很好发挥,而行政权力在市场中的作用很大,这种趋势很不利于市场观念的确立和市场经济的发展。

另一方面,繁杂的行政审批制度和效率低下的行政服务体系,使民营实体经济面临高额的时间成本和寻租成本。比如注册企业,从注册企业那步开始,证还没下来先得把办公场所租好,出示好发票再办工商税务,还要到验资、国税、地税等部门审批,注册商标、人员招聘等都得等证下来再办,这么一算前期至少两三个月时间没产出,预亏期至少半年以上。而其他关乎资源配置的行政审批手续和关卡更是繁多,人为造成了许多行业的进入壁垒,阻碍市场配置资源有效性的发挥,大大增加了企业的成本。

建立完善的市场经济体制 为实体经济的发展提供空间

浙江民企的回归实业之路,不是一个地方一个企业的小问题,而是涉及经济市场化改革的大问题。需要站在全局的高度,以此为契机,深化我国市场化改革,完善市场经济体制。只有继续深化市场经济改革,破除阻碍经济发展的体制机制,打破行政垄断,发挥市场的主体功能,推进行政制度改革,才能为民企回归实体经济铺平道路,才能引导经济持续健康稳定发展。

(一)打破行政垄断 完善市场机制

打破行政垄断是建立健全市场机制的前提,是维护市场公平的重要保障。我国应该实行严格的政企分开制度,废除国有企业的行政等级和各种特权,将其置于市场化的竞争环境中,并建立国有企业信息公开制度,接受市场的监督。

政府是提供公共服务的主体,不应干涉市场的自由运行,不能既是"裁判员",又做"运动员",而是要营造公平竞争的市场环境。推进市场化改革,就必须取消对民间资本的种种限制,鼓励民间资本进入金融、能源、文化、交通和社会事业等各个领域,享受与国有资本相同甚至更为优厚的税费待遇。

最重要的是,应该把反对行政垄断提升到法律层面,以立法的形式,杜绝政府直接干涉企业运营、设置不合理的行业和地域准入壁垒、以行政命令配置市场资源等行为。要大力改革行政审批制度,行政审批制度带有浓厚的计划经济色彩,造成了市场的扭曲和低效。我们必须坚定地走市场化道路,从减少行政审批项目、精简审批程序入手,建立市场配置资源的基本原则,减少人为的行业壁垒,从而营造宽松的市场环境并减少企业的寻租成本。只有大刀阔斧地推进市场化改革,为民营实体经济的发展提供制度性保障,才能激发出民间资本投资实业的积极性,激发出企业家创业创新的高度热情。

(二)推进金融体制改革 实现金融市场化

金融市场化是金融体制改革的基本原则,也是解决民营企业资金链困境的根本出路。必须加快利率市场化改革的步伐,由市场决定利率高低,同时放宽金融业准入门槛。

浙江民间资本充裕而实体经济资本匮乏,原因就在于民间资本与实体经济之间缺乏正规金融的纽带,从而使"地下金融"大行其道,增加了经济运行的风险。这是由我国较高的金融业准入门槛决定的。因此,要建立阳光化的民间借贷体系;放宽村镇银行、创业银行、科技银行、小企业银行等的发起和大股东资格的限制;取消对小额贷款公司的种种限制;鼓励金融创新,让更多的民间资本进入金融业和金融服务业,让中小金融机构服务于民营实体经济,增加金融产品的供给,并形成良性竞争,银行的暴利将不复存在,实体经济对资本的饥渴也将得到缓解。

(三)推进行政制度改革 建立法治化社会

推进市场化改革,就必须推进行政制度改革,改革与市场经济不相适应的政府部门权力利益格局,建立服务型政府,并且建立法治化的社会。法治化是市场经济发展的根本保障,只有建立法治化的社会,保护私有产权,规范和约束行政权力,才能使市场经济得到根本性的大发展。

行政部门应该进一步优化政府职能体系,把更多精力放在加强社会管理、改善公共服务上,不应参与市场资源配置和企业经营决策。必须通过法律,规范和约束行政权力,实现政务信息公开透明,加强对行政权力的监督。行政部门应提高工作效率,精简机构设置,把更多的职能下放给社会组织,健全综合政务服务体制,完善行政运行机制,创新行政审批服务方式。政府和社会组织共同建立服务企业的合作体系,为实体企业的发展提供辅助支持,包括科技咨询、人才培养、法律援助、提供市场信息、基础设施建设等，尤其是政府应通过财政和税收措施，减轻实体企业的税费负担，引导民间资本投向实体经济的各个领域，鼓励市场竞争和科技管理创新。

民营企业的自我提升是发展实业的保障

对于民营企业自身来说，应当认清当前经济形势，杜绝投机心理，关注主业的发展和提升，顺应经济发展形势而不随波逐流。以对社会负责的心态，脚踏实地做好自己的产业，建立企业长期发展战略，避免盲目扩张和无序多元化带来的风险。

（一）明确发展战略 找准企业定位

近年来，许多民营企业尤其是中小民营企业，在成本攀升、投资受限、需求萎缩、创新困难等多重困境下，迷失了发展方向，滋生了"以钱生钱"、跟风炒作的投机心理，放弃了对主营业务的发展和提升，渐渐远离了实体经济。对于企业来说，盲目跟风炒作和无序扩张是十分危险的，将使企业忽视在原产业中的品牌建设、市场开拓和技术创新，逐渐丧失在原产业中的竞争优势和市场影响力，增加了企业的经营风险和财务风险。

维持企业的长期稳定、永续经营，就需要客观冷静地分析外部经济形势，建立正确的战略规划，坚守发展方向，不随波逐流，不投机取巧。只有坚忍不拔的实干精神，才能成就持续发展、不断开拓进取的伟大企业。

当前世界经济和产业格局正处于大调整、大变革、大创新、大发展的历史时期，浙江民营企业要清醒地认识到我国经济转型升级的大趋势，在变革中找准企业定位，通过商业创新和差异化战略，挖掘并培养自身优势，力争在新的经济结构中占领一席之地。

（二）转变发展方式 投入转型升级

对于浙江民营实体经济来说，转变发展方式，实现经济结构的转型升级，是民企回归实体经济的必然选择。由于劳动力价格、原材料价格、土地成本等的上升和国内外市场结构和需求的变化，浙江原有的靠低成本占领市场的发展模式已经不适应当前经济发展的形势，转型升级迫在眉睫。

浙江民企在回归实体的道路上，要走出低端"陷阱"，在提升传统产业和发展新兴产业上下功夫。要致力于以商业模式创新、管理创新、技术创新和差异化引领企业的发展，提高产品的知识含量和附加值。要重视企业软环境的建设，吸引和培育技术管理创新人才，加快对新技术的学习和创新速度，建设知识推动型企业。要将产品与服务相结合，为消费者提供售前、售中、售后的全方位服务方案，从而提升品牌影响力和知名度，提高客户的满意度和企业的盈利水平。

载《浙江经济》2012年第6期

实施三项举措　促民营经济发展

为贯彻落实党的十八大精神,促进浙江民营经济发展,笔者认为当前我们要从三方面采取措施:

一是要大力发展实体经济。国际金融危机以来,浙江许多民营企业在发展实体经济受阻后,从事虚拟经济投资,炒房、炒股、炒资源,导致实体经济空心化,资产价格泡沫化,这对浙江经济的长期健康发展十分不利。小微企业融资难的根源是银行业的垄断。银行作为企业,只追求自己的利润最大化,因此,其偏向于大企业,不愿意贷款给小微企业。银行依靠垄断权力,自己决定高利率,增加了小微企业的融资成本。金融体系的问题不解决,实体经济就得不到长足的发展。笔者在调研中了解到,小额贷款公司和村镇银行利率很高,远高于制造业的利润,使企业无法承担,而担保公司保费高,且也需要抵押品,很多小微企业也被拒之门外,融资难、融资贵的问题没有得到根本解决。解决小微企业融资难的问题,最根本的措施就是打破银行垄断,允许民间资本办小银行,把小银行也纳入监管体系,使其依法经营。小银行服务于小企业,利率实行市场化,银行多了,市场资金充裕了,贷款难解决了,利率自然就下来了。所以,浙江必须放开步子,争取在金融改革上有大的突破,大力发展实体经济、抑制资本投机,通过金融体制改革,允许民间资本进入金融领域,让民间多办一些如台州银行之类的民营银行,给民间资本进入实体经济搭建渠道。同时,要鼓励中小微民营企业通过技术创新和管理改进实现转型升级。

二是要打破行政垄断。当前,我国经济上的垄断都是行政性的垄断。央企依靠行政权力垄断了石油、电力、矿产等重要资源,获取超额的垄断利润,导致我国整体市场价格扭曲。行政垄断对我国市场经济的发展造成极大的危害,许多重要资源无法进行市场化配置。行政垄断严重妨碍市场竞争,挤压了民营企业的生存空间,全体国民的福利受到侵害。

笔者认为,除了军工产业以外,石油、电信、电力、煤气等行业都可以民营化,并通过市场竞争来降低价格,只有这样,才能真正地保障国计民生。而且,在打破行政垄断的同时,还应打破行业垄断。这已经是摆在我们面前最紧要的改革。建立健全的市场经济体制,就必须消除各个领域中对民营资本准入的限制,给予民间资本与国有资本同等的市场权利,为民营企业创造公平公正的市场环境。

三是为民营企业提供宽松的政策环境。当前浙江应加紧出台提高政府服务水平的政策,为民营企业提供宽松的制度环境,尤其是从税费负担方面减轻中小微民营企业的负担。在营业税改增值税的过程中,很多小微企业反映它们因缺少增值税抵扣发票,"营改增"反而加重了企业的负担,甚至使企业无法维持生存。"营改增"不能像搞运动那样一刀切,应该在条件成熟的行业中先试行,然后再逐步推进。在减轻民营企业负担方面,桐庐的经验值得推广。桐庐从地方财政中划出资金,对在营改增过程中负担加重的企业实行返税。

只有对当前阻碍经济发展的经济体制进行大胆的创新改革,浙江才能推进民营经济的快速发展。

载《民营经济通讯》2013年第1期

运用社会组织促进浙江经济发展的政策建议

第一，政府为社会组织让渡生存空间。

在培育社会组织的过程中，需要几个重要条件，其中首要的就是生存空间。政府转变职能，向社会组织放权，让渡出社会组织所需的空间特别重要。例如，凡是有产业发展的地方，都应该为行业协会提供生存空间。而提供生存空间就意味着政府向社会组织下放、转移权力。只有政府放权，行业协会的作用才能充分发挥。

转移职能以观念转变为前提，观念转变以转移职能为归宿。在发展社会组织的整个系统工程中，政府职能转变是关键环节。我们建议浙江省建立明确的职能转移目录，有步骤地将部分政府职能转移给社会组织。坚持社会组织能履行的职能，政府就转移给社会组织的原则。政府转移职能给社会组织，需要以法律法规的形式来予以保证。没有法律法规，职能转移就可能沦为人治，人走政息，下一个官员又将职能收回来。所以下定了决心将政府职能转移给社会组织的官员，应该努力追求法律法规层面上对职能转移的肯定，而且法律法规必须给予明确的规定，如果只是原则性的表述，缺乏强制性和可操作性，那么法律法规仍然起不到实质性的作用。

第二，推进社会组织的去行政化。

社会组织的民间化、自主化是政府放权社会组织的内在要求。社会组织行政化、没有自主权意味着政府不是真正的放权，而只是改头换面，以新的形式履行职能。"去行政化"意味着弱化甚至消除业务主管单位对社会组织的领导。除此之外，社会组织的资源和资金来源也需要多样化，争取从基金会、企业等多个方面筹资。假如社会组织的资金依赖于单一来源，就会形成对它的依附感，影响自主性。如行业协会，若仅仅是简单地依附于政府财政购买，不仅得不到政府的重视，也得不到企业的认可。

第三，向社会组织购买服务制度。

政府在逐步将微观层面的事务性服

务职能、部分行业管理职能、城市社区的公共服务职能、农村生产技术服务职能、社会慈善和社会公益等职能转移给社会组织的同时，要抓紧建立政府向社会组织购买公共服务和财政资金支持社会组织的制度。

第四，促进经济类社会组织的发展。

从支持中小企业的角度出发，我们建议浙江对社会组织进行分类管理。对于行业组织，包括专业性的协作组织、行业性协会和行业协会联合会等，要在力所能及的范围内予以大力支持，鼓励管理咨询与培训机构、技术咨询与推广机构、金融服务机构、信息服务机构、创业服务机构等机构的发展。

第五，促进建立信用合作组织。

在集群环境下利用信用合作组织开展中小企业集群融资，是可供选择的解决路径之一。集群环境为信用合作组织的设立提供了天然的优良环境，例如，可以利用当地政府设立专门的信用合作机构，也可利用已有的行业协会开展信用合作，或者在核心企业为龙头的集群内构架以核心企业为平台的信用合作组织。

第六，促进公益性中介服务组织的发展。

诸多市场中介服务，诸如会计、法律、税务、审计等都可以由营利性的中介组织来承担。但是，营利性中介组织的产生，是以一定的经济发展水平为条件的，经济发展水平决定中介服务的市场规模，进而决定其盈利前景。以中小企业为主体的经济，一方面孕育了对这些服务的巨大潜在需求，但另一方面，由于经营过程所面临的诸多风险，这种对辅助性经营事务的潜在需求既不可能转化为在企业内部建立专业服务部门的行动，又难以转化为现实的购买需求。鉴于此，我建议，浙江以政府购买的方式，向提供这种服务的非营利性中介组织购买服务，用于满足本地中小企业的需求。

第七，支持新型产业组织的发展。

大力支持中小企业联合建立或参加产业联盟、技术联盟、标准联盟等新型产业组织，共同攻关行业关键共性技术。对于浙江来说，这一点尤其重要。在我们调研的过程中，多家省内小微企业表达了通过产业联盟、技术联盟来促进企业技术升级换代的期望。以中小企业为主体的浙江经济，实际上正可以利用产业联盟、技术联盟来享受规模经济的好处，这是广东所无法比拟的优势。

载《杭州日报》2016年12月19日

浙江民营经济发展迎来新机遇
——读《浙江省民营企业发展促进条例》有感

浙江省十三届人大三次会议通过的《浙江省民营企业发展促进条例》已于2月1日正式施行。作为一名长期从事民营经济研究的学者，我认为，该条例对涉及民营企业的各个方面几近全覆盖，这是前所未有的。该条例的颁布实施，对推动浙江民营企业的发展、创新和高质量发展提供了政策保障，让人读了感到特别振奋。

民营经济一直是浙江经济的最大特色、最大资源和最大优势，是浙江形象的金名片。民营经济创造了浙江六成以上的GDP、七成的税收以及近九成的就业岗位，为浙江经济社会发展做出了不可磨灭的贡献。但是，与此同时，多年来困扰着浙江民营企业发展的多重障碍依然存在：在部分特殊行业和领域，民营企业依然会遭遇"卷帘门""玻璃门""旋转门"等障碍；在融资方面，由于种种原因，各大银行依然从所有制出发，更愿意贷款给央企国企，对于民营企业不敢贷、不愿贷，导致大部分民营企业始终面临着融资难、融资贵的老问题等等。这一条例对所有制有重大突破，融资难和融资贵状况将有根本改变，各种隐性障碍也将一一排除。

这一条例的颁布实施正当其时，在全球经济遭遇寒冬，全国民营企业普遍经营困难的当下，更加显得刻不容缓。据了解，该条例是本届省人代会通过的第一部法规，也是全国第一部促进民营企业发展的省级地方性法规。该条例的实施，将从平等准入、保障措施、权益保护、行政行为规范等方面，依法保障民营企业公平参与市场竞争，激发民企活力、创造力，实现民营企业与其他所有制企业的权利、机会、规则平等，为浙江民营企业真正营造稳定、公平、透明、可预期的发展环境，营造有利于民营企业和民营企业家健康成长的社会氛围。我们有理由相信，《浙江省民营企业发展促进条例》将大大提振浙江民营企业信心，成为推动浙江民营经济全面发展的新引擎,为浙江经济的高质量发展再次注入强劲动力,为浙江经济的发展开辟新的增长点,对浙江经济社会发展意义深远,对全国各地都有启迪和示范作用。

习近平总书记在民营企业座谈会上的讲话指出,要不断为民营经济营造更好发展环境,帮助民营经济解决发展中的困难,支持民营企业改革发展,变压力为动力,让民营经济创新源泉充分涌流,让民营经济创造活力充分迸发。民营经济强则浙江强,民营企业好则浙江好,不管经济发展到什么程度、转型到什么程度,民营经济始终是浙江经济的主力军。该条例的颁布实施,正是浙江省委、省政府贯彻落实习近平总书记在民营企业座谈会上重要讲话精神的一次重要实践,将真正为民营企业排忧解难,让民企在行政与执法中获得公平公正对待,真正打造一个有利于浙江民营企业发展壮大和高质量发展的营商环境,让更多的民营企业拓展国际视野,增强创新能力和核心竞争力,形成真正强大的国际竞争力。我们相信,2020年将是浙江民营经济发展再次腾飞的一个崭新起点,也将是浙江经济迎来光辉时刻的一个重要转折点。

载《浙江日报》2020年2月24日

发挥地摊经济积极作用　为经济社会发展赋能

2020年全国两会结束不久,李克强总理在山东考察时强调,地摊经济、小店经济是就业岗位的重要来源,是人间的烟火,和"高大上"一样,是中国的生机;市场、企业、个体工商户活起来,生存下去,再发展起来,国家才能更好!一时间,地摊经济火遍全国,多地政府积极响应,强调复苏地摊经济。作为实体经济的一种,地摊经济曾经在我国的城市经济发展过程中发挥了积极作用,在因为疫情影响,全球经济下行压力不断增大和社会民生面临多重困境的当下,地摊经济将再次为我国经济社会发展发挥重要作用。

地摊经济可以为全社会创造大量就业岗位,缓解当前就业压力。受新冠疫情影响,城镇就业市场受到较为严重的破坏,就业形势十分严峻,尤其是对无资本、无技术的人员来说,受到的打击更大。数字经济时代,无资本无技术,意味着就业的机会更加渺茫,疫情的打击则让这些群体的生活落入更加艰难的困境,这当中,大学毕业生和农民工尤具代表性。一方面,疫情之下,企业岗位招聘需求呈现断崖式下跌甚至是完全冻结,各领域和行业也都有不少企业以各种名义花式裁员;另一方面,874万的应届毕业生人数再创历史新高,当前应届毕业生的就业压力空前。农民工集中分布的制造业、建筑业、住宿餐饮、批发零售、居民服务和其他服务业,在此次疫情中是受冲击比较严重的行业,农民工就业是这些行业就业中最缺乏保障的部分。地摊经济的大规模复苏和去边缘化,不仅仅解决了很多失业人员的就业问题,还为他们的生存提供了很大的保障,有助于改善他们的生活,是当前解决社会就业问题方式之一,甚至可能比实体店、电商平台更加直接和高效。

地摊经济可以活跃城市氛围,为城市增加人世间的烟火气。此前,成都市有序放开地摊经济,获得了市民的普遍欢迎,同时也让这座天府之城重新增添了更多人世间的烟火气,为成都赢得了全国的赞扬。其实,早在宋代,城市的夜生活和地摊经济就已发展得不错。宋朝的夜晚,一方面酒肆、茶楼人流如织,另一方面路边的集市夜摊鳞次栉比。不仅中国古代,在现今,地摊经济也开始复活。上海市从2020年6月6日到年底,在外滩步行街开设110个摊位任游客逛。当代的欧美国家,同样存在各种形式的地摊经济,发达的现代城市文明,与地摊经济和谐并存。笔者在美国和欧洲多国考察经济期间,发现这些国家基本都保留着我们所说的地摊经济,当地称这种交易场所为"跳蚤市场"。美国、英国、法国、德国、荷兰等国,都有一些各具特色的跳蚤市场,有些甚至还充满了文化氛围和潮流基调。有人说,一个国家的跳蚤市场(地摊经济),就是这个国家民族色彩、多元文化、市井民生的集合点和最佳表现。相信随着地摊经济的复苏,不仅将为现代城市文明的发展增添更丰富的烟火气息,同时也可以让我们国家的文化更具多样化和层次性,让市井民生更具生机。

地摊经济还将为经济发展提升自信。此次,李克强总理提出地摊经济,并强调地摊经济在经济社会发展中发挥的重要作用,在很大程度上彰显了疫情之后,政府全方位稳定经济、提振消费、扩大就业的信心与决心。在经济下行压力较强的当下,既可以优化发展环境、改善公众预期,同时也有助于提升经济发展的自信力。地摊经济作为实体经济的一种形式,从服装首饰、饮食小吃到街市娱乐等,都带动了制造业的发展,通过地摊经济,促进了商品之间的流通,拉动了消费,可以为实体经济发展不断赋能。当然,实体经济是经济发展的根基,一个国家的经济要强大,从本质上讲,还是要靠实体经济的发展,城市的发展更是如此,没有实体经济作为支撑,无论是一个城市的经济发展,还是一个国家的经济发展,都是空中楼阁,而在这方面,地摊经济将为实体经济的发展不断增进新的发展动力。

地摊经济虽然可以为经济社会发展带来积极的促进作用,但是,积极的促进作用,必须建立在合理的管理基础上,否则,仍然将陷入"一管就死,一放就乱"的窠臼。在这方面,发达国家如何管理地摊经济或曰跳蚤市场,也许可以给我们提供一些具有参考价值的管理方法。

欧美国家在这方面的主要做法,具有一定的借鉴意义。一是科学规划设摊地点,在某一个特定的区域,地摊的数量和设摊地点,都经过科学规划,不能阻碍当地交通和影响居民正常生活,同时保证有足够的人流量,让地摊活跃有序;二是对合法摊贩的管理松紧有度,摊贩需持证设摊,申请证照的费用低廉,摊贩必须按章纳税,但销售额达不到一定标准的,将根据实际情况减免税收;三是严格管理卫生状况,一方面保证摊贩出售的商品是卫生安全的,另一方面也确保城市环境卫生;四是灵活应对非法设摊,对于非法经营的摊贩,采取合理、灵活、有度的管理,因为非法摊贩的产生,从某种程度上而言,正是由于社会就业岗位的匮乏,他们的生活缺乏保障,野蛮执法只会冲击正常合理的社会秩序。日本对地摊经济的管理很成熟,值得我们借鉴。

笔者相信,合理合规地发展地摊经济,让地摊经济成为城市夜经济发展的重要组成部分,不仅有助于快速解决就业问题,还将有助于提升城市经济发展的温度,促进新的消费增长点的产生,为地方经济和国民经济发展赋能。

作于2020年6月6日

优秀私营企业主入党问题不容回避

本刊讯(《光明日报》驻浙江记者叶辉)浙江省民营经济研究所所长、经济学教授单东认为,随着个体私营经济迅速发展和在国民经济中的地位日益提高,一些先进的私营企业主要求入党的呼声越来越高,如何看待私营企业主的这种进步要求,党的大门能否向他们敞开,这已是摆在党组织面前不容回避的问题。

单东认为,浙江省个体私营经济高度发达,全省仅私营企业就有10.2万家,从业人员152万,1998年私营经济实现工业总产值3 172.7亿元,占全省经济总量的41.5%。私营企业主在浙江省的经济和社会生活中的作用越来越重要,他们中的许多人已成为浙江经济领域的活跃分子和先进分子。

单东说,现实政治生活中,党内存在党员标准的二元结构。一方面,改革开放后,一些本来作为无产者的党员干部下海经商成为百万、千万甚至亿元富翁,这些有产者已形成一个阶层存在于党内;另一方面,一批同样在党的富民政策感召下通过辛勤劳动走上致富道路的私营企业主却被拒绝于党的大门之外,这些私营企业主对党充满感情,积极靠拢党组织,迫切要求入党,他们中的一些优秀分子对自己要求严格,生活俭朴,同时热心公益事业,抗洪赈灾,援助希望工程,造桥铺路,把大量的个人资金用在非个人消费的公益或慈善事业上。然而他们入党却难度较大。

一边是党内存在大量有产者党员,一边是大批先进的优秀有产者要求入党却被拒之门外,这种党员标准的二元结构无论于党纲党章、于情于理都说不通。

单东认为,不许私营企业主入党弊多利少。第一,个体私营企业主作为一个阶层已经不容忽视地客观存在于我国社会主义社会,这股力量共产党不去吸收调动他们,他们就可能另寻其他政治组织,以形成自己的政治力量;这个阵地共产党不去占领,就会有其他政治势力去占领。这个阶层是靠党的"让一部分人先富起来"的政策发展形成的,现在应该考虑,把他们当同志好,还是当异己力量好?是拱手让其成为别的政治阵营里的成员,还是吸纳他们到党的队伍中来?第二,不许他们入党实际上是在政治上对他们的歧视,这不仅与党的十五大关于非公有制经济的精神相违背,而且还会使私营企业主与党离心离德。现在,已有不少私营企业主把资金转移到国外,国内一有风吹草动就往国外跑,或干脆移居国外,再以华侨的身份回来经营,造成这种现象的原因,除投资环境等因素外,不让其入党也是重要原因之一。第三,不让私营企业主入党并不能真正杜绝这部分人入党。在农村一些地方,部分有产者通过非正常途径入党早已出现,如让妻子子女顶替注册企业,等自己入了党并转正后再名正言顺地做私营企业主;一些股东为了入党把自己的股份转到亲属名下,或隐藏起来,这在不少地方已经发生。

单东认为,之所以不让私营企业主入党恐怕是出于如下的担忧,即有产者进入党内会改变党的性质。而事实上党内已经有有产者阶层存在,但党的性质并没有被改变。党的性质会不会改变,关键在于党中央能否始终坚定不移地坚持马列主义,邓小平理论的坚强领导,而不在于有无部分优秀私营企业主入党。正如社会主义性质会不会变,不在于是不是发展私营经济,而在于党是否坚持社会主义道路。党的最终目标是消除贫困,使广大人民群众都走上富裕的道路,因此,完全没有必要把这些先富起来的少数优秀私营企业主排除在党的队伍之外。

单东说,前不久,江泽民同志在东北和华东地区国有企业改革和发展座谈会上指出,非公有制经济是社会主义市场经济的重要组成部分,要继续鼓励、引导,使之健康发展。我国处于社会主义初级阶段,处于改革开放的特殊历史时期,党在经济上的正确政策已经雄辩地证明:不搞纯而又纯的公有制,放手发展多种经济成分,能使我国社会主义经济建设取得辉煌的成就。既然社会主义经济成分是多元的,党员的成分也不可能是单一的。事实上,由于多种经济成分的共同发展,党员成分早已不是一元的了。如果不让私营企业主入党,那么已经成为私营企业主的党员怎么办?难道要把他们清除出党?所以,党员标准的二元结构应该改变。

单东说,政治是经济的集中表现,党既然承认非公有制经济是社会主义市场经济的重要组成部分,那么私营企业主也应该成为社会主义国家政治生活中的平等的一员。他们中的优秀者,对社会贡献大,热爱党,拥护党的方针政策,又有入党要求,经过党的培养和考验,具备条件的,应该考虑并准予其入党。不准其入党,对发展生产力不利。

单东说,以上看法并非是他的创造。他认为,私营企业主能为社会主义事业作贡献,为什么不能成为共产党员呢?革命导师恩格斯不就是红色资本家吗?他把自己的全部财富用于支援马克思并与马克思一起从事伟大的共产主义事业,能说恩格斯不能成为共产党员吗?

单东说,北京和其他省市已评选优秀私营企业家为劳动模范,前不久,浙江省也首次评选出12位私营企业家为劳动模范,这是一个突破。在私营企业主入党问题上能否也来个"突破"呢?现在这个问题已摆在我党面前,对此,我们不应回避,而应该正视。我们应该从社会主义初级阶段理论和我国的基本国情出发,对党纲和党章作适当的调整和修改,在社会主义初级阶段这一特殊历史时期,允许部分优秀私营企业主入党。这样做,将有助于消除所有制歧视,对于调动一切积极因素,促进我国经济和社会快速、持续、稳定发展,提前基本实现现代化,都有十分重要的意义。

载《光明日报·情况反映》1999年11月12日

金融危机条件下浙江民营企业的转型升级
——2009年4月8日在江西财经大学对博士和硕士研究生的专题演讲

由美国引发的金融危机蔓延全球,其对中国经济的影响也极其深远。我国政府为应对这场危机而出台了刺激经济增长的相关政策。浙江是民营经济非常发达的省份,遭际到金融危机的巨大冲击。浙江省委省政府把促进民营企业转型升级作为应对金融危机的重要途径,转型升级已成为热门话题。本文就浙江省民营企业如何进行转型升级谈一点意见。

一、什么是转型升级

从去年到现在,我们一直在讲转型升级,那么到底什么是转型?什么是升级?因此,有必要先明确转型升级的真谛。笔者认为,"转型"和"升级"是两个不同的概念。我们所提的"转型"是指社会的经济结构发生转变,那么什么是社会经济结构呢?对此,马克思有过明确的说明。他指出:"人们在自己生活的社会生产中发生一定的、必然的、不以他们的意志为转移的关系,即同他们的物质生产力的一定发展阶段相适合的生产关系。这些生产关系的总和构成社会的经济结构,即有法律的和政治的上层建筑竖立其上,并有一定的社会意识形式与之相适应的现实基础。"①根据马克思的这一观点,笔者认为,"转型"是针对生产关系而言的,是从生产关系角度提的,转型是指要转变现有的生产关系,这些生产关系不仅包括所有制结构,也包括管理方法,等等。

而我们所提的"升级",在这里特指产业升级,是指产业要从低附加值转向

---

① 马克思.政治经济学批判·序言[M]//马克思,恩格斯.马克思恩格斯全集:第13卷.北京:人民出版社,1962:8.

高附加值的升级,从高能耗、高污染转向低能耗、低污染的升级,从粗放型转向集约型的升级,升级是从生产力角度提的,是科学发展观的提法。

二、金融危机下浙江民营企业遭遇的困难及现状

2007年以来,由于美国房地产泡沫的破裂,美国很多大型投资银行发行的房地产次级债券价格出现大幅度下跌,由此引发了一场全球性的金融危机。美国的贝尔斯登银行、美林证券、雷曼兄弟、华盛顿互惠银行等金融机构,不是倒闭,就是被兼并,美国最大的保险公司美国国际集团也遭际到前所未有的困难。金融危机迅速蔓延到实体经济,美国工业的明珠——汽车产业也受到几乎毁灭性的打击,除了福特汽车公司暂时未向政府请求支持外,通用汽车、克莱斯勒都明确表示,如果美国政府不给予贷款支持,只能申请破产保护。欧洲也同样遭际金融危机的袭击。法国的房地产、外贸、旅游、汽车、航空、零售业等都受到金融危机的影响,失业率2008年11月份再次超过7%,失业人口达200万之多;德国的汽车业所受打击严重,戴姆勒公司、宝马公司、欧宝公司、美国福特在德国科隆的子公司等都有不同的休假及停产计划。在英国,作为国民经济支柱的金融业遭受重创,仅2008年10月至12月,就有11万金融从业人员失业,伦敦金融城有4万专业人士被扫地出门。

不可否认,世界正在经历一场空前的金融危机,或者说是自1929—1933年世界经济大萧条以来最严重的一场金融危机。

当今世界,是一个全球一体化的世界,我们中国也深受金融危机影响,我国的实体经济、虚拟经济都面临着严峻的考验。而浙江作为中国民营经济最发达的沿海省份,受到的冲击更大。浙江许多民营企业是外向型的,2008年浙江省出口1 543.1亿美元,民营企业占比达到51.5%。西方经济的下滑直接导致我国的出口下降,影响非常广泛。2008年浙江共有2.2万家民营企业注销,死亡数为6年来最高。这里用一个事例就足以说明。在金融危机的影响下,杭州道远化纤集团短短半年时间里损失了20多亿元——一个原本生机勃勃的企业,随时面临倒闭的危险。作为董事长的裘德道满腹惆怅:"不瞒你们说,多少次我都想从阳台上跳下去。"除了受国际市场需求下滑这个最大的影响外,浙江民营企业还面临着一些前所未有的困难,归纳起来,主要有以下几个方面:

1. 美元对人民币汇率的大幅波动

金融危机导致美元汇率的大幅波动,这对于外向型特征明显的浙江民营企业来说是非常不利的,因为民营企业很难控制汇率风险。美元对人民币在去年曾较大幅度贬值。而2009年3月18日,美联储在维持联邦基金利率处在历史最低点——零至0.25%区间不变的同时,印刷上万亿美元购买国债和抵押

贷款的相关债券。其中购买房产抵押债券及机构债券共计 8 500 亿美元，未来 6 个月购买长期国债 3 000 亿美元，以解冻信贷市场，刺激经济复苏。这种通过发行货币购买财政部债券的救市措施，势必导致美元的贬值。美元对人民币贬值对中国出口的影响不但包括由于相对价格变化引起的对外需求减少，而且还包括汇率上升挤压了浙江民营企业的利润空间，使得浙江民营企业出口减少或无利可图。

2. 原材料和初级产品价格剧烈波动

从 2007 年至今，石油、煤炭、钢铁等原材料和初级产品的价格都一直在攀升。国际原油期货价格从 2007 年的 60 多美元攀升到 2008 年 7 月的 140 多美元，然后受金融危机对实体经济打击的影响，又一路狂泻，现在国际原油期货价格不到 40 美元。2008 年 8 月份国内动力煤的价格维持在 600 元/吨左右，而目前价格大概在 450 元/吨。钢铁价格也经历了剧烈的波动，国内钢铁的价格指数从 2007 年 1 月 1 日的 127 点上涨至 2008 年 6 月 1 日的 219.5 点，上涨幅度达到了 73%，线材指数从 2007 年 1 月 1 日的 129 点上涨至 2008 年 6 月 1 日的 248.5 点，上涨幅度为 93%，然而从 2008 年 6 月份开始，国内钢铁价格行情急转直下，价格从高点一路下泻，钢材综合指数从 2008 年 6 月 1 日的 219.5 点下跌到 2008 年 11 月 3 日的 127.7 点，线材指数也从 248.5 点下跌到 2008 年 10 月 3 日的 137.3 点。生产资料价格的大幅波动对企业正常的经营活动造成很不利的影响，对规模较小、实力相对薄弱的民营企业带来了更大的经营风险。2008 年 8 月笔者在台州玉环调研时，很多企业家向笔者诉苦，原材料价格的大幅波动使他们无所适从。

3. 中小民营企业融资不畅

受金融危机的影响，浙江许多民营企业都遭际资金紧张或资金链断裂的困难。企业资金链一旦断裂，所影响到的不仅仅是企业的发展，甚至会关系到企业的存亡。浙江许多民营企业都因资金问题而面临前所未有的考验。在改革开放以来的很长时期内，民营企业被排斥在正规金融的融资之外，民营企业普遍存在融资困难。即使现在，正规金融机构对民营中小企业的支持也仍然有限，使得其只能寄希望于非正规金融（地下钱庄）。而非正规金融的融资意味着民营企业面临更大的成本压力，在经济不景气的时候，很容易使这些中小民营企业破产。笔者在台州调研时还发现，中小民营企业有的会因借了民间高利息贷款而导致倒闭。

金融危机引发的这些问题使得浙江一些民营企业，甚至是一些实力型的民营企业也陷入困境。去年，国内安防行业的龙头民营企业杭州南望集团、在新加坡上市的江龙集团（亚洲最大的印染企业）等一批原本实力型企业相继宣告破产，浙江台州飞跃集团（全球最大的缝纫机设备厂）、华联三鑫（亚洲最大的 PTA 精对苯二甲酸厂）等民营龙头企业也因金融危机而遭到巨大的冲击。

但是另外一些企业，例如浙江的万

向集团、青年集团、吉利集团等,虽然也遇到了一些困难,但是总体都运行良好。特别是吉利集团,相关数据显示,2008年度轿车实现销量22.18万辆,上半年净利润2.3亿元,较上年同期增长217%。笔者在2008年7—8月份,分别对吉利集团、万向集团、青年集团进行调研,在与李书福、鲁冠球、庞青年这些老总对话时,他们都表示,企业较往年是有一定的困难,但他们同时也认为,西方的金融危机迫使中国的民营企业提升产业竞争力,是中国民营企业追赶欧美国家企业的良好机遇。娃哈哈集团宗庆后在回答记者提问时说:"虽然现在我们处在全球金融危机的大环境下,但娃哈哈并没有过多受到冲击。金融危机使一些小饮料企业经营不下去了,这正好给我们提供了扩张的好时机,利用这个机会来扩大市场。"诚然,与欧美国家相比,金融危机对我国的影响相对较小,他们对自己企业的前景充满信心。这就是浙江民营企业的现状:在金融危机下,有的企业运行良好,有的企业步履维艰,有的企业破产。

三、为什么会出现这种现象

为什么金融危机一来,有的民营企业就破产,而有的民营企业却岿然不动?这很值得我们思考。除去外部经济环境的影响,笔者认为,还有民营企业自身的原因。金融危机一来,有的民营企业就扛不住了,这些民营企业自身的抗风险能力为何这样差?我们发现,金融危机下顶不住的民营企业都有一些共性:

(1)不注重转型(生产关系)。据笔者了解,那些抗风险能力差的民营企业往往缺乏合理的公司治理结构,很多决策都由老板一人说了算,企业内部管理制度也不健全,家族管理特征明显,这就决定了民营企业老板可以自由放任。很多民营企业老板不够专注,他们有足够的自由度,在看到2007年中国股市很火时,便萌发了炒股的念头,把资金拿出来炒股,赚了还好,但很多都是亏损,又遇上金融危机,造成资金链断裂,最终只能是破产。

(2)不注重升级(生产力)。不注重升级,主要表现在不注重研发投入、不注重品牌建设、不注重人力培训,对本产业不够专注。我们都知道,经济增长理论证明,只有技术进步和人力资本投入才是维持增长的核心源泉。许多民营企业在取得一定的市场份额之后,研发投入不相应增加,品牌建设也不重视,不专注本业,在研发投入和品牌建设投入都不充分的情况下,还搞多元化发展,升级也无从谈起。

而金融危机下运行良好的民营企业也有一些共性,主要表现在:

(1)注重公司治理结构和制度建设。像万向集团、吉利集团都是上市公司,万向集团董事局主席鲁冠球和吉利集团总裁李书福都认为,上市融资是一个目的,上市更重要的一个目的是可以接受社会股东的监督。

(2)足够专注。这些民营企业的老板足够专注,专注于本业。像万向集团鲁冠球，无比专注于他的零部件和电动汽车；吉利集团李书福专注于他的轿车；青年集团庞青年专注于他的莲花竞速、曼卡、青年—尼奥普兰等车型；还有像康奈郑莱莉专注于她的制鞋本业。据郑莱莉介绍，2007年，很多民营企业都拿钱出来炒股，康奈没有一分钱流到股市。

(3) 注重研发。这些民营企业都非常重视研发，万向集团设立了博士后流动站，吉利集团设立了吉利汽车研究院，青年集团也在强化研发，对引进国外技术努力消化并淡化国外品牌的影响。康奈为了跨越鞋业国际贸易壁垒，早在2004年9月5日，就在北京人民大会堂举行的"康奈破解国际贸易壁垒新思维"论坛上，与SATRA(国际鞋业贸易商组织研究协会)签署了《技术服务合作协议》，康奈决定投资1 000万元在国内建立鞋类研发设计中心，研发世界最新鞋类技术、工艺，积极尝试参与国际鞋业贸易"游戏规则"的制定。

(4) 注重品牌建设。这里以万向集团为例。汽车零部件产业是一个不太需要做广告的行业，只要业内人士熟知就可以了。但是，在萧山到处都有万向集团的巨幅广告牌。吉利集团在央视和凤凰卫视的广告、青年在央视的广告都非常引人注目。

(5) 注重人力培训。以吉利集团为例。吉利集团早在几年前就在北京建成北京吉利大学，下设的汽车学院，用的教材都是吉利自己编写的。由此可见，这些大型民营企业非常重视人力资本的投入。

根据以上分析，在金融危机下，难以应对危机的民营企业大多是那些转型升级意识差的企业，而运行良好的民营企业则是那些注重转型升级的企业。其实，不能光靠政府提出和推动才转型升级，作为民营企业，应该经常想到转型升级，要把转型升级放到企业发展战略的重要位置。不断优化生产关系，不断提高生产力水平，这应是民营企业持之以恒的一项非常重要的战略任务。

四、浙江民营企业如何进行转型升级

对这一问题，笔者想从下面两个角度来阐述，并给予必要的案例支持。

1. 如何转型

(1) 企业重组。这里，笔者以浙江飞跃集团为例。浙江飞跃集团2008年陷入严重的资金困境，在浙江省当地政府——台州市政府的推动下，进行了股权结构转型，也就是企业重组。飞跃集团原来是邱继宝董事长的独资企业，通过台州市政府的协调，邱继宝出售了自己的股权，把它卖给包括竞争对手中捷股份公司在内的股东，改组成新飞跃集团。用邱继宝的话说："虽然我的股份减少了，只有百分之三十多，但是企业活了，我们还可以联合中捷股份公司研发技术含量和附加值更高的缝纫机，以便去占领国际市场，创好中国的缝纫机品牌。"又如，瑞安市的浙江正昌股份有限公司是加工锻压毛坯的，而浙江道森机车部件集团有限公司是生产机车部件的,但附加值不高,两家公司于2008年合并组建成"中国正昌道森集团公司",该公司被列为整合提升、优化重组的试点企业。集团组建后,他们很快就有了技术含量高的项目,而且锻压和机加工合作,实现毛坯与精加工链的整合,使自己的产品升了级。

(2) 优化公司治理结构。浙江的上市公司共有125家,其中绝大多数是民营企业,浙江是全国民营企业上市最多的省份。浙江还有许多民营企业正在积极争取上市,一方面是为了融通资金,另一方面也是为了优化公司治理结构。据笔者调查,浙江已过会正在等待上市的民营企业就有多家,包括浙江亚太机电集团、杭州新世界信息技术有限公司、浙江万马电缆股份有限责任公司,等等。

(3) 优化内部管理体制。由于浙江很多民营企业都是由家族式作坊发展起来的,家族式管理模式极其普遍,但是随着浙江一些大型民营企业家思想意识的转变,已率先采用较为现代化的内部管理体制,改变任人唯亲的状况,让有能力的上、无能力的下。温州正泰集团南存辉董事长较早把自己的亲戚调离他的企业。在这方面,万向集团也做得较好。万向集团目前控股的国内上市公司有万向钱潮、万向德农、承德露露、兔宝宝四家,其中除了万向钱潮公司董事长是鲁冠球之外,其他都不是鲁冠球的亲戚或子女。万向德农的董事长为管大源,承德露露的副董事长也是管大源,鲁冠球并没有任人唯亲,没有让自己的儿子做董事长,而是重用在万向集团一步一步做起来的、能力非常强的管大源担任要职。杭州娃哈哈集团也是如此,创业早期,宗庆后的很多亲戚被安置在娃哈哈工作,后来宗庆后发现对这些人很难管理,于是他宁可拿些钱给他的亲戚们,把他的亲戚全部调出娃哈哈。当然,还有不少民营企业也这样做了。

2. 如何升级

1988年9月,邓小平同志指出:科学技术是第一生产力。从20世纪80年代开始,由美国著名经济学家保罗·罗默(Paul Romer)[①]和罗伯特·卢卡斯(Robert Lucas)[②]等人为代表提出的新增长理论,即内生技术变革理论,把技术变革作为经济增长的内生源泉。发达市场经济的增长依赖于劳动力、资本和技术革新。在劳动力和资本存在边际收益递减规律的情况下,技术变革成为推动经济增长的主要力量。所以,新增长理论早就证明技术对经济增长的贡献是很大的。升级的第一要素是科技,也就是技术进步。推动技术进步,就需要强化研发,因此,强化研发是升级的第一条件。

(1) 强化研发。以前,浙江民营企业的发展大多依靠全国便宜的劳动力和

---

① 该理论的主要思想最早体现在罗默1983年的博士论文《递增报酬和长期增长》中,发表在1986年的《政治经济学期刊》(*The Journal of Political Economy*)上。

② 罗伯特·卢卡斯(Robert Lucas)在1988年的论文《论经济发展机制》中揭示了新古典增长模型的经验缺陷(即不能解释国家之间收入水平和增长率的巨大差异),提出了两个内生增长模型:第一个模型是人力资本外部性模型,第二个模型是"干中学"的外部性模型。

较为便宜的生产资料资源,但随着我国人力成本的稍微上升,以及生产资料价格的上涨、金融危机的到来,使得原本靠这两个条件生产的民营企业明显承受到很大的压力。

去年笔者在台州玉环县调研时,很多制造汽车零部件的民营企业的老总抱怨道:"原材料涨得这么快,企业成本太高,今年再努力能不亏就很不错啦。"汽车零部件的主要材料铁板去年上半年每吨涨价 2 000 元,玉环有汽车零部件企业 2 000 家,仅材料成本上涨一项就使这些民营企业面临生存危机。玉环县是全国汽车零部件的生产基地,在那里,生产分工虽然非常细,但缺乏研发投入,产品基本没有什么技术含量,附加值很低,抗风险能力差。2008 年 12 月末,玉环的零部件销售量急剧下降,销量比 2007 年同期回落了 49%。2008 年 4 月,为了开拓国内市场,玉环 40 多家汽车零部件民营企业到江西铃木汽车厂洽谈配套供应,铃木方面也派出 16 人的考察组,考察了玉环 30 多家零部件民营企业,结果只有几家符合要求。足见研发投入多么重要。

不只是玉环一个地方,浙江其他地区的很多民营企业也是如此,凡技术水平低的中小民营企业基本如此。相反,那些技术水平较高的民营企业,特别是一些掌握了核心技术的民营企业就从容得多,譬如吉利集团。李书福称,他们研制成功的 BMBS 系统(吉利爆胎监测与安全控制系统)给发达国家汽车企业造成进入障碍,国外汽车厂商总是在研发更好的轮胎来防止高速爆胎,但是要完全杜绝高速爆胎是不可能的,吉利投入巨资研发出了 BMBS 系统。这种系统在汽车出现高速爆胎等紧急情况时,轮胎气压监测采样单元能够即刻采集到这一信号,并将这一信号立即传递给中央控制单元,中央控制单元几乎同时发出指令给制动器单元和尾灯警示信号,制动器单元瞬间爆发出强大的制动力,在极短时间内(0.2—0.5 秒之间,从爆胎发生到产生制动的时间)促使汽车产生紧急制动并安全减速,实现短时间内车辆减速到每小时 40 千米以下的安全时速,使车辆可以从容靠边,也避免了追尾等二次事故的发生。吉利汽车 BMBS 技术成果的最大创新之处是:利用机电一体化系统快速反应的特性来弥补人脑对外界信息反应滞后的生理局限,在汽车瞬间爆胎而司机还没有来得及做出反应的情况下,BMBS 即刻实施自动紧急制动,使汽车减速。统计表明,司机从发现危险状况到采取制动措施一般至少需要 3 秒钟,而在这 3 秒钟的时间里,汽车已经失去了控制,紧接着是各种严重后果的发生,而 BMBS 能为司机赢得这宝贵的 3 秒钟时间。他表示,将进一步加大研发投入,要把研发投入从销售额的 5% 提高到 10% 以上,2009 年和 2010 年,吉利的研发投入将分别达到 18 亿元和 19 亿元,将力争研制出更安全、更环保、更舒适的汽车来参与世界竞争。

万向集团也十分重视研发。笔者在万向集团调研时,董事局主席鲁冠球对笔者说:"万向肯定会造整车,我这一代造不了,下一代造,万向要造的车一定是最先进的汽车。"在万向考察时,我们参观了电动汽车制造车间。鲁冠球说:"我就是每年在烧钱,烧钱去研发电动汽车,电动汽车的关键是充电电池的快速充电和电池的储电容量。"他说:"我们的电池现在已经能做到充一个小时电,可以跑100千米以上了,但是还要进一步提高,不然还不能进行纯电动车的商业化。"

娃哈哈集团在这方面也做得很好。去年年底娃哈哈就考虑到金融危机可能会影响到饮料的销售,于是在春节前就将娃哈哈大部分产品出厂价格调低了10%,并且在今年将加大新产品的研发和推广力度。今年准备每类产品都推出一个新产品,乳饮料、碳酸饮料、果汁饮料等都有涉及,使娃哈哈产品面向社会各类群体。

当然,还有很多这样的民营企业,如青春宝集团,等等。这些民营企业为什么能够做强做大,为什么在金融危机面前不为其所动?笔者认为,就是因为在他们的企业发展战略中,把研发放到了相当重要的位置。他们知道,只有技术进步了,产品才具有更高的附加值,才具有更强的竞争力,产业也才能够升级。所以笔者建议,民营企业在发展过程中,在规模还不够大时,尽量不要走多元化发展的路子,而要加大研发投入,把本产业做精做大,做到最好,那么市场一定是你的,机遇也一定会因你而来。

(2) 品牌建设。品牌,换一个说法即正向的知名度。知名品牌在市场竞争中是最有力的战略武器。同样一双运动鞋,在上面贴上耐克(Nike)或阿迪达斯(Adidas)的标志就可以卖到1 000元,而贴上国内其他的标志,就只能卖到200元,甚至更少,这就是品牌效益。近年来出现了品牌经济学,从学术界来看,国内已经有学者开始利用经济学的分析工具和分析方法对品牌进行经济研究,如孙日瑶(2005)、刘华军(2006)等,主要原理就是品牌能与目标顾客达成长期利益均衡,从而降低其选择成本,造成需求曲线的移动而改变社会福利。这对于民营企业摆脱"价格战"陷阱,由"价格战"转向"品牌战"具有重要意义。品牌建设也是提高生产力的一种手段,是促进产业升级的一种方法。

浙江民营企业现在的品牌意识也在渐渐增强,娃哈哈、农夫山泉的广告在央视打得火热。美特斯邦威投入巨资请周杰伦代言是非常成功的,雅戈尔请费翔代言也非常成功,这些都是浙江民营企业重视品牌的典型代表。通过广告,不但能够增加产品的销量,而且能够提高公司产品的品牌附加值。品牌建设是产业升级的一个非常重要的环节,企业理应加大品牌投入。

(3) 专一投向。由于企业资源及企业家精力的有限性,在企业规模快速发展的时候,民营企业一定要专注于本业。只有集中力量往一处打才是最有力和最有效的,也只有这样,才能为民营企业的产品升级创造基本条件。这次金融危机,很多公司就是因为不够专一,才导致破产,像绍兴的江龙集团,把钱拿出来去做期货,这是拿企业去冒险,最终只能是破产。对娃哈哈饮料,大家都耳熟能详,但是好像没有多少人知道娃哈哈服饰。其实,娃哈哈也做服装,而且已经做了好多年,但并无名气,之所以还在坚持做,主要是由于娃哈哈的现金实在太多,娃哈哈不负债。笔者并不看好娃哈哈做服装。

"专一投向"是浙江民营企业升级的一个重要保证,例如正泰电器就一直专注于低压电器,产品附加值较高。在低压电器市场,正泰电器的价格比国内其他低压电器的价格高出许多,但销售量一直很好,因为他们专一,也很专业,产品质量过硬,所以面对这次金融危机,他们并不感到有什么大的压力,而能泰然处之。

(4) 升级到产品链中附加值高的环节。1992年,宏基集团的创办人施振荣提出了微笑曲线理论,该理论指出了台湾产业未来努力的策略方向是在附加价值理念的指导下,企业只有不断往附加值高的区块移动与定位才能持续发展与永续经营。这一理念完全适用于民营企业。浙江成千上万的中小民营企业大多是代工,重在模仿,附加值很低。像玉环,很多产品都没有品牌,只是做一些基础加工,这是附加值最低端的环节。决定一个商品附加值高低的重要环节是市场调研、咨询、设计、营销、策划等的综合,而这些环节往往都是掌握在国外企业的手中,我们做得很辛苦,做出一双鞋,只赚几元钱,而贴上一个"耐克"的标志,耐克公司就可以赚好几百元,因此我们要产业升级,不光是对产业链要升级,对产品链也要升级。

浙江温州的美特斯邦威在这方面做得非常好。美特斯邦威基本上没有自己的生产厂房,只做调研、做品牌、做渠道、做营销,掌握着很多生产厂商。现在美特斯邦威是国内休闲服饰的龙头老大了,他们把握住了渠道,把自己从生产中摆脱出来,专门,也专心,更专一地去做附加值高的调研环节、品牌环节、渠道环节、营销环节,因此升级得非常好。去年,美特斯邦威在深交所中小板挂牌上市,其老总周成建已成为浙江服装业的首富了。因此,一个民营企业如果能抓住其产业链中附加值高的某一环节升级,也就提高了其生产力水平。

五、浙江省市政府如何促进民营企业转型升级

1. 如何促进转型

(1) 积极推动产业重组。浙江省政府积极推动产业重组,包括缝纫机产业、汽车产业、装备制造业等多个产业。例如,在省市政府的推动下,台州市经济委员会牵线搭桥,使本来为飞跃集团竞争对手的中捷股份公司参与飞跃的重组,组建成新飞跃集团,成功地实现了民营企业的产业重组。汽车产业也是。浙江省现在重点支持几个龙头企业发展汽车整车产业,重点支持青年集团做商用车,吉利集团做轿车,通过他们来带动相关产业的发展。去年6月份,浙江省副省长金德水下批文,让笔者来做"浙江省民

营汽车产业转型升级对策研究"，课题3月份已结题，相关政策建议也已呈报省政府。在装备制造业，现在浙江省政府和温州市政府正在想方设法使温州的大型民营企业正泰集团、德力西集团和人民电器联合起来，做强做大，参与国际竞争，虽然有一定难度，但是省市政府正在积极推动。

（2）解决中小民营企业融资问题。在当前金融危机形势下，浙江当地政府和金融部门为帮助中小民营企业破除融资难，千方百计拓宽民营企业融资渠道，变通贷款抵押和担保方式。企业的专利权、市场商位使用权、商标专用权，乃至企业排污权等，经审核后，都可以拿到银行申请贷款。虽然受到金融危机的严重影响，但由于政府的支持，浙江中小民营企业融资难这一头痛问题得到了缓解。

浙江义乌有全球最大的小商品市场。从2008年开始，在义乌经商办厂的老板就可以用市场的商位（摊位）使用权作为贷款抵押物到银行申请贷款了。浙江银监局义乌办事处主任徐洁说："因为义乌小商品市场三分之二的经营户都是外地的，他们到义乌后没有资产，更没有不动产作为抵押，针对这种情况我们就推动开展商位抵押贷款。"

今年2月份，中国人民银行杭州市中心支行、浙江省科技厅和浙江省知识产权局联合出台了《浙江省专利权质押贷款管理办法》。《办法》规定，对于已被国家知识产权局依法授予、目前仍在法定有效期限内、不涉及国家安全与保密事项，以及已在实施阶段、形成产业化经营规模、具有一定市场潜力和良好经济效益的发明专利、实用新型专利和外观设计专利的专利权，其合法专利权人可以在浙江省范围内将其抵押贷款。

今年3月初，浙江省诸暨市环保局和中国人民银行诸暨市支行又联合推出了一种贷款新模式。诸暨的企业今后可凭企业《污染物排放许可证》向银行申请贷款。

（3）强化公共服务。浙江省市政府强化公共服务。杭州市委书记号召大家，为了应对金融危机，让杭州成为中国和世界最早走出金融危机的城市，要多上班，白加黑，五加二，周六一定上班，周日不一定不上班。从这一点来看，浙江省市政府在提高公共服务方面也在转型。这显然可以提高政府效率，帮助民营企业发展，为浙江民营企业转型升级树立榜样。

2. 如何促进升级

（1）给予企业研发资金补贴和帮助企业申请国家重大科技项目资金。浙江省市政府一方面给予民营企业研发资金补贴，一方面积极帮助民营企业申请国家重大攻关课题经费。以浙江金华为例，只要是装备制造业通过进口国外先进设备来进行技术改造的，这部分费用，金华市政府补贴10%。他们还成立专项技改资金，对重大技术项目给予财政支持。另外，还积极帮助民营企业申报国家科技资金。据万向集团董事局主席鲁冠球介绍，万向集团就多次在杭州市萧山区政府的支持协助下，申报了很多重大项目科技资金。

（2）保证产业升级的土地供给。在产业升级时,浙江省市政府还积极为产业升级保证土地供给。以汽车产业为例,杭州为了发展民营汽车产业,在杭州市萧山区江东工业园划出35平方千米的土地来发展民营汽车产业。浙江本来就是缺地的省份,许多民营企业为了发展,不得不迁至外地。浙江省市政府为了产业升级,划出如此大面积的土地来发展汽车产业。现在已经有纳智捷整车、青年莲花整车与发动机、新东风杭汽、吉奥汽车、万向电动汽车等项目入驻。

总的来说,浙江民营企业转型升级是在浙江省市政府的积极推动下和民营企业自身的努力下兴起的。有浙江省市政府的积极推动,有浙江民营企业家的求实创新的精神,浙江民营企业的转型升级一定会成功。这次国际金融危机虽然给浙江民营企业带来许多困难,但是,成千上万的民营企业因此而经受考验,进而会从中成长出一批更好更强、将来可以更多地参与国际竞争的民营企业。

参考文献：

[1] 郑杰.民营企业"融资难"问题剖析[J].经济师,2008(3).

[2] 胡俊之.中小民营企业融资难的原因及对策研究[J].民营科技,2008(1).

[3] 宁坚.当前我国民营企业融资问题探析[J].理论前沿,2008(14).

[4] 孙日瑶.品牌经济学[M].北京:经济科学出版社,2005.

[5] 刘华军.现代经济增长的综合分析框架：分工—制度—品牌模型[J].现代经济探讨,2006(7).

调研称:浙江中小民企转型升级存五难点分别为"重""难""低""缺""差"

浙江民企现状到底如何?存在哪些问题,未来对策如何?这些问题在《浙江中小民营企业转型升级面临的问题和建议》(下称《报告》)中都可以找到答案。

这份全文 4 万多字的《报告》的主持者、浙江财经大学教授、浙江省民营经济研究中心主任单东告诉 21 世纪经济报道,此《报告》经两年调研完成。官方对此尤其重视,浙江省副省长毛光烈对报告作了批示,要求各部门借鉴并认真研究促进中小企业发展的对策。

作为民营经济大省,浙江民营经济占 80% 以上。截至 2012 年底,浙江省共有各类市场主体 350 万户,其中个体工商户 255 万户,民营企业 78 万户,占内资企业比重 87%;民营经济提供了 90% 以上的就业岗位、60% 以上的税收。

尽管浙江省一直重视中小民营企业发展,但在近些年复杂的经济形势下,税费重、融资难等问题日益突出。对此,

《报告》建议,要加快企业转型升级,一方面需要企业自身转变发展理念,另一方面需要政府加快执政能力的提升和职能的转变。

中小民企难题多

根据调研的结果,当前影响中小民营企业转型升级的问题可以用"重""难""低""缺""差"五个字来概括。

首先是企业税费重,在税收方面,企业普遍反映,浙江、广东、上海三地的销售税负率分别是 10.5%、7.6%、6.7%。

并且,浙江省一些地区税务部门为了完成考核指标,存在一定程度上的随意摊派税收的现象。比如有某企业向课题组反映,企业已交完了全年应交的税款,但税务部门为了完成税收增长指标,要其再支持 50 万元的税款。

一位浙江地方税务系统人士也向

21世纪经济报道记者表示，在地方财政压力加大的情况下，要求企业预交下一年度的税，或补交过去经济形势较好时"遗漏"的税费这种现象并不罕见。

2012年12月1日，浙江省启动"营业税"改"增值税"试点工作，而上述《报告》显示，余杭区瓶窑镇、滨江区、金华市等许多中小民营企业反映，"营改增"不但没有减轻其税收负担，反而大大加重了他们的负担。除了税收，各项费用负担也很重，一些地方的企业还需要缴纳200多项行政事业性收费。

近两年，引"浙商回归"成为浙江省政府头号工程。"在深圳调研时，一些浙江民营企业家表示愿意响应（回到浙江），但浙江的税费综合负担高出深圳10%以上，不得不放弃。"单东说。

在贷款方面，企业则表示不仅要承担较高的贷款利率（通常是基准利率上浮20%），还要承担贷款过程中的各项隐性成本和隐性风险，如有的银行以承兑汇票形式发放贷款，企业用承兑汇票贴现，又要额外增加3%的贴现。

"大多数中小民营企业是靠租赁的土地和厂房创业的，无担保物，银行为分散风险，于是让民营企业搞'互保'，进而引发大范围的金融风险。"《报告》指出。

中小民营企业由于规模小，财力不足，承受风险能力弱，市场融资难，创新资金往往短缺，严重制约了企业技术创新，而知识产权的法律保障不健全更是影响了企业创新的积极性。

"许多企业反映，一线高级技术工人流动性大、非常紧缺，企业想对工人进行培训，但是又怕培训完，高级技工又跳槽了，人财两空。用工成本高、户籍制度等的滞后也影响了人才的去留问题。"《报告》指出，资金困难直接影响招工，尤其是高级技术工人。

从大环境来看，垄断行业"玻璃门"等问题影响了民营企业家对中国经济未来发展、民营企业的发展空间、未来投资环境的信心，都有减弱的趋势，大量企业家通过移民的方式转移财富。

加快转型升级

面对这些难题，课题组提出的建议是：一方面需要企业自身转变发展理念、认清发展方向；另一方面，需要政府加快执政能力的提升和职能的转变：以市场为导向，以企业为主体，为浙江中小民营企业的转型升级营造良好的发展环境。

首先是转变政府职能，减少审批权，这也是浙江省长主抓的工作。

在此基础上，《报告》认为应减少经济事务和社会事务的政府机构，地方政府官员业绩考核与GDP脱钩，可以借鉴广东省的经验通过购买服务等方式，让行业协会更多地参与政策制订、市场监管、产业升级、行业管理等工作。

而中小企业反映较多的税费问题，《报告》建议：一是落实国家结构性减税政策，降低流转税税率；二是理顺制造业和服务业之间的税负平衡和服务业不同行业之间的税负平衡这两种关系；三是改进扶持中小民营企业的税收制度，加大转型升级企业的税收支持力度；四是规范征税制度、杜绝突击收税。

据悉,中小民营企业从事第三产业比重较高,"营改增"加重了这类企业的负担。"对这类中小民营企业,应结合第三产业具体行业的性质,适用更低档次的增值税率。"单东指出。

《报告》建议,可实行双轨制增值税作为过渡措施,即在现行扣税法基础上,对未实行增值税的行业和项目,其购买者可以采取扣额法来扣除。

浙江省社科院经济研究所副所长徐剑锋也指出,总的来看增值税水平的征收比例过高,应该下调整体的征收水平,提高个人和企业所得税征收比例。

除却流转税改革的建议,《报告》特别强调了企业所得税制度的完善建议,并突出了要适度下放税收管理权限,建议在不影响国家基本税收制度条件下对制度中的一些具体事项可以由地方政府和税务机关来制定具体规定并执行。

"依法征税"在单东看来,更是保证中小民企规范健康发展的前提。此外,在税收之外,融资问题已成为中小民营企业转型升级的瓶颈。

上述《报告》建议,应开拓融资渠道,降低企业融资成本,包括促进农信机构进一步市场化、加速发展村镇银行、重视和支持"电商金融"等金融创新、支持小额贷款公司以及努力利用现行资本市场等五项。

其中重点强调,发展村镇银行,尽快实现县域的"全覆盖",个别村行活力极差(如莲都建信等),则应增设一家(省内已有先例,慈溪、宁海各有两家);并通过小额贷款公司,将民间借贷"阳光化"。

另外,浙江一些中小民营企业老板反映,目前知识产权保护刻不容缓。根据浙江省高院提供的资料,2008—2012年,浙江省法院受理的知识产权纠纷案件数量年均增长77.36%,约为全国的两倍。

政府层面,单东认为,主要应该做好优化产业政策,营造企业良好环境。《报告》建议保护私有产权,杜绝官员为了私利利用公权非法侵害企业家权益;打破"玻璃门",真正像对待国企那样对待民营企业;搞好产业扶植和推动产学研协同融合创新中心的建立等。

除此之外,《报告》还建议政府也应该做好人才工作,发展生产性服务业,助力企业转型升级等。

载《21世纪经济报道》2014年4月3日

应对国际金融危机挑战　民营企业要加快信息化建设

当今时代是经济全球化和信息全球化的时代。信息化建设是民营企业发展到一定阶段的必然要求。近年来,我国民营企业信息化建设有了稳步的提升,但从整体上看,信息化建设仍然处在起步阶段,信息化水平仍然比较低下。因此,加快信息化建设是当前民营企业发展的一项重要任务。

民营企业信息化建设现状

信息化就是要实现企业生产过程的自动化、管理方式的网络化、决策支持的智能化和商务运营的电子化。从本质上讲,就是为了能够迅速汇总、加工、处理企业的信息流,利用电脑和网络工具把企业所需要的一切信息都记录下来,为企业的决策、生产和销售等环节服务。企业信息化应该包括四方面内容:管理系统信息化、财务系统信息化、生产系统信息化、服务系统信息化。

面对经济全球化的竞争环境,信息化成为民营企业生存发展的必然要求。2006年以来,欧盟国家约有2/3的中小企业能够在网上寻找合作伙伴、在线开展询价、采购、销售等电子商务活动。在欧洲、美国、日本等发达国家,已经有相当比例的中小企业应用信息技术推动业务创新与管理创新,利用网络技术进行文件管理、员工考勤、需求预测、生产管理等,几乎所有的企业已经安装上了电脑、打印机等现代化设备。

相比之下,我国民营企业计算机普及程度远远低于经济发达的国家,甚至低于泰国、菲律宾等发展中国家。一份2006年的统计资料显示,我国中小企业信息化的比例不到10%。近68%的中小企业没有计算机,63%的中小企业未建立自己的网站,80.9%的中小企业只配有5名以下的IT人员,可以熟练使用计算机,一半员工停留在一般的计算机应用水平,技术力量较为薄弱。可以用互联网交易的中小企业仅占企业总数的11%，85%的企业对网站的应用局限于形象宣传和信息查询，95%的企业没有网络推广意识；只有9%左右的企业开展了电子商务，10%左右实施了ERP和CRM方案，6%左右实施了SCM方案，进入了信息化的高级阶段，而绝大多数企业的信息化水平停留在文字处理、财务管理等办公自动化及劳动人事管理阶段，局域网的应用也主要停留在信息共享层面上，生产控制方面的应用很少。

此外，我国民营企业信息化的社会服务体系还不健全，服务的覆盖率还不够大，内容还不够完善，除了一些基础领域有所涉及外，还有许多领域没有形成完整的服务系统。信息化基础薄弱，原始数据的准确性、完整性和系统性不足，前期准备工作不完善，信息系统开发前期的需求分析不彻底，信息化还未真正渗入企业核心流程，不能及时为企业决策提供有力辅助。信息系统所覆盖广度和达到的功能不强，缺乏对信息的深加工，系统自行处理能力不强。从整体上看，我国民营企业信息化建设水平低，主要存在缺乏高端信息化人才、相关部门配合不力、信息资源开发利用不足，以及资金匮乏等几大"软肋"。

加快民营企业信息化建设的对策

在新形势下加强信息化建设是民营企业的必然选择。信息化建设是一项复杂的系统工程，需要民营企业、政府和社会共同努力。

第一，从民营企业自身层面讲，应该做好以下五个方面的工作：

——改变观念，加大对信息化建设的重视程度。信息化意识影响着企业信息化建设水平和进程，落后的理念必然阻碍企业信息化的执行。管理者对信息化认识不足，严重阻碍了企业的信息化建设。对于民营企业而言，更新理念，正确认识企业信息化建设的重要性是首要任务。要使企业全体人员认识到信息化是个系统工程，通过全体人员的共同努力才能完成。因此必须加大普及全体企业员工的信息化知识的力度，提高他们将信息化放在工作的重要位置的意识，使全体成员参与到企业信息化建设中来。在信息化推进过程中，企业的领导层必须理解、认同信息化，领导必须参与整个项目的实施，在人、财、物等各方面给予全面的支持。

——加大资金投入，增强企业信息技术力量。虽然近几年我国民营企业在信息化建设方面的投入有所增加，但是与欧美国家相比仍然有很大的差距。企业必须通过多渠道筹集资金来加大投入，拓宽融资渠道。以市场为导向、以企业为主体，充分发挥企业的积极性，筹集企业信息化建设所需资金。民营企业可以结合技术改造或技术创新项目，将企业信息化建设的资金列入技术改造或技术创新项目的总投资，也可以从折旧费、新产品和新技术开发费中，提取一部分资金用于企业信息化建设的投入。

——大力培养信息化人才。促进企业信息化建设，人才是关键，企业信息化需要一支既懂技术，又懂管理，知识结构合理、技术过硬的"复合型"信息技术人才队伍，这就要求企业通过加强人才培训、技术交流与合作等方式来造就一大批精通专业知识，具有强烈的创新精神和实践能力的高层专门人才，来推动企业信息化建设。

此外，民营企业要重视对所有员工，尤其是管理人员的培训。管理人员信息知识及技能是企业信息建设能否发挥功效的关键，没有具备相应信息知识的管理人员，再好的硬件也只是形同虚设。

——从自身实际出发，确定企业发展的总体规划和阶段性目标。企业信息化的目的是提高企业的经济效益、核心竞争力和管理效率等。但是不同的企业具有不同的基础，对信息化程度的要求也不同。比如以销售为主的企业应该考虑优先发展分销系统和财务系统；从事运输业的企业应该优先发展运输管理系统；以生产为主的企业应该优先发展生产控制系统。总之，企业应该根据其所处国内外环境、行业环境、自身特点和产业结构等因素，科学制定信息化建设的总体规划和阶段性目标，不能盲目。如果信息化建设跟不上企业发展需要，会造成企业管理无序、产品竞争力下降等问题。如果信息化建设超过企业所需，则会造成资源浪费等问题。民营企业的信息化不是一朝一夕能够完成的，它需要和企业一起成长。信息化建设总体规划既要着眼于企业的长期目标，又要满足企业当前发展的需要，分阶段、分层次、科学规划、分步实施，切不可赶潮流，树立一步到位的思想。

——建立健全企业信息化组织机构，专职专人负责。民营企业信息化建设离不开企业决策层、技术层、管理层和执行层的集体参与、大力配合和支持。紧密结合信息化建设的实际，民营企业在改进业务流程的同时，对组织结构做出相应的调整，对各职能部门的设置及职能进行分析研究，改变各职能部门之间相互分割、职责不清的状况，重新优化组合。对经理人员的配置，也要进一步精简，减少层级，实施扁平化管理，提高效率。

企业信息化是个复杂的、长期的系统工程，是个"一把手"工程。企业应安排最高领导层中一名既懂信息技术又懂管理的领导来专门负责企业的信息化建设，国外称为企业信息主管，即CIO（Chief Information Officer）。CIO直接对企业最高领导负责，下设企业信息化委员会，成员由企业各部门的主要领导兼任。

第二，从政府方面来说，政府应该发挥好引导和推动作用。

在民营企业信息化建设过程中，虽然政府不具体参与企业信息化建设，但应该为企业信息化建设提供良好服务。可以从以下几个方面入手：

——加大资金扶持力度。我国民营企业大部分是中小型企业，这就决定了其进行信息化建设的资金有限。因此政府应该加大对企业信息化建设的扶持力度，通过信贷、利率等优惠手段来促进企业信息化建设的进程。

——加快信息基础设施建设,建立信息化公共服务平台。美国从1993年就开始筹建"信息高速公路",加拿大、英国、法国随之也开始筹建"信息高速公路",美国已于2007年基本完成。"信息高速公路"的建立为企业发展开拓一片蓝天。我国虽然也于1995年开始了代号为CHINA的《中国人的高速信息网络行动计划》,但是进程缓慢,我国政府应该加大力度,为企业信息化建设营造一个良好的服务环境。

——完善我国电子商务的相关法律法规,确保企业获得平等权利。目前我国还没有一部完整的电子商务法律,这不利于确保企业的权利不受侵害。虽然2004年通过了《中华人民共和国电子签名法》,首次赋予可靠的电子签名与手写签名或盖章同等的法律效力,并明确了电子认证服务的市场准入制度,但是仅仅一部电子签名法不能解决所有问题,政府应该加快出台相关法规以确保企业获得平等权利。

第三,从社会方面来说,应建立完整的社会信息服务系统。

民营企业需要一个完整的社会信息服务系统,以便为其发展提供良好的社会环境。目前我国企业信息化管理软件提供商主要来自国外,国内开发的软件品牌并不多。我国民营企业大多数是中小企业,国外产品对民营企业而言太过昂贵,且不是量身定做,这必然会对产品的应用带来许多问题。对我国民营企业的统计数据显示,有71%的企业希望运营商能够提供企业信息化一揽子解决方案,23%的企业需要给予信息化方面专业的指导咨询。

因此,要充分调动、合理整合有关社会资源,发挥大专院校、科研院所的技术输出作用,发挥软件提供商、系统集成商、管理咨询公司和工程监理机构的相关作用,逐步建立由政府、中介服务体系和IT厂商参与的中小企业信息化支持、服务与保障体系,形成一个完善、诚信、高效的中小企业信息化社会信息服务体系。有关方面预计,未来三年中国企业将投资5 000亿元于IT行业,促使IT行业的企业开展企业信息化咨询和监理服务,推动该行业发展。它们将越来越重视民营企业信息化建设这个大市场,为民营企业量身定制规划方案和解决方案。

载《杭州日报》2008年11月20日

为什么这些民企在危机中能傲然挺立

危机下,有人仍从容

金融危机使得浙江一些民营企业,甚至是一些实力较强的民营企业也陷入困境。但也有许多民营企业,例如万向集团、青年集团、吉利集团等,虽然也遇到了一些困难,但是总体运行良好。为什么金融危机一来,有的民营企业就举步维艰,而有的民营企业却岿然不动?

研究发现,在金融危机下运行良好的民营企业有一些共性,主要表现在:

(1)注重公司治理结构和制度建设。像万向集团、吉利集团都是上市公司,万向集团董事局主席鲁冠球和吉利集团总裁李书福都认为,上市融资只是目的之一,上市更重要的目的是可以接受社会股东的监督。

(2)足够专注。万向集团鲁冠球无比专注于他的零部件和电动汽车;吉利集团李书福专注于他的轿车;青年集团庞青年专注于他的莲花竞速、曼卡、青年—尼奥普兰等车型;还有像康奈郑茉莉专注于她的制鞋本业。

(3)注重研发,注重品牌建设,注重人力培训。

在金融危机下,难以应对危机的民营企业大多是那些转型升级意识差的企业,而运行良好的民营企业则是那些注重转型升级的企业。作为企业,应该经常想到转型升级,不断优化生产关系,不断提高生产力水平,这应是企业持之以恒的一项非常重要的战略任务。

民企要靠管理转型

转型,首先是产业组合的优化和内部管理的转型。

关于转型,企业重组不失为一条路子。

浙江飞跃集团2008年陷入严重的资金困境,在台州市政府的推动下,进行了股权结构转型。邱继宝出售了自己的股权,把它卖给包括竞争对手中捷股份公司在内的股东,改组成新飞跃集团。

用邱继宝的话说："虽然我的股份减少了，只有百分之三十多，但是企业活了，我们还可以联合中捷股份公司研发技术含量和附加值更高的缝纫机，以便去占领国际市场，创好中国的缝纫机品牌。"又如，瑞安市的浙江正昌股份有限公司是加工锻压毛坯的，而浙江道森机车部件集团有限公司是生产机车部件的，但附加值不高，两家公司于2008年合并组建成"中国正昌道森集团公司"，该公司被列为整合提升、优化重组的试点企业。集团组建后，他们很快就有了技术含量高的项目，而且锻压和机车加工合作，实现毛坯与精加工链的整合，使自己的产品升了级。

浙江很多民营企业都是由家族式作坊发展起来的，家族式管理模式极其普遍，但是随着一些大型民营企业当家人思想意识的转变，已率先采用较为现代化的内部管理体制，改变任人唯亲的状况。许多企业积极优化公司治理结构，推动企业的股份制改造和上市，目前全省已有125家企业上市。企业通过上市，不仅打开了融资渠道，更重要的是建立了现代的、科学的管理机制。

让科技推动企业升级

面对危机，那些技术水平较高的民营企业，特别是一些掌握了核心技术的民营企业就从容得多。吉利集团李书福称，他们研制成功的BMBS系统（吉利爆胎监测与安全控制系统）给发达国家汽车企业造成进入障碍。

李书福表示，吉利将进一步加大研发投入，要把研发投入从销售额的5%提高到10%以上。2009年和2010年，吉利的研发投入将分别达到18亿元和19亿元，将力争研制出更安全、更环保、更舒适的汽车来参与世界竞争。

万向集团也十分重视研发。董事局主席鲁冠球说："万向肯定会造整车，我这一代造不了，下一代造，万向要造的车一定是最先进的汽车。"

"专一投向"是浙江民营企业升级的一个重要保证。一个企业家本身的精力是有限的，资源也很有限，只有集中力量往一处打才是最有力和最有效的，也只有这样，才能为企业的产品升级创造基本条件。

企业要尽可能把产品升级到产品链中附加值高的环节。浙江有一家民营服装企业，这方面做得非常好，它就是温州的美特斯邦威。美特斯邦威基本上没有自己的生产厂房，只做调研、做品牌、做渠道、做营销。现在美特斯邦威是国内休闲服饰的龙头老大了。

浙江民营企业的品牌意识也在渐渐增强。美特斯邦威投入巨资请周杰伦代言，雅戈尔请费翔代言都非常成功，这些都是浙江民营企业重视品牌的典型。通过广告，不但能够增加产品的销量，而且能够提高公司产品的品牌附加值。

载《今日浙江》2009年第12期

民营经济的产业转移与打造战略性新兴产业

《杭州日报》编者按：近日，浙江省民营经济研究中心主任，浙江省民营经济研究会会长，浙江财经学院经济学教授、硕士生导师，中央财经大学博士生导师单东教授前往北京参加中央财经大学博士研究生毕业论文答辩会。其间，单东教授回答了博士研究生提出的关于民营经济的产业转移及打造战略性新兴产业等问题，在当前非常具有针对性，本报今天摘要刊登。

问：金融危机以来，国际产业转移的新变化在加速影响着我国的产业转移与产业升级。受此潮流影响，近年来，浙江地区也频频出现民营企业的迁移。产生这种现象的根本原因是什么，对区域经济的发展会产生什么影响？

单东：企业迁移是企业战略调整的一种表现，也是适应产业结构的需要、环境变迁以及技术进步的一种方式。最近几年，由于国内通货膨胀形势加剧，土地、劳动力、原材料等要素价格不断上升以及外贸需求大幅度减少，国内出口退税下调，人民币升值等因素，致使民营企业生产和经营成本急剧攀升，尤其在一些沿海省份，比如浙江，民营企业的商务成本也急剧攀升，民营经济遇到了前所未有的挑战。而产业升级对许多民营企业来说并不是一件容易的事情，以往那种大量消耗原材料、能源和劳动力等的外延式发展模式，短期内还很难得到根本性的改变。在这种形势下，越来越多的民营企业开始进行产业转移，把厂房基地转移到土地价格优惠、劳动力成本较低、与原材料地邻近的中西部地区，这也是企业求生存和求发展的正当选择。

在这种迁移的过程中，资本的逐利性和降低企业生产经营要素成本是企业迁移的直接动因，也是根本原因。通过区域变动来谋求企业的进一步发展，是企业迁移的主要内因。许多地方政府以提升招商力度、提高优惠政策等措施来改善投资软环境，这是来自外部吸引企业外迁的重要因素。

企业迁移对迁出地来说，首先会对实体经济的发展造成一定的冲击，短期内使产业不能有效地对接起来，容易形成区域产业空心化趋势。其次，企业迁移致使产业资本外流，造成资源、信息、人才等一定程度的流失。最后，企业成群或"抱团"迁移将造成原地方税收减少，导致失业率上升，会直接削弱企业原所在地区域的经济发展。

问：面对民营企业迁移增多现象，浙江各级政府应如何应对呢？

单东：企业迁移与产业转型升级是企业发展的需要，也是加快经济发展方式转变和经济结构调整的要求。像浙江这样民营经济发达的省份，在产业转移过程中，政府要积极推动资源消耗性大的产业的淘汰和地区优势不明显的产业向中西部地区转移；对于传统强势的产业要做好产能压缩，使其加快由生产制造向研发制造一体化方向发展。同时，在"腾笼换鸟"这一过程中，要做好经济新增长点的培育，引进高新科技企业，积极打造战略性新兴产业，努力实现产业转移与产业升级的协同进行。

在转型升级的过程中，民营企业亟须得到政府的扶持。在向哪里转、怎么转等问题上，政府的指导和服务应更具体些。在立足市场需求的基础上，结合区域特色优势和产业基础，加快产业规划制定，并提供财政、金融、税收等优惠政策，为民营企业进入这些产业提供一个良好的发展环境，为企业转型升级提供一个和谐的制度体制环境。

问：在产业转型升级过程中，许多地方都提出了打造战略性新兴产业。在加快转变经济发展方式的关键时刻，应如何加快培育发展战略性新兴产业呢？

单东：战略性新兴产业是引导未来经济社会发展的先导力量，发展战略性新兴产业已成为世界上许多国家抢占新一轮经济和科技发展制高点的重大战略。在"十二五"规划中，国家已明确提出要加快培育发展战略性新兴产业。目前，许多地方在"十二五"规划中都提出促进战略性新兴产业的发展，同时还制定了战略性新兴产业目录来指导地区的产业规划走向。但在战略性新兴产业规划和发展中，要力避产业转型趋同现象，如很多地方都把物联网等产业作为重点产业来培育，而并没有充分考虑所处区域是否适合发展物联网产业。针对新兴产业的发展和培育，各个地方应从区域现有传统优势产业中寻求和挖掘产业发展中的新机遇和新元素，通过培育和延伸，实现地方性产业与战略性新兴产业的有效融合与对接。

战略性新兴产业有三种类型：新兴超级产业、新兴优势产业、新兴配套产业。对于新兴超级产业来说，需要产业内大企业、大集团的引领和培育。目前，我国七大战略性新兴产业，即节能环保、新一代信息技术、生物、高端装备制造、新材料、新能源、新能源汽车等，尚无一家是千亿元企业，大量民营中小型企业，尤其是中小型民营科技企业，依然是战略性新兴产业创业创新的主体，但大量初创的民营中小企业在寻求突破性增长过程中，也面临着技术创新、人才、资金、市场等多方面的发展困境。对于新兴优势产业来说，需要企业摒弃传统产业严重依赖物质资源消耗和劳动力低廉的特性，而要立足于自身优势和产业未来成长前景，积极运用新能源、新技术、新管理模式来统筹企业发展，加快产业转型升级。对于新兴配套产业来说，需要相关企业密切关注产业链分工，紧密捕捉产业内大企业的需求，提高自身专业化优势，在打造现代产业集群中彰显民营企业自身的独特竞争力。

因此，为了加快民营企业在战略性新兴产业方面的发展，需要政府改善产业发展的宏观环境，完善基础设施建设，降低市场进入和退出的政策性壁垒。加快资本市场创新，积极引入风投资金和私募基金，帮助民营企业提早涉入新兴产业的投资开发领域，通过技术和知识产权捆绑，取得发展的先机。

在政府从政策上引导和支持，提供公平竞争环境的同时，民营企业要发挥自身在机制、效率上的优势，把握这一难得机遇，积极把自己的企业打造成为战略性新兴产业发展的中坚力量。

为此，民营企业首先应该加快技术创新，加大研发力度和技术改造强度，努力通过产学研相结合，培育引领产业发展的关键性核心技术，不断完善产业链，形成核心竞争力，并逐步获取行业的话语权和产品的定价权。其次，在立足于传统优势产业的基础上，运用信息技术，通过集成化、智能化等方式对产业进行优化，推进产品功能的创新和规模的扩张，实现向新兴产业的过渡。最后，创新商业管理模式，使科技成果产业化与市场需求有效耦合起来，构建与战略性新兴产业发展相匹配的商业模式，从而做大做强产业，并使新兴产业形成良性循环。

载《杭州日报》2011 年 6 月 20 日

民营企业应积极发展战略性新兴产业

"十二五"期间,我国的经济结构和经济发展方式将迎来一个历史性的转变,战略性新兴产业将成为我国未来经济的主导和支柱产业。2010年9月8日通过的《国务院关于加快培育和发展战略性新兴产业的决定》指出,"发展战略性新兴产业已成为世界主要国家抢占新一轮经济和科技发展制高点的重大战略"。根据国务院的这一要求,本文就民营企业如何发展战略性新兴产业谈一点浅见。

一、民营企业发展战略性新兴产业的重要性和紧迫性

1. 是转变经济发展方式的客观要求

近年来,我国传统的经济发展模式与资源、环境之间的矛盾愈益突出。尤其是沿海省份"三荒两高"的现象特别严重,电荒、钱荒、人荒,原材料价格上涨、劳动力价格上涨,使许多民营企业陷入发展困境。这表明传统的粗放型的经济发展方式面临空前的挑战,凸显出经济发展中不协调、不平衡、不可持续的一面。但也有许多民营企业通过技术创新和战略转型,在新兴产业的带动下找到了新的增长点,实现了转危为机。因此,以战略性新兴产业为重要抓手,实现经济发展方式从资源密集型、劳动密集型向技术密集型、知识密集型转变,从要素驱动型向创新驱动型转变,是适应未来市场趋势、破解民营经济发展困境的重要举措。民营经济作为我国经济的重要主体,应当成为转变经济发展方式和发展战略性新兴产业的中坚力量。

2. 是民营经济抢占未来经济制高点的必然选择

民营经济经过三十几年的发展,已经成为我国市场经济中最活跃的经济体。然而,在未来的经济发展中,民营经济将面临更为严峻的挑战。一方面是国际竞争的日趋激烈,当前,世界各经济体为应对经济危机、获取未来竞争

优势，纷纷制定新的国家发展战略，加快培育新能源、新材料、生物技术、宽带网络、节能环保等新兴产业，以期引领危机后全球经济的发展方向；另一方面，我国的国有经济体，在技术、资本、行业上的资源整合能力越来越强大，某些行业甚至出现"国进民退"的现象，挤压着民营经济体的生长空间。面对这两股强大的竞争压力，民营经济只有通过转型升级，提高创新能力，积极发展战略性新兴产业，才能在未来的技术创新竞争中脱颖而出，从而赢得竞争的主动权。

二、民营企业发展战略性新兴产业的现状

近年来，我国民营企业在发展战略性新兴产业上呈现良好势头。在2011年全国工商联发布的"中国民营经济500强"中，有62.8%的企业根据自身发展实际进行产业结构调整，特别是在国家鼓励发展战略性新兴产业政策的指引下，一批民营企业迅速调整产业结构，民营企业500强中分别已有180家、149家和126家进入节能环保、新材料和新能源三个产业，有47家、39家、39家和24家分别进入信息技术、生物、高端装备和新能源汽车产业。同时，在各地的高新技术园区内，如北京中关村、上海张江、杭州滨江等，集聚了大量中小型民营高科技企业，从事战略性新兴产业的研发工作。民营科技企业已经成为各地高新技术开发区的主力军。在全国53个国家级高新区中，民营科技企业占企业总数的70%以上。在政府认定的高新技术企业中，北京、上海、江苏等地的民营科技企业占80%，广州、深圳占90%，浙江占95%。

各级政府积极鼓励民营企业发展战略性新兴产业。2011年7月，国家发改委出台了《关于鼓励和引导民营企业发展战略性新兴产业的实施意见》，得到了地方政府的积极响应。在"十二五"期间，广东拟用五措施推动战略性新兴产业发展；浙江战略性新兴产业增加值拟年均增长15%以上；山西将培育10个特色鲜明的战略性新兴产业示范园区；江苏战略性新兴产业产值拟超2.5万亿元；山东战略性新兴产业增加值占GDP比重将达到10%。

三、民营企业发展战略性新兴产业的主要障碍

提到发展战略性新兴产业，许多民营企业感到力不从心。民营企业发展战略性新兴产业主要面临观念、自身条件和外部环境等方面的制约。

1. 观念滞后

一方面，我国许多中小民营企业还没有充分意识到经济转型升级的重大变革和战略性新兴产业的历史地位，依然遵循粗放型的生产方式，惧怕创新投入所带来的风险，宁愿维持较低的利润水平。

另一方面,由于许多民营企业急于求成,从产业链低端进入战略性新兴产业,为获取国家优惠政策,存在"穿新鞋走老路"的发展思维。某些新兴产业的生产制造环节已经出现产能过剩的隐患,如截至2010年底,我国风电产业已经累计完成装机容量42 GW,成为最大的风电国家,年度新增1 893万千瓦风电,占据全球新增装机容量的一半,造成风机闲置严重;又如光伏产业,仅浙江已有近200家光伏企业,2011年前7个月的产能更是已经超过去年总产量的230%。

2. 自身条件制约

发展战略性新兴产业需要技术、资金、人才等多方面的内部条件。在技术上,许多民营企业以加工制造为主营业务,长期以来企业研发投入不足,更没有建立技术创新和应用机制,据调查,我国民营科技企业研发经费投入比例逐年下降,1993年时高达11.5%,2000年降低到2.77%,2005年回升到3.63%。在资金方面,许多民营企业在市场流动性宽裕的时候,存在盲目扩大再生产的现象,当前央行收缩流动性,民营企业首先陷入困境,加上我国金融市场不完善,融资渠道狭窄,使民营企业无法获得战略转型的资金供给。据2007年的调查数据,中关村民营企业资金缺口达400多亿元,平均每家企业资金缺口280多万元,当时中关村民营企业周转资金总量达到1 200亿元,其中银行借贷资金300亿元,仅占到四分之一左右。在人才上,民营企业普遍缺乏创新型人才储备和具有国际视野的管理人才,严重制约了民营企业的创新能力和战略规划能力。据江苏工商联调查,江苏全省72%的民营科技企业缺高级技术人才,35%的企业缺高级技术工人。据上海工商联调查,只有3.7%的民营企业认为研发人员充足。在管理上,民营企业普遍存在家族式管理,加上我国职业经理人市场尚未完善,使民营企业难以建立现代企业管理制度。

3. 体制机制障碍

2011年7月19日出版的《求是》杂志,发表了温家宝总理的重要文章:《关于科技工作的几个问题》。文章指出,培育和发展战略性新兴产业,每一个领域都是一项系统工程,首先必须选择好方向和技术路线,第二要提高关键核心技术研发攻关的协同和集成能力,对具有战略方向性关键共性技术,要集中资金和研究力量实施重点突破。正是这一点上,暴露出我国体制上的一些突出问题,各部门、各行业往往不能在国家目标上形成一致和分工合作,体制问题是影响战略性新兴产业发展的一大障碍。

虽然国务院和地方政府出台了一系列加快培育和发展战略性新兴产业的政策,但由于缺乏实施细则和协同机制,民营企业在技术创新、融资环境等方面依然面临较为严峻的外部形势,尤其在技术创新方面缺乏政策的有力支持;在税收、用地、行政审批等方面受到较多的限制;在社会服务方面,缺乏民间资本与新兴产业对接的平台,缺乏一系列的相关配套服务。

四、推进民营企业发展战略性新兴产业的政策建议

发展战略性新兴产业是一个系统工程。主导产业的选择和培育、产业链的建设、配套产业的完善、相关服务体系的建立、市场环境的培育等等,都需要政府、大型企业、中小企业、中介服务机构、市场等各方共同参与。

1. 建立科学的发展理念

民营企业首先要充分认识到,发展战略性新兴产业对于经济转型升级和企业摆脱发展瓶颈、迎接未来经济竞争有着重要的作用。通过革新观念,结合自身现有的行业优势,在发展战略性新兴产业的大变局中,找准自己的切入点和立足点,构建具有前瞻性的、科学合理的发展规划。避免以战略性新兴产业的名义,走低端制造业的老路,力求通过技术创新和管理创新构建企业核心竞争力,摆脱低附加值的困局,在未来的新型经济结构中,占领一席之地。

2. 创新发展模式

民营企业必须通过创新发展模式,突破自身条件的制约,一方面要积极建立企业创新体系,加大技术研发投入;建立企业人才培养机制,吸引优秀的技术人才和管理人才;构建适合创新的企业文化和管理制度,从而提高企业的创新意识和创新能力。另一方面要积极寻求新经济下的新型合作模式,通过与科研机构、各行业企业、金融机构、中介组织建立战略联盟、技术联盟等方式,构建新兴产业合作网络,探索民营经济发展战略性新兴产业的新模式。

3. 改革体制机制 加大政策扶植力度

在新兴产业发展的初期,由于存在较大的市场风险和进入壁垒,需要政府各部门在产业政策、科技创新、金融税收、管理机制等各个方面通力协作,给予民营企业较大的扶植力度,构建发展战略性新兴产业的政策支撑体系。

首先,建立民营企业科技创新的激励机制,通过税收减免、财政补贴、政府引导性基金等方式,鼓励民营企业参与技术创新;其次,建立健全社会化服务体系,搭建新兴产业与民间资本的对接平台,构建政府、科研单位、企业、市场信息的沟通网络,为民营企业发展战略性新兴产业营造良好的发展环境;再次,通过金融创新引导民间资本参与战略性新兴产业,浙江大量民间资本进入投机领域,没有服务于实体经济的发展,亟待通过金融创新,如合作股权投资、企业债券、信托基金等方式,引导民间资本服务于战略性新兴产业的发展。

参考文献:

[1] 易开刚. 民营企业进入战略性新兴产业的瓶颈与路径[J]. 商业经济与管理,2010(5):43-49.

[2] 祝宝良. 构建发展战略性新兴产业政策支撑体系[J]. 科技成果纵横,2010(1):7-12.

[3] 全国工商联.充分发挥民营企业在建设创新型国家中的重要作用[R].2007-03-08.

[4] 姜大鹏,顾新. 我国战略性新兴产业的现

状分析[J]. 科技进步与对策,2010(9):65-70.

[5] 王利政. 我国战略性新兴产业发展模式分析[J]. 中国科技论坛,2011(1):12-15.

说明: 这是在杭州战略性新兴产业发展论坛上的主题演讲

载《特区经济》2011年第11期

浙江中小民营企业转型升级问题研究

浙江是中国民营经济最早的发育地之一,也是全国著名的民营经济大省,素有"中小民营企业王国"之美誉。由全国工商联主办的"2012 年中国民营企业 500 强"评选中,浙江省有 142 家企业入围,蝉联民企大省之首,这已是浙江民企数量连续 14 年位居全国首位。

据统计,截至 2012 年底,浙江省共有各类市场主体 350 万户,其中个体工商户 255 万户,民营企业 78 万户,占内资企业比重的 87%。民营企业的生产总值占全省的 70% 以上,民营经济提供了全省 90% 以上的就业岗位,贡献了 60% 以上的税收,可以说,民营经济是浙江经济繁荣的源泉,是社会稳定的基础,是全面建成小康社会的重要保障。而民营企业中,中小民营企业占其总数的 99% 以上,由此可见,中小民营企业在浙江民营经济中的重要地位。

然而,随着资源环境的约束加剧和外部竞争的日趋激烈,浙江民营经济的先发优势已不明显,增长后劲乏力。自 2010 年以来,浙江中小民营企业发展十分艰难:海外订单锐减、劳动力和原材料价格不断上升、税负重、融资难、融资贵(据调查,各大银行对中小民营企业的贷款利率在过去几年中普遍上浮 30% 左右)、生产成本节节攀升,有 6.6 万家中小民营企业的总产值和利润持续下降,2011 年,全省逾 144 447 家中小民营企业倒闭注销。浙江,尤其是温州,甚至出现了中小民营企业的倒闭浪潮。浙江中小民营企业的发展陷入了生死攸关的境地。

中小民营企业经营环境的恶化,引起了省委省政府的高度重视。为了解决中小民营企业的生存危机和促进其再发展,省委省政府及时提出了转型升级。唯有转型升级,才能使中小民营企业走出困境,再创辉煌。如何实现转型升级,已成为当前一个重大而紧迫的问题,这也就是本文的主旨所在。

一、浙江民营经济特点、地位和作用

（一）浙江民营经济的特点

第一，以加工贸易为主。

浙江民营经济虽然力量雄厚，但从总体上讲，是以加工型、出口型和中小民营企业为主（单东，2011），且以低、散、小的劳动密集型企业居多。20世纪80年代起，浙江承接了大量的外向型劳动密集型产业，只要人们有勤劳的双手、敢闯敢拼的胆气和几分运气，就能发展壮大，成为先富者。家家作坊，户户作业。这些中小民营企业无需技术，不需投入，只要几个劳动力，便能开工生产。在改革开放之初，它为浙江经济的繁荣发展奠定了基础，使得浙江一跃而起成为中国经济最发达的地区之一。

第二，产业集群特色明显。

浙江经济发展的另一个特征是产业集群明显。它的特点是，在同一区域内，集中发展某一产业，并且有较长的产业链、细化的社会分工、专业化生产和企业之间紧密的关联度等特征，其个性和特色在于小企业大集群，小商品大市场，小产品大产业，这在国内都占据一定比例，形成一定优势。一县一业、一村一品是它最鲜明的特色。如绍兴的轻纺、嘉善的木业、海宁的皮革、永康的五金、义乌的小商品、桐乡的羊毛衫、柳市的低压电器等等，在全国乃至国际上都赫赫有名。

第三，市场与企业互动活跃。

浙江民营企业机制活，市场敏感强，应对市场反应快，具备先发的体制机制优势。浙江民营企业与国企比，市场反应速度快；与技术发展比，产品创新速度快；与企业扩张比，管理进步速度快；与外部环境比，全员学习速度快；与自身资源能力比，企业发展速度快。浙江民营企业看好一个项目，从决策到融资再到生产，往往快则一个月慢则三个月之内就可以完成，完全市场化导向，市场需要什么，企业生产什么。这种快速反应的决策机制、迅速行动的执行能力，成为其市场的突出竞争力。

第四，企业家精神。

浙江涌现出宗庆后等一大批优秀的民营企业家。这些企业家敢于冲破各种僵化观念和陈规陋习的束缚，具有一种钱江大潮弄潮儿的无畏气概，具有第一个"吃螃蟹"的冒险精神，具有"争喝头口水"的超前意识，敢闯敢冒，敢走天下路，敢为天下先。哪里有市场哪里就有浙江人，哪里有浙江人哪里就有市场。他们为了实现自己的创业目标，吃苦耐劳，这些都是浙江民营企业家精神的体现。

（二）浙江民营经济的地位和作用

第一，提高人们生活水平。

国家统计局浙江调查总队发布消息，2012年浙江省城镇居民人均可支配收入为34 550元，比上年名义增长11.6%，扣除价格因素影响，实际增长9.2%。浙江省农村居民人均纯收入14 552元，比上年名义增长11.3%，扣除价格因素影响，实际增长8.8%。国家统计局此前公布的数据显示，2012年全国城镇居民人均可支配收入24 565元，比上年名义增长12.6%，扣除价格因素实际增长9.6%。全国农村居民人均纯收入7 917元，比上年名义增长13.5%；扣除价格因素实际增长10.7%。浙江省城镇居民年可支配收入比全国水平高出40.6%，农村居民人均纯收入比全国水平高出83.8%。浙江经济的主力军是民营经济，可以说对浙江人们生活水平的提高做出最大贡献的是民营经济。

第二，促进了就业。

从2008年全国第二次经济普查资料看(第三次经济普查数据2014年公布)，浙江民企就业人数1452万人，占全部企业总就业人数的78%。与2004年第一次经济普查比，全省企业新增473万个就业岗位，其中国有、集体、股份合作企业的就业岗位在减少，而民企提供了360多万个新增就业岗位，占全省新增就业岗位的86%。同时，浙江民营经济贡献了全省60%左右的税收。民营企业日益成为就业的主体。2011年开始，在全国经济形势都不乐观的情况下，浙江民营企业用工不减反增。2013年，浙江省有26.7万大学毕业生，民营企业是其就业主体。

第三，推进了城镇化建设。

浙江民营企业的异军崛起和专业市场的迅猛发展，不断推进了浙江农村经济的快速发展，形成了具有地方特色的区域经济，并且也促进了小城镇的快速发展，推进了农村城镇化进程。同时，民营经济推动的小城镇发展，在整个农村城镇化的过程中发挥了重要作用：形成新的乡村人居点；推动经济增长方式转变；推动经济体制改革；小城镇增进城乡融合；完善城市化建设网络体系；小城镇是新农村建设的重要载体等。浙江省的民营经济推动的农村城镇化最初的推动力大都来自民营经济的蓬勃兴起，通过民营企业的发展和专业市场的兴起，逐步促进人口、资金和技术的集聚，自发地或在政府指导下形成工业区和开发区，这些开发区经过一段时间的发展和运营，逐渐形成新的城镇建成区，有的地区持续在城镇化的政策指导下发展成特色强镇，有的地区由于地缘关系，逐渐融入附近的大都市，参与到大都市战略中。

第四，集聚财富推进社会建设。

民营企业集聚了大量的社会财富，积极参与社会建设，在教育事业、科技事业、文化事业、医疗卫生、体育事业、劳动就业、社会保障、社区建设等方面做出了很多贡献。如浙江民营企业参与农村经济社会事业建设迄今投资已超过200亿元，"反哺工程""万家企业结对万个村"等活动在浙江农村广泛开展。从农民最现实的需求出发，民营企业结对帮助发展生产，开展环境整治、扶贫开发、培训就业、慈善助学等，尽可能有效解决农民最关心、最直接、最迫切的问题。再如民营企业加大了对高校科技的投入，每年民营企业资助高校进行科技研发的经费就超过了2亿元。民营企业在为高校办学捐款、捐赠仪器设备等公益事业的投入上每年都花费巨额的资金。

二、当前影响浙江中小民营企业转型升级的关键问题

（一）企业税费重

在税收方面，企业普遍反映，浙江的

税负较广东、上海重。浙江、广东、上海三地的销售税负率分别是 10.5%、7.6%、6.7%。一些地区税务部门为了完成考核指标，存在随意摊派税收的现象，有的税务部门在企业交完本年度应交的税款后，还要求企业预交下一年度的税。在深圳调研时，一些浙江民营企业家表示愿意响应浙江省委省政府的号召，回归故乡，但浙江的税费负担高出深圳 10% 以上，使他们望而却步，从而放弃了回归的念头。2012 年 12 月 1 日，浙江省启动"营业税"改"增值税"试点工作，杭州市某镇的中小民营企业反映，"营改增"不但没有减轻其税收负担，反而大大加重了他们的负担。除了税收，各项费用负担也很重，一些地方的企业还需要缴纳 200 多项行政事业性收费。

（二）企业融资难

由于金融行业进入门槛高，金融机构基本为国有大银行所垄断，大银行更愿意贷款给大企业，中小民营企业从银行融资十分困难，融资成本高。民营企业不仅要承担较高的贷款利率（通常是基准利率上浮 20%），还需承担贷款过程中的各项隐性成本和隐性风险，如有的银行要求必须先存相当高比例的资金，才能贷款；有的银行以承兑汇票形式发放贷款，企业用承兑汇票贴现，额外增加 3% 的贴现。总之，银行对小微民营企业的贷款存在很多附加条件。大多数中小微民企是靠租赁的土地和厂房创业的，无担保物，银行为分散风险，于是让民企搞"互保"。"互保"往往导致较大范围的金融风险，一旦有个别企业出现经营困难而无法偿还贷款时，就会产生连锁反应，温州在这方面问题尤为严重。

（三）创新意愿低

中小民营企业长期技术基础薄弱、技术积累不足，普遍采取低技术、低成本发展战略。技术创新往往对资金的需求量大，同时又存在较大的技术与市场风险。我们调研发现，中小民营企业由于规模小，财力不足，承受风险能力弱，市场融资难，创新资金往往短缺，普遍采取低技术、低成本发展战略。有些中小民营企业也逐渐意识到技术创新对企业持续发展的重要性，并逐渐尝试开展各种形式的技术创新活动。但专利等知识产权保护不够，执法力量薄弱，企业创新的成果往往会被产业集群内其他企业无偿获得，创新积极性备受打击。

（四）高级人才短缺

中小民营企业转型升级主要依赖于研发人才和高级技术工人。中小民营企业规模小，很难承受高级研发人员的雇佣成本，一线高级技术工人流动性大、非常紧缺，企业想对工人进行培训，但又怕培训完，高级技工又跳槽了，人财两空。随着劳动力成本不断攀升，企业面临更大的成本压力。另外，与中西部省份相比，浙江省生活成本高，只能以更高的工资来留人，年薪 5 万的用工时代已经指日可待。子女的教育升学、社会保障等也影响招工问题。浙江省大部分地区 2012 年年初就出现了比较严重的招工难问题，杭州、宁波等地区更为严重。

（五）市场信心差

利润高的垄断行业"玻璃门"的存

在，中小民营企业所能进入的是国有企业瓜分后的那些利润并不高的行业，这些年生意越来越不好做，各项成本都在上涨，而利润率却在下降。产业升级、更新换代需要钱，中小民营企业又很难从银行贷到款，升级无从谈起，只能维持在低利润水平勉强生存。在民营企业家心中，对中国经济未来发展的信心，对民营企业的发展空间、民间资本未来投资环境的信心，似乎都有减弱的趋势。担心政策的不稳定性造成资产损失，担心自己的财富安全甚至是人身安全，会在未来的某一天受到威胁。一些企业家通过移民的方式使自己安心。根据《法治周末》的公开报道，"温州民营企业家中，有意向办理投资移民、正在办理和已经办理移民的比例大概在70%左右。"企业家信心不足，裸商群体的出现，其危害的不仅仅是当前经济的发展，而且极容易引起社会问题和金融风险等问题，甚至会动摇浙江经济长远发展的根基。

三、采取有效措施，加快民营企业转型升级

如何破解中小民营企业面临的上述问题呢？

（一）转变政府职能，发挥社会组织功能

一是建设服务型政府，减少审批权。

今年以来，国务院已取消和下放了200多项行政审批。省政府要把这些国家下放的审批项目的审批办法落实到位。对于不需要进行审批的，坚决交给市场去做，释放市场的活力。既要积极主动地放掉该放的权，又要认真负责地管好该管的事，切实从"越位点"退出，把"缺位点"补上，做到简政放权和加强监管齐推进、相协调。

二是减少直接的行政干预，遵循经济规律。

减少经济事务和社会事务的政府机构，地方政府官员业绩考核与GDP脱钩。从制度上保障大幅度减少对企业的行政干预。鼓励社会组织积极参与社会事务，放宽对非政府组织建立的审批，并逐步过渡到登记制度。鼓励社区组织、行业同业组织、社会服务组织等的发展。

（二）降低税费水平，减轻企业经营负担

一是落实国家结构性减税政策，降低流转税税率。

浙江省是"营"改"增"试点省。落实国家结构性减税政策，依据第三产业的比重和行业性质，将现行增值税的税率调整为13%、11%或6%。目前，"营改增"的增值税率已在原17%标准税率、13%低税率基础上，依据第三产业的具体行业不同，新增了11%、6%两个档次低税率。因此，对于第三产业比重大、特别是"营改增"后税负加重的中小民营企业，应结合第三产业具体行业的性质，使用更低档次的增值税率。

二是理顺制造业和服务业之间的税负平衡。

增值税本身属于中性税收，不论税负轻重都应以不干涉经济为前提，而现

行增值税(包括"营"改"增"部分)已经偏离了这一基本方向。建议实行双轨制增值税作为过渡措施,即在现行扣税法基础上,对未实行增值税的行业和项目,其购买者可以采取扣额法来扣除,以消除重复征税,"营"改"增"试点过程中存在的各个问题就会迎刃而解。

三是完善中小民营企业的税收政策。

提高中小民营企业年缴纳所得额门槛标准,使中小民营企业享受低税率优惠政策的企业范围扩大。取消创业投资企业优惠政策中的高新技术要求,取消满两年起享受税收优惠政策的限制,使企业在创业初期就能受益,缓解创业难;减少企业三新研发的税收优惠政策的条件限制;增加对受让方以受让技术实现一定所得税减免的优惠,鼓励企业在自身研发能力弱,或者不能自行研发的情况下,积极引进技术转化为生产能力。

四是规范征税制度,杜绝突击征税。

在完善中小民营企业税收法律制度的同时,必须督促执法部门严格执行法律,严厉打击执法者滥用职权,突击收税、提前收税和额外收税的行为。另外,改变税务部门的考核机制,税务部门应以监督企业合法纳税为宗旨,而不应设置税收考核目标,改变现有的目标任务层层摊派的征税方式,实现征税程序的规范化、合法化。

(三)开拓融资渠道,降低企业融资成本

一是推进农信机构市场化改革。

建议切实推动、督促省联社等农信机构经营机制的"市场化",吸引优秀民营企业参股入股。做到"干部能上能下、员工能进能出";"岗位靠竞争、薪酬按贡献";"主动出击营销,客户至上,不断按客户需求创新产品"。

二是加快发展村镇银行。

发展小型金融机构,建立覆盖广、差异化、效率高的金融服务机构体系。建议完善各项政策,大力发展村镇银行,实现小型金融机构县域的"全覆盖",提高村镇银行的竞争力度。2013年7月16日,国务院副总理马凯率"一行三会"的负责人,召开全攻坚小微企业融资难题会议。最重要的一项决议就是积极发展小型金融机构,建立广覆盖、差异化、高效率的金融服务机构体系。相关的配套支持政策马上要出台,浙江省应该充分利用这样的政策,抓住机遇大力发展村镇银行。

三是支持"电商金融"等金融创新。

支持网络金融的发展、创新。支持和鼓励地方金融创新,如德清的"P2C"、台州市农村自发的合作金融组织、一些地方的中小民营企业转贷基金等。"阿里金融"利用电商数据和网络平台发放小额信用贷款。截至2013年5月末,贷款余额已超过53亿元,年末可达100亿元以上。虽然它是面向全国客户的,但是浙江客户毕竟最多。要关注、研究电商金融、网络金融,支持其发展、创新,并给予必要的帮助。

四是支持小额贷款公司发展。

落实《关于小额贷款公司试点的指

导意见》中"自然人"的第一位投资人地位，以及资本金下限。鼓励与支持属于民间金融资本的"三种人"主发起的小贷公司。（"三种人"是："下海"创业的金融业务骨干；民间放贷人及典当、担保公司、投资咨询公司等准金融行业的从业者；将全部资本从工商企业中转移出来改投金融业的原工商企业主。）承认小额贷款公司的金融机构身份，为解决杠杆率问题及有效监管扫清道路，进而发展成为与银行"联姻"的金融公司。

五是努力利用现行资本市场。

着力强化对中小民营企业的增信服务和信息服务，鼓励和支持杭州银行等商业银行，形成"中小民营企业—信息和增信服务机构—商业银行"利益共享、风险共担的新机制。用足政策，办好浙江省股权交易中心。证监会日前表示支持证券公司通过区域性股权转让市场为中小民营企业提供挂牌公司推荐、股权代理买卖等服务。浙江省要抓住机遇走在全国前列。继续鼓励、支持有条件的中小民营企业上市。要尽可能地发展"中小民营企业集合债券"。

（四）加强知识产权保护，激发企业创新动力

一是加大知识产权保护力度。

知识产权对于产业发展的重要影响日益突出。浙江省高院提供的资料显示，2008—2012年，浙江省法院受理的知识产权纠纷案件数量年均增长77.36%，约为全国的两倍。可见，知识产权保护对浙江省的重要性比对国内其他大多数地区要高出很多。我们在杭州瑞德设计公司调研时，老总李琦向我们反映，目前，知识产权的价值无法得到充分体现和保护。现在我们想要实现经济的转型升级，就必须强化知识产权保护。浙江可以在这方面加大力度，在全国范围内做出表率。降低维权成本，努力增大具有知识产权企业的收益。法院对于侵犯知识产权的案件的审理要从严、从快、从重，并广泛利用媒体宣传法院的判决结果，营造谁开发谁拥有知识产权、谁受益，谁侵害知识产权谁就面临巨额赔偿的局面。为创新驱动发展战略的实施营造良好氛围。一方面浙江会在知识产权保护上赢得全国典范的声誉和形象，另一方面浙江经济本身还会显著受益于知识产权保护。

二是推进民间技术市场发育。

由于技术创新存在着信息不对称的困境，并且当前全国对技术市场中的知识产权的保护不力，推进民间技术市场的发育非常迫切。市场是技术创新中资源配置和利用的场所，也是技术创新的立足点。市场环境与市场机制、市场法制的完善对企业技术创新有重要作用。市场环境对于技术创新具有重要影响，甚至在一定程度上决定了技术创新的成败。市场环境本身是国家创新系统的重要内容，它既提供了创新主体的资源配置要素和利用方式，也为企业的技术创新提供了外部条件和环境。推进民间技术市场发育使市场有序、公平竞争、知识产权保护有力，避免或减少对创新成果的随意模仿、仿制、仿冒现象。要加快自主创新成果产业化市场环境建设。切实做好自主创新成果产业化的知识产权风险评估工作,确保核心技术获得专利保护。加快研究并建立自主创新产品的风险化解机制,推动自主创新产品开拓市场。市场环境的好坏,无疑直接影响技术创新目的能否实现。营造有利于技术创新的环境,需要从政策、法律、创新资源配置、市场结构优化等多方面进行改进。

(五)加强人才工作,保障企业智力资源

一是加强企业家的培养,实现企业家队伍的"转型升级"。

这方面可以借鉴江苏的经验。我们自2012年9月17日起,对江苏民营企业进行了为期一周的调研。调研过程中,我们了解到,江苏由政府采购企业家培训项目,面向企业家,举办公益性的学习讲座,让企业家们系统地学习和探讨如何建立学习型企业、如何促进民营企业快速发展等内容。加强对"富二代"的培养。政府出资办"富二代"培训班,支持他们把经营团队建立好,确保企业持续稳定发展。

二是加强研发人员的培养和引进。

与产业经济结合起来,大力引进优秀"海外工程师",推进核心技术和关键工艺研发、新产品设计制造、新材料技术开发。支持企业加强自身研发人员的培养。在"事业留人、待遇留人、感情留人"的基础上,实现"制度留人"。促进高校科技人才向企业流动聚集。将高校科技人才变成企业研发创新的主力军。健全科技人才流动机制,支持高校教师向企业流动。

三是加强职业教育力度,加快高级技工的供给。

加大职业院校与企业合作支持力度。统筹职业教育资源,依托大型企业、重点院校建设技能型、高技能型人才培养和实训基地。允许营利性职业教育机构实行企业化、股份制运行。充分吸收民间资本,动员全社会力量和资本发展职业教育。大力推进浙江省职业院校上层次。开展本科及以上层次应用型技术教育将提高浙江省产业工人的培养质量。

四是创造吸引人才的环境。

人才是技术创新最重要的资源,以个人成长促进企业的成长,个人与企业共同成长,是许多创新绩效优良的企业的重要经验。技术创新人力资源管理的基本环节是选拔、培训、激励、绩效评价、人员配置、职业发展和组织结构调整等。其中,竞争性的选拔是许多创新成功企业的重要做法和经验,通过竞争性的选拔更能发现人才。要把个人成长、追求成功的愿望与企业的成长和企业追求卓越的愿望有机地统一协调在企业制度体系中,激励、创新需要拥有一套员工广为接受的薪酬体系和奖励系统。绩效评价、选拔、培训、激励、人员流动均依赖于一个科学公正的评价体系。

(六)优化产业政策,营造企业良好环境

一是切实保护企业经营者利益。

湖南等地最近发生的官员非法侵害企业家财产的案例,极大地降低了企业家的安全感。浙江省要坚决杜绝此类事件的发生。将企业家正常的融资借款与非法集资严格区分开来，不轻易使用"非法集资罪"调查企业家、拘禁企业家。

二是打破"玻璃门"，真正像对待国企那样对待民营企业。

全面落实"民间投资新36条"，争取中小民营企业与国有企业的同等地位。积极引导民营企业参与到公共事业建设、城镇化建设中来。在金融方面，利用好温州金融改革试验区可以先行先试的机会，放宽对金融机构的股比限制，鼓励民间资本发起或参与设立中小金融机构。

三是鼓励企业运用自动化设备。

外来劳动力成本不断攀高，传统的用工方式也难以解决浙江劳动力匮乏的问题。应该出台多种措施——例如税收抵免、加速设备折旧、财政补贴等，鼓励、支持企业采用自动化生产技术，推进"机器换人"的推广力度。

四是建设产学研协同融合创新中心。

建设产学研协同融合创新中心，在税收、行政事业性收费、培训、财政扶持等方面都有实质性政策支持。将浙江省内小企业创业基地纳入全省中小民营企业专项发展资金扶持范围，依托高等院校、科研院所的科技优势，支持用于提升创业孵化功能的软硬件建设。

参考文献：

[1] 顾文俊.当前民营经济转型升级存在的问题及对策探析——以宁波民营经济发展为例[J].中国工商管理研究,2013(1).

[2] 何守超.金融危机冲击下的民营企业国际化模式转型——基于温州企业的分析[J].经济社会体制比较,2010(2).

[3] 孙章陆.民营企业应以金融危机为契机加快转型升级[J].中外企业家,2010(8).

[4] 吴华财.民营企业转型升级的基本现状与对策[J].中国集体经济,2013(10).

[5] 楼秀峰.浅谈中小民营企业发展中的瓶颈问题及发展对策[J].现代商业,2011(12).

[6] 杨培强.浙江民营经济转型升级的障碍与对策[J].嘉兴学院学报,2010(5).

[7] 吴滨.浙江民营企业面临的问题与转型升级[J].中国信息化,2012(24).

[8] 单东.中小企业如何走出困境[J].浙江经济,2011(21).

载《经济社会体制比较》2014年第2期

民营经济　风华正茂

非常感谢大家莅临由浙江省民营经济研究中心和浙江经济职业技术学院共同举办、为庆祝中国共产党成立100周年而召开的民营企业党建工作座谈会。

本次座谈会的召开地,选址在嘉兴南湖,意义深刻。众所周知,嘉兴南湖是中国共产党的诞生地之一。100年前,正是在嘉兴南湖上的一条飞檐斗角的红色画舫船,孕育和见证了中国共产党党史上开天辟地的大事件。在这条船上通过的中国共产党的第一个纲领和决议,正式宣告了中国共产党的庄严诞生,中华民族的命运由此而改写。

100年来,华夏各地沧海桑田、焕然一新,唯有画舫船不改昔日旧颜,一如中国共产党人不改初心。2005年,习近平总书记在浙江担任省委书记期间,首次提炼和阐释了"红船精神","红船精神"与中国共产党的建党精神珠联璧合,指引着中国共产党人擘画更加光辉的未来。16年来,中国共产党人始终秉承"红船精神",筚路蓝缕,风雨兼程,不停开创着中华民族美好的新时代。

作为社会主义市场经济的重要组成部分,民营经济的发展,与中国共产党的发展和壮大密切相关,对民营经济的认识与实践,也贯穿了中国共产党100年发展的整个历程。新中国成立前,中国共产党就通过一系列政策,形成了保护民族工商业的良好氛围。自1942年毛主席提出"实事求是地发展民营经济"以来,中国共产党人通过理论和实践等多种途径,不断丰富和充实民营经济的发展政策:民主革命时期,中国共产党人提出了三大经济纲领,保护民族工商业成为纲领的重要内容之一;新民主主义时期,保护根据地的私营经济、鼓励私营经济发展、争取国营经济对私营经济的领导等,也构成了这一时期对民族工商业采取的基本政策;新中国成立后,虽然民营经济的发展经历了反复曲折的探索过程,并在所有制结构等问题上,对民营经济的发展造成了重大挫折,但是在迈入改革开放阶段后,中国共产党人坚持实事求是的思想路线，一切从实际出发，对社会主义的不同发展阶段重新科学定位，并从社会主义初级阶段这一基本国情出发，形成了关于民营经济发展的科学认识，党的十五大报告指出："公有制为主体、多种所有制经济共同发展，是社会主义初级阶段的一项基本经济制度"，"非公有制经济是我国社会主义市场经济的重要组成部分"，强调"对个体、私营等非公有制经济要继续鼓励、引导，使之健康发展"。从此以后，非公有制经济被视为社会主义市场经济的重要组成部分，身份得到了正名，我国的民营经济发展开始迈上快速发展的康庄大道。

特别是党的十九大以来，中国特色社会主义进入了新时代，中国经济由高速增长阶段向高质量发展阶段转型，作为社会主义市场经济重要组成部分的民营经济，其发展同样面临着发展方式转变、经济结构优化、增长方式转变等一系列发展问题。以习近平总书记为代表的中国共产党人，在新时代、新经济背景下，更为明确地提出："支持民营经济发展，激发各类市场主体活力"，十九大报告更是把坚持"两个毫不动摇"写入新时代坚持和发展中国特色社会主义的基本方略，作为党和国家一项大政方针进一步确定下来，把党对发展民营经济的认识进一步引向深入，并通过颁布一系列的政策措施，把扶持民营经济发展落到实处，其提出的新思想和新政策，在实践工作中，为进一步促进民营经济实现高质量发展注入了坚定信心和强大动力，为新时代中国共产党民营经济政策的创新发展提供了丰富内容，为民营经济实现转型升级，积极参与国有企业混合所有制改革的实践探索奠定了理论基础。

我研究民营经济理论与实践已经近三十年，对民营经济在我国的发展历程，尤其是改革开放以来的发展进程了然于胸。浙江是民营经济发展大省，也是全国发展民营经济的一个缩影，通过民营经济在浙江大地上的发展实践，我们可以一窥民营经济在全国的发展概况。虽然浙江在发展民营经济方面也遇到了一些反复、曲折，但是时至如今，浙江的民营经济发展已经举世瞩目，浙江的民营企业家、浙江的民营经济，为浙江经济和全国经济，都做出了十分重要的贡献。2018年11月，习近平总书记主持召开民营企业座谈会并发表重要讲话时指出：整个经济体系中，我国民营经济贡献了50%以上的税收、60%以上的国内生产总值、70%以上的技术创新成果、80%以上的城镇劳动就业、90%以上的企业数量。我国经济发展能够创造中国奇迹，民营经济功不可没！我觉得民营经济名至实归。需要指出的是，民营经济的发展，离不开近年来党组织在民营企业的扎根、发芽、开花、结果。据悉，截至目前，全省非公企业已建成党组织近5万个，覆盖企业近30万家，可以说，非公企业党组织已成为党在企业中的坚强战斗堡垒和引领企业发展的核心力量，不断助推民营经济发展，已经成为名副其实的"红色引擎"。

近三十年的研究生涯令我深知，中国共产党关于民营经济政策的确立和逐步完善,既是我们党重新认识国情、重新认识社会主义、重新认识所有制,并不断深化认识的重要过程,同时,也是我们党重新认识马克思主义,以及不断对马克思主义进行理论创新的必然结果。在国际形势风云变幻、我国经济社会发生深刻变化、改革进入攻坚期和深水区,社会矛盾多发叠加的当下,我们回归中国共产党人的革命精神之源,回到嘉兴南湖,不忘初心,重新认识、学习和弘扬习近平总书记关于"红船精神",意义深远。"红船精神"是党的初心和使命的承载,是一座体现时代特征与社会发展方向的精神丰碑。"红船精神"真正构成了中国共产党革命精神和当代中国精神的核心内容,彰显出跨越时空的永恒价值和强大生命力,闪耀着熠熠生辉的璀璨光芒。"红船精神",也将是未来我国民营经济发展的指南针。可以说,红船承载千钧。

也正因为此,在中国共产党成立100周年之际,不断加强和改进民营企业党建工作显得至关重要,通过党建工作,团结员工,加强民营企业的发展凝聚力,让民营企业更加紧密地团结在以习近平同志为核心的党中央周围;做好民营企业党建工作,发挥民营企业党组织的实质作用,为促进民营经济持续快速高质量发展作出新的贡献;做好民营企业党建工作,让民营企业沿着习近平总书记指引的方向努力奋进,为实现"中国梦"、中华民族的伟大复兴和构建人类命运共同体的伟大目标贡献力量!

征途漫漫,唯有奋斗!新时代,民营经济风华正茂,让红船起航,让梦想起飞!

谢谢大家!

本文为2021年5月28日在庆祝中国共产党成立100周年而召开的民营企业党建工作座谈会上的发言

提振民企信心　要坚持短期"回血"和长期"活血"并举

近日,《中共中央　国务院关于促进民营经济发展壮大的意见》发布。《意见》甫一发布,就在全社会引起了广泛而热烈的讨论。

虽然我国的民营经济已经在国民经济中占据了极其重要的地位,但是由于受多种因素的影响,民营企业仍存在信心不足的问题,士气相对低迷,对未来行业发展前景表示担忧。这在小微企业和个体工商户当中表现得尤为明显。信心不足的原因,我总结了一下,大概有以下几条:一是不公正的待遇仍然存在,民企依然处在相对弱势地位,比如融资难、续贷难等等;二是社会上存在一些针对民营企业地位、价值的不正确议论,增加了民营企业家的担忧;三是企业各类税费负担还有待进一步削减;四是营商环境还有待进一步优化,特别是近几年受疫情影响,各地的地方财政收入下降、支出压力增大,在此背景下,少数地方政府采取了一些践踏法规的方式,来增加财政收入,这无疑增加了民营企业的心理负担。当前我国民营经济发展处在一个十分关键的时刻,全社会要进一步提高民营经济对我国经济发展重要作用的认识,提振民营企业对于发展的信心。我认为,一方面要给予短期的政策支持,让政策能起到立竿见影的效果,让民营企业迅速地"回血";另一方面也需要政府为民营企业的发展提供长效的制度和法治保障,让民营企业能安心地发展。当然,后者是最为关键的。所以,《意见》的发布,意义重大。

近年来,中共中央、国务院对于民营经济的发展,始终是采取鼓励、支持和引导三者并行的政策的。2005年,随着非公经济的不断发展,消除非公经济面临的体制性障碍的需求愈加迫切,"非公经济36条"应运而出;2010年,针对"非公经济36条"颁布后民间投资发展中仍存的"玻璃门""弹簧门"等现象,国务院针对性地颁布了"新36条";2018年11月,习近平总书记在中美贸易摩擦持续加剧、国内金融去杠杆和所谓"私营经济离场"论调盛行的背景下，主持召开民营企业座谈会，强调"支持民营企业发展，是党中央的一贯方针，这一点丝毫不会动摇"；2019年12月的"民企新28条"则进一步完善了鼓励民营经济发展的具体措施，力挺民企改革发展；今年全国两会期间，习近平总书记重申坚持"两个毫不动摇""三个没有变"，强调"鼓励和支持民营经济和民营企业发展壮大，提振市场预期和信心"，提出"我们始终把民营企业和民营企业家当作自己人，在民营企业遇到困难的时候给予支持，在民营企业遇到困惑的时候给予指导"。

而这次的《意见》明确指出，民营经济是推进中国式现代化的生力军，是高质量发展的重要基础，是推动我国全面建成社会主义现代化强国、实现第二个百年奋斗目标的重要力量，这就进一步明确了民营经济的重要作用和地位。

同时，《意见》提出了涉及民营经济发展的八大方面和31条举措，除了优化民营经济的发展环境，还就加大对民营经济的支持、营造关心促进民营经济发展良好氛围等方面，作出了一系列部署，更加具象化、可操作性更强，这也就为这些政策能具体落实到实处提供了更可靠的支撑。

我看了清华大学一位教授对《意见》的一些解读，觉得深有同感。他说，对于此次《意见》的出台，我们不仅要读懂"促进"，更要在落实层面全面践行"促进"，切实推动民营经济健康高质量发展：首先，短期集中力量解决拖欠民营企业账款问题，解决民营企业"缺资金"的问题；其次，以政策舆论之稳，营造守护企业家精神的社会氛围，解决民营企业"缺信心"的问题；最后，以法治之力，将平等对待民营企业落于实处，解决民营企业"缺底气"的问题。政府只有真正按照"公开、公平、公正"的法治化、市场化原则，为民营经济保驾护航，民营经济和民营企业才真正有可能实现高质量发展。

我相信，落实好《意见》中的每一条举措，不断加强对民营经济支持力度、不断优化营商环境，让民营企业家能够从制度性风险、法律性风险等不确定性中彻底走出来，安心谋发展，一定能让民营企业不断挖掘自身的潜力，为我国经济社会发展作出新的更重要的贡献。

载"潮新闻"2023年7月28日

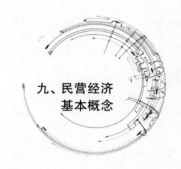

九、民营经济基本概念

1. 民营经济及其相关概念
2. 民营经济论
3. 不能以"民本经济"或"民有经济"代替"民营经济"
4. 对民营经济几种表述的质疑
5. "民营经济"不是一个模糊的概念
    ——兼论民营经济统计指标体系的建立

民营经济及其相关概念

民营——这是与官营或国营相对应的概念,我国现阶段指的就是非国营。

据目前所知,在我国,"民营"一词最早出现在20世纪30年代初。1931年,王春圃在其所著《经济救国论》一书中把由国民党政府官营的企业称为"官营",把由民间经营的企业称为"民营"。20世纪40年代初,解放区开始使用"民营"一词。毛泽东同志1942年在《抗日战争时期的经济问题和财政问题》的报告中指出:"只有实事求是地发展公营和民营的经济,才能保障财政的供给。"①

民营企业——这是国营企业的对称,是指除国家直接经营管理的企业以外的所有企业的总称。

"民营企业"这一概念在党和国家的文件中首次出现于1995年《中共中央、国务院关于加速科学技术进步的决定》中。民营企业包括:国有企业经过改制、改组、改造后实行了股份制、股份合作制、租赁制、委托经营等形式的企业(国家对这些民营化了的企业不再直接经营管理,只是以所有者身份获取收益,即获取国有资产所有权的果实);全部集体企业;国家不控股经营的混合所有制集团公司;私营企业、个体企业、中外合资、合作企业;外商独资企业。总之,除国有国营之外的所有所有制企业都属民营企业之列。

民营经济——这是与官营经济或国营经济相对应的概念,在我国社会主义现实生活中,民营经济是指除国有国营以外的所有所有制形式和经营方式的总称。若作一更简明的定义,则"民营经济"就是非国营经济。

著名经济学家于光远对民营经济的表述是:"我赞成使用民营经济这个名词。它是包括国家所有制之外的所有其他社会所有制,也包括私有制的一个总称。民营经济也还不等于民有企业,因为如果民间人士对国有企业进行承包经营或把国有企业租过来从事经营,这样

---

① 毛泽东.毛泽东选集:第3卷[M].北京:人民出版社,1991:895.

的经营也包括在民营经济这个概念之中。"

民营化——这是指非国营化,即把国有企业通过改制、改组、改造后,从国有国营转向国有民营或民有民营。

党的十二届三中全会做出的《中共中央关于经济体制改革的决定》中指出:"所有权与经营权是可以适当分开的。"这种"两权分开"的原则,为"民营化"提供了理论的和政策的依据。正是有了"两权分离"的认识,才启动了"民营化"的实际进程。国有企业实行包、租、托等,就是民营化的有效尝试。

必须指出,不能把民营化与非国有化相混淆。民营化即非国营化,与非国有化是有很大区别的。民营经济即非国营经济,它与非国有经济是两个不同层次的范畴。经营方式作为表层关系,一般并不改变处于深层次的所有制性质。除少数国有小企业经政府批准出售,国家以实物形态换回价值形态而非流失外,绝大多数国有企业通过改制、改组、改造后转为股份公司或其他企业组织形式,但并不改变国家对其本来就拥有的那份财产的终极所有权,改变的只是经营方式。所以,不能把民营化误解为私有化。事实上,我国国有企业制度改革从开始到目前一直都以放弃国家直接经营国有企业作为其主要特征,不论是早期的承包制、租赁制还是即将更大力推进的股份合作制和股份公司制,都无一不是在积极寻找有效的可行的民营方式以解决国营方式下国有经济存在的种种问题。目前绝大多数国有企业从所有制形式上看依然是国家所有,但从经营制度安排上看已是一种民营经济。我们之所以提倡民营化,是因为民营化是公有制的一种有效的实现形式,民营化可以切实改变国有企业在计划经济体制下长期形成的僵化的单一的运行机制,从而提高国有企业产权配置效率和企业的经营效率。

载《特区经济》1997 年第 10 期

民营经济论[①]

一、中国民营经济的发展经历了一个坎坷的历程

在我国，早期的民营经济就是个体、私营经济和非公有制经济。在传统计划经济体制下，人们对它有明显的所有制歧视。那时候，各种形式的集体经济包括合作经济虽然不属于国有经济（它们是事实上的民营经济），但仍被划入公有制经济范畴。早期的民营经济是作为体制外经济，或作为正统经济的补充，或作为正统经济的"异己"，时而鼓励其发展，时而排斥打击，往往是在经济困难时期才允许它适度发展。早期的民营经济不仅生存于这种传统经济体制的夹缝当中，而且还生存于传统经济的意识或观念的夹缝之中。在传统计划经济体制下，交换和市场只存在于国有和集体这两种公有经济之间。是改革开放政策打破了不同所有制之间的隔阂，促进了不同所有制之间的交融（不仅是指不同经济成分之间的并存，还包括各种经济成分的互相参股、互相渗透），同时也动摇了与传统计划经济体制相匹配的传统政治经济学的理论基础。改革开放使我国向世界打开了国门，当外资进入中国并在相当一部分产业中占据重要地位乃至半壁江山的时候，当以"二权分离"理论为依据大面积推广承包责任制的时候，当股份制改革等产权多元化改革将多种经济形式或经济成分的经济从外部并存内化到企业制度当中（如由单纯的国有或集体所有制变成混合所有制的股份公司制）的时候，民营经济超越了传统计划经济体制的夹缝并脱颖而出。党的十五大后，中国的民营经济将进入前所未有的广阔天地。

民营经济是一个与市场经济运行相匹配的经济范畴，它体现了我国经济体制转轨运行模式在转换过程中顺应市场化要求的所有制运行民营化的改革特征，是中国政治经济学发展的一大成就。

————
[①] 本文获美国柯尔比科学文化信息中心2000年"优秀学术论文"奖，并以英文版获选进入国际互联网的全球信息网作世界性介绍。

二、民营经济可以使公有制与私有制互为实现形式

江泽民同志在十五大报告中指出:"公有制实现形式可以而且应当多样化。一切反映社会化生产规律的经营方式和组织形式都可以大胆利用。要努力寻找能够极大促进生产力发展的公有制实现形式。"[1]十五大报告的这一科学论断为民营经济作为公有制的一种实现形式奠定了理论的和政策的基础。

经营方式不言而喻。组织形式既包括产权的组织形式,也包括治理结构的组织形式。治理结构中最主要的问题是出资者与代理人之间的关系,即所有者与经营者之间委托—代理的契约关系。治理结构还包括企业内部的制衡机制和监督机制,就是说,还有科学管理问题。

改革开放促进了人们观念的转变。传统观念认为只有国有经济、集体经济才是公有制。其实,公有制有多种形式,并非只此两家;共有、公众所有、社区所有、混合所有、基金会所有、社会集团所有等等,都是公有制。

根据马克思主义的基本原理,所有制与所有制的实现形式并不等同。所有制是指生产资料的归属问题;所有制的实现形式是指在一定的生产资料所有制条件下企业的经营方式。但二者又有联系。一定的所有制总要通过某一具体形式来实现,至于所有制采取何种实现形式要取决于生产社会化程度和经济体制等条件。同一性质的所有制在不同企业可以有不同的实现形式(国有企业可以国营,也可以非国营,如国家银行、军工武器、卷烟、酒、食盐等可由国家垄断经营,但像电视机、汽车、空调、纺织品等国有企业则可以采取承包或租赁等非国营);反之,不同性质的所有制在不同企业可以采取同一所有制实现形式(如国有制、集体所有制和私有制企业都可以独资经营、控股经营、委托经营等等)。

公有制的传统实现形式从国有制来看就是国营,从集体所有制来讲就是准国营式的大集体和合作社式的小集体,人们通常称之为"二全民"。这些传统实现形式是和计划经济体制相适应的。现在,我们面临的是建立社会主义市场经济新体制,传统的公有制实现形式和市场经济的运行相融性较差。自我国开展城市经济体制改革以来,我们一直在努力寻找、积极探索公有制的有效实现形式,而民营就是在改革实践中应运而生的公有制的有效实现形式之一。

有人问:民营经济是公有制的一种实现形式,那么,个体、私营经济怎么也会成为公有制的实现形式呢?

民营经济包括个体、私营经济。但必须指出:我们绝不能把所有制范畴与经营方式范畴相混淆,这是两个不同层次的概念。

十五大报告指出:"对个体、私营等非公有制经济要继续鼓励、引导,使之健康发展。"显然,这里的"私营"指的就是

---

[1] 江泽民.高举邓小平理论伟大旗帜,把建设有中国特色社会主义事业全面推向二十一世纪[M].北京:人民出版社,1997:23-24.

私有经济。就像过去我们说"国营"经济指的就是"国有"经济一样。改革开放以来,我们认识到国有企业的所有权与经营权是可以分离的,我们把"国营"经济改成了"国有"经济。目前,由于私有经济绝大多数仍然是采取私有私营形式,故习惯上仍然把私有经济叫作"私营"经济。

事实上,公有制企业可以实行"两权分离",私有制企业也可以实行"两权分离"。在一定条件下,私有经济可以以公营经济为其实现形式。如某私有业主将资本注入由集体企业控股的股份合作制企业或注入由国家控股的国有企业,而私有业主并不参与经营,他仅凭所占股份份额获取资本收益的果实。这就说明,私有经济可以通过公营经济形式实现。这种现象不仅在国内已经存在,而且在与国外经济交往中亦已出现。如1997年,中国民航各航空公司通过订购、租赁经营等方式,先后引进各类客机46架。其中多数是西方私有公司生产的空中客车,外国私有资本正是通过中国国营民航公司的租赁经营而得到实现。

十五大报告指出,要从战略上调整国有经济布局,要通过资产重组和结构调整,对国有企业实施战略性改组。这表明,国有经济面临着重大的战略性改组和收缩,在这一重大改组和收缩过程中,私有经济通过公营经济来实现的这种运行方式将越来越普遍。当然,在完成了国有企业大规模改组之后并随着国有企业从竞争性行业和领域退出,这种经营组织形式将急剧减少。私有经济以公营经济为实现形式在成熟的市场经济运行中将主要局限于自然垄断等公共产品领域。

私有制经济不是公有制经济,它不是公有制经济的直接实现形式。但是,按照所有权与经营权可以适当分离的原理,在一定条件下,公有经济同样可以以私营经济为其实现形式。比如私有业主可以通过承包、租赁国有、集体企业等形式,实现公有资产的保值增值。这样,我们就回答了为什么私有经济也是公有制的实现形式的疑问。

现在,我们回到民营经济是公有制的实现形式上来。为什么民营经济会成为公有制的实现形式呢?首先,这是由我国的国情决定的。我们是社会主义国家,不可能取消公有制。相反,要以公有制为主体,国有经济为主导。为了充分发挥国有经济的主导作用,国有经济的比重比西方市场经济国家高得多。其次,我国处于社会主义初级阶段,又面临着建立社会主义市场经济新体制的任务。公有制经济要在市场经济的环境下生存和发展,公有制的实现形式就不能像传统计划经济体制下那样继续实行单一的、僵化的国有国营或准国营式的集体经营,而必须以多种实现形式来适应市场经济的环境。民营经济最适合市场经济,在所有权与经营权可以实行分离的条件下,民营经济自然成了公有制实现形式的理想选择。

由上所述,我们可以得出如下结论:民营经济既是私有制的实现形式,也是公有制的实现形式。并且,在一定条件下,公营经济可以成为私有经济的实现形式,私营经济也可以成为公有制的实现形式。民营经济可以使公有制的实现形式与私有制的实现形式相融相通,使之互为实现形式。民营经济的这种特殊功能,为改革传统的公有制实现形式,尤其是改革传统的国有制实现形式提供了广阔的空间。

三、民营经济及其相关概念

(一)民营

民营是与官营或国营相对应的概念,在我国现阶段指的就是非国营。

据目前所知,在我国,"民营"一词最早出现在20世纪30年代初,1931年王春圃在其所著《经济救国论》一书中首次使用。他把由国民党政府官营的企业称为"官营",把由民间经营的企业称为"民营"。

在我国党和国家领导人中首先用"民营"一词的是毛泽东同志。1942年,他指出:"只有实事求是地发展公营和民营的经济,才能保障财政的供给。"①

(二)民营企业

民营企业是国营企业的对称,是指除国家直接经营管理的企业以外的所有企业的总称。

"民营企业"这一概念在党和国家的文件中首次出现于1995年5月的《中共中央国务院关于加速科学技术进步的决定》。《决定》指出:"民营科技企业是发展我国高技术产业的一支有生力量,要继续鼓励和引导其健康发展。"民营企业包括:国有企业经过改制、改组、改造后实行了股份制(国家不控股的)、股份合作制、租赁制、委托经营等形式的企业(国家对这些民营化了的企业不再直接经营管理,只是凭所有者身份享有所有者权益,获取收益,即获取国有资产所有权的果实);全部集体企业;混合所有制集团公司;私营企业、个体企业、民间中外合资企业;外商独资企业。总之,除国有国营之外的所有的所有制企业都属民营企业之列。

(三)民营经济

民营经济是与官营经济或国营经济相对应的概念,在我国社会主义现实经济生活中,民营经济是指除国有国营以外的所有的所有制形式和经营方式的总称。若作一更简明的定义,则"民营经济"就是非国营经济。

市场经济是竞争经济,是以所有制多元结构、多种经营方式下的主体多元化为前提条件的。所有制多元结构包括国有经济、城乡集体经济、公私混合经济、个体私有经济。多种经营方式包括国家经营、集体经营、个人经营、合作经营等。相对于国有国营而言,其他的所有制形式和经营方式均属民营之列。可见,民营经济的范围很广,既包括所有制结构中的非国有部分,也包括经营方式中的非国营部分。这就是说,民营经济涵盖了所有制结构"主体"(公有制)中的

---

① 毛泽东.毛泽东选集:第3卷[M].北京:人民出版社,1991:895.

大部分和"非主体"（非公有制）部分的全部。民营经济与官营经济是一对孪生兄弟。历史地来看，所谓官营经济，它是由中央政权和地方政权所拥有和直接经营的经济形态。民营经济则是由民间经营的一种经济形态。新中国成立后，由于社会制度发生了根本变化，官营经济与民营经济的内涵和外延也发生了相应的变化。官营经济指的是国营经济，是由国家所有并直接经营的经济形式。民营经济指的是非国营经济。把非国有国营的经济形式和经营方式统归于民营经济，这在概念的内涵上才能做到完整。显然，民营经济概念的内涵比集体经济、个体、私营经济更宽、更广、更大，这是不容置疑的。

（四）民营化

民营化是指非国营化，即把国有企业通过改制、改组、改造后，从国有国营转向国有民营或民有民营。

党的十二届三中全会做出的《中共中央关于经济体制改革的决定》中指出："所有权与经营权是可以适当分开的。"这种"两权分开"的原则，为"民营化"提供了理论的和政策的依据。正是有了"两权分开"的认识，才启动了"民营化"的实际进程。国有企业实行包、租、托等，就是民营化的有效尝试。企业，尤其是国有大中型企业进一步的深化改革，主要应使其转向出资主体多元化的现代股份公司制。因此，股份公司制将是我国许多国有企业实行"民营化"的具体途径。党的十五大提出的"一切符合'三个有利于'的所有制形式都可以而且应该用来为社会主义服务"和"一切反映社会化生产规律的经营方式和组织形式都可以大胆利用。要努力寻找能够极大促进生产力发展的公有制实现形式"以及"公有制实现形式可以而且应当多样化"则进一步发展了"两权分开"的理论，为民营化又一次拓宽了思路。

四、收缩公有制经济并非越多越好

提倡民营化并非要求所有国有企业都民营化。十五大报告指出："继续调整和完善所有制结构，进一步解放和发展生产力，是经济体制改革的重大任务。"我们进行所有制结构调整的目的不是搞非国有化或非集体化即非公有化，而是为了使各种所有制的比例结构更符合解放和发展生产力的需要，更符合建设社会主义市场经济的需要。因此，我们既要坚持以公有制为主体，又要降低公有制在国民经济中过高的比重，给非公有制经济发展让出相当的空间。我们主张收缩公有制经济，尤其是国有经济，但并非主张收缩得越多越好。同样，我们提倡民营化（非国营化），但并不要求所有的国有企业都民营化。民营化的原则就是十五大报告指出的："要从战略上调整国有经济布局。对关系国民经济命脉的重要行业和关键领域，国有经济必须占支配地位。"我认为，对"重要行业"和"关键领域"可继续实行国有国营。相反，那些对国民经济命脉不起决定性作用的行业和领域可以非国营化，利用公有制实现形式的多样化，采取国有民营、公有民营、民有民营,即民营化。所有制结构的调整和完善是建设社会主义市场经济体制所必须解决的深层次问题,而民营化为解决这一深层次问题开辟了新的渠道。需要强调指出的是:民营化并不排斥国家对国有企业的控制。在这里,我们可以借鉴日本国有国营企业民营化的经验:日本国有铁路、电信电话和专卖公社三家大型国有国营企业自20世纪80年代中期开始实行民营化改革。改革的办法是:对企业实行股份制改造,国家保有最大份额的股份,下放经营权。我们在对国有企业实行股份公司制改革时,国家也可保留最大份额的股份,把控股权掌握在国家手中,仅下放经营权。这样做,国家仍然掌握着对国有经济的控制权。十五大报告指出,经济体制改革要有新的突破,而国有企业,尤其是国有中小型企业民营化是改革取得新突破的重要途径。只要我们坚持社会主义市场改革的取向,民营化就不可逆转。

五、国有、公有是所有制范畴,国营、民营是所有制实现形式范畴

必须指出,不能把民营化与非国有化相混淆。民营化即非国营化,与非国有化是有很大区别的。民营经济即非国营经济,它与非国有经济是两个不同层次的范畴。我们要弄清楚国有、公有是与非国有、私有相对应的,民营即非国营则是与国营相对应的。国有、公有是所有制范畴,国营、民营则是所有制实现形式的范畴。我们应该严格区别这两个不同的范畴,既然"民营"是所有制实现形式的范畴,那么,它排斥的只是国营,而不排斥国有。就像国有企业在股份制改革过程中可以吸纳非公有制经济成分一样,在民营化过程中同样可以包容国有(公有)经济成分。经营方式作为表层关系,一般并不改变处于深层次的所有制性质。除少数国有小企业经政府批准出售,国家以实物形态换回价值形态而非流失外,绝大多数国有企业通过改制、改组、改造后转为股份公司或其他企业组织形式,但并不改变国家对其本来就拥有的那份财产的终极所有权,改变的只是经营方式的多样化。所以,不能把民营化误解为私有化。事实上,我国国有企业制度改革从开始到目前一直都是以放弃国家直接经营国有企业作为其改革的主要特征,不论是早期的承包制、租赁制或是即将大力推进的股份合作制和股份公司制,都无一不是在积极寻找有效的可行的民营方式,以解决国营方式下国有经济存在的种种问题。国有与民营早已不再是一对相互排斥的矛盾体。目前,绝大多数国有企业在所有制形式上,依然是国家所有,但从经营制度安排上看,它已是一种民营经济。我们之所以提倡民营化,是因为民营化是公有制的一种有效实现形式,民营化确实可以改变国有企业在计划经济体制下长期形成的僵化的、单一的运行机制,从而提高国有企业产权配置效率和企业的经营效率。

六、从效率和公平上看发展私有经济问题

十五大报告指出:"非公有制经济是我国社会主义市场经济的重要组成部分,对个体、私营等非公有经济要继续鼓励、引导,使之健康发展。这对满足人们多样化的需要,增加就业,促进国民经济的发展有重要作用。"十五大报告把个体、私营等非公有制经济从过去的"有益的补充"和"拾遗补缺"提高到"重要组成部分",从方便人民的生活需要提高到对"促进国民经济的发展有重要作用",这是所有制问题上的一个重要突破。

最新统计资料表明,我国私营企业发展迅猛。截至 1997 年 5 月,我国私营企业已达到 80 万家,从业人员 4 700 多万,其中注册资金超过 1 000 万元的有 100 多家,超过亿元的有 40 多家。1996 年私营企业的全年总产值达到 590 多亿元。国家信息中心预测,到 20 世纪末,我国私营企业将超过 200 万家,产值将达到 13 000 亿元。私营企业在全国产值中所占比重将上升到 20%,占全国零售总额的比重将上升到 50%。可见,私有(营)经济在国民经济中有着不可替代的重要作用。

学习贯彻十五大精神,我们应该在所有制问题上更新观念。我们不能单纯地从所有制及其形式本身出发比较和评判不同所有制及其形式孰优孰劣。不能笼统地认为私有制一定比公有制好,也不能简单地认为公有制一定比私有制先进。必须结合所有制及其所赖以存在的生产方式及生产力水平和市场的要求来考察。各种所有制各有所长,也各有所短。不同的所有制具有不同的社会职能。国有制的功能是国民经济的支柱,在国民经济中起主导作用。集体经济的功能是体现共同致富,发挥公有制的主体作用。非公有制经济对促进国民经济的发展有重要作用。所以,很难说这一种所有制一定比另一种所有制优越。只有充分发挥多种所有制的功能,才能为社会创造出丰富的物质财富和精神财富。而且各种所有制的功能并非单一,往往是相互交叉的。私有经济同样可以成为国家财政、税收的重要来源,同样可以提供社会公益服务,如办学校、办医院、解决就业。科学技术是第一生产力。而民营科技企业在发展科学技术上做出了巨大贡献。在高技术产业方面,民营科技已成为新的生力军。全国有近 10 万家民营科技企业,其中私有民营科技企业就占 30%,它们在国民经济中发挥了重要作用。各种所有制都是一定的生产力发展的产物,它们的存在都有其合理性。私有经济的发展,一方面是由我国处于社会主义初级阶段的国情决定的,另一方面是建立社会主义市场经济的客观需要。市场是交换发展的产物,而交换是以产权主体多元化和经营方式多样化为前提的。没有包括个体、私营等非公有制经济在内的多种所有制的共同发展,就不可能建立起真正的市场经济。所以党的十五大报告指出:"公有制为主体,多种所有制经济共同发展,是我

国社会主义初级阶段的一项基本经济制度。"这是完全正确的。

长期以来,我们对私有(营)经济有着严重的偏见,其后果是导致我国经济处于不发达状态。西方国家是以私有制为主体的,其经济效率和社会公平事实上都超过我们。

首先从生产效率上看。私有制具有很高的生产效率。我们绝不能低估私有经济对国民经济发展的巨大作用。特别是在竞争性市场环境里,国有经济与私有经济相比,活力总体上是前者不如后者。国家统计局的最新调查就是佐证。仅以每元工资创造价值为例,私企最高。据调查,在每元工资创造增加值指标中,私营企业为5.97元;外商投资企业为5.72元;股份制企业为4.45元;港澳台投资企业为4.08元;国有和集体企业分别为3.35元和3.28元;联营企业为3.43元。在每元工资创利税指标中,私营企业为2.43元,股份制企业为2.1元;港澳台和外商投资企业为1.99元;国有和集体企业分别为1.16元和0.88元;联营企业为1.01元。

对私有(营)经济的作用,我完全赞同王克忠教授的评价:"市场经济为私营经济发展创造了广阔的天地,同时私营经济的发展又有力地推动各类市场体系,如资本市场、劳动力市场、生产资料市场等的形成和完善。因此,积极鼓励私营经济发展,对于实现跨世纪的社会经济发展战略和建立社会主义市场经济体制,推动全国的经济起飞具有十分深远的影响。"

其次从社会公平上看。人们往往认为,发展私有经济会导致贫富不均,两极分化。这有一定的道理。世界上没有绝对的公平,但是,只要国家重视解决社会公平,在私有制条件下同样能使社会公平得到比较合理的解决,使社会全体成员享受到应有的公平。我们从以私有制为基础的发达国家德、英、法和北欧的一些"福利"国家来看,这些国家的社会公平解决得比较好,公民都能享有一定的医疗保险和失业保障。据有关资料报道:英国、法国、荷兰、西班牙四国公民除工资收入和医疗保险之外,还享有较高的社会补助。这些补助在家庭收入总数中所占的比率,在英国为23%,在法国为29%,在荷兰为29.5%,在西班牙为25.4%。在法国和荷兰,退休人员的平均生活水平"大致相当"于就业人员的生活水平。这些事实足以证明:私有制条件下同样能够解决效率和公平问题。民营经济中的个体、私营等非公有制经济是天然的市场经济,它有较高的效率,让非公有制经济与公有制经济优势互补,在激烈的市场竞争中拼搏和发展,共同把我国经济搞上去,有什么不好呢?只要我国的经济实力雄厚了,国家通过诸如收入调节税和社会保障等一系列的法律法规来解决社会公平问题,那么就一定能够使全社会实现共同富裕。

为了加速我国的民营经济特别是加快发展民营经济中的私有经济,我们必须创造两个前提条件:

第一,进一步解放思想,更新观念。党的十五大报告提出:"一切符合'三个有利于'的所有制形式都可以大胆利用。"在贯彻落实十五大精神的过程中,要力求使两个"一切"深入人心,贯彻于整个改革的行动之中。

第二,既然十五大报告已经把多种所有制经济的共同发展确定为我国的一项基本经济制度,既然十五大报告充分肯定了个体、私营等非公有制经济是我国社会主义市场经济的重要组成部分,那么,我们就应该坚决抛弃将公有与私有经济成分的比例大小与社会主义方向联系起来的观点。同时,要破除传统的价值观,要以资源配置效率和利用效率为标准来看待国有民营、公有民营、民有民营,不能把发展民营经济看成是对社会主义经济的削弱。

美国、英国、法国、加拿大、日本和韩国等国的许多经济学家认为,民营经济是一个国家经济发展的关键因素,我完全赞同这种观点。中国沿海开放城市的繁荣和世界许多国家的经验都已证明了这一点。十五大报告为民营经济的发展带来了极好的机遇,我们要抓住这一机遇,加快国有中小型企业民营化的进程,使经济体制改革有新的突破,同时,积极发展民营经济中的个体、私营等非公有制经济。总之,民营经济利国又利民,我们要理直气壮地发展民营经济,促进国民经济快速增长,把建设中国特色社会主义事业全面推向21世纪。

参考文献:

[1] 吴敬琏,张卓元.中国市场建设百科全书[M].北京:北京工业大学出版社,1993.

[2] 于光远.于氏简明社会主义所有制结构辞典[J].民营经济通讯,1997(7).

[3] 于光远.私有财产同样神圣[N].中国改革报,1997-10-14.

[4] 单东.国有不等于国营,民营不等于私有[J].改革月报,1996(6).

[5] 陈静.民营经济定义的科学界定及其意义[J].改革月报,1997(6).

[6] 张晖明.公司化:中国国有企业迈向民营化的门径——以日本民营化为借鉴的分析[C].复旦大学日本研究中心第五届国际学术研讨会交流论文.

[7] 王克忠.私有经济与社会主义市场经济[M].海口:南海出版公司,1996:前言.

载《浙江社会科学》1998年第2期
中国人民大学书报资料中心《社会主义经济理论与实践》1998年第5期转载

不能以"民本经济"或"民有经济"代替"民营经济"[①]

北京某报首席记者采访我时问道:"浙江民本经济的动力在哪里?"我向他解释说:我们不提"民本经济",只提"民营经济"。还有人提出:"为何不用'民有经济'代替'民营经济'?"那么,究竟能否以"民本经济"或"民有经济"来代替"民营经济"呢?我想对此谈一点拙见。

一、所谓"民本经济"

"民本经济"的提出,源于美国总统林肯1863年在葛底斯堡演讲中提出的一种政治主张。而"民本经济"正是把林肯的这种政治主张——"government of the people, for the people and by the people",即建立"以民为本"(民有、民享、民治)的政府,引申来表述"民本经济"的。

提出"民本经济"的本意是强调"以民为本",使经济成为人民的经济,愿望是好的。但如果认为提了"民本经济"就能显示出这种经济是属于人民的,是"以民为本"了,那么,"国有经济"不是"以民为本"吗?社会主义国家是代表最广大人民群众利益的,当然是"以民为本"的。如果根据这种引申理解,我们能不能把国有经济也叫作"民本经济"呢?当然不行。提出"民本经济"的作者说:"'我们中华人民共和国的一切权力属于人民。中华人民共和国有人民两个字,就是要体现以民为本位,体现人民当家做主',"我们通常所说的国民经济中的'民'字,就应是以民为本位的经济"[②]。如果也按照上述引申理解,能不能把中国改为"民本"国家,把我国的国民经济改为"民本经济"呢?当然也不行。所以,"以民为本"实质上是政治学用语,而非经济学概念。

政治和经济虽不是互不相关的,但作者为给"民本经济"的成立提供充足的"理由",便把属于政治学的概念与属于

[①] 本文原题即为本题,2003年第12期《特区经济》发表时编辑部将其改为《"民本经济"或"民有经济"不能代替"民营经济"》,现仍用原题。
[②] 杨晓平.高尚全阐释发展民本经济:民有、民营、民享[N].中华工商时报,2002-03-13.

经济学的概念硬扯在一起。这样做会使概念内涵不清楚，会引起误解。比如，提出"民本经济"的作者说："民本经济'是富民利国的经济，体现了'三个代表'的重要思想。"①那么，国有经济就不体现"三个代表"重要思想？全国工、农、商、学、党、政、军，哪行哪业、哪个部门不体现"三个代表"重要思想？又如，提出"民本经济"的作者说，民本经济是"民有、民营、民享（人民共享）的经济"②。试问，我国几十年来的国有经济提供的公共产品——公路、铁路、桥梁、港口、机场、学校、医院等等，难道没有让人民共享吗？认为提了"民本经济"就可以让人民共享了，但事实是，在我国现有生产力水平较低、法制不健全和市场经济不发达的国情下，"民本经济"未必就能"民享"。从最近电视台连续曝光的不少国有和非国有企业的经营者拖欠民工工资，导致民工无法返乡过年，劳动执法部门则不得不出面强制补发拖欠工资一事已足见一斑了。提出"民本经济"的作者还认为"政府管理以营造和维护良好的环境为主"是"民本经济"的特点之一③。把独立于企业之外的政府职能的转变视为某种具体经济形式的特点，这实在令人费解。民本经济的内涵范围太广，从而丧失了明确的研究对象。限于篇幅，关于"民本经济"笔者就暂说这些。

二、"民有经济"析

还有人提出："何不提民有，何必再提民营？"有人甚至提出以"民有经济"，代替"民营经济"。这种观点也是源于林肯的"民有、民享、民治"的政治主张。提出这一主张的同志疏忽了"有"和"营"之区别。"有"者是指所有制或产权，"营"者是指经营方式或经营权。前者是所有制范畴，后者是实现形式范畴。显然，"民有"与"民营"有着明显的区别。国有企业是国家所有而不是民有，但它可以民营，即通过租赁、承包、委托经营等多种形式实行国有民营，你总不能说国有企业也是"民有企业"吧？

党中央和国务院以及我国宪法都将"国营经济"改成了"国有经济"，相应地，"国营企业"也改成了"国有企业"，这种改动正是为了明确"有"和"营"的区别，从而为探索国有制的有效实现形式提供了途径，即通过实行所有权和经营权的"两权分离"来寻找国有经济的多种实现形式。"民营"正是从经营权的角度为国有经济提供了一种有效的实现形式，如国有民营。改革开放以来，民营企业通过对国有企业的租赁、承包、委托经营、参股、兼并等方式使国有企业得到改组、改制、改造，从而激发了其活力。改"国营经济"为"国有经济"的出发点就是为了让多数国有企业不再由国家直接经营，正因为这一改，国有企业才能有法可依地放开经营权和转让经营权，民营企业也才能涉足国企改革和合法地经营国有企业。随着国企改革的不断深化和民

---

① 高尚全."民本经济"具有四大特点[N].国际金融时报，2003-03-04(4).
② 杨晓平.高尚全阐释发展民本经济：民有、民营、民享[N].中国工商时报，2002-03-13.
③ 同上。

企的不断壮大,国有经济将会出现更多的有效实现形式。如随着国有资本、集体资本和私有资本参股的混合所有制经济的不断出现,实现了投资主体的多元化,许多国有资本就可以通过绝对控股或相对控股的方式放开经营权,使"国有民营"成为国有制的主要实现形式。这表明,也正因为有了"民营",国有经济才找到了多种有效的实现形式。

再有,现代企业的典型形式是公司制,而公司制的特点是所有权和经营权相分离,主要经营者往往已不是产权的所有者(股东或大股东),而是职业经理人。"民有经济"强调的是所有权(产权),"民营经济"强调的是经营权,虽然任何一种经营方式都离不开一定形式的所有权,但不能因此而忽视所有权和经营权的区别。在现实经济社会中,许多国有企业放开的是经营权而不是所有权。"民有企业"因强调产权"民有",因而就很难成为国有经济的有效实现形式。由此可见,不能因"国营经济"改为"国有经济","国营企业"改为"国有企业",就可以仿照把"民营经济"改为"民有经济","民营企业"改为"民有企业"。

综上所述,"民本经济"的提法仍需斟酌,"民有经济"与"民营经济"是两个不同的经济学范畴,且"民有经济"未体现出"经营权",故"民本经济"和"民有经济"都不能代替"民营经济"。

载《特区经济》2003 年第 12 期
《北京日报·理论周刊》2004 年 2 月 9 日转载
《人民日报·信息导刊》2004 年第 6 期转载
《浙江市场导报》2004 年 11 月 4 日转载

对民营经济几种表述的质疑

2003年7月中旬,浙江的几家媒体忽然出现"私营(民营)"的提法。"民营经济"与"私营经济"作为两个不同的经济学范畴,早在几年前经济理论界就已经取得了共识,怎么又会出现将两个概念混为一谈的情况呢?

定义是揭示概念的内涵的,而概念则是反映对象特有属性或本质属性的,所以,定义必须完整地揭示对象的特有属性或本质属性。民营经济与私营经济是两个不同的概念,它们之间的关系不是等同也不是差不多。从形式逻辑上看,它们之间是属概念与种概念的关系,前者是属概念,后者是种概念,或者说,前者是上位概念,后者是下位概念。属概念包含种概念,但不能反过来说,种概念也包含属概念。把民营经济简单地理解为等同于个体私营经济是一种狭义偏离,犯了形式逻辑的常识性错误。个体私营经济仅仅是民营经济的组成部分。那么,什么是民营、民营企业和民营经济呢?以下我作简要的阐述:

一、民营

民营是与官营或国营相对应的概念,我国现阶段指的就是非国营。

二、民营企业

民营企业是国营企业的对称,是指除国家直接经营管理的企业以外的所有企业的总称。

民营企业包括:国有企业经过改制、改组、改造后实行了股份制(但国家不控股)、股份合作制、租赁制、委托经营等形式的企业(国家对这些民营化了的企业不再直接经营管理,只是凭所有者身份享有所有者权益,获取收益,即获取国有资产所有权的果实);全部集体企业;非国有法人出资的企业;自然人控股的混合所有制企业;由自然人出资但非自然人(不是国家)控股的混合所有制企业;全部由自然人出资的企业;非国家出资且全部由非自然人出资形成的企业;民办非企业单位(以民间投资为主的非营利性机构,如民办科研院所、学校、医院、体育和社会福利机构)、私营企业、个体工商户、民间中外合资企业、合作企业;外商独资企业;港澳台企业。总之,除国有国营之外的所有所有制企业都属民营企业之列。

三、民营经济

民营经济是与官营经济或国营经济相对应的概念,在我国社会主义现实经济生活中,民营经济是指除国有国营以外的所有所有制形式和经营方式的总称。若作一更简明的定义,则"民营经济"就是非国营经济。

著名经济学家于光远对民营经济的表述是:"我赞成使用民营经济这个名词。它是包括国家所有制之外的所有其他社会所有制,也包括私有制的一个总称。民营经济也还不等于民有企业,因为如果民间人士对国有企业进行承包经营或把国有企业租过来从事经营,这样的经营也包括在民营经济这个概念中。"1997年10月14日于老对民营经济的范畴作了进一步的阐述:"所谓民营经济包括各种非国有经济。非国有经济本身不是一种所有制,而是几种所有制的综合。国有企业个人承包也算,民营包括国有民营和民有民营,比私有的范畴要宽。"

早在1998年我就指出:"市场经济是竞争经济,是以所有制多元结构、多种经营方式下的主体多元化为前提条件的。所有制多元结构包括国有经济、城乡集体经济、公私混合经济、个体私有经济。多种经营方式包括国家经营、集体经营、个人经营、合伙经营、合作经营、股份经营、租赁经营、股份合作制经营、委托经营等。相对于国有国营而言,其他的所有制形式和经营方式均属民营之列。可见,民营经济的范围很广,既包括所有制结构中的非国有部分,也包括经营方式中的非国营部分。这就是说,民营经济涵盖了所有制结构'主体'(公有制)中的大部分和'非主体'(非公有制)部分的全部。""把非国有国营的经济形式和经营方式统归于民营经济,这在概念的内涵上才能做到完整性。显然,民营经济概念的内涵比集体经济、个体、私营经济更宽、更广、更大,这是不容置疑的。"①

根据以上分析,可用一个不等式来表示民营经济与其组成部分之间的关系:民营经济>非国有经济>非公有经济(包括"三资经济")>个私经济。这一不等式将民营经济的上位概念与个私经济的下位概念表述得一目了然。

又据2003年8月6日《中华工商时报》报道,中央某部门正在起草一个促进民营经济发展的文件。文件征求了各省各部委及大批企业家的意见,正在做最后的修改,并将由国务院转发。为了叙述方便,我把起草的文件取名为《草案》。《草案》对民营经济的表述是:"民营经济包括个体私营经济、自然人控股的混合

---

① 单东.民营经济是与市场相匹配的经济范畴[N].中国改革报,1998-02-23.

所有制经济和全部由自然人出资的各种形式的经济实体,是我国社会主义市场经济的重要组成部分。"定义把民营经济局限于"个体私营经济"和"自然人控股"以及"全部由自然人出资"的经济实体,显然失之偏颇。这种表述把已经客观存在的大量的国有民营、集有(集体所有)民营都排除在外了。那些不是由国家出资而为自然人出资但由非自然人控股的混合所有制经济,难道不是民营经济吗?举例说,如一经济实体由甲乙双方出资,其中甲方为自然人出资,乙方为自收自支的某社会团体如学会之类的法人出资,并予以控股,这样的经济实体难道不是民营经济实体吗?同理,那些并非国家出资而全部由非自然人出资形成的各种形式的经济实体,比如,一经济实体也是由甲乙双方出资,甲方为一私营企业,以法人出资;乙方是村经济合作社,也以法人出资,但由甲方控股,这样的全部由非自然人出资形成的经济实体不也是民营经济实体吗?

还应该指出的是,"有"和"营"这两个字是各有所指的。"有"是指所有制或所有权,"营"是指经营方式或经营权。国有或公有属于所有制范畴,国营或民营属于所有制实现形式范畴。虽然某种实现形式总离不开具体的所有制或所有权,但两者还是有区别的。公有或民有是从经济实体的所有制或所有权角度看问题,而国营或民营是从经济实体的经营方式或经营权角度看问题的。《草案》定义只着眼于所有权(出资人)而回避了经营方式。然而"民营经济"概念更强调的是经营方式或经营权,经营方式或经营权是民营经济的本质属性,因而《草案》定义不能反映我国许多企业已经实行了多年的"两权分离"的现实。可见,《草案》对民营经济的定义存在严重的缺陷,因而缺乏科学性。

有些人主张,民营经济定义的范围宜窄不宜宽。其实这种主张是站不住脚的。宽了,当然不好,宽了会把本不该界定为民营经济的对象也囊括进来;但窄了也不行,窄了会把本该界定为民营经济的对象遗漏掉;两者都会混淆概念的内涵和外延。虽然,概念之内涵和外延不是永恒不变的,而是随着对象本身和人的认识的发展而不断发展的,但是,或窄或宽都不是由人的主观愿望决定的,而是要由客观事实决定的。

理论要有说服力,本身就应具有彻底性。马克思指出:"理论只要说服人,就能掌握群众;而理论只要彻底,就能说服人。所谓彻底,就是抓住事物的根本。"[①]由于历史的原因,我国改革开放初期的民营经济表现为个体私营经济。但是,经过25年的改革开放和发展,我国民营经济实体的形式越来越多样化,民营经济概念的内涵和外延都已大大地拓宽,而《草案》对民营经济的界定仍然只停留在个私经济的层面上,因而它不但落后于民营经济发展的现实,而且也落后于经济理论界早在几年前对民营经济已取得的共识。

---

① 马克思,恩格斯.马克思恩格斯选集:第1卷[M]. 北京:人民出版社,1972:9.

文件要成为人们行动的指南,它就必须具有权威性。要有权威性,它必须是正确的、科学的和有说服力的。为此我已致电参加《草案》讨论的学者,请他们向《草案》负责人转告我的建议:第一,将定义充实、完善,使之科学;第二,如果做不到第一条,可将对民营经济定义的界定从《草案》中删除,回避对该概念的界定。文件只要把应如何促进民营经济发展的政策措施具体化就行了。这样做可以避免引起不必要的争论,让人们集中智慧致力于推进民营经济的发展。

我建议浙江省政府,不要仿照出台对民营经济概念表述不确切的文件。我通阅了《草案》的全文,认为浙江省政府历年出台的有关文件在思想上和政策上早已超越了这个《草案》。出席《草案》座谈会的民企老总说,如果是为了宣传,那是另一回事;如果作为文件,对我们来说毫无意义。1998年,浙江省委和省政府讨论出台"大力发展民营经济"的文件,当时我在省政府经济体制改革委员会工作,被邀请参加。会上我提出,文件把个私经济等同于民营经济,这种提法混淆了民营经济与个私经济的概念,会引起争论。我阐明了自己的观点,建议把"大力发展民营经济"改为"大力发展个私经济"。我立即另行起草了一个"关于大力发展个体私营等非公有制经济"文件的修改稿,并呈送给原省委书记李泽民同志、原省长柴松岳同志,我的意见被采纳,即1998年的2号文件(定名为《中共浙江省委浙江省政府关于大力发展个体私营等非公有制经济的通知》)。如果省政府欲出台促进民营经济发展的文件,希望在民营经济概念的界定上慎之又慎,抑或干脆回避对民营经济概念的界定。

载《中国民营》2004年2月

"民营经济"不是一个模糊的概念
——兼论民营经济统计指标体系的建立

时下一些文章在谈到民营经济和新公有制企业的关系时认为:"民营经济是一个模糊的概念,各种不同所有制的企业都包含在内。根据现有的资料,可以看到民营经济中至少包括了以下6类企业:①个体工商户;②个人、家庭或家族所有的企业;③个人、家庭或家族所有的企业通过改制而形成的股份制企业;④通过国有资产重组而形成的,既有国家投资,又有个人、家庭或家族投资的企业;⑤合伙制企业;⑥由公众集资而建立的企业。"①文中关于"民营经济是一个模糊的概念"的说法,代表了一部分人的观点,因此笔者认为很有必要予以商讨。

笔者认为,把因"各种不同所有制的企业都包含在内"就认为民营经济概念模糊的说法是不能成立的。我国的国企正在进行如火如荼的股份制改造,虽然国家仍是处于控股地位,但毕竟把不同的所有制纳入了进来,经过改制的国有经济也就包含了多种所有制,国有经济出现了这种情况后,我们是否能说"国有经济"是一个模糊的概念呢?当然不能。所以,笔者认为,民营经济的概念并不会因为"各种不同所有制的企业都包含在内而变得模糊"。民营经济的内涵并不是由人恣意妄加的。从定义本身来看,什么是民营企业?"民营企业是国营企业的对称,是指除国家直接经营管理的企业以外的所有企业的总称。"再从民营经济的概念来看,什么是民营经济?"民营经济是与官营经济或国营经济相对应的概念,在我国社会主义现实经济生活中,民营经济是指除国有国营以外的所有的所有制形式和经营方式的总称。"②所以,无论从民营企业还是从民营经济的概念来看,它本来就包含着"各种不同所有制的企业"。

对民营经济的概念,公认的有广义

---

① 厉以宁.论新公有制企业[J].经济学动态,2004(1).
② 单东.民营经济论[J].浙江社会科学,1998(2).

和狭义两种。狭义的是指个私等非公有制经济；广义的则除了个私经济外，还包含非国有经济中的公有制经济。这是从所有权来说的。概念是反映事物特有属性或本质属性的，"民营经济"概念的特有属性是什么？是经营权，是民营。如果我们从经营权的角度来看，除了民有民营和民有国营外，民营经济还包括国有民营的部分，这部分企业的所有权归国家，而经营权则归经营者，如国有企业的承包经营、租赁经营、委托代理经营等等。因为任何一种经营方式都离不开一定的所有权（所有制），所以，若从所有权（所有制）和经营权（经营方式）两方面来看，民营经济理所当然地包含了"各种不同所有制的企业"。

民营经济的概念是随着我国的改革开放应运而生的。在计划经济时代，所有制形式很简单，主要是国有经济（全民所有制）和集体经济（非全民所有的公有制），而私有制已基本消灭。但改革开放后，特别是在我国确立了社会主义市场经济体制后，所有制结构发生了根本性变化，早已不是仅有国有和集体所有制两种经济成分了。在市场经济条件下，特别是党的十二届三中全会做出的《中共中央关于经济体制改革的决定》中做出了所有权与经营权可以适当分开的论断后以及随着国有企业的租赁、承包、委托经营等形式的出现，民营经济的概念在我国便应运而生了。但需要说明的是，民营经济的概念并非是一成不变的，它本身还处在动态发展过程之中，其内涵和外延也必将随着经济发展过程中经济类型的多样化而不断得到拓展。

据笔者所知，人们对民营经济概念的理解大致有以下三种。

甲. 狭义的表述：民营经济是指包括个体私营经济在内的非公有制经济。

乙. 广义的表述：民营经济是与官营经济或国营经济相对应的概念，在我国社会主义现实经济生活中，民营经济是指除国有国营以外的所有所有制形式和经营方式的总称，若作一更简明的定义，则"民营经济"就是非国营经济。民营企业包括：国有企业经过改制、改组、改造后实行了股份制（但国家不控股）、股份合作制、租赁制、委托经营等形式的企业（国家对这些民营化了的企业不再直接经营管理，只是凭所有者身份享有所有者权益，获取收益，即获取国有资产所有权的果实）；全部集体企业；非国有法人出资的企业；自然人控股的混合所有制企业；由自然人出资但非自然人（不是国家）控股的混合所有制企业；全部由自然人出资的企业；非国家出资且全部由非自然人出资形成的企业；民办非企业单位（以民间投资为主的非营利性机构，如民办科研院所、学校、医院、体育和社会福利机构）、私营企业、个体工商户、民间中外合资企业、合作企业；外商独资企业；港澳台企业，等等。总之，除国有国营之外的所有所有制形式的企业都属民营企业之列。

丙.《中共浙江省委、浙江省人民政府关于推动民营经济新飞跃的若干意见》（浙委〔2004〕4号）中的表述：民营经济是社会主义市场经济的重要组成部分,包含除国有及国有控股、外商和港澳台商独资及其控股以外的其他各种所有制经济。

而现实社会,特别是政府部门往往以狭义(上述的甲)理解为主,但浙江的官方文件,即上述的丙种表述已把本应属于民营经济范畴内的大多数经济成分包括在内了,就其实质而言,丙种表述原则上属于广义的表述,只是其表述还不够完善,因为外商和港澳台商在大陆的企业只要不是外国和港澳台政府投资或控股的企业理应也在民营经济的范畴内。实际情况是,到目前为止,尚无港澳特区政府在内地投资经营的企业,只有民间资本投资,故港澳特区在内地投资经营的企业属于民营企业。我国政府与台湾省所谓的"官方"并无经济关系,台湾省在祖国大陆的企业全是民间资本投资,因而也属于民营企业。鉴于港澳台在祖国大陆投资经营的企业都是民间资本,理所当然地属于民营企业。所以笔者认为确切的表述应该是:民营经济是社会主义市场经济的重要组成部分,包含除国有及国有控股、外国政府独资或控股经营以外的其他各种所有制经济以及港澳台地区民间资本在祖国大陆投资的各种经济。

民营经济的内涵并不就指个体私营等非公有制经济,在这一点上,学术界已形成了共识。但在广义的表述中,究竟包括哪些种类的企业,认识尚有分歧。就是说,经济理论界对民营经济内涵的界定尚未取得完全一致的共识,这也是民营经济的概念之所以在全国尚没有形成一个统一表述的原因。中共中央、国务院除了在九年前有过"民营科技企业"的表述外,至今在正式文件中还没有用过"民营经济"这一词。国务院总理温家宝2004年8月27日至29日在浙江考察时也只用了"民营企业"而没有用"民营经济"一词。国家至今对民营经济的概念尚缺乏一个权威的界定,这或许也是某些同志误认为民营经济是个模糊概念的一个原因吧。

笔者认为,导致人们误以为民营经济概念模糊的另一个重要原因是,国家统计部门尚未建立起与民营经济概念相对应的统计指标体系。中国民营经济蓬勃发展,已在国民经济中占据了半壁江山,客观上要求在统计指标体系上得到应有的反映。但是,由于国家统计部门至今对民营经济没有建立起相应的、权威的、一致的统计指标体系,全国各省市在民营经济的统计指标上各行其是,口径不一。例如,河北省民营经济统计的范围为个体私营单位、外商和港澳台商独资单位(浙江省文件是将外商和港澳台独资的企业排除在民营经济之外的)、其他联营单位、其他有限责任公司、股份有限公司、中外合资合作和港澳台合资合作单位、外商和港澳台商投资有限公司。笔者认为相比较而言,河北的比较科学。而广东省出台的民营经济统计试行办法中,其统计方法是:"民营经济各总量指标可用相应的全社会总量扣除内资企业中国有及国有控股、集体经济和港澳台商投资企业、外商投资企业总量取得。"这里,显然失之偏颇。"集体经济"理应属于民营经济范畴。把"集体经济"和"港澳台商投资企业、外商投资企业"都从民营经济中排除,岂不是把"民营经济"就看成是非公有制经济了吗?这是极其狭义的民营经济概念,它把许许多多本来就属于民营经济的企业都排除了,因此,其统计出来的结果并不能代表民营经济的总量。而且,从其文件的表述来看,它只从所有权角度划分民营经济,而完全不考虑民营经济的一个显著特征是经营权。很显然,按照这样的统计方法,国有民营或民有国营都不在其统计中了,这和把民营经济等同于个私经济有何不同呢?由此可见,广东的统计试行办法是最不完整的。事实上,在"港澳台商投资企业、外商投资企业"中,凡不是政府投资的,或虽由政府投资但政府并不直接经营的,就都应是民营企业。像广东把本属于民营经济的企业从民营经济中剔除,其总量统计的已不是民营经济,而是个私等非公经济。再从其文件中所讲的"统计范围"来看,"民营经济统计范围,依据工商行政管理部门制发的《企业登记注册类型与代码》的规定,暂定为股份合作制、其他联营企业、其他有限责任公司、私营企业和个体经济"。而在"股份合作制、其他联营企业、其他有限责任公司"中,既有集体经济,也有混合所有制经济,这和该文件中要把"集体经济"从"民营经济"中扣除是矛盾的。

尽管"广东省民营经济统计试行办法"无论在理论上还是在实践上都有严重缺陷,但它表明了民营经济迅速发展的省市已迫切要求建立与民营经济相匹配的统计指标体系。从广东省、河北省、杭州市等省市建立的民营经济统计指标体系来看,虽然不尽相同,但都在努力探索,在探索中试行。相信,在许多省市相继建立起来的民营经济统计指标体系实践的基础上,或许会促使国家统计局吸收各地的成功经验,以便适时出台较为规范的民营经济的统计指标体系。

现行的工业企业报表制度中,统计的仅为国有企业以及年销售收入在500万元以上的非国有企业(规模以上),而其他非国有工业企业(规模以下)的统计数据是通过抽样调查推算出来的,甚至不予计算。殊不知,规模以下的中小企业正是民营经济的重要组成部分,其量大面广,仅工业增加值就占国内生产总值的40%以上。所以,对中小民营企业不予统计是严重失误。福建工商联的同志说:"几乎没有一个权威的部门能够准确掌握并反映民营经济数据。"事实确实如此。一些同志误认为:正因为民营经济是一个模糊的概念,所以国家统计局才拿不出全国民营经济的正确统计数据。当然,由于国务院没有给"民营经济"概念做出明确界定,国家统计局也很难建立起一个完整的、科学的民营经济的统计指标体系。这样也就出现了如下情况:国有经济能够统计出其各项指标的数据,狭义的民营经济(个体私营经济)也有其统计指标体系,而广义的民营经济的指标体系和确切数据却公布不出来。例如,全国究竟有多少是国有民营和民有民营的企业?它们分别创造了多少总产值?它们提供了多少税收?解决了多少就业岗位?它们的主要经济指标,如固定资产投资总额、商品销售总额、新产品产值、税收等的数据是多少?等等,谁也说不清楚。正因为如此,一些人误认为民营经济概念模糊也就不足为奇了。

综上所述,笔者认为,民营经济概念并不模糊。认为它模糊的重要原因,一是国务院对民营经济的概念至今尚没有给予一个科学的、权威的界定;二是国家统计部门尚没建立起和民营经济概念相匹配的统计指标体系,而这些因素并非是民营经济概念本身的问题。

参考文献:

[1]《中共中央关于经济体制改革的决定》(中国共产党第十二届中央委员会第三次全体会议于1984年10月12日通过)

[2]《中共中央国务院关于加速科学技术进步的决定》(1995年5月6日颁布)

[3]《中共浙江省委、浙江省人民政府关于推动民营经济新飞跃的若干意见》(浙委〔2004〕4号,2004年2月15日颁布)

[4]《中共广东省委、广东省人民政府关于加快民营经济发展的决定》(粤发〔2003〕4号,2003年3月19日颁布)

[5] 单东.民营经济论[J].浙江社会科学,1998(2).

[6] 单东.对民营经济几种表述的质疑[J].中国民营,2004(2).

载《经济学家》2005年第1期

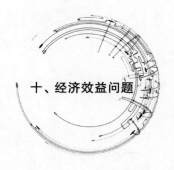

十、经济效益问题

1. 不能忽视公式的理论前提
2. 简评经济效益定义的几种表述
3. 关于经济效益的内涵和外延
4. 关于经济效益定义的商榷

不能忽视公式的理论前提[①]

我认为,蒋学模同志的表述是学术界迄今为止一种较好的表述。众所周知,经济效益的定义好下,公式难立。其难就难在在计算公式中既要反映出效率,又要反映出效用,而效用在公式中很难得到反映。所以,从目前经济学界对经济效益的表述来看,往往定义全面而公式有漏洞,或者难以列出公式。蒋学模之所以称此公式为"基本公式",是因为表述经济效益用一个公式是不行的。人们可以从不同角度列出几十个公式,但表示劳动耗费与劳动成果的公式应是最基本的公式。

对这个基本公式有一个理解问题。在已承认产品符合了社会需要的前提下来看待这个公式,问题就解决了。这一点,蒋学模在其主编的《政治经济学教材》[②]一书的第 254 页已作了说明。反之,若否认这个前提,硬要在经济效益的公式中把效用也包括进去,那是非常困难的。这正是其他所有表述经济效益的公式中都没有得到解决的问题。其次,这个公式简单明白,通俗易懂,便于教学。因此,这的确是一个值得肯定的公式。

载《文汇报》1983 年 8 月 31 日

---

① 1983 年 6 月 1 日,《文汇报》刊载了侯伦同志的《经济效益不等于效率》一文,对蒋学模同志主编的《政治经济学教材》提出异议,引起了争鸣,本文因此而作。
② 蒋学模.政治经济学教材[M].3 版.上海:上海人民出版社,1983.

简评经济效益定义的几种表述

我国经济学界对经济效益定义的表述,到目前为止可归纳为四种,评介如下:

第一种,"经济效益是社会生产活动中劳动占用、劳动耗费和有用劳动成果的对比关系"①。但教材未提供一个公式。若将这种表述列成公式,则为:

$$经济效益 = \frac{C+V+M}{C+V}$$

这个公式的缺陷很明显:第一,当$M=0$时,即在没有收益的情况下,公式所反映的效益却是100%;第二,当企业亏损(就微观而论),即为负效益时,公式却表现得有效益;第三,劳动占用相当于资金占用,在公式中也得不到反映。总之,定义与公式不一致,效用自然也无从体现。

第二种,经济效益就是看剩余价值的大小,或者说,就是看纯收入的高低。他们认为:

$$经济效益 = \frac{M}{V} \text{ 或} = \frac{M}{C+V}$$

此公式的片面性是:$\frac{M}{V}$中,V只反映了活劳动消耗,物质消耗得不到反映;而在$\frac{M}{C+V}$中,M仅为劳动成果的一部分。

第三种,"经济效益就是经济方面有益的效果"②。"经济效果"是产生于20世纪50年代末的一个老概念,在实践中已逐渐淘汰。尤其是党的十二大制定的纲领性文件采用了"经济效益"的统一提法后,人们习惯上已把"经济效果"作为"经济效益"的同义词来使用了。在理论上,于光远同志主张"经济效果"一词可分为"经济效益"和"劳动有效性"两部分③。我以为,"经济效益"这一概念

---

① 南方十六所大学《政治经济学教材》编写组.政治经济学·社会主义部分[M].成都:四川人民出版社,1982:203.
② 于光远.关键在于提高经济效益[N].人民日报,1883-02-04.
③ 于光远.关于适用"经济效益"这个名词后,原用"经济效果"一词所表示的意思中的一部分用"经济效益"来表示,而另一部分改用"劳动有效性"一词来代替的建议[J].经济学周报,1982(34).

中已经包含了"劳动有效性"。没有"劳动有效性"就不成其为"经济效益"。正因为在"经济效益"的概念中已包含了"劳动有效性",所以,"另一部分改用'劳动有效性'"就成为多余。

第四种,"经济效益是人类经济活动过程中劳动耗费与劳动成果的比较。社会主义经济效益就是社会主义经济活动过程中劳动耗费与劳动成果的比较"[①]。作者把这个定义用一个基本公式来表述:

$$经济效益 = \frac{劳动成果 - 劳动耗费}{劳动耗费}$$

这种表述和公式既能体现正效益,又能体现零效益和负效益。

从形式上看,此种表述公式和第二种表述公式 $\frac{M}{C+V}$ 似乎相同,其实不然。因为在 $\frac{劳动成果 - 劳动耗费}{劳动耗费}$ 中,分母即劳动耗费所支出的 $C+V$ 并不一定都能创造出社会使用价值即都转化为劳动成果。只有当 $C+V$ 的支出所创造的商品的使用价值完全符合社会需要时,$\frac{劳动成果 - 劳动耗费}{劳动耗费}$ 中的分母即劳动耗费 $C+V$ 才会同分子中劳动成果包含的 $C+V$ 在量上一致。

就上述各种表述看,第四种表述有新的突破。首先,它没有把劳动占用列入,只讲劳动耗费,这就使定义和公式一致,而这正是所有其他表述都没有解决的问题。其次,这个公式既适用于宏观经济效益,又适用于微观经济效益。最后,这个公式能准确地反映零效益和负效益。它成功地克服了上述各种表述的缺陷。

当然,对第四种定义中公式的理解不能忽视一个前提[②],即劳动成果已符合社会需要。不符合社会需要即成无用之物,劳动成果中不包括无用之物。经济效益的基本公式正是从价值形态上来反映劳动耗费与劳动成果之比的。由于考察的对象不同,经济效益的指标也就会随之而异。所以,经济效益的公式也不能只是一个。人们根据不同的需要可以列出众多的公式。但是,表现劳动耗费与劳动成果的公式应是最基本的公式。

载《社会科学研究》1984年第4期

---

① 蒋学模.政治经济学教材[M].3版.上海:上海人民出版社,1983:252.
② 单东.不能忽视公式的理论前提[N].文汇报,1983-08-31(3).

关于经济效益的内涵和外延

"经济效益"是20世纪80年代初出现的一个新概念。它是1981年11月五届人大四次会议《政府工作报告》首先提出来的。在这篇报告里使用了26次"经济效益"这个新概念。1982年3月全国工交会议文件《关于当前经济工作的几个问题》中,第一次对经济效益的含义做了说明。同年9月党的第十二次代表大会做出了把"全部经济工作都转到以提高经济效益为中心的轨道上来"的战略决策,从而使经济效益成为社会主义经济建设的核心问题。自十二大以来,经济理论界对经济效益概念展开了有益的讨论,但在经济效益含义的认识上,意见颇为分歧,很有继续深入研究的必要。

一、几种不同的观点

经济学界对经济效益定义的表述之所以莫衷一是,其主要原因是由于对经济效益内涵的认识不一。学术界对经济效益内涵的看法主要有以下五种不同观点:

第一种意见认为:经济效益的含义是从属于一定社会生产目的的劳动占用、劳动耗费和有用劳动成果的对比关系。劳动占用是指对生产资料即物化劳动的占用。劳动耗费既表现为活劳动消耗,也表现为物化劳动的消耗,一定的劳动占用和劳动耗费取得的劳动成果越多,经济效益就越大。或者说,为取得一定的劳动成果,劳动占用和劳动耗费越少,经济效益就越好。持这种意见的同志还认为,经济效益在不同的社会生产关系下从属于不同的生产目的,因而具有不同的内涵。资本主义经济效益的内涵是用最小限度的预付资本,生产最大限度的剩余价值或剩余产品。社会主义经济效益的内涵是以最小的社会劳动消耗和劳动占用取得尽可能多、尽可能好的产品,以满足人民日益增长的物质文化生活的需要。主张把劳动占用和劳动耗费同时并提,这是国内多数政治经济学教材和经济理论界多数同志的观点。为论述方便,我把这种观点简称为"占用说"。

第二种意见认为:经济效益的内涵是指人们从事生产经营而付出活劳动和物化劳动所取得的有用性、收益性和社会受益性的成果。持这种意见的同志认为,经济效益的内涵有三个特征:一是有用性,按照预定目的创造出具有使用价值的成果;二是产出大于投入,所得大于所费;三是社会受益性,经济成果符合社会需要。持这种意见的同志还认为,经济效益的内涵不但包括有形的、可以计量的收益,而且也包括无形的和不可计量的收益。他们举例说,植树造林成材后,通过经营活动,得到一定数量具有使用价值的木材,经营者得到大于投资的收益,这是取得的经济效益。同时,在林木生长过程中,社会可以得到保持水土、防风避沙、调节空气、克服曝晒、美化环境等不易计量的益处,也是植树造林所取得的经济效益。我把这种观点简称为"无形说"。

第三种意见认为:在社会主义建设中,国家、集体(各企业单位、行政单位、社会团体)、劳动者个人,进行着各式各样的工作。每做一件工作都会产生某种结果,它对工作者来说,就是效果。如果这种效果给我们社会主义事业带来利益,我们就把它称为效益。经济效益就是在实际上取得属于经济方面的效益。我把这种观点简称为"利益说"。

第四种意见认为:经济效益的内涵包括三个方面的内容:一是对各种经济活动取得的直接结果本身所进行的考察,例如一年生产的产品品种、数量、质量等等。二是对各种经济活动取得的结果和经济活动本身使用的人力、物力、财力之间的关系所进行的考察,例如两种在效用上完全相同的产品,哪一种产品的有效性程度更高。三是在上述两种考察的基础上对各种经济活动及其活动所取得的结果与整个社会利益的关系所进行的考察,通过这种考察,对各种经济活动及其所取得的结果对社会的有益程度做出评价。这三个方面考察的结果综合起来就是我们所说的经济效益。我把这种观点简称为"层次说"。

第五种意见认为:经济效益就其基本内涵来说,是人类进行经济活动时对所耗费的和所取得的一种比较,即投入和产出的比较。用马克思借李嘉图的话来说,就是"在尽量少的劳动时间里创造出尽量丰富的物质财富"。持这种意见的同志认为,在人类社会不同的历史阶段上和不同的经济形式中,人们是从不同的角度以不同的概念提出经济效益问题来的。在商品经济中,对商品生产者来说,经济效益是通过商品生产过程中投入和产出的比较来衡量和表现的。商品生产者的投入,就是他所耗费的生产费用;其产出,就是生产过程中创造出来的具有社会使用价值的商品。我把这种观点简称为"比较说"。

二、对诸说的质疑

在上述五种观点中,我的观点和第五种观点基本相同。下面来谈谈我对这些问题的看法。

（一）关于"占用说"

"占用说"把经济效益的内涵看成是从属于一定的社会生产目的，而且把劳动耗费和有用劳动成果的对比关系也看成经济效益的内涵，这些无疑是正确的。但是，把"劳动占用"与"劳动耗费"同时作为经济效益的内涵，在理论上是有缺陷的。"劳动占用"是指对生产资料的占用。但"劳动耗费"中已包括了从生产资料的价值中转移过来的价值。把"劳动占用"和"劳动耗费"同时并提就出现了"量"上的重复。而且，经济效益不但具有质的规定性，还必然具有量的规定性。一切经济效益都要计量。要计量就要有相应的计算公式。把劳动占用引入就会出现这样的情况：生产力越发展，社会化程度越高，机器设备越先进，劳动占用也就越多，从而计算上的重复就越大。不仅如此，把劳动占用和劳动耗费同时并提，还会使公式因烦琐复杂而失去实际运用价值。并且，引进劳动占用还会造成公式与定义不一致的矛盾。如果只提劳动耗费而不提劳动占用，则不但能使定义与公式一致，而且又能使公式的计算同时适用于宏观经济效益和微观经济效益。

由于"占用说"在理论上有缺陷，所以我认为，在经济效益的基本内涵中不宜包括"劳动占用"。马克思关于经济效益的论述中也不提"劳动占用"而只提"劳动耗费"。所以，只提"劳动耗费"在理论上就能和马克思的观点保持一致。

（二）关于"无形说"

持第二种意见的同志把有用性、产出大于投入包括到经济效益的含义中，这是应该肯定的。但是，他们把无形的、不可计量的（诸如保持水土、调节空气、美化环境等等）社会受益都塞进经济效益概念，从而使经济效益概念失去明确性。我们知道，虽然在工业发达的国家都有控制环境污染法，根据污染程度把处理环境污染的费用计入成本，但健康危害是不易计算的，所以无法摊入成本。同样，美化环境、净化空气虽然能给人民健康带来益处，但其数量难以确定。因此，这些社会受益不能作为经济效益的基本内涵。

（三）关于"利益说"

这种意见同样欠妥。虽然国家、行政单位、社会团体的工作对于社会来说是必不可少的，它们的工作好坏也会作用于社会经济效益，但是我们不能据此就把它们的工作所带来的社会受益都列入经济效益概念。这些部门既不是直接的物质生产部门，也不是生产过程在流通领域的继续，它们的工作不创造国民收入，很难比较它们的劳动耗费和劳动成果，即难以计量它们的投入与产出。把这些属于上层建筑范围的内容纳入经济效益概念，会不恰当地扩大这个概念的范围，从而导致概念的内涵不清。而且，持这种意见的同志关于"经济效益就是在实际上取得属于经济方面的效益"的说法，是同义反复。因为从定义"实际上取得属于经济方面的效益"来看，它已经间接包含在概念"经济效益"中了。

（四）关于"层次说"

持这种意见的同志所讲的经济效益

含义的三个方面的内容,实际是指对经济效益考核的三种方法或考核的三个次序。把考核方法当作经济效益的科学含义,从形式逻辑的角度来看,显然是违反了同一律的要求。"三层次说"反映的不是经济效益的内涵,因而不能揭示经济效益的本质属性,所以是不科学的。

三、"比较说"的科学性

这种观点认为,经济效益是人类进行经济活动时对所耗费的和所得到的一种比较,即投入与产出的比较。或者说,经济效益是人类经济活动过程中劳动耗费和劳动成果的比较。在对经济效益基本内涵的具体表述上,他们主张这样的提法:"要以尽量少的活劳动消耗和物质消耗,生产出更多符合社会需要的产品。"目前,国内政治经济学教科书和经济理论界主张"比较说"的还只是个别同志,但我认为,"比较说"真正揭示了经济效益的本质属性。"比较说"有下列四个方面的优点:

第一,它不提"劳动占用"而只提"劳动耗费",从而抓住了问题的实质。因为生产过程中劳动占用总量的增加,归根到底是为了减少单位产品的劳动耗费。所以,劳动耗费与劳动占用相比,劳动耗费才是最根本的。

第二,如前所述,不提劳动占用可以避免因其与劳动耗费同时并提而造成量上的重复,从而使经济效益的计算公式既适用于宏观经济效益,又适用于微观经济效益,并使计算简便易行。

第三,不提劳动占用能使经济效益的定义与公式一致。

第四,不提劳动占用更符合马克思经济效益的思想。

"比较说"的理论渊源是马克思关于经济效益的思想。马克思完全肯定了李嘉图这样一种观点,即:"真正的财富在于用尽量少的价值创造出尽量多的使用价值,换句话说,就是在尽量少的劳动时间里创造出尽量丰富的物质财富。"①马克思用"真正的财富"来阐明经济效益的基本内容:"在尽量少的时间里创造出尽量丰富的物质财富。"显然,马克思是把劳动耗费同劳动成果的比较作为经济效益的基本内涵的。

1982年3月全国工交会议文件中,在阐明经济效益的基本内涵时指出:"要以尽量少的活劳动消耗和物质消耗,生产出更多符合社会需要的产品。"把"符合社会需要"也纳入经济效益的基本内涵,这是有针对性的,是针对我国长期以来片面追求总产值增长速度,不顾社会实际需要,因而导致某些产品大量积压的弊端而说的。产品应该符合社会需要,这同马克思的理论是完全一致的。马克思认为商品必须具有社会使用价值,必须在质量和数量上都符合社会需要,他指出:"商品要有使用价值,因而要满足社会需要,这是卖的一个前提。"②"耗费在这种商品总量上的社会

---

① 马克思,恩格斯.马克思恩格斯全集:第26卷第3册[M].北京:人民出版社,1974:281.
② 马克思.资本论:第3卷[M].北京:人民出版社,1975:203.

劳动的总量,就必须同这种商品的社会需要的量相适应,即同有支付能力的社会需要的量相适应。"①"如果某种商品的产量超过了当时社会的需要,社会劳动时间的一部分就浪费掉了。"②马克思关于商品生产的这些观点,对于社会主义生产也是完全适用的。由此可见,该次会议对经济效益内涵的表述和马克思的表述在字面上虽略有不同,但其精神实质完全一致。

四、一点浅见——外延说

要弄清楚经济效益的科学含义,光明白经济效益的内涵是不够的。学术界对经济效益概念认识不一和定义的表述不一,除了由于经济效益的内涵有分歧外,另一个原因是没有考虑到经济效益的外延。我认为,弄清楚经济效益的外延是对经济效益科学含义取得较为一致认识的一个重要方面。我这里尝试提出一个经济效益的"外延说"作为经济理论界探讨经济效益概念时的一个参考。

我们知道,概念是反映事物本质属性的,它具有客观的内容。人们通过它所反映的本质属性去认识具有这种属性的事物,即认识它所反映的对象。任何一个概念都是由内涵和外延构成的。内涵是概念的质的方面。外延是概念的量的方面。经济效益的基本外延是什么呢?我认为,就是社会再生产的整个过程,即生产、分配、交换和消费四个环节。为什么要把"四个环节"作为经济效益的外延呢?这是由再生产过程的特点决定的。四个环节既相互联系,又相互制约。生产虽起着决定分配、交换和消费的数量、性质和方式的主导作用,但是,分配、交换和消费也会反作用于生产。生产就是为了满足消费。产品只有通过分配和交换才能进入消费,从而生产作为一个连续过程才不会中断,也才有经济效益可言。若产品在分配和交换的环节上中断了,生产就难以为继,也就谈不上提高经济效益。并且消费的扩大、需求的增长,对生产就会提出更高的要求,必然会促进生产的发展。正因为再生产过程的四个环节是紧密联系、不可分割的,它们之间是辩证统一的关系,所以,经济效益的外延应该把"四个环节"作为统一的整体包括在内。从经济效益的客观要求来看,无论是劳动消耗的减少或经济效益的提高,都离不开四个环节中的任何一个环节。而且,四个环节中的任何一个环节都是有形的、可以计量的。所以,把四个环节作为经济效益的外延,我认为是恰当的。

能不能把更多的经济现象都包括到经济效益的概念中呢?不能。因为任何一个概念都有确定的内涵和外延。如果不顾经济效益的基本内涵,任意扩大它的外延而缩小它的内涵或任意扩大它的内涵而缩小它的外延,都会使这个概念失去明确性。经济学界对经济效益科学含义的认识或定义的表述之所以不一,

---

① 马克思.资本论:第3卷[M].北京:人民出版社,1975:215.
② 马克思.资本论:第3卷[M].北京:人民出版社,1975:209.

其根源在于没有把握住经济效益确定的内涵和外延。持前述第二种意见"无形说"的同志认为："经济活动是多种多样的，获得的利益也有种种形式，**有的是有形的，可以计算出数量，有的是无形的，难以计算出数量。**像植树造林成活、成材后，通过经营活动，得到一定数量具有使用价值的木材，经营者得到大于投资的收益；同时，在林木生长过程中，社会上还可以得到**保持水土、防风避沙、调节空气、克服曝晒、美化环境等方面不易计量的益处，这些都是植树造林取得的经济效益的内容。**"以上引文中的黑体字是我标出的。我认为，这些黑体字部分，都不能纳入经济效益的内涵或外延。因为，世间一切事物之间存在着普遍联系，如果把同某项经济效益有联系的事物都纳入经济效益的基本内容，照此类推，经济效益的外延将无边无际，经济效益就不再是政治经济学的一个特定概念，而成了没有确定内容和极限的东西。我们所研究的是政治经济学意义上的经济效益，它的内涵和外延应该而且必须都是有形的、可以计量的对象。一切无形的、不可计量的所谓社会"受益"或"效益"都不包括在经济效益概念之中。我们不能任意扩大经济效益这个概念的外延，因为真理过头就会变成谬误。

综上所述，经济效益的基本内涵就是人类进行经济活动时对所耗费的和所取得的一种投入和产出的比较。它的外延就是再生产过程的四个环节。根据经济效益的内涵和外延，可以给经济效益下这样的定义：经济效益是人类经济活动过程中劳动耗费与劳动成果的比较。在这里，"劳动耗费与劳动成果的比较"就是经济效益的基本内涵，而"人类经济活动过程"就是经济效益的外延。因为人类经济活动不外就是生产、分配、交换和消费的过程，也就是四个环节的综合或统一。

载《上海经济研究》1985年第4期

关于经济效益定义的商榷

一、比较科学的定义

我国绝大多数政治经济学教科书在给"经济效益"下定义时,都把"劳动占用"和"劳动耗费"并列。我认为,这种提法值得商榷。南方十六所大学编的《政治经济学教材》是这样表述的:"经济效益是从属于一定社会生产目的的劳动占用、劳动耗费和有用劳动成果的对比关系。"①(以下简称《南方本》)根据这种表述列成公式,则:

$$经济效益 = \frac{C+V+M}{C+V}$$

我们知道,定义是揭示概念的逻辑方法,就是用精确简明的语言揭示概念的内涵。给概念下定义,应先明确这个概念的基本内涵。经济效益的基本内涵是什么呢?在不同的社会经济形态中,人们是从不同的角度,以不同的概念提出经济效益问题来的。在存在商品经济的社会里,对商品生产者来说,经济效益是通过生产过程中的投入和产出的比较来衡量和表现的。他的投入就是他所耗费的生产费用;其产出,就是在生产过程中所创造出来的符合社会需要的商品价值。由此观之,经济效益的基本内涵就是人类进行经济活动时所耗费的和所取得的一种比较,即投入和产出的比较。用马克思的话来说,就是"真正的财富在于用**尽量少**的价值创造出**尽量多**的使用值,换句话说,就是在**尽量少**的劳动时间里创造出**尽量丰富**的物质财富"②。在这里,马克思用"真正的财富"来阐明经济效益的基本内涵。马克思又表述道:"缩短生产某种商品的社会必需的劳动时间,从而使**较小量**的劳动获得生产**较大量**使用价值的能力。"③显然,马克思是把"劳动耗费"同"劳动成果"的比较作为经济效益的基本内涵的。因此,我赞

---

① 南方十六所大学《政治经济学教材》编写组.政治经济学·社会主义部分[M].成都:四川人民出版社,1982.
② 马克思,恩格斯.马克思恩格斯全集:第26卷第3册[M].北京:人民出版社,1974:281.
③ 马克思.资本论:第1卷[M].北京:人民出版社,1975:350.

成经济效益的这样一个定义："经济效益是人类经济活动过程中劳动耗费与劳动成果的比较。社会主义经济效益就是社会主义经济活动过程中劳动耗费与劳动成果的比较。"[①]它的基本公式是：

$$经济效益 = \frac{劳动成果 - 劳动耗费}{劳动耗费}$$

在这里，"劳动耗费与劳动成果的比较"就是经济效益的基本内涵。也就是马克思说的"尽量少"与"尽量多"或"小量"与"较大量"的比较。

我认为上述定义比较科学，它具有下列五个优点：

第一，这样的定义抓住了问题的实质。因为生产过程中劳动占用量的增加在合理的条件下就是提高资金有机构成，其目的就是为了减少劳动耗费。所以劳动耗费与劳动占用相比，劳动耗费是最基本的。

第二，它避免了因与"劳动占用"并提而造成量的重复。

第三，它使定义与公式一致，并使计算简便易行。

第四，它使公式既能体现正效益，又能体现零效益和负效益，既适用于宏观经济效益，又适用于微观经济效益。

第五，它使定义比较符合马克思的经济效益思想。

马克思在关于经济效益思想的论述中也只提劳动消耗而不提劳动占用，这不是没有原因的："劳动占用"实际上也是一种物质耗费（转移到商品中去的那部分价值），而物质耗费又无非是耗费过去的物化劳动，所以说到底，还是属于劳动耗费。

在经济效益定义的表述中把"劳动占用"与"劳动耗费"并提的缺陷，主要表现在以下几个方面：

其一，由于在这种定义表述中没有明确指出究竟是"劳动占用"与"劳动耗费"**分别**同劳动成果对比，还是两者在**一起**同劳动成果对比，所以公式中的分母 $C+V$ 的量就很难确切规定。

其二，"劳动耗费"包括两个方面：一是活劳动消耗，二是物化劳动消耗。物化劳动中的固定资产部分以实物形态被长期"占用"（使用），它的价值是按磨损程度逐渐地转移到新产品中去的。"劳动占用"是指对生产资料的"占用"。生产资料是包括机器、设备、厂房、原材料和辅助材料等一切物质资料的。由于"劳动耗费"包括从生产资料的价值转移过来的价值，因而"劳动占用"转移过来的价值已包含在"劳动耗费"中了。

其三，凡经济效益都要计量。把"劳动占用"引入就会出现这样的情况：科学技术越发展，现代化程度越高，"劳动占用"也就越多，从而重复计算的数值也就越大。所以无论是"劳动占用"与"劳动耗费"分别同劳动成果对比（两种比值必须相加，这是由表述本身的局限性所决定的），还是"劳动占用"与"劳动耗费"一起同劳动成果对比，都会使公式因繁琐复杂而失去实际运用价值。

---

① 蒋学模.政治经济学教材[M].3版.上海：上海人民出版社,1983:252.

其四,在上述公式中,当 $M=0$ 时,即在没有收益的情况下,甚至当企业亏损,即负效益时,公式却表现为有效益。可见,公式与定义并不一致。

其五,"劳动占用"相当于对全部生产资料资金的占用。如果从"劳动占用"角度看,上述公式所反映的只是"资金占用效率"。但从形式逻辑角度看,"经济效益"与"资金占用效率"是属种关系的两个概念。就是说,"经济效益"包含"资金占用效率"而后者只是考核经济效益的一个指标,它不能代替"经济效益"概念本身。由此可见,把"劳动占用"引进就会导致定义与公式的不一致。

综上所述,我认为在"经济效益"定义的表述中,不宜把"劳动占用"和"劳动耗费"并提。"劳动占用"归根到底是为了提供"劳动耗费","劳动耗费"是更根本的。所以只要表述"劳动耗费"就能揭示"经济效益"这个概念的本质属性。

二、确切地理解概念

为了使概念的理解更确切,下面对蒋学模定义的公式和《南方本》定义的公式在理解时出现的疑问作一点阐述。

第一,关于是否需要把蒋学模定义的公式用字母来表示的问题。有人认为,蒋学模定义的公式也可用下式表示:

$$经济效益 = \frac{C+V+M-(C+V)}{C+V}$$
$$= \frac{C+V+M-C-V}{C+V}$$
$$= \frac{M}{C+V}$$

我认为,这样的表述是不确切的。作者所以没有用字母来表示他的公式,这是因为,在 $\frac{劳动成果-劳动耗费}{劳动耗费}$ 中,分母即劳动耗费所支出的 $C+V$ 并不保证都能创造出社会使用价值,即不能保证都转化为劳动成果。那么,分子项劳动成果中所包含 $C+V$ 同分母项劳动耗费 $C+V$ 在量上就不会一致。这样,上述公式就只能是:

$$经济效益 = \frac{C+V+M-(C+V)}{C+V}$$
$$= \frac{C+V+M-C-V}{C+V}$$

而不能继续等于 $\frac{M}{C+V}$。因为,上述分子中减号前的 $C+V$ 与减号后的 $C+V$,或者说,减号前的 C 和 V 与减号后的 C 和 V 在量上并不必然相等。所以,一般不能把它们当作同类项抵消而得出 $\frac{C+V+M-C-V}{C+V} = \frac{M}{C+V}$ 的结果。如果劳动耗费不能转化为劳动成果,即在有浪费或无效劳动的情况下,劳动成果中包含的 $C+V$ 一般会小于分母劳动耗费中的 $C+V$。为了使劳动成果中的 $C+V$ 同分母即劳动耗费中的 $C+V$ 相区别,我们不妨把劳动成果中包含的 $C+V$ 用 C_1+V_1 表示,它与分母中劳动耗费的 C 和 V 之间量的规定性是:

$$C_1+V_1 \leqslant C+V$$

如果要使 $C_1+V_1 = C+V$,则只有当劳动耗费所支出的 $C+V$ 全部都创造出完全符合社会需要的使用价值,那么,在 $\frac{劳动成果-劳动耗费}{劳动耗费}$ 中,分母即劳动耗费的 $C+V$ 才会同分子项劳动成果中所包含的 $C+V$ 相等。这时,也只有这时,

$$\frac{C+V+M-(C+V)}{C+V}$$
$$=\frac{C+V+M-C-V}{C+V}$$
$$=\frac{M}{C+V}$$

的关系式才能成立。由此可见,代数式 $\frac{C+V+M-(C+V)}{C+V}$ 与 $\frac{M}{C+V}$ 之间并不存在恒等关系。偶尔相等只是一种特例。

鉴于以上分析,如果把蒋学模定义的公式用字母表示,则可列成如下公式:

$$经济效益 = \frac{C_1+V_1+M-(C+V)}{C+V},$$
$$C_1+V_1 \leqslant C+V$$

对于上述公式显然要加较多的说明,不如用文字表达更为简明。

第二,关于蒋学模定义的公式与《南方本》定义的公式的区别问题。从形式上看,蒋学模定义的公式与《南方本》定义的公式的分母项都是 $C+V$,因而易被误解为等同的。其实两者含义不同。前者的分母项 $C+V$ 仅指劳动耗费;而后者的分母项 $C+V$ 既指劳动占用,又指劳动耗费。如果对后者的活劳动的耗费暂且不论,仅就物化劳动的占用和耗费来看,这里的 C 代表着占用的全部生产资料的价值和物化劳动的转移价值,即

$C=C_1+C_2$（C_1 代表劳动占用,C_2 代表物化劳动耗费)。并且,其公式中分子项的 $C+V$ 和分母项的 $C+V$ 也不一致。它的分母 $C+V$ 包含着**劳动占用和劳动耗费**,而分子中的 $C+V$ 并不含义劳动占用,因为劳动占用不能直接反映到价值中去,所以人们**不会把劳动占用**看成劳动成果。这表明,体现在分子与分母中的 $C+V$ 的量是各不相同的。如果对分母项 $C+V$ 中包含的劳动占用暂且不论,仅从它所包含的**劳动耗费** $C+V$(亦即 C_2+V) 来看,它和分子项中的 $C+V$ 也不尽相等,因为劳动耗费中同样可能出现浪费或无效劳动。所以,不论从劳动占用或劳动耗费的任何一个方面来看,也不论从劳动占用和劳动耗费作为一个整体来看,《南方本》公式中的分母项的 $C+V$ 与其分子项中的 $C+V$ 在质和量的规定性上都不可能一致。

第三,关于蒋学模定义中的"劳动成果"与"劳动耗费"所包含的成分问题。我们知道,商品的价值 W(劳动成果) $= C+V+M$。C 和 V 虽然都属劳动耗费,但它们在分子的劳动成果中所体现的量同分母劳动耗费中所体现的量并不始终一致。而劳动耗费仅仅是 $C+V$。生产商品时的劳动耗费就是由物化劳动 C 和活劳动 V 所构成。

第四,关于对蒋学模经济效益定义的表述及其基本公式的理解问题。我认为,从作者对经济效益定义的表述和所列的基本公式来看,他所说的"劳动耗费与劳动成果的比较"是指劳动耗费与扣除劳动耗费后的劳动成果的比较。明确

这一点很重要,它使蒋学模公式能够准确反映出正效益,零效益和负效益,而这是《南方本》公式不能反映出零效益和负效益的一个主要原因。对《南方本》公式来说,不管企业有无效益还是亏损,它所体现的却都是有效益。

所以,我认为,经济效益的基本公式用劳动耗费与扣除劳动耗费后的劳动成果的比较,同与不扣除劳动耗费的劳动成果的比较相比,则前者要比后者精确。因为这种比较剔除了转移价值,减了水分,从而比较真实地反映出所费与所得。

载《贵州社会科学》1985年第6期

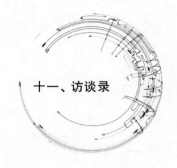

十一、访谈录

1. 不能把"民营化"误解为"私有化"
   ——访著名经济学家单东

2. 民营经济可以使公有制与私有制互为实现形式
   ——访著名经济学家单东教授

3. 产权清晰是民营企业发展的关键
   ——访著名经济学家单东教授

4. 让非公经济为人民共同富裕做贡献
   ——访浙江省民营经济研究中心主任单东教授

5. 在竞争中转型 在发展中升级
   ——答《浙江日报》记者问

6. 民营经济:由"大"向"强"的跨越
   ——访著名民营经济专家、经济学教授单东

7. 浙江民企突围之路,谁主沉浮?
   ——访浙江省民营经济研究会会长、中央财经大学博士生导师单东教授

8. 未来十年民营企业将转向"微笑曲线"两端
   ——访著名民营经济专家单东教授

9. 民企:如何由外向型经济转变为内需型?
   ——访浙江省民营经济研究会会长单东教授

10. 为民资营造自由流动的氛围
    ——访知名学者单东教授

11. 一切的质疑最终都将烟消云散

不能把"民营化"误解为"私有化"
——访著名经济学家单东

《特区工报》记者 雪 剑

什么叫民营经济？浙江省民营经济研究所所长、著名经济学家单东在近日召开的民营经济研讨会上接受记者采访时指出，所谓民营经济，就是各种非国营经济。民营经济本身不是一种所有制，而是几种所有制的综合。

单东说："党的十二届三中全会指出，所有权和经营权是可以适当分开的。"他认为，这种"两权分离"的原则，为"民营化"提供了理论和政策的依据，加快了"民营化"的进程。国有企业实行"包、租、托"，其实就是"民营化"的尝试。随着改革的深化，"两权分离"进入新的境界：出资人的所有权与企业法人财产权两权分离，企业的自主经营有了独立的完全的法人财产依据，由此，企业真正进入了"民营化"。他预测，股份公司制将是我国许多国有企业实行"民营化"的具体途径。

单东说，对"重要行业"和"关键领域"可继续实行国有国营。相反，那些对国民经济命脉不起决定性作用的行业和领域，可以利用"公有制实现形式的多样化"，采取国有民营、公有民营、民有民营，即"民营化"。所有制结构的调整和完善，是建立市场经济所必须解决的深层问题，而"民营化"为解决这个问题开辟了渠道。单东强调，"民营化"并不排斥国家对国有企业的控制。他认为，在对国企实行股份制改革时，国家可以保留最大份额的股份，把控股权掌握在国家手中，放下经营权，这样做，国家仍然掌握着对国有经济的控制力。

单东说，不能把"民营化"误解为"私有化"。他提出，就像国有企业在股份制改革的过程中可以吸纳非公有制经济成分一样，在"民营化"过程中，同样可以包容国有经济成分。经营方式作为表层关系，一般并不改变处于深层次的所有制性质。除少数国有小企业经政府批准出售，以实物形态换回价值形态而非流失外,绝大多数国有企业通过改制、改组、改造后转为股份公司或其他企业组织形式,但并不改变国家对其本来就拥有的那份财产的终极所有权,改变的结果只是经营方式的多样化。

单东解释,之所以提倡"民营化",是因为"民营化"是公有制的一种有效实现形式,"民营化"可以切实改变国有企业在计划经济体制下长期形成的僵化的、单一的运行机制,从而提高国有企业产权配置效率和企业的经营效率。

载《特区工报》1997年12月23日头版头条

民营经济可以使公有制与私有制互为实现形式
——访著名经济学家单东教授

《中国改革报》记者 周正贤

前不久本报《民营经济周刊》先后发表了著名经济学家、浙江省民营经济研究所所长单东教授的《个私经济：怎么会是公有制的实现形式？》和《民营经济是与市场经济运行相匹配的经济范畴》等文章，在经济理论界受到关注，并受到全国各地民营企业家的赞赏，一些省市的有关部门专门组织人员前往单东处请教，一些同行和民营企业经营者前往单东处探讨民营经济理论的络绎不绝。同时，还有一位首都学者把单东的文章带到了国际性会议上传播。《民营经济周刊》编辑部也不断收到来函来电，希望能够读到单东更多的此类文章。为此，日前记者特地进行了电话采访，请他对民营经济可以使公有制与私有制互为实现形式这一问题作进一步阐述。

记者：您作为浙江省民营经济研究所所长，对"民营经济"这一领域的研究颇有造诣。您明确提出了"民营经济可以使公有制与私有制互为实现形式"。我们对这一观点很感兴趣，想通过采访将您的观点介绍给广大读者。

单东：那是我在学习党的十五大报告后应邀讲学中提出来的。

记者：是从江泽民同志在党的十五大报告中关于"公有制实现形式可以而且应当多样化。一切反映社会化生产规律的经营方式和组织形式都可以大胆利用。要努力寻找能够极大促进生产力发展的公有制实现形式"的论述中受到启发的吧？

单东：是的。江泽民同志在党的十五大报告中的这一科学论断是我上述观点的理论和政策依据。当然，还有产权理论的依据。

记者：所有制与所有制的实现形式有何不同？

单东：所有制与所有制的实现形式并不等同。所有制是指生产资料的归属问题,所有制的实现形式是指在一定的生产资料所有制条件下企业的经营方式。但二者又有联系。一定的所有制要通过某一具体形式来实现,至于所有制采取何种实现形式要取决于生产社会化程度和经济体制等条件。同一性质的所有制在不同企业可以有不同的实现形式(国有企业可以国营,也可以非国营,如国家银行、军工武器、卷烟、酒、食盐等可由国家垄断经营,但像电视机、汽车、空调、纺织品等国有企业则可以采取承包或租赁等非国营形式);反之,不同性质的所有制在不同企业可以采取同一所有制实现形式(如国有制、集体所有制和私有制企业都可以独自经营、控股经营、委托经营等等)。

记者:传统的公有制有哪些实现形式?

单东:公有制的传统实现形式从国有制来看就是国营;从集体所有制来讲就是准国营式的大集体和合作社式的小集体,人们通常称之为"二全民"。这些传统实现形式是和计划经济体制相适应的。现在,我们面临的是建立社会主义市场经济新体制,传统的公有制实现形式和市场经济的运行相融性较差。自我国开展城市经济体制改革以来,我们一直在努力寻找、积极探索公有制的有效实现形式,而民营经济就是在改革实践中应运而生的公有制的有效实现形式之一。

记者:个体、私营经济怎会是公有制的实现形式?

单东:民营经济包括个体、私营经济。但必须指出:国有、共有是所有制范畴。我们绝不能把所有制范畴与经营方式范畴相混淆,这是两个不同的概念。为了回答您的问题,这里,我要先作一点说明。党的十五大报告指出:"对个体、私营等非公有制经济要继续鼓励、引导,使之健康发展。"显然,这里的"私营"指的就是私有经济,就像过去我们说的"国营"经济指的就是"国有"经济一样。改革开放以来,我们认识到国有企业的所有权与经营权是可以分离的,我们把"国营"经济改成了"国有"经济。目前,由于私有经济绝大多数仍然是采取私有经营形式,故习惯上仍然把私有经济叫作"私营"经济。为了理论分析的方便并考虑到人们的习惯用法,我在使用"私有经济"和"私营经济"时,有时予以区别,有时则二者通用。

记者:对!这可以防止误解。

单东:我先讲公营经济可以成为私有经济的实现形式。

事实上,公有制企业可以实行"两权分离",私有制企业也可以实施"两权分离"。在一定条件下,私有经济可以以公营经济为其实现形式。如某私有业主将资本注入由集体企业控股的股份合作制企业和注入由国家控股的国有企业,而私有业主并不参与经营,他仅凭所占股份份额获取资本收益。这就说明,私有经济可以通过公营经济的形式实现。这种现象不仅在国内已经存在,而且在与国外经济交往中亦已出现。如1997年,中国民航各航空公司通过定购和租赁经营等方法,先后引进各类客机46架。其中多数是西方私有公司生产的空中客车,是以租赁形式引进的,外国私有资本正是通过中国国营民航公司的租赁经营而得到实现。

记者:私有经济可以以公营经济为其实现形式,这对党的十五大报告提出的"国有企业实施战略性改组"是否有积极意义?

单东:党的十五大报告指出,要从战略上调整国有经济布局,要通过资产重组和结构调整,对国有企业实施战略性改组。这表明,国有经济面临着重大的战略性改组和收缩。在这一重大改组和收缩过程中,私有经济通过公营经济来实现的这种运行方式将越来越普遍。当然,在完成了国有企业大规模改组并随着国有企业从竞争性行业和领域退出之后,这种经营组织形式将急剧减少。私有经济以公营经济为实现形式在成熟的市场经济运行中将主要局限于自然垄断等公共产品领域。

记者:公营经济可以成为私有经济的实现形式,您从理论和实践上说清楚了。那么,如何理解私营经济可以成为公有制的实现形式呢?

单东:现在,我来谈一谈私营经济可以成为公有制的实现形式。

私有制经济不是公有制经济,它不是公有制经济的直接实现形式,但是,按照所有权与经营权可以适当分离的原理,在某种情况下,公有经济同样可以以私营经济为实现形式。举例说明,某一国有企业或集体企业,我们称其为甲方;某一私有(营)企业,我们称其为乙方。

甲方经营不善,长期亏损;乙方善经营,效率高。在企业改制过程中,甲方将企业承包给乙方,双方订立契约如下:乙方向甲方交纳公有资产10%的风险抵押金,并以公有资产年均递增15%为指标向甲方承包,确保公有资产的保值增值。这时,私营经济就成为公有制的实现形式了。这已不是理论上的分析了,而是改革中的既成事实。例如,据贵报《民营经济周刊》1998年1月9日报道:湖北省罗田县凤山镇个体户张中辉等5人合伙投资50余万元,租赁县食品工业公司罐头车间,成立私营企业罗田县东辰实业有限公司。该镇城区内的一些国有、集体商业门店,70%被个体户租用。在全国,这样的例子不胜枚举。

记者:上述分析和例证说明:由于所有权和经营权可以"两权分离",所以,在特定条件下,私有经济可以以公营经济为其实现形式,公有经济也可以以私营经济为其实现形式,这已被改革的实践所证实。您比较明确地回答了为什么"个体、私营经济"也是公有制的实现形式的问题。

单东:我们再谈民营经济是公有制的实现形式。

民营经济之所以会成为公有制的实现形式,这是由我国的国情决定的。我们是社会主义国家,不可能取消公有制。相反,要以公有制为主体,国有经济为主导。为了充分发挥国有经济的主导作用,国有经济的比重要比西方市场经济国家高得多。此其一。其二,我国处于社会主义初级阶段,又面临着建立社会主义市场经济新体制。公有制经济要在市场经济的环境下生存和发展，公有制的实现形式就不能像传统计划经济体制下那样继续实行单一的、僵化的国有国营或准国营式的集体经济，而必须以多种实现形式来适应市场经济的环境。民营经济最适合市场经济，在所有权与经营权可以实行分离的条件下，民营经济自然成了公有制实现形式的理想选择。

记者：您所阐述的，我们很满意。是否可请您将今天谈话的要点作一个小结，使读者能一目了然？

单东：可以。我的结论是：民营经济既是公有制的实现形式，也是私有制的实现形式。并且，在一定条件下，公营经济可以成为私有经济的实现形式，私营经济也可以成为公有制的实现形式。民营经济可以使公有制的实现形式与私有制的实现形式相融相通，使之互为实现形式。民营经济的这种特殊功能，为改革传统的公有制实现形式，尤其是改革传统的国有制实现形式提供了极其广阔的空间。

编者的话：

单东，著名经济学家，长期从事教学科研和刊物的理论编辑。现任浙江省体改委教授、浙江省民营经济研究所所长、《改革文摘报》总编、《改革月报》副总编等职。

单东在宏观经济理论等领域有较深的研究，特别是对我国经济体制改革中的重大问题进行了广泛的研究，成果丰硕。他对社会主义公有制与市场经济的关系、市场经济及其运行机制、所有制结构的数量比例关系、国有企业产权制度改革中所面临的深层次矛盾等问题，在理论和实践结合上进行了系统的探讨。单东主持的浙江省民营经济研究所是由著名经济学家于光远、蒋学模任顾问，并包括北京、上海及浙江的一批卓有成就的经济学家组成。单东是在1993年开始研究民营经济的著名学者，对"民营经济"这个新的经济范畴提出了不少真知灼见。

单东的观点新颖，某些观点因超前而引起社会强烈反响。经济学界的一些前辈著名学者对单东给予极高的评价。如著名经济学家于光远称赞单东"对经济改革中的许多问题提出了自己独到的见解"。又如著名经济学家蒋学模称赞单东的文章"时间跨度大，理论观点有先见性。论文理论与实践紧密结合，有深度，有很强的说服力"。

今天，我们编发本报记者周正贤采访著名经济学家单东的文章《民营经济可以使公有制与私有制互为实现形式》，目的是为了让人们对民营经济的发展前景，从理论上有一个更清楚、更深刻的认识。

载《中国改革报》1998年4月20日
并配作者大幅照片

产权清晰是民营企业发展的关键
——访著名经济学家单东教授

《当代经济》记者　石　兄

现任浙江财经学院教授、浙江省民营经济研究所所长的单东,是从1993年就开始研究民营经济的著名经济学家。他于2000年创办并任主编的《浙江非国有经济年鉴》,是目前全国独一无二的民营经济年鉴。在"中国民营企业发展研讨会"上,记者对他进行了专访。

记者:问题一,产权清晰与民营企业建立规范的治理结构有什么关系?

单东:产权不清晰会直接阻碍民营企业建立规范的治理结构。中国的许多民营企业是戴"红帽子"发展起来的,即借助于国有或集体经济的名义发展起来的。随着民营企业的日益发展,客观上需要提高自身素质,建立现代企业制度,并建立规范的公司制治理结构。

现代企业管理的核心是建立委托代理人制度,实现所有权和经营权的分离。这样做必须以权、责、利的落实为契机,以产权边界明确为前提。由此可见,产权问题的重要性越来越突出。如何理顺产权关系、摘掉"红帽子",这是浙江民营企业能不能成功地建立现代企业制度的关键。从改革发展的角度看,这个问题解决得越早越有利。

记者:问题二,理论界和私营企业主要求国家对私人合法财产与国有财产在享受法律保护上一视同仁,您对此有何看法?

单东:我国1988年颁布的《私营企业暂行条例》中,对民营企业的权利和义务都作了相关的规定,但规定比较笼统,保护力度不够。具体来说,民企在经营过程中,它的经济权益受到侵占、损害或出现经济纠纷时,难以得到法律保护。国家对国营企业和民营企业使用不同的法律条文。在国有企业数额大的经济犯罪可以按贪污罪判处死刑,在私营企业只能判挪用公款罪。国家财产神圣不可侵犯,对私有财产保护就不同了。最近从有关文献获悉,我国民企资本外逃现象比较严重,估计每年有300亿美元,这主要是因为国家缺乏对私有财产的有力保护。这就提醒我们,随着民营经济不断发展,加强对私人合法财产的法律保障力度已经成为当务之急。对我们浙江来说,应该因地制宜地根据地方特点制定加强对民企私人合法财产保护力度的法规。但要根本解决,还有待于全国性法规的修订颁行。

记者:问题三,"入世"以后对民营企业最有利的是什么?

单东:加入WTO以后,市场规则与国际接轨了。现在国务院有些条例对民营经济不适用,这就不符合WTO的要求。有些地方出台的条例是出于保护地方垄断利益的,这也不符合WTO的要求,这都将被取消。原来对民营企业的待遇比起外企来是不公平的,加入WTO将对民营经济产生良好的影响。现在国家计委已对外宣布:对外开放的行业,对内也开放,这就给民营企业创造了更多的机会。"入世"以后,关税降低,国内经济结构会经历较大的变动,变动的主要对象是国有垄断行业和资本密集性行业,这些行业将经受强烈的竞争。而民营企业大多是劳动密集型企业,对它们讲,是利大于弊。加入WTO后,对民营企业最有利的是有了一个公平的和开放的有效市场。

记者:问题四,国有企业的深化改革对民营企业有何影响?

单东:党的十五届四中全会指出,国有企业要有所为有所不为,有进有退。按照这个方针,国有企业逐步从一般竞争性、一般赢利性领域中退出,退到最必须的领域,退到能够保证整个国民经济和社会健康、稳定、持续、高效发展的领域。由于深化国有企业改革,在"十五"计划期间,国有企业将要从146个竞争性的行业中大规模退出。这就使市场形成一个真空带,这个真空带就会为民营经济大发展提供一个良好的机遇。

另外,我国有一些需要发展的产业部门会因政府或国有企业一时间财力不足,国家也将敞开大门,在政府有效监督下,允许一些实力雄厚、经营规范、素质良好的民营企业进入,现在已允许民营企业参与中小国有企业的产权流动、资产重组和结构调整,从而为民营企业进入以往不能进入的领域提供了机会。国有企业的改革深化也为民营经济拓宽投资领域创造了有利条件。

当然,国有企业深化改革,使得民营企业的竞争环境变得更为严峻。国有企业通过改革和经受市场经济制度的洗礼和锻炼而大大增强了企业活力,国有企业已经成为民营企业的主要竞争对手,民营企业只有不断完善和增强自身的竞争能力,才能在新的市场环境下生存和发展。

载《当代经济》2002年第1期并配作者照片

让非公经济为人民共同富裕做贡献
——访浙江省民营经济研究中心主任单东教授

《中国改革报》记者 谷亚光

不久前,中央政治局会议研究收入分配问题,在经济学者中引起一定反响。随着我国经济的快速发展,人们对社会财富的分配问题越来越关注,共同富裕的呼声也越来越高。如何让全国人民都能分享改革发展的成果是值得经济、社会、政治等领域的学者认真研究的问题。为此,记者采访了浙江省民营经济研究中心主任、浙江省人大常委会立法专家成员、浙江财经学院单东教授。

发展非公经济能够促进共同富裕

记者: 传统观点认为,只有公有制经济才能解决共同富裕问题。您是研究民营经济的专家,又身处民营经济大省浙江省,请您结合浙江实际谈一谈发展非公经济或者说民营经济能够解决共同富裕问题吗?

单东: 发展非公经济,或者说民营经济,能够促进共同富裕。

中国在改革开放前的几十年内实行的是国有制和集体所有制一统天下,私有制基本上被消灭了,然而在这样的公有制体系下,虽然经济发展取得了很大成绩,但温饱问题一直都没解决。

穷则思变。中国自1978年开始改革开放,逐步从计划经济向市场经济过渡,开始尝试重新发展非公经济。由于发展多种经济成分,特别是在发展公有制经济的同时,发展私有制经济、民营经济,经过28年的改革与发展,中国的经济面貌发生了翻天覆地的变化,人们的生活得到明显改善。尤其在浙江的温州、台州、义乌等私有制经济或民营经济较发达的地区,人民群众已普遍富裕起来。

记者: 何以见得?

单东：可从两个方面说明。

首先从总体上来看，非公经济同样具有较高的生产效率，能够创造较多的国民收入。私有产权的排他性使得与之相对应的激励机制能够做到权利与义务间的高度对称，需求实现和成本控制相互联动，创新与扩张结伴而行。私营经济或民营经济主体不会因投资扩张而忽略防范和规避市场风险。非公经济产权清晰、经营方式灵活，从而发展也较快。如以民营经济较发达的浙江为例，到2005年全省民营的个私企业全年实现总产值已达11 530.16亿元。全年销售总额（或营业收入）9 054.74亿元，社会消费品零售额3 902.3亿元，出口交货值2 070.34亿元，浙江省GDP的71%、就业的90%、税收的60%都源自民营经济，中国百强县浙江就占29席。在浙江民营经济较发达的义乌、台州、温州地区，2005年的城镇居民可支配收入分别为19 010元、18 313元和19 805元，远超出全国城镇居民可支配收入10 493元的平均水平。

其次，从民营企业家的行为轨迹来看，他们能够做到先富帮后富，促进共同富裕。中国有很大一批民营企业家来自"草根"，他们凭借吃苦耐劳和过人的胆魄在商海中拼搏，积累财富，跻身中国的富人阶层。这部分人中很多并非贪图个人享乐，而是把积累的财富投入社会再生产，为国家的税收、社会的扩大就业做出贡献。比如在浙江，据统计，近5年来，全省慈善组织筹募的18亿元善款中，有80%是来自民营企业。而且，一批先富的浙江民营企业家现在还积极赴中西部地区和东北老工业基地创业。如娃哈哈集团、浙江云森轻纺集团、浙江卡森集团、浙江金鹰集团、浙江金义集团纷纷在新疆、黑龙江等地斥资兴办企业，为加速当地经济发展、增加当地居民的就业和地方的税收做出了贡献。当然，今后还应引导更多的民营企业家为实现人民的共同富裕做贡献。

实现共同富裕，国家需在收入再分配上下功夫

记者：依靠企业家捐赠或先富带后富，全国人民就能实现共同富裕吗？

单东：当然，要实现共同富裕仅靠捐赠或先富阶层的带动是远远不够的，主要还要靠国家通过税收杠杆调节和对国民收入的再分配以及社会公共福利等一系列举措来实现。

近日，中央政治局强调要"构建科学合理、公平公正的社会收入分配体系"。我认为，政府应该在以下方面努力：

第一，政府要把解决社会成员的充分就业当作头等大事来抓。只有充分就业，社会成员才有物质和精神生活的保障。第二，国家要运用税收杠杆，使财富多的、收入多的人多纳税。国家要改变垄断行业职工工资比普通行业工资高10多倍的不合理状况。近年来，垄断行业的职工不仅工资高，而且还享受很多免费福利，如免费用电、免费用水、免费公交等。垄断福利实际上是把较高的生产成本转嫁给全社会，是对社会其他人

群福利的掠夺。垄断企业所取得的巨额收入应该通过税收回馈给社会共享。第三，国家要把财政收入的相当份额用于构建全社会的公共福利。如给社会成员提供医疗、养老、失业保险，提供免费教育，提供住房补贴，实施对低收入者的补助，等等。当前，社会普遍对要承担高昂的住房、医疗、教育费用心存余悸，认为这些费用是"新三座大山"，民间还流传一些"住房改革，钱袋掏空；教育改革，两老逼疯；医疗改革，提前送终"之类的民谣。如果政府能够在减少各行各业人员工资过分悬殊的同时，给社会成员提供合理的医疗、住房、教育等公共福利，那么，人们个人的实际支出就会减少，非工资收入实际上增多，社会成员就会基本实现共同富裕。

发挥各种所有制经济的优势为共同富裕做贡献

记者：前一段时间您到北欧国家作了考察，您能否谈一下北欧国家在共同富裕方面有些什么经验？

单东：北欧的芬兰、瑞典、丹麦、冰岛和挪威是被世界公认的幸福国家，这些国家的公民之所以幸福，就是政府为全社会公民提供了很高的福利，全社会的贫富差距在不断地缩小。据我的考察了解，在北欧，工业部门大力推行民营化，国营工业在总销售额中所占的比例，芬兰和挪威是15%，瑞典7%，在不包括国营铁路的情况下，丹麦国营工业为"0"。瑞典的工业命脉基本被民营的私营大企业控制。然而这些国家中几乎每人都是中产阶级，享受着免费教育、高额的公费医疗和完善的就业体系以及年金保险、失业保险、残疾人保险、家庭补贴、住房补贴和社会救济等社会保障，每个公民没有后顾之忧。这充分证明，非公经济也能促进共同富裕。

我国人口众多，生产力还不够发达，要实现共同富裕，还需要解放生产力，继续发挥各种所有制经济的优势。每种所有制经济都各有所长；在关乎国计民生的行业领域，国有制经济可以占主导地位；而在其他领域，我们不宜在所有制比重问题上纠缠不休，应遵循市场经济的客观要求和竞争法则，需要发展哪一种所有制经济就发展哪种所有制经济；即使在许多地区非公有制经济占了主体地位，但它仍是社会主义市场经济的重要组成部分。共同富裕的实现并不是由经济的所有制性质来决定的。公有制经济，或更准确地说国有经济，如前面提到的国家垄断企业，它们并未将垄断利润回馈给社会而是转作为本企业职工的高工资和高福利。这样的公有制经济能给全社会成员带来共同富裕吗？相反，很多民营企业家并没有享受到国家一分钱的投入，然而，他们却热心于社会捐赠、扶助弱势群体，积极开展先富帮后富，为促进共同富裕做贡献。为了实现共同富裕，我认为，我国完全可以通过发展多种经济成分，尤其是通过大力发展非公经济或民营经济，在不断提高生产力的基础上,参照西方发达国家的一些做法,积极构建社会公共福利保障体系,使我国各阶层的社会成员逐步走向共同富裕。

载《中国改革报》2006年6月27日

在竞争中转型 在发展中升级
——答《浙江日报》记者问

如果用"闻名全国"来形容浙江的民营经济，恐怕一点都不为过。多年来，民营经济继承了浙江经济的活力所在、优势所在、潜力所在。而正是浙江民营企业家队伍的整体素质不断快速提高，才使浙江民营经济的发展走在了全国前列，使浙江成为全国发展速度最快、经济最活跃的地区之一。现在，我省民营经济的发展状况如何？民营企业家在民营经济发展中起到了什么作用？近日，我们访问了著名民营经济专家、浙江省民营经济研究中心主任单东教授。

问：多年来，民营经济迅猛发展是浙江经济的一大特色，是浙江所有制结构优势、市场先发优势、区域产业特色优势的集中体现，也是改革开放以来浙江社会经济发展较快的一个主要原因。您能否对我省民营经济发展状况做一个简要介绍？

单东：随着国家对民营经济市场准入的放宽，尤其是在"非公经济36条"颁布后，浙江省委、省政府进一步构建了市场准入、税收管理、规费标准、金融贷款和部门服务"五个平等"机制，配套出台了贯彻落实"非公经济36条"的细则，优化了民营经济的发展环境，推动我省民营经济发展跃上新台阶。

截至2008年6月底，浙江省民营经济中仅私营企业就达50.51万户，个体工商户达184万户；浙江民营经济的总产值、销售总额、社会消费品销售额、出口创汇4项指标，连续9年位居全国第一。

目前，浙江民营经济已占全省经济总量的七成以上，税收占五成以上，外贸出口占四成以上，就业占九成以上。民营企业工业总产值已占浙江工业总产值的近九成。

民营企业积极为国家缓解就业压力。民营企业除了为国家解决众多下岗失业人员和农民工的就业问题之外，对浙江省大学毕业生就业问题也做出了巨大的贡献。据统计,去年(2007年)浙江省高校毕业生约19.3万人,就业率超过92%,有12.6万多毕业生就业于民营企业,占到大学毕业生总数的65.3%,民营企业已成为浙江高校毕业生就业的主渠道。由此可见,民营经济挑起了我省经济社会发展的大梁。

但是今年,随着全球经济下滑,浙江民营经济也面临着很多困难与挑战,浙江省政府和浙江民营企业正在积极应对。

问:浙江民营经济确实了不起。近年来,浙江民营经济发展中出现了一些新趋势、新特点,这主要表现在哪些方面?

单东:除了前几年已经出现的集团化、股份化等现象外,近年来,浙江省委、省政府积极促进民营经济的发展,推动民营经济从量的扩张向质的提高转变,引导民营经济在发展中转型、升级,因而,民营经济的发展出现了一些新的趋势和新的特点,主要表现在两个方面:

一是民营企业的素质和竞争力不断提高。

(1)企业家综合素质提高,主动担负起社会责任。

全省民营企业负责人年龄结构趋向年轻化,以中青年为主,文化层次不断提高。民营企业家们社会责任感增强,不仅是为做大做强企业,而且还自觉承担起经济社会责任、文化责任、教育责任和环境责任。在实现企业可持续发展的同时,促进了社会的可持续发展。民营企业参与社会活动日趋活跃。在资助教育、扶贫筑路、赈灾救灾、安置就业等方面,充分体现了我省民营企业的社会责任感。近五年,全省民营企业为各项社会事业捐助总额达到7.5亿元,尤其在今年的抗震救灾中,浙江民营企业在现金捐助和物资供给方面做出了巨大的贡献。

(2)科技型企业发展迅速,企业自主创新能力增强。

近年来,省政府及有关部门加强对民营科技企业的扶持力度,鼓励民营企业引进先进技术、先进设备,加快传统产业的转型、升级。越来越多的民营企业重视对人才、技术、管理等知识型要素的投入,注重原始创新、引进技术再创新和集成创新。像万向集团、华立集团等大型民营企业,不仅建立了研发机构,还设立了博士后工作站。

(3)实力型企业迅速崛起,增强了企业的竞争力。

全省民营企业数量增长较快,资金实力显著增强。虽然要面对诸多困难与挑战,但总的趋势是,民营经济仍呈加速发展和持续增长态势。民营企业为适应新的市场竞争环境,积极优化结构调整和产业升级,提高了综合质量,从而增强了企业竞争力。正泰集团董事长南存辉说得对:"我们目前迫切要做的,是在调控中确保产业升级和结构调整的真正到位。在别人都忙于扩大生产的时候,保持冷静的头脑,用技术、质量、成本、服务和创新赢得市场。"像这样有清醒头脑的民营企业家,在浙江为数颇多。

(4)通过国际并购,做大做强企业。

实力较强、知名度高的一些民营企业通过收购外资企业或者接受外资并购,把企业做大做强。如万向集团收购美国PS公司60%的股份,成为第一大股东。苏泊尔集团接受法国SEB的并购,德力西接受法国施耐德的并购,同样做大做强了企业。

二是第三产业发展迅猛,品牌建设意识提高。

全省房地产业、社区服务业、中介服务业、信息服务业、融资担保业、租赁服务业等行业日新月异。民企的品牌意识普遍提高,以品牌引领新飞跃已成为浙江省民企新一轮发展的指向。2007年,全省累计有注册商标27万件。境外商标注册累计近万件,是全国商标国际注册最多的省份。全省民营企业获得驰名商标125件,累计认定著名商标1 295件,专业商标品牌基地36个,知名商号523个,品牌集群优势逐步凸显。

问: 目前,政府一直在鼓励个体私营等非公有制企业涉足垄断行业,但民营企业反映,在投资经营垄断性行业时仍然遇到不小阻力。确实存在这种现象吗?

单东: 的确如此,很难涉足。不能把民企向垄断行业的企业注入一些"民资",就当作真是涉足了。没有民企的自主经营权能算涉足吗?我认为,要让非公有制企业涉足垄断行业,必须有个前提,那就是国家须下决心打破垄断。只有打破垄断,才有民营企业进入垄断行业的发展空间。具体说来,不仅要在石油、电信、邮政、铁路、民航等行业引入竞争机制,而且要打破一些特大企业对自然资源的垄断,从而创造一个公平的市场竞争环境,以确保我国市场经济体制的平稳运行。

问: 您刚刚讲今年浙江民营经济面临很多困难与挑战,您觉得现在我省民营经济发展中还存在哪些突出的问题?

单东: 首先是人才引进难。多数民营企业存在人才难招、人才难留的问题。过高的人才流动率表明,相当一部分的民企对员工缺少凝聚力、感召力,员工对企业缺乏归属感、认同感。民企需要建立一整套留住人才、用好人才的用人机制。

其次是融资难。民营企业有着巨大的资金需求,今年国家紧缩的货币政策使得我省很多中小民营企业资金需求无法得到满足。虽然央行出台了"企业小额贷款政策",但还是解决不了问题,政府还需加大支持力度。

再次是民营企业生产用地紧缺,我省一些民营企业不得不外迁求发展。

不过,我相信随着经营环境的不断改善,我省乃至全国的民营经济将会取得又好又快的发展。

载《浙江日报》2008年9月18日
并配有作者大幅照片

民营经济：由"大"向"强"的跨越
——访著名民营经济专家、经济学教授单东

《杭州通讯》记者 金立山

2008年10月，全国工商联正式公布"2007年度全国上规模民营企业调研"排序结果，杭州再次成为最大的"赢家"，上榜企业数第六次蝉联全国城市和浙江省首位，再一次显示了民营经济大市的实力。在此背景下，11月21日，杭州市民营经济大会隆重举行，市委、市政府下发四个文件，表彰为杭州经济社会发展做出突出贡献的民营企业和民营企业家，并制定实施三年行动计划，在国际金融危机的阵阵寒风中为企业送去丝丝暖意，鼓励大家和衷共济，全力把杭州打造成"民营经济强市"和全国民营企业总部中心。

单东教授2001年以来任浙江财经学院经济与国际贸易学院经济学教授、硕士生导师，教学与研究方向为民营经济。在学术研究领域，单东教授有不少独到见解，特别是在民营经济研究领域成果卓著，是国内研究民营经济的著名学者。

记者：此次"2007年度全国上规模民营企业调研"排序结果显示，杭州共有73家民营企业进入"全国民营企业500强"，与上年度相比增加8家，总数占全国的14.60%，占浙江省的38.83%，上榜企业数第六次蝉联全国城市和浙江省首位。杭州民营经济大市的实力不容置疑。在此基础上，三年行动计划的推出是要把杭州的"民营经济"做大做强。在您看来，由"大"变"强"的关键是什么？

单东：经过30年的快速发展，民营经济已成为杭州经济发展的主体和重要力量。根据《杭州日报》公布的最新数据，杭州私营企业数占全省的24%，个体工商户占全省总量的15%，个体工商户和私营企业户注册资金都居全省首位，民营经济综合实力位居全省第一；在2007年杭州财政的总收入中，民营经济收入为298.58亿元，占全市财政总收入

的比重达 37.9%。民营经济在杭州经济总量中的比重已经超 50%；2007 年杭州有 73 家民营企业进入全国民营企业 500 强，占全国的 14.6%，且位居全国省会城市、副省级城市和全省各市第一，由此可见，杭州已实现了从国有经济大市向民营经济大市的历史性跨越，并成为全省民营经济第一大市，这已是不争的事实。众所周知，凡能成为百强企业，基本上都离不开自主创新，这种创新包括产品质量创新、产品附加值创新、管理创新、生产效率创新，特别是科技创新。

所谓"强者"，乃指一个企业、一个市、一个省的内涵和生命力及其竞争力之所在。自主创新，以高科技开发新的产品，并以高科技改造传统产业、提升传统产业的竞争力，这是"强者"的内涵，亦是由"大"变"强"的必由之路。把发展的基点放在自主创新上，是经济全球化和新科技革命深入发展的大势所趋，这也是杭州民营企业转型升级的根本。因此，杭州民营企业应充分发挥其创新性，抢占科技和产业制高点，把企业的内涵做大做强，增强实力和竞争力，从而推动全市民营经济实现又好又快发展。显然，杭州由"民营经济大市"变"民营经济强市"的关键就在于实现民营企业的不断自主创新。

记者： 当前，受国际金融危机等多重因素影响，杭州企业特别是中小民营企业，进入了发展的"冬天"。对此，市委书记王国平指出，国际金融危机既是挑战也是机遇，挑战与机遇并存，但机遇大于挑战，甚至可以说是千载难逢的发展机遇，包括扩大内需的机遇、转型升级的机遇、以民引外的机遇、吸纳人才的机遇、低成本扩张的机遇等等。对于这一点，您是如何看待的？

单东： 我赞成王国平书记的观点：这场国际金融危机既是挑战也是机遇，挑战和机遇并存。金融危机一方面导致企业裁员、资金链紧缩、企业运营压力加大，风险增大；另一方面却有利于行业洗牌，优胜劣汰，给企业一次新的发展机会。

民营企业家应该认真研究当前的经济形势和企业自身面临的困难，增强危机意识和紧迫感，以足够的心理承受力和乐观的心态来迎接这场由金融风暴引发的市场周期性波动带来的巨大冲击，充分利用和发挥民企民资的效率和优势，有效地规避危机带来的危害，不断提高企业素质和市场竞争力，优化企业结构，通过加快结构优化升级来提高企业的抗风险能力。总部已迁入杭州的吉利集团董事长李书福就能乐观地面对这场危机，他的应对策略是提早进行战略转型，途径就是创新。2008 年 11 月 6 日，吉利汽车创新品牌"全球鹰"诞生。这是民营汽车产业吉利集团品牌战略转型的一大成果，并且吉利还宣布：放弃低价竞争战略。杭州民营企业要使自己不被这场金融危机所击垮，就应该积极利用国家出台的各项有利的政策，以具有针对性、实效性和操作性的策略，大力创新一些具有高科技含量的产品和服务，提升产品和服务的档次及质量；引进国内外先进技术和人才，为企业的转型升级夯实基础。

记者：目前，为了让企业顺利度过冬天，市委、市政府不仅出台了帮助企业减负渡难关的14项政策举措，还在全市范围内组织开展"向万家企业送温暖"活动，千方百计帮助企业渡难关。您认为市委、市政府的一系列举措对帮助企业过冬将起到怎样的作用？此外，您有什么更好的建议？

单东：杭州的民营企业遭受到金融风暴的冲击，尤其是出口导向型的民企遭遇的困难更大，在经济形势严峻的情况下，市委、市政府出台了一系列举措，这对于全市民营企业应对金融危机，帮助民企渡难关，提升民营企业家战胜困难的信心指数，促进民营企业的健康稳步发展，推动杭州经济转型升级，稳定全省经济大局具有重大的意义。

这些举措非常好，关键还在于落实。这些措施在实施的过程中，必须加强组织领导，强化工作责任，健全实施机制。土地、财政、金融、税收等各个部门，都必须有具体的举措，把政府扶助民企的政策不折不扣地落实到企业。

此外，我有几点建议：其一，杭州市可以在不搞地区垄断的前提下，在相同条件下，提倡、引导全市机关、各单位及居民采购和消费本地产品，这对振兴全市民营企业家的信心和鼓舞其斗志很重要。这不是创举，提倡采购本地产品，在我国不少地方早已有之，并且是振兴地方经济的行之有效的举措。其二，取消企业社保五金税，减轻企业负担。其三，撤减收费站，降低企业运输成本。收费站太多，不仅造成企业的运输成本大为增加，而且还引起车堵现象，像下沙工业园区因收费站的设立，每天早晨许多车辆排长队，无形中增加了企业和公众的时间成本。其四，新出台的《劳动合同法》不够完善，对企业的权益考虑得较少。在当前企业处境艰难的经济形势下，为了减轻因《劳动合同法》的实施给企业带来的不当压力，建议杭州市主管部门对《劳动合同法》的执行予以弱化，劳动者社会保障和权益的保护是个逐步到位的过程，欲速则不达，操之过急，对发展经济和劳动者的就业都会产生负面影响。

载中共杭州市委机关刊物《杭州通讯》
2008年12月下半月刊并配大幅照片

浙江民企突围之路，谁主沉浮？
——访浙江省民营经济研究会会长、中央财经大学博士生导师单东教授

《浙江经济》记者　冯　洁

记者：作为外向型经济为主导的浙江经济，面对尚未散去的危机，应如何实现着力社会投资，激活市场需求？

单东：从民营企业的角度来看，总的方向仍应维持外向型的经济现状，加大对内需市场的开拓，在这样的思路下通过增加研发投入、强化人力投入等措施进行转型升级。

一方面，浙江要继续维持外向型的经济现状，浙江外向型经济有很厚的产业基础，这是多年来积累的资源，虽然现在国际金融危机使得国际市场需求下滑，但是国际金融危机总会过去，这轮危机过去之后，浙江仍然要做出口，而且要做产业转型升级之后的高端出口。

另一方面，浙江要加大对内需市场的开拓，特别是政府（包括国家和地方两级政府）采购市场的开拓，金融危机来临之时，很多企业都会面临困境，政府采购刺激市场需求，一定程度上会帮助企业渡过难关，但是这只是解燃眉之急，更重要的还是企业自身的转型升级，让企业自身具有竞争力，利用这次金融危机之机遇，淘汰落后的技术和产业，研发出具有核心竞争力的技术，强化人力投入，真正实现自身的转型升级。

记者：转型升级作为当前浙江民营企业的一项长期任务，您认为，在当前金融危机的特殊背景之下，企业应当采取哪些措施积极应对？

单东：关于企业如何转型升级，主要有以下几点：

第一，产业重组。进行产业重组可以培养出行业龙头企业，只有集中力量往一处打，才能更有力，通过龙头企业来带动中小企业的发展不失为转型升级的

一个方法。以浙江飞跃集团为例，飞跃集团 2008 年陷入严重的资金困境，在台州市政府的推动下，进行了股权结构转型，也就是企业重组。飞跃集团原来是邱继宝董事长的独资企业，通过台州市政府的协调，邱继宝出售了自己的股权，把它卖给包括竞争对手中捷股份公司在内的股东，改组成新飞跃集团。用邱继宝的话说："虽然我的股份减少了，只有 30%，但是企业活了，我们还可以联合中捷股份公司研发技术含量和附加值更高的缝纫机，以便去占领国际市场，创好中国的缝纫机品牌。"

第二，优化公司治理结构。浙江的民营企业要通过自查和社会监督的方式来优化公司治理结构。只有公司治理结构完善，企业的竞争力才能在制度层面上有所体现。浙江的上市公司共有 125 家，其中绝大多数是民营企业，浙江是全国民营企业上市最多的省份。浙江还有许多民营企业正在积极争取上市，一方面是为了融通资金，另一方面也是为了优化公司治理结构。浙江的民营企业尽量不要再走家族式管理的路子，建立健全内部管理体制，企业的竞争力才能在管理层面上得到提高。由于浙江很多民营企业都是由家族式作坊发展起来的，家族式管理模式极其普遍，但是随着一些大型民营企业当家人思想意识的转变，已率先采用较为现代化的内部管理体制，改变任人唯亲的状况，让有能力的上、无能力的下。

第三，增加研发投入。研发投入是产业转型升级的根本，但是研发投入，特别是政府的研发补助一定要投在有效果和有效力的方面，不能遍地撒面。发达市场经济的增长依赖于劳动力、资本和技术革新。在劳动力和资本存在边际收益递减规律的情况下，技术变革成为推动经济增长的主要力量。所以，新增长理论早就证明技术对经济增长的贡献是很大的。如何推动技术进步，那就需要强化研发，强化研发是升级的第一条件。

第四，品牌建设。品牌其实也是一种生产力，而且这种生产力很强大，是产业升级的一个很有效的催化剂。每次我看到国外的企业不遗余力甚至有些不计成本地打广告、打品牌，我就意识到，打品牌也是提高生产力的一种手段，也是促进产业升级的一种方法。浙江民营企业现在的品牌意识也在渐渐增强，娃哈哈、农夫山泉的广告在央视打得火热。美特斯邦威投入巨资请周杰伦代言是非常成功的，雅戈尔请费翔代言也非常成功，这些都是浙江民营企业重视品牌建设的典型代表。

第五，专业也要专一。在企业没有成为最强的时候最好不要走多元化，要把自己的本业做精，这是产业转型升级的一个前提条件。我认为，"专一投向"是浙江民营企业升级的一个重要保证，例如正泰电器，它们就一直专注于低压电器，产品附加值较高。大家如果到低压电器市场去看看，就会发现正泰电器的价格就是比国内其他低压电器的价格高出许多，但还是销售得好，因为他们专一，也很专业，产品质量过硬，所以面对这次金融危机，他们并不感到有什么大的压力，而能泰然处之。

第六，升级到产品链中附加值高的环节。这是一种产业升级的方法，我们知道，一个商品的设计生产消费的环节中，附加值高的环节是市场调研、咨询、设计、营销、策划等，浙江成千上万的中小民营企业大多是代工，重在模仿，附加值很低。而附加值高的环节往往都是掌握在国外企业的手中，我们做得很辛苦，做出一双鞋，只赚几元钱，而贴上一个"耐克"的标志，耐克公司就可以赚好几百元，因此要产业升级，唯有掌握这些环节，才能获得高额利润，才能具有竞争力，产业才能得到升级。我想，只要产业转型升级做好了，我们的企业有竞争力了，不管是外向型还是内需型的，浙江经济一定会又好又快地发展。

记者：当前对政府投资项目、大企业投资项目，银行通常比较乐于支持，授信额度也很大，但对中小企业的融资要求，银行的态度并不积极。其主要原因是什么？

单东：资金链是企业持续经营的关键，特别是在金融危机的情况下，很多中小企业因为资金链的断裂，才导致了破产。最近，新华网报道，相关数据显示，目前中小企业有融资需求的在全国占到89%，但有68.95%的企业贷不到款。浙江中小企业数量众多，这一问题更加突出。

银行对中小企业贷款的"冷淡"态度源于多方面的因素。一方面，中小企业本身融资的特点受制于自身经营的特点，它的市场、它的产品、它的经营活动，存在着很多不确定性。中小企业融资的特点导致其融资渠道狭窄，从而过度依赖银行贷款。而银行贷款方式和期限都有局限。担保和抵押难是中小企业难以贷到款的主要原因。中小企业难以找到合适的担保人，另外，中小企业可抵押物少，抵押物的折扣率高，不动产权证不全的现象又较为普遍，难以用于抵押。另一方面，由于银行本身规避风险的特点，它偏好大企业投资项目、政府投资或有政府背景的项目，这些项目安全可靠，同时监管起来很方便，成本也比较低。据调查统计，中小企业贷款频率是大型企业的 5 倍，而银行管理成本也是 5 倍。因此，即使在目前宽松的货币政策和信贷政策之下，中小企业受益相对来说还是比较少，中小企业的融资状况也没有得到根本性改善。

记者：在浙江民营企业加大投资、积极实现自我转型的同时，政府对于这些中小企业在转型过程中遭遇的融资困境，都有哪些作为？

单东：目前，中国企业的融资体制还是以银行间接融资为主，今年一季度投放的 4.6 万亿的信贷资金，主要是商业银行孤军深入。在缓解中小企业融资难过程中政府还应该有所作为，应该在扶持中小企业贷款方面发挥更大的作用。

自去年 7、8 月份以来，浙江中小企业的艰难困境就引起了决策层的高度关注。浙江省政府和当地政府与金融部门为帮助中小企业破除融资难，千方百计拓宽企业融资渠道，变通贷款抵押和担保方式。继在全国首家宣布小额贷款公司试点之后,浙江工商局、浙江银监局与人民银行杭州中心支行联合制定了《浙江省股权质押贷款指导意见》,并已于2008年7月16日正式实施,以股权质押的方式拓展中小企业的融资渠道。从企业的专利权、市场商位使用权、商标专用权,到企业排污权等,经审核后,都可以拿到银行申请贷款。今年4月28日,杭州市召开了政府、银行、企业三方融资对接会,会上,杭州市经委分别与浙江民泰商业银行和浦发银行杭州分行签订了"50亿元支持中小企业发展合作协议书",与中国银行浙江分行签订了"3 000万元工业债券基金合作协议"。其中,与浙江民泰商业银行和浦发银行签订的共100亿元要求定点投向中小企业,要求银行减少手续,降低门槛。另外,与中国银行浙江分行签订的3 000万元,政府要求银行按照1∶5的比例放大,也就是1.5亿元,再投向中小企业,前提是政府不向银行索要利息。这次会议还透露了一个信息:杭州市政府将在不久之后,出台应对危机的"双10条"。

记者: 您认为,要进一步解决中小企业融资难的问题,政府应当从哪些方面给予支持?

单东: 政府在如何解决中小企业融资问题上已经做了大量工作,但是,面对金融危机还未见底的局面,政府还要进一步关注和解决中小企业融资困难的问题。现在,小额贷款公司在浙江省内已经发展起来了,但是效果究竟如何还值得考量。5月9日,浙江省民营经济研究会和省民营经济研究中心举办了一场浙江民营企业家小型座谈会。会上,有一位资深投资企业家发言说,本来他也想做小额贷款公司的投资,因为从外表看来确实是可以赚取很多的利润。但是实际上这种小额贷款公司是十分难做的,它对资本金的要求非常高,风险也很大,利润却很少,且不能吸储,全靠自有资金。据他所知,现在浙江省内这类小额贷款公司的效益并不是很好。他倒是非常看好村镇银行,目前浙江省内的温州等地已有试点。这些业内人士提出的经验和看法,政府部门可以研究和参考。外省市政府在扶持中小企业生存和发展的做法上也有值得借鉴的地方。比如上海构建了多渠道、市场化运作的中小企业贷款信用担保机制,形成了较为成熟的担保贷款风险共担和担保资金放大的机制。市、区(县)两级财政分别按高新技术企业6∶4、一般企业5∶5的比例共担担保资金风险;担保资金与银行贷款按1∶5比例放大,并按高新技术企业9∶1、一般企业8.5∶1.5的比例共担贷款坏账损失风险;山东省制定中小企业信贷支持总体规划,该省中小企业办、农信社联合推出了"三年万家"计划,确定今后三年每年选择3 000家以上符合国家宏观调控和产业政策、合法诚信经营的小企业,重点给予信贷支持。这些政策措施或许可以有条件地加以借鉴。

政府作为经济整体局势的控制者,必须要有全局观念。中小企业融资难的一个重要原因就是因为自有资金少,而很多中小企业家反映,每年企业要付出的土地使用税等税费占了企业自有资金的很大一部分，不是一笔小数目。甚至有的企业家提出，政府能否在金融危机的环境下至少是一段时间内减免一些土地使用税，也可以采取让企业推迟交纳的办法。这样，可以让企业在金融危机的恶劣环境下，凭借土地税的暂时免交或缓交而使企业多一些资金运转，对搞活企业非常有好处。

记者：目前，国内经济逐渐出现回暖迹象，但在大环境没有明显改观的情况下，企业还是"稳"字当头，没有绝对的把握，一般不会轻易出手投资或是进行内部整改。对此，您认为，应当如何进一步给企业转型提供良好的制度和政策保证？

单东：为了更好地帮助浙江民营企业应对金融危机，促进浙江民营企业的转型升级，我认为，省市政府要进一步出台一些相关政策让民营企业有能力、有精力去应对金融危机、去转型升级。在政府方面还应该做好以下工作：

首先是做好减负工作。只有减负，民营企业才有资金去应对金融危机、去转型升级。这里所谓减负就是要尽量减少一些不合理的税负和杂费。具体而言，主要是：减少土地使用税。据了解，萧山的土地使用税是12元/平方米·年，一个占地100亩的企业光土地使用税每年就要开支80万元左右，这对金融危机中的企业来说是一个沉重的负担。撤减收费站，降低企业运输成本。收费站太多，收费较高，导致企业的运输成本大为增加，而且还引起堵车现象，就以下沙工业园区的收费站来说，每天早晨许多车辆排长队，无形中增加了企业和公众的时间成本。

其次是实施人才战略。民营企业转型升级的重要因素是人才。在我们走访的企业中，每个企业都谈到人才问题，包括如何引进人才、留住人才、培养人才以及企业为了留住人才政府应如何提供政策支持等问题。虽然浙江省政府在人才政策方面已经做了不少工作，但还不够，政府仍有很多的事要做。有些企业反映人才引进渠道不畅通，我认为，政府可以出面帮助企业在引进人才渠道方面做一些工作，如帮助企业接触到高端人才。省市政府可以在引进人才方面实施一些创新性的政策。在金华众泰集团调研时，他们反映，在引进一汽人才时，一汽不放档案，来浙江后，当地政府帮助其重建档案，足见浙江一些地方政府对引进人才工作的高度重视和创新性。这就是政府要进一步出台的政策。关于留住人才，建议省市政府可以通过加大建造经济适用房政策的力度来改变这一现状。目前，浙江特别是杭州地区的生活成本（主要是指住房成本）较高，很多人在浙江特别是杭州工作很多年，难以负担起生活成本，最终致使很多人才流失，对企业生产造成较大影响。我认为，基础人才的外流或者频繁流动会严重影响一个地区的经济发展，这也是需要政府解决的一个问题。关于培养人才，要实现培训制度化。转型升级归根结底是在人（特别是从事基础性工作的员工）上，因此省市政府要积极采取措施促进民营企业对其员工进行培训,提高其相关能力。浙江省政府也做了很多工作,例如发放培训消费券,这样做还不够,要使培训制度化。

再次是积极开拓市场。在金融危机条件下,省市政府要以政府行为积极采取相应措施帮助民营企业开拓市场,降低民营企业的市场开拓成本及交易成本。强化对浙江民营企业产品的政府采购。在同等条件下,政府应对民营企业的产品优先采购。例如,浙江省出租车、政府机关事业单位等机构的公车可以采购吉利的汽车,公交车可以采购青年集团的汽车等;积极组织展会向世界推荐浙江制造的商品。政府可以给予展会商或者参展商一定补贴,让其在杭州、宁波、义乌等地举办大型商品推介会,除了邀请传统参展商外,还要邀请国际新兴市场的参展商,这样不但可以维护原有市场份额,而且可以开拓新的市场,还可以减少民营企业的交易成本;省市政府领导出国考察市场时,可以邀请相关企业负责人一起出国考察,在政府出面的情况下也便于民营企业拿到订单(特别是其他国家政府采购的订单)。

总的来说,浙江民营企业转型升级是在政府的积极推下和民营企业自身的努力下兴起的。我相信,有政府的积极推动,有浙江民营企业家的求实创新的精神,浙江民营企业的转型升级一定会成功,一定会打个漂亮的胜仗。这次国际金融危机虽然给浙江民营企业带来许多困难,但是,成千上万的民营企业因此而经受了考验,必然会从中成长出一批更好更强、将来可以更多地参与国际竞争的民营企业。

载《浙江经济》2009 年 5 月 15 日

未来十年民营企业将转向"微笑曲线"两端
——访著名民营经济专家单东教授

焦点话题

经济学家单东教授认为：产业高端化、发展低碳化、家族企业引进职业经理人制度是民营经济发展大趋势。

改革开放 30 年来，民营经济获得了快速的发展，强有力地推动了中国经济的平稳较快发展。在后金融危机时代，世界经济增长模式和国际分工格局正在发生显著变化，中国经济步入加快转变经济发展方式和经济结构调整的转型时期，民营经济将迎来转型的新机遇，也面临一系列的挑战和困难。如何引导民营企业在未来十年加快转变经济发展方式，为实现国民经济又快又好发展和全面建设小康社会做出更大贡献，成为大家所关注的事情。为此，记者特乘著名民营经济专家、浙江省民营经济研究中心主任，中央财经大学中国发展和改革研究院博士生导师单东教授在京授课之机对其进行了专访。

民营经济在全国占据半壁江山

记者：您作为研究民营经济的著名专家，在"民营经济"这一研究领域建树甚丰。当今，民营经济已成为中国经济中最活跃的因素，我想请您先介绍一下 21 世纪的第一个十年我国民营经济的发展状况，并对今后十年，即 2011—2020 年我国民营经济发展的趋势进行一些预瞻。

单东：好的，我愿谈一点自己的浅见，先讲第一个十年。十年来，民营经济发展较快，为国家做出了很大的贡献。从企业数量上看，民营企业的数量及规模明显增加。截至 2010 年一季度末，全国登记注册的私营企业 755 万户，注册资本 15.32 万亿元，2001 年为 132.3 万家、平均注册资本金为 106.3 万元，企业数量增加约 5 倍，平均注册资本金增加近 2 倍。从产值上看，民营经济在 GDP

中的比重急速提高,已占我国GDP的65％,民营经济已成为我国经济增长的重要力量。从就业人数来看,民营企业吸纳就业人数剧增。截至2009年9月,民营经济中的个体私营企业从业人员就达到1.5亿,而2001年为3 658万,增加了3倍多,为全国提供了80％的城镇就业岗位。从税收贡献来看,民营企业创造的税收增幅较大。2009年民营经济全年纳税总额达到8 586亿元,比2001年的1 578.5亿元增加了4倍多。目前,民营经济在全国已经稳占了半壁江山,在一些地区已经占到80％以上,涌现出浙江、广东、江苏等民营经济大省。

可以说,民营经济对发展和繁荣社会主义市场经济、解决就业问题,推进国家现代化进程起到了至关重要的作用。民营经济是我国经济市场化改革发展的必然选择,是我国全面建设小康社会的重要保证。

影响民营经济发展的因素

记者:民营经济在过去十年取得了巨大成就,为我国经济发展做出了重大贡献。但是,据我们了解,民营经济在它的发展过程中也存在一些问题,阻碍着它的进一步发展,您认为,哪些方面的问题影响着民营经济的进一步发展?

单东:中国连续多年保持经济的快速增长,但这种增长更多的是建立在资源消耗型、劳动密集型的发展模式之上,在政治、经济、社会各方面积累了深刻的矛盾。在发展的过程中,民营经济也遇到了许多问题,这些问题在未来还会变得更为突出,在一定程度上会影响民营经济的发展走势。

国内外理论和实践证明,一个国家的经济体制和所制定的政策对各类企业的发展具有重要的作用。在社会主义市场经济体制的框架下,我国的民营经济同样也受到体制和政策的影响。目前国内外宏观经济发展的风险,以及行业准入的困难、资金来源渠道的狭窄、产权保护的法治环境不健全、市场竞争的体制性障碍等等,都会影响民营经济的健康发展。

从民营企业自身存在的问题看,主要表现为:产业结构低端;企业规模小、抗风险能力弱;产权结构与治理结构不合理;企业文化匮乏、人才流失严重。

这里重点剖析一下产权结构与治理结构不合理问题。民营企业的家族式管理体制和产权关系不规范是制约民营经济进一步发展的重要障碍。第三次全国民营企业抽样调查表明,我国民营企业中家族式经营的企业至少占到90％以上,既有单一业主企业,也有合伙、共有制企业。并且,绝大多数企业掌权者都倾向于选择自己的后代作为接班人。家族式管理决策机制单一,往往形成个人独断专行的局面,不利于集思广益和科学决策,在一定程度上影响了民营经济的发展。

民营企业治理结构亟须规范化

记者:在这么多不利因素的影响下,民营经济能取得今天的成绩实属不易,也显示了其强大的发展活力。随着这些障碍的逐步清除,下一个十年,民营经济的发展走向会如何呢?

单东:下一个十年,随着外部环境的改善,以及民营企业自身整体素质的提高,民营经济将实现更高层次的跨越式发展。我个人认为,未来十年我国民营经济的发展将呈现以下一些新趋势。

产业高端化。随着金融危机对民营经济带来的巨大冲击,很多行业采用原来的经营发展模式已不适应社会和市场的需要。未来十年,中国将逐步从"世界制造"向"世界创造"转变,民营企业开始向产业链的微笑曲线两端转移,更多地专注于设计、研发、营销、客户服务等环节,通过拉长产业链,实现产业的优化升级,提升企业价值链。在龙头企业的带动下和相关配套企业的融合支持下,产业集聚逐步深化,形成专业化、规模化的现代产业集群。

发展低碳化。在过去的几十年间,经济发展中的高污染、高耗能已成为常态。中国作为全球经济发展最快的国家,每年的二氧化碳能耗在不断上升,国家已经提出到2020年非化石能源占一次能源消费的比重达到15%、单位GDP二氧化碳排放强度比2005年下降40%—45%的目标,这无疑将推进经济发展中最活跃的民营企业走低碳化之路,向清洁化生产发展。但目前碳排放等制度的不到位、低碳发展的相关法律政策不健全,以及市场需求与企业生产供给之间的不平衡,导致一些企业较多地停留在以往的发展方式上,未来十年民营企业在这方面的转变过程不会很快。

企业规模化。随着国家逐步偏重以投资和消费来拉动经济发展,以及城乡一体化步伐的加快,未来十年,我国民营企业将迎来国内更大的发展空间。民营企业将在立足于国内强大需求的基础上,继续进行扩大生产,实现规模经济。在资本市场日益成熟下,许多民营企业将选择上市、发行企业债券,壮大企业资本实力。同时,面对国际技术和人力资本市场成本相对较低的时机,民营企业积极实施"走出去"战略,加强与国际市场的融合与接轨,在全球建厂生产,提高企业国际化经营水平,民营企业会在国内外市场上形成一批有竞争力的大公司、大集团。

治理结构规范化。随着民营企业做大做强,以往家族式的管理模式将不再适应企业未来的发展。管理大师德鲁克在《大变革时代的管理》一书中曾指出:成功的企业不会采用一人当家的做法,而是有一个良好的经理班子,家族企业要能生存和保持有效运作,在高层管理人员中,无论有多少家族成员,无论他们多么出色,也至少要有一位非家族成员。在未来中国经济转型的进程中,民营企业将经历一个经营管理方式变革的新时期,通过股权分配,引进或培育一批职业经理人,形成规范的集权与分权相结合的公司治理结构。

企业科技化。在我国的企业创新体系中,民营企业已经成为重要力量。截至2008年,全国民营科技企业总数为

159 384家,民营企业占创新型试点企业总数的2/3,全国国家级高新技术开发区内85%的企业是民营科技企业,民营企业在高新技术产业发展中已是中坚力量。在未来十年的发展进程中,民营企业将会转变传统的增长模式,走到依靠科技进步求发展的轨道上来。

社会责任加大化。 随着中国由国强走向民富,未来10年国家强调富民政策,作为与民生关联最紧密的民营企业将承担更多的社会责任,在吸纳更多人员就业、提高职工工资水平和福利的同时,积极参与新农村、社会公益事业建设。在社会舆论的鼓舞与监督下,在政府相关政策制度的支持下,民营企业会增强企业公民意识,将社会责任内化为企业的价值观,把企业的发展战略与承担社会责任有机结合起来,为国家和谐发展做出更大贡献。

为民营经济健康发展创造更好的生态环境

记者: 看来,下一个十年是民营经济大发展的十年,也是民营企业不断转型升级的十年。综合民营经济发展存在的问题和预期的走向,如何推动我国民营经济快速健康发展呢?

单东: 企业是实现经济转型和产业结构升级的主体,民营企业占我国企业总数的绝大多数,是经济发展方式转变的主要支撑力量。鉴于民营经济在现实与未来中国经济和社会发展中的重要地位,构建一个有利于民营经济发展的经济生态环境迫在眉睫。

首先要创造优越的政策环境。 政策导向是民营经济发展的"指示灯"。在政策制定时,政府应淡化所有制因素,保持各种所有制主体具有平等参与的机会,要把民营经济的发展真正纳入中央和地方各级的经济社会发展规划和产业发展计划中来。对于鼓励民营经济发展的相关政策,应尽快出台具体实施细则和配套措施,使政策意图更好地体现在执行层面。在落实"新36条"政策时,应开放更多的投资渠道,优化涉及民间投资管理的行政审批程序,提高政策的可操作性。

其次要营造公平的市场环境。 市场经济的基础在于各市场主体之间拥有平等的权利和公平参与的机会。在法律方面,要确保民营企业与国有企业一样享有国民待遇。对于有关对民营经济有歧视性的法律、规章予以清除,对正当合理的民间资本给予法律保护,尤其是保护民营企业家创造的财富。同时,对民营企业实施一定程度的减税,清理不合理收费的现象,减轻民营企业的负担。在制度设计方面,打破一些领域的行政性垄断,消除对民营企业进入要素和产品市场的限制,对于允许民营企业积极参与关系民生方面的基础设施建设、金融机构、医疗、文化等领域的制度,不能停留在文件上,而要落实到位,从而更好地发挥民营经济灵活、贴近民生的特点。

再次要完善社会服务体系。 在产业升级换代时期,政府应加强服务职能,大力增加公共产品供给,将更多的财政投入到社会保障体系和社会制度环境优化上,让企业和老百姓享受到经济发展的实惠。通过财政政策构建以资金融通、信用担保、信息服务和人才培训等方面的民营企业服务体系,使民营经济转型更加平稳。改革银行贷款体制,发展中小民营金融机构,建立政府出资引导、民营企业投资共建的担保公司,采用市场化的运作模式,优化金融服务体系。同时,培育和发展面向民营企业服务的相关协会等中介组织,鼓励建立行业信息平台,帮助企业掌握宏观经济政策和行业最新动态,及时了解国家政策精神,充分发挥其在政府与民营企业之间的桥梁和纽带作用。

最后,也要推动民营企业深化自身改革。 打破家族式结构,建立现代企业制度。加大科技创新力度,注重研发投入,构筑公共创新平台,引进高科技人才,鼓励通过产学研合作的形式,促使科技成果市场化,打造知名创新品牌,提高市场竞争力。借助物联网等高新技术,积极融入国际市场,着眼于整合全球资源,以实现全球范围内的资源优化配置。培育优秀企业文化,推动企业文化引领企业发展。

载《中国改革报》2011年1月14日

民企:如何由外向型经济转变为内需型?
——访浙江省民营经济研究会会长单东教授

《杭州日报》记者　司马一民

当前,国际经济形势很不稳定,全球市场萎缩,国内原材料和劳动力成本上升,许多外向型企业陷入困境,纷纷转向国内市场。外向型企业如何转变为内需型企业,在转型的过程中应该注意哪些问题?就此,我们专访了浙江省民营经济研究中心主任、浙江省民营经济研究会会长,浙江财经学院经济学教授、硕士生导师,中央财经大学博士生导师单东教授。

司马一民:请问单教授,外向型经济转型的具体含义是什么,外向型企业应该怎么转变为内需型企业?

单东:外向型经济转型包含两层含义:一是扩大国内需求在拉动经济增长上的作用,建立内生增长型经济;二是转变出口结构,提高产品的科技含量,提升中国在全球价值链上的分工地位。

改革开放以来,我国的国门向世界敞开,进出口总额不断增长,我国的对外贸易依存度也随之增高。1978 年我国的对外贸易依存度仅 8.8%,而到了 2000 年,我国的对外贸易依存度已经达到了 39.58%。"入世"之后我国的对外贸易发展迅速,进出口总额急剧攀升,2007 年这个数字增长到 66.27%,但 2008 年全球金融危机爆发、世界经济衰退,我国开始将注意力放在内需的增长上面,对外贸易依存度开始回落,2009 年我国对外贸易依存度降为 45.01%。

中国外向型经济转型是当前形势的客观要求。现在全球经济动荡不定,美国一、二季度国内生产总值按年率分别增长 0.4%、1.3%,大幅低于去年四季度 3.1%的水平,不少生产、需求指标出现走弱态势,明显低于市场预期。欧元区深陷债务危机,继希腊之后,意大利、西班牙、葡萄牙等国家也出现了较大的债务风险。其中西班牙失业率高达 20%以上,英国也出现了历史上最大规模的罢工运动。美国经济低迷、欧洲债务危机蔓延,加上人民币升值,使我国外贸出口增速下滑。相比而言,中国经济一直保持平稳较快的增长,国内市场,尤其是消费市场不断扩大,2008年中国人均GDP超过3 000美元,进入非常重要的经济社会转型时期,在这一时期我国城镇化、工业化的进程将出现加速发展,产业结构、消费类型也将发生重大转变。随着国内居民收入的提高和中产阶层的扩大,中国已经成为全球最富活力的新兴市场,扩大内需代替出口成为未来拉动中国经济增长的最重要手段。

中国外向型经济转型也是我国转变经济增长方式的必然选择。虽然中国有很大的贸易顺差,但是我们出口的主要是劳动密集型的产品,70%以上是加工贸易,跨国企业把制造基地设在中国,利用中国便宜的劳动力和资源,将产品销往全球各地。依靠廉价劳动力和资源的低端制造是全球产业价值链的最低端,污染环境、浪费资源,是不可持续的。"十二五"期间,我们要积极转变经济发展方式,以创新带动经济增长,就必须告别以低端制造为主的外向型经济,提高产品的附加值,向全球价值链的高端转移。

所以外向型企业转型要以建立企业的核心竞争力为中心,紧紧抓住两个关键点,也就是微笑曲线的两端,具体说:

一是提高研发与设计的能力。外向型企业要告别单纯按照人家的设计去生产制造的发展方式,要在生产过程中不断学习、思考和探索,最终达到创新。尤其要在国内的细分市场上找准企业的定位,深入分析国内消费者的需求,通过创意和创新带动产品的差异化,提升产品的知识含量和竞争能力。

二是提高企业的营销能力和服务能力。良好的营销和服务是企业成功转型的前提。随着我国消费市场的发展,消费者对生产商的要求不仅仅是优质的产品,更要求提供全方位的服务。很多企业已经开始从制造商向服务商转型,重视消费者在购买和使用产品过程中的体验和感受。外向型企业在转型过程中,要特别重视国内消费者的心理特征,增加核心产品以外的附加价值,这样才能使企业建立起品牌效应,提升企业的知名度。同时,外向型企业可以通过电子商务、建立合作联盟等方式,积极开拓销售渠道,创新营销模式,打开国内市场。

司马一民:外向型经济转型有哪些模式?

单东:外向型经济转型从转型模式上看,包括政府引导型和企业自发型,前者通过政府政策的调整,如出口退税的减少、限制高污染行业的发展等,引导外向型企业实行结构调整;后者是企业在发展中遇到瓶颈,在市场竞争中意识到提高核心竞争力的重要性,积极调整企业发展战略,提高企业的设计、研发和市场营销能力,开拓国内市场。当前,我们必须两种模式相结合,以企业的自发转型为主,以政府引导为辅。

现在有一个很不好的趋势,就是政府的权力过大,很多时候直接干预市场资源的分配,在资源整合的过程中国有企业就成了受益者，民营中小企业处于不利的地位。这很不利于市场经济的发展，因此，在外向型经济转型的过程中，要充分认识到企业是市场的主体，努力杜绝政府直接干预市场的现象。让企业在市场竞争中产生转型的动力，以市场机制配置资源分配，政府作为"守夜人"和"服务生"，做好搭建平台和提供有利于企业发展的政策环境的工作。

司马一民：在转型的过程中应该注意哪些问题？

单东：一要降低国内的交易成本，建立公平的市场环境。为什么很多企业宁愿低价给国外企业做加工，赚点辛苦钱，也不愿意独立开发国内市场？为什么中国生产的很多产品，在国外卖竟然比在国内的相同产品便宜？这就是交易费用决定的，中国的市场是不完善的市场，不公平竞争使企业的交易成本大幅度上升。比如有些地方实行地方保护，以行政手段干预市场，使外来企业无法进入；又如高速公路乱收费，大大增加了企业的物流成本。不公平的市场环境、高额的交易费用使企业无法开展国内贸易。

所以，必须首先转变政府职能，建立服务型政府是完善市场机制的前提。只有减少政府对市场的行政性干预，减少政府和国有企业的特权，才能建立起公平有序竞争的市场。同时必须建立起维护市场公平竞争的法治体系和公开透明的信用体系，这是市场经济两个最重要的保障体系，没有法律保障和信用机制的社会，是无法建立起契约精神和市场观念的。

二要增加居民收入，完善社会保障体系。扩大内需，增加居民收入是关键。近几年，中国经济快速增长，但是居民收入却赶不上经济增长的幅度。国民收入分配不合理，主要表现在居民收入占GDP的比重由20世纪80年代的60%下降到目前的40%左右。而今年1—10月，全国公共财政收入90 851.68亿元，同比增加19 951.86亿元，增长了28.1%，远远高于居民收入增加水平。增加居民收入，首先要改变分配不合理的状况，减少中低收入者和中小企业的税收负担。中小企业接纳了社会90%以上的就业人口，却承担了过高的税费负担，十分不利于我国经济的活跃和市场的发展。应该通过减税和补贴，大力扶持中小企业的发展，积极创造就业机会，才能增加居民收入。同时，要完善社会保障体系，解决居民看病难、看病贵的问题，建立完善的社会养老体系，使民众敢于消费、乐于消费。

三要建立转型服务体系。很多出口型企业做惯了来料加工和简单制造，缺乏研发、设计和开拓市场的能力，这就需要建立起引导出口型企业转型升级的政策服务体系。政府必须加强部门联动合作，以企业转型为导向，从市场信息、技术指导、创新指导、转型经验咨询等各个方面，为出口型转型升级提供完善的配套服务。如通过税费减免、组建技术联盟、打造示范工程、鼓励企业联合转型、构建市场信息体系等手段，为出口型企业转型提供良好的平台和有力的政策支持。

司马一民： 有很多企业在转型中失败了，您觉得是哪些原因导致的？应该怎么避免？

单东： 在转型的过程中，必然有企业会面临失败。一是由于长期以来，许多外向型企业单纯依靠廉价劳动力和资源，不注重创新和技术提高，没有形成核心竞争力，当国际市场环境变化、国内劳动力价格上涨时，企业没有做好转型的准备而被迫走上转型的道路，因此面临失败。

二是缺乏外部的支持体系。企业一方面面对复杂多变的外部市场环境，另一方面要承担转型过程中技术、设计研发和开拓市场所带来的巨大成本，在缺乏政策支持体系的情况下，单凭企业的力量很难完成这个痛苦的过程。所以我们一方面必须呼吁企业认识到转型的紧迫性和重要性，另一方面希望政府能为出口型企业转型提高宽松的政策环境。

载《杭州日报》2011年12月19日

为民资营造自由流动的氛围
——访知名学者单东教授

《温州日报》记者：潘颖颖

浙江省民营经济研究中心主任单东眼中的三个"最"：

因为承担了省政府课题"浙江中小民营企业发展研究"，单东带着他的课题团队，这几个月一直在省内省外跑。上月下旬，来温州之前，他已经先后调研了省内的杭州、萧山、湖州、玉环，以及省外的北京、上海、广东等地。

单东透露，该课题开始于今年3月，旨在对我国民营经济发达区域的中小企业进行深入研究，为省领导提供咨询性的研究报告。"温州当前的金融综合改革对于如何改善中小企业融资难以及促进中小民营企业的发展和转型升级具有重要的示范意义，所以课题组决定专门来温州调研。"在温州的两天时间里，他们主要走访了市金融办、温州民间借贷登记服务中心，并与多家小贷公司等进行座谈。趁着单东来温间隙，本报独家采访了这位长期观察、研究民营经济发展的知名学者。

最关注——允许私人资本进入银行领域

温州金改试验区获批已半年多，在这个过程中，单东本人最关注温州金改在哪些方面的进程？

单东告诉记者，国务院批准在温州市设立金融综合改革试验区意义重大，它表明了国家进一步加快金融改革的决心。其中，最重要的是允许私人资本进入银行领域，让民间资本成立"民营银行"，打破金融国有垄断的局面，从而化解小微企业的融资瓶颈，架起民间资本与民营实体经济的桥梁。

具体来说，首先是温州金改要成为我国金融市场化改革的突破口，消除民间资本进入金融行业的行政壁垒，给予民间资本充分的投资自由,打破国有银行的垄断格局,让民营企业和自然人成为金融市场的直接供给方,从而降低资金需求者的融资成本,建立自由竞争、有序监管的金融市场。"不过从目前的十二条内容以及实践操作来看,银行的铜墙铁壁还是没能打破,但是我们不能就此停止发出声音,还是需要大力呼吁。"单东对此不无遗憾。

其次,是引导民间借贷的规范化、阳光化。单东认为,浙江民营经济从草根企业发展为中坚力量,民间借贷起到了巨大的助推作用,但从2008年的金融危机以来,民间借贷的无序发展增加了温州金融领域的风险,所以,必须通过金融制度创新,引导民间借贷的规范化、阳光化。

最后,是引导民间资本流向实体经济。温州金改的实质在于引导民间资本流向实体经济,尤其是正规金融无法满足的中小微民营企业,改善中小微民营企业的融资环境,避免产业空心化,这是温州金融改革理应担负的重要职责。

最迫切——为小微企业"开源节流"

单东来温州调研的第一天,温州市金融办副主任余谦及工作人员与单东所在的课题组进行了面对面的座谈,介绍了温州金改至今的主要工作。"温州市金融办等机构在扶持小微企业、发展小贷公司等创新金融组织方面做了很多工作,包括深化小额贷款公司试点、加快推进村镇银行和农村资金互助社发展、加快农村合作金融机构股份制改革、做大做强温州银行、创新发展服务小微企业和'三农'的金融产品和服务等。"

不过,这一路调研下来,单东也实实在在地感受到,尽管政府部门比以往任何时候都更加关注小微企业,但是这些企业还是普遍面临融资难、融资贵,尤其是小贷公司、村镇银行的利率偏高,只适合于短期资金周转,无法满足小微企业长期融资的需求。"利率偏高,中小微企业融资成本就大,利润空间缩小,肯定不利于其发展。"

"当务之急,一是要为小贷公司、村镇银行等金融组织创造良好的发展环境,政府应适当减轻小贷公司和村镇银行的税负,使其以较低利率给中小微企业贷款。在制定相关政策的过程中,注重可操作性和相关部门之间的协调,要放宽准入门槛,最大限度地鼓励民间资本进入。还有就是加快发展小微企业的直接融资市场,建立小微企业的直接融资平台,鼓励股权投资、小微企业集合债券等新型融资方式。"单东说。

单东在调研中了解到,目前温州已经积极开展一系列创新试点工作,包括民间资本管理公司、温州民间借贷登记服务中心以及政府平台基金和创投基金等,并且取得了一定的成效。不过结合走访部分单位的实际,单东建议,要引导温州民间融资的规范化发展,还需要政府的大力引导和创新性的制度安排,比如为小微企业提供融资规范化的咨询培训,使其了解当前多层次规范化融资的方式方法;

为民营融资性担保企业提供政府信用支持,充分发挥民营融资性担保企业在规范民间融资中的积极作用等。

最期待——温州成为区域民资管理中心

继温州获批金改试验区后,上海、深圳等地也在相继跟进,和这些同样走在金改道路上的"兄弟省市"相比,温州接下来又应如何把握自身定位?

"温州应该定位于建设区域民间资本的创新管理中心,规范民间金融以服务于实体经济,在区域中搭建起民间资本与实体企业相互促进、良性循环的体制机制,通过创新制度设计,解决中小微民营企业中长期融资问题。"结合自己走访多地的经验,单东给出了自己的观察。

单东认为,下一步温州金融改革的关键是在现有的制度框架下,最大限度地为民营金融机构提供良好的发展环境、鼓励民间资本进入金融行业;积极转变社会管理方式,注重政策的可操作性和实效性,为民营金融企业、中介组织提供更多的话语权,营造鼓励民间资本自由流动的社会氛围。

载《温州日报》2012年10月11日
并配有作者大幅照片

一切的质疑最终都将烟消云散*

《杭州日报》记者：孔亚雷

> 浙江的经济确实在快速发展，尤其是民营经济。我们应该要肯定自己，这是欢欣鼓舞的消息。

受访人：单东（浙江省民营经济研究中心主任，浙江财经大学教授）

记者：请问您对这次杭州名列"福布斯最佳商业城市排行榜"榜首有何看法？

单东：不管怎么说，这个排行榜对于杭州来说是件大好事，对于浙江来说更是一件大好事。说明杭州乃至浙江正处于有利的上升趋势，杭州乃至浙江的知名度和美誉度都将大大提升，它有利于杭州走向世界，成为国际大都市。

记者：您认为杭州为什么会名列榜首？

单东：有一些看法认为那是近年来浙江经济发展得快，尤其聚焦到民营经济的发展。先不谈这种说法的正确与否，我认为这个问题透出了以下信息：我们对杭州、对浙江的自信心还需要加强，浙江的经济确实取得了快速发展，尤其是民营经济。我们应该要肯定自己，这是欢欣鼓舞的消息。

福布斯的排行榜虽然针对中国的国情对评选的某些指标作了调整，但它的评选体系还是与英文版一脉相承的，数据是准确、客观的，这次评选也在一定程度上反映了这些城市的经济市场化水平。杭州能在这次评选中脱颖而出，也说明了它本身作为一个商业城市的竞争力。

《中国大陆最佳商业城市排行榜》项目负责人陈岚回答记者的质疑时曾说，发布排行榜的目的，是为了给民营企业未来的投资提供一个可参考的资料，所以民营经济的发达程度以及发展潜力是

---

* 2004年9月，《福布斯》中文版首次推出了"2004年度中国大陆最佳商业城市排行榜"，杭州位居榜首，一时间外界一片哗然，争议纷起。《杭州日报》要求采访单东教授。单教授认为，自己作为杭州市民，为此感到自豪，故欣然接受采访。

排行榜重要的考量指标。的确,在这几点上杭州占有优势。

浙江的民营经济发达,在全国有举足轻重的地位,2003年全省民营经济创造的增加值共计6 586.4亿元,占生产总值的70.1%。另外杭州的地理位置也相当优越、水陆交通便利,加之作为旅游城市,商贸气氛浓厚,劳动力资源也相当充裕,这些都是杭州能够拔得头筹的重要因素。

记者: 目前对此榜单有一些不同程度的质疑,对此您有何看法?

单东: 我认为首先是因为理解有差异。由于中美两国文化背景不一样,福布斯的指标跟我们中国人的观点存在一些分歧,对于"商业城市"的诠释有不同标准。中国要走向国际化,也要学会用国际的眼光,从不同角度来看待事物。

其次是因为固有的城市观念、城市印象。杭州在人们心目中是旅游城市,这已形成了普遍的社会心理,对于突如其来的"商业城市"定位存在接受的差距。其实旅游产业所带来的综合效益是整体性的,比如交通客运、消费市场拓展,这些和"商业城市"是不冲突的,我们的观念往往落后于现实的发展,但事实胜于雄辩。另外,如有报道文章"北京不敌杭州名列第六",这样一个题目,倒是透露出一些人认识上的误区:为什么要拿北京作对比,就因为北京是首都?我们要用市场经济的眼光来看待城市发展,谁都有机会,谁都能走在前列,城市也要有竞争观念、学习观念。

最后,杭州此次之所以能摘得桂冠,靠的是综合分,要从单项来看,深圳、北京等城市的优势是非常明显的。从我们一般的感性认识来说,可能单项优势更突出,更容易引人注目,靠综合取胜有点出乎意外。当然,这也说明,杭州在一些方面是有缺陷的,还需要努力。

商业排行榜的出现往往是会带来争议的,作为杭州本身应该洒脱地来看待这些质疑。杭州和浙江要用实力来证明自己,相信随着自身的发展,一切的质疑最终都将烟消云散。

载《杭州日报》2004年9月17日

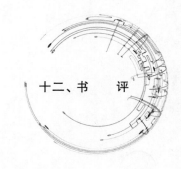

十二、书 评

1. 网络变革时代的理论与实践先行者
   ——读毛光烈副省长《网络化的大变革》
2. 新时代浙江高质量发展的指南针
   ——读盛世豪的《从"腾笼换鸟、凤凰涅槃"到高质量发展》有感
3. 浙江金融发展中的宏伟著作
   ——评陈国平教授的新著《钱江东去》
4. 一部浙江"深入改革,大胆试验"的经验宝典
   ——读沈祖伦省长的《沈祖伦自选集》
5. 对重大理论问题的可喜探索
   ——评蒋学模《社会主义所有制研究》
6. 民营经济的冲锋号,改革开放的过河卒
   ——评单东教授的《民营经济论》
7. 民营经济研究的硕果
   ——评《民营经济论》
8. 《欧洲十一国纪行》读后感

网络变革时代的理论与实践先行者
——读毛光烈副省长《网络化的大变革》

当今世界,科学技术的发展日新月异,知识推陈出新的周期不断缩短,据有关数据统计,人类近30多年来所积累的科学知识,几乎占了人类有史以来新积累科学知识总量的90%,科学技术发展速度之快,知识更新速度之快,可见一斑。而这当中,信息技术,特别是网络信息技术的崛起和发展,正不断改变着人类的生产和生活方式,给整个人类社会的发展进程带来了巨大的深刻的影响。以互联网为代表的信息技术发展的突飞猛进,引领了社会生产生活的新变革,为人类的生活创造了新模式、新空间,极大地拓展了人类的认知水平,人类认识世界、改造世界的能力得到了迅速地提高。很久以前,人们相隔千山万水,"老死不相往来",现如今通过科技,即便是天南地北,彼此也能"鸡犬之声相闻"。正如毛光烈在新作《网络化的大变革》中说的那样,"网络正在覆盖着人类与自然活动的一切领域,世界正进入网络无处不在、无时不在、无物不联的时代"。世界早已变成了地球村。

在我们这个时代,网络技术使人类的知识得以迅速地传播、积累、分析、组合、存储和再现,完全可以这么说,人类经济社会文化生活的各方面,都将无时无刻不被网络技术所渗透。因此,如何利用网络技术更好地服务我们的生产和生活,如何发挥网络技术最大意义上的积极效应,是一项十分值得研究的重大课题。而毛光烈同志的这部《网络化的大变革》,正好为我们翔实而生动地解答了这一问题。

毛光烈同志在书的前言里说,《网络化的大变革》这本书,是"为浙江的实践与探索而写的","是为党政机关特别是基层政府、部门管理干部而写的"。这当然是就这本书的实践操作层面而言,因为《网络化的大变革》这本书,并不是一本纯理论化的艰涩枯燥的学术专著,而是一本理论与实践紧密结合,具有相当可操作性、实用性的专业著作。

毛光烈同志说,这本书的主题词和落脚点是"网络应用促发展",书的主要内容是以下几点:(1)网络为什么会被广泛、快速地用起来?(2)怎样理解网络的广泛应用的意义?如何正确处理广泛应用与重点应用的关系?(3)怎样使网络的应用成为拓市场、调结构、促升级的新生力量,成为引领经济新常态发展的新动力?(4)在基层与企业从事实际工作的同志,如何在实践中利用好网络应用的机遇,加快创新发展?知道这4个重点,这就已经清晰梳理了本书的脉络,也知道了本书的重点主要放在"实践"和"探索"两个方面。从本书的结构而言,第一章条理清晰地阐释了网络化的实质是一场大变革,并说明了树立正确的网络化思维的重要性。第二章说明了云、管、端的技术进步,是如何让网络化实现大幅提速的。从第三章到第九章可以说是本书的重点,在这九章中,毛光烈同志为我们解析了以下几个问题:经济新常态下,网络化是促进"大众创业、万众创新"的源泉;网络化(云)可以为创业构建一个全程的服务体系;大数据时代,可以利用网络推动农业、工业和传统服务业的转型升级,而且还能确保健康绿色发展,这也符合习近平总书记提出的"绿水青山就是金山银山"的科学论断;网络化大变革中,要从实际出发,抓好商业模式的创新,谋取互联网和物联网的双重红利;如何在网络化过程中,实现主导新型商业链和数据流;利用网络,结合中国当前实际,务实有序地推进机器人产业发展;主攻"智能制造",是今后发展的潮流和方向。最后两章,毛光烈对于如何在网络化时代做好网络应用的推广,为我们提出了一些可行性的建议。就全书整体而言,结构明了,逻辑清晰,在阐述自身理论的同时,又结合了诸多企业发展的实际案例,使全书显得有很强的说服力。

毛光烈同志之所以能将这些问题分析得这么透彻,让人听了觉得容易接受,这和他一直以来十分关注和重视网络信息技术的发展是分不开的。在这个事情上,我有点发言权,现在就这方面稍微展开说一点。

2011年12月8日,时任浙江省副省长的毛光烈同志约我到他的办公室谈了一个上午,我们之间的谈话涉及的内容很多,当然,那次谈话主要是围绕让我做一个关于浙江中小民营企业发展问题的课题而展开的,所以,我们谈的主要还是关于浙江的经济发展问题。在这次谈话中,毛光烈同志就已经提出了浙江的机械制造业如何实现提升的问题,他说,浙江机械制造业要推动结构调整,实现转型升级,就"要向智能化提升,通过信息化来武装"。他还说:"现在的民营经济的结构调整,我觉得,很重要的一条是,发展科技型的中小企业,包括科技型的制造业和科技型服务业。"那个时候,毛光烈同志就已经清晰明确地提出了"信息化"和"智能化"两个概念,通过"信息化"和"智能化"来改造浙江的传统制造业,是很有高瞻远瞩的智慧和气魄的。

2016年1月20日上午,毛光烈同志

在他的办公室和我谈了两个多小时的网络化问题，我听得全神贯注，觉得自己仿佛听了一堂生动的、非常专业的网络化的讲座课。他不愧为中国网络时代的理论与实践的先行者。在谈话中，他提及了打造建设"智慧城市"的设想。我查阅资料了解了一下，"智慧城市"是高于数字化城市、智能化城市的一种城市发展模式，是让市民依托信息化基础建设的完善，充分享受城市信息化带来的智慧化城市生活。故而，要建设智慧城市，必须依靠网络化、信息化来推动和实现。建设一座"智慧城市"，不是嘴上说说就唾手可得的事情，它涉及的面很广，包括智慧公共服务和城市管理系统等诸多方面，经济、文化、医疗、就业等等，很多方面都会牵扯到。建设"智慧城市"，就需要推广网上办公，逐步实现"零距离"办事和"零跑路"服务；建设和完善城市智能交通系统，着力缓解城市交通拥堵；构建网格化管理服务和社会治安防控体系，推进社会管理和服务的信息化建设；推动信息化和工业化深度融合，加强信息通信高速网络和枢纽建设，加快推进"三网融合"，完善信息安全保障体系，推动物联网应用实践，实现城市管理精细化、智能化等等，总之，这是一项系统十分庞大的工程。

毛光烈同志在和我的谈话中，提到了很多关于建设"智慧城市"的具体构想，结合上面所说的建设"智慧城市"所需展开的各项工作，可见他提出"智慧城市"这个概念，不是一朝一夕，拍了个脑瓜就草率想到的，这背后饱含了他殚精竭虑的巨大脑力劳动，是经过了长时间的深沉思考，才得出这样一个想法的。

在《网络化的大变革》这本书的第九章《主攻"智能制造"》里，毛光烈指出，"'智能制造'将由主导阶段向主流及主宰阶段跨越，这是一个不会逆转的大趋势"。他已经预见到了智能化时代的大势所趋，提出从全面推广智能生产方式、集中力量做强智能装备产业、着力发展各具特色的信息工程产业、积极发展装备在线服务产业、重点发展"在役装备改装（造）"产业等五个方面来主攻"智能制造"。他提出"农业、工业、服务业都要全面推广智能生产方式"。这些理论，不仅仅对于如何发展浙江各项产业很有指导作用，对于浙江如何建设"智慧城市"也有很多启示意义。

毛光烈同志提出"智能化""智能制造""智慧城市"这些概念，是基于他多年对于经济发展前沿的细致观察和经验的积累，来源于他对于浙江经济发展实践的总结。他长期以来在浙江多个县市任职，负责分管经济方面的工作，所以对浙江各地经济的发展十分了解，又先后担任省地矿厅厅长、科技厅厅长、省发改委主任、宁波市市长，后来又担任浙江省副省长，分管工业和信息化等方面的工作，所以说，毛光烈同志提出这些概念，是他在透彻把握浙江各地经济发展情况的基础上，对于浙江经济今后发展方向的一种归纳、总结和创新，是很有参考意义和价值的。

无论是对想了解当前浙江经济发展情况的读者，还是想了解浙江经济今后发展方向的读者,毛光烈的这部《网络化的大变革》,都是一本很好的指南书。当然,这本书的意义远远不仅于此,它对于浙江经济发展政策的制定部门和执行部门,也是一部智囊参考书。总而言之,阅读毛光烈的这部《网络化的大变革》,将既是一次身心愉快的阅读,也是一次思想升华的精神盛宴。

最后,我想说的是,对于网络化问题,我是门外汉,为《网络化的大变革》这部专业性很强的著作写书评,可能显得有些捉襟见肘,书中的某些思想和理念,我可能未完全领会,我在这篇文中所叙述的,也只是《网络化的大变革》这部著作所展现出来的经济思想的一些侧面,所以,要想更完整、更全面地了解毛光烈同志在这方面的思想,我建议,大家不妨自己读一读这部极有实际用处的著作。

载《杭州日报》2016年3月7日

新时代浙江高质量发展的指南针
——读盛世豪的《从"腾笼换鸟、凤凰涅槃"到高质量发展》有感

浙江是习近平新时代中国特色社会主义思想的重要萌发地,省委、省政府及时全面地总结"八八战略"在浙江萌发、发展、深化的历程和取得的光辉成就,自7月19日起,《浙江日报》连续推出"习近平新时代中国特色社会主义思想在浙江的萌发与实践"十大课题的研究成果和实践案例,全面而深刻地反映了习近平新时代中国特色社会主义思想在浙江的萌发与实践,无疑具有重要的理论意义和现实意义。

该系列的首篇文章是盛世豪和王立军的《从"腾笼换鸟、凤凰涅槃"到高质量发展》。"腾笼换鸟、凤凰涅槃"是习近平同志2003年在浙江工作期间,针对浙江发展环境、发展阶段和发展条件的深刻变化,着眼于加快转变经济增长方式,推进经济转型升级、实现又好又快发展而提出的创造性发展理念。

这篇文章从"腾笼换鸟、凤凰涅槃"的提出及其深刻内涵,浙江推进"腾笼换鸟、凤凰涅槃"的实践成效,"腾笼换鸟、凤凰涅槃"与习近平新时代中国特色社会主义经济思想关于高质量发展要求的内在契合,进一步深化"腾笼换鸟、凤凰涅槃"从而推动浙江高质量发展等四个重要方面,详尽地阐述了习近平同志"腾笼换鸟、凤凰涅槃"理念为浙江大地带来的翻天覆地的可喜变化。文章理论结合实际,理清了"腾笼换鸟、凤凰涅槃"理念在浙江萌发、发展和深化的整个脉络,总结了该理念在浙江取得的实践成效,阐释了该理念与习近平新时代中国特色社会主义经济思想的一脉相承,充分论证了该理念的深化将进一步推动浙江高质量发展的必然性。

文章充分论证了"腾笼换鸟、凤凰涅槃"这一理念具有的深厚理论基础、实践

基础和群众基础,以及该理念的正确性、前瞻性,有助于我们更好地理解习近平同志这一创造性的发展理念,并助推全省上下进一步学懂弄通做实习近平新时代中国特色社会主义思想,更好地推动"八八战略"再深化、改革开放再出发,让"八八战略"在新时代绽放更加耀眼的光芒。

《从"腾笼换鸟、凤凰涅槃"到高质量发展》一文,能帮助我们更加深刻地领会习近平同志"腾笼换鸟、凤凰涅槃"这一理念,是推动浙江经济结构战略性调整和增长方式根本性转变的"金钥匙",是新世纪浙江经济发展的"指南针"。它像一把思想的火炬,照亮了浙江经济发展的探索历程。从这篇万字雄文中,我们可以脉络清晰地看到习近平同志是如何把握浙江实际,一步步将"腾笼换鸟、凤凰涅槃"由一种创造性理念,不断运用到实际,指导浙江经济发展取得实践成效和高质量发展,并进一步深化成为习近平新时代中国特色社会主义思想的重要组成部分。

《从"腾笼换鸟、凤凰涅槃"到高质量发展》一文,为我们深刻领会习近平新时代中国特色社会主义思想打开了一扇门,能够指引我们按照习近平总书记对浙江提出的"干在实处永无止境,走在前列要谋新篇,勇立潮头方显担当"的新要求新使命新期望,深入学习贯彻习近平新时代中国特色社会主义思想和党的十九大精神,以改革开放40周年、"八八战略"实施15周年为新起点,秉持浙江精神,开拓创新、砥砺奋进,让浙江未来的发展迈上一个新台阶,不断开辟习近平新时代中国特色社会主义思想在浙江生动实践的新境界。

载《浙江日报》2018年8月16日

浙江金融发展中的宏伟著作
——评陈国平教授的新著《钱江东去》

尊敬的各位领导、女士们、先生们：

下午好！首先，我衷心祝贺陈国平教授的专著《钱江东去》顺利出版。作者仅用了8个月的时间就完成了这部专著，可谓神速，令人钦佩！这表明了作者对三十多年来浙江金融发展、改革情况的熟稔、了然于胸，也显示出作者科研和写作水平的非同一般。现在，我简单谈一下对这部专著的感受。

我觉得这部专著很有理论内涵，它以通俗生动的语言，深入浅出地总结了浙江金融三十年改革发展的宝贵经验，是一部理论紧密结合实际的颇有特色的金融专著，它将对浙江金融领域的研究作出独有的贡献，同时也将为兄弟省市借鉴浙江金融改革实践经验提供有价值的参考。

通读此书，我感受到浙江金融发展的勃勃生机就像钱江潮涌般澎湃。书中对浙江金融发展的历史、现状和未来做了生动的解读。作者站在理论的高度，全面描绘了浙江金融蓬勃发展的壮美画卷，并结合全球经济发展形势，绘就浙江区域金融发展的蓝图，其观点深入独到，分析鞭辟入里。本书不仅是总结了改革开放以来浙江金融变迁和现状的"百科全书"，更是一部指引浙江如何发展区域金融的代表性著作。

通观全书，我感到该专著有以下几个特点：

1. 内容翔实，分析深入

该书以中小企业融资难为起点，详细介绍了近年来浙江金融创新取得的成就，如银行产品创新、小额贷款公司、股权投资、网络银行等，并介绍了浙江民营企业进军资本市场的表现，使读者全面了解浙江金融市场的特点、格局和发展脉络。

并且，作者在书中就浙江金融发展中的许多关键问题进行了解答，包括金融与经济如何良性互动、虚拟经济和实体经济如何相互促进、政府和市场在防范和应对金融危机中的作用等等。这些问题,在美国金融危机后,成为各方舆论的焦点,尤其是对金融创新的质疑,争论此起彼伏,作者在结合浙江金融实践的基础上,对这些问题做了深入分析,为浙江金融的进一步发展提供了创新性的建议。

该书资料丰富,每个部分都有详细的数据资料和现实案例作为支撑。作者在省政府工作多年,担任领导职务,协助分管金融的副省长直接参与指导浙江金融改革,具有丰富的实践经验,积累了大量的金融案例,这些案例不仅是书中论点的支撑,更是宝贵的历史资料,将成为浙江金融发展史上的重要篇章。

2. 观点具有前瞻性和指导性

该书最大的特点是每个部分都在现代经济理论的指导下,结合浙江金融发展的实践,借鉴国外经验,探索适合浙江金融发展的创新之路,如结合浙江民间金融发展现状,提出发展金融控股集团,以整合金融资源和打造地方金融品牌的观点;又如根据浙江当前小额贷款公司的发展现状,提出了发展社区民营银行的构想,这些思路建立在深入分析浙江省情的基础上,又融合了国际金融发展的经验,是对未来地方金融创新的有益探索。

该书还在充分分析浙江地方金融成长逻辑的基础上,为浙江金融的未来发展规划了蓝图,创新性地提出了建设"区域性资本市场"的发展理念。建设浙江区域性资本市场,是整合当地金融资源、服务当地经济发展的重要举措,也是丰富我国资本市场层次、形成多元化资本市场体系的需要,能充分立足浙江金融供需旺盛的特点,与上海建设国际金融中心进行差别定位。这一理念的提出,对于明确浙江未来的金融发展方向,具有前瞻性和指导性。

全书文笔流畅,描述生动,从历史谈到现实,从现实出发规划未来,立足区域,放眼全球,格局宏大,思路清晰,能使读者全面了解浙江金融发展的脉络,更在层层迷雾中指引读者认清未来发展方向。这部别具特色的专著,可以称作浙江金融史的重要文献,我相信,它一定会得到业内外广大读者的好评。

本文是作者在《钱江东去》新书发布会上的发言稿,载《民营经济通讯》2011年第8期

一部浙江"深入改革,大胆试验"的经验宝典
——读沈祖伦省长的《沈祖伦自选集》

浙江的改革开放为中国特色的社会主义市场经济建设事业谱写了浓墨重彩的篇章。浙江处于改革开放的前哨,在全国改革发展大局中占有重要地位。浙江的改革开放,没有先验的经验可以借鉴,只有凭着"摸着石头过河"的勇气,靠着大胆试验,深入改革。30 年来,正是浙江省委省政府,顺应了民意,顺应了历史潮流,带领浙江人民紧抓机遇,敢闯敢冒,大胆创新,在改革创新中不断加深对市场经济的认识,在广度和深度上推进市场化的改革,为全国的市场化改革树立了良好的典范。浙江省原省长沈祖伦同志正是这场轰轰烈烈变革的重要领航者之一,引领浙江人民创造了无数的经典传奇。

在庆祝改革开放 30 年、中华人民共和国 60 华诞之际,《沈祖伦自选集》(以下简称《自选集》)辑录面世。在这本以讲话、文章、书信和提案等形式出现的《自选集》中,作者以一个改革的积极参与者和领导者的身份,向人们讲述着这段传奇岁月。收录在《自选集》里的材料,不仅是沈祖伦同志的著作,而且也是"浙江干部群众改革开放实践的记录,也是许多亲历改革开放一线的同志们的思想结晶"。当我阅读着这些十分丰富的精神财富时,内心无比澎湃……

注重调查研究,走群众路线,这是浙江改革成功的根本经验

沈祖伦同志在省长任上时,几乎走遍了整个浙江省,他深入各行各业做调研,亲临工厂车间和乡村田头,切身体察民众的疾苦,日思夜想寻求变革之道。他热爱人民,情系百姓。走群众路线是共产党的宝贵的精神财富,这种精神在沈祖伦同志的身上充分地表现了出来,令人发自内心地敬佩。尽管《自选集》是从 1984 年的乡镇企业改革的文件开始

的,虽然作者在《编者的话》中对改革最初的讲话都因历史久远已经难以找到而深感遗憾,但我认为,他的《在农村改革三十周年论坛上的发言》已经把农村改革这段历史和经验总结出来了。在这篇文章里,大家可以看到他的赤子之心。邓小平有一句经典名言:"我是中国人民的儿子,我深情地爱着我的祖国和人民。"沈祖伦也是抱着这样一种感情,事实上也是这样做的。正因为有着对人民朴素而深情的挚爱,才能真正从人民的疾苦和利益出发,来探索改革发展的路径。"知道农民苦难的人,怎么不思索,怎么不寻找改革的路?这是从我切身经历说的。要知道,我们原来都是维护集体经济、公有制立场很坚定的。为什么后来投身改革,就是这么来的。因为知道老百姓苦。为了让农民从苦难中摆脱出来,不怕与党在农村的传统政策相违逆,不怕去探索当时上级不允许做的事,不怕丢'乌纱帽'"(第301页)。正因为心中有一杆以人民的利益和福祉为出发点和归宿的公平秤,只要有利于人民的事,他就带领大家探索着干。他是一个忠诚的辩证唯物主义和历史唯物主义者,始终注重调查研究,从群众中来到群众中去。始终坚信人民群众是历史的主体,是历史的缔造者,他所做的始终是坚持实事求是、解放思想的路线,尊重和引导人民群众的首创精神,并以此作为浙江改革开放的动力之源。这使他获得了无以伦比的人格魅力,赢得了浙江人民的支持、崇敬和爱戴,为浙江市场化改革的丰功伟绩立下了不朽的功绩。

从整本书看,无论是讲话、文章还是决策提案都始终贯穿着大兴调查之风,没有调查就没有发言权的工作作风。从1982年至1986年,中央连续发出五个关于农村发展的一号文件,废除了人民公社,确立了以家庭承包经营为基础、统分结合的双层经营体制。中央制定这五个一号文件的五次中央工作会议他都参与了,也见证了中央领导和农研室,以及各省区市领导在农村工作方面调研的出色表现。在对江苏和本省充分调查研究的基础上,他做出的《"宝"就要押在乡镇企业上》(1984年)、《发展家庭工业和联户工业对于农村繁荣的重要战略意义》(1985年),则集中反映了这一时期作者对浙江农村改革调研后的思考。为了获得真知,下乡做调研经常一去就是半个月,浙江许多乡村都留有他引领农民改革的脚印。《深入改革、大胆试验》(1986年)是沈祖伦在考察温州的改革后所作的讲话的报道。在这篇报道中,他充分肯定了温州民众在商品经济发展中的有益探索,并主张推而广之,大力促进发展商品经济,使农民从土地上转移出来,富裕起来。他在此次考察的讲话中还特别强调了敏感的所有制改革问题,提出了在所有制的改革上要突破原来的老观念,不要机械地热衷于搞全民所有制,要鼓励发展家庭工商业,充分发挥市场的力量。更难能可贵的是他在讲话中还特别强调要保护改革的人,保护这些为党的事业冲锋陷阵的英雄,我很感慨他的开拓性思维和"以人为本"的管理理念,这个在20世纪末21世纪初中国大地上才流行的"以人为本"的管理理念,浙江省早在20世纪80年代就在实施了,而此时的中国,仍未能走出"十年文革"对人才蹂躏的阴霾。浙江省政府的开明与智慧,在于尊重和保护了群众的意愿和积极性。在市场经济萌芽的早期,他们不尚空谈、埋头苦干、讲究实效、面对质疑不争论、面对成绩不张扬,对于探索中的尝试他们则多做少说,只做不说,给起步脆弱的民营企业赢得了发展的先机,使中小民营企业的发展有较好的宽松环境。20世纪80年代,在全国各地为市场经济改革姓"资"姓"社"进行面红耳赤的争论时,浙江省却务实地给民营企业纳税大户颁发奖状,给效益突出的民营企业的当家人戴大红花,使民营企业经营者士气高涨,并成功开发了一系列填补国内空白的高科技产品,走出了一条"先放开后引导,先搞活后规范,先发展后提高"的民营经济发展之路,成就了后来人们所熟知的"温州模式""浙江模式"。这归功于浙江省各级政府务实的工作作风和对群众首创精神的尊重,实事求是地按照市场经济规律办实事。

注重调查研究,走群众路线,使浙江赢得了辉煌的30年。当前中国的改革事业在向前推进中,国际国内宏观环境发生了深刻的变化,世界经济仍未从危机中走出来,前方的路充满荆棘,下一个30年中国经济何去何从充满挑战,这就需要政府再次解放思想,拿出大智慧来应对困难。

沈祖伦同志认为,干部要每时每刻心里想着老百姓。之所以重点重申这一原则,确实应该看到,在当前不少党员干部中,已经没了改革开放初期敢想敢干的锐气,遇事首先不是想着符不符合老百姓的利益,而"首先看上级的态度,不看对老百姓有没有利;重'形象'工程、'政绩'工程,而轻脚踏实地帮助群众解决难题。不要说中下级干部,即是一些地方高层领导,一遇改革敏感话题就不敢问津,反要让你不要去碰。其实,改革的氛围也要靠领导去营造。要靠领导自身对于改革的热情的带动。"(第302页)他指出,当前干部队伍中相当一部分人对于改革的动力和热情不如改革初期。这是一个大问题。这是很不利于改革的。今天改革的领导问题,首先就是改革的动力和领导对于改革的热情问题。所以他大声疾呼,从中央以至各级领导,要多深入到基层,到第一线,了解老百姓的困苦情形和要求。同时健全社会各种群体尤其是弱势群体的利益表达机制,使之能顺畅地反映群众的利益诉求,进一步从人民群众中吸取改革的原动力(第303页)。

重视调查研究,尊重群众的首创精神,走群众路线,这是浙江的首要经验,是改革开放进一步深化发展的动力源泉和精神支柱。

重视党风建设,认真做好思想工作,这是浙江改革成功的根本保证

沈祖伦同志在担任省长工作期间,

直至从领导岗位上退下来之后的今天，都非常重视党风、党纪和党员的反腐倡廉工作。在《自选集》里，有三分之一以上的篇幅是这方面的文章或讲话，反映出省领导历来重视党员干部的思想素质教育，历来重视党员领导干部廉洁奉公的思想道德基础建设和牢筑反腐拒变的思想道德底线，以此来保证经济改革的顺利推进，服务于经济建设的大局。

在早期的讲话《关于军队、高干子弟经商办企业问题》(1988年)中，沈祖伦同志就明确军队不能做生意、高干子弟经商办企业有必要实行回避；他在八届全国人大一次会议上的《关于腐败问题》(1993年)的发言，是一份提议，建议中央领导要对腐败现象的严重性有深入的了解，要对腐败情况有足够的估计。他提出，不应把反腐败仅仅限于经济领域，干部问题的腐败是最大的腐败，是腐败问题的根源，干部问题的腐败已经相当严重，中央政府要采取必要的举措来防止中央和国家机关产生新的腐败。沈祖伦在此后的《反腐败中随便抓人、刑讯逼供现象值得注意》(1998年2月)、《反腐败中被掩盖着的一个倾向》(1998年7月)、《关于加强对党纪检查、行政监察部门监督约束的建议》(1998年9月)、《给尉健行同志的信》(2000年3月)、《再次请求对纪检系统搞刑讯逼供造成冤假错案的情况引起重视》(2000年12月)、《建议仿照四川省做法由法、检、公联合下文规范刑事证据工作》(2005年5月)、《关于冤错案问题给贾春旺的信》(2005年6月)等文中一再向政法、党纪检查、行政监察部门指出，"刑讯逼供"、搞冤假错案就是党和政府的一种腐败，应该引起全党的重视，要建立错案责任追究制度，加强对这些部门的监督和约束。执法部门对公民(包括普通民众和党员干部)进行非法拘禁、刑审逼供或变相刑审逼供，造成冤假错案以及人身伤亡甚至不正常死亡的事例屡闻不止；最近多起重刑犯越狱事件引发监狱"寻租链"的曝光，揭出基建工程和干部人事买卖的寻租点；地方的"打黑"却揪出多名高官，多名高官中居然包括恰恰是维护治安、专职提供基本秩序的公安局长……失去人民监督的公共权力正在失去它的公平与正义。更有甚者，公共权力的掌管者与社会资源垄断者以及利益相关者出于共同利益的互动需求，心照不宣地相互勾结形成利益集团，利用法律和体制漏洞，利用公共资源为利益集团谋私利，扭曲了公共权力的宗旨，在民众中造成恶劣影响，损害党和国家的利益和名声，使整个社会对党员干部失去信心甚至绝望……正因为看到了腐败不治给社会带来的苦难，沈祖伦才三番五次向中央疾书。

沈祖伦在2000年《给尉健行同志的信》中写道："这几年抓大案要案如割韭菜，边割边长，甚至割的不如长的快。这说明我们在治本上下的功夫不够，需要加大力度，在加强思想政治教育，加强监督管理，健全法制的同时，特别要在制度改革，包括行政管理制度、财经制度、干部人事制度的改革上作深入研究，对可以不必设立的公共权力，大胆革除，釜底抽薪。"(第 187 页)公共权力除了自我约束，保证其自身权力行使的合法性外，必须要借助于社会和民众的监督，真正做到政务公开，欢迎媒体和舆论的监督，让权力在阳光下运作，保证民众的知情权，通过完善的制度安排防止官员任免和执法活动的暗箱操作，以体制的力量体现公共权力的人民性，才能保证公共权力的公平与正义，中国的改革才能回到健康的发展轨道上来。

重视公有制多种实现形式的探索，重视发展民营经济，重视体制创新

改革开放以来，浙江省各级政府领导全省民众投身于一场轰轰烈烈的创业富民、创新强省的改革大潮中。在浙江大地上探索出的"温州模式"已作为"浙江模式"的重要代表为人民所熟知。温州人根据自己的实际情况，千家万户兴办家庭企业，创办起数以百计的专业市场，全民闯入商品经济的汪洋大海。对于温州的发展格局，人们一直存在着不同的看法和争论，争论的焦点是浙江温州发展的到底是社会主义还是资本主义，当时也有不少中央领导认为浙江温州发展的是资本主义。省政府领导顶着压力，一边大胆试验，一边做好群众发展商品经济实践的调查研究工作。调查中发现民众的积极性前所未有地被激发了：改革开放前，国力有限，百废待兴，国家投资于浙江的工业基本项目少，资金不足，对国家等靠要难以满足地方的发展，而浙江人如果不自力更生，都向政府要就业、要收入，国家的负担不就更重了吗？而恰恰是被激发起来的这种自主创业、勤劳创富的精神令浙江日月换新天，实践证实哪里重视了民营经济哪里经济发展就快，某个地方原本的经济条件再好，但不重视发展民营经济，也难免为后来者赶上，这是确确实实的老百姓经济。实践越是解放了生产力，领导干部就越有信心和热情探索这条市场取向的改革之路，而民营经济获得极大的激励，不断提高了在浙江经济发展中的贡献率。

读《自选集》中《要十分重视解决乡镇企业的机制问题》(1992 年)、《小型、微利、亏损的乡镇企业要大胆实行拍卖、租赁、兼并、联营》(1993 年)、《浙江应该更放手地发展个体、私营经济》(1993 年)、《把乡镇集体企业产权制度改革作为当前改革的重点》(1994 年)、《股份合作制企业股权相对集中是必然趋势》(1998 年 3 月)、《改革国有外贸企业和发展私营外贸企业》(1998 年 5 月)、《鼓励引导个体、私营经济的更大发展》(1998 年 10 月)、《浙江乡镇企业再上一个新台阶》(1999 年 6 月)、《多种所有制经济共同发展是国有企业改革和发展的重要外部条件》(1999 年 9 月)、《体制创新是第一位的》(2000 年 3 月)、《进一步发展私营外贸企业》(2000 年 9 月)、《〈谈浙江经济机制〉前言》(2004 年 8 月)等文章，为我们展现了一条浙江领导和民众共同探索，由模糊到日渐清晰的"以民为本的""多元化"的浙江特色的改革路径。沈祖伦的这一系列文章和讲话

体现了我国改革开放以来对所有制改革的实践、探索和总结,对我国所有制改革的认识是具有决定性影响的。浙江的改革实行的是体制内和体制外改革相结合的改革路径。改革始终坚持"三个有利于"标准,形成了体制机制上的先发优势,从根本上奠定了浙江经济充满活力的微观基础。在每一个发展的关键时期,各级政府又表现出有节制的"有为"。顺应市场经济规律而又发挥"看得见的手"的宏观调控作用,积极提供周到的社会服务,引导经济社会健康有序地发展而且不断实现升级换代。同时,浙江各级党委、政府着力推进国有大中型企业的改革脱困和国有经济的战略性调整,对国有和城镇集体企业大刀阔斧地改制转制,实现了从"体制外成长"到"体制内攻坚"的大转变,使一大批国有企业成了行业的排头兵。

读沈祖伦的文章使我们了解到,浙江推行农村家庭联产承包责任制的初衷是为了解决农村温饱问题,私营经济的发展也被看作与落后生产力相适应的所有制形式,但事实上非公有制经济在浙江的发展展现了强大的生命力,个体经济、私营经济因产权明晰的特点而具有很强的市场适应性以及价值增值能力,具有国有经济和集体经济所无法比拟的优势。"在我国人口众多而人均资源贫乏的情况下,发展个体私营经济恰好有利于发挥人力资源优势,从劳动力与最简单的生产资料相结合开始,进行原始积累,有利于依靠和调动最广大人民群众的积极性,充分开发各种资源,加快社会资本的积累。这是建设有中国特色社会主义的需要,是在我们这样一个经济落后的国家迅速发展生产力的需要。这是不以人的意志为转移的客观规律。"(第161—162页)

我国的社会主义初级阶段的基本国情将在相当长的一段时间内保持不变,因此,个体经济、私营经济将长期存在,发挥它在优化资源配置方面的优势。十五大报告第一次对传统的公有制理论做出了重大修正,所有制结构主体的多元化发展的格局已经形成。浙江作为民营经济发达的省份,所有制结构也得到了不断优化。目前浙江省非公有制经济的增加值占全省GDP的70%以上。国有企业的数量占全部企业比重很低,不足2%,但浙江国企的资产总量位居全国第五,净资产、国有资产总值和营业收入位列全国第四,可见,浙江的公有制也不是以占所有制结构比重取胜,而是以创造价值的数量和质量取胜,再次显示效率取胜的浙江发展特色。同时,浙江的各种所有制经济在工业各行业企业中的比重也是比较合理的。在浙江,纺织、食品、家具、文体用品、塑料制品等市场化程度高、竞争激烈的制造业,国有企业几乎完全退出;在医药化工、电子通信设备等资本与技术密集型的领域,国有企业所占比重维持在10%—15%之间;而在石油、钢铁、电力、自来水等重要基础工业及公共产品领域,仍然是国有经济占支配地位,而且有加快向关键行业、重点地区和大企业集中的趋势。浙江率先建立的这种市场经济机制和形成的各种所有制企业协调发展的市场主体格局,已成为浙江经济发展的不竭的动力源泉①。

关注民生,改善民生,保障民生是浙江改革开放追求的目标

对民生的关注是浙江省领导人的一个良好传统。或者从更久远的历史渊源上看,浙江人受儒家文化的价值观念影响至深,历代学者和官员深受"立言、立德、立功"三立思想的影响,促使他们关注民生,重视民利,以"万民之忧乐"为忧乐。沈祖伦省长就是这样的一位领导。

《自选集》中,有多个提案或讲话都是以关注民生为议题的:有关心民众衣食住行的《关于我国食物生产发展思路的意见》(1996年);有关于文化教育体育卫生方面的提案《建议不要把算盘丢掉》(2002年)、《"让老百姓有戏看"是民生大事、公共品供给的大事》(2008年)、《有关体育和教育工作贯穿落实科学发展观的问题》(2009年);《缅怀江华同志,弘扬"注重民生、崇尚实际"的好传统》(2007年)的讲话借缅怀江华同志诞辰一百周年之际,对这位主政浙江十四年的老领导身体力行的良好传统进行了全面的梳理,以朴实无华的语言给我们讲述了这位老领导是如何关注民生的。"民生"离我们很近,就在我们身边,"民生"不是豪言壮语,"民生"其实就是我们菜篮子里的萝卜青菜加豆腐,是学有所教、劳有所得、病有所医、老有所养、居有其屋。

什么是民生?讲白了,民生就是让老百姓过上幸福安康的好日子。新中国成立后浙江的发展,尤其是改革开放30年的发展,其实就是民生发展的30年。沈祖伦在上述《缅怀》一文中给我们讲述江华同志在"文革"前重视粮食生产,重视水利,重视绿化荒山,重视保护山林和水土保持,重视保护农田,强调山、水、田、林、路、农、牧、渔、副综合规划,统筹发展的朴素的科学发展的思想。"大跃进"时期,由于浙江的务实,使得这场灾难比全国其他地方要轻得多,这更使浙江的领导干部深受教育,懂得要牢记为人民谋利益,实事求是,归根到底于己不会吃亏。改革开放30年,浙江的各级领导确实起到中流砥柱的作用,他们站在人民的一边,相信和依靠人民,把人民视为创富的主体和原动力,带动全民创富。因此,浙江的"藏富于民"绝非偶然,这是与浙江领导者"注重民生,崇尚实际"的良好作风密不可分的。改革开放以来,GDP逐渐成为考核官员政绩的重要指标,因此也就伴随一个不好的现象:崇拜和片面追求GDP,唯GDP马首是瞻。GDP的增长是社会经济发展的重要前提,但普通民众如果不能从增长的GDP中获益,GDP就不能全面反映人民生活水平的提高,所以近年来我国的许多地区都出现了有增长无发展的情况,GDP提高了,但民生水平得不到实际的提高。"藏富于民"的浙江在经济快

---

① 徐友龙.浙江经验:中国发展的经典财富[J].观察,2007-02-01.

速增长的同时,百姓的收入也基本保持了同步增长,这应该得益于"注重民生,崇尚实际"的好传统。这也是浙江30年发展的经验财富。浙江的富,主要是浙江农村的富和百姓的富。浙江各级政府本着"富民强省"的宗旨,坚持富民优先、藏富于民,这反过来也为强省的财政来源提供了不竭的源泉,形成富民与强省的良性互动。

"民生,对于执政的共产党人来说,是永远的主题,永远的责任。"(第299页)随着社会经济的发展,民生的内容和范畴也不断地扩大,这就要求公共服务型的政府继续"关注民生、崇尚实际"的良好传统,继续坚持富民目标,为人类生存和发展创造良好、和谐、可持续发展的环境和服务,为人民提供更多更好的公共产品,如医疗卫生、文化教育、社会保障、基础设施等,并实现其均等化。关注民生还表现为为民众争取更多的民主权利,为作为市场主体的民众提供公平竞争的环境,提供制度供给服务、良好的公共政策,使社会经济获得更快更高水平的发展。

载《民营经济通讯》2010年第2期

对重大理论问题的可喜探索
——评蒋学模《社会主义所有制研究》

最近由浙江人民出版社出版的著名经济学家蒋学模的专著《社会主义所有制研究》,是国内系统地研究社会主义所有制问题的最新著作。

社会主义所有制问题是社会主义政治经济学中的一个重大理论问题,也是我国经济体制改革中的重大理论问题和实践问题。

《社会主义所有制研究》(以下简称《研究》)一书共分六章:第一章,生产资料所有制的内涵;第二章,社会主义所有制的产生;第三章,社会主义全民所有制的性质;第四章,社会主义全民所有制的形式;第五章,社会主义集体所有制;第六章,社会主义所有制和非社会主义所有制的共存条件。作者在第一章中,从马克思、恩格斯、列宁和斯大林关于所有制的含义论述起,深刻分析和比较了各经典作家对所有制观念的共同之点和相异之处,从而阐明了经典作家对所有制观念的历史发展过程。由于社会主义所有制问题是全书研究的中心,所以作者就以大部篇幅(第二章至第五章)分别对社会主义所有制的产生,社会主义全民所有制和社会主义集体所有制的性质、形式诸问题进行了详细的论述。这是全书的主体部分。作者在第六章中,分析了社会主义所有制与非社会主义所有制共存的若干条件,这是对全书中心议题的延伸和扩展。在这一章中,作者首先把马克思设想的社会主义模式和社会主义现实作了对照。在此基础上,根据我国实行对内搞活、对外开放的政策,深入分析了国内,特别是经济特区和经济开发区出现的多种经济成分的所有制,并做出了理论说明;此外,作者还对利用外资的性质、目的、意义、范围和形式作了深刻的探讨。总之,作者在《研究》一书中,以马列主义经典作家的有关论述为指南,紧密联系国内外的实际,尤其是我国当前经济体制改革的实际,突破前人在所有制问题上的窠臼,提出了不少独创性的见解。

作者在论述社会主义全民所有制的性质时，把社会主义全民所有制和共产主义全社会所有制作了确切的区分。在论述社会主义全民所有制的形式过程中，还提出了如何理解在社会主义国家所有制企业中劳动者和生产资料相结合的问题，认为："劳动者和生产资料是结合还是分离，并不取决于担任直接生产工作的同生产资料之间是否存在着生产组织者和管理者，而是取决于这些生产组织者和管理者同直接生产工作者的关系，究竟是一种什么样的关系，是剥削与被剥削的对抗关系，还是根本利益一致的劳动者之间的分工协作关系。"（第132页）作者从这种观点出发，指出那种"认为社会主义国家所有制不是劳动者和生产资料直接结合而只是间接结合"的观点是不能成立的。作者认为，劳动者和生产资料的"直接结合"，不应从生产组织形式的角度而应从经济关系角度来看。因此，作者认为，不能把劳动者和生产资料的"直接结合"理解为劳动者直接支配生产资料和直接管理企业。作者的这一见解与理论界流行的观点迥然相异，但我赞同作者的观点，因为它比较符合社会主义的实践。

作者在论述社会主义集体所有制时，还提出了集体经济中"四权"的统分结合应遵循的若干原则，指出："从我国集体经济的情况来看，集体所有制经济中生产资料所有权、占有权、支配权和使用权的'统'和'分'的关系上存在着下列的规律性：第一，'分'是以'统'为前提和基础的。""第二，统分结合的不同程度，表现为各种不同形式的经济责任制。这个'度'，归根结底，决定于生产力的状况，决定于生产社会化的程度。""第三，管理是社会化生产中决定生产力水平的一个重要因素。集体经济统分结合的'度'和责任制的具体形式，在很大程度上也取决于干部的管理水平。"（第163—165页）作者不仅对"四权"的"统"与"分"作了周详的阐述，而且还为区分大集体和小集体的标准问题提出了新的主张："按照统负盈亏还是自负盈亏为标准来划分，单个集体企业自负盈亏的称为小集体，一群集体企业组织在一起统负盈亏的称为大集体。"我认为，按这样的标准区分大集体与小集体是比较科学的。

以上是对《研究》一书中的新观点所作的部分介绍。综观全书，我认为还有以下两个显著特点。

第一，作者不拘泥于旁人和自己的旧说，力图通过认真探索，努力开拓社会主义所有制这一重大课题研究的新局面。例如作者在论述集体经济中"四权"的统分问题时说：自己过去也和其他一些同志一样，"认为社会主义公有的生产资料的所有权、占有权、支配权和使用权是统一不可分割，并依据这一理论基础，认为社会主义经济的高度集中统一的管理制度是天经地义，不容改变，这是一种相当普遍的传统观念"。"这种脱离生产力的状况和生产发展需要而独立地、抽象地谈坚持社会主义的'左'倾错误观点，对我国农村集体经济发展造成极大的束缚，使包产到户这种能促进农业集体经济发展的生产责任制，被窒息了将近二十年。"（第162页）作者在自己的思想认识变化的基础上，密切结合我国当前集体经济的变革现实，创造性地提出了关于集体经济统分结合的几项理论原则。这是作者积极探索精神的具体体现。

第二，坚持理论联系实际，密切结合我国当前的社会主义建设的实践，特别是蓬勃展开的经济体制改革的实践。如作者在论述全民所有制企业中生产资料使用关系时说："生产资料必须有明确的使用权，才能实行明确的生产责任制。厂长应对全厂的生产资料负责；车间主任、工段长、班组长应对划归车间、工段、班组使用的生产资料负责；固定给各个工人使用的机器、设备、工具和原材料，则应由工人个人负责。"（第117页）作者并强调指出："按照责、权、利相结合的原则正确处理生产资料的使用关系，是正确处理社会主义生产资料所有制关系的一个重要方面。"（第119页）又如作者在第四章里对如何改进我国所有别形式提出了一个崭新的设想，指出："可不可以设想，社会主义全民所有制企业按其生产的社会化程度不同，分为全国人民所有制企业、全省（市、自治区）人民所有制企业（省、市、自治区有企业）和全县人民所有制企业（县有企业）。"作者认为："如果实行国有、省有、县有这样三级全民所有制企业的形式，经济管理上中央和地方的关系就可以大大简化。"这样，"既可以更好地发挥中央集中统一领导整个国民经济的作用，又可以使省、市、县放心地和放手地发展自己的经济，充分地调动地方的积极性、主动性"。作者认为在实行三级全民所有制企业的条件下，国家与企业的关系将更容易得到正确处理："就中央一级来讲，国有企业的数量大大减少了；就省、市、县各级来讲，各级地方政府各自管理自己行政区域范围以内的企业。经济责任制的形式和责、权、利的各项规定，可以更切合各地的特点，较之在全国范围内来作统一规定，可以更灵活，更适合生产和经营的实际需要。"（第149—150页）把社会主义全民所有制区分为全国人民所有制、全省人民所有制、全县人民所有制这样多级形式，是一个关系经济体制改革的大问题。我认为，作者的这个方案是我国所有制体制改革的较为理想的目标模式。

作者把社会主义所有制问题作为一个独立问题来进行研究，这是对这个重大理论问题所进行的可喜探索。但也毋庸讳言，作者对个别观点存有论证粗疏或偏离实际的倾向。例如在论述怎样正确处理生产资料支配关系时说，可以把生产资料的投放对象，分为如下的五个层次："第一个层次是国民经济基本部门。""第二个层次是产业部门。""第三个层次是专业工厂。""第四个层次是专业化工厂内部的大类产品。""第五个层次是产品的不同花色、品种、规格。"（第112—113页）这种"五层次"说与1984年国务院提出的关于企业扩权的十个方面相比有何优劣差异？在现实的经济活动中是否可能行得通？并且，它和国务院1986年决定的缩小计划分配物资的种类和范围,把大部分属于国家指令性计划分配的物资,逐步改变为在国家计划指导下,由企业自主安排生产和购销的关系如何? 等等。虽然作者未曾论及,但我认为,这些问题是客观存在的,还有待于作进一步的探讨。

载《社会科学评论》(西安)1986年第2期
中国人民大学《报刊资料选汇》
1986年第5期全文转载

民营经济的冲锋号,改革开放的过河卒
——评单东教授的《民营经济论》

浙江大学经济学院教授 博士生导师　张旭昆

《民营经济论》是单东教授自1989年以来执著地倡导民营化的一系列论文、调查报告的汇编,其中贯串的一根主线就是坚持中国企业制度在产权关系上的民营化改革。

单东教授一直是思想活跃,思维敏捷,多年来坚持为中国的民营经济鼓与呼。从20世纪90年代初期开始,单东教授就以一种大无畏的精神,像一个过河卒,始终不渝地坚持民营化的主张,鞭辟入里地阐明民营化的主张,毫不畏惧地捍卫民营化的主张。书中第一、二部分的文章反映了单东教授为民营经济正名的不懈努力。90年代初期主张民营经济是很不容易的,是有一定政治风险的。今天,历史已经证明,国有企业民营化是正确的主张,已经成为大家的共识甚至是常识了。这里也有单东教授的一份功劳。

单东教授不仅大声疾呼国有企业的民营化,而且进一步跟踪民营经济发展中出现的各种热点和难点问题,思考解决之道。如民营企业如何摘去"红帽子",如何解决融资难问题,如何实现两权分离、建立现代企业制度,如何抓住全球化的契机、实施走出去的战略,如何培育民营企业的核心竞争力,如何保持和发挥民营企业的创新精神,如何提高民营企业的政治地位,等等。书中第三、四、五、六、七、八部分的文章反映了单东教授对发展民营经济的出谋划策。书中第九部分的文章反映了单东教授对浙江民营经济所进行的广泛深入的调查研究。在为民营经济鼓与呼的同时,单东教授并不满足于就事论事发表议论,更重视为民营经济探索马克思列宁主义的理论依据,书中第十一部分的几篇论文代表了他在这方面的深入思考。

单东教授治学的一个突出特征就是坚持信念,锲而不舍。《民营经济论》的

出版是他多年艰辛探索的辉煌结晶。我深为他取得的成绩感到骄傲。中国的改革开放能够有今天这样的举世瞩目的成就,固然与党的正确领导分不开,但同时也是与有一大批像单东教授这样的知识分子密切相关的。我衷心祝愿单东教授在今后的研究道路上再接再厉,围绕新形势下民营经济的发展壮大问题,取得更大的成就。

载《财经论丛》2006 年第 2 期

民营经济研究的硕果
——评《民营经济论》

中共中央文献研究室研究员 顾龙生

单东教授新作《民营经济论》,最近由山西经济出版社出版,这是作者情系民营经济辛勤耕耘十几年结出的丰硕果实。

浙江省是我国民营经济最为发达的省份之一,在这块民营经济的沃土上,单东教授辛勤耕耘,诞生出《民营经济论》这样一部优秀的理论著作。

在这部 56 万字的《民营经济论》中,关于什么是民营、民营企业、民营经济、民营化,民营化为什么不等于私有化,民营经济与私营经济、非公有制经济之间的区别和联系,为什么民营经济可以使公有制与私有制互为实现形式,民营经济的运行机制、宏观管理模式的选择以及其他与民营经济有关的诸多问题,作者都阐述得清清楚楚。

从《民营经济论》一书中,我们看到,改革从来不是一帆风顺的。我国民营经济的发展和对民营经济的理论研究,都曾经过了艰难的历程。曾经有一段时间,有过反对、歧视、禁提、封杀民营经济的情况。例如国家工商局曾在广东珠海开会,要求"禁提民营";农业部一位司长曾称"提民营经济是违反宪法的";作者所在的浙江省也有个别高层领导宣布"禁提民营"。据我们所知,直到最近,还有人向中央领导同志告状,说国务院常务会议通过并于 2005 年 2 月 24 日颁布的《国务院关于鼓励支持和引导个体私营等非公有制经济发展的若干意见》(俗称非公经济 36 条)"违宪",可见改革中充满了阻力。民营经济还一度受到"姓资姓社"的干扰。可以说,民营经济理论研究与民营经济的发展一样,是在夹缝中艰难成长起来的,开始时曾经饱受歧视,现在虽然政治环境、政策环境、法制环境、舆论环境都已经有了相当改善,但对民营经济及其研究,还是有不少闲言碎语的。

面对"禁提民营"的巨大压力,单东以一个正直学者的无所畏惧的勇气,坚持对民营经济进行百折不挠的研究和宣传,维护民营经济的话语权和生存权。

通读《民营经济论》一书,笔者认为这本著作至少具有以下几个鲜明的特点和亮点:

第一,对民营经济发展过程中的热点、难点、焦点问题作了精辟的理论探讨和分析研究,为民营经济的快速发展提供了许多有益的参考意见。

书中论述了民营经济发展的许多领域中的理论问题,诸如民营企业在银行改革中的历史作用,民营企业参与对外贸易,发挥民营企业在国企改革中的作用,民营企业职工的社会保障,行业协会在民营经济发展中的作用,民营企业进入垄断行业面临的机遇与挑战,民营企业如何解决融资问题,民营企业如何提升核心竞争力,民营企业职工的就业问题,民营企业如何应对"反倾销",民营企业如何"走出去"到海外发展、创业等等,凡民营经济发展中碰到的重大理论问题和实践问题,该书都进行了深入的研究,提出了不少真知灼见,其中许多有见地的思考,不失为党和政府制定政策和决策的有益参考。书中还有不少正确肯定民营经济作用的内容,如《就业出路:民营经济作贡献》一节,就明确指出这样几个鲜明观点:就业问题是我国的一个长期的重大战略问题;解决就业的根本出路在于发展民营经济;民营企业已经成为就业主渠道。还有不少内容是关于国有企业如何实现民营化、努力使民营企业成为国有经济的多样化实现形式;作者还论述了生产社会化与私人资本在社会主义市场经济条件下的相容性,为民营企业解决"红帽子"现象和发展民营经济提供了充分的理论依据。

在分析探讨民营经济发展的理论问题中,作者对不少问题的研究具有前瞻性。例如书中在分析法国、荷兰等发达国家退休人员的平均生活水平"大致相当于"在职人员的生活水平时说,只要我国的经济实力雄厚了,国家通过诸如调节税和社会保障等一系列的法律法规来解决社会公平问题,就一定能够使全社会实现公平和共同富裕。这个观点,就相当前沿。2005年10月党的十六届五中全会通过的关于"十一五"规划的建议,提出了更加注重社会公平,加大调节收入分配的力度,努力缓解收入分配扩大的趋势,创建和谐社会。书中阐述的上述观点,是与五中全会的这个方针完全合拍的。又如书中提出"官员下海是对市场的腐蚀",对辞官下海现象作了新的解读,认为官员下海,到原来官员管辖的私营企业中去拿高薪,实际上折射出权利与金钱兑换的潜规则,对官员下海现象作了鞭笞。先前,在我国的现有法律中,对官员下海这种情况没有明确的说法。最近我国批准了《联合国反腐败公约》,并成为这个公约的缔约国。在《联合国反腐败公约》中,有关于制止官员下海的内容和规定。这一例子说明作者对一些社会问题有敏锐的政治嗅觉,也可以说是一种先见之明,笔者认为这也不是偶然的。

第二,为民营经济的发展呐喊助威、鸣锣开道。

单东教授从1993年开始正式研究民营经济,对"民营经济"这个概念,他提出了自己的见解,从而澄清了许多对民营经济的错误认识。作者关于民营经济的见解不乏真知灼见。单东认为,民营经济是与国营经济相对应的概念,在我国社会主义现阶段经济生活中,民营经济是指除国有国营以外的所有所有制形式和经营方式的总称,更简明地说,民营经济就是非国营经济,所以民营经济的内涵是很广泛的,包括集体经济、股份制经济、混合所有制经济、外资经济、个体经济、私营经济,也包括国有经济中让私人经营的部分,例如国有企业承包给个人经营,这个"国有企业"变成了"国有民营"。笔者非常同意《民营经济论》一书阐述的观点,搞清这个概念很重要。很多对民营经济的误解和歧视,是出于对民营经济概念的认识不清,有人总以为民营经济就是个体经济,就是私营经济。现在社会上有一种说法,认为民营经济就是"老百姓的经济",笔者认为这种意见也是十分通俗易懂的。民营,就是老百姓经营,所以民营经济就是老百姓的经济。民营经济概念的廓清,不是可有可无的,而是对民营经济的健康发展十分重要的。

在《民营经济论》一书中,我们也看到不少宣传发展民营经济的章节。在《民营经济论》一书的《自序》中,单东说:"搞理论研究是辛苦的,而开展实务工作则更艰辛,有时候我反省自身的处境,将心比心,更能深切体会到很多民营企业主创业的艰难。这也让我更加坚定了为民营企业特别是广大中小民营企业呐喊的信心。"如今,单东被聘请为浙江省人大常委会的地方立法专家成员,从而使其有了更多的机会实现为民营企业呐喊的抱负。

第三,做民营企业家的代言人,为民营企业家说话。研究民营经济理论的过程,也是单东为民营企业家说话的过程,单东是无愧于"民营企业家代言人"这一称号的。例如关于优秀私营企业主入党问题,单东早在1999年就已经率先提出来了。这个观点为党和政府在这个问题上的重大决策的突破,提供了重要的理论和实践的参考。

2001年7月1日,江泽民在庆祝中国共产党成立80周年大会上的重要讲话中指出:"看一个政党是否先进,是不是工人阶级先锋队,主要应看它的理论和纲领是不是马克思主义的,是不是代表社会发展的正确方向,是不是代表最广大人民的根本利益。"在这一具有历史意义的讲话中,江泽民提出吸收新党员应该掌握的基本标准即能否自觉地为实现党的路线和纲领而奋斗以及是否符合党员条件;与此相适应,不能把财产的有无和多少作为判断先进与落后的标准。因此,包括私营企业主在内的民营科技企业的管理人员和技术人员、受聘于外资企业的管理、技术人员、个体户、私营企业主等六种人员作为中国特色社会主义事业的建设者,他们中的优秀者,只要是符合党员条件的,都可以吸收入党。中国共产党的这个重大决策,是对以前的理论和政策的与时俱进的转变和发展,这一重大突破,是一定会载入史册的伟大功勋。

《光明日报》在其供领导参阅的内刊《情况反映》(1999年11月12日)中,刊登了单东关于应该吸收优秀私营企业主入党的观点。单东认为,现实政治生活中,党内存在党员标准的二元结构。一方面,改革开放后,一些本来作为无产者的党员干部下海经商成为百万、千万甚至亿元富翁,这些有产者已经形成一个阶层存在于党内;另一方面,一批同样在党的富民政策感召下通过辛勤劳动和诚实经营走上致富道路的私营企业主却被拒绝于党的大门之外。这种党员标准的二元结构,在理论上是无法解释得通的,必须改变。

事实也正是如此,在社会主义初级阶段,我们党把以公有制为主体、多种所有制经济共同发展确立为一项基本经济制度,经济成份是多元的,党员的成份也就不可能是单一的。如果不让优秀的、符合党员条件的私营企业主入党,那么对已经成为私营企业主的党员怎么办?难道把他们都清除出党?如果那样干,必定会引起社会的动荡与倒退,从而进行社会主义现代化建设、振兴中华就将成为空话,这是谁也不愿看到的。正如江泽民所指出的,我们党要始终成为中国工人阶级的先锋队,同时成为中国人民和中华民族的先锋队。这无论是从我们党所代表的利益,还是从我们党的宗旨,以及从坚持"三个代表"最重要的是必须首先考虑并满足最大多数人的利益要求来看,我们党的所有政策措施和工作,都应该认真考虑和兼顾不同阶层、不同方面群众的利益。吸收优秀私营企业主入党,正是从现实出发的、实事求是的举措。

《民营经济论》一书的特点和亮点,远不止以上几点。毫无疑问,《民营经济论》一书对推动我国民营经济发展会起到重要的作用。

载《经济学家》2006年第1期

《欧洲十一国纪行》读后感

蔡 青

我一口气读完了单东导师的《欧洲十一国纪行》(以下简称《纪行》),直到现在还有点意犹未尽之感。这 11 个国家是欧洲主要的国家,而单老师的描述给我了解国外风情打开了一扇窗户,翻开此书就好像面前展开了欧洲一幅瑰丽的画卷。

细细读完后,我认为,可将《纪行》的特点概括为"五个多":

一是涉及数据多

单老师作为经济学教授,凭着职业敏感,对数据的关注比较多而详。比如文中对芬兰超市中蔬菜、水果价格的笔笔记录,让读者通过物价了解芬兰的生活水平,足见北欧模式的国家是多么的富裕!通过大量数据来说明环境污染的问题,倡导各国和平共处,呼吁要把人类创造良好生存环境放在第一位。另外每介绍一个景点,对该景点精确到数字的描述,给读者很强的身临其境感。

二是旁征博引多

单教授参观每一个地方,在介绍该风景建筑的同时,常常结合其悠久的历史。欧洲国家大多历史悠久,尤其建筑物久负盛名,单老师的介绍给读者很强的历史感。在介绍的同时,他还结合自己的感受,看到国外的风土人情即联系到现实中的情况,联想到现实报道,比如对北欧国家高福利政策的介绍、国外开设赌场吸引中国赌客的报道等等,这样穿梭时空的描述是我在看其他游记时所未见到的。

三是触景生情多

单教授在浏览景致的同时,不忘时时抒发自己的感情,比如在看到国外养狗的人如何处理狗粪时,就想起了国内的情况,不仅指出了两者的差异,也体现了富裕国家的人在公民素质上的确比国内某些人群要高。在看到威尼斯的游船后,单老师自然地想到了西湖的游船,将两者做了一个对比,指出西湖的游船应该改进。在看到国外停车方便的情况时,单老师自然地联想到国内停车难的现状,指出国内可以学习国外。此外,对于资本主义垂死的议论,在经过亲身体验后,提出了自己的看法。单老师还指出国内某些记者对国外报道的不实,以事实给读者正确理解某些观点提供了另一种思路。

四是比较研究多

单老师在将国内外现状进行比较研究的过程中,指出了国内不及国外的某些地方,呼吁我们要向国外学习,但文中也不乏指出国外不足的情况,比如在德国阿列奇宾馆时,单老师发现新装修的宾馆工程质量很差,因此对一向人们认为的德国人办事比较认真严谨,产生了怀疑,看来对任何国家的人都不能一概而论。实事求是的比较,体现了一个经济学家的立场,体现了单老师严谨的治学态度。

五是大胆探索多

《纪行》中,既有优美的风景描写,又有比较尖锐的议论,一张一弛中,给读者以思考的余地。单老师在考察记中提出了不少大胆探索的观点,其中有些观点,在目前大多数国内人士来看,是不可取的,具有探索性和建议性;而对于传统社会主义模式需要创新的观点,我十分赞成,不同时期的国情需要我们不断修正所走的道路。之前的社会主义模式是在当时特定背景下的选择,但是随着情况的变化,修正社会主义模式也是必要的,北欧模式就是在一定程度上独立于资本主义与社会主义所走出来的一个新的模式,我们所要建设的具有中国特色的社会主义,也可以是一个不同于传统计划经济的社会主义模式。学习国外成功的经验,必不可少。

此外,单老师在描述的过程中,宏观挥洒与微观素描相结合,大到一个城市、一个景点,小到宾馆如何折叠被子,乃至衣服烘干器、飞机上饮食情况等等不一而足,可见单老师的细心。对欧洲11个国家风土人情的描述对于国内许多读者来说有些简直是奇闻趣事,让像我这样没有到过国外的人也感受了异域风情。

最后,对单老师的考察记提出一点不足之处。文中虽然图文并茂,文字和照片的结合比较好,但是大多数照片是黑白的,对读者来说很难分清是白天还是晚上,因此对一些建筑物是外观,读者只能靠自己的想象,这样对文字的理解就不够深入,如果能够换成彩色的图片,相信效果会一定更好(比如书中间的彩色插图就比较吸引人)。

单老师的《欧洲十一国纪行》,可以说是一篇赏心悦目的游记,也可以说是科普类读物,同时也是供政府部门学习国外经验的参考,是一篇兼具多种功能的考察记。

载《民营经济通讯》2007年第6期

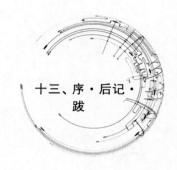

十三、序·后记·跋

1. 单东《民营经济论》序言
   于光远
2. 《民营经济论》自序
   单 东
3. 《民营经济论》跋
   张旭昆
4. 《经济理论与经济改革探索》序
   蒋学模
5. 《经济理论与经济改革探索》自序
   单 东
6. 《浙江民营汽车产业转型升级战略研究》自序
   单 东
7. 《浙江民营汽车产业转型升级战略研究》后记
   单 东
8. 《浙江中小民营企业转型升级问题研究》自序
   单 东
9. 《浙江中小民营企业转型升级问题研究》后记
   单 东
10. 司马一民《天堂财富论》序
    单 东
11. 洪加祥《新闻连续报道选——冰雪般的阳光》序
    单 东

单东《民营经济论》序言

于光远

单东《民营经济论》的文稿我收到多时了。

文稿的文字,虽然不出民营经济的范围,但是涉及了民营经济问题的许多方面,内容还是很宽泛的,论述了许多全国性的问题。单东的工作单位在浙江,书中文章题目出现浙江二字的虽然只有5篇,有浙江地名的也只有兰溪一处,但整体说来,这本书中许多文章是以浙江为背景写出来的。这一点完全不妨碍他讨论全国性的普遍性的问题。因为浙江省在发展民营经济上是走在全国前列的。温州模式的意义绝不限于浙江一省;浙江民营经济发展的深远影响,更是远远超出浙江省。

说老实话,我近年来原则上不给书写序,因为给一本书写序,按说应该了解它的基本内容。而自己年龄越来越大,必须做的工作却很多,实在很难抽出时间来写序。这次我写了这个序,是因为我对浙江省的民营经济事业特别关心。同时我找到了为本书写序的简单方法,那就是只研究文稿中文章的题目及最具代表性的文章的小标题来了解这本书的特点,并且只针对它的最主要的特点来写序言。

载于《民营经济论》
2005年8月28日

《民营经济论》自序

收集在本书中的文稿是我从事民营经济研究以来的大部分成果。我是从1989年开始涉足民营经济的,但真正有意识地把研究重点转向民营经济领域是在1993年。当时我在浙江省政府经济体制改革委员会工作,并担任《改革月报》副总编,分管理论部,有机会接触了解全省各地企业的改革情况。我看到许多非公企业,特别是温州、台州地区的非公企业充满活力,这与一些国企形成了鲜明的对比;许多小型国有企业在经过民营化改制,如租赁、承包甚至给经营者个人后,也很快就扭亏为盈了。这使我认识到,要想激活国有企业,实行民营化改革是一条重要的途径。一个温州的非公企业主对我说:"我们是民营经济,不是个体私营经济。"这让我吃惊:他们都知道"民营经济"!我立刻意识到,发展民营经济很有市场。于是,从1993年起我把研究的重点转向了民营经济。

众所周知,在中国,最敏感的问题是私有化。为了推行民营化改革,首先要舆论先行,使人们不要误把民营化等同于私有化。为此,我写了《国有不等于国营 民营不等于私有》一文(1996年)。为了说明在社会主义条件下,私有经济和社会化大生产能够相容,从而为民营经济的发展提供理论依据,同年我与孔祥有同志合作写了《论生产社会化与私人资本在社会主义市场经济条件下的相容性》一文。但由于时代限制,我只能在特定场合阐述,直至2000年这篇文章才得以面世。

随着民营化改革的呼声日高,"民营经济"这个概念也引发了广泛的争论。当时国内还没有对民营经济概念形成较为一致的明确说法。理论界说"民营经济提法不科学"者有之,把"民营经济等同于个体私营经济"者亦有之。所谓名正才能言顺。要发展民营经济,必须先进行宣传;要进行宣传,就得先把民营经济的概念阐释清楚。于是我写了《民营经济及其相关概念》一文(1997年),对民营、民营企业、民营经济、民营化的概念加以界定和规范。文章发表后影响颇大。在广东召开的"面向21世纪民营经济研讨会",特地邀请我去演讲。(补注:是《人民日报》社一起出面邀请,并有《人民日报》编辑部同志来浙江陪同我前往。)媒体也纷纷对我进行采访:《特区工报》以通栏大标题刊出《不能把"民营化"误解为"私有化"——访著名经济学家单东》(1997年12月23日);《中国改革报》对我进行了专访——《民营经济是与市场经济运行相匹配的经济范畴——访著名经济学家单东教授》(1998年2月23日);《民营经济可以使公有制与私有制互为实现形式——访著名经济学家单东教授》(1998年4月20日)。与此同时,1998年2月,《浙江社会科学》发表了我的《民营经济论》一文;1998年1月26日和7月20日的《中国改革报》还相继发表了我的《个私经济:怎么会是公有制的实现形式?》和《非公经济:能够解决效率和公平问题吗?》(与孔祥有同志合作,浙江省广播电台曾全文播发,《决策科学》等杂志全文转载)。这些文章传播很广,甚至传到了日本和美国,影响迅速扩大。日本亚洲经济研究所所长、著名经济学家山泽逸平还专门邀请我到日本访问和进行学术交流。美国的柯尔比科学文化信息中心将《民营经济论》评为国际优秀学术论文,并选入全球信息网作世界性介绍。

然而在国内舆论对民营经济广泛宣传的同时却引起了个别行政部门的反对。1998年2月,国家工商总局在广东珠海开会,要求"禁提民营"。3月,报载农业部某司长指责"提民营经济是违反宪法的"。这些禁提论者的言论当时对浙江也造成了一定的负面影响。浙江省也有高官向媒体宣布:浙江从今日起"禁提民营"。面对"禁提民营"的巨大压力,我做了许多工作。我从《毛泽东选集》和中央文件中找出了提民营和民营企业的依据。毛泽东同志1942年在《抗日战争时期的经济问题和财政问题》的报告中就提到:"只有实事求是地发展公营和民营的经济,才能保障财政的供给。"(《毛泽东选集》1991年版第895页);1995年5月《中共中央国务院关于加强科学技术进步的决定》中也有"民营科技企业"的表述:"民营科技企业是发展我国高技术产业的一支有生力量,要继续鼓励和引导其健康发展。"同时,我把浙江省省长1997年11月13日的讲话"民营经济利国又利民,要健康、稳步发展,促进整个经济的全面发展"等内容引为我们的内刊《民营经济通讯》的刊头语。我还把全国各省市、各地方党政领导支持发展民营经济的讲话和出台发展民营经济的政策措施选登在《民营经济通讯》上(1998年第4期《社会各界论民营》及前后各期),以此来证明提"民营"没有错,是有政策依据并得到全国许多地方党和政府部门积极支持的。

就在个别部门、个别领导人要求"禁提民营"的同时,全国各地对发展民营经济开始重视。一些地方党政部门的领导同志还专程到浙江来和我共同探讨。

1998年2月19日，原湖北省委政策研究室副主任，现为湖北省委副秘书长兼省委政策研究室主任的吕东升同志找我，详细听取了我对民营经济科学含义以及发展民营经济的重要意义等一系列观点的阐述，并从我这里带走许多资料。回去后，他们为湖北省委书记贾志杰同志写了万言讲话稿。吕主任电告我，贾书记的讲话中采纳了我的很多观点，对我表示感谢。同年，我从全国人大和政协两会报道中看到贾志杰书记答记者问中有关民营经济的讲话采用了我的观点。当时，我深受鼓舞，因为省委书记的讲话对促进民营经济的发展和民营经济的理论研究都会产生广泛的影响。受此启迪，浙江省政府办公厅领导委托我（其时我还在省政府工作）给省长起草"全国非公有制经济高峰论坛"演讲稿时，我就把一些重要的观点写进了省长的演讲稿，由省长传播出去。1998年3月5日，沈阳市经济体制改革委员会副主任于连胜同志也专程来杭找我详细询问有关民营经济理论的一系列问题。他说此次来浙江考察，就是为市委市政府出台发展民营经济文件做理论准备。回去后，他们于1998年5月6日出台了《中共沈阳市委沈阳市政府关于大力发展民营经济的决定》的文件，同时还召开了3 000人大会，进行大动员，于连胜同志还把报载的文件寄给我。此外，天津、福建、湖南、深圳、厦门等省市及部分地区的体改委以及党校等多个部门的领导也来找我，都是为地方省市出台发展民营经济文件寻找理论依据。由于《中国改革报》和国内不少刊物相继发表或转载我的文章，影响不断扩大。多家省外电视台等媒体对我进行采访。1998年，国内多个省市相继邀请我去演讲或作讲座。我感到势单力薄，便邀请中国社科院研究民营经济的著名学者晓亮研究员和我搭档，晓亮先生欣然应允，和我一起南下演讲。浙江大学华家池校区中央培训基地和省委党校、省计委培训班都邀我去给省内外领导干部讲民营经济。在1998年下半年，发展民营经济出现了不可阻挡之势，在浙江我继续理直气壮地研究和宣传民营经济。这一年，几乎成了我的黄金年。

我国的民营经济在最初受到"姓资姓社"的干扰，饱受歧视，是在夹缝中艰难曲折地发展壮大起来的。民营经济理论研究遭际的历程和民营经济的发展可以说有着相似的坎坷命运。从许多人反对提民营经济到今天大家都讲民营经济，这不仅是理论上的一次突破，也是实践上的一次飞跃。民营经济的发展有今天，民营经济的理论研究有今天，真是来之不易。这是党中央和国务院对发展多种经济成分的高度重视和给予一系列政策支持的结果。

或许也是受民营企业主那种实干精神的启发和鼓舞，我意识到实务工作的必要性，于是在从事民营经济理论研究的同时又做了其他一些工作：1993年创办了浙江省民营经济研究会；1995年创立了浙江省民营经济研究所（现为浙江省民营经济研究中心）；2004年成立了浙江省现代非国有经济信息中心。这些机构都是在省政府有关部门和有关领导的大力支持下建立起来的。依托这些机构,我创办了《民营经济通讯》(1996年)和《浙江非国有经济年鉴》(2000年),并组织开展了各种活动:1999年7月在温州召开了"全国首届非公有制企业产权改革理论与实践研讨会";2004年11月成立了民营经济发展论坛,举办了首届研讨会,等等。这一切对于加强民营经济的理论研究和推动民营经济的发展都起到了一定的作用。

搞理论研究是辛苦的,而开展实务工作则更加艰辛。有时候我反省自身的处境,将心比心,更能深切体会到很多民营企业主创业的艰难。这也让我更加坚定了为民营企业特别是广大中小民营企业呐喊的信心。当然,我不是振臂一呼应者云集的英雄,我只是个普通的学者,我只想通过我个人的努力,并团结一些同志,尽量为发展民营经济做点实事。在省政府工作时,我就积极参与省委省政府有关促进民营经济发展的文件的出台,如1998年的2号文件;2005年,我被聘为省人大常委会地方立法专家成员,这使我会有更多的机会为民企服务。

幸运的是,我的工作一直得到党政领导和学术界前辈以及不少朋友的热情支持和鼓励。2000年创办《浙江非国有经济年鉴》得到中共中央政治局委员、原浙江省委书记张德江同志支持的批示:"出版《浙江非国有经济年鉴》我赞成。"2001年11月11日,我应邀参加了由中央党校常务副校长郑必坚同志和副校长李君如同志率队,在浙江国宾馆会议室召开的"社会主义劳动和劳动价值论"座谈会,浙江省委副书记梁平波同志在会上说:"单东老师是我们浙江首先提出应该让私营企业主入党的。"我发表的《优秀私营企业主入党问题不容回避》(1999年11月12日)(补注:文章发表在《光明日报》)被当时省委主要领导批示,梁平波副书记的话对我是莫大的鼓舞。原浙江省省长沈祖伦同志写了许多有关发展民营经济的文章,他多次与我面谈,要我办好《浙江非国有经济年鉴》,向我指出:"这部《年鉴》如果能出十年,就会载入浙江史册,它会比你的论文对浙江的贡献更大。"原浙江省人大常委会副主任孔祥有同志在任时就一直支持我的理论研究和各项工作,而且和我一起讨论一些重大理论问题。原浙江省经济体制改革委员会主任董朝才同志思想解放,对民营经济研究颇有见地,我们合作完成了多篇体改论文。原浙江省政府秘书长、现杭州市市长孙忠焕同志不仅希望我就发展民营经济问题向政府献计献策,而且还鼓励我,有什么好的建议可直接向省委书记、省长反映。孙市长还在百忙之中多次和我面谈,足见他对民营经济理论研究的重视和支持。浙江省政府副秘书长、省政府办公厅主任陈国平同志对我给省政府准备出台的民营经济文件所提建议都及时转给起草小组,并采纳了我的部分观点。孙忠焕和陈国平两位同志还担任了由我主编的《浙江非国有经济年鉴》编委会副主任,对这部公益性的著作给予了极大的支持。还有,我复旦大学同系校友、原浙江省财政厅副厅长王彩琴同志对我的事业帮助也很大。到浙江财经学院任教后,学院的党政领导也为我提供了良好的工作环境。

学术界的前辈,像于光远、蒋学模、茅于轼等都对我鼓舞很大。于老把我当成他的老朋友,今年他90岁高龄了还特为本书作序。蒋学模教授是我在复旦大学学生时代的导师,他对我办的《民营经济通讯》很支持,1998年5月29日,他曾写信说:"你办《民营经济通讯》可谓先知先觉。"他总是肯定我的进步,他在2004年8月21日给我的信中说:"你最近名声日益提高,可喜可贺。"于、蒋二老,虽都已步入耄耋之年,但仍坚持每年为我主编的《浙江非国有经济年鉴》作序。2003年1月27日,著名经济学家茅于轼写信赞扬我:"先生一直为非国有经济的发展努力,你的努力是有成果的,表现为浙江经济的突出进展。浙江人,乃至于全国人民都应该向你致敬。"前辈名家的鼓励与肯定给了我巨大的精神动力,助我战胜一个又一个的困难。

节选自《民营经济论》
2005年9月10日

《民营经济论》跋

张旭昆

非常高兴能够为朋友单东的《民营经济论》一书作跋。单东先生一直是思想活跃、思维敏捷，且多年来一直坚持为中国民营经济鼓与呼。现在，作为他多年来思考的结晶，《民营经济论》即将出版发行，邀我为之作跋。浏览书稿，思绪万千，浮想联翩。

《民营经济论》是单东先生自 1989 年以来执著地倡导民营化的一系列论文、随笔的汇编，其中贯串的一根主线就是坚持中国企业制度在产权关系上的民营化改革。今天，企业的民营化已经成为大众的共识甚至是常识，但是在 20 世纪 90 年代初期，主张这一观点是很不容易的，甚至可以说对于主张者是有一定政治风险的。从那时起，单东先生就以一种无畏的精神，像一个过河卒，始终不渝地坚持民营化的主张，鞭辟入里地阐明民营化的主张，毫不畏惧地捍卫民营化的主张。今天，历史已经证明，企业民营化是正确的主张。单东先生的文集能够出版，也佐证了这一点。

浙江民营经济起步较早，困难不少，如何发展，值得思考。单东先生没有仅仅停留在简单地呼吁推进企业民营化，而是进一步跟踪民营经济发展中出现的各种热点和难点问题，思考解决之道。如民营企业如何摘去"红帽子"，如何解决民营企业的融资难问题，如何实现民营企业的两权分离、建立现代企业制度，民营企业如何抓住全球化的契机，实施走出去的战略，等等。

单东先生在为民营经济鼓与呼的过程当中，并不满足于就事论事发表议论，更重视为民营经济探索马克思列宁主义的理论依据，文集的最后几篇论文反映了他在这方面的努力。

作为 20 世纪 60 年代复旦大学经济学系的毕业生，单东先生在理论研究上和政策建议上所取得的成就是令人钦佩的。尤其是他近年来克服重重困难，坚持编撰每年一本的《浙江非国有经济年鉴》，为后人、为历史，留下了关于浙江经济发展的、可贵的第一手资料。

单东先生治学的一个突出特征,就是坚持信念,锲而不舍。我深为这样的朋友感到自豪。我常常想,中国的改革开放能够有今天这样举世瞩目的成就,固然与党的正确领导分不开,但同时与一大批像单东这样的知识分子的努力也是密切相关的。

我衷心祝愿单东朋友在今后的研究道路上再接再厉,围绕新形势下民营经济的发展壮大问题,取得更大的成就。

(张旭昆,浙江大学经济学院教授)
2005年8月30日

《经济理论与经济改革探索》序
蒋学模

现在呈现在读者面前的这本文集，汇集了作者自1982年以来发表在报纸和期刊上的部分文章。这些文章大体上分两类，一类是有关经济体制改革的理论依据的，另一类是有关经济体制改革的实践的。

我国自1978年党的十一届三中全会起，便开始了从传统的计划经济体制转向社会主义市场经济体制的改革。改革所涉及的问题主要是经济运行方面的，包括微观经济运行和宏观调控。但传统计划经济体制的破除和社会主义市场经济体制的创建，不能不涉及经济关系的相应变革，包括总体上所有制结构的变革和原来的国有经济和集体经济的产权改革。就总体上的所有制结构方面，在我国社会主义初级阶段，凡是同生产力发展要求相适应的非公有经济都应该允许它存在和发展。在微观经济运行方面，传统计划经济体制下的公有制企业，特别是国有企业，要适应市场经济运行，必须在产权体制上进行相应的改革，实行政资分离、政企分离、资本所有权和资本经营权分离，使国有企业成为自主经营、自负盈亏、自我激励、自我约束的商品生产者和经营者。

这样的改革是史无前例的。我们的改革目标，是要建立和完善社会主义市场经济体制。在社会总体的所有制结构上，在社会主义初级阶段，要建立公有制为主体、多种所有制经济共同发展的基本经济制度；在经济运行方面，要在国家宏观调控下使市场在资源配置中发挥基础性作用。为了实现这样的改革目标，必须认识和自觉利用客观经济规律，包括价值规律、社会主义建设规律和社会经济发展规律；必须根据我国实际情况，探索符合客观规律要求的改革的具体体制和作用机制。

这本文集所收录的文章，是单东同志20多年来参与我国经济体制改革过程中在经济基础理论探索和改革实践探索方面的部分成果,反映了我国改革过程中面临的一些问题,可以供理论工作者和实际工作者参考。

2005年8月8日

《经济理论与经济改革探索》自序

这本《经济理论与经济改革探索》是我在党校从事教学和在浙江省政府经济体制改革委员会工作期间所写的部分论文的集结。

毕业于20世纪60年代的大学生，青春时代的才智被十年"文化大革命"耽误了。在那个动乱的年代，是谈不上什么科研的。我能够真正有条件从事科研是从1983年开始的。那时经过了"文化大革命"后的拨乱反正，学术界刚刚恢复生机。没想到这条路一走就是23年，从最初热心于经济理论研究到对经济体制改革的探索再到对民营经济的关注，说到底是跟着时代在变，跟着观念在变吧。作为一个学者，总想着"学以致用"，想着科研如何为社会服务。而学术是无止境的，我所做的只不过是一鳞半爪而已。

收在本书中的论文，在基础理论方面有三点值得一提：

第一是1985年我提出经济效益"外延说"。20世纪80年代理论界曾经展开过一场关于经济效益问题的大讨论。当时我认为，人们对经济效益概念争论不一的原因是与没有考虑到经济效益的"外延"有关。为此，我写了《关于经济效益的内涵和外延》一文。所谓经济效益的外延就是社会再生产的整个过程，即生产、分配、交换和消费四个环节。我从质和量的规定性两个方面做了论述，并对这个概念所包含的范围做出界定："它的内涵和外延应该而且必须都是有形的、可计量的对象。一切无形的、不可计量的所谓社会'受益'或'效益'都不包括在经济效益之中。"这个观点提出后，许多报刊都予以报道了。

第二是1986年我阐明"抽象劳动"是一个"永存的范畴"。"抽象劳动"这一范畴是马克思劳动价值论的重要组成部分。原苏联和东欧各社会主义国家的政治经济学教科书和中国的政治经济学教科书都把马克思的抽象劳动说成是一个"历史范畴"。但我认为，把马克思的抽象劳动当作"历史范畴"不是马克思本人的观点,而是苏联经济理论界对马克思抽象劳动理论所作的片面的诠释和阐发。抽象劳动是先于商品生产而出现的,它开始于人类有意识地进行生产劳动的时候。没有把抽象劳动与劳动的社会性或社会劳动区别开来,这是经济理论界误把抽象劳动当作"历史范畴"的原因。然而,抽象劳动并不始终伴随着商品价值,抽象劳动也并不等于劳动的社会性或社会劳动。要真正把握抽象劳动这个范畴,就必须把抽象劳动的两种基本实现形式——商品生产方式下的实现形式和非商品生产方式下的实现形式——区别开来。抽象劳动在商品经济社会中,当它和商品生产联系在一起时,它的实现形式是凝结为商品价值,反映的是商品生产者之间人和人的关系。在非商品经济社会中,它和产品生产联系在一起时,它的实现形式是凝结为产品,反映产品中耗费的劳动是多少,劳动时间是多长。这时,抽象劳动不再具有社会属性。但是,抽象劳动作为与具体劳动相对应的范畴,仍然存在于一切有用劳动之中,适用于一切时代,是一个"永存的范畴"。(见《抽象劳动是一个永存的范畴——兼与"历史范畴"论者商榷》)

第三是 1991 年我提出社会分工和经济行为主体利益的相对独立性是商品经济存在的两个基础。传统观点认为,社会分工和不同所有制的存在是商品经济存在的原因。这种观点无法解释的是,一旦所有制形式的差异消除了(如全民所有制内部),商品经济为什么依然存在。

商品经济是一种中性的经济运行形式,它纵跨不同的社会生产方式,拥有不同的所有制基础,因而不同的所有制只是商品经济在不同的社会生产方式下存在的特殊原因,在不同的所有制特征背后尚隐藏着商品经济存在的更为一般的原因。特殊与一般相联系而存在,特殊是一般的外部显现,而正是这种隐藏在不同所有制背后的一般原因构成了商品经济运行所具有的本质规定。人们迄今为止谈论的商品经济存在的原因,只是这种本质规定在不同生产力发展水平上和在不同生产关系及其形式下获得的特殊表现或外显,只有超越所有制归因论的传统思维,才能真正认识商品的历史命运和现实意义。我的结论是:"将商品经济存在原因归结为经济行为主体利益的差异或经济行为主体利益的相对独立性是对问题的深化。因为用经济行为主体利益的相对独立性去代替不同所有者以解释商品经济的存在即使在社会主义条件下也是适用的。"把社会分工和经济行为主体利益的相对独立性作为商品经济存在的两个基础是对传统的所有制归因论的一个扬弃。(见《社会主义公有制和商品经济的共融及其现实基础之构造》)我的上述观点得到了经济理论界多位同行的认可。

在经济体制改革理论和改革实践方面,我较早地提出了以下一些观点:

从 20 世纪 90 年代开始,我到浙江省人民政府经济体制改革委员会工作,同时担任《改革月报》副总编,对所有制问题、城市经济体制改革、企业的产权制度改革、建立现代企业制度等经济体制改革问题产生了浓厚的兴趣，并作了有益的探索，较早提出了三个观点：一是个体、私营等非公有制经济是社会主义市场经济的重要组成部分；二是构建开放型的所有制结构和开放型的产权结构的企业制度；三是不应人为地规定各种所有制经济的比例关系，由市场形成的比例关系才是所有制结构改革目标的参考值。

这些观点集中在1993年1月我所发表的《90年代深化所有制结构改革的取向》等论文中。

各种所有制经济的不同比例只能根据效率原则、生产力标准在实践中加以确定，而无须我们先验地加以人为规定，并为此规定而争论。只有随着各种所有制经济竞相发展，在其潜能获得充分显现的基础上形成的比例才是反映客观经济关系的，也只有这种客观比例关系才可以作为所有制结构改革目标的参考值。在各种所有制经济成分的潜能获得充分发展的基础上形成的客观比例关系就是开放型所有制。形成这样一种所有制结构，要求打破所有制等级制度，恢复不同所有权在经济运行中的平等地位，同时要求不同所有制间形成亲和关系，在充分吸纳其他所有制经济成分的基础上最大限度地发展该所有制经济成分的潜能。

我国所有制结构改革一直没有跳出数量调整的思路，除了受制于宏观封闭的所有制结构外，另一个客观制约因素就是在微观的企业层面上存在着封闭的产权结构。封闭的产权结构使多种经济成分并存于企业的外部，阻碍了各种不同产权的自由组合和各种经济要素在不同所有制间的自由流动。而要形成开放型产权结构的企业制度，就必须鼓励各种制度创新，明晰产权主体并通过市场选择来完成社会主义市场经济运行的微观重塑。具有开放型所有制结构的所有制制度和开放型产权结构的企业制度一旦形成，不同所有制产权间的自由融合将为双轨制或多轨制的整合创造宏观和微观的条件，并最终将奠定社会主义市场经济的微观基础。

我在1993年1月发表的上述论文中写道："给非国有经济以更大的发展空间，使非国有经济，尤其是私营、个体经济成为我国市场经济的重要组成部分而不仅仅是有益的补充，这应成为90年代我国所有制结构深化改革的一项重大内容。"后来在同年12月发表的另一篇论文中我又明确提出："从构筑社会主义市场经济新体制的角度出发，非公有制经济仅仅作为有益补充而无法发展成为社会主义市场经济的重要组成部分，是无法让人理解的。"这比1997年9月12日通过的党的十五大报告提出的"重要组成部分"的论断早四年多。党的十五大报告是这样表述的："非公有制经济是我国社会主义市场经济的重要组成部分。对个体、私营等非公有制经济要继续鼓励、引导，使之健康发展。"

在相关论文中，我还进一步阐发了关于开放型产权结构的企业制度问题。

开放型的产权结构的企业制度意味着：即使在自然垄断性产业，尽管属国有产权的活动领域，亦不排斥非国有产权的介入。尤其在发展中国家，像基础产业等具有自然垄断性的行业一般都属制约经济发展的"瓶颈"，国有产权应利用股份制这种开放型企业制度尽量吸纳非国有产权，以缓解"瓶颈"产业发展过程中资金紧张的矛盾。另外通过非国有产权的介入，在一定程度上增加这些产业的竞争性，并由此使自然垄断的消极效应得到有效控制。中国经济改革的实践证明，我的主张是正确的。

时至今日，随着我国经济体制改革的深入，以上这些观点已成为历史了，而今年颁布的《国务院关于鼓励支持和引导个体私营等非公有制经济发展的若干意见》更说明了中央对所有制问题的思想大解放。但在当时的环境下，所有制问题是比较敏感的，因此，公开主张上述观点需要一定的学术勇气和追求真理的信念。

另外，我研究民营经济的论文将集结为《民营经济论》一书出版。

我的成长离不开老师和前辈学者的支持和鼓励。对我帮助最大的是蒋学模教授，他是我复旦大学求学时的导师。我发表的第一篇论文是在他的指导下完成的。后来，我逐渐成熟，有些文章观点比较超前，引起了学术界的反响，蒋老师给了我很大的鼓励。他称赞我的文章"时间跨度大，理论观点有先见性；论文理论与实践紧密结合，有深度"（1995年）。蒋老师对我走上学术研究道路起了最重要的影响。我的老师、复旦大学首席经济学教授、原博士后流动站站长伍柏麟曾写信给我说："接连读到你发表的文章，很高兴。你的文字技巧和出手之快皆列为上乘"（1986年）。他的评价给了我很大的鼓舞，让我坚定了做学问的信心。我的关于"社会分工和经济行为主体利益的相对独立性是商品经济存在的两个基础"的观点提出后，曾得到中国社会科学院经济研究所原所长、《经济研究》原主编赵人伟研究员的充分肯定（1995年6月25日）。又如著名经济学家于光远在20世纪90年代中期曾称赞我"对经济改革中的许多问题提出了独到的见解"。我深深感谢老师和前辈学者对我的关心和鼓励。最让我感激的还是蒋学模教授。2004年10月2日，我把这部将要出版的论文集呈送给他，请他作序并帮我取个书名。蒋老师看完我的书稿后，建议我只保留理论研究和改革实践方面的内容，这样书名就可以定为《经济理论与经济改革探索》。蒋老师时届86岁高龄，还为我看书稿、取书名、作书序，殷殷师生情，令我难忘。2005年6月3日，我到上海华东医院看望了蒋学模教授。术后的蒋老师精神很好，我衷心祝愿他早日康复、寿比南山。

此外，经济理论界的很多朋友对我的研究工作给予过帮助，值此书稿出版之际，感谢他们对我的友情和支持。

这部书稿的初排是由我的助手沈瑜完成的。沈瑜同志还为校对书稿中有关经典著作的引文和出版年份付出了辛勤劳动。本书的初稿校对是由我的研究生蔡青完成的。

山西经济出版社总编辑赵建廷先生和经济理论编辑部主任宋晋平先生还专程来杭州和我研究此书的出版事宜,我为他们的热忱所感动。

最后,我向所有关心本书的出版和为本书出版付出过劳动的朋友表示衷心的谢意。

单 东
2005年9月1日于杭州

《浙江民营汽车产业转型升级战略研究》自序

2008年以来,由美国次贷危机引发的国际金融危机迅速向实体经济蔓延,世界经济普遍下滑,以加工型、出口型和中小企业为主的浙江经济亦受到巨大冲击。国民经济增长回落,许多传统产业出现生存危机,甚至连石化、钢铁等重工业企业也出现严重亏损,经济形势十分严峻。如何化解国际金融危机的影响,继续保持浙江经济平稳较快发展,这是浙江省委、省政府所要解决的重要课题,也是分管浙江全省工业经济的金德水副省长的重大任务。

"虽然许多产业滑坡,但其中浙江民营汽车产业还是具有发展潜力的。"这是金省长在考察全省工业经济后得出的结论。我想,此结论就是金省长思考发展民营汽车产业的现实依据和出发点。我认为,把发展民营汽车产业作为突破口,带动相关产业的发展,同时也通过汽车产业转型升级来带动其他产业的转型升级,从而提高浙江经济的竞争力,这是金

省长当时的战略构想。他的这一战略构想在他2008年6月18日给我的批示函中表达得十分明确:

单东同志:

您对民营经济研究有独到见解,有影响力,也有成果。我想给您出个课题:"全球化·浙江民营经济汽车产业升级的挑战、机遇、使命的对策研究"(名称可以完善,初定)。汽车产业是资金、技术密集型、市场竞争激烈的成熟产业,由于其对相关产业关联性、带动性强,浙江又是整车的后起之省,零部件大省,产业链比较完整,市场主体基本上是民营企业,因此,通过对吉利、青年、康迪整车厂以及万向等零部件企业的深化研究,可以总结该产业发展经验和教训,努力探寻产业发展规律,为产业转型升级提出重大对策措施,其成果为省政府所用,以指导我省汽车产业提升,增强竞争力,实现可持续发展,同时也可为其他产业转型

升级起到借鉴作用。请酌。

金德水
08.6.18

金省长还说:"要通过汽车产业转型升级看产业升级的共性和特殊性,这个课题对发展浙江省汽车行业有重要意义,对其他产业也能起到借鉴作用。"由此可见,金省长还想通过对汽车产业的转型升级找出产业升级的一些共性和特殊性,以指导其他产业的转型升级。

我也意识到:金省长从浙江经济发展大局出发,高瞻远瞩地提出这一课题,这绝不是一般的学术课题,而是具有现实针对性和战略意义的重大课题。我感到责任重大,所以一开始不敢承担。我对金省长说:"我是搞宏观经济理论的,对汽车行业不熟悉。"金省长说:"我就是要搞宏观经济的人来研究。"金省长如此信任,我深为感动,心想:不能辜负金省长的信任,不管有多大的困难都要挺过去。在金省长的鼓励下,我斗胆挑起了这个课题的担子。

我从零开始,从《汽车构造》学起,认真阅读有关汽车产业方面的书籍;同时,广泛收集汽车产业方面的专著和资料。

2008年6月27日,应金省长之约,我到他办公室。他谈了很多发展汽车产业的问题,他从国际谈到国内,又从国内谈到浙江,从宏观谈到微观。他对大纲的主旨,重点写什么,怎么写,理论上怎么提,如何运用实证分析等都做了详尽的阐述。谈话中,他结合经济理论、管理科学和产业经济学的知识,向我提出了这一课题研究的要求。他向我讲了100分钟,我听得十分入迷,只是埋头快速记录,聆听他的谈话,除了钦服崇敬外,竟提不出任何异议。

我在反复学习了金省长的华翰和初步领会金省长的谈话精神后,结合自己刚学到的一点汽车产业方面的知识,拟出课题《全球化·浙江民营汽车产业升级的挑战、机遇、使命的对策研究(大纲·初稿)》,于2008年7月14日呈报金省长审阅。8月7日,金省长在百忙中抽出时间来和我一起修改。我又一次聆听了他的指示和指导。他的指导非常细致,兹录部分以见一斑:

(一)原大纲(初稿)第一章,对国外的研究要精炼、深刻,把其中的中国发展部分要独立出来研究,包括国有的、合资的、民营的都要分别和综合研究。重点研究产业的发展历程、路径、模式和经验教训。

(二)原第二章浙江的仍保留。其中第一节,关于发展历程分为两大部分,一部分是整车,如轿车、商用车、卡车、货车、皮卡车;另一部分是零部件。发展历程要深入研究,如某阶段的迅猛发展抓住了什么机遇、有哪些突破性、里程碑式的政策,产业发展的重大事件,如吉利集团艰难曲折的发展经历。第二节,关于失败和成功都要通过案例来验证。

(三)原第二章第二节"浙江民营汽车产业发展现状",在"现状"中要加强调查研究,贴近产业和企业,结合面临的挑战和机遇,困难和成因,用案例写,整车零部件都行。

（四）原第四章第一节"浙江民营汽车产业发展的 SWOT 分析"。SWOT 是一种简单有效的分析方法，但要结合案例来分析，要增加供应链的分析，如供应商和生产商之间的变化、企业数量变化等。要有对市场的重点分析，研究产业链和供应链之间的关系，我省是零部件制造大省，研究零部件对市场的供应，不光对国内配套，还要对国外配套，既要有纵向分析也要有横向分析，既要有定量分析，也要有定性分析，即浙江与国内国外的对比。我们的优势是什么，劣势又在哪里？国外的是整车、零部件同时发展，我们是先零部件后整车发展。改革开放后，国外零部件到中国发展，这个背景给中国汽车发展带来了机遇。随着汽车产业竞争力的提升，国内市场需求的迅猛增加，政府和企业如何把握，需要研究制定什么政策举措，亦请一并重点予以研究。

…………

本课题研究开始后，我向他汇报请示工作，有时恰逢双休日，他都热情地给予指导。说心里话，课题的整体构思、核心思想皆出于金省长，而我只是资料的收集整理者、实地调研者，当然我也仅仅是金省长思想的挂一漏万的文字表述者。

我认为，课题的现实意义可以概括为两点：其一，在本课题的研究过程中，势必要对浙江省民营整车和零部件产业进行重点调研，运用 SWOT 分析法对浙江民营汽车产业的优势、劣势、机遇及挑战进行分析。这无论是对于省政府制定汽车产业转型升级的政策，还是对于各类汽车企业制定内部的经营管理策略，都具有重要的参考价值；其二，在本课题的研究过程中，势必要从居民消费需求结构、汽车市场供求状况以及浙江发展民营整车产业的条件三方面，对发展浙江民营整车产业的可行性进行论证，并得出浙江应把民营整车产业作为重点主导产业来发展的论断。

2008 年 7 月 23 日，我带着我的几位研究生开始对全省的重点整车和零部件企业进行调研。我们冒着酷暑到杭州、绍兴、台州、温州、金华、宁波、上海等地，走访了众多整车及零部件企业，包括吉利集团、青年集团、康迪集团、众泰集团、万向集团、万安集团、华翔集团、瑞立集团，还有杭州市经委等，历时 1 个多月，在掌握了大量的第一手调研资料后，又查阅了众多的汽车产业信息，于 2008 年 9 月 21 日写出了《浙江省民营汽车产业升级对策研究》初稿，后又经加工，于 10 月 12 日完成第一稿，并呈送金省长。

在第一稿中，我提出浙江省应把民营整车产业作为浙江省重点主导产业来发展的论断。我从居民汽车消费需求结构、汽车市场供求状况以及浙江省本身具备的条件三个方面进行了可行性论证，而且在此基础上提出了相应的发展策略。但是，由于时间较紧，我提出的一些发展策略不够细致。

在呈上第一稿后，经过一段时间的观察，我根据经济形势的变化和国家产业政策调整的情况,对第一稿作了一系列的修改和补充,提出了一些更为细致的政策建议,写成第二稿,于 2009 年 1 月 10 日呈送金省长,供政府参考。

受国际金融危机影响,到 2008 年下半年,我国经济仍未有好转的迹象。去年四季度以来,为应对国际金融危机,中央及时调整了宏观经济政策,其中最重要的一条是:2008 年 11 月 9 日,中央把原来确定的"稳健的财政政策和从紧的货币政策"调整为"积极的财政政策和适度宽松的货币政策",还出台了一揽子的计划和措施,国内经济环境因而得到改善。出于刺激经济的需要,中央于 2008 年 11 月 1 日起,由原来的降低出口退税率调整为提高出口退税率;同年 11 月 9 日提出了实施 4 万亿元经济刺激计划;2009 年 2 月 25 日,国务院审议并通过了包括汽车产业在内的"十大产业调整和振兴规划"。国务院办公厅亦于 2009 年 3 月 20 日出台了《汽车产业调整和振兴规划细则》。国家发改委也由原来的严格市场准入、控制汽车生产目录、防止汽车行业产能过剩的政策转变为制定汽车产业振兴计划的促进政策,鼓励其发展。一系列宏观政策的出台,以及浙江省委、省政府相继采取的一些重要措施,为浙江省发展民营汽车产业提供了良好的政策环境,也为浙江经济转危为机创造了条件。

当经济形势发展到这一步,课题原来以发展民营汽车产业作为浙江经济的突破口来带动相关产业发展的主旨,其现实针对性也已时过境迁。但是,究竟该如何把浙江民营汽车产业作为浙江主导产业来发展,并使之适应经济全球化,搞好转型升级,提高民营汽车产业竞争力,这仍然是一个有待探索的新课题,从这一意义上看,课题仍然具有重要价值。

在呈上第二稿后,我仍未停止对民营汽车产业的研究。在寒假至 2009 年 3 月初这一期间,我密切关注世界经济发展和汽车产业国内外的最新动态,特别关注我国产业政策的变化。我在仔细研究国家产业政策和浙江民营汽车产业发展状况后,于 2009 年 3 月 16 日完成第三稿。在第三稿中,在进一步细化政策建议的同时,提出了在"国际金融危机下浙江省民营汽车产业发展战略调整"的意见。

当时我想,如果金省长没有新的指示,就把第三稿作为结题稿。后又想到,今年正好是新中国 60 华诞。每一个爱国者都在考虑向伟大祖国母亲献礼的问题,我就想把本课题提升为专著,并定书名为《浙江民营汽车产业转型升级战略研究》,作为向新中国 60 华诞的献礼。

根据我原来在浙江省政府工作的经历,我知道,作为政府的课题,重要的是政策性、指导性和可操作性,关键是能解决实际问题,而专著则要求理论上的原创性和深度。要把课题升华为专著,就必须深加工。于是,今年五、六、七、八四个月,特别是七、八月的暑假时间,我全力以赴,在第三稿的基础上,根据经济政策环境的迅速变化和专著特点的要求,对各章进行了更深层次的修改,有的甚至推翻重写,并加深理论分析:第一章增写了 3 千余字,第三章压缩了近 5 千字,第四章增写了近 7 千字,第五章增写了 3 千余字,第六章压缩了近 4 千字,第八章增写了近 3 千字,第九章作了重大改动,第十章增写了近 4 千字;更新了经济数据,数据采集的截止日期为 2009 年 8 月 20 日;对各章节在文字上的表述也进行了更为细致和准确的加工。我把一年多来的呕心沥血凝聚成这本小小的专著出版,首先,是向伟大祖国的献礼;其次,是回报金省长对我的信任;再者,也是对我自己一年多来辛勤笔耕的慰藉。

在本书撰写过程中,我体会到本课题研究有三个重点和难点。其一,在本课题研究过程中,需要对浙江民营整车产业发展历史进行回顾和总结,但浙江民营整车产业历史不长,现成资料很少。其二,在本课题研究过程中,需要考虑国际金融危机及浙江民营汽车产业的现实情况,并结合浙江省情,对浙江民营汽车产业转型升级提出对策,要真正做到这一点,难度是相当大的。其三,在本课题研究过程中,需要对浙江把民营整车产业作为重点主导产业来发展的可行性进行充分的论证。我作为汽车产业的一个地道的门外汉,虽然也想做好此项工作,但在实际运作中非常艰难,有时还感到力不从心。

一年多的"奋斗"终于过去了。课题的成果离金省长的要求还有相当差距。作为专著,虽然在课题基础上对有关章节增加了理论分析,但理论上的原创性仍感不足,学术水平也不高,这本专著就算是抛砖引玉吧。为了促进浙江民营汽车产业的进一步发展,我愿同大家一起,继续关注这方面的问题,努力在理论与实践的结合上深化这个课题。

出于对金省长的敬重,我未请金省长为这本小小专著题词或题写书名。

2009 年国庆节即将来临,我谨以此书献给新中国 60 华诞,献给为振兴浙江民营汽车产业而不懈奋斗的民营企业家们!

单 东
2009.9.10

《浙江民营汽车产业转型升级战略研究》后记

《浙江民营汽车产业转型升级战略研究》这一省政府课题现已作为学术专著由浙江工商大学出版社付梓印刷。从浙江省人民政府金德水副省长2008年6月18日提出并让我承担这一重要课题开始，到书稿撰写完成，在整个过程中，我付出了全部精力。

完成这部专著，我首先要感谢金省长，没有他的信任和他对课题的支持与指导，就不可能有这部专著的出版。其次，要感谢杭州市政协主席孙忠焕，他对课题提了很有价值的建议。再者，我要感谢浙江财经学院院长、博士生导师王俊豪教授和原党委书记、博士生导师童本立教授，他们给了我很大的支持，使我增强了信心。第四，感谢浙江省政府办公厅副主任孟刚同志和金省长的秘书，他们也给了我支持和帮助。第五，感谢积极配合我调研工作的民营汽车企业的企业家们，他们在百忙中安排时间来热情接待我们，并和我们作了长时间的交谈，让我获得了很多第一手资料；特别要指出的是，今年7月下旬，在我撰写书稿的过程中，感到应补充几家重要企业的相关资料时，万向集团公司董事局主席鲁冠球、吉利控股集团董事长李书福、青年汽车集团董事长庞青年、铁牛集团有限公司董事长应建仁，他们都指定专人把我所需资料及时整理给我。第六，感谢我的几位硕士研究生，他们放弃暑假的休息，陪同我到民营汽车企业调研，帮我整理录音和收集资料以及做一些事务性工作。第七，感谢我的中央财经大学中国发展和改革研究院在读博士研究生、广西师范大学经济学副教授、硕士生导师仇喜雪，她对本书提出了一些好的建议。最后，我还要感谢浙江工商大学出版社副总编辑赖洁玉和编辑郦晶，她们为这本专著的出版付出了辛勤的劳动。

2009.9.18

《浙江中小民营企业转型升级问题研究》自序

这本奉献给读者的《浙江中小民营企业转型升级问题研究》，是浙江省民营经济研究中心和浙江财经大学在专题调研报告基础上所形成的一部专著，意在抛砖引玉，期望全社会对中小民营企业转型升级给予更大的关注。2013年"浙江中小民营企业发展研究"作为浙江省政府立项课题，其调研成果以《浙江中小民营企业转型升级面临的问题和建议》为题作为报告送审。正是省政府的高度重视和有力支持，促成了这一课题从立项到研究报告再升华为学术专著。

改革开放以来，浙江的经济发展一直走在全国前列，成为我国经济发展的一个龙头大省，取得的成就全国瞩目，而遍布全球的浙江商人和扎根本土的千千万万的中小民营企业，则更是浙江经济的一朵奇葩。根据相关统计，2012年，全国民营企业500强中，浙江企业占据了142个席位，民营企业为浙江提供了90%左右的就业岗位，贡献的税收在60%以上。简单的统计数据就显示了浙江民营经济的地位和作用。毫不夸张地说，浙江民营经济与浙江大地、浙江人民休戚相关、兴衰与共。

浙江经济，特别是民营经济，之所以能空前地创造辉煌灿烂的发展历史，得益于改变中国的市场化改革，得益于浙江省委、省政府的全力推动，得益于浙江民营企业家的奋斗、创新。有发展，亦有艰难。浙江中小民营企业在取得巨大成就的同时，也遇到了严峻的挑战，出现了用工荒、资金链断裂、税收、信贷、产业导向、政企关系、市场萎缩等方面的问题。"十二五"是我国经济社会发展的重要转型期，国内外形势出现了重大变化，如何帮助浙江中小民营企业在历史性变化中找到新的增长点，激发其创业创新的活力，是关系到浙江经济社会发展全局的一个大问题。主管浙江全省工业经济的毛光烈副省长（以下简称"毛省长"）洞察到关键所在，十分重视开展对浙江中小民营企业的发展研究。

2011年10月12日，意外中我接到了毛省长的电话。通话虽然短暂，内容也只是宽泛地提到了当下浙江经济发展存在的问题和现象，但却为本书的面世拉开了序幕。11月21日，毛省长通过短信提出让我做课题。12月8日，毛省长约我到他办公室谈了一个上午，涉及的内容很广泛：浙江的经济问题；他如何和美国商务部部长助理谈知识产权问题；在浙江大学与硕士生、博士生谈如何做毕业论文等。这是一次省长与学者的对话，随和而率真，理性且务实。他广博的见识让我颇受启迪。其中，有关经济方面的问题，主要有以下一些重要内容：

一、金融问题和温州金融改革试点问题：当下，大量的小微企业需要资金支持，大量的银行个人储蓄恰恰需要寻找出路。

毛省长对金融问题很重视，他拥有博士头衔，曾在经济的多个专业领域履职，对经济问题富有见解。他和我谈得较多的是金融问题。在他看来，转型升级的出路之一，就是要把大量的民间资金吸收进来搞创业。他说，2011年1—10月份，全国银行存款余额达50万亿元人民币，其中就算60%是个人存储，那也有30万亿元。把30万亿元变成产业资本，就要想办法给这笔资金寻找出路。为钱找出路，在温州，之前的方法是老板们把钱拿去炒股票、炒期货、炒矿、炒古董、炒房地产，这些投机性的投资，推高了经济泡沫，风险很大。现在又变成炒钱。90%的小微企业都不可能到工、农、中、建这些国有大银行贷款，都是从其他方面，依靠民间借贷、小额贷款公司、村镇银行贷款的，还有靠大家合作解决资金问题的，但他们的资金成本很高，跟国外的小微企业的利率相比，我们的利率高于它们至少30%，甚至60%。再加上税负过重、收费过高，这些问题都是阻碍小微企业健康发展的症结所在。这样的经营环境，民营经济怎么发展？这里有一个很大的问题：没有小微企业，民不富，小微企业都是民营经济；没有大型企业，国不强。那现在30万亿元的资金如何跟小微企业的发展结合起来，促进民富？如何跟产业结构调整结合起来，比如与金融体系结构调整结合起来？这是我们要探讨并需要解决的问题。

二、寻找温州经济的突破口：面对实业家转向投机，热钱用于放高利贷的问题，出路在于让民间借贷阳光化、规范化。温州金融改革可以分三步走：对高利贷加强管理；不许黑市淘钱；选100家表现好的组建村镇（社区）银行。

毛省长说，温州经济当前面临两个方面的问题：一个是实业大家不想搞，转搞投机，泡沫操作过分了；另外一个问题是民间资金，热钱找不到出路，你把房地产一控，他这个热钱就存在银行里了。这些人有经济头脑，他不想干实业，那这些钱怎么办呢？去炒钱了，去搞高利贷了。所以，要下决心把温州作为突破口。温州的突破口是什么呢？就是民间借贷的阳光化、规范化。为此，要加快推进温州的地方金融改革试验，把温州的试点意见上报国务院。

这正是毛省长为浙江的民营经济找出的一条集聚资本、释放活力的再发展之路。

对此,毛省长在全省召开的一次研究工业问题的会议上曾指出:温州金融改革可分三步走。第一步是,所有的民间借贷统统登记,从地下操作变成阳光化。同时要解决高利贷问题。对高利贷要加强管理,比如利率控制在银行利率的4倍以内,要自己商量怎么调下来。第二步,不许你黑市淘钱。登记过的机构全部进行培训,如继续违规,就查处。考试后不违规的,就评选,分等级评选:第一类,民间借贷好的;第二类,比较好的;第三类,不违法、不违规的;最后一类,不好的,予以逐步查处、警告、黄牌警告。第三步,明确宣布,表现好的选100家,这100家可以将来组建村镇银行或者社区银行。这样,一个地方的金融改革可以做了。我们不是在为30万亿元找出路吗?这也是找出路啊,这个出路就是改革的路、阳光的路,从而也是发展的路,要把他们引导到这里来。

毛省长说,我们这样做,银行都会支持的,国家银行也会支持。为什么?你国有银行,服务不周到,老是被指责。另外呢,银行一看,你的领域跟我的领域不要紧,是错位的,他们会支持你改革,你征得他们同意,容易通过。你不要搞什么华侨银行,你批都批不出来。关键要把批文抓紧讨出来,不讨出来,过了这个村就没这个店了,我们每次改革都是这样的。省里想搞一个创业财富中心,就是想发展投资银行。投资银行是搞投资的,不是搞一般借贷的,比如上海金融中心,就是要实现投资,投资服务达到最高水平,就成金融中心了。美国的华尔街,实际上最后是投资,投资就是中介化,通过中介化来吸收投资资金。投资资金再变成实业资本,变成产业资本,把这个方面打通了,就得到了金融改革的最终结果。

三、产业结构调整问题:应当把小微企业和科技人员结合起来,发展科技型制造业和科技型服务业,借以创建特色工业设计,提升块状经济。

在谈到金融改革要和产业结构调整相结合的问题时,毛省长说,小微企业如能和科技人员结合起来,大力发展科技型民营经济,包括科技型的制造业和科技型的服务业,对于传统制造业的提升具有非常重大的作用,既能促进结构调整,优化结构,还能对其他传统制造业的结构调整起到巨大的促进作用。同时发展特色工业设计和电子商务,树立品牌,使品牌发展成为提升区域发展的重要支撑点和标志。

毛省长指出,说到提升,比如我们现在的机械制造业,它如何提升?要向智能化提升,通过信息化来武装,用信息化来打开浙江经济的一片新天地。如果科技型的软件企业发展多了,特别是嵌入型的软件多了,我们的传统机械企业,就提升到机械一体化的装备制造业。所以,现在的民营经济的结构调整,我觉得一个很重要的问题是发展科技型的中小企业,包括科技型的制造业和科技型的服务业。这也是推动结构调整的一个巨大的支撑点,但是目前在这方面我们的优势不够。而以推进科技人员和民间资金、民间资本对接,来发展科技型中小企业,这应该是浙江经济发展的一个重要战略思路。

毛省长还着重谈到习近平总书记在2012年"两会"期间对浙江代表团的重要讲话。习近平总书记要浙江把握处理好四大关系,其中之一就是需要把握处理好"大"与"小"的关系。浙江是以中小企业为主的省份,是民营经济优势非常突出的省份,不能只抓"大"的,不管"小"的,"大"和"小"之间是相互促进的,是可以良性互动的,所以,既要抓好"大"的,大产业、大平台、大企业,又要花力气发挥浙江的优势,抓好中小民营企业的发展。

的确,成千上万的中小民营企业活了、强了,就意味着浙江经济将有持续的活力和持续的竞争力。

毛省长还着重谈了民营经济课题研究问题:你选题,我支持。发展民营经济,重在提升企业综合素质。提出将解决中小微企业发展中的矛盾问题作为研究重点。

毛省长在谈了上述观点后说,希望你对这些问题做一些研究。这些问题的研究,我看你那里能不能提供点支持,解剖一两个块状经济,民营企业怎样提高素质、提高劳动者的素质、提高人才的素质,创立民营企业的品牌,推动民营企业转型升级。这方面,你可以搞点课题研究,来提供支持。上次我跟你讲的,我觉得,这些方面如可以做点文章,我给点课题你做就是了,叫你的博士生做就行了,这是跟民营经济研究中心、民营经济研究会有联系的,跟你带的博士生有联系的,跟我的工作、我需要的东西有联系的,跟国家的大局都有联系的。

我对毛省长说,为省政府做课题责任重、压力大。2008年,我为当时的金德水副省长做过有关民营汽车产业课题。2008年,国际金融危机给浙江经济带来了很大困难,如何迎接挑战,摆脱困境,省委书记赵洪祝同志当时要金德水副省长找突破口。金省长通过调研发现,浙江可以以民营汽车产业作为突破口,赵书记同意了。金省长要我做这个课题,一开始我不敢接受,后来在他的一再鼓励下,我才应承下来。因为当时的客观背景,金省长对课题必须抓得紧,催得急是理所当然的。我这个人,有点完美主义,一旦接受的任务,都会力求圆满完成。给省政府做课题要有战略的思路、全局的观念,又要有突破口,具有可操作性。

我同样怕接受毛省长的这一课题。毛省长为了鼓励我接受,做了很好的思想工作,让我消除顾虑。他说:你研究中心主任也是啊,会长也是啊,下面一帮人,你让他们没事干也不行啊。你当这个头嘛!也要给他们一点机会喽。

我说,您给我的时间宽松的话,我就乐意承担。毛省长说,你自己选题。我说,我就怕急,一急,就失去了人身自由。我做汽车产业时,其他什么事都不能做啊,金德水副省长催得很紧很紧,压力很大,但也很快完成了,最后还出了一部专著《浙江民营汽车产业转型升级战略研究》。

毛省长听了我的话后说,我跟你说:第一,你不一定要用我的题目,这样你好做一点。有的时候,我给你一个题目,不一定适合你的情况,你自己可以选。第二,根据你的力量,你的时间去安排,给你一点自由度,今年给个题目也好,明年给个题目也好。那个研究中心在你那里,你总要有所作为的,你看看,你做的什么事需要我支持的,你说。

毛省长的话深深地感动了我,我高兴地接受了。我对毛省长说,命题我自己想,最后要给您看,您认为选题可以,我再开始做,要是不可以,就不做。课题总要对政府有点用,或者对您的工作有点参考价值。

根据自己对毛省长讲话精神的领悟,我初拟了一个课题大纲,分四个部分:背景篇、发展篇、案例篇、总结篇,暂定为十三章。大纲共一万余字,于2012年1月17日呈报毛省长审阅。毛省长1月19日就作出了批示:

开展中小民营企业研究很有必要,我赞成……具体研究工作,请经信委(中小企业局)、科技厅等各有关部门积极参与并配合支持!

得到毛省长的批示后,我深受鼓舞,对初拟大纲又进行了一次修改,增列一章,并于2012年2月6日向毛省长呈上大纲第二稿。3月9日,我邀请了部分专家和领导对课题大纲第二稿进行了审议,在听取各方面意见的基础上形成了大纲的第三稿。我3月21日呈上,毛省长次日即作了批示:

这个课题我同意立项,具体由省经信委(中小企业局)负责联系,希望能够根据当前及今后面临的形势,重点研究加快民营经济(中小企业)转型升级、再创新优势的对策举措,提供这样的咨询性的研究报告。

…………

按照毛省长的批示,我把课题立足到转型升级和具有咨询性报告上来,对课题作了调整,组织开展调研,于2013年5月8日完成了课题的阶段性报告,并呈报了毛省长。毛省长5月21日又作了批示,批示内容是:

建议将中小微企业的升级发展中的矛盾问题解决的研究作为重点。

根据毛省长这一新的批示,我对课题又做了调整,并于2013年6月27日以"一个总报告、八个分报告"的形式再呈送。毛省长于7月2日作了圈阅。

课题立项时,我有个打算,想通过调研对我国民营经济的发展状况有一个较为全面的了解和认识,以便出一套丛书,但这一打算未能如愿,原因有多个。

第一,办事效率不高。在调研过程中,需要通过经信委(中小企业局)或科技厅帮助和外省市及本省市中小企业主管部门联系。我们列出调研提纲,交由经信委(中小企业局)或科技厅与对方联系,并由对方落实到企业,由于各种原因,起码要花费半个月甚至一个月(外省市)以上的时间。我发现,政府的转型并未走在企业转型之先,效率不高,办事拖沓的现象比较普遍,这就难免影响课题的进展。

第二,人员精力无法集中。参加课

题的一些成员或负有教学任务,或因为个人原因,难以保证全程参与调研,而被调研方一旦确定接待时间就不能更改。课题组有些成员未能如期而至,担子往往就落在我个人的肩上。

第三,因多种原因,中途我不得不对参与课题的人员进行调整,甚至个别篇章不得不换人撰写,而新选人员对课题也需有一个逐渐融入的过程。

总结正负经验,为我的中央财经大学博士研究生、青年教师付丽琴副教授和我的博士、中国传媒大学副教授仇喜雪以及我的浙江财经大学的硕士研究生们做好《电子商务促进浙江省装备制造业转型升级研究》(已于2014年8月中旬开题)这一新立项课题有重要意义。

第四,调研很辛苦。舟车劳顿,往往下午两点才进午餐,八九点钟进晚餐更是常有的事。2013年7月,酷暑、劳累和压力终于把我击倒了,生病住院期间,课题陷入群龙无首的境地,被迫耽搁下来。待我恢复后,抓紧时间修改课题报告,并终于在2013年10月10日完成了课题的结题工作,并呈送毛省长。

毛省长10月18日即对课题作了重要批示:

很有参考价值。请科技厅、经信委、金融办、国税局、地税局、人行、银监局、商务厅参阅。

见到了毛省长的批示,我兴奋不已,这是省领导对我所倾注的心血的认可。虽然,我自知课题未能全面体现毛省长关于发展民营经济,尤其是民营企业如何转型升级的思想,但是,领导的肯定还是给了我极大的鼓舞。

我在本书序言中较多地介绍了毛省长和我的谈话,意在让读者较多地了解毛省长有关发展民营经济的思想和对浙江中小民营企业转型升级的正确思路,这也是我对课题不足之处的一个弥补。

课题成果也得到了主管部门和社会的认可。浙江省科技厅在2013年10月将课题总报告以《我省中小民营企业转型升级面临的问题和建议》在科技厅自己的刊物上发表,同时将报告报省委办公厅、省政府办公厅,"送省人大、省政协领导、国家科技部办公厅、省科教领导小组成员单位、各市科技局、各高校、科研院所、省软科学专家咨询组成员"。省经信委和科技厅对课题也做了评审。

浙江省经信委的审核意见如下:

省政府课题《浙江中小民营企业发展研究》成果的报告《浙江中小民营企业转型升级面临的问题和建议》已获毛光烈副省长的重要批示:"很有参考价值。请科技厅、经信委、金融办、国税局、地税局、人行、银监局、商务厅参阅。"我们同意毛省长的批示。为了完成本课题,课题组进行了大量的调研,深入分析了当前民营企业转型升级遇到的问题,并据此提出了针对性的思路和建议,对推动我省民营企业加快转型升级和发展具有很强的实践指导意义和借鉴参考价值。

省科技厅的审核意见如下:

《浙江中小民营企业转型升级面临的问题和建议》的报告是建立在课题组

对省内外众多民营企业的调研基础上的,报告中指出的民营企业发展中遇到的问题,具有一定的典型性和代表性。报告对于进一步推动浙江中小民营企业转型升级提出的七项具体建议,对有关部门指导我省民营经济的转型升级和持续健康发展很有参考价值。

同时,这一课题在社会上也引来了广泛的回应,获得了省内外媒体的关注和报道。

2014年3月10日,《浙江日报》以"切实推进我省中小民营企业转型升级"为通栏大标题、用近三分之二个版面摘登了课题报告。2014年4月3日,总部在广州的《21世纪经济报道》也以近二分之一的版面刊登了该报记者对我的采访《调研称浙江中小民企转型升级存五难点》。中共中央编译局主管的国家级双月刊《经济社会体制比较》(2014年第2期)发表了我以调研资料为基础所撰写的论文《浙江中小民营企业转型升级问题研究》"万言书"。2014年5月8日,《杭州日报》"学与思"版刊登了课题中的《完善创新创业服务体系促进中小民营企业转型升级》;6月12日,又刊登了课题中的《为浙江中小民营企业转型升级发展生产性服务业》。由国务院发展研究中心主管的《中国经济报告》(2014年第6期)以"浙江中小民企融资难题"为题刊登了几个版面的课题内容。

广东省一些曾为我们课题组调研做安排的中小民营企业的主管部门的同志看到了媒体对课题的报道,也来电表示祝贺,认为课题所反映的问题很有现实意义,所提的政策建议很有针对性,并索要报告文本。北京、上海、天津、广东、山东等省市的媒体还就中国经济运行中有关民营经济的热点问题向我咨询。一些省市有关方面还邀请我去做专题报告:2014年7月2日,我应邀为苏州国家高新区工委统战部、工商联和商会率领的民营企业家赴浙江考察团做了题为《浙苏民营经济发展比较研究》的专场讲座;安徽亳州市委市政府副秘书长和市委党校校长也分别约请我去做推动民营经济发展的专题报告;2014年8月23日,温州市委副秘书长也邀请我去做专题报告;2014年10月9日,南京市委党校邀请我去做发展民营经济的专题讲座……

亲爱的读者:书中《导论》囊括了全书各章的精华,时间有限的读者,建议可以重点阅读《导论》,而《自序》未尽之言也已在《后记》中补进。尽管课题尚有很多不足之处,但政府和社会的肯定,对我们来说是莫大的安慰和勉励。

我衷心祈盼浙江民营企业在中国经济再转型的大舞台上上演一幕有声有色、威武雄壮的大剧。

是为序。

单 东
2014年9月于杭州

《浙江中小民营企业转型升级问题研究》后记

辛苦——欣喜——愉悦！这是所有亲手撰写著作者所共同体验到的心理过程，其间需要付出多少艰辛的复杂劳动呀！

《浙江中小民营企业转型升级问题研究》即将付梓，我感到十分欣幸，因为这部书稿凝聚了我的许多心血，把调研报告提升为专著不是一项简单的工作。书稿每章的内容我都在原有的基础上进行了许多增删修改，有的章节删去了三四千字，有的则增加了七八千字甚至上万字，有时为了增加一个例证，还得反复查阅调研时的笔记。

专著必须跟上时代的脚步，形势在发展变化，政府和企业的应对政策也需要随机应变。根据新的形势，我在书稿的有关章节中都增加了2014年全国"两会"上国务院总理李克强在《政府工作报告》中提到的相关的重要内容和国务院出台的新政策。除此之外，在统稿过程中，对书稿的文字也进行了推敲、加工，这是一件十分费时和用脑的苦差事。当书稿基本定稿后，才觉得苦尽甘来，心情的愉悦是不言而喻的。

有关课题的事，还有一些问题需要予以说明：

1. 首先要感谢浙江省政府毛光烈副省长。是他给予我直接的指导，授予我课题，并批示省经信委（中小企业局）、省科技厅配合，省经信委（中小企业局）负责联系，使调研得以顺利开展。在课题进行过程中，他多次及时给予方向性的指导，并在结题报告呈上后很快作了批示。

2. 省经信委（中小企业局）、省科技厅对课题给予了大力支持。省内外调研时，我们开出调研内容后，都是由省经信委（中小企业局）或科技厅发函至需要调研的当地政府主管部门进行落实的。

3. 北京、上海、广东、深圳、江苏有关市（县）和本省的市（县）政府主管部门都给予了密切配合。上述各地区的民营企业的主管部门的领导干部和民营企业家们热情接待了我们，并介绍了许多第一手资料。

4. 课题的开题报告得到了一些专家学者和实际工作者的热情支持。在2012年3月9日的开题报告会上，下列专家学者和实际工作者提出了不少建设性建议，他们是（按姓氏笔画排序）：

张旭昆、陈时兴、杨树荫、俞晓光、胡税根、谢作诗、蔡章生、戴银燕。

5. 参与课题或部分参与课题调研的人员有（按姓氏笔画排序）：王怡然、江庆勇、刘劲松、杨丽君、邵慰、单东、黄冠豪、韩灵丽、戴银燕。

6. 对课题各章初稿进行盲审的领导和专家学者有（按姓氏笔画排序）：王克忠、何一峰、陈东凌、张旭昆、陈时兴、张佑林、杨树荫、杨祖增、俞晓光、胡税根、郭占恒、翁华建、黄文忠、盛世豪、盛益军、董进才、靳明。

7. 浙江财经大学校领导对课题也给予了有力支持：校党委书记韩翼祥、校长王俊豪、副校长苏为华，他们积极热情地帮助我解决具体困难，使课题得以顺利结项。

8. 以下人员也为课题出了力：邵慰副教授协助我处理了课题后期的许多烦琐事项，分担了我的一些具体工作；金瑞锋对课题稿件进行了初期排版，并及时打印出来；黄莹莹担负了调研全过程的摄影、驾驶，都付出了辛勤劳动。

对以上各部门的有关领导、各专家学者和工作人员，我谨致衷心的谢意！

9. 初稿各章虽然出于相关作者，但不论写得完美与否，都凝聚了众人的智慧和心血。有的篇章始出于原作者之手，但原作者因故不能继续完成，接手作者在原作者的基础上，或者在原作者提供的调研材料的基础上加以完成的，我们将其作为第一作者，原作者为第二作者；对于盲审未通过而没被采用的，则只列在参与本课题调研人员的名单中。各章起草者名单如下：

《导论》单东；第一章《以税收制度改革助推浙江中小民营企业转型升级》王绪强、单东；第二章《努力为浙江中小民营企业营造较为公平的金融环境》应宜逊、单东；第三章《产业政策与浙江中小民营企业转型升级》江庆勇；第四章《转变政府职能服务浙江中小民营企业转型升级》操世元、马爱玲；第五章《发展生产性服务业助力浙江中小民营企业转型升级》张慧；第六章《建设创业创新服务体系促进浙江中小民营企业转型升级》单东；第七章《加快浙江中小民营企业转型升级的人才策略》邵慰；第八章《社会组织与浙江中小民营企业转型升级》单东。

课题历时将近两年，时间较长，如对本书在写作过程中引用了某资料而疏忽交代出处的，或对本书有贡献而在名单中遗漏者，则谨致由衷的歉意和谢意。

单　东
2014年7月

司马一民《天堂财富论》序

在当今中国,经济学是一个热门的学科。越来越多的人关注经济学,越来越多的学校开设与经济相关的专业。经济的快速发展改变着我们的物质生活,同时也改变着我们的思想观念。在这样一个时代环境中,新闻媒体对经济的关注自然是有增无减的,因为对于广大的受众来说,了解经济、掌握一些经济学知识已是一种需要。我的朋友司马一民是位新闻工作者,他既是报纸的编辑和记者,又是经济评论的写作者。他不是经济学的科班出身,却写出了许多经济学文章,这与他善于思考是分不开的。一个善于思考的人,总会对社会生活各方面产生自己的看法,发现别人未曾发现的问题,从而写出一些好文章来。

媒体的经济评论看似简单,写起来却不容易。它既要求有前瞻性、新闻性和专业性,同时也要能为广大读者所接受和理解,这就要符合大众的阅读口味,即所谓"雅俗共赏"吧。以这样的标准而言,一民的文章是个不错的样板。他的文章立足现实、观察深刻;内容丰富、主题突出;思路清晰、分析精辟、文笔流畅,颇有吸引力。我们从《世纪之初的杭州经济瞭望》系列文章和《杭州大商场良性发展的关键——走特色经营之路》以及《抓紧研究人均 GDP 3 000 美元》等文章中可看出,他对经济的分析既具有把握宏观的广阔视野,又能敏锐地抓住微观动态的走势,充分显示出其独到的经济眼光。

什么是经济?不同的人对之有不同的诠释。而我们从司马一民的文章中可以感受到,"经济"不都是悬空的高深理论,它切切实实地存在于我们的身边,与我们的日常生活息息相连。所以如果你是一个普通的读者,读过司马一民的文章后,想必会受到启示。

现在,司马一民的第二本经济评论集《天堂财富论》要出版了,他请我作序,故成此文。

2003 年 3 月 10 日

洪加祥《新闻连续报道选——冰雪般的阳光》序

洪加祥为这本独特的新闻连续报道集起了个有意思的名字——《冰雪般的阳光》。这既是作者作为新闻工作者在西藏作系列报道时的思索与总结,也蕴含着他作为 20 多年前活跃于浙江诗坛的诗人对本职工作的诗化感悟。我以为,书名体现的主题和新闻观,大概是"热水瓶"式的,外冷内热,耐人寻味。

在教授他人知识之余,我给国家级社科类杂志写了一些政治经济学方面的论文,偶尔也应景写点新闻。我总感到新闻作品有其特殊性,仅仅用逻辑语言和生动的文学细节描写,是远远不够的。它除了新、快、重外,还要求短小精悍,注重受众心理;尤其是搞连续报道那就更伤脑筋,不仅要有强烈的指导性和新闻由头,还要求对某事物、某观点、某热点进行全面、快速、准确、深刻、连续的具有前瞻性的反映,不仅要求作者有政治、经济、文化与科学诸多方面的知识功底,还要求文章有较强的政论色彩,因此连续报道更难写。然而,通观洪加祥这几年发表在《浙江日报》上的连续报道及由此而汇成的专集,我感到这本书确实与众不同。我对他的认识以前有二:一是他写的作品(主要是新闻)均来自大众的火热生活,尽管单篇可以存着,但现在过了几年看,这些作品串起来却多少仍有关联。从他写的平凡人和平常事中,我发现他在这一点上,确实与很多记者有不同。二是虽然他最早发现五里亭这一类新闻(洪加祥绝对不只是发现这么一两件新闻,细心的读者可以知道,他发现的新闻是很多很多的),但他从来没有刻意要去做"大",更不是硬要做成系列报道,而是随着事件和人物发展的需要,在每次关键时刻他才出来关注这些人物的命运和事件的发展。我以为,他的连续报道是真正意义上的,不存在故意炒作的嫌疑。记得在金华,他曾多次对我说,像茭白畈上的茭白妹和五里亭的"黑户",最好这些现象都解决了,我们也不再打扰他们的生活,让他们平静地生活在社会中间,找不到她们最好。洪加祥就是这样一个人,有时让我感到他做人是不是做得太低调了,有点那个……他真诚对待采访对象和身边的每一个人,始终保持一颗纯真无邪、乐于助人的宽阔之心。我有这样一个朋友,感到莫大的欣慰。

在新闻界,我至今未看到谁出过新闻连续报道的专著。洪加祥开了先河。本书的出版,对于研究新闻改革,提高宣传质量,我看是有必要的。因为,他善于挖掘新闻细节、人物特点和背景材料及故事发展和诸多矛盾,通过走村串户的艰辛和独特的目光,往往把理念与思想交融于情节之中,值得我们借鉴。从《难忘九江》《穿越西藏》《农情反思》到《政务公开》《婺江纪行》《中国聚焦》等,我们可以看到洪加祥编织出了属于他自己的一串串独特而绚丽的新闻花环。

我与洪加祥是多年的挚友。在金华,他编报纸10多年,至今在当地读者人群中影响仍很大,后来到杭州当记者搞报道,我们各自忙工作上的事,难得见上一面。就是见上一面,他也是来去匆匆。我是搞经济学研究的,写的论文当然不是新闻,所以我与他不是同行。但我们是真正的朋友。对时政、社会、人文,我们常常通过电话对话分析,但对许多重大事件,总能达成几乎一致的认识。

在新千年开始时,我衷心祝贺他的第十一本书出版,愿他能保持那种"拼命三郎"精神,在新世纪里为人民勾勒出更多无愧于历史的纷纭复杂的社会画卷。

载作家出版社《冰雪般的阳光》
2001年1月13日

(作家出版社原注:序言作者系我国著名经济学家、教授、浙江省民营经济研究所所长)

说明:作家、诗人、大记者洪加祥先生将出版他的又一部新著作——《新闻连续报道选——冰雪般的阳光》,他请我为他的这部作品作序。我是经济学家,为文学家的作品作序并不匹配,但友人的信任和嘱托,我难以推诿,故勉为之,随成拙文为序。

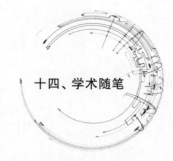

十四、学术随笔

1. 领导机关讲究领导和工作方法对促进民营企业转型升级有重要意义
   ——听毛光烈副省长报告有感
2. 谈谈我对搞好科研的一些体会
   ——在全校教学人员大会上的发言
3. 单教授新遇烦恼事　有人竟多次冒用他的姓名刊发论文
4. 《民营经济》创刊词
5. "工业兴市"是杭州的正确战略选择
6. 当前文学观念和文学方法论的变革
7. 赵本山等人的低俗文化为什么会有人捧场
   ——学习中共中央十七届六中全会关于文化体制改革精神的体会
8. "非你莫属……"
   ——回忆省政协厉德馨副主席的往事
9. 致敬改革开放40年浙江民营企业家
10. 对跨学科跨专业考研的思考

领导机关讲究领导和工作方法对促进民营企业转型升级有重要意义
——听毛光烈副省长报告有感

2011年10月10日,在省人民大会堂国际厅,浙江省副省长、浙江省民营经济研究中心名誉主任毛光烈在贯彻落实全省加强政府自身建设电视电话会议精神报告会上,发表了题为《领导机关在转型时期更要讲究领导和工作方法——谈点最近的一些感想感言》的报告。报告会由省科技厅厅长蒋泰维和省经信委主任谢力群共同主持,省科技厅和省经信委的全体同志参加。本人被特邀参加。

毛省长首先强调了研究工作方法的重要性,指明了它的"现实意义",并强调在转型时期必须建立现代社会的管理方法,明确提出"只有用现代科学的方法来运作人才资源和创新要素,才能真正实现科学发展"。在深入分析了省级机关与转型升级时期"变"与"转"的特点的基础上,毛省长提出了当前政府机关要特别关注的几种领导方法与工作方法,这就是:

一是要加强组织领导,充分依靠并发挥各类主体的作用,继续走好群众路线;二是要依靠组织,善于把利用现代媒体与发动群众结合起来,有效地处置各类突发事件;三是要善于利用"无形的手",配合用好"有形的手";四是既要善于牵头敢担当,又要善于当配角跑龙套,加强统筹,加强合作。

毛省长的讲话涵盖了当前政治、经济的多个层面,针对转型时期这一特殊的历史发展阶段,立足浙江发展中面临的新情况和新问题,将转变政府领导方式与经济发展形势紧密结合。**他强调了要以政府领导方式的转变带动经济发展方式的转变,**突出以新的领导方法应对新形势,既有对当前工作方法的理性分析,又有对转型时期社会管理创新的规划与展望。

报告很生动。本文仅从感受最深的方面,即提高政府领导能力和民营企业转型升级谈一点浅识。

今年上半年浙江民营经济保持了良好的发展势头,但也遇到了不少的困难,如国际市场萎缩、成本上升、中小民营企业资金链断裂等等,这些问题的出现,一方面是源于外部环境变化,如劳动力结构的变化、资源结构的变化、市场结构的变化、货币政策的变化;另一方面也反映了企业自身没有做好转型升级的准备,对外部坏境变化应对不了。在这样复杂多变的格局下,我们更需要政府提高社会管理能力,在经济转型升级中扮演好"引路人"和"服务生"的双重角色。**正如毛省长所说:"一个地区、一个民族、一个国家的崛起或落后的变化,关键的亦取决于转型时期的领导决策、领导水平和领导方法,取决于能否因势利导带领群众巧用善用机遇!"** 这是千真万确的。就以浙江而言,最近,温州等地爆发的民营企业资金链断裂、企业主出逃事件就考验着政府处理危机、稳定经济形势的能力。

今年以来,由于货币紧缩政策和私人借贷的高利率,大量浙江中小民营企业陷入困境,尤其是温州等民间借贷特别活跃的地区,情况比较突出。今年1—9月份,浙江共发生228起民营企业主逃逸事件,引起了市场的巨大恐慌,严重扰乱了市场经济秩序,造成恶劣的社会影响。在这个关键时刻,就要看政府的领导能力和化解危机的措施,把"市场困境"之"危"转化为"深化改革、经济转型"之"机"。浙江省委省政府正是通过沟通媒体、发动群众、多部门配合,以"有形的手"引导"无形的手",及时介入保护中小民营企业、沟通银企关系、提供担保支持、积极披露市场信息、正确引导舆论,为民营企业在转型升级的过程中提供了稳定的市场环境和强有力的政策保障,从而缓解了温州民营企业因资金链断裂所引发的社会危机。

省委省政府大力鼓励民营企业发展战略性新兴产业,推动民营企业转型升级。而民营企业的转型升级是一个如化茧成蝶般痛苦的过程,从资源密集型向知识密集型转变,从要素驱动型向创新驱动型转变,涉及企业内外部的方方面面。从观念的转变到方案的制定,从转型路径的选择到人才、技术的引进,从旧的管理方法到现代企业管理体制的建立,都需要民营企业付出巨大而艰辛的努力,在困惑中经历一次次拼搏,在困难中进行一次次探索。在这个过程中,政府作为领航者、资源整合者、信息提供者、政策制定者将在整个新型经济体系的构建中起到关键性作用。正如货币理论中的"乘数效应",政府的领导方法将对民营企业的转型升级起到"四两拨千斤"的巨大作用。

转变经济发展方式,正如毛省长所言:"要改变比拼土地、能源、政策优惠的促进发展的领导方法。要切实转变到全面注重人才、劳动者素质、创新要素的集聚、品牌、经营方式与商业模式的创新、企业组织架构的调整、营销网络建设等要素的作用发挥上来。"怎样才能实现这一科学发展目标呢？**毛省长指出："实现科学发展、改变粗放式的增长方式，首先要改变粗放式的领导方式和领导方法！"** 转型，首先是政府要转变为服务型政府，粗放型的领导方式与服务型政府是不相适应的。需要指出的是，广大民营企业的所有者、经营者，很大一部分来自草根。他们对政府的政策、信息、导向十分重视，对政府领导机构相关官员的言论十分敏感，政府官员的言论会直接影响民营企业的运行。所以，在加快经济发展方式转变的过程中，不仅企业需要转型，政府同样是一个重要的转型主体。政府治理方式转型所提供的制度环境，足以让千千万万民营企业踏上转型升级之路。相反，如果政府具有"官僚主义""形式主义""眼高手低""脱离实际"的工作作风，不仅经济转型升级会受到阻碍，甚至会因为政策不当而出现产业空心化等问题。

因此，只有切实提高政府领导能力、改善政府工作方法，以政府转型促经济转型，浙江经济，尤其是民营经济，才能更好地走上转型升级的道路，实现新的历史性跨越！

毛省长在报告中引用了寓言和历史典故，如庖丁解牛、火烧赤壁、借东风、锦囊妙计等等，结合社会学、管理科学和行政管理知识，以生动形象的语言讲述了许多真知灼见，这和他受过硕士和博士的高学历教育是分不开的。从报告内容丰富、涉及的知识面广来看，报告非一时之作，是毛省长长期担任领导工作的实践经验的积累和总结，是理论的提升。了解毛省长的同志都知道，他勤于学习，重视理论研究，并热爱写作，他为人、从政都很低调。他不耻下问，还特地亲自打电话给我，垂问我对报告的看法。他"礼贤下士"的精神，令我感动和崇敬。我从他的报告中领悟了许多真谛，觉得自己听了一堂如何提高领导能力和领导者修养的课，深感受益匪浅。

载《民营经济通讯》2011年第11期

谈谈我对搞好科研的一些体会
——在全校教学人员大会上的发言

原编者按： 政治经济学教员单东同志在全校教学人员大会上作了题为《谈谈我对搞好科研的一些体会》的发言，对大家启发、教育很深，得到与会者的一致好评。单东同志近年来，已在全国各种学术刊物上发表了十多篇有质量、有独到见解的论文。有的论文已被全国六七家报刊作为新观点加以摘登、介绍和报道。大家感到他的发言很实在、很生动，对搞科研的同志颇有借鉴的意义。因此，我们将他的发言的主要内容整理出来以飨读者。

怎样搞科研

如何搞科研，每个人都有自己的一些体会，这是因各人的兴趣、所长、基础、经历、素质和环境不同而异的。我谈的是自己情况，这些情况对我是有用的，而对别人也许是不可取的。我谈出来，目的是交流，是抛砖引玉。究竟如何搞好科研，根据自己的体会，主要有以下七点：

（一）搞科研应具备扎实的基础知识

所谓扎实的基础知识有两个方面的含义：一是对本专业要精通；二是知识要广博。俗语说，书到用时方恨少。如果说，基础理论不扎实，知识面窄，不但谈不上科研，就是要提高教学质量也是困难的。不管你是搞哪一门社会科学，你必须对本专业范围内的绝大多数的领域都要涉足，有较多的了解。就拿马克思主义政治经济学来说，如果你对马克思的《资本论》原著只是泛泛读过，而不是有较深的研究理解，那么你在掌握马克思主义政治经济学的理论上就很欠缺。读再多本的政治经济学教科书和参考资料都代替不了读《资本论》本身。学生时代在复旦大学期间，我十分有幸，著名《资本论》研究专家张薰华先生教了我们三年《资本论》。但光有《资本论》知识还不够,你还必须有政治经济学学说史的知识,否则,你就无法比较各经济学家不同的观点,就没有鉴别能力。这是举的两个例子。是不是有了这两门知识就可以搞好政治经济学的科研了呢?当然还不够,还需要有哲学、形式逻辑、数学、历史、经济发展史、部门经济学知识和文字技巧。除此之外,还要有对社会现实经济生活的体验和观察。一句话,要有丰富的知识和社会实践。

有人以为,体验和观察生活是文艺工作者的任务,不是社会科学工作者的事,这种看法是片面的。你对社会经济生活,对社会主义经济建设不熟悉,你就写不出能够反映和解决社会主义现代化建设中的新情况、新问题和新经验的文章来。这一点,我是颇有体会的。大学毕业后我在工厂搞过管理,对工业建设中的情况有些了解,所以我的第一篇发表在省委党校原学报《实践》上的论文《马克思的劳动价值学说和我国国民经济的管理》正是这种社会实践的结果。又如我发表在复旦大学学报上的《论提高经济效益必须注意的几个关系》,如果没有对工业企业的熟悉也是写不出来的。这篇论文曾得到著名经济学家蒋学模教授的称赞。再如我的《试谈城市经济体制改革中的三者利益关系》论文,同志们都说写得不错,而这篇论文我总共只用了五天时间就完成了。为什么会这样快呢?因为对工厂现实经济活动有深切感受,一句话,只有对情况熟悉,对经济生活有深刻的体验,才能轻车熟路。

所以一个社会科学理论工作者要写出有血有肉的理论联系实际的文章,必须要熟悉社会。如果没有机会长期到工厂体验,我想,经常到下面搞些调查研究,也是一种很好的办法,只有具有丰富的感性知识,再上升到理论的高度,才能写出有价值的科研成果。

(二)关于知识面问题

社会科学的理论研究是运用抽象思维的,搞科研必须运用马克思主义的立场、观点和方法,运用形式逻辑进行演绎推理。常用的方法是从抽象到具体或从具体到抽象。因此,不但搞政治经济学或哲学本身,就是搞文艺评论都离不开哲学和形式逻辑。很难设想,一个没有哲学和形式逻辑知识的人能够写出有质量的社会科学论文来。这一点,我很有体会。比如,关于经济效益,是人人皆用的口头禅,那么经济效益的含义究竟是什么?教科书绝大多数都是一个模式的提法,我觉得经济理论界还没有把它说清楚。因此,我接连写了几篇论文:《简评经济效益定义的几种表述》(1984年8月载《社会科学研究》第4期)、《关于经济效益的内涵和外延》(1985年7月载《上海经济研究》第4期)、《关于经济效益定义的商榷》(1985年9月载《贵州社会科学》第6期)等,通过系列性的论文来阐明经济效益这个概念的科学内涵。在这些论文的写作过程中,除了运用马克思的经济理论外,我就是运用形式逻辑的知识来写的。虽然我在文章中没有用多少形式逻辑中的有关名词,但是,懂行人一看,这些论文中饱含了形式逻辑知识,是充分运用形式逻辑来写作的。我深深体会到,哲学和形式逻辑这两门知识帮助我探索了经济效益概念。因此,我希望有志于科研的同志,要认真学好哲学和形式逻辑,做到融会贯通,把它运用到写作科研的论文中。

(三)关于如何选择专题、收集资料、进行构思和写作的问题

有几位大学教授写了一本书,叫《怎样写论文》,我也看了,但正如我前面所说的,各人情况不同,经历和素质不同,没有同一个模式可循。我感到他们所讲的对我来说不太适用。同样,我的方法,对在座的教师也不一定适用。总之,不能按照某个模式进行。我们都受过高等教育,都曾经在教师的指导下写过毕业论文。写论文的一般方法是:自己选择感兴趣的题目,接着是收集资料,列出提纲,然后写出初稿(即选题→收集资料→列提纲→写初稿→最后修改定稿),这是普遍采用的方法。但我不这样做。我有一个经验:确定好专题之后,再去收集资料,往往有这样的缺点,即常常被资料牵着鼻子走,到后来,资料越多,越无从下手,好像自己要讲的被别人都讲了。也许大家在报上看到了某大学一位教授(研究生毕业论文的指导老师)写的文章,内容说,一个全优的研究生,面对堆积如山的资料却写不出毕业论文来。他是说,要改革现行的教育体制,以培养创造型人才而不仅仅是记忆型人才。资料多,当然好,但是如果没有独立思考能力,不能从资料当中提出问题,解决问题,就是说,如果不能驾驭资料为我所用,那么,资料再多也是死的。因此,我往往是对理论界中某些重大问题,常常加以思考,一旦需要加以阐明,就先进行构思以形成自己的观点,甚至把自己思想的火花(即写作灵感)先写出来。然后再看看有关方面的资料,会不会和别人见解雷同,并了解一下哪些方面理论界还没有涉及或没有讲清楚,如何使它完善起来,于是我就把自己的见解写出来。如果我认为对方的观点不妥当,那我就与之争论,把我与之不同的观点表达出来。所以我的不少论文是在争论中诞生的。这个方法对我却是成功的。我的论文就是这样写出来的。我的不少论文就是争论性文章。

(四)搞科研需要敏感和灵感

1. 敏感

就是要善于从现实和理论中发现问题,提出问题,并能作出科学的说明。也就是要有对事物的敏锐性,只有当你对自己的专业较精通才会在自己专业的某一方面有"敏感"。凡从事创造性科研就必须要有敏感。科学家对人的智能作过三种类型的划分,这就是:再现型、发现型和创造型。虽然,这种划分不是绝对的,但有一定的道理。再现型人才很适合做教师,而发现型和创造型人才,长于理论思维,因而最适合于从事理论研究工作。

2. 灵感

在艺术创作上,常常用到"灵感"这个词。什么是"灵感"? 所谓灵感,就是在一刹那间忽然想到或发现问题。如牛顿从苹果落地想到万有引力。当然"灵

感"不是凭空而来的,如果一个人对某一领域不具备较深的、渊博的知识,他就不会在这个领域出现什么"灵感"。例如,像我这个不懂音乐的人,就永远不会出现音乐创作上的灵感。从某种意义上说,"灵感"是熟能生巧、瓜熟蒂落的结果,在一种不是有意思索的情况下突然得到平日百思不得其解的答案。一个长于理论思维的人,就在"灵感"出现的一刹那间,能将两个或几个看来从不相关的观念串连在一起,用以解决一直没有解决得了的难题,或在科学上有一个新的发现或创造。比如,我的另一篇论文《关于经济效益的内涵和外延》中的"外延说"就是我在一次田野上散步时出现的"灵感"。而这种"灵感"是在我对经济效益作了深刻研究的基础上出现的思想火花。这次"灵感"使我在国内首次尝试提出了经济效益的"外延说",全国已有七家报刊报道和介绍了我的经济效益"外延说"。

随着大力宣传,发展第三产业,在理论界中普遍承认**劳务**也是商品,是无形的商品,它同样具有**使用价值**和**价值**。使用价值很明显,劳务可以满足人们的某种需要,所以具有使用价值。劳务支出也是一种交换,也需要付出一般人类劳动,当然有价值。但是,我们知道,**马克思说,使用价值是交换价值的物质承担者,无形商品的交换价值的物质承担者是什么呢?** 到目前为止,理论界谁也没有能够作出说明,我想,在继续探索的进程中,或许还要借助于灵感吧!

(五)搞科研要锐意创新

搞文艺创作也好,搞科研也好,都要锐意创新,这样才能对社会科学的发展作出贡献。宋朝诗人戴复古在《论诗十绝》中说:"须教自我胸中出,切忌随人脚后行。"他说要有自己的东西,不要总是步人家的后尘,拾人家的牙慧。当前学术界比较开放,全国有那么多的大学生、研究生、讲师、教授和研究人员,写稿者比比皆是,可是能够获得发表的却比较少。怎样才能够在这种竞争环境下把文章打出去呢?我认为主要靠质量、靠创新。一般说来,没有新见解的文章是很难被编辑录用的。当今文坛上和理论界仍然存在一些崇尚名家的倾向,一般无名作者的文章很难获得发表。怎么办?要以质量取胜。我对自己有个要求:一般文章要写,但重点致力于理论界的重大问题,力图创新,对理论有所突破。复旦大学著名教授谈家桢说,你写出的文章,过三十年后人们再研究这个领域方面的问题时,还会引用到你的文章,那你的文章的科学价值就高了。所以我常常以此勉励自己,力争写出经得住三十年时间考验的文章。为了文章保证获得发表,我对自己还有个要求,力求使自己的文章能打动每个编辑的心,使他们在讨论我的稿件时人人称赞,这样我的文章就能获得发表。如我的《简评经济效益定义的几种表述》曾获得新疆、四川、广州、贵州四家社会科学院刊物的采用。《贵州社会科学》编辑部还写信给我,说:"你的大作写得很好。"浙江一编辑说我的文章"构思奇特"。

（六）要有理论勇气，敢于坚持真理

搞社会科学既要坚持四项基本原则，也要敢于坚持真理，具有理论勇气。

四项基本原则是必须坚持的。在这个前提下，要对理论上的重大是非问题敢于提出自己的看法，自己认为是对的就应该坚持。坚持真理是搞社会科学的人应该具备的品质。例如，我的《Ⅰ$(V+m)$＞Ⅱc不是扩大再生产的实现条件》一文，就是敢于坚持真理而终于获得发表的。事情是这样的：中国社会科学院和中央有关部门编写而由人民出版社和中国社会科学出版社出版的《**学习马克思关于再生产的理论**》一书，由中央下文件规定为全国县团级以上领导干部必读且全国各级党校都要按照这部书来讲解马克思的再生产理论。而该书在阐述马克思再生产理论方面恰恰不符合马克思的原理。我根据《资本论》原著写出文章进行商榷。文章写好后，寄到中央某理论刊物，退稿说，我们暂时不发表这一类文章。寄到省委党校《实践》，石沉大海。寄到上海某报，说不便采用。寄到北京某大报，来信说，准备采用，并将校样寄给了我审阅，但最后还是没有见报。因此，有人说，这篇文章是发不了的，让你发表，不就承认你比中央的水平还高吗？但是面对这种状况，我并不气馁。我认为，既然是要大家学习马克思的再生产理论，但你们又把马克思的再生产理论曲解了，这是贻误读者。于是我又寄到内蒙古自治区党委机关公开刊物《实践》，并向编辑部说明，鉴于全党各级领导干部都要学习这本书，全国各级党校都要按这本书教学，为了广大读者不被贻误，请他们摘登。后来，该刊终于全文发表了，而且把我的文章放在《中共中央关于整党的决定》的后面。文章一出来，北京经济科学出版社《经济学文摘》立即给予转载，并列为全国经济学文章选目。中国人民大学书报资料中心的复印资料也转了。这件事，对我启发很大，只要是真理，就应该坚持，搞理论工作必须具有理论勇气和坚持真理的毅力。

（七）搞科研要有扎实的文字功底

写作科研论文，不同于写小说。写小说，为了渲染环境，绕它十八个弯子才引出人物，这是常用的笔法。科研论文要求很快进入正文，所以文字功夫很重要。如我的《关于经济效益的内涵和外延》只有六千多字，既要在这篇文章中把全国各种观点加以概述，又要和一些教授、学者，包括著名经济学家的观点逐一商榷，同时论证自己的观点，并提出"外延说"的新见解。如果没有较强的文字表达能力，恐怕不能在这仅六千多字的文章中把这么多问题说清楚。有志于科研的同志必须在文字上下功夫。上次我出席全省青年社会科学工作者会议，有几位研究生来看我，**说："单老师：我们看了你的文章，觉得你的文字功夫很不错，请你讲讲看，如何提高文字功夫？"我说："需要磨炼。"又问："需要几年"我说："起码要三年。"他们说是需要的。其实文字功夫的提高是个长期的事情，是没有止境的。**

总结经验,继续前进

我在教学之余,搞出来一些科研成果,得到了学校、学术界和社会各方面的重视和鼓励。《光明日报》的《文摘报》去年和前年分别以较大的篇幅介绍了我提出的新观点。北京经济科学出版社《经济学文摘》已把我的三篇论文列为全国经济学文章选目(这三篇论文是《Ⅰ($v+m$)＞Ⅱc 不是扩大再生产的实现条件》《论提高经济效益必须注意的几个关系》《简评经济效益定义的几种表述》),中国人民大学出版社翻印出版了我的论文《论提高经济效益必须注意的几个关系》,这篇论文获得了 1985 年省社会科学优秀成果奖。北京《文摘报》(1985 年 10 月 6 日)、《金华日报》(1985 年 12 月 24 日)、《浙江日报》(1986 年 1 月 18 日第四版)、《中央党校通讯》(1986 年 1 月 18 日第 140 期第 3 版)、《浙江社会科学信息》(1986 年第 1 期)、北京《理论信息报》(1986 年 2 月 24 日第 3 版)等都分别摘登、报道和介绍了我的经济效益"外延说"等观点。

《浙江日报》还以《学人谈治学》为题介绍了我。

读者来信给我以肯定,说我的论文"用笔功夫深"。信中说:"在学术研究上你下的功夫很成功。从发表的论文看来,有独特的见解,把人们带入一种新异的境界,既有源长水深之感,又有清澈见底之美觉,那是理论工作难能可贵的一着。你不仅能在学术道路上善于开拓新路,形成自己的观点,更值得一提的是你把新形势下的经济学方面的理论与社会现实紧密地、有机地结合起来,将当前政治经济学方面的重大理论搞清楚,然后深入浅出地写了出来,理论上的贡献是社会的最大财富。"

我国著名经济学家、国务院学位委员会委员蒋学模教授写信给我说:"你已具备独立地进行科研的能力,祝贺你在科研上取得的成果。"复旦大学经济研究中心副主任、首席经济学家、博士后流动站站长、经济学院副院长伍柏麟教授也写信给我说:"接连读到你发表的文章,很高兴。你的文字技巧和出手之快皆列为上乘。"

我在杭州参加一些学术会议时,一些同志对我说,我们已经在教学中把你的一些见解作为一种学术观点加以介绍了。金华市的一些学校的政治经济学教员也来找我,说他们要介绍我的关于经济效益的观点。金华市委和市府合办的《信息与动态》(1985 年 11 月 21 日第 57 期)也介绍了我的科研成果。市委领导和市委宣传部的领导对我的科研给予了高度的赞扬,说我成果多,质量高;还说,看了你的文章,大家表示羡慕,并指出我研究经济效益和经济体制改革的方向完全正确,符合党的十二大精神,叫我不要放松科研,为金华多作贡献。

中共金华市委书记董朝才同志(后调任中共温州市委书记、浙江省经济体制改革委员会党组书记、主任——笔者注)曾写信勉励我。他在给我的信中说:"你的论文已收读,谢谢你,对我教益不浅。祝贺你学有成就,敢从实践中提出并解决问题。一定抽时间拜访你!"(新年初二,市委书记董朝才同志还到单东同志家中看望了他。——记录整理者注)各级领导的肯定和鼓励,对我来说是莫大的鞭策、巨大的力量。年终评比时,同志们一致评选我为1985年度的先进工作者,这是对我一年来工作的肯定,校党委要我在大会上作这个发言,就是对我的支持,也是对科研工作的重视。

最近浙江人民出版社又发表了我的一篇文章。在新的一年里,我也有新的打算。总结1985年教训,我的失误是到校外兼课,兼多了,失去了许多科研时间。**中共金华市委常委、宣传部长陈培德同志(即后来的浙江省省委副秘书长、省体育局局长——笔者注)建议我不要**在外面兼课,把时间用于科研。(陈培德同志年初二也到单东同志家看望了他。——记录整理者注)的确,一个人的时间是很有限的,我打算把精力用到搞好党校的教学和科研上来。所以我1986年不再到外边兼课,让自己在新的一年里按照中共中央24号文件精神,搞好教学和科研这两个中心工作。在完成教学任务,提高教学质量的前提下,继续努力写出有质量的科研论文来。

说明:中共浙江省金华市委党校办公室根据记录整理。

载中共四川省委第二党校《教学科研资料》1986年9期,这里只节选了第二部分"怎样搞科研"和第三部分"总结经验,继续前进",供参考。

单教授新遇烦恼事
有人竟多次冒用他的姓名刊发论文

《钱江晚报》记者

浙江财经学院经济学教授单东最近遇到一件烦心事,因为有人多次冒用他的名字在一些刊物上发表论文。记者就此事近日走访了单教授。

"我是个学者,我要对自己的学术文章负责的啊!"见到单教授时,听到的第一句话就是这。单教授拿着两本刊物告诉记者:一篇是《关于温州民营经济发展若干问题的研究》(1万余字),发表在2003年3—4期的《温州瞭望》上,另一篇《试论马克思人的全面发展的涵义及实现条件》(约6 500字),发表在2003年第10期深圳的《特区经济》上。

事发后,单教授立即与刊发文章的编辑部取得联系核查情况,根据编辑部的反馈,这些稿件用的都是单东的署名(但未注明单位和联系方式)。《温州瞭望》是用打印稿投寄的,《特区经济》居然是盗用单教授单位办公室的电子邮箱投的稿,稿件正文还特意说明是单教授的稿子(这一邮箱地址仅印于办公室人员的名片,已长久未用,且单教授从未用此邮箱投过稿),所以编辑部也无从知晓究竟是谁冒的名。

这样的事情对于单教授来说并不是第一次。前几年,北京一家报纸就刊登过一篇这样的冒名文章,当时单教授与编辑部交涉了近一周,核实后不是同名同姓,编辑部表示保证今后不再发生,事情也就这样平息了。

单教授说:"这两篇文章我都看了,虽然《关于温州民营经济发展若干问题的研究》一文的观点和我的学术观点没出现很大的分歧,但是其中有些内容我还是不完全同意的。第二篇《试论马克思人的全面发展的涵义及实现条件》一文,里面有些内容是传统观念,虽不能讲是错的,但和现在与时俱进的思想是背道而驰的。这两篇文章,还好没捅出什么大乱子,但是我的精神压力很大,我作为一个学者是要对学术、对社会负责任的！而冒名者这样既拿不到稿费，成果也得不到认可，我真不知道冒我的名字发表文章有什么好处呢？"

是啊，凡事总有缘由，上万字的文章，也是花了不少心思的，这样做是想来证明自己的学术水平，还是另有其他动机和意图呢？

对此，单教授还坦言："这两篇文章写得还是有水平的，没有一定功底是写不出来的，像有关马克思主义理论的这些观点，你可以看出作者对经典著作还是比较熟悉的。而《关于温州民营经济发展若干问题的研究》一文确实写得尚好，做了相当充分的调查研究，为什么作者就没有自己发表的自信而要冒我之名呢？另外，从三篇不同类型的文章看，不是同一作者所为。"

单教授工作很忙，平时要讲学、要做科研，他是《浙江非国有经济年鉴》的主编，还是一家学术刊物的总编。辛苦之余，又为这样的事情烦恼。他本人表示这类事件对他干扰很大，影响工作和心境，更担心会不会在别的杂志上继续出现这样情况，现在真不知道该怎么办了。

单教授希望那些冒名者能主动与他联系，并请知情者能提供线索。倒并不想追究什么，因为看得出来冒名者也是热衷于学术研究的，也是较有水平的，只要停止冒名的行为，可以与之坦诚交流。

载《钱江晚报》2003年12月11日

附单教授的澄清：

几年前曾有人冒用我的姓名在北京报纸上发表文章，近来又接连发现两起类似事件，这就不能不引起我的重视。如果任凭这些事件继续发生下去，必定会带来不良后果和影响，所以我必须予以制止，特此加以澄清。

1. 几年前，有朋友告诉我，北京某报刊登了一篇我的文章，内容是评论浙江某著名民营企业家。我当时听了很吃惊，本人根本不会去写这类文章。这位朋友将报纸复印件寄给我，我马上与编辑部取得联系，向他们表明，如果是同名同姓，则要求署名作者单位，不然要引起误会。结果证实并非同名同姓，正是以我名义发表的。我与他们交涉了近一周，编辑部表示以后不再出现此类情况，这件事就不了了之了。

2. 今年6月份收到《温州瞭望》(2003年第3—4期)，里面有一篇《关于温州民营经济发展若干问题的研究》(1万余字)作者一行赫然印着我的名字，文章末尾还注明我的工作单位和职称。我愕然，这并不是我的文章！于是立即打电话与编辑部联系，他们告诉我这一稿件的确是署了我的名字，用的是打印稿，但未注明工作单位。由于他们对我很熟悉，在刊出的时候代为加上了工作单位和职称。我已告知编辑部不接受稿费，如有人来取稿费请代为查问。

3. 今年11月份收到深圳《特区经济》(2003年第10期)，又发现了类似情况。我又无故成了《试论马克思人的全面发展的涵义及其实现条件》(约6 500字)一文的作者。带着更大的惊讶和疑虑,我向编辑部询问了有关情况,并退回了稿费。编辑部告知文章是以我名义投的,并且是用我办公室的电子邮箱发过去的,邮件里还特意说明这是单教授的稿子。此事就更蹊跷了,连邮箱也被盗用了。而这篇文章的内容并不是我所关注的,里面有些观点与我相悖。此事仍是个迷,有待调查。

目前已查明,这些都不是同名同姓的巧合。我无法知道冒名发文者的真实目的和动机。而对我来说,这些事情严重干扰了我的工作,侵害了我的声誉。无论是为了维护我的个人权益,还是出于对我学术观点的负责,我都有必要将之坦诚地公诸于世,并在此阐明我的立场:

1. 以上文章均非我本人所作,纯系有人故意冒用我的姓名发表。

2. 希望这些文章的作者能够认清事件的严肃性,停止这种行为。

3. 以后我向各刊物投稿将用我个人的邮箱,并将注明单位名称和联系方法,同时会及时与编辑部取得联系加以确认。

由于阅读面有限,个人精力有限,以上只是为我所知的三起冒用事件。我不知道是否还有其他类似情况存在,若有人知情,望提供线索,本人将衷心感谢。

2003年11月30日

署名权也要打假

《钱江晚报》编辑部

单教授的烦恼是出于一位正直学者的学术责任感。虽然目前这些冒用行为好像并没有造成什么严重后果,可是如果这样的冒用任其继续下去又会怎样呢,并且谁又能保证不会由此而引发新的问题呢?另外,如果因为事情的危害性不大就可以忽略事情本身的不正当性,岂不是认可了这种不合理性,从而助长了某些人为达到某种目的而采取不正当手段的社会心理?

这样的事件其实是一个值得我们深思的社会问题。经济领域的假冒事件是屡见不鲜了,打假也一直是个伤脑筋的难题。最近一向被认为比较纯洁的文化知识界也出现了不少假冒事件。理论界的打假大都是批判剽窃他人学术成果的事,似乎还没有出现过针对冒用他人姓名发表论文的打假。其实不论何种假冒行为,都是侵害他人权益,是违法的。如何提高人们的法律意识,如何防止和杜绝学术界的这种假冒行为,值得我们深思。

《民营经济》创刊词

《民营经济》在我们的热切期盼和等待中,终于呱呱坠地了。

民营经济在最初是不被认可的,改革开放以来,尤其是十一届三中全会以后,在党和国家政策的指引下,民营经济才得以迅速成长起来。如今,民营经济已经成为我国社会主义市场经济的重要组成部分,成为我国经济发展的活力源。在东南沿海等发达地区,它已经成为国民经济的主体和经济发展的主力军,"哪里的民营经济发达,哪里的经济发展就快,哪里的人民生活水平就得到较大的改善",这已是全国人民的共识。

要实现中华民族的伟大复兴,要让中国屹立于世界经济强国之林,让每个中国人都过上富裕幸福的小康生活,靠什么呢?靠的是经济发展。新中国成立以来,我们一直在寻找一条适合中国国情的发展经济之路,经过了半个多世纪的实践和摸索,终于找到了一条途径:改革开放,打开国门,走出去,引进来,让多种经济成分共同发展,而在社会主义初级阶段,尤其要大力发展充满活力的民营经济。实践证明,这是中国走向繁荣富强的必由之路。

《特区经济》为推动民营经济的发展,紧贴时代潮流而特别推出了《特区经济》D版——《民营经济》杂志。作为社会主义实业的建设者,全国2 300多万个体户和280多万家民营企业,他们的事业需要支持,他们的心声需要表达,他们的劳动成果需要尊重,他们的权益需要保护,他们的创业精神需要传达。当前,研究民营经济理论队伍日益壮大,然而,反映民营经济的刊物尤其是专司研究民营经济的理论刊物寥寥无几,这和蓬勃发展的民营经济以及十分活跃的民营经济学术研究现状很不适应,而《民营经济》杂志的创刊,可以弥补一点这方面的不足。

创办一本杂志,好比开启一扇窗户,传达一种声音,展示一个舞台,提供一种新的视觉。《民营经济》杂志的创刊宗旨和使命,就是要为民营经济的发展鼓劲呐喊,为反映民营企业家的心声竭诚服务,为宣传民营企业家的贡献不遗余力。同时,要为民营经济的发展加强政策和理论的指导。一句话,就是要为了促进中国的民营经济发展做出应有的贡献。

我们真诚地希望广大读者能够关心和支持《民营经济》这个新生的婴儿,为他的成长提供不尽的养分,多提出一些宝贵的建议,对办刊过程中出现的问题和毛病,也毫不客气地指出来,以便我们及时汲取改正,让这个新生的婴儿可以健康快乐地成长。

祝愿我们的《民营经济》青春勃发,大有作为。

最后,衷心感谢经济学前辈大师、著名经济学家于光远先生在百忙中为本刊题写贺词。

作者:单　东

浙江民营经济已经发展许多年了,现在编辑出版《民营经济》这样一个刊物是一件重要而且是值得庆贺的事情,它担负的责任重大不仅在浙江而且在全国都将发生作用,它在理论上和实践上都应该作出自己的贡献,对民营经济在我国的历史地位与作用作出进一步研究和阐发,国家与社会公众对民营经济的支持将进一步加强。这个刊物的问世必将得到学术界、新闻界、企业界广泛积极的反响,此刊同仁会努力把这个刊物办得越来越好。现吾书此语以寄厚望。

于光远
2005年6月

注:2005年6月,浙江省民营经济研究中心创办了《民营经济》杂志,主编单东先生特请著名经济学家于光远先生为本刊亲笔题词。为纪念于光远先生对民营经济的支持,我们特保留了这份珍贵的资料。

"工业兴市"是杭州的正确战略选择

杭州是著名的旅游城市,素有"人间天堂"的美誉,其秀丽的风景、宜居的生活环境闻名中外。旅游是杭州的优势产业和核心竞争力,应坚持将旅游作为提升城市环境和人文氛围的抓点,强化杭州旅游城市形象,并提升旅游产业结构,发展旅游衍生服务业。但旅游会受到季节性、旅游产品定价、恶劣天气、流行疾病等不确定因素的影响,对经济的拉动效应有一定的局限,而工业应是拉动经济增长的主要力量,旅游及其衍生的服务业都离不开工业,城市的工业化进程也是城市旅游市场空间扩展和供需的来源。所以,"工业兴市"是杭州社会经济发展的正确战略选择。

从杭州历年来工业增加值占GDP的比重、规模以上工业企业占比及占中国制造业企业500强的企业数量等经济指标来看,工业经济对杭州的发展举足轻重。工业是GDP的主要创造者,是提供就业的重要渠道,是财政收入的主要来源,同时工业能带动人流、物流、资金流的集聚和扩张,提升城市化水平。农业生产率的提高和发展也离不开工业,发展工业是杭州实现现代化的必然要求,也只有依靠工业的发展,才会有更多的财力发展旅游业。随着工业和旅游业的逐步推进,杭州应将传统观光旅游向深度发展,做大做强旅游产品,发展工业旅游、农业旅游等。工业旅游在发达国家已经开展得相当成熟,是一种高品位的旅游方式,世界著名的旅游城市都不乏广受游客青睐的工业旅游项目,如法国的雪铁龙、德国的大众、美国的造币、日本的东芝、韩国的浦项等,杭州也可寻找工业和旅游的结合点,掘取下一桶黄金。

杭州市"工业兴市"及"三位一体"方针,高屋建瓴,将为杭州经济的全面发展奠定坚实的基础。大力发展工业经济,并以工业为主导,协调发展优势产业——旅游业,是杭州城市化进程中正确的功能分工。相信在杭州市委、市政府的统筹下,一定能将工业经济与旅游推向一个新的高度,生产性、生活性服务业都将得到大力发展,全市经济和民众生活水平都将迈上新的台阶。

载《杭州日报》2010年1月7日

当前文学观念和文学方法论的变革

近年来,我国文学界的议论中心就是关于文学观念和文学方法论的变革问题。当前,各种新的文学观念、文学方法论都在进行尝试,进行探索,新的思维方法已经在相当大的程度上打破了过去那种单一的线性思维方式。

1984年冬,在《中共中央关于经济体制改革的决定》公布之后,我国文学界就开始出现了关于文学观念和文学方法论的变革的探索。但大规模的争鸣局面还是始于今年春天。

中国社科院文学所所长刘再复首先在《文学评论》(1985年第6期和1986年第1期)上发表了长篇论文——《论文学的主体性》,引起了热烈的争鸣。综观已发表的众多的争鸣文章,绝大多数同志肯定刘的文学主体性理论具有使人耳目一新的开拓性意义。于此同时,许多同志也指出了刘的理论中还有许多不够完善和片面的地方。以小说创作为例,我以为主要发生了以下一些变化:

第一,"人"在文学中由从属地位上升到主体地位。

人,不仅是社会的主体,而且也是文学的主体。然而,在当代文学史上,过去作者重视的是过程,比如开展运动的过程,战役、战斗的过程,等等。而忽视了对主宰这些过程的主体——人的关注。现在,越来越多的作家把注意力转向了写人,转向了对人本身的理想和对人生奥秘,如人的价值、人生意义、人生道路、人与人关系的最佳结构等问题的深层揭示。作家不仅把人写作为社会的人,而且写作为自然的人、生物的人;不仅写人的行为,而且写人的心理、情绪、感觉、意识等等。也就是说,文学不仅在理论上,而且在实践上成了真正的"人学"。

第二,小说中的某些人物从神化到人化。

过去说小说是写人,特别写党和国家领导人、军事领袖、领导干部、英雄模范,都程度不同地存在着一种神化的倾向，不敢或有意回避他们的作为人的感觉，更不允许写他们的缺点错误；他们的形象必须是雄伟高大、纯洁透明、光芒四射、百战百胜的。我认为，不论是领袖还是英雄，他们都具有一个普通人所应具备的一切。所以把领袖人物真人化、英雄人物凡人化，这是文学从迷信的桎梏中解放出来的一个重要标志。

第三，从单写阶级的人到体现着社会关系总和的人。

过去，往往把体现着丰富社会关系的人仅仅归结为阶级的人，这是片面的、极端的。这种庸俗的唯心主义社会学观念表现在文学中就是类型化的倾向。作家不是从生活出发，写生活中具有多种多样的人，而是按唯阶级的规定性捏造人物，似乎每一个阶级所属的人都有一个固定的模式，不仅有共同的思想性格，连相貌、穿戴、语音和动作也几乎都是相同或相似，这就不可避免地出现一个阶级一个典型的严重雷同的现象。近年来批判阶级斗争扩大化理论的同时，在文学上，作家们逐渐从单写阶级的人，转到写社会的人，这样就写出了人的思想性格的完整性、丰富性和复杂性。这是文学描写从"左"的阶级论的束缚中解放出来的一个生动体现。

第四，由主要写性格化、典型化人物到写多样化的人物。

王蒙曾说：小说"可以着重写人的命运、遭遇——故事，也可以着重写人的感情、心理；可以写人的幻想、奇想，还可以着重写人在生存于其中的自然环境"。其他作家也写了不少类似的作品，如《男人的一半是女人》等。这些作品主要不是刻画人物性格，而是写人的意识流，写人类的某种心绪，甚至单写一种意境。

以上我就文学观念和文学方法论的变革问题的某些侧面作了点滴述评，我相信，随着文学观念的变革和文学方法论的变革，我国当代文学创作的一个新时代已经到来。

载《金华日报》1986年9月19日

赵本山等人的低俗文化为什么会有人捧场
—— 学习中共中央十七届六中全会关于文化体制改革精神的体会

2012年1月19日,《浙江手机报》报道,某家媒体发起的"春晚你最不想见的人"票选结果显示,小沈阳、赵本山师徒以6 000多票夺得冠、亚军。赵本山和小沈阳是被调查的6 000人里观众最不想见的人!凑巧的是,同一天,央视龙年春晚剧组突然宣布:赵本山因身体欠佳告别龙年春晚舞台。究竟真的是因赵本山的身体欠佳,还是仅仅只是央视给了赵本山一个台阶下,局外人便不得而知了!

笔者对赵本山、小沈阳师徒等人的低俗、恶俗表演一向无好感,每次看到赵和沈登台出场,便立即更换电视频道。笔者想:为何这种"内容庸俗、言辞粗鄙,以嘲笑生理缺陷、插科打诨为能事"的粗俗表演竟受到一些人的追捧?

2011年10月18日,中国共产党第十七届中央委员会第六次全体会议通过的《中共中央关于深化文化体制改革推动社会主义文化大发展大繁荣若干重大问题的决定》(以下简称《决定》)明确提出"提高文化产品质量,发挥文化引领风尚、教育人民、服务社会、推动发展的作用"。以赵本山等人为代表的"三俗"(庸俗、低俗、媚俗)文化显然与《决定》的精神背道而驰,也与《决定》提出的"为人民提供更好更多的精神食粮""鼓励一切有利于陶冶情操、愉悦身心、寓教于乐的文艺创作,抵制低俗之风"南辕北辙。

赵本山等人的"三俗"表演迎合了某种低级趣味

看过赵本山小品的人都知道,赵本山的小品向来是以粗俗的农民打扮(歪戴的老式解放帽、破旧的中山装)、令人作呕的极尽夸张的面部表情和肢体动作以及鄙陋的言辞作为逗乐观众的手段。使用夸张的面部表情和肢体动作是一种常见的艺术表演手段，无可厚非，喜剧大师卓别林也擅长以此博取众笑。然而，在赵本山系列小品的人物塑造中，出现在舞台上的，总是一个粗俗无知的农民形象，并伴以不堪入耳的台词来贬低和丑化农民形象，正如清华大学教授肖鹰所指出的："赵本山和他的弟子们并没有彰显刚健、诙谐的东北传统，而是不遗余力地表现了当代都市中的油滑、恶诈、怪异、悭吝的市井俗气，他们以一种低于当代中国平均文化水平的教育程度进入都市文明，他们已经失去了乡土文化的根基，又不能接受先进的都市文明，只能以低俗的方式来媚俗、取悦都市观众。"

看当今的相声表演，我们也发现，侯宝林、马三立等老一辈相声表演艺术家流传下来的艺术传统与文化精粹已经在那里消弭殆尽，而多数的代之以轻浮、露骨甚至色情的表演方式，并以此吸引大众眼球。《人民日报》指出："这种低俗的文艺方式只是迎合了某种低级趣味，是文化艺术中的'苏丹红'、'塑化剂'，只会消磨人们的精神和意志，误导和扭曲人们的是非、美丑标准。它们已经失去了道德、文化、教育的功效，必然将招致文明社会的舆论抨击。"赵本山赴美国纽约演出时，就有观众抨击其演出"无聊、下流，一讽刺残疾人，二讽刺肥胖者，三讽刺精神病患者，把欢乐建立在别人的痛苦之上"。

与赵本山的低俗小品如出一辙的还有小沈阳，美国《新闻周刊》抨击小沈阳为"最脏的中国男人"。令人奇怪的是，他们的低俗表演还受到央视的追捧。央视作为对社会文化生活影响巨大的高级媒体部门，让"三俗"文化在国家级媒体频频亮相，到底是在宣传优秀的文化，还是在推广低俗的文化？是在建设社会主义精神文明，还是在宣扬文化艺术垃圾？

"三俗"文化为什么会有它的市场

这种庸俗、低俗、媚俗的"三俗"表演，为什么会在国内有它的市场？笔者认为，主要有以下三个方面的原因。

首先，民众的文化鉴赏能力普遍较低。

将民众对高雅文化的鉴赏能力降低的责任完全归咎于时代的文化浩劫、文化沙漠是不准确的，那只不过是使得民众欣赏文化的方式更加单一，对文化的品鉴能力渐趋弱化。事实上，自古以来，阳春白雪和下里巴人两种雅俗文化一直就并存着，只不过，在如今这个通信发达的时代，低俗文化的传播有了更为简便和迅捷的方式。要抵制"三俗"文化泛滥，仅仅以某些治标不治本的手段去从提高民众文化素质显然是不够的，还要改变民众向来对文化抱持的观念。赵本山、小沈阳等人这些插科打诨式的"三俗"文化从来都是存在的，要在短时期内让其消失显然是不现实的，要整顿好文化，关键是文化部门需要树立积极的文化理念，倡导健康向上的文化生活方式，逐步提高民众的审美品位。

其次，文化垄断为"三俗"文化的发展提供了成长的土壤。

因为意识形态和某些特殊历史原因，文化部门一直对某些文化形式和内容采取"禁区隔离"的"铁血政策"，同时也对某些文化形式采取了纵容、包庇和姑息养奸的态度。赵本山20世纪90年代初期以小品节目登上春晚舞台，之后几乎年年上央视春晚，待其化身演艺界大腕之后，又带其徒弟组团上春晚，表演那些东北腔调的低级小品，受到了一些喜爱低级趣味的观众的欢迎，可以说，赵本山的成名与某些文化部门的文化垄断是紧密相连的。文化的垄断造成像赵本山、小沈阳等人的庸俗文艺大行其道，这些媚俗的文艺形式不仅起不到启迪大众、提升大众文化素养的作用，相反，它是对青少年观众的一种精神污染。从某种意义上来说，文化垄断部门已经成为新时代低俗文化的始作俑者。

当然，从根本上说，赵本山、小沈阳等人，他们都只不过是某些文化垄断部门推行文艺市场化，单一追求经济利益而选出来的低级文化的代言人而已。央视之所以多年来追捧赵本山等人的表演，其"司马昭之心，路人皆知"。很显然，央视的这种文化宣传攻势在为其带来十分可观的收视率（特别是一年一度的春晚）的同时，也为其带来了丰厚的经济利益（广告收入等）。他们已不顾文化的社会效益，把"三俗"文化当作报酬丰厚的文化产业来经营。媒体是人民的喉舌，在我们这样的国家，央视作为掌握着话语权力的中央媒体，更是喉舌中的喉舌，其宣扬的文化理念直接影响着大众的文化价值观，也深刻影响着文化的发展方向，特别是对青少年的文化价值观，影响尤其深远。复旦大学哲学系张庆熊教授批评"这是迎合社会流俗，走错了方向，是'偏离正道的习气'"。可是而今，仅仅为了经济利益，央视某些栏目很多时候已经置文化的社会效益于不顾。然而，面对这一事实，我们却无法抵制央视把这种低俗文化向人民大众灌输，因为央视俨然以一种文化霸主的姿态出现在大众面前。所以说，文化垄断才是"三俗"文化存在和泛滥的最根本原因。要从根本上治理文化的三俗现象，最重要的还是要破除文化垄断，破除文化产业垄断，铲除文化部门自身庸俗、低俗、媚俗的文化理念。只有这样，才有可能建立一个更为积极健康的文化环境。

第三，高雅文化的缺席。

俞伯牙的一曲《高山流水》，只有钟子期能领会其中意境。宋玉也曾说"阳春白雪，国中属而和者不过数十人"。阳春白雪向来都是曲高和寡，想要高雅文化大众化、普及化，无论是就现今的教育水平来说，还是就大众自身的领悟鉴赏能力而言，都是不切实际的。近些年来，中国的文艺界鲜有高品质、高水准的文艺作品出现，无论是电影电视，还是曲艺小品等等均是如此。相反，某些恶搞的文化形式异常红火，几乎是泛滥成灾。恶搞作为一种文化存在的方式，从对某些文化现象或社会现象的讽刺意义来说，是有其积极一面的，然而，当恶搞蔚然成风,已经形成一种低俗的文化风气时,必然也会对社会文化造成非常恶劣的影响。高雅文化虽然无法做到像大众文化那样平民化、普及化,但是,文化部门肩负继承和传播优秀文化传统之职,向普通大众传播优秀的文化艺术是其职责所在,倘若在其位而不谋其政,再恃其文化专断之权,那么,再优秀的文化艺术也只能是圈囿于樊笼里的凤凰,无法展现其艺术魅力,无法发挥其陶冶情操的功能,更恶劣的后果是,优秀的文化艺术最后只能在文化垄断的影响下渐趋式微。如今中国文艺界的现状已充分证明了这一事实。

推进文化建设,抵制低俗之风。

鲁迅先生曾在其《文艺的大众化》中告诫我们:"若文艺设法俯就,就很容易流为迎合大众,媚悦大众。迎合和媚悦,是不会于大众有益的。"在《决定》号召文化艺术部门要"引领风尚""抵制低俗之风"的今天,笔者想,把鲁迅的这一名言献给某些编导者是非常合适的。

文化如若屈服于世俗,流于低俗、庸俗、媚俗,那么,即便它在某一时期内受到追捧又如何呢?毕竟,无论在何时,创造了人类璀璨文化文明的,是那些优秀的文化艺术作品,而非"三俗"文化。虽然,"三俗"文化在短时期内是不会消失的,但文化部门需要做的是如何正确引导文化发展的方向,形成良好的社会文化氛围,而不是一味地让"三俗"文化泛滥。

2011年11月16日至18日,浙江省委深入学习贯彻十七届六中全会精神,审议通过《中共浙江省委关于认真贯彻党的十七届六中全会精神,大力推进文化强省建设的决定》提出:深入推进文化改革发展,注重文化自立、坚持文化自省,全面提高人民的思想道德水平和科学文化素质,推动社会主义精神文明和物质文明更加全面发展,推动人民思想道德素质和科学文化素质全面提高。显然,这给浙江的文化艺术工作者指明了方向和提出了要求。

浙江省委提出了要通过大力建设社会主义核心价值体系,推动优秀文化产品创作生产,着力构建公共文化服务体系,加快构建文化产业发展体系,推进文化体制机制改革创新,加强文化人才队伍建设等六个主要方面来大力推进文化建设。这是党和政府引导文化向积极健康方向发展的一项重要举措,笔者相信,省委的这些措施有利于我们"抵制低俗之风"和弘扬积极向上的文化艺术。

载《民营经济通讯》2012年2月第2期

"非你莫属……"
——回忆省政协厉德馨副主席的往事

1990年，我被调到省政府体制改革办公室工作，担任体改办的公开刊物《改革月报》的副总编兼理论部主任，后来又兼任《改革文摘报》主编和《改革月报》集团的党支部书记。

因工作单位就在省府大楼内和组稿的需要，我常有机会广泛接触到省委省政府的高层领导，包括省委书记和省长。厉德馨副主席是新四军的革命老干部，在省里当过省委副秘书长、杭州市委书记、省委常委、省政协副主席等职务，那时，因为工作需要，我与他时有往来。

在省体改办时，领导常派我去温州和台州等地，或代表省体改办参加当地体改办的会议，或去组稿采访，有机会接触到许多企业。改革开放之初，温州和台州非公经济的发展不仅在全省领先，而且在全国也很有影响。当时，我接触到许多私营企业，发现他们的企业很有活力，这引发了我对研究私营经济的兴趣。和私营企业主接触多了，对他们的情况了解也多了，我思想上产生了要很好地引导他们，促进他们发展的想法。于是，我有了成立浙江省个体私营经济研究会的念头。

我把这些想法告诉了省体改办的党组书记、体改办主任董朝才同志。董主任很支持，他讲不要急，先多了解一些情况。这件事就暂时被搁下了，但成立这一组织的筹备工作一直在我心里默默谋划着。在这期间，我有机会接触到厉德馨副主席。那时，厉副主席还在省政协副主席的任上。厉副主席很赞成我的想法。在厉副主席和董主任的支持下，由董主任出面邀请社会上的各界人士，于1993年成立了浙江省个体私营经济研究会。当时，厉德馨任名誉会长，董朝才主任任会长，我则担任秘书长。

那时，我常出差到温州和台州等地。因体改办主任董朝才是从温州市委书记任上调到省体改办的，因此，我去温州，他给我写了便笺，让我找温州工商局的负责人。有一次，我和温州一位颇有影响也较有实力的女企业家谈参加个体私营经济研究会的事,这位女企业家语出惊人:"**我们是民营经济,不是个体私营经济。如果是民营经济研究会,我们参加,如果是个体私营经济研究会,我们不参加。**"

这件事对我震动很大,我想:他们都知道"民营经济"。回省里后,我立即向董朝才主任汇报,也特地向厉副主席汇报。他们分别听了我的情况汇报。厉副主席态度非常明确地说,就把"浙江省个体私营经济研究会"改名为"浙江省民营经济研究会"好了。我把厉副主席的意见反馈给董主任,他也同意改名。就这样,"浙江省民营经济研究会"在1993年9月诞生了。弹指一瞬间,到今年9月,研究会就要迎来诞辰20周年了。

当年,厉副主席居住在西湖边,那里环境静谧优雅,花草繁盛,树木参天。厉副主席住的是独栋别墅,我经常去那里。接待我,给我端茶的是李辉——他的夫人、省委组织部副部长。李部长已退休在家,平易近人,没一点官架子,待人很热情。

我和厉副主席见面一般都是向他汇报学会的工作,听取他的意见。工作谈完后,便随便闲聊国家大事,从国外谈到国内,从历史谈到当今。我从他这位老一辈革命家的谈话中获得了许多历史知识和信息,而他对我所发表的学术文章很赞赏。他说,他很爱看我的文章。我记得,他对我的以下几篇论文比较赞赏:《对民营经济几种表述的质疑》《民营经济不是一个模糊的概念》《国有不等于国营 民营不等于私有》《非国有化和国企民营化》《论生产社会化与私人资本在社会主义市场经济条件下的相容性》《非公有制经济:能够解决效率和公平问题吗?》等。在和我交流时,厉副主席也常常谈论自己对发展民营经济的一些看法,让我深受启发。

民营经济研究会的一些活动,厉副主席有空也参加。远的不说,2008年10月24日,研究会举行"浙江民营经济发展三十年论坛",2010年1月23日,研究会举行"2009年度浙江省优秀民营企业、浙江省杰出民营企业家颁奖典礼",他都出席了。

在浙江民营经济发展三十年论坛上,厉副主席指出,有些企业在面临发展困境时,只等着别人或政府救助,最后损害各方面的利益,说到底,企业发展不好,还是因为他们没有用科学发展观来指导企业做大做强。他说,企业发展要实事求是,要搞好主业,打好基础,要制定正确的决策,要注重企业管理,关注未来,要正确认识自己在经济上所处的位置,只有这样,才有可能把自己的企业真正做大做强。

他看问题的眼光很透彻,见解很深刻,让人醍醐灌顶。

随着厉副主席年事渐高,有些活动他不便参加了。但是,他对民营经济研究会的工作却是一如既往的支持。鉴于会长董朝才身体欠佳,厉副主席当面和我讲,**他认为由我来当会长比较好。我说:"董主任是会长,我不能要他让位。"厉副主席说:"民营经济研究会会长非你**

莫属,董朝才那里的工作由我来做。"后来,董朝才主任告诉我:"厉书记(董一直这样称谓厉副主席)要你来当会长,我看可以。"这样,研究会会长就敲定由我来担任,而厉副主席和董朝才主任则担任名誉会长。一般来说,会长由会员选举产生,但研究会当时挂靠省体改办下面亦未按照程序进行。我从秘书长成为会长,主要是厉副主席的意见。

厉副主席也勤于笔耕,他把自己的一些著作赠送给亲朋好友:《古稀集》《金衢早春天命集》《钱塘岁月耳顺集》《自奋蹄随心集》《学习与思考随笔耄耋集》。这些著作他也赠予了我。我非常欣赏他的文笔,他的这些思想是留给我们的宝贵精神财富。

人生如白驹过隙,恍惚间,和厉副主席相识已有20余年了,如今,虽然他已仙去,但他的音容笑貌,他对于民营经济发展的熠熠发光的思想,仍深留在我心中。

说明:厉德馨是部队南下军官,到地方担任浙江省委常委、杭州市委书记,后任省委常委、省政协副主席,享受正省级待遇。

2012年4月17日,厉德馨副主席逝世,享年89岁。

载厉主席女儿厉玲主编的
《厚德芳馨——厉德馨的纪念文集》,
本文作于2013年2月22日

致敬改革开放 40 年浙江民营企业家

改革开放 40 年来,我国民营经济走过了由小到大、由弱变强的发展之路,经历了从不允许到允许,从"有益补充"到"重要组成部分"的角色变换。时至今日,民营经济已经在我国经济社会发展中发挥越来越重要的作用,日渐成为推动我国经济发展、优化产业结构、繁荣城乡市场和扩大社会就业的重要力量。据统计,截至 2017 年底,我国民营企业的数量超过 2 700 万家,民营经济占 GDP 的比重超过了 60%,撑起了我国经济的"半壁江山"。

民营经济为我国社会经济发展做出的重要贡献有目共睹,习近平总书记对此也给予了重要肯定:"改革开放 40 年来,民营企业蓬勃发展,民营经济从小到大、由弱变强,在稳定增长、促进创新、增加就业、改善民生等方面发挥了重要作用,成为推动经济社会发展的重要力量。民营经济的历史贡献不可磨灭,民营经济的地位作用不容置疑,任何否定、弱化民营经济的言论和做法都是错误的。"

浙江作为民营经济大省,在民营经济发展领域取得了巨大的成就。民营经济是浙江经济的最大特色和优势,也是浙江的金字招牌。改革开放 40 年来,浙江先试先行、勇立潮头,争做市场经济的"弄潮儿",大力发展个体私营经济,民营经济在浙江大地上如雨后春笋般异军突起,走出了一条富有浙江特色的经济发展道路。2017 年,浙江民营经济创造了全省 60% 以上的生产总值、70% 以上的税收和出口、80% 的就业岗位和 90% 的企业数量。不仅如此,浙江民营经济已经从原先的"个少体弱",迈进到了"量多质优"的发展阶段,2017 年中国民营企业 500 强榜单中,120 家浙江民营企业上榜,连续 19 年蝉联全国第一。

浙江民营经济取得如此辉煌的成就,离不开一批又一批具有自强不息、坚韧不拔、勇于创新、讲求实效精神的浙江民营企业家的艰苦奋斗。这些民营企业家是浙江民营经济取得重大成就的重要助推人,也是当今中国最著名、最活跃的企业家群体，是新时代浙江经济高质量发展的排头兵。浙江民营企业家普遍具有敢拼、敢闯、敢为人先的吃苦精神，同时，他们在顺应历史潮流的关键时刻，善于抓住发展机遇，他们具有长远的发展意识和敏锐的商业嗅觉，他们脚踏实地，从实际情况出发，大胆创新、破解困局。

浙江的民营企业家不是一群故步自封的墨守成规者，而是一群勇于创新、不断创新的改革者。改革开放40年来，浙江经济日新月异的历史发展过程中，到处都有他们不懈奋斗、勇于创新的身影：有的民营企业家加快转变经济发展方式、推动经济转型升级；有的民营企业家大力进军战略性新兴产业；有的民营企业家加快发展现代服务业，不断优化产业结构、企业结构和产品结构，不断提升产品的附加值、市场占有率和竞争力；有的民营企业家大胆走出去实施跨国并购。可以说，他们身上蕴含的这种精神就是浙江非常宝贵的财富，同时，他们又为浙江创造了巨大的物质财富和精神财富。浙江的经济发展离不开民营企业的支撑，民营企业的发展离不开浙江民营企业家这支创造社会财富的中坚力量，浙江民营企业家为浙江经济社会的不断发展做出了不可磨灭的历史性贡献。

浙江民营企业家在新时代党的关怀下，正向着高质量发展不断奋进！让我们共同致敬浙江民营企业家，为他们造就浙江经济的不凡伟业喝彩！

载《浙江经济》2018年第23期

对跨学科跨专业考研的思考

今年我又参加了院经济类专业研究生招生的复试工作。名单在手，令我大吃一惊：研究生考试成绩排在前几名的居然都是跨学科、跨专业考过来的学生。之后的面试出现了两种情况：一些跨学科、跨专业的考生在面试中的表现不错，另有一些是不尽如人意的。当时有老师怀疑考生的基础知识掌握情况，于是跳开指定的考试书目，即兴出了几个在专业范围内普通常见的题目，其中有一位名牌大学理工科专业的考生交了白卷，接下来的口试他更是答非所问，让提问的老师目瞪口呆。

当前跨专业、跨学科报考研究生的现象十分普遍，几乎成为一股潮流了。它暴露出的一些问题是需要我们关注的。

首先，我们的研究生招生制度是否存在弊端呢？一个理工科专业的本科生，在并没有掌握多少经济学基础知识的情况下，怎么能考上经济学专业的研究生？这是有考试制度背景的。考过研究生的人都有经验，只要把重点集中在英语、数学、政治等公共基础课，通过各种专门的"考前辅导"重点突击、死记硬背就可以获得高分。另一方面，各招生学校命题的专业课试题明显较统考科目容易得多，而且专业课考试范围一般又有学校指定的少量参考书，甚至可以买到历年的试卷，只要掌握指定书目的知识，熟悉该专业课的命题方式、特点和思路，即使其他功课没有学过也能轻松过关。一般学校基本上是等额复试，有的复试流于形式，所以只要初试上线，录取一般就没有问题了。

这种靠初试考试成绩决定录取与否的研究生入学考试模式是有欠缺的，卷面分数不能全面反映考生的科研素质与创新潜能，这样的录取模式不利于优秀人才的选拔，势必影响研究生的生源质量。就像文章开头提到的那位考生，能按照初试成绩录取他吗？这样的录取制度使一些在本专业具有发展潜力及培养前途的考生，由于对指定的参考书的疏忽，或公共课考试能力偏低而遭淘汰，相反那些善于考试而能力平平甚至未经过较系统的基础课学习的考生却被"择优录取"。

更严重的是，这样的录取制度在无形中加强了一些人的投机心理。有相当一部分人报考研究生不是为了更好、更系统地在原专业知识基础上进行深造，而是把考研当成一块敲门砖。本来，个人想通过报考研究生来改变自身的处境也是无可厚非的，但过重的功利意识严重地扭曲了研究生的培养目标。对一些学生来说，读研就是为一张文凭。唯文凭是图，自然会挑尽可能"热门"的专业。

研究生考试是选拔高级人才的入学考试，重点应放在对考生专业知识的考察上。当前的考研制度改革已十分必要。考试是个人权利，在跨学科跨专业报考上是不应该限制的，但是必要的考核程序需要健全，要保证质量。研究生考试要能科学反映出学生掌握专业基础知识的情况。比如，本科不是该专业，可以要求增加另外相应的专业考试，尤其是加重面试的比例。本科不是本专业和本科是本专业的学生毕竟不是站在同一起跑线上，"良莠不齐"的现象突出，必须有区别地进行有效的检验过滤。

另外，还要加强引导。很多人认为跨学科跨专业报考最主要的原因在于社会现实的驱动。现在就业压力大，找工作并不一定能专业对口，具备多个专业背景无非是扩大自己择业竞争资本的途径。现在具备一门专业知识的人很多，但是具有一个以上专业知识背景的人就少了。有个双学位之类的，用人单位就会对你青眼有加。就连学校里不也经常在强调学科之间的交流、互补吗？其实这是一种浮躁的表现，是对学科知识的误读，对社会的误读。

不可否认，跨学科研究领域已经成为科学研究和高等教育的一个新亮点。跨学科，学术界也称作"交叉学科"，最初是从英文 interdisciplinarity 翻译引进的。"跨学科"的含义是指对于典型学科之间的问题的研究。它是指两门或两门以上不同学科之间紧密的和明显的相互作用，包括从简单的学术思想，到全面交流整个学术观点、方法、程序、认识和术语以及各种资料。跨学科是一种多学科之间相互作用、相互补充的合作研究，是打破学科界线进行的科研活动。而社会需要与科学内在逻辑的交叉点以及不同学科的交叉点是科学突破和产生的生长点。这种学科融合、交流和合作从很大程度上要求人才特别是高层次人才的跨专业培养。所以不少专业鼓励学生跨专业报考研究生。但这只是就相关学科、相关专业的关联性而言的。所谓跨学科、跨专业，不是知识的线性相加，而是新知识的突变。盲目生硬地随便转一个学科、转一个专业并没有什么实际意义。况且为了适应科学技术飞速发展、知识体系更新的需求，现在已有不少学校开始改进专业结构，在学生的知识结构体系中搭建公共基础知识和专业基础知识两个平台，致力于打破学科壁垒，砍掉过细的专业课,大量增加基础课,使专业课只占全部课时的10％左右。可以说,"复合"已经够多了,倒是专业知识相对弱了,需要学生自觉重视把握。

至于对就业来说,跨专业背景并不一定占据优势。一般而言,用人单位之所以要研究生而不要本科生,就是因为研究生在专业上占据优势,如果是半路改行的研究生,在专业上的优势有的甚至不及一个本科生,这样在本科生研究生同场竞聘的情形下,用人单位可能更偏向于本科生。如某媒体刊登一单位招聘经济类研究生时,明确注明必须是本科和研究生专业都是经济类专业的。这说明,专业知识的薄弱会直接影响求职应聘。

笔者并不是反对所有的跨学科、跨专业读研,有些特殊情况是值得鼓励的。比如有些学生不适合原来的专业,而对另一专业有浓厚的兴趣偏好并具有相关的才能,有些学生有很强的自学能力,是真正学有余力者,他们当中后来也有成为某一学科方面著名专家学者的。我自己也有过亲身经历,有一次参加某大学的研究生毕业生论文答辩,有一工科出身读经济学的研究生,他的论文写得很有深度,获得全体评委的一致赞赏。但是佼佼者毕竟是少数,我们主张对于跨学科、跨专业读研必须慎重。

载《杭州日报》2004年9月13日

十五、薪烬火传
——学生忆导师
（部分）

1. 我和我的导师——怀念　评价　感恩
2. 我和我的导师——读博的回忆
3. 我和我的导师——师恩无穷期
4. 我和我的导师——我最好的导师
5. 我和我的导师——忆恩师
6. 我和我的导师——育德、育能、育心

我和我的导师
——怀念 评价 感恩

仇喜雪 博士

我与单东教授的师生情谊，转眼已是十二个春秋。回顾十二年的师生情缘，细数与导师相处的历历往事，真是一笔不小的人生财富。

初识导师单东教授

初识我的导师单东教授，那是2009年的5月。当时我的身份是中央财经大学国民经济学专业的博士一年级学生，同时我是广西师范大学的副教授、硕士生导师。当时单老师已被聘为中央财经大学的兼职博士生导师。他还身兼数职，但最主要的职务是浙江财经大学的教授，浙江省民营经济研究中心的主任、浙江省民营经济研究会会长以及浙江省人大常委会的立法专家，每天工作繁忙。

单东教授作为我的导师，他对学生负责任有担当，对学生要求严格，同时也非常关心学生的成长。单老师的工作地点在杭州，因为日常工作繁忙，单老师把第一次师生见面安排在了杭州。我到杭州后，他让民营经济研究中心工作人员为我在杭州期间的食宿做了很好的安排。初次见面，我就感受到了导师的温厚、热情、严谨认真，以及导师作为上海人常有的精致和细腻周到。单老师对我三年博士专业学习规划以及我感兴趣的研究领域进行了了解和专业指导，同时向我介绍了民营经济研究中心的学术和调研活动，并邀请我参加研究中心的学术活动。通过媒体以及单老师其他学生、民营经济研究中心工作人员的口口相传，更增加了我对单老师作为浙江著名的民营经济研究专家，对浙江民营经济的理论和实践的发展起到了举足轻重的作用的认知。同时，生活中的单老师，又是一位个性鲜明的性情中人，他情真义重,珍视跟老朋友、学生等的各种情谊。单老师是复旦大学经济学院的杰出校友,当年在复旦大学读五年制本科生,刚临毕业时,遭遇到"文化大革命"。当大家一起吃饭聚餐时,老师有时候会跟我们谈当年他的大学老师,国内一些著名的经济学家被打击批斗的细节。当时的他,年纪20岁出头,却暗中保护自己的老师,让人挺佩服他的智慧和勇气。在黑白不分、邪恶当道的岁月里,依然保持善良天性,实属难得。

经邦济世、学以致用

在接下来三年的博士研究生学习过程以至后来的光阴里,单老师的勤勉、执着和孜孜不倦以及他的凡事喜欢亲历亲为,践行"经邦济世,学以致用"的经济学人的人生信念,至今还深深地激励着我。

单老师一直很忙,停不下来的忙,哪怕是周末,他也很少休息,不是外出讲课做报告,就是在办公室忙于工作。当年单老师身材瘦削却思维活跃敏捷,他精力充沛,状态甚佳,看起来特别年轻态,比他的实际年龄看起来要年轻十多岁。大家问他保持年轻态的秘密,老师笑说,他年轻态的秘密就是忙,就是不停地工作,如果停下来,不工作,他就会生病。他享受忙碌,体会忙碌中的充实与快乐!

单老师是一个有理想有抱负的专家学者,他带着"经邦济世,学以致用"的情怀做事业做研究。单老师从复旦大学经济学系毕业后,曾在金华市委党校工作多年,后调入浙江省人民政府工作十多年,在省政府工作期间还担任《改革月报》副总编和《改革文摘报》主编及《改革月报》集团党支部书记等职务。对于敢于讲真话和做实事的单老师而言,在职业发展道路上,他的兴趣不在于官场上的逐步进阶。相反,他更愿意在高校相对自由的学术氛围里去探索真知。另一方面,单老师多年在党校和省政府的工作履历,也使他不同于一般高校侧重于纯理论研究的教授学者。单老师做研究是直接的"问题导向",把论文写在中国大地上,接地气、与真实世界零距离。

单老师独特的知识结构、独特的个人经历形成了独一无二的优势条件。在权衡各方面的禀赋条件后,2001年,单老师把浙江省民营经济研究中心和浙江省民营经济研究会带进了浙江财经学院。一方面,利用浙江财经学院学术自由的高校资源平台;另一方面,浙江财经学院(后升格为浙江财经大学)也非常重视单老师民营经济研究中心和研究会的学术资源、社会资源平台,浙江财经大学曾把单老师的研究中心和研究会作为浙江财经大学教育创新、科研创新和社会服务的一面突出旗帜,给予全方位的支持。学校与研究中心研究会相得益彰,成就了单老师职业生涯中非常务实和奋进的20年。其间,单老师做的一件很有价值的工作是作为浙江省现代非国有经济信息中心主任,创办了《浙江非国有经济年鉴》即现在的《浙江民营经济年鉴》,他作为社长兼总编辑的《浙江民营经济年鉴》为国内外学者研究民营经济提供了翔实的数据库资源。在此期间,单老师还办起了《中国民营》(香港版)和《民营经济》杂志，尤其是《民营经济》获中国人民大学书报资料中心转载的论文较多。

单老师专注于研究民营经济，成为国内研究民营经济的著名专家，在《中国社会科学》《经济学家》《学术季刊》《学术月刊》《复旦学报》《光明日报》等国家级和省市级报刊发表学术论文400余篇，其中一些论文在国内产生过较大影响，有些论文和观点被《新华文摘》《人民日报》《光明日报》等多家报刊转载或摘登。

我有幸参与单老师主持的浙江省政府的课题，多次参与调研和学术研讨会。所到之处，感受到单老师德高望重，受到省政府省领导的敬重和礼待。单老师并不是一个攀附权贵的人，他简单、坦诚而率真，但却受到来自权威的敬重，所作的研究和谏言为省政府发展社会经济所采纳。究其根源，还是得益于单老师"经邦济世，学以致用"的情怀和"知行合一，实事求是"的治学作风，他对浙江发展民营经济的敏感性和洞察力，使他的谏言既能指导当下浙江民营经济的发展实践，为浙江经济发展提供很强大的理论支持，同时也对未来有很好的预期，引领浙江民营经济长期健康可持续的发展。他成功地在民营企业与政府之间架构起一座沟通的桥梁，为浙江民营企业的发展排忧解难。所以，无论是省政府高级官员还是民营企业主，对单老师都非常尊重。作为学生，也因为导师的口碑声誉而获益。单老师在浙江财经大学带的研究生，在就业市场上比别的学生更容易找到好的工作，也获得更好的发展平台。

热忱地支持学生的学习、工作和事业

也许是因为我是单老师所带的第一届博士生，也可能是因为跟单老师的性情比较契合，单老师一直都很信任我。单老师曾一度希望我博士毕业后能到杭州工作，成为他研究机构的核心力量和左右臂。我是广西师范大学的副教授。单老师已和浙江财经大学联系落实好，同意我到该校任教的通知单已经给我，调令也发到我校，但我所在之原校就是不肯放我，单老师的努力没有实现。事隔一年后，我终于有机会调到了北京的中国传媒大学任教。单老师非常支持我，觉得从长远的发展看，选择北京比选择杭州更好。

我硕士研究生毕业后就一直从事教学工作，是一个从来没有离开过学校的人，尽管不断地读文献，拥有了较丰厚的书本知识，但或多或少地与实践有些脱节，因为学问和真知不仅从书本来，更从实践中来。理论加实践，便使治学如虎添翼。正是基于这样的思维，单老师培养学生时杜绝培养书呆子，总会给他的学生尤其是博士生创造接触社会、接触真实世界的机会。

最近习近平总书记呼吁科研工作者把论文写在祖国大地上。其实，单老师一直是严格要求他自己，面对现实，他也是如此要求他的学生的。他的研究服务于浙江的社会经济建设，他也创造条件让学生"回归实践"。2013年，尽管我已经博士毕业并来到北京高校工作,单老师还创造条件让我参加他的课题组调研浙江省装备制造业的电商化发展状况,包括发展中面临的挑战和发展的机遇。我们用了整整半个多月的时间顺利完成了在浙江的调研,掌握了浙江发展电子商务的第一手资料。

2018年春天,因为我所在的学院把数字经济专业作为今后建设的重点方向,而作为数字经济重镇,起步和发展均走在全国前列的浙江,杭州自然是学习和调研的重点。我跟单老师在电话里沟通了我的专业发展需要后,单老师非常支持我们单位的这次调研活动,以他与省政府熟悉的关系和在业界的影响力,帮我们联系了浙江省发改委、商业厅、经信厅等数字经济的管理和协调部门,让我们与权威部门直接建立了联系。本次调研同样对我帮助很大,通过调研,了解了我国数字产业化和产业数字化的最新发展态势,使我们办专业的思路更加清晰。

单老师作为我们的导师,他严谨治学,服务于社会的精神为我们树立了一个很好的榜样;单老师很关心和热心帮助学生,我的师妹付丽琴副教授也是单老师的博士生,就是在单老师引荐帮助下,从桂林调进了浙江财经大学东方学院任教。我们这些晚辈,都不同程度得益于导师单东教授的扶持和帮助。园丁情,念师恩,感恩在我成长的道路上遇到这么好的导师。

"绿野堂开占物华,路人指道令公家。令公桃李满天下,何用堂前更种花。"值此九月教师节即将来临之时,以回忆的文字,记录师生情的点点滴滴,赞美单老师桃李满天下,远播芳名。

中央财经大学经济学院2009级博士研究生,

仇喜雪,1970年11月生于广西钦州,2009级博士生,现任中国传媒大学经济与管理学院副教授,经济学博士,产业经济学、国际商务硕士研究生导师。

我和我的导师
——读博的回忆

马爱玲 博士

我在认识单东老师之前就读过他的许多论文，也看过对他的不少专访。北京的《中国改革报》、武汉的《当代经济》杂志，浙江和广东等一些省份的报刊的专访称他为"著名经济学家单东教授"或"著名民营经济专家单东教授"。所以我对单老师并不陌生。

单老师是浙江财经大学教授，是宁波大学的兼职教授，同时担任浙江省人大常委会的立法专家，浙江省民营经济研究中心主任、浙江省民营经济研究会会长、《浙江非国有经济年鉴》即今之《浙江民营经济年鉴》社社长、总编辑等职务，并受聘为中央财经大学博士生导师。我和单老师的相识是在2010年7月份，那时我以内蒙古财经大学的副教授身份考取了中央财经大学国民经济学专业博士生。单东老师工作繁忙，当时他正在筹备民营经济高峰论坛。于是我和单老师的第一次见面相约在杭州。我第一次见到单教授时，看上去他精力充沛，处于非常忙碌状态。

在攻读博士学位的三年时间里，我曾多次前往杭州参加浙江省民营经济研究中心举办的高峰论坛和浙江省领导委托的课题的调研活动，单老师也常到中央财经大学，还常回答博士生们对热点问题的提问。他参加我毕业论文的开题、论文指导、论文预答辩和答辩工作。在我的感觉中，单老师既是一位治学严谨的导师，又是淳厚睿智的朋友。

我一直在西部高校工作，经济学理论知识比较丰富，但缺乏社会调查的实践，单老师不仅帮助我完成博士学业，也丰富了我的人生阅历，让我体会到现实世界的经济学。时光飞逝，距离我博士毕业已经七年，回忆往事依然历历在目。

2010年7月中旬，单东教授邀请我到杭州参加浙江民营经济研究中心举办的浙江民营经济高峰论坛。会议期间，单老师事无巨细，都要亲自过问，每天都工作到很晚，我问他会不会太辛苦，他说："我一定要工作，不工作就会生病。"他孜孜不倦的工作态度令我钦佩不已。会议结束之后，单老师还与我聊起他的人生经历。单老师毕业于复旦大学经济学系五年制的政治经济学专业，毕业后曾在党校、省体改委部门工作，是我国最早研究民营经济的学者之一。单老师到浙财大工作，既担任民营经济研究中心工作，又承担教学、科研、硕士生和博士生导师等工作，身兼数职。单老师曾是省政府体改委的《改革月报》副总编和《改革文摘报》主编及《改革月报》集团党支部书记。名校毕业、从政府官员转型为大学教授，这样丰富的人生经历使得单老师研究民营经济的视角更多元，更注重政策的有效性，这一点在他赠送给我的专著中体现得非常明显。读博期间我感到能有这么优秀的学者指导我非常幸运，也坚定了我顺利完成博士学习的信心。

这次见面之后，单老师每个月都会把民营经济研究中心主编的《民营经济通讯》邮寄给我，如期而至的《通讯》帮助我了解浙江省民营企业发展的历程、现存问题以及浙江民营经济研究的现状。

2012年5月，我接到单老师的电话，邀请我参加浙江省副省长毛光烈同志委托单东教授承担的浙江省政府《浙江中小民营企业转型升级问题研究》重要课题。立项完成后，单老师很快拟出课题大纲呈报省领导。接着就组成课题组，单老师为了让我参加社会调研实践，我很快参加了课题组在北京、广东、江苏和浙江四省市开展的实地调研活动。在随后的5月、6月和10月期间，我参与了课题组在北京中关村、广东省和浙江省开展的调研活动。调研活动均由单老师亲自带队，行程安排非常密集。在广东大约调研一周时间，走访了近20家中小企业，经常是一天两家甚至三家中小企业，每天晚上，课题组都要开会对一天的调研情况进行总结并布置第二天的工作，工作强度之大令我这个"壮年劳动力"感到十分疲惫，但单老师依然神采奕奕地出现在每天的座谈会上。在广州一家生产多媒体的企业参观时，他不慎扭伤了脚踝，脚背肿得很高，大家都劝他休息，但是他还是拐着一只脚完成了所有企业的调研。他对工作的执着认真感染了课题组的每一位成员，大家都全身心投入课题相关工作中，调研工作效率很高。调研报告完成后，得到浙江省副省长毛光烈同志的批示，并转发给全省各有关部门参考，获得了广泛的好评，《浙江日报》等一些报纸杂志对报告作了摘登和介绍。以结题报告为基础的学术专著《浙江中小民营企业转型升级问题研究》于2014年由浙江大学出版社出版，我有幸参与其中第四章的撰写工作。

我在参与调研的同时，也在酝酿博士毕业论文的写作。调研活动使我对东部沿海地区民营企业的发展历史和未来趋势有了比较深入的了解，我发现在我国东部沿海地区的中小民营企业的务工者，绝大部分都是来自我国中西部地区的农村剩余劳动力。受此启迪，于是我决定将博士论文聚焦在"农村剩余劳动力转移"这一主题。我与单老师商量之后,他非常支持我的想法,并且对具体内容的安排给出了建设性的意见。单老师还专门到北京参与我的博士学位论文的开题、论文指导、论文预答辩和论文答辩工作,每一次他都给出详尽的修改意见,鼓励我继续修改,提交一篇高质量的论文。毕业时,单老师还专程赶到北京参加我们的毕业典礼,他殷切希望我早日将博士论文出版,勉励我在今后的工作中坚持自己的科研方向,发表更多高水平的学术论文。

博士毕业之后,我回到了内蒙古财经大学。如今与单老师虽然相隔遥远,但我与单老师的师生情一直延续至今,尽管不常见面,我们经常通过电话、微信联系。单老师现在依然活跃在工作岗位上,身兼数职,过着充实忙碌的生活,依然会把他最新的研究成果分享给我,我也会经常与老师交流自己的学术进展……

我衷心祝愿单老师身体健康,桃李满天下!

中央财经大学经济学院 2010 级博士研究生

马爱玲,1975 年 9 月出生,2010 级博士生,现任内蒙古财经大学副教授,经济学博士。

我和我的导师
——师恩无穷期

蔡 青 硕士

其实选择读研究生,我是下了很大决心的。本科毕业后,我签约到中国工商银行浙江省分行的同时,浙江财经学院又让我留校。而读研究生是我的第三个选择。可偏偏调剂的专业是经济史,和我本科所读的金融专业完全不同。因此,当我最终决定读研时,我只有一个想法,那就是提高自己的综合素质,并且对经济史专业中民营经济方向抱有很大的期待。

古人云:福兮祸所伏,祸兮福所倚。反正没有绝对的得与失。去了以后总会得到些什么。今天我可以说我得到了一位良师益友——我的硕士生导师单东教授,我也一直认为,没有导师对我的指导和帮助,就没有我今天取得的成绩,我的研究生会是另外一种生活。

缘起经济史

到现在我还记得我们选导师的那一刻。2004年10月,我们被通知要选择导师,同时确定一下自己的专业方向。我本科是学金融的,研究生读的却是经济史民营经济专业。因此我对专业方向的选择格外重视,而民营经济方向是我比较感兴趣的,自然我想选单东老师作为导师。充分的准备使我信心十足,再加上出色的面试表现给单老师留下了深刻的印象,我顺利地成为他的开门弟子,开始了我们的师生之旅。后来跟单老师谈起时,他也多次提到我面试的出色表现,那时就想选我做学生,真是不谋而合。

最初的希冀

还记得我和单老师的第一次正式见面,我开始有些紧张,前一天就在心里盘算着该讲些什么,万一说错了话怎么办?总觉得他应该是一个很严肃严谨的人。

没想到真正见到他时,他很客气,还给我倒茶,讲话一点架子都没有,谈笑风生间我紧张的神经一下子松下来了,后来谈话的气氛非常愉快,我们都说了很多。**单老师说希望他的学生将来比他更强,这一句话让我印象深刻。**"敢于超越"对于我这个半路出家的弟子来说是多么的任重道远啊!不过现在回想起来,这句话却成为我以后学习的源动力。

严谨的治学态度

单老师很忙,不仅仅在学校担任教授,带研究生,还有很多社会性事务。浙江省民营经济研究中心、浙江省民营经济研究会每天都有日常性工作,民营企业会员要搞活动,时常有媒体、杂志来采访,还要定期深入基层去调研。当时的我总想替导师分担一点工作,但由于专业知识不够,很多事情想帮忙也帮不上。那时单老师的两本书稿已经完成,需要校对,我就主动承担了这个工作。

本来以为校对是一件很简单的事情,看看有没有错别字就行了。所以一开始我也没有把它当作一项艰巨的任务,校对工作完以后,我就把书稿还给了单老师。没想到才过了几天,单老师就把我叫过去,对我修改过的地方,他已经全部看过了,并且找到了一些错误修改,我的脸一下子就红了,第一次领教了导师的严谨之风。比如我把"评介"一词改成了"评价",我只当是错别字,根本没有多想,但是单老师和我说,"评介"是对的,是评价、介绍的意思。唉,只能怪我把校对一事看得太简单了。

这样小小一件事情,让我感受到单老师严谨的治学态度,他的严谨也影响到了我,让我在以后的学习生活中,无论是写论文还是学习专业知识,都不敢有丝毫怠慢。

实践出真知

经过一个学期的学习,我的课程成绩在研究生中排名第一,同时在单老师的指导下看了一些专业书籍,对专业知识有了一定程度的掌握,因此开始逐渐参与到浙江省民营经济研究中心、研究会的日常工作中。2005年的暑假实习,我就是在那里度过的。当时单老师主编的杂志《民营经济》即将出版第一期,作为编辑之一,我阅读了大量的投稿,不仅开阔了知识面,而且对当下热点问题也有了更深的了解,遇到稿件中不太懂的地方,或者有争议的问题,单老师就会细心地指导我。同时每年一期的《浙江非国有经济年鉴》即现在的《浙江民营经济年鉴》也从暑假开始编辑。年鉴的稿子很长,不同于杂志投稿,有的一篇甚至有五六万字,看稿是一件很累的事,但是这对我了解地方经济是一个很好的机会,因此我还是坚持看了一个月,最终的感受是比我在课堂上学一个学期都有用。参与编辑杂志,让我学到经济理论知识;参与编辑年鉴,让我了解浙江省民营经济发展的概况,这是我在课堂中学不到的知识。

我始终认为理论学习一定要经过实

践的检验,而单老师就给我提供了这样一个舞台。后来我所写的《理论与实践相结合的一次飞跃》暑期社会实践报告,获得了学校的社会实践优秀论文奖。

沟通与进步

导师的科研态度往往会对学生的治学产生巨大的影响,单老师一直对我要求很严。研一上半学期导师申请了一个省社联重点课题,我作为主要参与人参加了课题的调研、资料的收集、整理、归纳、论文的撰写等工作。现在想来,我已经记不清课题的初稿修改了几遍,单老师对于文章要求近乎苛刻,力求达到完美。他常说:"文章就是一遍一遍改出来的。"后来我们的结题成果《浙江民营企业考察报告》,经过多家杂志、报纸的转载,产生了很大的影响,还获得了浙江省"挑战杯"大学生课外科技作品竞赛二等奖;但荣誉背后的艰辛是别人体会不到的,同时也让我对单老师更加尊敬,让我看到了什么才是真正的学者!

我和导师之间还建立了良好的沟通交流机制,思维的突破,以及新观点、新想法往往在交流中产生。此外,在平时空闲时甚至在休闲喝茶时,我们也海阔天空地聊。他不仅教我做学问的道理,更教我做人的道理。单老师说,到研究生阶段,就是应该学会正确表达自己的观点,即使是错误的,也不要太在意,道理只会越辩越明。还说研究生的学习和本科的学习有很大的不同,就是没有什么绝对正确的,只要自己可以自圆其说,就可以自由表达自己的观点。不要被已接受的观点所束缚,而是要学会总结,学会表达自己的声音。

沟通机制的建立时,我和导师的距离更近了,单老师严谨的治学态度、丰富的社会阅历、勤奋的工作态度,时时刻刻影响着我,让我受益匪浅。

结束语

老师是个平凡而又不平凡的人。和老师的相处和言传身教,我的进步是显而易见的,也取得了一定的成绩。以上写到的事例只是我们师生交流中很小的一部分。我不敢说在单老师的指导下,能够达到他对我最初的期望,青出于蓝而胜于蓝,但对我来说,超越以前的我是肯定的。

天涯海角有尽处,只有师恩无穷期。

导师眼中的学生

认识蔡青,是在她考取我校研究生并选我为导师后。

通过教与学对蔡青也逐渐了解。这期间,她经常思考问题,善于分析问题,聪明能干,做事也很细致、踏实。

研一上半学期,担任我两本近百万字专著的校对工作,蔡青的专业知识进步非常快;于是,我布置她寒假里阅读文学名著,并撰写读后感,她的文字表达能力也有很大提高。

第二学期起,我开始指导她写论文、

考察报告,并协助她发表了几篇论文。去年暑假,为进一步拓宽她的知识面,推荐她担任《民营经济》杂志的责任编辑和《浙江非国有经济年鉴》的编辑。

经过一年半的锻炼,她在学业上与科研上获得了双丰收,自身素质得到了很大提升,并已具备了一定的社会工作能力。目前,我正在指导她做毕业论文,她也很努力,很认真。

我相信,财经学院和我会把蔡青培养成为对国家很有用的人才。

浙江财经大学经济学院2004级硕士研究生

蔡青,女,1982年6月出生,中共党员,2004级硕士研究生。2004年9月考上浙江财经学院经济史专业研究生,研究方向为民营经济。第一学期课程考试成绩在2004级研究生中排名第一。荣获2004—2005日本"三菱"奖学金,2004—2005学年浙江省"挑战杯"大学生课外科技作品二等奖,2005—2006学年获浙江财经学院社会实践优秀论文奖。在国家核心期刊上发表论文三篇。现任浙江省社科联规划处处长。

我和我的导师
——我最好的导师

方 亮 硕士

花开花落,雁去雁归。转眼间,就读单东老师的硕士研究生已经是 16 年前的事了。从最初的不知所措、迷茫无助,到现在的踌躇满志,这之间的蜕变是艰难的,也是幸福的。因为有一位睿智的导师,在我遇到挫折时给予我鼓励,在我遇到问题时给予我指导,为我的人生远行指点迷津,犹如海上的灯塔指引着船只前行的方向。感谢让我遇到了我的老师——单东教授!

在学术追求上孜孜不倦

单老师作为国内研究民营经济的著名专家,完成了多个省部级国家课题,出版了多部学术专著,发表了数百篇有影响力的学术论文,在学术上可谓是成就显赫,其实早可以功成身退、安享晚年,但他始终以推进民营经济发展为己任,数十年如一日,以笔为剑,为民营经济发展一路披荆斩棘、殚精竭虑。如今单老师仍然把大部分时间投入到工作中,每年花费大量的时间编撰整理《浙江非国有经济年鉴》(即现在的《浙江民营经济年鉴》);精心牵头组织一次次的民营企业家论坛,搭建政企交流平台;撰写学术论文。浙江经济的发展史在一定程度上可以说是一部民营经济的发展史。而我觉得在这部民营经济发展史中,单老师占据着重要的位置,发挥了重要的作用。

记得有一次,一位领导看到我在翻阅《浙江非国有经济年鉴》时说:"这本年鉴编得特别好,可以说是填补了浙江民营经济数据类工具书的空白。"当我回答说"这是我的老师主编的"时,我能深深地感受到自己言语间的自豪和对老师的崇敬。

在传道授业上尽心尽力

甘为孺子育英才，克勤尽力细心裁。单老师平时的工作很忙，除了担任经济学院的教授外，还兼任着浙江省民营经济研究中心主任、浙江省现代民营经济研究院院长、浙江省民营经济研究会会长等职，时常要外出参加各类学术活动。但即便如此，单老师都会定期安排交流讨论会，了解我们的学习进展情况，及时给予指导与建议。单老师要求我们每天都保持一定的阅读量，养成良好的阅读和写作习惯。在给我们布置任务的时候，他很少会给太多的资料，也不会告诉太多具体的细节，只是告诉方向，让我们自己去思考，去查阅资料。单老师授人以渔的理念，培养了我独立思考、独立解决问题的能力，使我在日后的工作中受益匪浅。在单老师的悉心指导下，我和同学一起完成的省社科联重点课题——《浙江民营企业考察报告》，被多家报刊杂志转载，并获得了浙江省"挑战杯"大学生课外科技作品竞赛二等奖，为我之后的学习之路树立了信心。

在立德树人上言传身教

"经师易遇，人师难遭"。真正堪称优秀之导师，并不止于传授知识，更重要的是立德树人。我记得最初和单老师交流的时候，表达了对未来学习的迷茫，单老师给我客观地分析了不同选择的利弊，说："只要是对你未来发展有益的事情，我都会全力支持。"他还问了我一句："虽然你的成绩不错，但是我还是想问你一句，你能不能吃苦？"我坚定地回答道："能！"老师笑称："只要你肯吃苦，肯学习，哪怕你是零基础，老师也会手把手地教你。"言语间充满着关爱。这是在我彷徨失措时，老师给予我的鼓励和勇气，让我能以更加平和的心态去面对今后的学习与生活。

单老师虽然在学术上已成就斐然，但对待学生关心关爱，对待外界谦逊低调，对待他的授业老师更是恭敬感恩，以自己的德、才、情言传身教，给了学生们潜移默化、终生受益的影响和感化。单老师用他的知识为学生指点迷津，用他的德才品格言传身教。可以说，单老师不但是"经师"，更是"人师"！

最后，我想对单老师说："也许我不是您最好的学生，但您是我心中最好的老师。成为您的学生是我的荣幸，希望未来的我能成为您的骄傲！"

祝愿恩师健康、平安！

浙江财经大学经济学院2004级研究生

方亮，1981年7月出生，2004级硕士研究生，现任宁波市人民政府办公厅参事联络处处长。

我和我的导师
——忆恩师

孙红伟　硕士

从小学到研究生的求学路上,我遇到了很多老师,其中对我人生影响最大的老师就是单东老师,感谢命运让我这个距离浙江杭州千里之外的东北学子遇到了我的导师——单东教授,更有幸成为单教授的研究生。单老师严谨求实的治学态度、丰富渊博的知识、敏锐的学术思维、精益求精的工作态度以及诲人不倦的师者风范是我终生学习的榜样和楷模。

热门老师的"烦恼"

2006年,我和单老师的第一次正式见面是在他给师兄师姐上课的课堂上。之所以会来到单老师的课堂,是因为前期我向师兄取了经,师兄提示要提前找导师,因为好的导师大家都想做他的学生,热情的师兄还介绍了经济史专业每位老师的学术研究和社会工作情况,我听完后,便下决心要找在民营经济研究领域首屈一指的、新生们年年争抢的热门老师——单老师做我的导师。

等到单老师有课的那一天,我便早早地来到教室坐在后面。单老师给学生上课都是从文一西路的浙财老校区过来到下沙的新校区,车程四十分钟左右,风雨无阻。头发黑亮(自然非染色)、戴着眼镜的单老师衣着干净利索,无论在课堂上还是课后,讲起话来永远都是精神饱满、激情四射。初次听他的课时,作为来自东北的我对他的很多话听不清、听不懂,后面跟单老师相处多了,才能听懂单老师说的每个字、每句话是什么。

下课后,我怀着激动又紧张的心情走到单老师面前做起了自我介绍,并表达了想请单老师作为我导师的意愿,令我没想到的是,单老师竟然一口答应了,当时的我好激动。**之前就听师兄们讲**

过，我们上一届就有几个学生都找过单老师，单老师都不好意思拒绝，就都答应了。后来学院通知每个老师最多带三个学生，被分给别的老师的一个师兄立即站出来说不愿意跟着别的老师，甚至提出不做单老师的学生，他就要退学。学校最后同意，名义上挂在别的老师名下，实际上就是做单老师的学生，就这样，这位师兄才留在学校。此事一出，单老师再不敢轻易答应别人的请求了，这次完全没想到单老师会当场表态同意，让我欣喜若狂。选导师可是入学以来的第一件大事，如愿地找到了心仪的导师，你们说我能不高兴吗？

一丝不苟勤奋致学

研究生二年级的时候，课程没那么多了，单老师负责的两个单位——浙江省民营经济研究会和浙江省民营经济研究中心人手紧张，我正好过去帮忙锻炼。除了上课的时间，大多数时候我都跟研究会和研究中心的工作人员一样上下班。与大多数研究生成天待在学校自己钻研课本不同，我在研究会和研究中心工作期间，除了学习到了做学术研究的方法，还提升了文笔水平，提高了社会交往能力，特别感谢人生有这么一段际遇，单老师的言传身教使我受益无穷，对我的成长和发展具有决定影响和关键意义。

单老师对待工作认真负责，上下班从不迟到早退，还经常因为批改稿件而提早上班、晚下班；司机有个别时候休假，他就自己驾车上下班，一年到头很少休假，基本上所有的时间都投入到工作和学术研究之中。他每天都保持一定的阅读量，了解民营经济和民营企业的发展的最新情况，读书、看报、写文章、审阅稿件都很认真。单老师对于资料的收集十分重视，碰到好的资料他还会剪下来，像集邮票一般，方方正正地粘在自己的剪报中，方便以后查阅。单老师发表了许多文章，为了确保文章准确、鲜明、有力，他对每一字、每一句都仔细斟酌，每一段话、每一篇文章都是他心血与智慧的结晶，那是一种对科学研究、对做文章的敬畏和工匠精神！电脑刚兴起时，他不太会用键盘，写文章仍都是手写，后来有了触摸屏电脑，他便学起了使用触控笔写字。

每年他还竭尽全力精心地牵头组织一次民营企业家高峰论坛，邀请省政府的领导和浙江以及周边省的民营企业家齐聚一堂，做企业和政府的桥梁，我也参加过多次，并协助单老师组织会议，这也为我在毕业以后的工作中举办会议积累了经验；研究中心每年还耗费许多的时间收集浙江各地市民营经济相关数据和文字材料并和省统计局以及各地市统计局合作，每年编撰一本《浙江民营经济年鉴》，《年鉴》的厚度堪比中英文大字典，一百几十万字的年鉴，内容丰富，翔实地记载了浙江各地民营经济发展的状况，是研究浙江民营经济发展历史进程，和全国各地区了解浙江民营经济发展经验的重要工具书。

那时我就经常跟身边的同学、跟自

己的男朋友和家人感叹：单老师对待工作的敬业精神、对待学术研究近乎苛刻的严谨态度，令包括我在内的很多年轻人自愧弗如。虽然我一直写作还算不错，小学时候文章也经常被当作范文，但做学术研究可不是写叙事文、散文，需要有一定的研究方法和路径，得在实践中磨练。

我有幸跟着单老师做过课题研究，那次是单老师接了分管工业经济的副省长金德水同志的《浙江民营企业汽车产业转型升级战略研究》课题，单老师带着我们几个学生助手奔赴浙江各地的知名汽车整车企业和零部件企业调研，包括万向、吉利、亚太、众泰铁牛、万丰奥特、东风日产、瑞安瑞丽、浙江恒有机电等，向各个企业的董事长、总经理询问企业遇到的困难和问题，探讨未来发展的思路和方向，每次单老师都认真准备调研提纲，在现场时，认真聆听、提问、做记录，并安排专人录音，方便回去再次整理。到我毕业时，课题还未收工，单老师坚持做完课题，还出了专著，我家里还珍藏了一本。我的家里还有单老师撰写的其他书籍，还有不公开发表的《美国纪行》《欧洲十一国纪行》和《三国纪行》等游记专著，我的爱人也成了单老师的忠实粉丝，他把单老师的书整整齐齐地摆在书架里很显眼的位置。

在课堂和工作外的其他场合，单老师也非常乐于给我们讲他在民营经济领域的研究历程，他思路清晰、思维敏捷，经常亢奋地讲个不停，生怕哪里有什么遗漏没有讲给学生似的，完全不觉得讲话多是一种辛苦和劳累，每次学生们总是钦佩于单老师所掌握知识的广度与深度。在浙江民营经济从萌芽到壮大的过程中，他发表了许多篇对浙江民营经济发展乃至全国的民营企业发展具有重要意义的论文和研究成果，有的观点因为在当时过于创新和前沿，让他还承受了巨大的压力，比如建议让民营企业家入党等。他的独立见解，让我深深地觉得要做好学术研究工作必须要有一定的天赋、持之以恒的热忱和勤奋，否则难有成就。

敬师爱生温暖友善

聪敏的单老师私塾上了就直接进了小学高年级，小学没多久就上了中学。他初中的班主任是数学老师，他在全校数学竞赛中获第二名。班主任在他的学生手册上写道："聪明，理解力强，善绘画，很出色。"单老师自幼就勤奋好学，他说自己中学时代的整个寒暑假都泡在图书馆里。他十六七岁就考上了复旦大学五年制本科，因为过于稚嫩，据说当时他戴着校徽坐公交车，经常被周边的乘客调侃他是偷戴家里哥哥姐姐的校徽冒充大学生。单老师在他的学生面前不时地提起他成长道路上给他指引方向、点燃明灯的老师们，包括在他工作后仍在学术研究上给他帮助和指导的老师们，言语中能感觉到单老师对他们的尊敬与爱，单老师的老师可都是国内经济学领域的大家，其中蒋学模老师、伍柏麟老师两位老师后来生病住院时，单老师还带着我和师兄去上海专程探望,我的QQ空间相册还存着当时拍的合影照片,还有位老师我们是直接到家里进行了拜访。单老师在他的老师面前,俯首聆听、恭敬谦虚,除了关心老人家的身体,他也会拿出自己正在研究的课题向老师请教,从白头发的一代大师们到初出茅庐的年轻人,知识财富和科研精神在一代代传承。

刚去研究会和研究中心的时候,单老师说给我每个月发工资,在他那工作过的其他他带过的研究生也是一样,他都给发工资的,一方面是他知道学生大多来自普通家庭,离家在外不容易,另一方面也是激励我们做好辅助工作。那是我人生中第一次领工资,兴奋程度可想而知。在研究会和研究中心工作没多长时间,有次老师交待我拟写个论文的结语,他把想要表达的意思大致给我讲解了一下,我回到电脑前很快写好了一段话,拿给单老师一看,单老师大为满意,说研究生就是不一样,写出来的东西很到位,非常好,当即通知发工资的同志给我每月涨500元,直到现在我还记得当时的自己有多开心!单老师是多么地大方啊!这跟现在备受社会诟病、但相对普遍存在的硕博导师让自己的学生无偿给自己做研究辅助工作甚至干杂工构成了多么鲜明的对比。

毕业后,我出差杭州和北京见过单老师几次,在杭州时在外面和单老师家里都吃过饭;在北京有两次还有他在中央财经大学带的博士生在场。在外面吃饭,他一次都没同意过他的学生付费。当年,我已在北京工作了,有两次我说我请,我有收入了。但他总说:"你们都不容易,我来!"在老师眼中,我们永远是他的学生,他要照顾和关心我们就像是他必须应该做的一样,看到学生们听他讲得开心,吃得开心,他就心满意足了。

2020年6月20日与单老师通电话,除了关心我家双胞胎近况,他还提到了正在准备出一本文集。放下电话我跟在我旁边的爱人赞叹道:"单老师真是厉害,直到现在都还在孜孜不倦地工作,这种坚持、执着和韧劲真是一般人没法比啊!"反观我自己在平时的工作和生活中,有时还存在着懈怠和得过且过的思想,这让我感到非常惭愧。

师者,为唤醒、引领、激励者也。单老师为人正直、真率自然、胸怀坦荡、博学亲善,对学术科研工作永远有着无限热忱,仰之弥高,钻之弥坚,是我心中的楷模。

天涯海角有尽处,只有师恩无穷期!

浙江财经大学经济学院2006级硕士研究生

孙红伟,1982年4月出生,吉林人,汉族,浙江财经大学2006级硕士研究生。现任英大人寿吉林分公司人力资源部经理、分公司党支部组织委员兼纪检委员。

我和我的导师
——育德、育能、育心
耿卫军　硕士

很多时候,我们怀念的不仅仅是时光,更是那些青葱岁月中至今依旧鲜活的人,以及那些至今思来都觉得温暖无比的事儿。我相信,在人生的每个求学阶段,我们或许都能遇到一位或者数位,师道尊严、学识渊博、富有才情的老师,他们或成为锤炼品格的引路人,或成为学习知识的引路人,或成为创新思维的引路人,或成为奉献祖国的引路人。《后汉纪·灵帝纪》有云:"盖闻经师易遇,人师难遭。"在研究生求学之路上,有幸遇到了单东老师,我想命运待我是优渥的。

文华初见

2013年9月,研究生学业伊始,绝大多数同学便开始多方打探,小心求证,使出浑身解数去了解专业导师团队。手段不乏"蹭"导师们的课,找机会和导师切磋学术问题,向师长"取经",网络"人肉"导师等。而由于家中长辈病危,我返乡探望,无奈错失与导师们的接触机会。10月返校后,学院辅导员通知我们选择专业方向以及导师互选事宜时,我感到十分被动。一方面,导师的选择于研究生学术品位、日后学术生涯发展的重要性不言而喻;另一方面,热门导师非常抢手,往往这类导师对学生综合素养要求亦较高。

我向同宿舍的同学大致了解了政治经济学专业这边导师们的情况,正当担心因选不到心仪的专业导师而惴惴不安之时,同级经济史专业的廖明珠同学分享了她选导师的过程。她告知我,单东老师对"民营经济"及其相关概念提出了不少真知灼见,是国内研究民营经济的著名专家,曾任浙江省人民政府《改革月报》副总编,在《中国社会科学》《经济学家》等国家级刊物上发表过在国内产生了较大影响的学术文章，为人十分随和。她的这番分享，使我如同绝渡逢舟。作为土生土长的浙江人，我对浙江民营经济强大的竞争力和良好的发展态势的研究充满了兴趣，也抱有极大期待。

至今，我依旧记得当时在下沙图书馆发送短信联系单老师的时候，内心五味杂陈，既紧张、忐忑，又对回信充满期待。片刻后，单老师回短信邀请我择时前往财大老校区——文华校区，进行面谈。学生对于德高望重的老师都有着一种敬畏心理，我也不例外。但与单老师的第一次面谈是轻松而顺利的。"小伙子个子很高，有一米八吧？"这是单老师见到我时的第一句，简单的一句话打破了初次见面的尴尬。随后，单老师向我介绍了他过往的履历和学术成果，以及当前的研究方向；我也表达了想成为师门一员的希冀，并阐述了研究生阶段的规划和硕士论文选题方向。面谈表现给单老师留下了不错的印象，因而我顺利成为他的门生。阳光从窗外照进办公室，打在单老师身上，这样一位不察岁月的长者，治学严谨的学者，我想他便是我日后求学路上的和隋之珍。

果行育德

《礼记·中庸》有云："博学之，审问之，慎思之，明辨之，笃行之。"单老师对于研究生的培养是兼具系统性和创新性的。犹记得，在第一次面谈时，他便对我的研究生学习生涯提出了一个不小的要求——必须要有广博的阅读，还必须精读经济学经典著作。他坚信，要想做出好的研究，经典著作的研读是必不可少的，要在学懂、弄通、悟透、做实上下功夫。他拿自己在复旦大学五年经济学专业求学的经历勉励我们同门师兄弟，譬如复旦大学国内研究《资本论》的著名专家张薰华教授给他们上了三年的《资本论》课，《资本论》四卷单老师都认真读了，还做了许多笔记，以至于当他的老师上课提问时，他能迅速说出在第几页。至今，他都保留着每天进行定量阅读的习惯，遇到好的材料，工工整整地剪下来，贴在他的剪报上。他这份潜心为学、俯身做事的坚持令人动容。

单老师还将其所著的《浙江中小民营企业转型升级问题研究》《民营经济论》《浙江民营汽车产业转型升级战略研究》《经济理论与经济改革探索》《浙江非国有经济年鉴》(即今之《浙江民营经济年鉴》)，还有《三国纪行》《美国纪行》《欧洲十一国纪行》等书籍赠予我们研究生。他将书中的民营经济知识系统地讲解给我们听，并辅以案例将晦涩难理解的理论娓娓道来。作为一名教师"德高为师，学高为范"，单老师为人师表的一举一动不仅体现着他的人生观、世界观、价值观和方法论，同时，还在治学和为人上给我们以影响，让人终身难以忘怀。

实践育能

研究生课程之余，我会跟着单老师在浙江省民营经济研究会和浙江省民营经济研究中心学习，不仅及时了解浙江省民营企业的发展动向，也让我拥有进一步向单老师学习的契机。他时常询问我最近参加了哪些实践，看了哪些书，学懂了哪些理论，又产生了什么样的困惑？无论工作多忙，他都是会利用闲暇的时间和我讨论时事问题。比如，他会拿最近看到的一些学者的观点与我讨论，指出其中精妙之处抑或谬误之处。

作为浙江省民营经济研究中心主任、浙江省民营经济研究会会长、浙江省现代非国有经济信息中心主任、《浙江非国有经济年鉴》社社长兼总编辑，他常带领我们研究生参加基层社会调研，前往上海、杭州、宁波、绍兴等地实地了解民营经济发展。他还带着我们参加由民营经济研究会和研究中心主办的民营企业家高峰论坛，领略政、商、学三界风采。我始终认为理论和实践须在我们求知求索的道路上相统一，而单老师正是这条道路的引领者。

在浙江省民营经济研究会和浙江省民营经济研究中心两个平台的历练中，我参与了《浙江非国有经济年鉴》的编撰、《民营经济通讯》的审稿和编撰。除了欣赏到单老师敏锐的才思、独到的观点、老道的文笔，还提高了我的统筹管理能力、社会交际能力、语言表达能力和文笔水平。这份人生中的际遇，是我莫大的精神财富。

以心育心

你可能无法想象，一个好的研究生导师修改论文时，那种用心——专注、严格、认真、勤勉。从框架逻辑的理顺，标题的拟定，摘要的凝练，内容的撰写，到文中标点符号、文章格式等问题，单老师都一一指出。论文经过他的指导，无论在内容本身还是遣词造句方面都精进不少。"泰山不拒细壤，故能成其高；江海不择细流，故能就其深"。他这种对待科研一丝不苟的精神，对文章的字句反复斟酌、推敲的匠心精神，深深地撼动了我。

我时常感慨，单老师对待工作的这份热忱、严谨和忘我，是令我等青年自愧弗如的。他的这份用心不仅仅体现在对于研究生学术能力的培养上，还体现在对他们生活上的关照。他深知大多数学生来自普通家庭，在外求学有诸多不易之处，所以时常带着师门学子一起聚餐，改善大家的伙食。此外，为了补贴学生日常开支，除了学院的助研助教补贴外，每次参与课题项目和出差，他都慷慨给学生发补贴。

如今，阔别校园已有数载，我亦学为人师，在三尺讲台上传道、授业、解惑。虽然，我也曾迷茫，也曾彷徨，也做不到完全从容面对明天的世界；但时间在走，我们在成长，过往的阅历终将内化为素养，去坚固那座导师曾在我们内心树立的丰碑。

师恩难忘

师恩如山，高山巍峨，令人仰止；师情如海，大海深邃，无法斗量。求学生涯中,单老师的谆谆教诲,如今依旧会萦绕耳畔。"及时当勉励,岁月不待人",唯有砥砺前行,方能不负师恩。

谨以此文献给敬爱的导师——单东教授!

浙江财经大学经济学院2013级硕士研究生

耿卫军,男,1990年9月出生,浙江湖州人,浙江财经大学2013级政治经济学专业硕士研究生,2016届浙江省优秀毕业生。现任湖州职业技术学院专任教师,共青团浙江省委"浙江省青年讲师团"讲师。

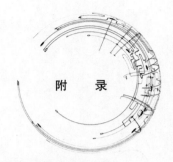

附　录

1. 国务院关于鼓励支持和引导个体私营等非公有制经济发展的若干意见
2. 国务院关于鼓励和引导民间投资健康发展的若干意见
3. 中共中央　国务院关于营造更好发展环境支持民营企业改革发展的意见
4. 中共中央　国务院关于促进民营经济发展壮大的意见
5. 国家发展改革委等部门关于实施促进民营经济发展近期若干举措的通知
6. 最高人民法院关于优化法治环境　促进民营经济发展壮大的指导意见
7. 中国人民银行　金融监管总局　中国证监会　国家外汇局　国家发展改革委　工业和信息化部　财政部　全国工商联关于强化金融支持举措　助力民营经济发展壮大的通知

国务院关于鼓励支持和引导个体私营等非公有制经济发展的若干意见

(2005年2月19日)

各省、自治区、直辖市人民政府,国务院各部委、各直属机构:

公有制为主体、多种所有制经济共同发展是我国社会主义初级阶段的基本经济制度。毫不动摇地巩固和发展公有制经济,毫不动摇地鼓励、支持和引导非公有制经济发展,使两者在社会主义现代化进程中相互促进,共同发展,是必须长期坚持的基本方针,是完善社会主义市场经济体制、建设中国特色社会主义的必然要求。改革开放以来,我国个体、私营等非公有制经济不断发展壮大,已经成为社会主义市场经济的重要组成部分和促进社会生产力发展的重要力量。积极发展个体、私营等非公有制经济,有利于繁荣城乡经济、增加财政收入,有利于扩大社会就业、改善人民生活,有利于优化经济结构、促进经济发展,对全面建设小康社会和加快社会主义现代化进程具有重大的战略意义。

鼓励、支持和引导非公有制经济发展,要以邓小平理论和"三个代表"重要思想为指导,全面落实科学发展观,认真贯彻中央确定的方针政策,进一步解放思想,深化改革,消除影响非公有制经济发展的体制性障碍,确立平等的市场主体地位,实现公平竞争;进一步完善国家法律法规和政策,依法保护非公有制企业和职工的合法权益;进一步加强和改进政府监督管理和服务,为非公有制经济发展创造良好环境;进一步引导非公有制企业依法经营、诚实守信、健全管理,不断提高自身素质,促进非公有制经济持续健康发展。为此,现提出以下意见:

一、放宽非公有制经济市场准入

(一)贯彻平等准入、公平待遇原则。允许非公有资本进入法律法规未禁入的行业和领域。允许外资进入的行业和领域,也允许国内非公有资本进入,并放宽股权比例限制等方面的条件。在投资核准、融资服务、财税政策、土地使用、对外贸易和经济技术合作等方面,对非公有制企业与其他所有制企业一视同仁,实行同等待遇。对需要审批、核准和备案的事项,政府部门必须公开相应的制度、条件和程序。国家有关部门与地方人民政府要尽快完成清理和修订限制非公有制经济市场准入的法规、规章和政策性规定工作。外商投资企业依照有关法律法规的规定执行。

（二）允许非公有资本进入垄断行业和领域。加快垄断行业改革,在电力、电信、铁路、民航、石油等行业和领域,进一步引入市场竞争机制。对其中的自然垄断业务,积极推进投资主体多元化,非公有资本可以参股等方式进入；对其他业务,非公有资本可以独资、合资、合作、项目融资等方式进入。在国家统一规划的前提下,除国家法律法规等另有规定的外,允许具备资质的非公有制企业依法平等取得矿产资源的探矿权、采矿权,鼓励非公有资本进行商业性矿产资源的勘查开发。

（三）允许非公有资本进入公用事业和基础设施领域。加快完善政府特许经营制度,规范招投标行为,支持非公有资本积极参与城镇供水、供气、供热、公共交通、污水垃圾处理等市政公用事业和基础设施的投资、建设与运营。在规范转让行为的前提下,具备条件的公用事业和基础设施项目,可向非公有制企业转让产权或经营权。鼓励非公有制企业参与市政公用企业、事业单位的产权制度和经营方式改革。

（四）允许非公有资本进入社会事业领域。支持、引导和规范非公有资本投资教育、科研、卫生、文化、体育等社会事业的非营利性和营利性领域。在放开市场准入的同时,加强政府和社会监管,维护公众利益。支持非公有制经济参与公有制社会事业单位的改组改制。通过税收等相关政策,鼓励非公有制经济捐资捐赠社会事业。

（五）允许非公有资本进入金融服务业。在加强立法、规范准入、严格监管、有效防范金融风险的前提下,允许非公有资本进入区域性股份制银行和合作性金融机构。符合条件的非公有制企业可以发起设立金融中介服务机构。允许符合条件的非公有制企业参与银行、证券、保险等金融机构的改组改制。

（六）允许非公有资本进入国防科技工业建设领域。坚持军民结合、寓军于民的方针,发挥市场机制的作用,允许非公有制企业按有关规定参与军工科研生产任务的竞争以及军工企业的改组改制。鼓励非公有制企业参与军民两用高技术开发及其产业化。

（七）鼓励非公有制经济参与国有经济结构调整和国有企业重组。大力发展国有资本、集体资本和非公有资本等参股的混合所有制经济。鼓励非公有制企业通过并购和控股、参股等多种形式,参与国有企业和集体企业的改组改制改造。非公有制企业并购国有企业,参与其分离办社会职能和辅业改制,在资产处置、债务处理、职工安置和社会保障等方面,参照执行国有企业改革的相应政策。鼓励非公有制企业并购集体企业,有关部门要抓紧研究制定相应政策。

（八）鼓励、支持非公有制经济参与西部大开发、东北地区等老工业基地振兴和中部地区崛起。西部地区、东北地区等老工业基地和中部地区要采取切实有效的政策措施,大力发展非公有制经济,积极吸引非公有制企业投资建设和参与国有企业重组。东部沿海地区也要继续鼓励、支持非公有制经济发展壮大。

二、加大对非公有制经济的财税金融支持

（九）加大财税支持力度。逐步扩大国家有关促进中小企业发展专项资金规模,省级人民政府及有条件的市、县应在本级财政预算中设立相应的专项资金。加快设立国家中小企业发展基金。研究完善有关税收扶持政策。

（十）加大信贷支持力度。有效发挥贷款利率浮动政策的作用,引导和鼓励各金融机构从非公有制经济特点出发,开展金融产品创新,完善金融服务,切实发挥银行内设中小企业信贷部门的作用,改进信贷考核和奖惩管理方式,提高对非公有制企业的贷款比重。城市商业银行和城市信用社要积极吸引非公有资本入股;农村信用社要积极吸引农民、个体工商户和中小企业入股,增强资本实力。政策性银行要研究改进服务方式,扩大为非公有制企业服务的范围,提供有效的金融产品和服务。鼓励政策性银行依托地方商业银行等中小金融机构和担保机构,开展以非公有制中小企业为主要服务对象的转贷款、担保贷款等业务。

（十一）拓宽直接融资渠道。非公有制企业在资本市场发行上市与国有企业一视同仁。在加快完善中小企业板块和推进制度创新的基础上,分步推进创业板市场,健全证券公司代办股份转让系统的功能,为非公有制企业利用资本市场创造条件。鼓励符合条件的非公有制企业到境外上市。规范和发展产权交易市场,推动各类资本的流动和重组。鼓励非公有制经济以股权融资、项目融资等方式筹集资金。建立健全创业投资机制,支持中小投资公司的发展。允许符合条件的非公有制企业依照国家有关规定发行企业债券。

（十二）鼓励金融服务创新。改进对非公有制企业的资信评估制度,对符合条件的企业发放信用贷款。对符合有关规定的企业,经批准可开展工业产权和非专利技术等无形资产的质押贷款试点。鼓励金融机构开办融资租赁、公司理财和账户托管等业务。改进保险机构服务方式和手段,开展面向非公有制企业的产品和服务创新。支持非公有制企业依照有关规定吸引国际金融组织投资。

（十三）建立健全信用担保体系。支持非公有制经济设立商业性或互助性信用担保机构。鼓励有条件的地区建立中小企业信用担保基金和区域性信用再

担保机构。建立和完善信用担保的行业准入、风险控制和补偿机制,加强对信用担保机构的监管。建立健全担保业自律性组织。

三、完善对非公有制经济的社会服务

（十四）大力发展社会中介服务。各级政府要加大对中介服务机构的支持力度,坚持社会化、专业化、市场化原则,不断完善社会服务体系。支持发展创业辅导、筹资融资、市场开拓、技术支持、认证认可、信息服务、管理咨询、人才培训等各类社会中介服务机构。按照市场化原则,规范和发展各类行业协会、商会等自律性组织。整顿中介服务市场秩序,规范中介服务行为,为非公有制经济营造良好的服务环境。

（十五）积极开展创业服务。进一步落实国家就业和再就业政策,加大对自主创业的政策扶持,鼓励下岗失业人员、退役士兵、大学毕业生和归国留学生等各类人员创办小企业,开发新岗位,以创业促就业。各级政府要支持建立创业服务机构,鼓励为初创小企业提供各类创业服务和政策支持。对初创小企业,可按照行业特点降低公司注册资本限额,允许注册资金分期到位,减免登记注册费用。

（十六）支持开展企业经营者和员工培训。根据非公有制经济的不同需求,开展多种形式的培训。整合社会资源,创新培训方式,形成政府引导、社会支持和企业自主相结合的培训机制。依托大专院校、各类培训机构和企业,重点开展法律法规、产业政策、经营管理、职业技能和技术应用等方面的培训,各级政府应给予适当补贴和资助。企业应定期对职工进行专业技能培训和安全知识培训。

（十七）加强科技创新服务。要加大对非公有制企业科技创新活动的支持,加快建立适合非公有制中小企业特点的信息和共性技术服务平台,推进非公有制企业的信息化建设。大力培育技术市场,促进科技成果转化和技术转让。科技中介服务机构要积极为非公有制企业提供科技咨询、技术推广等专业化服务。引导和支持科研院所、高等院校与非公有制企业开展多种形式的产学研联合。鼓励国有科研机构向非公有制企业开放试验室,充分利用现有科技资源。支持非公有资本创办科技型中小企业和科研开发机构。鼓励有专长的离退休人员为非公有制企业提供技术服务。切实保护单位和个人知识产权。

（十八）支持企业开拓国内外市场。改进政府采购办法,在政府采购中非公有制企业与其他企业享受同等待遇。推动信息网络建设,积极为非公有制企业提供国内外市场信息。鼓励和支持非公有制企业扩大出口和"走出去",到境外投资兴业,在对外投资、进出口信贷、出口信用保险等方面与其他企业享受同等待遇。鼓励非公有制企业在境外申报知识产权。发挥行业协会、商会等中介组织作用,利用好国家中小企业国际市场开拓资金,支持非公有制企业开拓国际市场。

（十九）推进企业信用制度建设。加快建立适合非公有制中小企业特点的信用征集体系、评级发布制度以及失信惩戒机制,推进建立企业信用档案试点工作,建立和完善非公有制企业信用档案数据库。对资信等级较高的企业,有关登记审核机构应简化年检、备案等手续。要强化企业信用意识,健全企业信用制度,建立企业信用自律机制。

四、维护非公有制企业和职工的合法权益

（二十）完善私有财产保护制度。要严格执行保护合法私有财产的法律法规和行政规章,任何单位和个人不得侵犯非公有制企业的合法财产,不得非法改变非公有制企业财产的权属关系。按照宪法修正案规定,加快清理、修订和完善与保护合法私有财产有关的法律法规和行政规章。

（二十一）维护企业合法权益。非公有制企业依法进行的生产经营活动,任何单位和个人不得干预。依法保护企业主的名誉、人身和财产等各项合法权益。非公有制企业合法权益受到侵害时提出的行政复议等,政府部门必须及时受理,公平对待,限时答复。

（二十二）保障职工合法权益。非公有制企业要尊重和维护职工的各项合法权益,要依照《中华人民共和国劳动法》等法律法规,在平等协商的基础上与职工签订规范的劳动合同,并健全集体合同制度,保证双方权利与义务对等;必须依法按时足额支付职工工资,工资标准不得低于或变相低于当地政府规定的最低工资标准,逐步建立职工工资正常增长机制;必须尊重和保障职工依照国家规定享有的休息休假权利,不得强制或变相强制职工超时工作,加班或延长工时必须依法支付加班工资或给予补休;必须加强劳动保护和职业病防治,按照《中华人民共和国安全生产法》等法律法规要求,切实做好安全生产与作业场所职业危害防治工作,改善劳动条件,加强劳动保护。要保障女职工合法权益和特殊利益,禁止使用童工。

（二十三）推进社会保障制度建设。非公有制企业及其职工要按照国家有关规定,参加养老、失业、医疗、工伤、生育等社会保险,缴纳社会保险费。按照国家规定建立住房公积金制度。有关部门要根据非公有制企业量大面广、用工灵活、员工流动性大等特点,积极探索建立健全职工社会保障制度。

（二十四）建立健全企业工会组织。非公有制企业要保障职工依法参加和组建工会的权利。企业工会组织实行民主管理,依法代表和维护职工合法权益。企业必须为工会正常开展工作创造必要条件,依法拨付工会经费,不得干预工会事务。

五、引导非公有制企业提高自身素质

（二十五）贯彻执行国家法律法规和政策规定。非公有制企业要贯彻执行

国家法律法规，依法经营，照章纳税。服从国家的宏观调控，严格执行有关技术法规，自觉遵守环境保护和安全生产等有关规定，主动调整和优化产业、产品结构，加快技术进步，提高产品质量，降低资源消耗，减少环境污染。国家支持非公有制经济投资高新技术产业、现代服务业和现代农业，鼓励发展就业容量大的加工贸易、社区服务、农产品加工等劳动密集型产业。

（二十六）规范企业经营管理行为。非公有制企业从事生产经营活动，必须依法获得安全生产、环保、卫生、质量、土地使用、资源开采等方面的相应资格和许可。企业要强化生产、营销、质量等管理，完善各项规章制度。建立安全、环保、卫生、劳动保护等责任制度，并保证必要的投入。建立健全会计核算制度，如实编制财务报表。企业必须依法报送统计信息。加快研究改进和完善个体工商户、小企业的会计、税收、统计等管理制度。

（二十七）完善企业组织制度。企业要按照法律法规的规定，建立规范的个人独资企业、合伙企业和公司制企业。公司制企业要按照《中华人民共和国公司法》要求，完善法人治理结构。探索建立有利于个体工商户、小企业发展的组织制度。

（二十八）提高企业经营管理者素质。非公有制企业出资人和经营管理人员要自觉学习国家法律法规和方针政策，学习现代科学技术和经营管理知识，增强法制观念、诚信意识和社会公德，努力提高自身素质。引导非公有制企业积极开展扶贫开发、社会救济和"光彩事业"等社会公益性活动，增强社会责任感。各级政府要重视非公有制经济的人才队伍建设，在人事管理、教育培训、职称评定和政府奖励等方面，与公有制企业实行同等政策。建立职业经理人测评与推荐制度，加快企业经营管理人才职业化、市场化进程。

（二十九）鼓励有条件的企业做强做大。国家支持有条件的非公有制企业通过兼并、收购、联合等方式，进一步壮大实力，发展成为主业突出、市场竞争力强的大公司大集团，有条件的可向跨国公司发展。鼓励非公有制企业实施品牌发展战略，争创名牌产品。支持发展非公有制高新技术企业，鼓励其加大科技创新和新产品开发力度，努力提高自主创新能力，形成自主知识产权。国家关于企业技术改造、科技进步、对外贸易以及其他方面的扶持政策，对非公有制企业同样适用。

（三十）推进专业化协作和产业集群发展。引导和支持企业从事专业化生产和特色经营，向"专、精、特、新"方向发展。鼓励中小企业与大企业开展多种形式的经济技术合作，建立稳定的供应、生产、销售、技术开发等协作关系。通过提高专业化协作水平，培育骨干企业和知名品牌，发展专业化市场，创新市场组织形式，推进公共资源共享，促进以中小企业集聚为特征的产业集群健康发展。

六、改进政府对非公有制企业的监管

（三十一）改进监管方式。各级人民政府要根据非公有制企业生产经营特点,完善相关制度,依法履行监督和管理职能。各有关监管部门要改进监管办法,公开监管制度,规范监管行为,提高监管水平。加强监管队伍建设,提高监管人员素质。及时向社会公布有关监管信息,发挥社会监督作用。

(三十二)加强劳动监察和劳动关系协调。各级劳动保障等部门要高度重视非公有制企业劳动关系问题,加强对非公有制企业执行劳动合同、工资报酬、劳动保护和社会保险等法规、政策的监督检查。建立和完善非公有制企业劳动关系协调机制,健全劳动争议处理制度,及时化解劳动争议,促进劳动关系和谐,维护社会稳定。

(三十三)规范国家行政机关和事业单位收费行为。进一步清理现有行政机关和事业单位收费,除国家法律法规和国务院财政、价格主管部门规定的收费项目外,任何部门和单位无权向非公有制企业强制收取任何费用,无权以任何理由强行要求企业提供各种赞助费或接受有偿服务。要严格执行收费公示制度和收支两条线的管理规定,企业有权拒绝和举报无证收费和不合法收费行为。各级人民政府要加强对各类收费的监督检查,严肃查处乱收费、乱罚款及各种摊派行为。

七、加强对发展非公有制经济的指导和政策协调

(三十四)加强对非公有制经济发展的指导。各级人民政府要根据非公有制经济发展的需要,强化服务意识,改进服务方式,创新服务手段。要将非公有制经济发展纳入国民经济和社会发展规划,加强对非公有制经济发展动态的监测和分析,及时向社会公布有关产业政策、发展规划、投资重点和市场需求等方面的信息。建立促进非公有制经济发展的工作协调机制和部门联席会议制度,加强部门之间配合,形成促进非公有制经济健康发展的合力。要充分发挥各级工商联在政府管理非公有制企业方面的助手作用。统计部门要改进和完善现行统计制度,及时准确反映非公有制经济发展状况。

(三十五)营造良好的舆论氛围。大力宣传党和国家鼓励、支持和引导非公有制经济发展的方针政策与法律法规,宣传非公有制经济在社会主义现代化建设中的重要地位和作用,宣传和表彰非公有制经济中涌现出的先进典型,形成有利于非公有制经济发展的良好社会舆论环境。

(三十六)认真做好贯彻落实工作。各地区、各部门要加强调查研究,抓紧制订和完善促进非公有制经济发展的具体措施及配套办法,认真解决非公有制经济发展中遇到的新问题,确保党和国家的方针政策落到实处,促进非公有制经济健康发展。

国 务 院
二〇〇五年二月十九日

国务院关于鼓励和引导民间投资健康发展的若干意见

（2010年5月7日）

各省、自治区、直辖市人民政府，国务院各部委、各直属机构：

改革开放以来，我国民间投资不断发展壮大，已经成为促进经济发展、调整产业结构、繁荣城乡市场、扩大社会就业的重要力量。在毫不动摇地巩固和发展公有制经济的同时，毫不动摇地鼓励、支持和引导非公有制经济发展，进一步鼓励和引导民间投资，有利于坚持和完善我国社会主义初级阶段基本经济制度，以现代产权制度为基础发展混合所有制经济，推动各种所有制经济平等竞争、共同发展；有利于完善社会主义市场经济体制，充分发挥市场配置资源的基础性作用，建立公平竞争的市场环境；有利于激发经济增长的内生动力，稳固可持续发展的基础，促进经济长期平稳较快发展；有利于扩大社会就业，增加居民收入，拉动国内消费，促进社会和谐稳定。为此，提出以下意见：

一、进一步拓宽民间投资的领域和范围

（一）深入贯彻落实《国务院关于鼓励支持和引导个体私营等非公有制经济发展的若干意见》（国发〔2005〕3号）等一系列政策措施，鼓励和引导民间资本进入法律法规未明确禁止准入的行业和领域。规范设置投资准入门槛，创造公平竞争、平等准入的市场环境。市场准入标准和优惠扶持政策要公开透明，对各类投资主体同等对待，不得单对民间资本设置附加条件。

（二）明确界定政府投资范围。政府投资主要用于关系国家安全、市场不能有效配置资源的经济和社会领域。对于可以实行市场化运作的基础设施、市政工程和其他公共服务领域，应鼓励和支持民间资本进入。

（三）进一步调整国有经济布局和

结构。国有资本要把投资重点放在不断加强和巩固关系国民经济命脉的重要行业和关键领域，在一般竞争性领域，要为民间资本营造更广阔的市场空间。

（四）积极推进医疗、教育等社会事业领域改革。将民办社会事业作为社会公共事业发展的重要补充，统筹规划，合理布局，加快培育形成政府投入为主、民间投资为辅的公共服务体系。

二、鼓励和引导民间资本进入基础产业和基础设施领域

（五）鼓励民间资本参与交通运输建设。鼓励民间资本以独资、控股、参股等方式投资建设公路、水运、港口码头、民用机场、通用航空设施等项目。抓紧研究制定铁路体制改革方案，引入市场竞争，推进投资主体多元化，鼓励民间资本参与铁路干线、铁路支线、铁路轮渡以及站场设施的建设，允许民间资本参股建设煤运通道、客运专线、城际轨道交通等项目。探索建立铁路产业投资基金，积极支持铁路企业加快股改上市，拓宽民间资本进入铁路建设领域的渠道和途径。

（六）鼓励民间资本参与水利工程建设。建立收费补偿机制，实行政府补贴，通过业主招标、承包租赁等方式，吸引民间资本投资建设农田水利、跨流域调水、水资源综合利用、水土保持等水利项目。

（七）鼓励民间资本参与电力建设。鼓励民间资本参与风能、太阳能、地热能、生物质能等新能源产业建设。支持民间资本以独资、控股或参股形式参与水电站、火电站建设，参股建设核电站。进一步放开电力市场，积极推进电价改革，加快推行竞价上网，推行项目业主招标，完善电力监管制度，为民营发电企业平等参与竞争创造良好环境。

（八）鼓励民间资本参与石油天然气建设。支持民间资本进入油气勘探开发领域，与国有石油企业合作开展油气勘探开发。支持民间资本参股建设原油、天然气、成品油的储运和管道输送设施及网络。

（九）鼓励民间资本参与电信建设。鼓励民间资本以参股方式进入基础电信运营市场。支持民间资本开展增值电信业务。加强对电信领域垄断和不正当竞争行为的监管，促进公平竞争，推动资源共享。

（十）鼓励民间资本参与土地整治和矿产资源勘探开发。积极引导民间资本通过招标投标形式参与土地整理、复垦等工程建设，鼓励和引导民间资本投资矿山地质环境恢复治理，坚持矿业权市场全面向民间资本开放。

三、鼓励和引导民间资本进入市政公用事业和政策性住房建设领域

（十一）鼓励民间资本参与市政公用事业建设。支持民间资本进入城市供水、供气、供热、污水和垃圾处理、公共交

通、城市园林绿化等领域。鼓励民间资本积极参与市政公用企事业单位的改组改制,具备条件的市政公用事业项目可以采取市场化的经营方式,向民间资本转让产权或经营权。

(十二)进一步深化市政公用事业体制改革。积极引入市场竞争机制,大力推行市政公用事业的投资主体、运营主体招标制度,建立健全市政公用事业特许经营制度。改进和完善政府采购制度,建立规范的政府监管和财政补贴机制,加快推进市政公用产品价格和收费制度改革,为鼓励和引导民间资本进入市政公用事业领域创造良好的制度环境。

(十三)鼓励民间资本参与政策性住房建设。支持和引导民间资本投资建设经济适用住房、公共租赁住房等政策性住房,参与棚户区改造,享受相应的政策性住房建设政策。

四、鼓励和引导民间资本进入社会事业领域

(十四)鼓励民间资本参与发展医疗事业。支持民间资本兴办各类医院、社区卫生服务机构、疗养院、门诊部、诊所、卫生所(室)等医疗机构,参与公立医院转制改组。支持民营医疗机构承担公共卫生服务、基本医疗服务和医疗保险定点服务。切实落实非营利性医疗机构的税收政策。鼓励医疗人才资源向民营医疗机构合理流动,确保民营医疗机构在人才引进、职称评定、科研课题等方面与公立医院享受平等待遇。从医疗质量、医疗行为、收费标准等方面对各类医疗机构加强监管,促进民营医疗机构健康发展。

(十五)鼓励民间资本参与发展教育和社会培训事业。支持民间资本兴办高等学校、中小学校、幼儿园、职业教育等各类教育和社会培训机构。修改完善《中华人民共和国民办教育促进法实施条例》,落实对民办学校的人才鼓励政策和公共财政资助政策,加快制定和完善促进民办教育发展的金融、产权和社保等政策,研究建立民办学校的退出机制。

(十六)鼓励民间资本参与发展社会福利事业。通过用地保障、信贷支持和政府采购等多种形式,鼓励民间资本投资建设专业化的服务设施,兴办养(托)老服务和残疾人康复、托养服务等各类社会福利机构。

(十七)鼓励民间资本参与发展文化、旅游和体育产业。鼓励民间资本从事广告、印刷、演艺、娱乐、文化创意、文化会展、影视制作、网络文化、动漫游戏、出版物发行、文化产品数字制作与相关服务等活动,建设博物馆、图书馆、文化馆、电影院等文化设施。鼓励民间资本合理开发旅游资源,建设旅游设施,从事各种旅游休闲活动。鼓励民间资本投资生产体育用品,建设各类体育场馆及健身设施,从事体育健身、竞赛表演等活动。

五、鼓励和引导民间资本进入金融服务领域

（十八）允许民间资本兴办金融机构。在加强有效监管、促进规范经营、防范金融风险的前提下，放宽对金融机构的股比限制。支持民间资本以入股方式参与商业银行的增资扩股，参与农村信用社、城市信用社的改制工作。鼓励民间资本发起或参与设立村镇银行、贷款公司、农村资金互助社等金融机构，放宽村镇银行或社区银行中法人银行最低出资比例的限制。落实中小企业贷款税前全额拨备损失准备金政策，简化中小金融机构呆账核销审核程序。适当放宽小额贷款公司单一投资者持股比例限制，对小额贷款公司的涉农业务实行与村镇银行同等的财政补贴政策。支持民间资本发起设立信用担保公司，完善信用担保公司的风险补偿机制和风险分担机制。鼓励民间资本发起设立金融中介服务机构，参与证券、保险等金融机构的改组改制。

六、鼓励和引导民间资本进入商贸流通领域

（十九）鼓励民间资本进入商品批发零售、现代物流领域。支持民营批发、零售企业发展，鼓励民间资本投资连锁经营、电子商务等新型流通业态。引导民间资本投资第三方物流服务领域，为民营物流企业承接传统制造业、商贸业的物流业务外包创造条件，支持中小型民营商贸流通企业协作发展共同配送。加快物流业管理体制改革，鼓励物流基础设施的资源整合和充分利用，促进物流企业网络化经营，搭建便捷高效的融资平台，创造公平、规范的市场竞争环境，推进物流服务的社会化和资源利用的市场化。

七、鼓励和引导民间资本进入国防科技工业领域

（二十）鼓励民间资本进入国防科技工业投资建设领域。引导和支持民营企业有序参与军工企业的改组改制，鼓励民营企业参与军民两用高技术开发和产业化，允许民营企业按有关规定参与承担军工生产和科研任务。

八、鼓励和引导民间资本重组联合和参与国有企业改革

（二十一）引导和鼓励民营企业利用产权市场组合民间资本，促进产权合理流动，开展跨地区、跨行业兼并重组。鼓励和支持民间资本在国内合理流动，实现产业有序梯度转移，参与西部大开发、东北地区等老工业基地振兴、中部地区崛起以及新农村建设和扶贫开发。支持有条件的民营企业通过联合重组等方式做大做强，发展成为特色突出、市场竞争力强的集团化公司。

（二十二）鼓励和引导民营企业通

过参股、控股、资产收购等多种形式,参与国有企业的改制重组。合理降低国有控股企业中的国有资本比例。民营企业在参与国有企业改制重组过程中,要认真执行国家有关资产处置、债务处理和社会保障等方面的政策要求,依法妥善安置职工,保证企业职工的正当权益。

九、推动民营企业加强自主创新和转型升级

(二十三)贯彻落实鼓励企业增加研发投入的税收优惠政策,鼓励民营企业增加研发投入,提高自主创新能力,掌握拥有自主知识产权的核心技术。帮助民营企业建立工程技术研究中心、技术开发中心,增加技术储备,搞好技术人才培训。支持民营企业参与国家重大科技计划项目和技术攻关,不断提高企业技术水平和研发能力。

(二十四)加快实施促进科技成果转化的鼓励政策,积极发展技术市场,完善科技成果登记制度,方便民营企业转让和购买先进技术。加快分析测试、检验检测、创业孵化、科技评估、科技咨询等科技服务机构的建设和机制创新,为民营企业的自主创新提供服务平台。积极推动信息服务外包、知识产权、技术转移和成果转化等高技术服务领域的市场竞争,支持民营企业开展技术服务活动。

(二十五)鼓励民营企业加大新产品开发力度,实现产品更新换代。开发新产品发生的研究开发费用可按规定享受加计扣除优惠政策。鼓励民营企业实施品牌发展战略,争创名牌产品,提高产品质量和服务水平。通过加速固定资产折旧等方式鼓励民营企业进行技术改造,淘汰落后产能,加快技术升级。

(二十六)鼓励和引导民营企业发展战略性新兴产业。广泛应用信息技术等高新技术改造提升传统产业,大力发展循环经济、绿色经济,投资建设节能减排、节水降耗、生物医药、信息网络、新能源、新材料、环境保护、资源综合利用等具有发展潜力的新兴产业。

十、鼓励和引导民营企业积极参与国际竞争

(二十七)鼓励民营企业"走出去",积极参与国际竞争。支持民营企业在研发、生产、营销等方面开展国际化经营,开发战略资源,建立国际销售网络。支持民营企业利用自有品牌、自主知识产权和自主营销,开拓国际市场,加快培育跨国企业和国际知名品牌。支持民营企业之间、民营企业与国有企业之间组成联合体,发挥各自优势,共同开展多种形式的境外投资。

(二十八)完善境外投资促进和保障体系。与有关国家建立鼓励和促进民间资本国际流动的政策磋商机制,开展多种形式的对话交流,发展长期稳定、互惠互利的合作关系。通过签订双边民间投资合作协定、利用多边协定体系等,为民营企业"走出去"争取有利的投资、贸

易环境和更多优惠政策。健全和完善境外投资鼓励政策,在资金支持、金融保险、外汇管理、质检通关等方面,民营企业与其他企业享受同等待遇。

十一、为民间投资创造良好环境

(二十九)清理和修改不利于民间投资发展的法规政策规定,切实保护民间投资的合法权益,培育和维护平等竞争的投资环境。在制订涉及民间投资的法律、法规和政策时,要听取有关商会和民营企业的意见和建议,充分反映民营企业的合理要求。

(三十)各级人民政府有关部门安排的政府性资金,包括财政预算内投资、专项建设资金、创业投资引导资金,以及国际金融组织贷款和外国政府贷款等,要明确规则、统一标准,对包括民间投资在内的各类投资主体同等对待。支持民营企业的产品和服务进入政府采购目录。

(三十一)各类金融机构要在防范风险的基础上,创新和灵活运用多种金融工具,加大对民间投资的融资支持,加强对民间投资的金融服务。各级人民政府及有关监管部门要不断完善民间投资的融资担保制度,健全创业投资机制,发展股权投资基金,继续支持民营企业通过股票、债券市场进行融资。

(三十二)全面清理整合涉及民间投资管理的行政审批事项,简化环节、缩短时限,进一步推动管理内容、标准和程序的公开化、规范化,提高行政服务效率。进一步清理和规范涉企收费,切实减轻民营企业负担。

十二、加强对民间投资的服务、指导和规范管理

(三十三)统计部门要加强对民间投资的统计工作,准确反映民间投资的进展和分布情况。投资主管部门、行业管理部门及行业协会要切实做好民间投资的监测和分析工作,及时把握民间投资动态,合理引导民间投资。要加强投资信息平台建设,及时向社会公开发布国家产业政策、发展建设规划、市场准入标准、国内外行业动态等信息,引导民间投资者正确判断形势,减少盲目投资。

(三十四)建立健全民间投资服务体系。充分发挥商会、行业协会等自律性组织的作用,积极培育和发展为民间投资提供法律、政策、咨询、财务、金融、技术、管理和市场信息等服务的中介组织。

(三十五)在放宽市场准入的同时,切实加强监管。各级人民政府有关部门要依照有关法律法规要求,切实督促民间投资主体履行投资建设手续,严格遵守国家产业政策和环保、用地、节能以及质量、安全等规定。要建立完善企业信用体系,指导民营企业建立规范的产权、财务、用工等制度,依法经营。民间投资主体要不断提高自身素质和能力,树立诚信意识和责任意识,积极创造条件满足市场准入要求,并主动承担相应的社

会责任。

（三十六）营造有利于民间投资健康发展的良好舆论氛围。大力宣传党中央、国务院关于鼓励、支持和引导非公有制经济发展的方针、政策和措施。客观、公正宣传报道民间投资在促进经济发展、调整产业结构、繁荣城乡市场和扩大社会就业等方面的积极作用。积极宣传依法经营、诚实守信、认真履行社会责任、积极参与社会公益事业的民营企业家的先进事迹。

各地区、各部门要把鼓励和引导民间投资健康发展工作摆在更加重要的位置，进一步解放思想，转变观念，深化改革，创新求实，根据本意见要求，抓紧研究制定具体实施办法，尽快将有关政策措施落到实处，努力营造有利于民间投资健康发展的政策环境和舆论氛围，切实促进民间投资持续健康发展，促进投资合理增长、结构优化、效益提高和经济社会又好又快发展。

国　务　院
二〇一〇年五月七日

中共中央 国务院关于营造更好发展环境支持民营企业改革发展的意见

(2019年12月4日)

改革开放40多年来,民营企业在推动发展、促进创新、增加就业、改善民生和扩大开放等方面发挥了不可替代的作用。民营经济已经成为我国公有制为主体多种所有制经济共同发展的重要组成部分。为进一步激发民营企业活力和创造力,充分发挥民营经济在推进供给侧结构性改革、推动高质量发展、建设现代化经济体系中的重要作用,现就营造更好发展环境支持民营企业改革发展提出如下意见。

一、总体要求

(一)指导思想。以习近平新时代中国特色社会主义思想为指导,全面贯彻党的十九大和十九届二中、三中、四中全会精神,深入落实习近平总书记在民营企业座谈会上的重要讲话精神,坚持和完善社会主义基本经济制度,坚持"两个毫不动摇",坚持新发展理念,坚持以供给侧结构性改革为主线,营造市场化、法治化、国际化营商环境,保障民营企业依法平等使用资源要素、公开公平公正参与竞争、同等受到法律保护,推动民营企业改革创新、转型升级、健康发展,让民营经济创新源泉充分涌流,让民营企业创造活力充分迸发,为实现"两个一百年"奋斗目标和中华民族伟大复兴的中国梦作出更大贡献。

(二)基本原则。坚持公平竞争,对各类市场主体一视同仁,营造公平竞争的市场环境、政策环境、法治环境,确保权利平等、机会平等、规则平等;遵循市场规律,处理好政府与市场的关系,强化竞争政策的基础性地位,注重采用市场化手段,通过市场竞争实现企业优胜劣汰和资源优化配置,促进市场秩序规范;支持改革创新,鼓励和引导民营企业加快转型升级,深化供给侧结构性改革,不断提升技术创新能力和核心竞争力;加强法治保障,依法保护民营企业和企业家的合法权益,推动民营企业筑牢守法合规经营底线。

二、优化公平竞争的市场环境

(三)进一步放开民营企业市场准入。深化"放管服"改革,进一步精简市场准入行政审批事项,不得额外对民营企业设置准入条件。全面落实放宽民营企业市场准入的政策措施,持续跟踪、定期评估市场准入有关政策落实情况,全面排查、系统清理各类显性和隐性壁垒。在电力、电信、铁路、石油、天然气等重点行业和领域,放开竞争性业务,进一步引入市场竞争机制。支持民营企业以参股形式开展基础电信运营业务,以控股或参股形式开展发电配电售电业务。支持民营企业进入油气勘探开发、炼化和销售领域,建设原油、天然气、成品油储运和管道输送等基础设施。支持符合条件的企业参与原油进口、成品油出口。在基础设施、社会事业、金融服务业等领域大幅放宽市场准入。上述行业、领域相关职能部门要研究制定民营企业分行业、分领域、分业务市场准入具体路径和办法,明确路线图和时间表。

(四)实施公平统一的市场监管制度。进一步规范失信联合惩戒对象纳入标准和程序,建立完善信用修复机制和异议制度,规范信用核查和联合惩戒。加强优化营商环境涉及的法规规章备案审查。深入推进部门联合"双随机、一公开"监管,推行信用监管和"互联网+监管"改革。细化明确行政执法程序,规范执法自由裁量权,严格规范公正文明执法。完善垄断性中介管理制度,清理强制性重复鉴定评估。深化要素市场化配置体制机制改革,健全市场化要素价格形成和传导机制,保障民营企业平等获得资源要素。

(五)强化公平竞争审查制度刚性约束。坚持存量清理和增量审查并重,持续清理和废除妨碍统一市场和公平竞争的各种规定和做法,加快清理与企业性质挂钩的行业准入、资质标准、产业补贴等规定和做法。推进产业政策由差异化、选择性向普惠化、功能性转变。严格审查新出台的政策措施,建立规范流程,引入第三方开展评估审查。建立面向各类市场主体的有违公平竞争问题的投诉举报和处理回应机制并及时向社会公布处理情况。

(六)破除招投标隐性壁垒。对具备相应资质条件的企业,不得设置与业务能力无关的企业规模门槛和明显超过招标项目要求的业绩门槛等。完善招投标程序监督与信息公示制度,对依法依规完成的招标,不得以中标企业性质为由对招标责任人进行追责。

三、完善精准有效的政策环境

(七)进一步减轻企业税费负担。切实落实更大规模减税降费,实施好降低增值税税率、扩大享受税收优惠小微企业范围、加大研发费用加计扣除力度、降低社保费率等政策,实质性降低企业负担。建立完善监督检查清单制度,落实涉企收费清单制度,清理违规涉企收费、摊派事项和各类评比达标活动,加大力度清理整治第三方截留减税降费红利等行为,进一步畅通减税降费政策传导机制,切实降低民营企业成本费用。既要以最严格的标准防范逃避税,又要避免因为不当征税影响企业正常运行。

(八)健全银行业金融机构服务民营企业体系。进一步提高金融结构与经济结构匹配度,支持发展以中小微民营企业为主要服务对象的中小金融机构。深化联合授信试点,鼓励银行与民营企业构建中长期银企关系。健全授信尽职免责机制,在内部绩效考核制度中落实对小微企业贷款不良容忍的监管政策。强化考核激励,合理增加信用贷款,鼓励银行提前主动对接企业续贷需求,进一步降低民营和小微企业综合融资成本。

(九)完善民营企业直接融资支持制度。完善股票发行和再融资制度,提高民营企业首发上市和再融资审核效率。积极鼓励符合条件的民营企业在科创板上市。深化创业板、新三板改革,服务民营企业持续发展。支持服务民营企业的区域性股权市场建设。支持民营企业发行债券,降低可转债发行门槛。在依法合规的前提下,支持资管产品和保险资金通过投资私募股权基金等方式积极参与民营企业纾困。鼓励通过债务重组等方式合力化解股票质押风险。积极吸引社会力量参与民营企业债转股。

(十)健全民营企业融资增信支持体系。推进依托供应链的票据、订单等动产质押融资,鼓励第三方建立供应链综合服务平台。民营企业、中小企业以应收账款申请担保融资的,国家机关、事业单位和大型企业等应付款方应当及时确认债权债务关系。推动抵质押登记流程简便化、标准化、规范化,建立统一的动产和权利担保登记公示系统。积极探索建立为优质民营企业增信的新机制,鼓励有条件的地方设立中小民营企业风险补偿基金,研究推出民营企业增信示范项目。发展民营企业债券融资支持工具,以市场化方式增信支持民营企业融资。

(十一)建立清理和防止拖欠账款长效机制。各级政府、大型国有企业要依法履行与民营企业、中小企业签订的协议和合同,不得违背民营企业、中小企业真实意愿或在约定的付款方式之外以承兑汇票等形式延长付款期限。加快及时支付款项有关立法,建立拖欠账款问题约束惩戒机制,通过审计监察和信用体系建设,提高政府部门和国有企业的拖欠失信成本,对拖欠民营企业、中小企业款项的责任人严肃问责。

四、健全平等保护的法治环境

(十二)健全执法司法对民营企业的平等保护机制。加大对民营企业的刑事保护力度,依法惩治侵犯民营企业投资者、管理者和从业人员合法权益的违法犯罪行为。提高司法审判和执行效率,防止因诉讼拖延影响企业生产经营。保障民营企业家在协助纪检监察机关审查调查时的人身和财产合法权益。健全知识产权侵权惩罚性赔偿制度,完善诉讼证据规则、证据披露以及证据妨碍排除规则。

（十三）保护民营企业和企业家合法财产。严格按照法定程序采取查封、扣押、冻结等措施,依法严格区分违法所得、其他涉案财产与合法财产,严格区分企业法人财产与股东个人财产,严格区分涉案人员个人财产与家庭成员财产。持续甄别纠正侵犯民营企业和企业家人身财产权的冤错案件。建立涉政府产权纠纷治理长效机制。

五、鼓励引导民营企业改革创新

（十四）引导民营企业深化改革。鼓励有条件的民营企业加快建立治理结构合理、股东行为规范、内部约束有效、运行高效灵活的现代企业制度,重视发挥公司律师和法律顾问作用。鼓励民营企业制定规范的公司章程,完善公司股东会、董事会、监事会等制度,明确各自职权及议事规则。鼓励民营企业完善内部激励约束机制,规范优化业务流程和组织结构,建立科学规范的劳动用工、收入分配制度,推动质量、品牌、财务、营销等精细化管理。

（十五）支持民营企业加强创新。鼓励民营企业独立或与有关方面联合承担国家各类科研项目,参与国家重大科学技术项目攻关,通过实施技术改造转化创新成果。各级政府组织实施科技创新、技术转化等项目时,要平等对待不同所有制企业。加快向民营企业开放国家重大科研基础设施和大型科研仪器。在标准制定、复审过程中保障民营企业平等参与。系统清理与企业性质挂钩的职称评定、奖项申报、福利保障等规定,畅通科技创新人才向民营企业流动渠道。在人才引进支持政策方面对民营企业一视同仁,支持民营企业引进海外高层次人才。

（十六）鼓励民营企业转型升级优化重组。鼓励民营企业因地制宜聚焦主业加快转型升级。优化企业兼并重组市场环境,支持民营企业做优做强,培育更多具有全球竞争力的世界一流企业。支持民营企业参与国有企业改革。引导中小民营企业走"专精特新"发展之路。畅通市场化退出渠道,完善企业破产清算和重整等法律制度,提高注销登记便利度,进一步做好"僵尸企业"处置工作。

（十七）完善民营企业参与国家重大战略实施机制。鼓励民营企业积极参与共建"一带一路"、京津冀协同发展、长江经济带发展、长江三角洲区域一体化发展、粤港澳大湾区建设、黄河流域生态保护和高质量发展、推进海南全面深化改革开放等重大国家战略,积极参与乡村振兴战略。在重大规划、重大项目、重大工程、重大活动中积极吸引民营企业参与。

六、促进民营企业规范健康发展

（十八）引导民营企业聚精会神办实业。营造实干兴邦、实业报国的良好社会氛围，鼓励支持民营企业心无旁骛做实业。引导民营企业提高战略规划和执行能力，弘扬工匠精神，通过聚焦实业、做精主业不断提升企业发展质量。大力弘扬爱国敬业、遵纪守法、艰苦奋斗、创新发展、专注品质、追求卓越、诚信守约、履行责任、勇于担当、服务社会的优秀企业家精神，认真总结梳理宣传一批典型案例，发挥示范带动作用。

（十九）推动民营企业守法合规经营。民营企业要筑牢守法合规经营底线，依法经营、依法治企、依法维权，认真履行环境保护、安全生产、职工权益保障等责任。民营企业走出去要遵法守法、合规经营，塑造良好形象。

（二十）推动民营企业积极履行社会责任。引导民营企业重信誉、守信用、讲信义，自觉强化信用管理，及时进行信息披露。支持民营企业赴革命老区、民族地区、边疆地区、贫困地区和中西部、东北地区投资兴业，引导民营企业参与对口支援和帮扶工作。鼓励民营企业积极参与社会公益、慈善事业。

（二十一）引导民营企业家健康成长。民营企业家要加强自我学习、自我教育、自我提升，珍视自身社会形象，热爱祖国、热爱人民、热爱中国共产党，把守法诚信作为安身立命之本，积极践行社会主义核心价值观。要加强对民营企业家特别是年轻一代民营企业家的理想信念教育，实施年轻一代民营企业家健康成长促进计划，支持帮助民营企业家实现事业新老交接和有序传承。

七、构建亲清政商关系

（二十二）建立规范化机制化政企沟通渠道。地方各级党政主要负责同志要采取多种方式经常听取民营企业意见和诉求，畅通企业家提出意见诉求通道。鼓励行业协会商会、人民团体在畅通民营企业与政府沟通等方面发挥建设性作用，支持优秀民营企业家在群团组织中兼职。

（二十三）完善涉企政策制定和执行机制。制定实施涉企政策时，要充分听取相关企业意见建议。保持政策连续性稳定性，健全涉企政策全流程评估制度，完善涉企政策调整程序，根据实际设置合理过渡期，给企业留出必要的适应调整时间。政策执行要坚持实事求是，不搞"一刀切"。

（二十四）创新民营企业服务模式。进一步提升政府服务意识和能力，鼓励各级政府编制政务服务事项清单并向社会公布。维护市场公平竞争秩序，完善陷入困境优质企业的救助机制。建立政务服务"好差评"制度。完善对民营企业全生命周期的服务模式和服务链条。

（二十五）建立政府诚信履约机制。各级政府要认真履行在招商引资、政府与社会资本合作等活动中与民营企业依法签订的各类合同。建立政府失信责任追溯和承担机制，对民营企业因国家利益、公共利益或其他法定事由需要改变政府承诺和合同约定而受到的损失,要依法予以补偿。

八、组织保障

(二十六)建立健全民营企业党建工作机制。坚持党对支持民营企业改革发展工作的领导,增强"四个意识",坚定"四个自信",做到"两个维护",教育引导民营企业和企业家拥护党的领导,支持企业党建工作。指导民营企业设立党组织,积极探索创新党建工作方式,围绕宣传贯彻党的路线方针政策、团结凝聚职工群众、维护各方合法权益、建设先进企业文化、促进企业健康发展等开展工作,充分发挥党组织的战斗堡垒作用和党员的先锋模范作用,努力提升民营企业党的组织和工作覆盖质量。

(二十七)完善支持民营企业改革发展工作机制。建立支持民营企业改革发展的领导协调机制。将支持民营企业发展相关指标纳入高质量发展绩效评价体系。加强民营经济统计监测和分析工作。开展面向民营企业家的政策培训。

(二十八)健全舆论引导和示范引领工作机制。加强舆论引导,主动讲好民营企业和企业家故事,坚决抵制、及时批驳澄清质疑社会主义基本经济制度、否定民营经济的错误言论。在各类评选表彰活动中,平等对待优秀民营企业和企业家。研究支持改革发展标杆民营企业和民营经济示范城市,充分发挥示范带动作用。

各地区各部门要充分认识营造更好发展环境支持民营企业改革发展的重要性,切实把思想和行动统一到党中央、国务院的决策部署上来,加强组织领导,完善工作机制,制定具体措施,认真抓好本意见的贯彻落实。国家发展改革委要会同有关部门适时对支持民营企业改革发展的政策落实情况进行评估,重大情况及时向党中央、国务院报告。

中共中央 国务院关于促进民营经济发展壮大的意见

(2023年7月14日)

民营经济是推进中国式现代化的生力军,是高质量发展的重要基础,是推动我国全面建成社会主义现代化强国、实现第二个百年奋斗目标的重要力量。为促进民营经济发展壮大,现提出如下意见。

一、总体要求

以习近平新时代中国特色社会主义思想为指导,深入贯彻党的二十大精神,坚持稳中求进工作总基调,完整、准确、全面贯彻新发展理念,加快构建新发展格局,着力推动高质量发展,坚持社会主义市场经济改革方向,坚持"两个毫不动摇",加快营造市场化、法治化、国际化一流营商环境,优化民营经济发展环境,依法保护民营企业产权和企业家权益,全面构建亲清政商关系,使各种所有制经济依法平等使用生产要素、公平参与市场竞争、同等受到法律保护,引导民营企业通过自身改革发展、合规经营、转型升级不断提升发展质量,促进民营经济做大做优做强,在全面建设社会主义现代化国家新征程中作出积极贡献,在中华民族伟大复兴历史进程中肩负起更大使命、承担起更重责任、发挥出更大作用。

二、持续优化民营经济发展环境

构建高水平社会主义市场经济体制,持续优化稳定公平透明可预期的发展环境,充分激发民营经济生机活力。

(一)持续破除市场准入壁垒。各地区各部门不得以备案、注册、年检、认定、认证、指定、要求设立分公司等形式设定或变相设定准入障碍。清理规范行政审批、许可、备案等政务服务事项的前置条件和审批标准,不得将政务服务事项转为中介服务事项,没有法律法规依据不得在政务服务前要求企业自行检测、检验、认证、鉴定、公证或提供证明等。稳步开展市场准入效能评估,建立市场准入壁垒投诉和处理回应机制,完善典型案例归集和通报制度。

（二）全面落实公平竞争政策制度。强化竞争政策基础地位,健全公平竞争制度框架和政策实施机制,坚持对各类所有制企业一视同仁、平等对待。强化制止滥用行政权力排除限制竞争的反垄断执法。未经公平竞争不得授予经营者特许经营权,不得限定经营、购买、使用特定经营者提供的商品和服务。定期推出市场干预行为负面清单,及时清理废除含有地方保护、市场分割、指定交易等妨碍统一市场和公平竞争的政策。优化完善产业政策实施方式,建立涉企优惠政策目录清单并及时向社会公开。

（三）完善社会信用激励约束机制。完善信用信息记录和共享体系,全面推广信用承诺制度,将承诺和履约信息纳入信用记录。发挥信用激励机制作用,提升信用良好企业获得感。完善信用约束机制,依法依规按照失信惩戒措施清单对责任主体实施惩戒。健全失信行为纠正后的信用修复机制,研究出台相关管理办法。完善政府诚信履约机制,建立健全政务失信记录和惩戒制度,将机关、事业单位的违约毁约、拖欠账款、拒不履行司法裁判等失信信息纳入全国信用信息共享平台。

（四）完善市场化重整机制。鼓励民营企业盘活存量资产回收资金。坚持精准识别、分类施策,对陷入财务困境但仍具有发展前景和挽救价值的企业,按照市场化、法治化原则,积极适用破产重整、破产和解程序。推动修订企业破产法并完善配套制度。优化个体工商户转企业相关政策,降低转换成本。

三、加大对民营经济政策支持力度

精准制定实施各类支持政策,完善政策执行方式,加强政策协调性,及时回应关切和利益诉求,切实解决实际困难。

（五）完善融资支持政策制度。健全银行、保险、担保、券商等多方共同参与的融资风险市场化分担机制。健全中小微企业和个体工商户信用评级和评价体系,加强涉企信用信息归集,推广"信易贷"等服务模式。支持符合条件的民营中小微企业在债券市场融资,鼓励符合条件的民营企业发行科技创新公司债券,推动民营企业债券融资专项支持计划扩大覆盖面、提升增信力度。支持符合条件的民营企业上市融资和再融资。

（六）完善拖欠账款常态化预防和清理机制。严格执行《保障中小企业款项支付条例》,健全防范化解拖欠中小企业账款长效机制,依法依规加大对责任人的问责处罚力度。机关、事业单位和大型企业不得以内部人员变更,履行内部付款流程,或在合同未作约定情况下以等待竣工验收批复、决算审计等为由,拒绝或延迟支付中小企业和个体工商户款项。建立拖欠账款定期披露、劝告指导、主动执法制度。强化商业汇票信息披露,完善票据市场信用约束机制。完善拖欠账款投诉处理和信用监督机制,加强对恶意拖欠账款案例的曝光。完善拖欠账款清理与审计、督查、巡视等制度的常态化对接机制。

（七）强化人才和用工需求保障。畅通人才向民营企业流动渠道，健全人事管理、档案管理、社会保障等接续的政策机制。完善民营企业职称评审办法，畅通民营企业职称评审渠道，完善以市场评价为导向的职称评审标准。搭建民营企业、个体工商户用工和劳动者求职信息对接平台。大力推进校企合作、产教融合。推进民营经济产业工人队伍建设，优化职业发展环境。加强灵活就业和新就业形态劳动者权益保障，发挥平台企业在扩大就业方面的作用。

（八）完善支持政策直达快享机制。充分发挥财政资金直达机制作用，推动涉企资金直达快享。加大涉企补贴资金公开力度，接受社会监督。针对民营中小微企业和个体工商户建立支持政策"免申即享"机制，推广告知承诺制，有关部门能够通过公共数据平台提取的材料，不再要求重复提供。

（九）强化政策沟通和预期引导。依法依规履行涉企政策调整程序，根据实际设置合理过渡期。加强直接面向民营企业和个体工商户的政策发布和解读引导。支持各级政府部门邀请优秀企业家开展咨询，在涉企政策、规划、标准的制定和评估等方面充分发挥企业家作用。

四、强化民营经济发展法治保障

健全对各类所有制经济平等保护的法治环境，为民营经济发展营造良好稳定的预期。

（十）依法保护民营企业产权和企业家权益。防止和纠正利用行政或刑事手段干预经济纠纷，以及执法司法中的地方保护主义。进一步规范涉产权强制性措施，避免超权限、超范围、超数额、超时限查封扣押冻结财产。对不宜查封扣押冻结的经营性涉案财物，在保证侦查活动正常进行的同时，可以允许有关当事人继续合理使用，并采取必要的保值保管措施，最大限度减少侦查办案对正常办公和合法生产经营的影响。完善涉企案件申诉、再审等机制，健全冤错案件有效防范和常态化纠正机制。

（十一）构建民营企业源头防范和治理腐败的体制机制。出台司法解释，依法加大对民营企业工作人员职务侵占、挪用资金、受贿等腐败行为的惩处力度。健全涉案财物追缴处置机制。深化涉案企业合规改革，推动民营企业合规守法经营。强化民营企业腐败源头治理，引导民营企业建立严格的审计监督体系和财会制度。充分发挥民营企业党组织作用，推动企业加强法治教育，营造诚信廉洁的企业文化氛围。建立多元主体参与的民营企业腐败治理机制。推动建设法治民营企业、清廉民营企业。

（十二）持续完善知识产权保护体系。加大对民营中小微企业原始创新保护力度。严格落实知识产权侵权惩罚性赔偿、行为保全等制度。建立知识产权侵权和行政非诉执行快速处理机制，健全知识产权法院跨区域管辖制度。研究完善商业改进、文化创意等创新成果的知识产权保护办法,严厉打击侵犯商业秘密、仿冒混淆等不正当竞争行为和恶意抢注商标等违法行为。加大对侵犯知识产权违法犯罪行为的刑事打击力度。完善海外知识产权纠纷应对指导机制。

（十三）完善监管执法体系。加强监管标准化规范化建设,依法公开监管标准和规则,增强监管制度和政策的稳定性、可预期性。提高监管公平性、规范性、简约性,杜绝选择性执法和让企业"自证清白"式监管。鼓励跨行政区域按规定联合发布统一监管政策法规及标准规范,开展联动执法。按照教育与处罚相结合原则,推行告知、提醒、劝导等执法方式,对初次违法且危害后果轻微并及时改正的依法不予行政处罚。

（十四）健全涉企收费长效监管机制。持续完善政府定价的涉企收费清单制度,进行常态化公示,接受企业和社会监督。畅通涉企违规收费投诉举报渠道,建立规范的问题线索部门共享和转办机制,综合采取市场监管、行业监管、信用监管等手段实施联合惩戒,公开曝光违规收费典型案例。

五、着力推动民营经济实现高质量发展

引导民营企业践行新发展理念,深刻把握存在的不足和面临的挑战,转变发展方式、调整产业结构、转换增长动力,坚守主业、做强实业,自觉走高质量发展之路。

（十五）引导完善治理结构和管理制度。支持引导民营企业完善法人治理结构、规范股东行为、强化内部监督,实现治理规范、有效制衡、合规经营,鼓励有条件的民营企业建立完善中国特色现代企业制度。依法推动实现企业法人财产与出资人个人或家族财产分离,明晰企业产权结构。研究构建风险评估体系和提示机制,对严重影响企业运营并可能引发社会稳定风险的情形提前预警。支持民营企业加强风险防范管理,引导建立覆盖企业战略、规划、投融资、市场运营等各领域的全面风险管理体系,提升质量管理意识和能力。

（十六）支持提升科技创新能力。鼓励民营企业根据国家战略需要和行业发展趋势,持续加大研发投入,开展关键核心技术攻关,按规定积极承担国家重大科技项目。培育一批关键行业民营科技领军企业、专精特新中小企业和创新能力强的中小企业特色产业集群。加大政府采购创新产品力度,发挥首台(套)保险补偿机制作用,支持民营企业创新产品迭代应用。推动不同所有制企业、大中小企业融通创新,开展共性技术联合攻关。完善高等学校、科研院所管理制度和成果转化机制,调动其支持民营中小微企业创新发展积极性,支持民营企业与科研机构合作建立技术研发中心、产业研究院、中试熟化基地、工程研究中心、制造业创新中心等创新平台。支持民营企业加强基础性前沿性研究和成果转化。

（十七）加快推动数字化转型和技

术改造。鼓励民营企业开展数字化共性技术研发,参与数据中心、工业互联网等新型基础设施投资建设和应用创新。支持中小企业数字化转型,推动低成本、模块化智能制造设备和系统的推广应用。引导民营企业积极推进标准化建设,提升产品质量水平。支持民营企业加大生产工艺、设备、技术的绿色低碳改造力度,加快发展柔性制造,提升应急扩产转产能力,提升产业链韧性。

(十八)鼓励提高国际竞争力。支持民营企业立足自身实际,积极向核心零部件和高端制成品设计研发等方向延伸;加强品牌建设,提升"中国制造"美誉度。鼓励民营企业拓展海外业务,积极参与共建"一带一路",有序参与境外项目,在走出去中遵守当地法律法规、履行社会责任。更好指导支持民营企业防范应对贸易保护主义、单边主义、"长臂管辖"等外部挑战。强化部门协同配合,针对民营经济人士海外人身和财产安全,建立防范化解风险协作机制。

(十九)支持参与国家重大战略。鼓励民营企业自主自愿通过扩大吸纳就业、完善工资分配制度等,提升员工享受企业发展成果的水平。支持民营企业到中西部和东北地区投资发展劳动密集型制造业、装备制造业和生态产业,促进革命老区、民族地区加快发展,投入边疆地区建设推进兴边富民。支持民营企业参与推进碳达峰碳中和,提供减碳技术和服务,加大可再生能源发电和储能等领域投资力度,参与碳排放权、用能权交易。支持民营企业参与乡村振兴,推动新型农业经营主体和社会化服务组织发展现代种养业,高质量发展现代农产品加工业,因地制宜发展现代农业服务业,壮大休闲农业、乡村旅游业等特色产业,积极投身"万企兴万村"行动。支持民营企业参与全面加强基础设施建设,引导民营资本参与新型城镇化、交通水利等重大工程和补短板领域建设。

(二十)依法规范和引导民营资本健康发展。健全规范和引导民营资本健康发展的法律制度,为资本设立"红绿灯",完善资本行为制度规则,集中推出一批"绿灯"投资案例。全面提升资本治理效能,提高资本监管能力和监管体系现代化水平。引导平台经济向开放、创新、赋能方向发展,补齐发展短板弱项,支持平台企业在创造就业、拓展消费、国际竞争中大显身手,推动平台经济规范健康持续发展。鼓励民营企业集中精力做强做优主业,提升核心竞争力。

六、促进民营经济人士健康成长

全面贯彻信任、团结、服务、引导、教育的方针,用务实举措稳定人心、鼓舞人心、凝聚人心,引导民营经济人士弘扬企业家精神。

(二十一)健全民营经济人士思想政治建设机制。积极稳妥做好在民营经济代表人士先进分子中发展党员工作。深入开展理想信念教育和社会主义核心价值观教育。教育引导民营经济人士中的党员坚定理想信念,发挥先锋模范作用,坚决执行党的理论和路线方针政策。

积极探索创新民营经济领域党建工作方式。

（二十二）培育和弘扬企业家精神。引导民营企业家增强爱国情怀、勇于创新、诚信守法、承担社会责任、拓展国际视野，敢闯敢干，不断激发创新活力和创造潜能。发挥优秀企业家示范带动作用，按规定加大评选表彰力度，在民营经济中大力培育企业家精神，及时总结推广富有中国特色、顺应时代潮流的企业家成长经验。

（二十三）加强民营经济代表人士队伍建设。优化民营经济代表人士队伍结构，健全选人机制，兼顾不同地区、行业和规模企业，适当向战略性新兴产业、高技术产业、先进制造业、现代服务业、现代农业等领域倾斜。规范政治安排，完善相关综合评价体系，稳妥做好推荐优秀民营经济人士作为各级人大代表候选人、政协委员人选工作，发挥工商联在民营经济人士有序政治参与中的主渠道作用。支持民营经济代表人士在国际经济活动和经济组织中发挥更大作用。

（二十四）完善民营经济人士教育培训体系。完善民营经济人士专题培训和学习研讨机制，进一步加大教育培训力度。完善民营中小微企业培训制度，构建多领域多层次、线上线下相结合的培训体系。加强对民营经济人士的梯次培养，建立健全年轻一代民营经济人士传帮带辅导制度，推动事业新老交接和有序传承。

（二十五）全面构建亲清政商关系。把构建亲清政商关系落到实处，党政干部和民营企业家要双向建立亲清统一的新型政商关系。各级领导干部要坦荡真诚同民营企业家接触交往，主动作为、靠前服务，依法依规为民营企业和民营企业家解难题、办实事，守住交往底线，防范廉政风险，做到亲而有度、清而有为。民营企业家要积极主动与各级党委和政府及部门沟通交流，讲真话、说实情、建诤言，洁身自好走正道，遵纪守法办企业，光明正大搞经营。

七、持续营造关心促进民营经济发展壮大社会氛围

引导和支持民营经济履行社会责任，展现良好形象，更好与舆论互动，营造正确认识、充分尊重、积极关心民营经济的良好社会氛围。

（二十六）引导全社会客观正确全面认识民营经济和民营经济人士。加强理论研究和宣传，坚持实事求是、客观公正，把握好正确舆论导向，引导社会正确认识民营经济的重大贡献和重要作用，正确看待民营经济人士通过合法合规经营获得的财富。坚决抵制、及时批驳澄清质疑社会主义基本经济制度、否定和弱化民营经济的错误言论与做法，及时回应关切、打消顾虑。

（二十七）培育尊重民营经济创新创业的舆论环境。加强对优秀企业家先进事迹、加快建设世界一流企业的宣传报道，凝聚崇尚创新创业正能量，增强企业家的荣誉感和社会价值感。营造鼓励

创新、宽容失败的舆论环境和时代氛围,对民营经济人士合法经营中出现的失误失败给予理解、宽容、帮助。建立部门协作机制,依法严厉打击以负面舆情为要挟进行勒索等行为,健全相关举报机制,降低企业维权成本。

(二十八) 支持民营企业更好履行社会责任。教育引导民营企业自觉担负促进共同富裕的社会责任,在企业内部积极构建和谐劳动关系,推动构建全体员工利益共同体,让企业发展成果更公平惠及全体员工。鼓励引导民营经济人士做发展的实干家和新时代的奉献者,在更高层次上实现个人价值,向全社会展现遵纪守法、遵守社会公德的良好形象,做到富而有责、富而有义、富而有爱。探索建立民营企业社会责任评价体系和激励机制,引导民营企业踊跃投身光彩事业和公益慈善事业,参与应急救灾,支持国防建设。

八、加强组织实施

(二十九) 坚持和加强党的领导。坚持党中央对民营经济工作的集中统一领导,把党的领导落实到工作全过程各方面。坚持正确政治方向,建立完善民营经济和民营企业发展工作机制,明确和压实部门责任,加强协同配合,强化央地联动。支持工商联围绕促进民营经济健康发展和民营经济人士健康成长更好发挥作用。

(三十) 完善落实激励约束机制。强化已出台政策的督促落实,重点推动促进民营经济发展壮大、产权保护、弘扬企业家精神等政策落实落细,完善评估督导体系。建立健全民营经济投诉维权平台,完善投诉举报保密制度、处理程序和督办考核机制。

(三十一) 及时做好总结评估。在与宏观政策取向一致性评估中对涉民营经济政策开展专项评估审查。完善中国营商环境评价体系,健全政策实施效果第三方评价机制。加强民营经济统计监测评估,必要时可研究编制统一规范的民营经济发展指数。不断创新和发展"晋江经验",及时总结推广各地好经验好做法,对行之有效的经验做法以适当形式予以固化。

国家发展改革委等部门关于实施促进民营经济发展近期若干举措的通知

（2023年7月28日）

司法部、人力资源社会保障部、自然资源部、生态环境部、住房城乡建设部、交通运输部、水利部、商务部、应急管理部、审计署、国务院国资委、中国证监会、国家知识产权局、国家能源局、全国工商联：

为深入贯彻党中央、国务院关于促进民营经济发展壮大的决策部署，全面落实《中共中央、国务院关于促进民营经济发展壮大的意见》，推动破解民营经济发展中面临的突出问题，激发民营经济发展活力，提振民营经济发展信心，现提出以下措施。

一、促进公平准入

1. 在国家重大工程和补短板项目中，选取具有一定收益水平、条件相对成熟的项目，形成鼓励民间资本参与的重大项目清单。通过举办重大项目推介会，在全国投资项目在线审批监管平台上开辟专栏等方式，向民营企业集中发布项目信息，积极引导项目落地实施。各地区对照上述举措，形成鼓励民间资本参与的项目清单并加强推介。（责任单位：国家发展改革委、工业和信息化部、全国工商联）

2. 扩大基础设施领域不动产投资信托基金（REITs）发行规模，推动符合条件的民间投资项目发行基础设施REITs，进一步扩大民间投资。（责任单位：国家发展改革委、中国证监会）

3. 支持民营企业参与重大科技攻关，牵头承担工业软件、云计算、人工智能、工业互联网、基因和细胞医疗、新型储能等领域的攻关任务。（责任单位：科技部、国家发展改革委、工业和信息化部）

4. 提升民营企业在产业链供应链关键环节的供应能力，在全国县域范围内培育一批中小企业特色产业集群。（责任单位：工业和信息化部）

5. 推动平台经济健康发展，持续推出平台企业"绿灯"投资案例。（责任单位：国家发展改革委、工业和信息化部、商务部、市场监管总局、中国人民银行）

6. 支持专精特新"小巨人"企业、高新技术企业在当地的国家级知识产权保护中心进行备案，开展快速预审、快速确权、快速维权。（责任单位：国家知识产权局、工业和信息化部、科技部）

7. 开展民营企业质量管理体系认证升级行动，提升民营企业质量技术创新能力。支持民营企业牵头设立国际性产业与标准组织。持续开展"计量服务中小企业行"活动，支持民营企业参与产业计量测试中心建设，提升民营企业先进测量能力。（责任单位：市场监管总局、工业和信息化部、民政部）

8. 按照《助力中小微企业稳增长调结构强能力若干措施》（工信部企业函〔2023〕4号）要求，延长政府采购工程面向中小企业的预留份额提高至40%以上的政策期限至2023年底。加快合同款支付进度、运用信用担保，为中小企业参与采购活动提供便利。（责任单位：财政部、工业和信息化部）

9. 开展工程建设招标投标突出问题专项治理，分类采取行政处罚、督促整改、通报案例等措施，集中解决一批民营企业反映比较强烈的地方保护、所有制歧视等问题。支持各地区探索电子营业执照在招投标平台登录、签名、在线签订合同等业务中的应用。（责任单位：国家发展改革委、市场监管总局、住房城乡建设部、交通运输部、水利部、国务院国资委）

10. 修订出台新版市场准入负面清单，推动各类经营主体依法平等进入清单之外的行业、领域、业务。（责任单位：国家发展改革委、商务部、市场监管总局）

二、强化要素支持

11. 在当年10月企业所得税预缴申报期和次年1—5月汇算清缴期两个时点基础上，增加当年7月预缴申报期作为可享受政策的时点，符合条件的行业企业可按规定申报享受研发费用加计扣除政策。（责任单位：税务总局、财政部）

12. 持续确保出口企业正常出口退税平均办理时间在6个工作日内，将办理一类、二类出口企业正常出口退（免）税的平均时间压缩在3个工作日内政策延续实施至2024年底。更新发布国别（地区）投资税收指南，帮助民营企业更好防范跨境投资税收风险。（责任单位：税务总局）

13. 延长普惠小微贷款支持工具期限至2024年底，持续加大普惠金融支持力度。引导商业银行接入"信易贷"、地方征信平台等融资信用服务平台，强化跨部门信用信息联通。扩大民营企业信用贷款规模。有效落实金融企业呆账核销管理制度。（责任单位：中国人民银行、国家发展改革委、金融监管总局）

14. 将民营企业债券央地合作增信新模式扩大至全部符合发行条件的各类民营企业，尽快形成更多示范案例。（责任单位：中国证监会、国家发展改革委、财政部）

15. 适应民营中小微企业用地需求，探索实行产业链供地，对产业链关联项目涉及的多宗土地实行整体供应。(责任单位：自然资源部、工业和信息化部)

16. 除法律法规和相关政策规定外，在城镇规划建设用地范围内，供水供气供电企业的投资界面免费延伸至企业建筑区划红线。(责任单位：住房城乡建设部)

17. 赋予民营企业职称评审权，允许技术实力较强的规模以上民营企业单独或联合组建职称评审委员会，开展自主评审。(责任单位：人力资源社会保障部)

三、加强法治保障

18. 清理废除有违平等保护各类所有制经济原则的规章、规范性文件，加强对民营经济发展的保护和支持。(责任单位：司法部)

19. 根据《中华人民共和国行政处罚法》第三十三条，在城市管理、生态环保、市场监管等重点领域分别明确不予处罚具体情形。出台《关于进一步规范监督行政罚款设定和实施的指导意见》。开展行政法规和部门规章中罚款事项专项清理，清理结果对社会公布。(责任单位：司法部、生态环境部、市场监管总局、应急管理部)

四、优化涉企服务

20. 全面构建亲清政商关系，支持各地区探索以不同方式服务民营企业，充分利用全国一体化政务服务平台等数字化手段提升惠企政策和服务效能，多措并举帮助民营企业解决问题困难。(责任单位：全国工商联、国家发展改革委)

21. 建立涉企行政许可相关中介服务事项清单管理制度，未纳入清单的事项，一律不再作为行政审批的受理条件，今后确需新设的，依照法定程序设定并纳入清单管理。将中介服务事项纳入各级一体化政务服务平台，实现机构选择、费用支付、报告上传、服务评价等全流程线上办理，公开接受社会监督。(责任单位：工业和信息化部、市场监管总局、国家发展改革委)

22. 加大对拖欠民营企业账款的清理力度，重点清理机关、事业单位、国有企业拖欠中小微企业账款。审计部门接受民营企业反映的欠款线索，加强审计监督。(责任单位：工业和信息化部、国家发展改革委、财政部、审计署、国务院国资委、市场监管总局)

23. 全面落实简易注销、普通注销制度，完善企业注销"一网服务"平台。完善歇业制度配套政策措施。(责任单位：市场监管总局、人力资源社会保障部、税务总局)

24. 除依法需要保密外，涉企政策制定和修订应充分听取企业家意见建议。涉企政策调整应设置合理过渡期。(责任单位：国家发展改革委)

五、营造良好氛围

25. 分级畅通涉企投诉渠道，在国务

院"互联网+督查"平台开设涉企问题征集专题公告,在国家政务服务平台投诉建议系统上开设涉企问题征集专栏,各地区结合自身实际,将涉企投诉事项纳入"12345"热线等政务服务平台,建立转办整改跟踪机制。持续开展万家民营企业评营商环境工作。(责任单位:国务院办公厅、市场监管总局、国家发展改革委、全国工商联)

26. 开展"打假治敲"等专项行动,依法打击蓄意炒作、造谣抹黑民营企业和民营企业家的"网络黑嘴"和"黑色产业链"。(责任单位:公安部、中国证监会、全国工商联)

27. 将各地区落实支持民营经济发展情况纳入国务院年度综合督查,对发现的问题予以督促整改,对好的经验做法予以宣传推广。设立中央预算内投资促进民间投资奖励支持专项,每年向一批民间投资增速快、占比高、活力强、措施实的市县提供奖励支持。(责任单位:国务院办公厅、国家发展改革委)

28. 按照国家有关规定对在民营经济发展工作中作出突出贡献的集体和个人予以表彰奖励,弘扬企业家精神,发挥先进标杆的示范引领作用。(责任单位:全国工商联、国家发展改革委、工业和信息化部)

国家发展改革委
工业和信息化部
财政部
科技部
中国人民银行
税务总局
市场监管总局
金融监管总局
2023年7月28日

最高人民法院关于优化法治环境促进民营经济发展壮大的指导意见

（2023年10月10日）

为深入贯彻落实《中共中央、国务院关于促进民营经济发展壮大的意见》，充分发挥人民法院职能作用，全面强化民营经济发展法治保障，持续优化民营经济发展法治环境，结合人民法院审判执行工作实际，提出如下意见。

一、总体要求

坚持以习近平新时代中国特色社会主义思想为指导，深入学习贯彻习近平法治思想，坚决贯彻落实党中央决策部署，坚持"两个毫不动摇"，围绕加快营造市场化、法治化、国际化一流营商环境，找准把握法治保障民营经济发展壮大的结合点和着力点，以高质量审判服务高质量发展。坚持全面贯彻依法平等保护原则，加强对各种所有制经济的平等保护，将确保各类市场主体享有平等的诉讼地位、诉讼权利贯彻到立案、审判、执行全过程各方面，运用法治方式促进民营经济做大做优做强。坚持能动司法理念，围绕"公正与效率"工作主题，依法稳慎审理涉民营企业案件，强化促进民营经济发展壮大的司法政策措施供给，在持续优化民营经济发展法治环境中做实为大局服务、为人民司法。

二、依法保护民营企业产权和企业家合法权益

1. 加强对民营企业产权和企业家合法财产权的保护。依法认定财产权属，加强对民营经济主体的物权、债权、股权、知识产权等合法财产权益的保护。研究制订司法解释，依法加大对民营企业工作人员职务侵占、挪用资金、行贿受贿、背信等腐败行为的惩处力度，加大追

赃挽损力度。强化涉企产权案件申诉、再审工作,健全冤错案件有效防范和依法甄别纠正机制。民营企业和企业家因国家机关及其工作人员行使职权侵害其合法权益,依据国家赔偿法申请国家赔偿的,人民法院依法予以支持。

2. 依法保障民营企业和企业家人格权。加强对民营企业名誉权和企业家人身自由、人格尊严以及个人信息、隐私权等人格权益的司法保护,充分发挥人格权侵害禁令制度功能,及时制止侵害人格权的违法行为。依法惩治故意误导公众、刻意吸引眼球的极端言论行为,推动营造有利于民营经济发展的舆论环境、法治环境。对利用互联网、自媒体、出版物等传播渠道,以侮辱、诽谤或者其他方式对民营企业和企业家进行诋毁、贬损和丑化等侵犯名誉权行为,应当依法判令侵权行为人承担相应的民事责任;因名誉权受到侵害致使企业生产、经营、销售等遭受实际损失的,应当依法判令行为人承担赔偿责任;因编造、传播虚假信息或者误导性信息扰乱企业发行的股票、债券市场交易秩序,给投资者造成损失的,应当依法判令行为人承担赔偿责任。构成犯罪的,依法追究刑事责任。

3. 严格区分经济纠纷与违法犯罪。严格落实罪刑法定、疑罪从无等刑法原则,全面贯彻宽严相济刑事政策,该严则严,当宽则宽。依法认定民营企业正当融资与非法集资、合同纠纷与合同诈骗、参与兼并重组与恶意侵占国有资产等罪与非罪的界限,严格区分经济纠纷、行政违法与刑事犯罪,坚决防止和纠正利用行政或者刑事手段干预经济纠纷,坚决防止和纠正地方保护主义,坚决防止和纠正把经济纠纷认定为刑事犯罪、把民事责任认定为刑事责任。

严格规范采取刑事强制措施的法律程序,切实保障民营企业家的诉讼权利。对被告人采取限制或剥夺人身自由的强制措施时,应当综合考虑被诉犯罪事实、被告人主观恶性、悔罪表现等情况、可能判处的刑罚和有无再危害社会的危险等因素;措施不当的,人民法院应当依法及时撤销或者变更。对涉案财产采取强制措施时,应当加强财产甄别,严格区分违法所得与合法财产、涉案人员个人财产与家庭成员财产等,对与案件无关的财物,应当依法及时解除;对于经营性涉案财物,在保证案件审理的情况下,一般应当允许有关当事人继续合理使用,最大限度减少因案件办理对企业正常办公和生产经营的影响;对于依法不应交由涉案企业保管使用的财物,查封扣押部门要采取合理的保管保值措施,防止财产价值贬损。

4. 深入推进涉案企业合规改革。坚持治罪与治理并重,对于依法可判处缓刑、免于刑事处罚的民营企业,与检察机关共同做好涉案企业刑事合规改革,充分利用第三方合规监管机制,确保合规整改落到实处,从源头预防和减少企业重新违法犯罪。积极延伸司法职能,在民商事、行政、执行过程中引导企业守法合规经营,强化防范法律风险、商业风险意识,推进民营企业在法治轨道上健康发展。

5. 健全涉案财物追缴处置机制。对于被告人的合法财产以及与犯罪活动无关的财产及其孳息，符合返还条件的，应当及时返还。涉案财物已被用于清偿合法债务、转让或者设置其他权利负担，善意案外人通过正常的市场交易、支付了合理对价，并实际取得相应权利的，不得追缴或者没收。对于通过违法犯罪活动聚敛、获取的财产形成的投资权益，应当对该投资权益依法进行处置，不得直接追缴投入的财产。

进一步畅通权益救济渠道，被告人或案外人对查封、扣押、冻结的财物及其孳息提出权属异议的，人民法院应当听取意见，必要时可以通知案外人出庭。被告人或案外人以生效裁判侵害其合法财产权益或对是否属于赃款赃物认定错误为由提出申诉的，人民法院应当及时受理审查，确有错误的，应予纠正。

三、维护统一公平诚信的市场竞争环境

6. 依法保障市场准入的统一。依法审理涉及要素配置和市场准入的各类纠纷案件，按照"非禁即入"原则依法认定合同效力，加强市场准入负面清单、涉企优惠政策目录清单等行政规范性文件的附带审查，破除区域壁垒和地方保护，遏制滥用行政权力排除、限制竞争行为，促进市场主体、要素资源、规则秩序的平等统一。

7. 依法打击垄断和不正当竞争行为。完善竞争案件裁判规则，研究出台反垄断民事诉讼司法解释。依法严惩强制"二选一"、大数据杀熟、低价倾销、强制搭售等破坏公平竞争、扰乱市场秩序行为，引导平台经济向开放、创新、赋能方向发展。依法审理虚假宣传、商业诋毁等不正当竞争纠纷案件，保障和促进民营企业品牌建设。强化商业秘密司法保护，处理好保护商业秘密与自由择业、竞业限制和人才合理流动的关系，在依法保护商业秘密的同时，维护就业创业合法权益。

8. 保护民营企业创新创造。完善算法、商业方法、文化创意等知识产权司法保护规则，促进新经济新业态健康发展。加强民营企业科研人员和科创成果司法保护，依法保护民营企业及其科研人员合法权益，激发原始创新活力和创造潜能。依法运用行为保全等临时措施，积极适用举证妨碍排除规则，保障民营企业和企业家依法维权。依法严惩侵犯知识产权犯罪，正确把握民事纠纷和刑事犯罪界限，对于当事人存有一定合作基础、主观恶性不大的案件，依法稳慎确定案件性质。

9. 加大知识产权保护力度。持续严厉打击商标攀附、仿冒搭车等恶意囤积和恶意抢注行为，依法保护民营企业的品牌利益和市场形象。当事人违反诚信原则，恶意取得、行使权利并主张他人侵权的，依法判决驳回其诉讼请求。被告举证证明原告滥用权利起诉损害其合法权益，请求原告赔偿合理诉讼开支的，依法予以支持。严格落实知识产权侵权惩

罚性赔偿制度,坚持侵权代价与其主观恶性和行为危害性相适应,对以侵权为业、获利巨大、危害国家安全、公共利益或者人身健康等情节严重的故意侵权,依法加大赔偿力度。推动知识产权法院审理知识产权刑事案件。推动优化调整知识产权法院管辖案件类型,完善知识产权案件繁简分流机制。

10. 依法遏制恶意"维权"行为。既要依法保护消费者维权行为,发挥公众和舆论监督作用,助力提升食品药品安全治理水平,又要完善对恶意中伤生产经营者、扰乱正常市场秩序行为的认定和惩处制度。对当事人一方通过私藏食品、私放过期食品、伪造或者抹去标签内容等方式恶意制造企业违法生产经营食品、药品虚假事实,恶意举报、恶意索赔,敲诈勒索等构成违法犯罪的,依法予以严惩。

11. 依法严厉惩治虚假诉讼。充分利用信息技术手段,加强对虚假诉讼的甄别、审查和惩治,依法打击通过虚假诉讼逃废债、侵害民营企业和企业家合法权益的行为。当事人一方恶意利用诉讼打击竞争企业、破坏企业和企业家商誉信誉,谋取不正当利益的,依法驳回其诉讼请求;对方反诉请求损害赔偿的,依法予以支持。依法加大虚假诉讼的违法犯罪成本,对虚假诉讼的参与人,依法采取罚款、拘留等民事强制措施,构成犯罪的,依法追究刑事责任。

12. 弘扬诚实守信经营的法治文化。依法审理因"新官不理旧账"等违法失信行为引发的合同纠纷,政府机关、国有企业、事业单位因负责人、承办人变动拒绝履行生效合同义务的,应当依法判令其承担相应的违约责任,依法维护民营企业经营发展的诚信环境。综合运用债的保全制度、股东出资责任、法人人格否认以及破产撤销权等相关制度,依法惩治逃废债务行为。充分发挥司法裁判评价、指引、示范、教育功能作用,加大法治宣传力度,通过发布典型案例等方式促进提高企业家依法维权意识和能力,积极引导企业家在经营活动中遵纪守法、诚实守信、公平竞争,积极履行社会责任,大力培育和弘扬企业家精神。

13. 支持民营企业市场化重整。坚持市场化、法治化原则,完善企业重整识别机制,依托"府院联动",依法拯救陷入财务困境但有挽救价值的民营企业。引导民营企业充分利用破产重整、和解程序中的中止执行、停止计息、集中管辖等制度功能,及时保全企业财产、阻止债务膨胀,通过公平清理债务获得重生。推进破产配套制度完善,提升市场化重整效益。

14. 营造鼓励创业、宽容失败的创业氛围。不断完善保护和鼓励返乡创业的司法政策,为民营企业在全面推进乡村振兴中大显身手创造良好法治环境。采取发布典型案例、以案说法等方式引导社会公众对破产现象的正确认知,积极营造鼓励创业、宽容失败的创业氛围。完善民营企业市场退出机制,便利产能落后、经营困难、资不抵债的民营企业依法有序退出市场,助力市场要素资源的重新配置。积极推动建立专门的小微企业破产程序和个人债务集中清理制度，探索在破产程序中一体解决企业家为企业债务提供担保问题，有效化解民营企业债务链条，助力"诚实而不幸"的民营企业家东山再起，重新创业。

15. 推动健全监管执法体系。监督支持行政机关强化统一市场监管执法，依法审理市场监管领域政府信息公开案件，修改完善办理政府信息公开案件司法解释，促进行政机关严格依照法定权限和程序公开市场监管规则。依法审理涉市场监管自由裁量、授权委托监管执法、跨行政区域联合执法等行政纠纷案件，监督行政机关遵守妥当性、适当性和比例原则合理行政，以过罚相当的监管措施落实教育与处罚相结合原则。加强与检察机关协作，通过审理行政公益诉讼案件、提出司法建议等方式，共同推动市场监管部门健全权责清晰、分工明确、运行顺畅的监管体系。

四、运用法治方式促进民营企业发展和治理

16. 助力拓宽民营企业融资渠道降低融资成本。依法推动供应链金融健康发展，有效拓宽中小微民营企业融资渠道。对中小微民营企业结合自身财产特点设定的融资担保措施持更加包容的司法态度，依法认定生产设备等动产担保以及所有权保留、融资租赁、保理等非典型担保合同效力和物权效力；对符合法律规定的仓单、提单、汇票、应收账款、知识产权、新类型生态资源权益等权利质押以及保兑仓交易，依法认定其有效。严格落实民法典关于禁止高利放贷的规定，降低民营企业的融资成本，依法规制民间借贷市场"砍头息"、"高息转本"等乱象，金融机构和地方金融组织向企业收取的利息和费用违反监管政策的，诉讼中依法不予支持。

17. 依法保障民营企业人才和用工需求。妥善审理民营企业劳动争议案件，既要鼓励人才的合理流动，也要维护民营企业的正常科研和生产秩序，依法确认民营企业为吸引人才在劳动合同中约定股权激励、年薪制等条款的法律效力。依法规范劳动者解除劳动合同的行为，加大调解力度，引导民营企业与劳动者协商共事、机制共建、效益共创、利益共享，构建和谐劳动关系。

依法保障灵活就业和新就业形态劳动者权益，依法支持劳动者依托互联网平台就业，支持用人单位依法依规灵活用工，实现平台经济良性发展与劳动者权益保护互促共进。畅通仲裁诉讼衔接程序，完善多元解纷机制，依法为新就业形态劳动者提供更加便捷、优质高效的解纷服务。

18. 推动完善民营企业治理结构。严守法人财产独立原则，规范股东行为，依法追究控股股东、实际控制人实施关联交易"掏空"企业、非经营性占用企业资金、违规担保向企业转嫁风险等滥用支配地位行为的法律责任，依法维护股东与公司之间财产相互独立、责任相互分离、产权结构明晰的现代企业产权结

构。对股东之间的纠纷,在尊重公司自治的同时,积极以司法手段矫正公司治理僵局,防止内部治理失序拖垮企业生产经营,损害股东和社会利益。

以法治手段破解"代理成本"问题,依法追究民营企业董事、监事、高管违规关联交易、谋取公司商业机会、开展同业竞争等违背忠实义务行为的法律责任,细化勤勉义务的司法认定标准,推动构建企业内部处分、民事赔偿和刑事惩治等多重责任并举的立体追责体系,提高"内部人控制"的违法犯罪成本,维护股东所有权与企业经营权分离的现代企业管理制度。

19. 促进民营企业绿色低碳发展。依法保护合同能源管理节能服务企业、温室气体排放报告技术服务机构等市场主体的合法权益,保障民营企业积极参与推进碳达峰碳中和目标任务。创新惠企纾困司法举措,兼顾当事人意思自治、产业政策和碳排放强度、碳排放总量双控要求,依法明晰交易主体权责,有效化解涉产能置换纠纷案件,助力民营企业有序开展节能降碳技术改造。

20. 助力民营企业积极参与共建"一带一路"。健全"一带一路"国际商事纠纷多元化解决机制,推动最高人民法院国际商事法庭高质量发展,充分发挥国际商事专家委员会作用,进一步深化诉讼、仲裁、调解相互衔接的"一站式"国际商事争端解决机制建设,打造国际商事争端解决优选地,为民营企业"走出去"提供强有力的司法保障。

五、持续提升司法审判保障质效

21. 强化能动司法履职。落实落细抓前端治未病、双赢多赢共赢、案结事了政通人和等司法理念,努力实现涉民营企业案件办理政治效果、社会效果、法律效果有机统一,同时坚持办理与治理并重,积极融入社会治理、市场治理、企业治理,切实增强司法保障民营经济发展壮大的主动性实效性。充分发挥司法定分止争作用,增强实质性化解涉民营企业矛盾纠纷的成效,坚决防止因"程序空转"而加重民营企业诉累。及时总结涉民营企业案件暴露出来的政策落实、行业监管、公司治理等问题,推动建立健全民营企业风险评估和预警机制,积极运用府院联动等机制,充分发挥司法建议作用,促进从源头上预防和解决问题,形成促进民营经济发展壮大的工作合力。充分运用审判质量管理指标体系及配套机制,强化对涉民营企业案件审理的管理调度,持续提升司法审判保障质效。

22. 公正高效办理民刑行交叉案件。不断完善人民法院内部工作机制,统一法律适用,妥善办理涉民营企业的民商事纠纷、行政违法和刑事犯罪交叉案件。积极推动建立和完善人民法院与公安机关、检察机关之间沟通协调机制,解决多头查封、重复查封、相互掣肘等问题,促进案件公正高效办理。

依法受理刑民交叉案件,健全刑事案件线索移送工作机制。如刑事案件与民事案件非"同一事实",民事案件与刑事案件应分别审理;民事案件无需以刑事案件裁判结果为依据的,不得以刑事案件正在侦查或者尚未审结为由拖延民事诉讼;如果民事案件必须以刑事案件的审理结果为依据,在中止诉讼期间,应当加强工作交流,共同推进案件审理进展,及时有效保护民营经济主体合法权益。

23. 完善拖欠账款常态化预防和清理机制。完善党委领导、多方协作、法院主办的执行工作协调联动机制,依法督促政府机关、事业单位、国有企业及时支付民营企业款项,大型企业及时支付中小微企业款项,及时化解民营企业之间相互拖欠账款问题。严厉打击失信被执行人通过多头开户、关联交易、变更法定代表人等方式规避执行的行为,确保企业及时收回账款。

将拖欠中小微企业账款案件纳入办理拖欠农民工工资案件的快立快审快执"绿色通道",确保农民工就业比较集中的中小微企业及时回笼账款,及时发放农民工工资。与相关部门协同治理,加大对机关、事业单位拖欠民营企业账款的清理力度,符合纳入失信被执行人名单情形的,依法予以纳入,并将失信信息纳入全国信用信息共享平台。加大平安建设中相关执行工作考评力度,促推执行工作更加有力、有效,及时兑现中小微企业胜诉权益。

24. 严禁超权限、超范围、超数额、超时限查封扣押冻结财产。严格规范财产保全、行为保全程序,依法审查保全申请的合法性和必要性,防止当事人恶意利用保全手段侵害企业正常生产经营。因错误实施保全措施致使当事人或者利害关系人、案外人等财产权利受到侵害的,应当依法及时解除或变更,依法支持当事人因保全措施不当提起的损害赔偿请求。

25. 强化善意文明执行。依法灵活采取查封措施,有效释放被查封财产使用价值和融资功能。在能够实现保全目的的情况下,人民法院应当选择对生产经营活动影响较小的方式。对不宜查封扣押冻结的经营性涉案财物,采取强制措施可能会延误企业生产经营、甚至造成企业停工的,应严格审查执行措施的合法性和必要性。被申请人提供担保请求解除保全措施,经审查认为担保充分有效的,应当裁定准许。

在依法保障胜诉债权人权益实现的同时,最大限度减少对被执行企业权益的影响,严格区分失信与丧失履行能力,对丧失履行能力的,只能采取限制消费措施,不得纳入失信名单。决定纳入失信名单或者采取限制消费措施的,可以给予其一至三个月宽限期,对于信用良好的,应当给予其宽限期,宽限期内暂不发布其失信或者限制消费信息。加快修订相关司法解释,建立健全失信被执行人分类分级惩戒制度及信用修复机制。

26. 高效率低成本实现企业合法权益。充分考虑中小微民营企业抗风险能力弱的特点,建立小额债权纠纷快速审理机制,切实提升案件审判效率。通过合理确定保全担保数额、引入保全责任险担保等方式,降低中小微民营企业诉讼保全成本。进一步规范审限管理,全面排查梳理违规延长审限、不当扣除审限的行为,切实防止因诉讼拖延影响民营企业生产经营。加强诉讼引导和释明,对当事人依法提出的调查收集、保全证据的申请,应当及时采取措施;对审理案件需要的证据,应当在充分发挥举证责任功能的基础上,依职权调查收集,切实查清案件事实,防止一些中小微民营企业在市场交易中的弱势地位转化为诉讼中的不利地位,实现实体公正与程序公正相统一。

27. 深化涉民营企业解纷机制建设。持续优化诉讼服务质效,为民营企业提供优质的网上立案、跨域立案、在线鉴定、在线保全等诉讼服务,切实为涉诉企业提供便利。尊重当事人的仲裁约定,依法认定仲裁协议效力,支持民营企业选择仲裁机制解决纠纷。完善仲裁司法审查制度,在统一、严格司法审查标准基础上,营造仲裁友好型的司法环境。坚持和发展新时代"枫桥经验",坚持把非诉讼纠纷解决机制挺在前面,充分发挥多元解纷效能,加强与相关单位协作配合,依法支持引导相关主体构建协会内和平台内的纠纷解决机制,为民营企业提供低成本、多样化、集约式纠纷解决方式。深化与工商联的沟通联系机制,畅通工商联依法反映民营企业维权诉求渠道。保障商会调解培育培优行动,优化拓展民营企业维权渠道,不断提升民营经济矛盾纠纷多元化解能力水平。

六、加强组织实施

各级人民法院要把强化民营经济法治保障作为重大政治任务,加强组织领导和推进实施,及时研究解决工作落实中的新情况新问题。最高人民法院各审判业务部门要加强条线指导,各地法院要结合本地区经济社会发展实际,细化完善保障措施,确保务实管用见效。要强化对已出台司法政策措施的督促落实,及时听取社会各方面特别是工商联、民营企业家等意见建议,以问题为导向做好整改完善工作。要认真总结人民法院保障民营经济发展的好经验好做法,做好总结、宣传、推广,为民营经济发展壮大营造更加良好的舆论和法治氛围。

中国人民银行　金融监管总局　中国证监会　国家外汇局　国家发展改革委　工业和信息化部　财政部　全国工商联关于强化金融支持举措　助力民营经济发展壮大的通知

（2023年11月27日）

为深入贯彻党的二十大精神和中央金融工作会议要求，全面落实《中共中央国务院关于促进民营经济发展壮大的意见》，坚持"两个毫不动摇"，引导金融机构树立"一视同仁"理念，持续加强民营企业金融服务，努力做到金融对民营经济的支持与民营经济对经济社会发展的贡献相适应，现就有关事宜通知如下。

一、持续加大信贷资源投入，助力民营经济发展壮大

（一）明确金融服务民营企业目标和重点。银行业金融机构要制定民营企业年度服务目标，提高服务民营企业相关业务在绩效考核中的权重，加大对民营企业的金融支持力度，逐步提升民营企业贷款占比。健全适应民营企业融资需求特点的组织架构和产品服务，加大对科技创新、"专精特新"、绿色低碳、产业基础再造工程等重点领域民营企业的支持力度，支持民营企业技术改造投资和项目建设，积极满足民营中小微企业的合理金融需求，优化信贷结构。合理提高民营企业不良贷款容忍度，建立健全民营企业贷款尽职免责机制，充分保护基层展业人员的积极性。

（二）加大首贷、信用贷支持力度。银行业金融机构要积极开展首贷客户培育拓展行动，加强与发展改革和行业管理部门、工商联、商会协会对接合作，挖掘有市场、有效益、信用好、有融资需求的优质民营企业，制定针对性综合培育方案，提升民营企业的金融获得率。强

化科技赋能,开发适合民营企业的信用类融资产品,推广"信易贷"模式,发挥国家产融合作平台作用,持续扩大信用贷款规模。

(三)积极开展产业链供应链金融服务。银行业金融机构要积极探索供应链脱核模式,支持供应链上民营中小微企业开展订单贷款、仓单质押贷款等业务。进一步完善中征应收账款融资服务平台功能,加强服务平台应用。促进供应链票据规范发展。深入实施"一链一策一批"中小微企业融资促进行动,支持重点产业链和先进制造业集群、中小企业特色产业集群内民营中小微企业融资。

(四)主动做好资金接续服务。鼓励主办银行和银团贷款牵头银行积极发挥牵头协调作用,对暂时遇到困难但产品有市场、项目有发展前景、技术有市场竞争力的民营企业,按市场化原则提前对接接续融资需求,不盲目停贷、压贷、抽贷、断贷。抓好《关于做好当前金融支持房地产市场平稳健康发展工作的通知》(银发〔2022〕254号文)等政策落实落地,保持信贷、债券等重点融资渠道稳定,合理满足民营房地产企业金融需求。

(五)切实抓好促发展和防风险。银行业金融机构要增强服务民营企业的可持续性,依法合规审慎经营。健全信用风险管控机制,加强享受优惠政策低成本资金使用管理,严格监控资金流向。加强关联交易管理,提高对关联交易的穿透识别、监测预警能力。

二、深化债券市场体系建设,畅通民营企业债券融资渠道

(六)扩大民营企业债券融资规模。支持民营企业注册发行科创票据、科创债券、股债结合类产品、绿色债券、碳中和债券、转型债券等,进一步满足科技创新、绿色低碳等领域民营企业资金需求。支持民营企业发行资产支持证券,推动盘活存量资产。优化民营企业债务融资工具注册机制,注册全流程采用"快速通道",支持储架式注册发行,提高融资服务便利度。

(七)充分发挥民营企业债券融资支持工具作用。鼓励中债信用增进投资股份有限公司、中国证券金融股份有限公司以及市场机构按照市场化、法治化原则,通过担保增信、创设信用风险缓释工具、直接投资等方式,推动民营企业债券融资支持工具扩容增量、稳定存量。

(八)加大对民营企业债券投资力度。鼓励和引导商业银行、保险公司、各类养老金、公募基金等机构投资者积极科学配置民营企业债券。支持民营企业在符合信息披露、公允定价、公平交易等规范基础上,以市场化方式购回本企业发行的债务融资工具。

(九)探索发展高收益债券市场。研究推进高收益债券市场建设,面向科技型中小企业融资需求,建设高收益债券专属平台,设计符合高收益特征的交易机制与系统,加强专业投资者培育,提高市场流动性。

三、更好发挥多层次资本市场作用，扩大优质民营企业股权融资规模

（十）支持民营企业上市融资和并购重组。推动注册制改革走深走实，大力支持民营企业发行上市和再融资。支持符合条件的民营企业赴境外上市，利用好两个市场、两种资源。继续深化并购重组市场化改革，研究优化并购重组"小额快速"审核机制，支持民营企业通过并购重组提质增效、做大做强。

（十一）强化区域性股权市场对民营企业的支持服务。推动区域性股权市场突出私募股权市场定位，稳步拓展私募基金份额转让、认股权综合服务等创新业务试点，提升私募基金、证券服务机构等参与区域性股权市场积极性。支持保险、信托等机构以及资管产品在依法合规、风险可控、商业自愿的前提下，投资民营企业重点建设项目和未上市企业股权。

（十二）发挥股权投资基金支持民营企业融资的作用。发挥政府资金引导作用，支持更多社会资本投向重点产业、关键领域民营企业。积极培育天使投资、创业投资等早期投资力量，增加对初创期民营中小微企业的投入。完善投资退出机制，优化创投基金所投企业上市解禁期与投资期限反向挂钩制度安排。切实落实国有创投机构尽职免责机制。

四、加大外汇便利化政策和服务供给，支持民营企业"走出去""引进来"

（十三）提升经常项目收支便利化水平。鼓励银行业金融机构开展跨境人民币"首办户"拓展行动。支持银行业金融机构为更多优质民营企业提供贸易外汇收支便利化服务，提升资金跨境结算效率。支持银行业金融机构统筹运用好本外币结算政策，为跨境电商等贸易新业态提供优质的贸易便利化服务。

（十四）完善跨境投融资便利化政策。优化外汇账户和资本项目资金使用管理，完善资本项目收入支付结汇便利化政策，支持符合条件的银行业金融机构开展资本项目数字化服务。扩大高新技术和"专精特新"中小企业跨境融资便利化试点范围。支持符合条件的民营企业开展跨国公司本外币一体化资金池业务试点，便利民营企业统筹境内外资金划转和使用。有序扩大外资企业境内再投资免登记试点范围，提升外资企业境内开展股权投资便利化水平和民营企业利用外资效率。支持跨境股权投资基金投向优质民营企业。

（十五）优化跨境金融外汇特色服务。鼓励银行业金融机构健全汇率风险管理服务体系和工作机制，加强政银企担保多方联动合作，减轻民营中小微企业外汇套期保值成本。持续创新跨境金融服务平台应用场景、拓展覆盖范围，为民营企业提供线上化、便利化的融资结

算服务。

五、强化正向激励,提升金融机构服务民营经济的积极性

(十六)加大货币政策工具支持力度。继续实施好多种货币政策工具,支持银行业金融机构增加对重点领域民营企业的信贷投放。用好支农支小再贷款额度,将再贷款优惠利率传导到民营小微企业,降低民营小微企业融资成本。

(十七)强化财政奖补和保险保障。优化创业担保贷款政策,简化办理流程,推广线上化业务模式。发挥首台(套)重大技术装备、重点新材料首批次应用保险补偿机制作用。在风险可控前提下,稳步扩大出口信用保险覆盖面。

(十八)拓宽银行业金融机构资金来源渠道。支持银行业金融机构发行金融债券,募集资金用于发放民营企业贷款。对于支持民营企业力度较大的银行业金融机构,在符合发债条件的前提下,优先支持发行各类资本工具补充资本。

六、优化融资配套政策,增强民营经济金融承载力

(十九)完善信用激励约束机制。完善民营企业信用信息共享机制,健全中小微企业和个体工商户信用评级和评价体系。推动水电、工商、税务、政府补贴等涉企信用信息在依法合规前提下向银行业金融机构开放查询,缓解信息不对称。健全失信行为纠正后信用修复机制。

(二十)健全风险分担和补偿机制。发挥国家融资担保基金体系引领作用,稳定再担保业务规模,引导各级政府性融资担保机构合理厘定担保费率,积极培育民营企业"首保户",加大对民营小微企业的融资增信支持力度。建立国家融资担保基金风险补偿机制,鼓励有条件的地方完善政府性融资担保机构的资本补充和风险补偿机制,进一步增强政府性融资担保机构的增信分险作用。

(二十一)完善票据市场信用约束机制。支持民营企业更便利地使用票据进行融资,强化对民营企业使用票据的保护,对票据持续逾期的失信企业,限制其开展票据业务,更好防范拖欠民营企业账款。引导票据市场基础设施优化系统功能,便利企业查询票据信息披露结果,更有效地识别评估相关信用风险。

(二十二)强化应收账款确权。鼓励机关、事业单位、大型企业等应收账款付款方在中小企业提出确权请求后,及时确认债权债务关系。鼓励地方政府积极采取多种措施,加大辖区内小微企业应收账款确权力度,提高应收账款融资效率。推动核心企业、政府部门、金融机构加强与中征应收账款融资服务平台对接,通过服务平台及时确认账款,缓解核心企业、政府部门确权难和金融机构风控难问题。

(二十三)加大税收政策支持力度。落实以物抵债资产税收政策,银行业金融机构处置以物抵债资产时无法取得进

项发票的,允许按现行规定适用差额征收增值税政策,按现行规定减免接收、处置环节的契税、印花税等。推动落实金融企业呆账核销管理制度,进一步支持银行业金融机构加快不良资产处置。

七、强化组织实施保障

(二十四)加强宣传解读。金融机构要积极开展宣传解读,丰富宣传形式、提高宣传频率、扩大宣传范围,主动将金融支持政策、金融产品和服务信息推送至民营企业。发展改革和行业管理部门、工商联通过培训等方式,引导民营企业依法合规诚信经营,珍惜商业信誉和信用记录,防范化解风险。

(二十五)强化工作落实。各地金融管理、发展改革、工信、财税、工商联等部门加强沟通协调,推动解决政策落实中的堵点、难点问题,强化政策督导,梳理总结典型经验,加强宣传推介,提升政策实效。进一步完善统计监测,加强政策效果评估。工商联要发挥好桥梁纽带和助手作用,建立优质民营企业名录,及时向金融机构精准推送,加强银企沟通。各金融机构要履行好主体责任,抓紧制定具体实施细则,加快政策落实落细。

后记

· 01 ·

2005年,我出版了一部56万字的《民营经济论》。现在新出版的这部著作当然不可与其同名。为了取个好书名,我向北京、上海、浙江的专家学者、媒体及我的博士生、硕士生进行了征集。大家奉献了好多个书名,经过遴选,80%的朋友赞成取《民营经济新论》为书名,这是集体的智慧。在此我感谢各位朋友的热心支持。

· 02 ·

《民营经济新论》(以下简称"《新论》")中增加了一些配图插页。这些图片是浙江省民营经济研究中心和浙江省民营经济研究会开展民营经济活动时的记录,通过这些图片可以一窥浙江民营经济发展的历程和概貌。

图片中另一部分是我带硕和带博的教学活动的记录。

图片从拍摄于1993年的照片开始遴选。原图在《民营经济》杂志、《民营经济观察》和《民营经济通讯》上刊出。时间跨度大,遴选和试排足足花费了我一个多月的时间。编排好扫描发给图片排版设计师,她认为图片不够清晰,于是我再扫描,但还有十多幅仍不清晰,无奈何,只好请设计师将就而为之,把图片的文字说明写清楚就可以了。

· 03 ·

《新论》中文章的诞生,或是因当时党和国家的政策,或是因当时民营经济的经营环境,或是因民营经济自身存在的问题,等等。总之,都是直面现实问题的,是紧密联系实际的,再现了民营经济发展的时代背景。

《新论》中保留了《民营经济论》和《经济理论与经济改革探索》两部著作中的个别文章,这些文章的内容都与《新论》中的有关论文有衔接性和连续性,可帮助读者更好地梳理民营经济发展的轨迹。《经济理论与经济改革探索》中的"政治经济学部分"也保留了几篇,可让读者全面了解我的学术观点和理论创新。此外,有一些当年曾引起较大争论的文章,这次一概不收入《新论》。

· 04 ·

《新论》的"访谈录""书评""序·后记·跋""学术随笔"及"薪烬火传"等几个栏目的情况是这样的:

"访谈录"有学术价值,去掉"访谈"二字,就是一篇论文,又因访谈这一形式的特殊性,交谈双方探讨问题的目的性更强、焦点更集中,所以更显一得之见,这也是我尤其看重这部分文章,并收入文集的原因。

"书评"的每篇文章都是对经济学或民营经济相关书籍的评论,在我看来,这也是自己与书籍作者之间关于学术理论的一次交流和探讨,有助于彼此拓展视野、深化认识。

"序·后记·跋"每篇都是对著作的阐述。

"学术随笔"比较特殊:一些比较杂的文章,很难归进某个栏目,起先,我设了个栏目——"杂论"。我的一位博士生认为,叫"杂论"不雅,与学术著作不匹配,她建议更名为"学术随笔"。我乃择善而从之,故以"学术随笔"而名之。

"薪烬火传"有个背景。2006 年 5 月 20 日的《浙江财经学院报》刊载了我和当时临近毕业的硕士生蔡青"教与学"的师生照,还附有她和我写的短文,我们同意将"财院"的照片和文字收入我的新著以作纪念。但独木不成林,于是我征求和我亲近的博士、硕士的建议,他们很支持,这样就有了几篇,可以设栏目了。我对"薪烬火传"很看重,因为它记录和再现了我们师生的岁月,弥足珍贵。

· 05 ·

"平台"是我从事民营经济理论研究和实践的重要载体,她是我通向民营企业的桥梁,我潜心耕耘民营经济几十年,平台一直是我联系民营企业的纽带。所谓"平台",就是媒体、社会组织和社会兼职。

我依靠的"平台"主要是以下几个:

第一,《改革月报》和《改革文摘报》。

我曾在浙江省人民政府经济体制改革委员会(简称省体改委,即现在的浙江省发改委)工作,兼任《改革月报》副总编(分管理论版)、《改革文摘报》主编和改革月报集团党支部书记。改革月报集团的下属企业,实际上是挂靠在省体改委的戴"红帽子"的民营企业。

我与挂靠省体改委的民营企业主交往,知道了戴"红帽子"民营企业主的心态。

"平台"能让我获悉全省的改革动态、获得研究的信息资源。

第二,浙江省民营经济研究会和浙江省民营经济研究中心。

前者是省级社团组织,后者是省级事业单位。我是这两个组织的一把手,多年来凭借这两个平台开展了许多次民营企业活动,多年前,我还曾率队民营企业家去欧洲十多个国家和美国考察。

这些组织围绕民营经济这一主题,举办了丰富多彩的民营经济高峰论坛、民营企业家沙龙、民营企业研讨会等等。

我们还两年一次开展民营企业的评选活动,选出"浙江省优秀民营企业""浙江省杰出民营经济企业家""浙江省民营经济功勋人物",在浙江省人民大会堂举行颁奖典礼,邀请省政府领导给获奖的民营企业或民营企业家颁发荣誉证书,从而大大调动了他们发展民营经济的积极性。

第三,我担任公开刊物《民营经济》主编和由北京方面主办的公开刊物《中国民营》浙江版的主编。这两个媒体,是我宣传民营经济和介绍民营企业家的载体。如《中国民营》的封面分别刊登了温州正泰集团的南存辉董事长和德力西集团的胡成中董事长的大幅照片。《民营经济》是以理论为主的刊物,发表了许多民营经济理论工作者和民营企业家的论文,不少文章被中国人民大学复印资料转载,一方面为某些民营企业家评职称提供了方便,另一方面,很多省市领导也是《民营经济》的读者。所以,在某种程度上而言,《民营经济》也是民营企业家和政府领导之间的一座沟通桥梁。

第四,我受聘为浙江省人大常委会的立法专家、担任现代民营经济研究院的院长、《浙江民营经济年鉴》(原《浙江非国有经济年鉴》)社的社长和总编以及中央财经大学的博士生导师、宁波大学的兼职教授等等,这些平台,对我的帮助很大,它们为我联系地方政府、联系民营企业家提供了极大的便利。我以刊物主编的名义采访过许多地市县政府的领导和许多民营企业家。我曾和南存辉在省政府大院里交谈至深夜。调研著名的万向集团时,集团门上挂出"欢迎省民营经济研究中心单东主任一行"的横幅,我与鲁冠球亲切长谈;我与传化集团董事长徐冠巨在杭州电视台上对话。吉利集团的李书福刚开始发展汽车产业时,没有国家体改委批准的单子,我在省体改委接待室告诉他,省体改委领导支持您发展,责任由省体改委承担,这才给李书福吃下了一颗定心丸。在我受金德水副省长委托做《浙江民营汽车产业转型升级战略研究》课题时,我和李书福董事长交谈,他向我流露资金紧缺,希望我向金省长反映,我都如实汇报了。"平台"和"载体"给了我巨大的助力,它拉近了我和民营企业及民营企业家的距离,甚至实现了零距离。

由于深入民营企业并与民营企业家广泛接触,与他们交朋友,使我了解到民营企业家的真实诉求。我发表的民营经济论文不是象牙塔里的产品,而是接地气、来之于实践的,今日我再读当年发表的论文,其时代背景历历在目。

·06·

我的青少年时代是在上海度过的。

我读完私塾就进小学高年级。青少年时,理想天马行空,成为数学家、文学家,都曾是我年轻时的梦想。初中时我曾想将来成为数学家。全校上百人参加的数学竞赛,我得了第二名。我的初中班主任是数学老师,他在我的学生手册评语上写道:"**聪明,理解力强,善绘画,很出色。**"我国艺术院校每年都比普通高校提前招生,我报考上海海燕电影制片厂,录取文学编辑,是大专,家长不同意,我最终无奈忍痛舍弃了。我喜欢国画,报考中央美术学院国画系,却录取为中国美术史专业,我觉得美术史索然无味,与我的兴趣点大相径庭,最终也放弃了。同年,**我考取了复旦大学经济学系政治经济学专业(五年制)**。

大学毕业后,我长期从事党校的马克思主义政治经济学的教学和科研。

皇天不负有心人。在党校任教年代,我在理论经济学研究领域发表的论文,得到了社会的认可。

1992年,长春出版社出版的《当代中青年社会科学家辞典》把我列入了条目。又如,中共中央党校的校报曾介绍我的关于经济效益的文章,标题用的是"突破",给予很高评价。浙江省社会科学院的内刊也多次介绍我的论文。《浙江日报》理论部主任刘茂银同志在他的版面曾开设过一个栏目,名曰《学人剪影》,专门介绍了我。四川省委第二党校《教学科研资料》编辑部写信给中共金华市委党校校长,请他和我商量,将我的论文先给他们发,然后我再公开发表。

中共浙江省委党校曾派教育长黎祖交同志找我谈话,并和金华市委党校校长商量,要把我调到省委党校任教。2021年6月21日,我与黎祖交同志电话联系,核实这件旧事的时间。他告诉我:"时间记不清楚了,只记得,**当时党校研究,要把你作为'高端人才'引进省委党校**。"

1986年春节期间和1987年,温州市委书记董朝才同志曾几次和我谈话,希望我到温州市委工作。那时我正梦想回上海老家,故未去温州。

到浙江省政府工作时,我还是一个副教授,但在学术界稍有名气了。**1995年评正高时,出乎我意料之外,省评委会17位评委,我获得全票通过。**

2001年,我已在浙江财经学院带硕士研究生了。当年,选我当导师的研究生最多。但学校规定每个导师只能带3名研究生。

2004年,报考浙江财经学院研究生的一位考生被录取,他向校领导要求我当他的导师(当时我带研究生名额已满),他说,如果单东老师不带,他就退学。学校很为难,最后学校做了妥协。还有一位考生,为了能成为我的研究生,还通过某地级市的市委副书记联系浙江财经学院的人事处处长。人事处处长和我商量,请我带这位学生,我同意了。以上两位研究生,一位已成为副省级城市的政府部门的副处长,一位成了民营企业家,他们至今和我的友情颇深。

我的著作也颇有读者群。《民营经济论》出版后,上海最大的新华书店很快售罄。

2019年4月25日,我办公室门口突然来了一位青年,他自我介绍原是在深圳市政协工作的,是经济学硕士,叫杜向斌,如今考进浙江公务员(现就职于浙江警官职业学院)。他说,深圳市政协一位副主席托他到浙江向我买一本我的《浙江中小民营企业转型升级问题研究》,因为这本书在实体书店和电商平台都已售罄,只能亲自登门拜访,请作者赐书了。

2021年4月,北京《中国大百科全书》通知我,决定选我入典。

· 07 ·

重视和善于借助领导的权威是我取得成功的途径之一。20世纪90年代末,浙江省政府办公厅领导布置我给省长起草"全国非公有制经济论坛"演讲稿。下达任务是国庆节前两天,国庆后上班要交稿,时间紧迫,压力很大。当时的浙江省省长是很支持发展民营经济的,所以我很高兴接受这项任务。我想:如果我把一些重要的观点写进省长的演讲稿,由省长传播出去,受众广泛、意义重大。我夜以继日地完成了"万言书"演讲稿。经省体改委各位主任审阅后通过,让我呈省长修正。

高峰论坛结束后,省长的演讲稿在《人民日报》发表了。

我还和浙江省政府有关部门的领导合作撰文,如和原浙江省委政策研究室主任方根雄同志(现已享受副省级待遇)合作在《浙江日报》发表文章,和原浙江省体改委主任董朝才同志合作在《浙江日报》发表文章,文章还获了奖。我感谢《浙江日报》理论部主任刘茂银同志的支持,他第一时间刊登了我们的文章,文章也在社会上引起了一些反响。

借助领导的权威能更有效地宣传党和政府的政策以及给民营企业家以指导。

· 08 ·

古人云:"饮水者,怀其源。"我在学术领域驰骋几十年,在促进浙江民营经济发展方面有一定贡献并在学术研究上取得一定成果,离不开领导的关心和支持。白居易说:"受君雨露恩,不独含芳荣。"我特别感谢以下诸位,这部著作同时也是献给他们的。

在我人生的旅途中,原浙江省省长沈祖伦同志一直是我深深敬仰的领导。

沈省长是宁波人,新中国成立前从事地下工作。人们当面称他为沈省长,背后称他老省长。这是一种亲切的昵称。

原省政府办公厅主任陈国平同志告诉我,说:"浙江有两位省领导最有威信,一位是省委书记铁瑛同志(退休后曾担任我中心的高级顾问,已仙逝),还有一位就是沈祖伦同志。"

沈省长为什么威信高?主要是清廉得一尘不染。他不仅自己清廉,他的夫人更是如此,他子女也都很自律,从不利用父亲的身份谋取利益。

沈省长的夫人张亦梅很优秀,是位教师,但绝对低调,从不张扬。她对省长和子女监督很严格。她常以苏东坡为官的座右铭**"苟非吾之所有,虽毫厘而莫取"**来监督省长和子女。沈省长说:他自己和全家廉洁,正是有她的功劳。

沈省长和夫人都很宽厚,热情爱民,乐于助人。有一次沈省长到贫困农村调研,我以《改革月报》副总编身份随行。他为了提高农业收益,建议一农户发展经济作物。这户农民对他说,他很想这么做,但没有资金。沈省长回到杭州,即给这位农户汇去10万元款,支持他发展经济作物。这件事成为人们美传的佳话。

他的子女没有一个利用过爸爸的权力,全靠自己努力成材的。如今,女儿和儿子都事业大成。

沈省长的为人,可以从他的女儿远远写给他的家书中窥见一斑:"……父亲是一尊偶像,也永远是我们人生的榜样:做人的宽容友爱和永远的乐观,面对困难永远的无畏勇敢,对底层劳苦大众的同情、大爱等等,永远是我和沈劲(单注:远远的弟弟)一生用之不尽的财富!"在我和沈省长几十年的交往中,我感受到的和看到的沈省长的优秀品质远远超越他女儿远远所述。

现在我谈谈自己和省长的一些往事。

我是20世纪90年代初进省政府工作的。时任《改革月报》副总编兼理论部主任。那时,我在国家级期刊、省级期刊和报纸上发表了较多的文章,还有报纸对我的专访和报道。沈省长是位很爱学习、很爱钻研理论的领导。他重才爱才,大概他看到了我的一些论文和文章以及报纸对我的专访和报道,从而引起了对我的注意。

沈省长对我的帮助和支持,我至今难忘。

第一件事:1995年,我以省体改委名义申请设立"浙江省民营经济研究所",当时省编办是省人事厅的一个处。据时任省人事厅厅长的项有绍同志告诉我,是沈省长支持你设立民营经济研究所的。批准给新建的民营经济研究所5个编制,第一年批8万元办公费。研究所后更名为"浙江省民营经济研究中心"。至今将近30年了。

第二件事:支持我办好《浙江非国有经济年鉴》。《浙江非国有经济年鉴》(更名后为《浙江民营经济年鉴》)是前任省委书记张德江同志(后任中央政治局常委)批准创办的。

沈省长非常赞赏创办这个年鉴。他多次和我面谈。他对我说:"这部年鉴如果能出十年,就会载入浙江史册,它会比你的论文对浙江的贡献更大。"在沈省长的支持和鼓励下,我克服了诸多困难,努力编好了年鉴,如今已出了21本了。《年鉴》之所以能坚持办到今天,是和沈省长的一直鼓励分不开的。

第三件事:我能到高校任教和从事学术研究,也有沈省长的功劳。

到省政府工作之前,我一直是从事教学和科研的,这是我的志趣和理想。我不想继续留在省政府工作,2001年,我申请到高校去任教。当时的省体改委领导坚决不放。我请沈省长和其他省领导帮助我疏通。在沈省长和省人大常委会副主任孔祥有等领导同志的疏通下,省体改委终于同意让我弃政从教,使我如愿去实现自己的抱负。于是,2001年我进入了浙江财经学院(后升级为浙江财经大学),一直至今。

还有一件事使我感动不已:我到浙江财经学院两年后,上级发给研究所的文件、通知等仍发至省政府体改委。但我们去省政府取很不方便。于是我擅自将研究所地址变更到西湖区文一西路83号浙江财经学院。后来,编办发现办公地址变更到高校,而不再是省政府一号楼了。编办认为财经学院是省级事业单位,研究所也是省级事业单位,不同意一个事业单位里还有一个事业单位。后来也还是沈省长说,老的老办法,新的新办法,单教授对浙江民营经济有贡献。于是解决了这一危机。

到高校后,沈省长仍和我保持密切联系。他和我约定,让我经常去他办公室。在他的办公室,我们一交谈就是几个小时。所谈的往往是理论界的情况和发展经济问题。我聆听了他的谈话,感到他对许多问题有独到的见解,对我很有启发。他还给我一些他自己撰写的著作和资料,我至今还保存着。我为他写过几篇书评。

有一次我向他报告,说我要写篇反垄断的论文,他还特意叫他的秘书将某某资料给我。后来我发表了反垄断的"万言书",文章当时产生了一定反响,这有沈省长的功劳。

沈省长恩泽加我颇多,我不一一述之矣。

2021年2月4日,我去拜访沈省长。沈省长身体不错,就是腿有些不便。他很乐观,也很健谈,并还学唱歌。

沈省长给了我他退休后撰写的《茶余饭后话旧事》和《茶余饭后话旧事补遗》两本书。书名是他亲笔书写。他有一手好书法,令我羡慕。

临别时,我和沈省长拍了合影照。

2022年1月21日上午,我又一次拜访沈祖伦省长。沈省长思维清晰,记忆力强,仍很健谈。沈省长还赠送我《沈祖伦习字》上下两大册(23 cm×56 cm)。他的行书流畅、俊艳,所书内容更是妙绝,全是古今中外的名家名言,极富哲理和智慧。

我要感谢浙江财经大学王俊豪校长。他是一位杰出的经济学家,注重学问,尊重人才。当年,为了支持我研究民营经济,他给我配备经济学院的很有才气的博士副教授邵慰当我的助手(邵慰现在已是财经大学教授、博士生导师)。王校长还同意让我从其他高校和科研单位引进人才当我助手。我从江西财经大学引博士后副教授陈劲松(现已教授)和中国社会科学院博士毕业生江××当助手。

2018年,王俊豪校长还帮助我把我在中央财经大学所带的一位博士副教授付丽琴从广西桂林调到浙江财经大学东方学院任教。

王俊豪校长推迟我五年退休。退休后返聘了我,并宣布:**单教授只要身体好,可以一直干下去!** 校长的器重,是我的福气。

王俊豪教授是我深深敬佩的校长。他的恩情,在我的心里重于泰山。

陈根芳同志当年在浙江财经大学任校党委书记期间(后任浙江省教育厅厅长),对我也十分关心,非常支持我的工作。对此,我始终心怀感恩。

2008年11月30日,中央财经大学党委书记邱东教授在一次学术研讨会上指出:"**中央财经大学中国发展和改革研究院是经教育部批准成立的。近年来,在邹东涛院长主持下成果丰硕,影响巨大。**"

邹东涛教授原是中国社会科学院研究生院常务副院长、博士生导师。**邹东涛院长聘请我为中央财经大学中国发展和改革研究院的研究员和博士生导师,这对我来说,是莫大的鼓励和鞭策。**

副院长欧阳日辉热情地和我说,希望你今后发表论文署名时把中央财经大学放上,我做到了。

我在中央财经大学所带的博士生进校前已经都取得了副教授职称,后来各自的事业也蒸蒸日上。我非常感谢邹东涛教授和欧阳日辉教授。

我是省浙江省民营经济研究会的会长,研究会开展民营经济活动,得到了浙江省社会科学界联合会的大力支持。省社科联何一峰副主席在任时,对我们开展活动十分支持。学会没有财政支持,没有事业编制,留不住高学历人才,会费收取也难,于是我向省社科联党组书记盛世豪同志(后任浙江省委宣传部副部长、浙江省社科联主席)请辞——不再担任会长。盛书记要我留任再当一届(五年)会长。我向陈先春副主席也请辞过,陈副主席也建议我再当一届,他还叫社团处处长和副处长一起和我见面,建议我再连任一届。他说我有省政府的人脉关系,在理论上能代表浙江。但我心愿已定,还是婉谢了。

当年,原省政府秘书长孙忠焕同志也劝我勿辞,我不听省社科联领导意见,草率决定,很是失策。如果我同意再当一届,五年之内定能找到好的接班人。

陈副主席和省社科联社团处都积极地支持和指导我们研究会开展各项活动。研究会能够那么活跃,确实离不开盛世豪书记、何一峰副主席和陈先春副主席以及社团处的大力支持,我对省社科联的领导充满感激之情。

09

我的人生并不圆满，有成功的喜悦，亦有难以释怀的遗憾。

资中筠说："以今天的认识回顾自己当年的迷失，绝不是轻松的事，有时相当痛苦。"我对此也感触颇深！

遗憾之一：

于光远是原中顾委委员，中国社会科学院的院士和副院长（享受正部级待遇）。中国改革开放期间，曾为邓小平同志起草过多篇讲话稿，是《关于建国以来党的若干历史问题的决议》的起草者之一。关于于光远同志的生平，许多文献资料上已有广泛介绍，我就不谈了。我只谈谈我和他之间的事。

我和于光远同志有20多年的深厚友谊。

于老毕业于清华大学物理系。他的自然科学知识和经济学知识都很渊博。

他每次到杭州出差，总让秘书胡冀燕女士首先通知我，我都会赶到宾馆看望他。

当年，**他要我创办民营经济大学。**

我很惊讶，办大学有那么容易?! 我以为他是随便说说的，也就没当一回事。后来他又和我提起过几次，当时我觉得这事我办不了。今日想想，如果凭借于老的社会地位和他强大的人脉关系，争取浙江省某些领导的支持，加上我还有浙江省民营经济研究会和浙江省民营经济研究中心，有那么多民营企业家会员，而我在浙江省政府工作，自己在省政府也有人脉关系，创办一个略具雏形的民营经济大学，再慢慢发展，也许经过5—10年努力，真的可以办成一所像样的民营经济大学。

于光远同志有超群的战略眼光，我痛悔自己没有高瞻远瞩的智慧，以致丢失了重大的机会。

这件事，我至今还很纠结，难以释怀，每念及此事，痛心不已。

自我担任了中央财经大学博士生导师后，去北京比以前更频繁了，每次到京，我总安排时间到于府去看望他。我和师母孟苏也很熟悉。

年复一年，于光远同志的听力日渐下降，我们交谈只能用小黑板进行。

于老晚年多次在北京医院住院，即便如此，他仍然好学不倦，这种精神，令我钦佩。我去看望他时，多次看到他在用电脑练习打字，他说一小时能打千把字。

2013年9月，秘书胡冀燕女士陪我去北京医院探望于老时，胡秘书一再呼叫："于老，单东和他的秘书来看您了……"但始终叫不醒他，他已处于深度昏迷。我的心瞬间冰凉。我预感到，以后再见不到我敬爱的恩人了。

2013年9月26日，传来了于老去逝的噩耗，我非常悲痛。为了纪念于老，我吩咐办公室，当月的《民营经济通讯》出一期纪念于老的专刊，敬致纪念！

于光远同志是上海嘉定人,他已魂归故里,长眠在上海嘉定区长安墓园。2018年3月,夫人孟苏去逝,她的墓就在于老墓旁。

秘书胡冀燕女士2021年6月19日给我传来了于光远之墓照。

于老之墓有郁郁葱葱的树林覆盖着,墓地是鲜嫩的碧草绿地,挺立的墓碑上刻有他的生平,还有于老伏案写作的雕像,庄严肃穆,令人肃然起敬。

颇巧,我的父母之墓亦在嘉定,在松鹤墓园。我会去上海嘉定祭扫恩人于光远同志!

遗憾之二:

我十分怀念原浙江省经济体制改革委员会主任董朝才同志,他是我的恩人。他生于1932年12月,浙江江山人。他任金华市委书记时,我在金华市委党校任教。他曾在金华全区的各市(县)会议上把我当人才表扬过,还到我家中看望我。他为人真诚、热情、重才。1985年12月中旬,浙江省委书记王芳同志调他去了温州,担任市委书记。

董朝才在温州的改革精神,至今被温州老一代人,也为一大批知名企业家一致赞誉。温州人说他"将温州模式推进到了一个制度建设的新阶段,发展到可为全国提供经验借鉴的水平",赞美他是"一个傲立东方的改革之子"。

1987年,他曾多次劝我到温州市委工作,希望我通过温州市委这一平台,让自己的学识更好地为温州民营经济以及浙江经济的发展服务,做出更大贡献。

那时,我正在浙江师范大学数学系进修。我要是跟随董朝才同志去温州,可以广泛接触社会,增加社会阅历,得到磨炼,提高实际工作水平和领导能力。

以前,我一直梦想回归故里:我出生、我成长的地方——上海。现在看来,我是一个十足的书呆子,愚蠢地放弃了一个前程似锦的机缘。

董朝才同志1990年2月到浙江省政府体改委任主任,他仍然十分关心我,多次劝我到省体改委工作,在我仍然举棋不定之时,他一句话打动了我的心,他告诉我:"你到浙江省政府工作,以后要到高校很方便。"我当时想,先到省政府过渡一下也好。就这样我到了省政府,一干就是十多年。

我到了浙江省政府经济体制改革委员会之后,兼任《改革月报》副总编、《改革文摘报》主编和改革月报集团党支部书记等职务,开始了在省政府的生涯。

董朝才同志2006年2月20日因病在杭州去逝,享年74岁。我参加了为他举行的盛大的追悼会。

董朝才同志对我的深情厚爱,我无比感激。

遗憾之三:

雷云同志原是中共浙江省委宣传部副部长,是浙江宣传战线上的德高望重的理论权威。

我和雷云同志交往很少，但我内心很尊敬他。

2016年4月16日，我收到雷云同志厚厚的一封来信，拆开一看，是他新撰写的论文的打印稿。内容是讲非公经济的，他称我是民营经济专家，请我对他的稿件提提意见以便修改。

我拜读了他的论文，认为他的论文写得精辟透彻，唯一美中不足的是他把民营经济和个体私营经济看成是一回事，就这一点瑕疵。

我没回他的信，也没有电话向他表示我对论文的看法。

他的这篇大作不久在《浙江日报》发表了。

我为什么不提意见呢？我对自己有个恪守不渝的约束：不对我认识的领导的著作或文章提意见。像沈祖伦省长的著作、毛光烈副省长的著作，还有盛世豪副部长等等的文章。当我赞赏他们的著作或文章时，我就会为他们的著作或文章写书评或写读后感，我做到了。我把省领导向我赠书或是向我征求意见看作是领导的"礼贤下士"。

雷云同志病重住院的事，我知道得很晚。当我获悉后，即向省委宣传部打听他所住的医院和病房，部里同志告诉我，说雷云同志已经昏迷，不能会客了，我也就没能去医院看他最后一面。

雷云同志2018年9月4日去了天堂。在天堂，愿他平静地生活，不再太过疲累。

遗憾之四：

《浙江日报》记者、报告文学作家洪加祥先生知道我要出新著，便提醒我，说他在《金华日报》当记者和编辑时，曾约我写过好多稿。我的确为《金华日报》写了八年稿（包括我到浙江省政府工作后），搜集起来可以出本小集子。这使我忽然想起我在金华市委党校任教期间为该报撰写过经济类、文学评论类、社会评论类文章。有些文章读者和市委领导很赞赏。

那时我正当壮年，活力四射、精力充沛、才思如泉。有次为金华市委方书记写的讲话稿，方书记改了几个字，我都觉得失败了。我对党校三年制学员班开玩笑说："睡眠足，营养足，写起文章唰唰。"这竟成了他们相传的口头禅。

当年在《金华日报》发表的文章我仅偶尔发现一篇，多次搬迁，未加保管。我想待我有机会重返金华去查找或请人复印给我。如今回想起来，有几篇我自己是很赞赏的。

遗憾之五：

2017年，浙江省社会科学界联合会原规划办主任俞晓光同志要我写一部书——《改革开放40年的浙江民营经济》。我当时琐事很多，自己也正酝酿出版这部民营经济新著作。如接受他交给的这项任务，就会拿到财政拨款，就必须及时完成。如果接受，我就会失去自我支配的时间。俞晓光同志几次做我的"思想工作"，说这部书写出来对浙江、对我个人影响会如何如何，但我不为所动。我推荐别人，他不同意。他托我写书的事就这样不了了之。

俞晓光主任(现为二级巡视员)在任学会处处长时,非常支持我们学会的活动,我和他相处十分融洽,是称兄道弟的关系。

在我的同事看来,规划办要我写这部书是我的造化。然而我没有做好这件事,有负晓光主任的信赖和重托,深感愧疚。

遗憾之六:

我积极为政府做过咨询工作,如浙江省政协副主席王玉娣同志约我去,我热情地回答了王主席提出的所有问题。又如,有一次,省委办公厅一位领导打电话给我,说他们在写一个报告,有几个问题想问问我,在电话中我都一一回答了。

又有一次,我接到省委办公厅电话,他自我介绍是副主任(姓名我记不清了),说请我吃饭。我和这位领导素不相识,怎么请我吃饭了呢?面对这突兀而来的电话,在诧异之下,我沉默不语,未置可否。这件事就这样过去了,如今我反省自己,深感谦疚,绝对不应该这般对待领导的邀请。

为省委省政府做好咨询工作,是我们省民营经济研究中心和省民营经济研究会的义务和神圣职责。但我没有履好职,真对不起这位副主任。怎么办?弥补:今后一定践行,尽心竭力,为省委省政府努力做好咨询服务。

遗憾之七:

我到过许多国家,曾就旅途所见所感写了三本书:《欧洲十一国纪行》《美国纪行》《三国纪行》。此后,我又去过英国、越南、阿联酋、澳大利亚、新西兰、柬埔寨、泰国。原计划,我对去过的国家都写篇纪行。但一拖再拖,渐渐淡忘了,如今想写也写不出了,这懊恼总是缠着我的心!

遗憾之八:

众所周知,中国社会科学院的《中国社会科学》杂志是国内社科期刊中级别最高的,能够在这样的刊物上发表论文,对于任何一位作者而言,都是莫大的荣耀和鼓舞。本人曾在该刊上发表了一篇《国有产权制度改革的方向及其迫切性》(见《中国社会科学》1994年第2期,该论文同时被全文翻译并刊载于1995年第3期的《中国社会科学》英文版)。

当年,我在省政府经济体制改革委员会(省体改办)任职。1995年,省社科联要进行一次年度优秀科研成果评奖。我遂将《国有产权制度改革的方向及其迫切性》提交参加评奖。那时,体改办亦有人将一篇内容为如何搞好社会治安问题的打印稿上报参加评奖(按常理,未公开发表的论文,不能参加该次优秀科研成果评奖)。评奖结果令我惊诧,我的论文和那篇打印稿被同时评选为二等奖。对此,我十分不解。省社科联负责评奖工作的同志解释说,此次评奖工作的评委,大都是老领导、老同志,他们熟悉政治,对经济工作不太熟悉。我当场愤然以对,表示以后永远不会再参加省社科联的任何评奖活动。从 1995 年起至今已约摸有 30 年,我一直坚守誓言,从未再参加过省社科联的任何评奖活动。

《浙江民营汽车产业转型升级战略研究》(浙江工商大学出版社 2009 年 10 月出版,逾 23 万字,278 页),是时任浙江省副省长金德水委托我承担的省政府重大课题。因为上述原因,课题结题、专著出版后,我没有将成果上报参加 2010 年的省社科联优秀科研成果评奖。事亦凑巧,当年的省社科联优秀科研成果评奖会上,宣读获奖名单的领导,正好是金德水副省长。金省长宣读完获奖名单后,发现没有我,他深感诧异。当时我坐在第一排,与主席台面对面,金省长多次注视着我,我犹如芒刺在背。事后,我向金省长说明了为何没有参加评奖的原因。如今,每每忆起此事,我都为曾经的意气用事而深感后悔痛心,这也成为了我难以弥补的一大憾事。

《浙江中小民营企业转型升级问题研究》(浙江大学出版社 2014 年 10 月出版,逾 22 万字,257 页),是时任浙江省副省长毛光烈委托给我的省政府重大课题。我负责主持课题,并邀请了个别老师参与到课题中来。由于办公室同事未能及时关注到省社科联的优秀科研成果评奖通知,遂导致这一科研成果亦未能及时上报参与评奖。借此,我向一直关注课题进展和支持课题工作的毛光烈副省长,以及参与课题工作的老师们,致以深深的歉意!

· 10 ·

以前有一代宗师于光远先生和蒋学模先生为我的著作写序,如今他们都在天堂,不会下凡为我的《民营经济新论》作序。我只能自己来做这件事了。

我的《自序》和《后记》写得较长,比我以前的所有著作所写的《自序》和《后记》都长。《自序》14 000 余字,《后记》12 000 余字。所谓有话则长,无话则短。这部拙著**或许**是我的收官之作,所以,该说的话不妨早早说之。

2021 年 2 月 4 日,我去拜访原浙江省省长沈祖伦同志,他送给我两本集子:**《茶余饭后话旧事》**和**《茶余饭后话旧事补遗》**。

我阅后深受启迪,我打算仿效沈省长的做法,把我人生经历的那些鲜为人知的逸闻轶事如实地纪录下来。

《自序》与《后记》不同。前者是就学术而言,后者是对我自己人生的梳理和总结。

出版社的初排清样我耗费了 50 天时间,于 2021 年 10 月 28 日校完。

2021 年 10 月 28 日,出版社编辑来杭州取我一校完成的书稿。2022 年 1 月 29 日,我收到出版社的二校稿清样。

我从年初二进行二校稿的复校,于 2022 年 2 月 18 日完成二校稿的复校。

我对出版社的二校稿非常满意,不仅将我校出的问题改好,连我未发现的差错也更正了。

为了这部著作,我从2020年10月起,时至今日,诸多事,无暇顾,魂牵梦绕唯书稿——吾之心血都倾注在这部著作中了!

我的《民营经济新论》一书,一是献给为民营经济的繁荣发展积极贡献智慧和力量的党和政府领导者们的;

二是献给对民营经济进行深入探索的专家学者们的;

三是献给广大民营企业家们的;

四是献给我的弟子——博士生和硕士生们的;

五是献给对民营经济这门学问感兴趣的读者的;

六是向民营经济发达省市的高校图书馆赠送部分,以促进学术界对民营经济的研究和交流。

浙江省原省长沈祖伦同志对我说:"如果《浙江民营经济年鉴》能出10部,你的贡献会超过你论文的贡献。"如今,"年鉴"出版已有两个"10年"了。

假设有学者要撰写中国民营经济发展史,那么,我主编的《浙江民营经济年鉴》(已有20年历史了)和我2005年出版的《民营经济论》以及这部《民营经济新论》,都是极有价值的资料。

拙著的封面和书中图片的版面设计是出版业的行家赖洁玉女士和在英国伦敦的设计员戴晟女士担当完成的。我十分感谢她们为《民营经济新论》付出的辛勤劳动。

我衷心感谢复旦大学出版社的热忱支持!感谢出版社副总编辑徐惠平先生,感谢编辑岑品杰先生亲临杭州和我交流书稿的出版事宜。

亲爱的读者,我谨以我的心血之作献给你们!

单 东

2024年3月15日定稿

图书在版编目(CIP)数据

民营经济新论/单东著. —上海：复旦大学出版社,2024.5
ISBN 978-7-309-15942-4

Ⅰ.①民… Ⅱ.①单… Ⅲ.①民营经济-经济发展-研究-中国 Ⅳ.①F121.23

中国版本图书馆 CIP 数据核字(2021)第 183766 号

民营经济新论
MINYING JINGJI XIN LUN
单　东　著
责任编辑/方毅超

复旦大学出版社有限公司出版发行
上海市国权路 579 号　邮编：200433
网址：fupnet@fudanpress.com　　http://www.fudanpress.com
门市零售：86-21-65102580　　　团体订购：86-21-65104505
出版部电话：86-21-65642845
上海丽佳制版印刷有限公司

开本 787 毫米×1092 毫米　1/16　印张 44.5　字数 871 千字
2024 年 5 月第 1 版
2024 年 5 月第 1 版第 1 次印刷

ISBN 978-7-309-15942-4/F・2833
定价：168.00 元

如有印装质量问题,请向复旦大学出版社有限公司出版部调换。
版权所有　　侵权必究